权利体系与科学规范

Right,System and
Scientific Regulation

民法典立法笔记

Notes about Legislation of
Chinese Civil Code

孙宪忠 著

社会科学文献出版社
SOCIAL SCIENCES ACADEMIC PRESS (CHINA)

作者简介

孙宪忠 中国社会科学院长城学者，法学研究所研究员，第十二届、十三届全国人大代表，全国人大宪法与法律委员会委员。中国社会科学院大学博士生导师，中国法学会命名中国杰出青年法学家，国务院突出贡献专家，中国民法学会常务副会长。发表独立专著八部，论文一百多篇，另外主编与合著法学著作二十余种，一般理论文章一百四十多篇。科研成果有七种获得省部级奖励，两次被中国社会科学院命名为科研岗位先进个人。被国内二十余所大学聘请为兼职教授。在更新我国民事权利理论、法律行为理论、民法裁判理论、民法典编纂理论方面做出贡献。学术观点在德国、日本、韩国以及我国台湾地区等地得到相当的关注，是国际认可的中国法学家之一。1995年起担任我国全国人大常委会法工委立法专家，2015年再次被聘请为民法典立法专家。参与设计我国《物权法》的基本结构和主要制度，其立法建议有四十多个条文被该法采纳。提出民法典编纂的议案被采纳，关于民法典立法结构和立法规划的设想被采纳。提出民法总则的立法议案以及民事权利、法律行为的多项制度设想被采纳。提出关于民法裁判规则的"区分原则"理论被最高法院司法解释采纳。首倡更新征地拆迁制度，并提出目的正当、程序正当、足额补偿的原则，被宪法、物权法、国有土地上房屋征收与补偿条例采纳。首倡建立统一的不动产登记制度并为此努力二十年，受国务院法制办委托起草统一不动产登记条例，为我国2014年建立不动产登记制度做出了贡献。2013年担任全国人大代表以来，先后提出关于民法典立法、标准化法、税法等十余项议案，以及关于科研经费使用制度等人大代表建议二十多项。

就对国计民生予以支持、保障和规范的整体法律制度建设而言，2015 年以来开始的中国民法典编纂活动，是当前也是新中国成立以来最大最重要的立法活动。也正是因为民法典编纂意义重大，涉及问题广泛，因此它吸引了我国社会当然也包括法律界本身的极大注意，其中既包含着立法推动者的努力，也包含了各种争议。作者亲历《物权法》1995 年开始起草以来历次民法的重要立法活动，也是在最高立法机关宣布我国法律体系已经建成之后，又在第十二届全国人大会议上连续数年提出编纂民法典议案的全国人大代表。在民法典编纂工程开始以来，作者提出了包括民法总则在内的十余项议案，以及二十余项人大代表立法建议和立法报告，此外还发表了为立法提供理论准备的多篇论文、文章和讲演。这些年来，作者完成的相关方面的研究性成果有五十多种，本书收纳的二十三篇论文、立法报告等，就是从这些成果中选择而来的。

本书记载了作者为民法典编纂包括民法总则制定所做的一些理论准备工作，以及回应社会及法学界的争议问题的一些思考。作者担任全国人大代表期间提出的具有法律效力的议案、立法建议等，已经结集在另外一本书中出版。

民法典的编纂是我国社会包括法学界尤其是民法学界几代人的热切期待，我国最高立法机关也曾经在 1955 年、1962 年、1983 年、2002 年四次进行编纂活动，但是因为政治基础薄弱、法典编纂技术理论准备严重不足而招致失败。这曾经发生的四次编纂活动，对今天的民法典编纂活动已经无法提供可资借鉴的经验。根本原因就是我国社会已经发生巨大变迁，尤其是经济基础和国家治理方式发生变更，使得先前的民法典编纂已经完全无法嫁接。在这里值得一提的是，我国法学家尤其是部分民法学家非常留恋的 2002 年民法典草案，实际上就是缺陷明显的立法指导思想和理论准备的产物。这个草案仅仅将当时还在生效的民事法律和一些立法建议简单汇编为一体，内容没有任何创新，体系没有任何整合，连明显的立法错误也没有修改。比如我国在 1992 年就已经建立市场经济体制，可是它连要求民事活动服从国家计划经济的条文都不废弃，对否定不动产市场的规则也不修改，甚至连一些概念错误都不予以修正。这个方案居然也得到我国法学界包括民法学家部分人的大力支持，而且这种支持的声音一直持续到现在的民法典编纂工作中，这个现象值得法学界尤其是民法学界反思。

2002 年民法典方案在立法上留下的最为明显的后遗症，就是它所表现出来的非体系化、非科学化特征。这种观念也一直持续到今天，有时候声音还很大。这些观点中，一部分是直接否定民法典编纂，而另一部分虽然表面上也支持民法法典化，却不能完全坚持立法科学化和体系化，不断提出碎片化、枝节化的立法方案。在 2002 年民法典方案讨论的过程中，作者作为立法专家也参加了这次会议，而且有数次发言，主张在民法科学的体系上编纂民法典，但是这种呼吁并没有得到积极响应。2002 年之后，作者开始认真研究世界性的民法法典化运动，探讨其发生根源、理论依据以及国际影响等一系列问题，为我国自己的民法典编纂做好准备。本书收集文稿的一些内容，实际上是那个时候就已经形成的。2013 年作者担任全国人大代表，具有了以自己的名义领衔提出议案和立法建议的职权，因此能够在立法机关宣布法律体系已经建成后，坚持提出自己的民法典编纂的议案，2014 年再一次提出了这个议案，之后连续数年每年都提出相关议案。这些议案是作者数十年理论准备的结果。

本书的内容，可以用"权利、体系、科学、规范"这八个字来概括。

本书收集的第一个方面的内容，就是为支持和说明民法典编纂而撰写的论文、讲演和文章。这些内容，首先是要解决民法典编纂的体系性和科学性的问题。值得指出的是，2017 年 10 月的十九大报告明确地把"科学立法"作为立法工作的第一个要求，这和作者多年呼吁的民法立法坚持科学性体系性原则的观点是一致的。实际上 2016 年 6 月底，全国人大常委会第一次审议"民法总则"时，立法机构所做的说明报告也强调把讲法理、讲体系作为民法典编纂的基本要求。本书内容中说明，在民法典编纂包括民法总则制定的立法活动中，坚持立法科学性、体系性，防止立法碎片化、枝节化，这是一种形式的理性，是从立法的源头限制立法任意和司法任意，这不仅仅是为了确保立法的质量，还是为了更好地承担国家治理的职责。为了确保民法典在依法治国原则下承担的国家治理的责任，我们就必须遵守民法立法的科学化体系化，而最好的科学化体系化的民法，就是民法典。本书探讨了世界性的民法法典化运动的经验及其理论，对社会热议问题提出了自己的答案。

本书第二个方面的内容，是关于民事权利正当性方面的讨论。其重点在于为民事权利建立伦理根据，支持我国民法理念的实质进步。这一方面的内容，涉及民法典编纂的指导思想方面的问题。在民法典立法包括民法总则制定的过程中，我们遇到的另一个重大争议，就是旧有意识形态对人民权利承认不足、保障不足的问题。本书作者基于长期对于民法基本价值理念的研究，以及关于民法基本定位、民法作为国家治理基本立法的探讨，提出了更新民事权利制度基本理念，从道德伦理正当性的角度支持民事权利的法权观念。

本书第三个方面的内容，是关于法律行为理论的研究和探讨。法律行为的制度和理论在民法典立法和民法学术研究中一直处于核心地位。但是实事求是地说，我国法学尤其是民法学研究，恰恰在这一点上是落后的，是不能满足市场经济体制的需要的，也是不能满足人民权利保障的需要的。我国法学包括民法学对于法律行为理论的接受是不彻底的。法律行为理论要解决的主要问题，是回答当事人类似于契约行为这样"私"的行为，为什么要得到法律的承认和保护的问题。因为交易中的民事权利因契约而来，因此这个问题也涉及对民事权利受法律承认和保护的正当性的讨论。比如说，当事人在交易中订立了一个合同，这时候在立法上就必须回答合同为什么有法律效力、为什么公共权力必须对当事人的约定予以拘束从而保障合同予以履行的问题。同时，当事人如果在市场交易中获得一项动产或者不动产的所有权，这时候我们也必须从法权思想的角度回答，为什么这个所有权的取得是正当的，以及应该得到法律的承认和保护的问题。我们知道，合同产生的拘束力也罢，所有权的取得也罢，都是民事权利发生变动的情形，所以和这些情形相类似的，还包括婚姻的缔结和解除、遗嘱的生效和撤销等。事实上，契约就是这些法权所代表的法律秩序的建立和变化的原因，而谁在支持契约，就需要法律伦理的支持和解释，进而要为立法和法院的裁判提供制度规范。古代法律所依赖的法权思想认为，这些民事权利的变动，效力首先来源于神灵比如上帝造法的意思，然后是至高无上的君主对于这种交易秩序的认可和承认。总而言之，契约有效是因为神权保佑或者君权承认，因此民事权利的正当性依据就是神和君主。在人文主义革命的时代，进步思想家们依据人民主权、自然权利等学说，否定神权法和君权法的思想，提出宪法和民法上的意思自治原则，把权利的本源放在权利主体自己本身，依据当事人自己的意思表示来确定权利发生变动的正当性。这种进步思想导致了法律关系理论的产生。法律行为理论强调当事人自己的内心真实意志表达，是法律效果的本源。这个理论不仅仅是民法制度和理论的重大发展，还是整个法权思想的更新和再造。它使人民成为真正的主体，从本源上承认和保护了普通民众的权利。历史上的工业革命、科技革命及人类历史发展均得益于这一理论。

但是，我国在二十世纪五十年代初期引入的前苏联法学，却彻底否定了法律行为理论的本来价值，它提出民事权利的本源是国家公共权力的授予，民事权利发生变动的效力，也必须来源于公共权力的承认。在这个过程中，当事人的意思表示这个核心被否定了。比如一项婚姻生效本质是当事人进行了婚姻登记，而不是当事人之间的感情。1986年的《民法通则》虽然在很多方面体现了改革开放的精神，但是它关于法律行为的概念和制度设置，和前苏联法学基本无二。本次民法典编纂之时，我国法学界很多人对于法律行为理论的认识，还是停留在改革开放初期，没有发生本质的改进。即使是中国民法学界也是这样。本书作者从事民法学研究多年以来，一直在从事对这个重要理论和制度的探讨，早期就提出了系统清理前苏联法学的观点，在这一方面曾经有一些著述。本次民法典编纂，从提出最初议案到《民法总则》法律行为制度设计，作者都进行了多次的论证和意见表达。在相关议案和建议案中阐明了自己的想法，一些设想已经被立法采纳。

本书第四个方面的内容，是关于民法案件分析和裁判的技术规则的讨论。民事主体从事民事活动，无非是设立、变更或者消灭民法上的一项权利或者义务。但是，民事活动常常是分阶段进行的，比如商品房的买卖过程中先订立合同后交付房屋最后才办理过户登记手续的情形，就是一个典型的而且常见的例子。在一个老百姓和开发商订立合同之时，经常的情况是房子还在图纸上面。这种标的物还不存在的合同，当然也是所有权还不存在的合同，应该不应该生效？生效的话，又是什么效果？以后交付房屋、办理过户登记又是什么效果？法院如何分析和裁判这个过程中当事人的争议？关于这些交易中涉及的权利分析和裁判问题，我国民法学界并不是十分清楚的。二十世纪九十年代中期我国立法在这一方面建立的规则是，不动产合同不登记不生效。但是我们知道，不动产登记的时候，就是当事人已经接受了房屋的交付，甚至已经居住数年的时候，就是整个交易完成的时候。如果按照不动产合同不登记不生效的规则，就是说，合同履行完毕以后才能生效！这个规则的荒唐，实在无法用语言来形容。到 1999 年的《合同法》之中，这样的规则又改变为，出卖人在没有标的物、没有所有权时订立的合同不应该得到法律的承认和保护（《合同法》第 132 条、第 51 条）。如果依据这样的规则，那么老百姓订立的商品房预售合同就都不能得到法律的承认和保护了。长期以来，本书作者都在探讨此中的法理和制度建设问题，因此在 1995 年我国《物权法》起草之时提出了"区分原则"，以此解决债权变动和物权变动的法律效力的区分和法律根据的区分问题，将交易中的权利变动的分析和裁判规则从法理上和裁判效果上清晰分开。这个原则首先得到江苏、上海等地人民法院的应用，二十一世纪最初十年以来也得到最高人民法院多个司法解释的采纳和应用，也得到《物权法》的部分采纳。本书就这个原则的法理和实践应用，结合民法典编纂和近年来的司法实践做出了更进一步的讨论。

　　本书第五个方面的内容，是《民法总则》颁布后对该法律的探讨，以及对下一步民法分则部分编纂的探讨。

　　我曾经在一首小诗中说到，法典千年事，仓促铸大错。中国民法学术研究在近些年来发展很快，但是，其基本理论涉及民法的法权思想、基本的分析和裁判的技术规则等很多方面，都需要继续更新。考虑到民法典在国家治理中发挥至关重要的作用，同时也是法制文化发达的体现，因此相关的民法科学性研究，还应该有更大发展。作者愿以本书为民法基本理论的更新做出努力，为给我国民法典编纂提供更科学的理论准备做出努力。

作者于北京天宁寺

2018 年 1 月

总目录

第一篇　我国民法典编纂中的几个问题

| 写作背景

2014 年 10 月中央做出编纂民法典的决定之后，2015 年 3 月我国最高立法机构成立了民法典编纂工作小组，并且安排包括中国社会科学院课题组在内的国内五家单位，参与相关立法研究工作。经过 2015 年到 2016 年的立法机关和法学界的辛勤劳动，民法典编纂理论准备大体就绪。但是我国社会包括立法者和法学界在内，就如何看待我国民法典编纂在国家治理和经济与社会发展中的重要作用、民法典主要制度设置、应该吸收什么样的国家经验、民法典和民法特别法以及涉及民事活动规范的行政法等法律法规之间的逻辑关联、目前制定民法典应该解决的主要问题等，实际上掌握得还不是非常清晰。因此第十二届全国人大常委会邀请本人，于 2016 年 9 月 3 日在全国人大常委会第二十四次会议上就我国民法典编纂的基本认识问题作一个讲座，就以上问题从立法专家的角度做出解读。本文就是为准备这次讲座而撰写的论文。论文认为在依法治国原则下的国家治理法律体系中民法应该居于基本法的地位。论文探讨了民法法典化运动发起和成功的主要原因，总结了我国编纂民法典可以吸收的经验。论文总结了我国历次民法典编纂尤其是 1986 年制定的《民法通则》的经验，也分析了它们的不足。论文提出了当前我国编纂民法典应该建立的主要制度，并且依据我国民法现行法律体系的实际，提出了编纂民法典的具体规划。论文也对我国民法典和商法、知识产权法等民事法律法规之间的逻辑关联，以及现实遇到的一些应该回答的问题等，提出了体系化的答案。该论文是为 2016 年 9 月 3 日全国人大常委会上的讲座所做的准备稿，它比较强调学理性，后来实际的报告内容在此基础上有比较大的压缩性修改。

| 本篇目录

中国共产党十八届四中全会做出的关于编纂民法典的决定，是完善我国市场经济与人民基本权利保障的法律体系的重大举措。民法典编纂是立法工作的特有概念，指的是立法机关依据立法程序将零散的民事法律法规编制为一个整体的活动。编纂法律多数情况下侧重于对于现行法律的体系整合，而不在于创制新法。当然在这一过程中为弥补制度缺陷而制定新制度、新规则也是正常的。我国现行民法基本制度大体完备，目前进行的民法典编纂的主要任务是整合现行法律为和谐统一的整体，同时也要在民法总则和一些分则部分创制新规则。因为民法作用于社会生活的深度和广度为诸法之最，近现代以来，民法典编纂是世界各国立法活动中的重大事件，一般认为，这一立法属于国家法治建设的基本工程。目前我国民法典编纂工作正在顺利推进，全国人大做出的关于编纂民法典分为两步走的工作方案，切合我国目前民法体系法律制度建设的实际状况，而且也符合民法典编纂的基本规律。《中华人民共和国民法总则（草案）》已经于 2016 年 6 月 27 日提交全国人大常委会审议。

民法典的编纂是一项宏大的法制工程，它涉及很多思想性理论性实践性很强的问题。考虑到这些工作的复杂性和艰巨性，我们还要为它做出更多的理论准备。我自己虽然能力有限，但是非常高兴地把自己学习和研究民法典编纂问题的几点体会在这里做一个汇报，请大家指正。

一　民法的基本内容及其在我国法律体系中的地位

（一）民法的基本内容

我国《民法通则》第 2 条规定，民法调整平等主体之间的财产关系和人身关系。民事主体主要是指我国民法上的自然人和法人。主体的平等是民法最基本的特征和原则。平等的含义是主体之间谁也不能凌驾于他人之上，不享有支配他人的地位。平等主体之间展开活动的社会空间，法学上称之为民法社会，传统民法也称之为民间社会或私权社会。基于地位平等的要求，民事主体应该按照自愿协商原则来建立、变更他们之间的权利义务的法律关系，因此民法建立了民事主体从事民事活动的自愿原则，传统民法称之为意思自治原则。当然，民事主体从事民事活动也要讲究诚实信用，服从法律，符合社会公共秩序和善良风俗，这就是民法上的公序良俗原则。2016 年 6 月 27 日，第十二届全国人大常委会委员长会议提交第二十一次会议审议的民法总则草案，明确提出了平等原则、自愿原则、诚实信用原则、遵守公序良俗原则等原则，这些原则是民法基本特征的反映，同时也是民事主体进行民事活动应该遵守的基本规范。

民法典是制定法、成文法，不是习惯法。民法的各种制度在民法典的编成体例，也就是民法各项具体制度在法典中的先后展开次序，是按照民事法律关系的理论予以处理的。民事法律关系理论，就是把民法的全部规范归纳为主体、客体、权利和义务、法律责任这几个方面，并以此为逻辑先后撰写下来。民事法律关系理论的基本要求或者特征是具体性，它强调民事主体、权利客体、民事权利和义务都必须明确肯定，都不能是抽象的。具体性其实也是民法科学性之所在。因为立法的目标在于引导民众的行为并裁判他们的是非，只有在立法上明确肯定地规定了主体、客体和权利义务，民法所负载的法思想才能够真正落实在社会行为之上，民法调整社会关系的职能才能够得以实现。这其实也就是依法治国目标得以实现的扎扎实实的方式。制定法律包括编纂民法典，其实就是立法者通过"具体人—具体行为—具体权利义务—具体责任"的逻辑，把改造和推进社会进步的各项思想落实为社会人的行为规范和裁判规范的过程，而这种方式其实也是推进社会进步的最为有效的方式。新中国成立之后 1950 年通过制定《婚姻法》而彻底改造了中国社会婚姻家庭关系，就是利用民法的科学性推动社会进步最为鲜明的例子。

民事主体的主要类型是自然人和法人。自然人就是每一个自然存在、生于自然灭于自然的生物人。民法根据生于自然灭于自然的天然规律，确定自然人权利义务的取得和消灭及其法律责任。法人指的是依据法律成立的组织体，其中多数的法人是由成员发起成立的，也有一部分是在专项资金的基础上成立的。前者比如公司、协会、学会、俱乐部等，后者最常见的是基金会、宗教场所等。当代社会，法人不仅仅只是民法上的主体，而且也是社会经济建设、科学研究、教育以及文化传承等众多的公共事项发展和维护职能的主要承担者。在法学上，很早就出现了所谓法人治国的观点，因此，法人制度成为民法当然的立法重点。民法规定的法人制度，重点在于确定法人如何得以组织和成立、如何形成自己的意思、如何承担自己的责任这些基本内容。简而言之，法人是独立的民事主体，按照其章程或者法律的规定产生并从事业务，由权利人会议形成民法上的独立意思，由法人常设机构实施日常决策与执行，由监督机构监督其运行等，并且以其全部独立的财产承担法律责任。法人的法律责任与其成员的法律责任必须区分开来，成员的财产并不对法人行为承担责任，这就是法人的有限责任原则。但是法人如果事务结束而进行清算时，其剩余财产一般情况下还要分配给法人成员。传统民法一般首先是根据法人设立的法律根据，将法人区分为公法法人和私法法人，这一区分的主要原因在于，公法法人是依据宪法或者行政法设立的国家机关、公有事业单位、公共事业团体等，它们的财产一般来源于财政拨款，因此其法律责任尤其是破产时的责任清偿必须遵守公法上的规定。公法法人只有在参加民事活动时才被称为法人，而在承担国家事务职能时并不被称作法人。法人的常见类型是传统民法所称的私法法人，现在一般称之为民法法人或者民商法法人，他们是民事活动的主要参加者。民法法人一些是根据民法成立的，也有很多是根据民法的特别法成立的，比如公司就是根据公司法成立的，保险公司是根据保险法成立的。传统民法以其组织规则把民法法人区分为社团法人即由成员组建的法人，和由捐赠财产设立的财团法人；社团法人又区分为以谋取自身利益为目的的自益法人和从事社会公益的公益法人，也可以依据是否以营利为目的区分为营利法人、非营利法人和中间法人。我国《民法通则》确立的法人种类有国家机关法人、事业单位法人、社会团体法人、企业法人这几种。2016年6月27日的民法总则草案，将我国的法人制度区分为营利性法人和非营利性法人这么两大类。

民事法律关系的核心内容是民事权利。传统民法中民事权利的分类可以有很多，我国《民法通则》将其区分为人身权和财产权两大类型。民法上的财产权，包括物权、知识产权、债权、投资权这些民法已经正面规定的类型化的权利，也包括一些在法律上没有正面规定、没有类型化，但是从侵权法的角度值得保护的民事权益，比如商业信誉、商业联系、商业资格、商业能力等无形财产权益，这些权益可以通过《侵权责任法》、《反不正当竞争法》等法律得到保护。民法调整财产权利的法律规范，比较集中地体现在《物权法》、《合同法》这些民法基本法和《公司法》、《专利法》、《商标法》这些民法特别法之中。

民法上的人身权，又包括人格权和身份权两类。所谓人格权，指的是自然人依据其自然存在而享有的人格权利。人格权的基础是自然人的人格尊严，这是自然人专有的权利。人格尊严来自宪法的规定，正面宣告人格尊严的含义，是宪法的权限，而不是民法的权限。①但是在单一自然人的人格受到侵害时，民法也从侵权法的角度来保护自然人的人格权，并对自然人失去的利益予以物质补偿。民法上保护人格权的法律是《侵权责任法》。除肖像权这种特殊的人格权之外，其他所有的人格权都是自然人的专有权，不能转让，因此立法对其也不必建立行为规范，而只建立制裁侵权的裁判规范即可。身份关系，主要是指自然人在婚姻家庭之中发生的法律关系，比如夫妻相互之间的身份关系，父母子女之间的身份关系等。自然人因为身份关系享有法定的权利，承担法定的义务。对身份关系，主要的法律是婚姻家庭法和继承法等。

民法对社会现实生活发生作用的独特方法是它的法律规范，也就是包括具体的权利义务的规则，对社会的引导作用和匡范作用。不论是谁，一旦适用了这些规范，就会产生明确的权利和义务，甚至直接产生法律责任。这其实就是国家权力对这种权利、义务、责任予以落实和保障，这是民法直接作用于社会的切入点。为实现这个基本的科学性的要求，民法的规范必须制作为行为规范和裁判规范两大类。②所谓行为规范，指的是以其立法目的来引导民事主体如何设定其权利义务关系的法律规范。比如合同法中规定的订立合同的方式、合同的一般类型以及这些合同的一般条款等，都是这种规范。行为规范对民事主体没有强制性。所谓裁判规范，指的是给法官或者其他裁决机构提供的用来判断当事人是非责任的规范。这一类规范并不是为了引导交易当事人的行为，而是为了让法官或者其他裁判者能够清晰地做出裁判。裁判规范是具有强制性的，不仅仅当事人要遵守，法官和其他裁判者也要

① 对此可以参阅〔日〕星野英一著《民法劝学》，于敏等译，北京大学出版社，2006，第一章、第四章关于人格的讨论。
② 郑玉波：《民法总则》（修订11版），黄宗乐修订，台湾三民书局，2008，第11页。

遵守。

自然人、法人应用民法来行使权利的合法方式，是主张立法赋予他们的请求权。民事主体享有的请求权，既可以向那些依法或者依据约定承担义务的民事主体提出，也可以向行政机构提出，还可以向专门裁决是非的法院、仲裁机构等提出。民事主体依法主张请求权，是法治社会的固有权利，是以宪法为代表的法律秩序对民事权利的保障。

（二）民法是建设性社会的基本法

民法调整的财产关系和人身关系，不仅涉及社会上每一个自然人、法人，而且涉及他们终生全部的基本活动，因此民法被公认是对社会发生作用的幅度最宽、肌理最深的法律。民法作为制定法，反映了立法者积极的社会导向意识，而不仅仅只是习惯的归纳，也就是因为这样，民法也成为国家治理最有效的工具。我国宪法规定我国实行市场经济体制，而通说认为，市场经济的基本法律是民法或者说是以民法为核心的民商法，因此民法在我国具有仅次于宪法的基本法的地位，这一点应该是毫无争议的。对民法这样直接调整社会经济生活的法律而言，经济基础对它的现实功能发挥着鲜明的决定作用。在自然经济条件下，民法是相当简单的；在计划经济体制下，民法的发展受到强烈的压抑；在现代市场经济体制下，民法始终发挥着基本法的作用，它的制度内容已经十分庞大。我国的市场经济体制，是现代化的市场经济体制，再加上我国幅员广阔，人口众多，民法的制度更要有很大的发展。

长期以来我国社会流行的观点认为，依法治国原则的贯彻基本上与民法无关，它只是个宪法问题、行政法问题。这个看法并不准确。因为，依法治国也应该包括依据完善的法律制度促进和保障社会经济建设，促进和保障人民的物质利益和精神利益全面发展的内容，这是建设型国家的基本使命。在这些方面，民法法规的作用是其他任何法律都无法替代的。实际上在我国民法典未编纂之前，一些民事法律已经在国家治理方面发挥了关键作用。比如我国《物权法》确立的充分承认和保护民众所有权的制度，就在调动和保障人民创造财富的积极性方面发挥了关键的作用。而人民创造财富的进取心，就是我国发展的基本动力。我国国力以及民众财富极大发展的事实，证明了我国依据民法建立的承认和保障民众所有权制度的正当性和有效性。此外，知识产权制度在充分承认和保护科技创新方面发挥的作用、《合同法》在确保市场流通方面发挥的作用、《侵权责任法》在保护人格权和财产权以及相关利益方面发挥的作用、《婚姻法》在促进和保障家庭和睦方面发挥的作用等方面，都是在贯彻依法治国原则。而且，民法上的法律制度在落实依法治国原则时，其作用更加扎实具体，其效果也更加长远。

（三）改革开放促进了我国民法的极大发展

改革开放以来，尤其是 1992 年宪法确定我国建立市场经济体制之后，为满足经济发展和人民权利保护的需要，我国立法机关制定了大量的民事法律法规。其中处于核心地位的是《民法通则》、《合同法》、《物权法》、《侵权责任法》、《婚姻法》、《继承法》。除以上这些基本法律之外，还有很多特别法，如《公司法》、《票据法》、《保险法》、《证券法》、《专利法》、《商标法》、《著作权法》等。此外还制定了一些调整范围比较窄的特别法，比如《担保法》、《招标投标法》、《拍卖法》、《消费者权益保护法》、《信托法》、《收养法》等。可以说改革开放三十多年以来，我国的民法已经从一片空白发展为体系比较完整的法律门类。对我国立法者在制定和完善民法体系方面的努力，我们应该给予充分肯定。

二　民法典编纂是民法体系化科学化的智慧结晶

（一）民法规范内在逻辑的发现

民法调整的范围广大，内容非常丰富，相应的法律规范数量自古以来就十分庞大，当今世界几个著名的民法典都有二千多个条文。如此之多的法律条文如何编纂成为和谐统一的整体，而不是"一麻袋土豆"那样散乱无章地堆放在一起，这就需要解决民法规范的体系化与科学化问题。罗马法时代，法学家们从大量的习惯法规则中归纳出民法上人、物、权利这三个最基本的因素①，

---

① Hans Hattenhauer, *Grundbegriffe des Buergerliches Rechts*, Verlag C.H. Beck, 1984. Seite 1.

根据这三个基本因素的自然联系，公元二世纪罗马法学家盖尤斯等人，把数量巨大的民法规则整理为一体，编制成后世闻名的《法学阶梯》，它的内容依据"人、物、权利的取得方法—侵权"的逻辑顺序展开，展现了法学家最早的民法体系化的基本逻辑。公元六世纪，罗马皇帝查士丁尼颁布诏书，认可《法学阶梯》为帝国有效法律。[①] 在民法规范体系整理方面，相对于《法学阶梯》而后来居上的学术成果是"学说汇纂"或者"学说大全"体系。因为该名词的拉丁语为"pandectarum"（来源于希腊语 digest，意为"提要"），所以这一学术体系在我国也称为"潘德克顿体系"。"学说汇纂"最初只是五个法学家的学术观点摘要，也曾经得到罗马皇帝查士丁尼立法诏书的认可，作为罗马法的渊源之一。在十四世纪罗马法被重新发现后，该体系得到崇尚学问的德国法学界的高度重视，经过数百年的努力，形成法理更为准确、逻辑更为清晰的民法知识体系，即所谓的"潘德克顿法学"，以至于后来被广泛接受。该体系的基本特点是确立了以支配权和请求权、物权和债权的法律性质相互区分的民法概念体系，而且建立了以法律关系学说作为基本线索的民法编制的逻辑和系统理论。[②] 在这里我们尤其要指出的是，德意志法学创立的法律关系理论，给全世界提供了一种最为简便易懂的民法分析和裁判方法，它不但是当代世界民法立法普遍采纳的逻辑，而且也是学习法律、法院司法裁判的逻辑。

（二）民法法典化运动

民法规范的体系化科学化的集大成者，是欧洲十七世纪开始的"民法法典化运动"。[③] 十七世纪之前世界上并无国家立法机关编纂的民法典，但是从十七世纪开始，欧洲大陆国家都开始编纂民法典，最著名的是《法国民法典》、《德国民法典》、《瑞士民法典》，它们被称为"世界三大民法典"。此后民法法典化运动开始向世界扩展，日本明治维新后编纂了《日本民法典》[④]，我国也在

---

① 请参阅〔罗马〕查士丁尼《法学总论——法学阶梯》，张企泰译，商务印书馆，1989 年版的"出版说明"等。

② 对此可以参阅的文献有：Wieacker, Privatrechtsgeschichte der Neuzeit, 2. Auf. 1967, S 430 ff; KonradZweigert/ Hein Koetz, Einfuehrung in die Rechtsvergleichung, 3 Auflage, J.C.B. Mohr, 1996, Seite 130 usw。

③ 参见孙宪忠主编《民法总论》（第二版），社会科学文献出版社，2010，第 36~40 页。

④ 〔日〕北川善太郎：《日本民法体系》，李毅多、仇京春译，科学出版社，1995，第 101 页以下。

清末编制完成了《大清民律草案》[①]，又在二十世纪三十年代编纂完成了《民法典》。第二次世界大战之后，很多国家获得独立，也都陆续完成了自己的民法典编纂。美国和加拿大的一些州、省也编制了民法典。

民法法典化运动的浪潮之所以能够席卷世界，虽然各国具体的原因不一致，但是有些原因是共同的。这些原因大体来说，有以下几点。

第一，集中立法充分承认和保障民事权利。民法法典化运动之前的相当一段时间，在历史上被称为"黑暗时期"（Dark Time），其基本特点是神权至上、君权绝对、自然人格的等级身份制。基于神权的公共权力普遍存在滥权和任意，而被统治者的权利被压抑到极致。后来出现的人文主义革命和启蒙思想运动，提出了实现民事主体平等、意思自治、自己责任等原则[②]，作为反对封建统治的工具。将民事权利为核心的民权通过制定民法典而系统化，正是为了有效地保护被统治者的权利。也就是因为这样，民法典的编纂在世界各国有极大的政治动力，获得人民的普遍支持。

第二，通过民法典编纂，展现国家治权独立，并以此实现立法者推动社会进步的雄心壮志。民法法典化，出现在欧洲各个民族国家从罗马教皇手中获得世俗国家主权时期。大家都知道拿破仑在自己成为法兰西皇帝的加冕典礼上从教皇手中夺过皇冠自己给自己加冕的情节。众多书籍都记载了拿破仑在《法国民法典》制定过程中，在法国参议院审议《法国民法典》的 102 次会议中，他至少亲自在 57 次会议上作为主席，力推该法的制定。[③]拿破仑正是要以此来体现自己所代表的新兴力量治理国家、推动国家转型的雄心壮志。事实上法国也就是通过民法典的实施，完成了从封建国家到现代工商业国家的转变。德国民法编制的情形也与此类似。通过民法典编纂展现立法者对于本国的治权独立，这一点也成为后来殖民地国家独立之后普遍的做法。

第三，统一民法，给现代工商业发展铺平道路。民法法典化运动之前，

---

① 杨鸿烈：《中国法律发达史》（下卷），商务印书馆，1930，第 898 页。

② Hans Hattenhauer, Grundbegriffe des Buergerliches Rechts, Verlag C.H. Beck, 1984. Seite 58-59.

③ 〔德〕茨威格特、克茨：《比较法总论》，潘汉典等译，贵州人民出版社，1992，第 157 页；梅汝璈：《拿破仑法典及其影响》，《清华法学》2004 年第 5 期。因为拿破仑对于该法典贡献巨大，因此《法国民法典》曾经两度被法国议会命名为《拿破仑民法典》。

欧洲社会的法律渊源严重不统一。著名学者梅汝璈先生指出，自罗马帝国瓦解和罗马法失效之后，日耳曼各民族各部落均挟其地方的习惯法以为治，而全欧法律种类之多，以千百计。那时只法国一国的民法便有数百种之多。伏尔泰（Voltaire）曾讥笑说：旅行法国者改换法律次数之多，犹如其换马匹。[1] 这种情形在德国也是一样的，在现在的德国境内当时有三百六十个享有主权的邦国，它们施行完全不同的民法规则和体系。[2] 法律上的支离破碎，不但与统一的国家意识形成矛盾，而且更为糟糕的是它妨害了现代工商业和交通的发展。编纂民法典统一民法，正是为了解决这个问题。所以我们也可以看到，在民法典编纂后这些国家都成功地从农业社会转型为现代工商业社会。

第四，依据成文法，限制立法者任意立法，限制法官任意司法。在民法法典化之前，人们普遍适用的法律是习惯法。习惯法存在因时而异、因地而异、法律效果无法统一的弊端。依据习惯法裁判，对于人民权利损害极大。受罗马法中成文法规则的启发，理性法学家们提出了"法律必须是写下来的理性"的名言[3]，指出必须把法律用成文法的方式写下来，把立法者、司法者对于法律的认识固定在书面形式里，以限制他们任意操作[4]，人们把这一点称为民法典的"形式理性"思想。[5] 形式理性思想强调法律尤其是涉及民事权利的立法必须具备完善的形式，要尽可能地从立法上实现社会对于公平正义的追求。这一思想直接推动了民法法典化运动的诞生和扩展。民法法典化运动中的这些思想，有一些可以作为我们今天的借鉴。

（三）民法法典化的一般规则

世界上的民法法典，要么采取了《法国民法典》的立法模式，要么采取

---

[1]　梅汝璈：《拿破仑法典及其影响》，《清华法学》2004 年第 5 期。

[2]　海尔穆特·库勒尔：《〈德国民法典〉的过去与现在》，孙宪忠译，载梁慧星主编《民商法论丛》第 2 卷，法律出版社，1994，第 236 页以下。

[3]　Wieacker, Privatrechtsgeschichte der Neuzeit, 2 Auflage, 1967, § §15 ff.

[4]　〔德〕海因茨·休布纳：《德国民法中编纂法典的基本问题和当前的趋势》，谢怀栻译，载高等学校教学参考书《外国民法资料选编》，法律出版社，1983，第 72 页。

[5]　〔美〕艾伦·沃森：《民法法系的演变及形成》，李静冰、姚新华译，中国政法大学出版社，1992，第 32 页以下。

了《德国民法典》的立法模式。对我国民法的发展影响比较大的也是这两个法典。《法国民法典》在编纂时有意识地采纳了《法学阶梯》的立法模式，它的主文共三编，第一编是人法，第二编是物法，第三编为取得财产的各种方法。[①] 这一编纂体例给人们展现了一幅"一手交钱一手交货"的图画：现成的人、现成的物、订立合同时拿走货物。《法国民法典》采用这种模式的理由非常明确，就是为了让"外行中的聪明人"也能够读得懂这些民法规则。[②] 该法的立法者认为，普通民众参加的交易就是"一手交钱一手交货"的买卖，合同成立的同时，标的物及其所有权就转移给了买方，所以《法国民法典》有意识地没有规定我们现在非常熟悉的债权和物权这些制度。这个规则，在法学上被称为"同一主义"的立法模式。这一立法体例后来受到很多批评，因为，在交易中容易引发争议的并不是这种"一手交钱一手交货"的买卖，而是那些远期合同，即合同订立后才要组织生产制造标的物的合同。因为远期合同经常发生不能按照合同约定履行的情况，因此需要建立更加完善的制度。相比之下，《德国民法典》在这个核心问题上建立的规则更符合交易实践的需求。和法国民法一样，德国民法同样接受了"契约应该履行"这个原则；但是它准确地抓住了契约应该履行不等于契约绝对会履行这个核心事实，而且从这个事实中得出了契约成立时就应该生效，即产生债权约束力的法律效果，只有在契约实际得以履行时才发生标的物及其所有权移转给买受人的法律效果的区分性结论。因此在德国民法中，涉及交易的民事权利必须区分为债权和物权，而且支撑这两种基本权利的法律根据也必须做出区分。这就是"区分原则"的立法模式，这个基本的原理是十七世纪理性法学派确立的。[③] 因为涉及交易的基础性权利有制度性区分，所以《德国民法典》之中出现了独立的债权编和物权编。此外，以婚姻为核心的亲属法，既包括人身关系因素也包括财产关系因素，虽然不涉及交易，但是婚姻的本质也是当事人自己意思

① 请参阅李浩培等译《拿破仑法典（法国民法典）》，商务印书馆，1997年版的"译者序"第3页。不过，2004年法国议会又颁布了"担保法"作为其民法典的第四编。

② Konrad Zweigert/ Hein Koetz, Einfuehrung in die Rechtsvergleichung, 3 Auflage, J.C.B. Mohr, 1996, Seite 87.usw. 该书的汉译本即〔德〕茨威格特／克茨著《比较法总论》，潘汉典等译，贵州人民出版社，1992。所引用的文字见第157页。不过汉译本用语和德文原文略有差异，因为汉译本是从英文译本转译的。

③ 〔德〕茨威格特、克茨：《比较法总论》，潘汉典等译，贵州人民出版社，1992，第269页。

表示的结果，婚姻中的主体问题、法律行为问题等也是典型的民法问题，因此将其也放置在总则之下独立成编。最后，继承问题也是古老的民法问题，继承的发生在现代社会要更多地考虑当事人自己的意思表示，因此将其放置在总则之下作为独立一编。因为这些民法上的权利有共同的主体问题、共同的法律行为等问题，因此立法者按照"提取公因式"的方法，把这些共同问题的规则提炼出来，编制为民法的总则编。《德国民法典》因此形成了总则编、债权编、物权编、亲属编、继承编的五编结构。

《德国民法典》的编纂体例曾经被人批评不亲民，但是它的实践优势是清晰可见的。我国早在清末变法时就已经认识到了这一点，在那个时候我国就继受了德国民法的基本理论。[①] 目前在我国的民法体系中也可以清楚地看到德国民法五编章结构模式的影响。

（四）判例法模式的简要评述

和大陆法系制定法的模式相并列，英美法系采取判例法模式。判例法体系的特点是法律并非由专门的立法机关通过专门的程序制定，而是由一代又一代法官裁判的判例自然形成。在我国一直有采取判例法模式的呼声，根据是法律的制定费时费力，难以成就；而判例法因为法官可以创造法律，法律的产生比较容易。但是这种观点对判例法的认识并不准确。判例法体系的基本原则并不是法官造法，而是遵循先例。任何一个英美法系的法官在裁判时都首先要援引先例，即使裁判新类型案件，也要从先例之中找出可以适用的原则。如果能够在这些原则之上发展新的原则，而且新发展的原则能够被后来的裁判援引，判例才能够形成判例法。判例如果不被援引则不会演变成判例法。[②] 判例演变成判例法总是要经过很长的时间。另外，因为判例法体系性差，有强烈的国别背景，英国早期形成的判例法

---

① 中国当时的修订法律大臣在比较法国民法和德国民法的奏疏中说："原本后出最精确之法理，学术之精进由于学说者半，由于经验者半，推之法律，亦何莫不然？以故各国法律愈后出者最为世人瞩目，意取规随，自殊剽袭，良以为学问乃世界所公，除非一国所独也。"前引杨鸿烈书，第906页。又：谢振民编著《中华民国立法史》（下册），中国政法大学出版社，2000，第745页。这一段文字说明，我国当初采取德国民法的基本理论是有意识选择的结果。

② 关于判例法的这些讨论，请参阅〔美〕亨利·莱维·布律尔《法律社会学》，许钧译，上海人民出版社，1981，第65页以下。

体系后来也只是在它原来的殖民地地区得到了应用，他国没有主动引进的例子。中国在建立现代法制之初就已经清楚地认识到这种模式的缺陷而没有采纳。

三　我国民法典编纂的几个现实问题

（一）新中国民法典编纂的简况

　　新中国成立至今，民法典编纂工作已经进行了五次。[①]其中奠定我国现行民法体系基础的是第三次民法典编纂工作。这一次立法，虽然没有完成民法典编纂，但是 1986 年颁布《民法通则》，另外还有先于该法颁布的《经济合同法》《婚姻法》《继承法》等重要的民事法律。此后立法机关制定的很多商事立法、知识产权立法也都是在此基础上进行的。因为那时经济体制改革刚刚开始，社会生活处在变动之中，体系完整的民法典无法制定出来，所以制定了一些民事单行法。但是，国家立法机关曾十分明确地宣布，将来还是要制定统一的民法典。[②]2014 年 10 月，中国共产党十八届四中全会通过《中共中央关于全面推进依法治国若干重大问题的决定》，明确提出"加强市场法律制度建设，编纂民法典"。2015 年 3 月，我国立法机关已经成立了专门组织，不但制订了编纂的规划，而且已经做出了杰出的工作。目前的立法规划是"两步走"，先修订 1986 年制定的《民法通则》为"民法总则"，然后整合民法其他部分

---

① 第一次是在 1954 年，全国人民代表大会常务委员会组织民法起草，至 1956 年 12 月完成"民法草案"，包括总则、所有权、债、继承四编，共 525 条。第二次是在 1962 年，国家立法机关开始起草民法典，1964 年 7 月完成"民法草案"（试拟稿）。这一次的"草案"采取了"三编制"体例：第一编"总则"、第二编"财产所有"、第三编"财产的流转"。这两次民法立法活动均因政治运动而终止。1978 年我国开始改革开放，民法的地位和作用重新受到重视。1979 年 11 月全国人民代表大会常务委员会的法制工作委员会设立民法起草小组，开始新中国第三次民法典起草，1982 年 5 月完成"民法草案"，共 8 编、43 章、465 条。第四次发生在 2002 年，编制完成了《中华人民共和国民法草案》，在 2002 年 10 月召开的全国人民代表大会常委会上进行了审议。现在进行的编纂为第五次。

② 王汉斌：《关于〈中华人民共和国民法通则（草案）〉修改情况的说明》，载《中华人民共和国第六届全国人民代表大会常务委员会第十五次会议文集》，人民出版社，1986。

为民法典。2016 年 6 月民法总则草案已经进行了第一次审议，而民法典的各分则编的整合工作也已经展开。

（二）编纂民法典的现实必要性

我国民法典的编纂和历史上一些著名民法典的制定背景有很大的差别。《法国民法典》、《德国民法典》、《日本民法典》等，都是在这些国家面临政治制度、经济制度的重大转型和人民权利需要从封建压迫下予以解放的情况下制定出来的。而且这些国家还有统一民法的现实问题。我们现在编纂民法典的背景，是政治制度以及经济制度已经稳定，人民权利保障的法律已经基本成体系，没有转型的问题。在这种情形下，我国社会有一种不必制定或者编纂民法典的观点。对此我们不能表示同意，我们认为，我国编纂民法典确实是十分必要的。

第一，现行民法体系中的基本法——《民法通则》，其基本内容被其他法律替代，无法继续发挥基本法的作用，需要重新制定民法总则。由于该法制定比较早，随着改革实践和后来立法的发展，它的主体制度的内容被《公司法》等法律替代，财产法的内容被《物权法》、知识产权立法、《合同法》等法律替代，人身权以及法律责任的制度部分被《侵权责任法》等法律替代，涉外民事立法部分被《涉外民事关系法律适用法》替代。另外，该法中的联营等规定早已失去制度价值。该法 156 个条文，现在仍然有效的只有 10 个左右，内容已经被 "掏空"。[1]虽然该法对于促进和保障改革开放居功至伟[2]，但是现在不得不予以重新制定民法总则。

第二，调整市场经济活动的主要立法出现制度矛盾和漏洞，需要从体系上整合。《民法通则》中还有计划经济的条款，甚至其他在市场经济体制建立后制定的法律，也因为法理认识的差异而出现矛盾。比如 1999 年颁布的《合同法》和 2007 年制定的《物权法》，在核心的交易规则方面就存在矛盾，需

---

[1] 对此，可以参阅全国人大法律委员会 2013 年第 83 号议案、2014 年第 9 号议案等。
[2] 关于《民法通则》对于我国改革开放以及人民权利保护所作出的贡献，请参阅孙宪忠《用民法通则的理性光芒指导民法典的编纂》，《光明日报》，2016 年 4 月 12 日。

要民法典整合，使其协调统一。① 另外实践意义强烈的最高法院多个司法解释，也与《合同法》的规定不一致。② 因此，利用民法典的编纂，实现这些法律规则的系统整合，是必须要做的事情。

第三，涉及民事权利的立法，上位法与下位法之间的关系不协调，需要体系整合予以改进。目前我国涉及民事权利的立法，包括全国人大制定的法律和国务院制定的条例共有 200 多个。这些法律法规，有一些是在改革开放初期甚至改革开放之前制定的；一些法律法规制定的出发点是为了强化社会管理。民法典的编纂虽然不能改变它们，但是可以对它们发挥"上位法规则"的体系化效应，对那些有损于民事权利的行政规则发挥指导性限制作用，以此达到充分承认和保护民事权利的目的。

第四，发挥法典化的系统化效应，防止立法碎片化和枝节化。民法典编纂之后，它可以作为民法的普通法，带动民法特别法，形成普通法和特别法构成的体系，体现制定法的形式理性。在《民法通则》的立法时，立法机关提出了"宜粗不宜细、宜短不宜长、成熟一个制定一个"的立法策略③，这一策略在改革开放初期也许是有些不得已，但是产生了立法碎片化枝节化的问题。《担保法》、《收养法》、《城市房地产管理法》等就是这样的法律。一些有必要制定的法律中，出现了只顾自己的体系完整而不顾及其他立法的情形。④ 人大代表提出的立法议案、一些学者提出的立法建议所表现出的立法碎片化倾向则更加严重，所以立法机关承受的碎片化枝节化的压力也比较大。李适时主任在 2016 年 6 月 27 日所做的民法总则草案的立法说明中，提出了立法应该"讲

---

① 比如《合同法》第 132 条规定，买卖合同成立时必须有标的物，而且出卖人必须有所有权或者相应处分权。因为市场体制下的交易行为大多与买卖有关，所以第 132 条的规则具有核心价值与典型意义。但是如上所述，这个条文确立的裁判规则仅仅能够满足现货买卖的交易需求，而无法满足远期合同交易的需求。市场条件下大量的交易都是在合同订立之后才组织生产，到合同履行时出卖人才取得标的物和标的物的所有权，然后将其交给买受人。依据这个条文裁判案件，肯定损害市场经济实践。

② 对此请参见最高人民法院 2012 年颁布的《关于审理买卖合同纠纷案件具体应用法律若干问题的解释》第 3 条等规定。

③ 请参阅王汉斌《关于〈中华人民共和国民法通则（草案）〉修改情况的说明》，载《中华人民共和国第六届全国人民代表大会常务委员会第十五次会议文集》，人民出版社，1986。

④ 比如《侵权责任法》是有必要制定的，但是该法规定的道路侵权问题和《道路交通安全法》等法律重合；环境保护责任与环境保护的多个法律重合，医疗卫生侵权责任与多个医疗卫生法重合等。

法理、讲体系"的原则。这一点我认为十分重要也十分必要，编纂民法典就是这一原则的体现，而且也是解决这些问题的最佳方案。

总体而言，民法典编纂是现实法律制度发展的必要，是一项必须完成的任务。

（三）民法典编纂的体系化选择

民法典虽然体系庞大，但是能够写入民法典的内容必须进行认真的选择，应该从我国立法体系和法理上仔细斟酌。我的基本看法是：

第一，应该坚持公法与私法相互区分的原则，民法典可以写入的内容只能限制在私法范围之内。民法虽然是市场经济体制的基本法，是一般民众权利的基本法，但是它应该遵从宪法。而且民法典的内容应该只从民事权利的角度加以选择，对于应该由宪法或者由公法解决的问题，民法典基本上不应该做出规定。比如人权问题、自由问题、人格尊严问题等，都应该从宪法的角度加以解决，民法只能从单一民事主体的权利受到损害时的侵权救济的角度做出规定。同时，对于依法行使宪法职权的行政权立法、司法权立法等问题，民法基本上也不宜规定。对于既涉及公共权力也涉及民事权利的问题，民法只能从平等主体的角度、从民事权利的角度解决民法层面的问题。

第二，应该坚持普通法和特别法相区分的原则，民法典只发挥一般法（或者称之为普通法）的作用，应该许可民法典之外存在大量的特别法。民法虽然规模庞大，但是它已经从体系化的角度科学地解决了这个问题。这个方法，就是由民法典作为一般法解决普适性问题，由特别法来解决特殊主体、特殊权利、特殊行为或者特殊责任方面的问题，由此形成一般法和特别法组成的民法体系，并保持民法大体系的和谐统一。

一般法和特别法的关系问题在民法上早已存在。在民法法典化运动时期，曾就商法是否应该纳入民法典体例的问题，各个民法典编纂国家产生分歧。商法虽然在广义上也是民事法律，但是因为其特征明显，因此立法者多数都是在民法之外另行制定商法，这就是"民商分立"传统体例。商法在传统上起源于商事习惯，近代商法作为成文法甚至早于近代民法。但是即便如此，也都认可商法为民法的特别法，商法规范不足者，可以适用民法。理性法学时代，曾经产生过将商法规范纳入民法典之中的立法观点，这种观点也曾经被一些欧洲国家立法采纳，形成了"民商合一"的立法体例。① 但是，世界上普遍的做法是把商法作为民法特别法，依据一般法和特别法的关系处理民法立法和商法立法。我国民法典编纂，也应该采取这一做法。

在民法体系中确立一般法和特别法的体系区分，在我国当前已经显得十分必要。因为我国民法特别法发展很快，已经成为一个巨大的立法群体。简要地说，民法特别法这个大群体包括三个小群体：商事法群体；知识产权法群体；以土地权利立法为基础的自然资源权利立法群体，包括矿藏、森林、草原、水流、海域、环境保护等方面的行政法规群体。除行政法规之外，其他的特别法群体也是非常庞大的，编制一个无所不包的民法典的观念绝对不可能实现。但是我们可以利用一般法和特别法的逻辑来处理这些法律之间的法律适用关系，即在民法总则或者民法典中建立民事权利的一般规则，对特别法中民事权利规则产生统辖作用。

民法一般法或者普通法和特别法之间的基本规则是特别法优先、特别法未规定者适用普通法。这个原则体现了民法对于特别法的尊重，但是特别法的规定，不能违背民法的基本原则。

第三，应该坚持国内法和国际法的区分，民法典的效力范围应该限制在我国域内。

在国际法领域必须遵守立法主权平等的原则，因此民法典原则上不能规定国际法。在国际交往过程中，尤其是在"一带一路"倡议贯彻过程中，我国参与制定或者签署了很多国际法性质的民事规则，这些规则对于民法而言具有优先效力。民法与国际私法的关系问题，也属于一般法和特别法的关系问题。国际私法专门解决涉外民事争议的法律适用问题，民法典对于国际私法也要基于足够的尊重，不能替代国际私法。

第四，应该坚持实体法和程序法相区分的原则，民法典的内容应该限制在实体法的范畴内，对程序法问题原则上不做规定。

总之，民法的内容是庞大的，但是民法典的内容是有限制的，不是任意而宽泛的。

---

① 迄今为止，采取"民商合一"体例的立法是《瑞士民法典》《苏俄民法典》《意大利民法典》等。参见梁慧星著《民法总论》（第三版），法律出版社，2007，第11页。

（四）我国民法典体系整合工作的要点

李适时主任在 2016 年 6 月 27 日关于民法总则草案的说明中指出，我国民法典将由总则编和合同编、物权编、侵权责任编、婚姻家庭编以及继承编这些分编组成。这一规划基本合理可行。原因在于：①总则和分则相区分的结构，符合民法典编纂的科学原理，总则解决一般规则问题，分则解决较为具体的问题。②这一规划符合法律关系科学原理。按主体—客体—权利—行为—责任的逻辑——展开，制度清晰明了。③符合物权和债权相区分的基本原理，便于对交易生活予以引导，便于对交易案件予以准确分析和裁判。④侵权责任法独立成编，符合强化保护财产权利和人身权利的大趋势要求。⑤婚姻法在独立于民法体系之外六十多年后重回民法体系之中，而且将其改名为婚姻家庭编，不但彰显婚姻家庭的民法本质，而且更加体现立法对于婚姻家庭的特别重视，更加有利于实现婚姻家庭的和睦。⑥继承法从民法体系化的角度独立成编，彰显了对于当事人私权的重视，有利于保持财产支配秩序的稳定和发展。总体而言，我国民法典的这一体系还是保持了持续百年多的潘德克顿立法的传统，而且该模式是世界上广受好评的模式。

我国民法典的编纂，并不是将现有民法立法简单地予以归并，而是要建立一个和谐统一的内在体系，这就是我们所说的体系整合的问题。应该看到，我国立法机关多年以来一直在从事着民事法律体系整合的工作，比如《担保法》的基本内容已经被整合入《物权法》之中；《收养法》整合入婚姻家庭一编之内现在也已经没有争议。但是从上文分析可以看到，编纂民法典的任务仍然是艰巨的。需要解决的比较大的难点问题有：①如何在民法之中坚持意思自治原则的问题；②如何在民法总则的民事权利一章，建立可以对于民法各个特别法具有统率作用的上位法规则问题；③如何协调现行《合同法》和《物权法》的矛盾，使得这两个重要法律的相关规则和谐统一的问题；④如何协调民法总则中的人身权制度、债权请求权制度、侵权责任制度，使得它们在保护人格权等方面能够和谐一致的发挥作用的问题；⑤如何进一步体现当代社会婚姻家庭关系特点，建立新形势下的和睦家庭关系的问题等；⑥如何使得立法更加符合我国民事活动的现实国情，更加符合民众对于立法的期待的问题；⑦

如何进一步提高立法科学性与规范性，如何使得立法语言更加精确、明确、统一、同一方面的问题等。

（五）几个社会认识问题的简要回答

第一，在民法体系化指导思想基础上编纂的民法典，会不会因为其体系封闭而无法反映社会进步的问题。认为民法学说体系封闭而保守，难以容纳新知识新规则的质疑一直存在，但是，不论是依据民法科学还是从实践分析，这种观点都是一种误解。支持现代民法典体系的法理，已经实现了科学性、严谨性和开放性的融合一致。社会的新发展新规则，一部分通过修改法律得到了反映，另一部分通过民法典之外的特别法得到了反映。比如关于保护劳动的制度就是在劳动法中加以规定的，保护消费者的制度就是在消费者权益保护法中规定的。

第二，民法典是否会限制社会自由问题。民法典意味着涉及民众的法律规则会越来越细密、清晰而且完备，一些人担心这一立法趋势会限制社会的自由。其实这一担心也是不必要的，因为民法规则对于社会大众而言主要发挥行为规范的引导作用，而不是强制作用。民众可以按照法律的引导作为，这样其行为的结果容易受到法律的承认和保护。在法治社会里任何人的行为自由都包括对法律制度基本原则的遵守，民事行为也是需要一定之规的。

第三，民法典追求的形式正义，是否会妨害社会实质正义的问题。其实自古以来公平正义都是借助于一定的形式得以实现的，法律上的公平与正义从来也都是具有一般标准的。民法典的编纂会使得民事领域的实质正义更加有保障。法典化的基本前提是社会普通人的实质正义，而特殊群体的实质正义也要达到而不是超越普通人的实质正义。劳动者保护、消费者保护、未成年人保护、残疾人保护等实质正义的需求，在法律上都是这样予以解决的。

结 语

我国当前进行的民法典编纂工作是对于改革开放过程中依据民法推进我国社会进步的经验总结，也是进一步贯彻落实依法治国原则的切实措施，也是中国共产党和中国人民建设法治社会、追求现代法制文明的具体行动。民法典的编纂意义重大，任务艰巨，但是从历史分析的角度看，现在我们已经面临完成这个历史任务的最佳时期。在中央的领导下，在立法机关、我国社会和我国法学界的共同努力下，我国一定能够按照规划完成民法典编纂的世纪伟业。

谢谢。

**第二篇　从立法体系化科学化的角度看中国民法典
　　　　编纂中的几个重大问题**

| 写作背景

本文是 2015 年最高立法机关成立民法典编纂工作小组和五个课题组之后，作者向立法机关提交的一份立法研究报告。在 2014 年中央决定编纂民法典后，民法典编纂的社会呼应形成热潮。但是，实事求是地说，我国社会对于民法典是什么，为什么要有民法典，民法典应该写上些什么，其篇章结构应该如何展开，如何处理民法和宪法、行政法、商法、国际私法、民事程序法之间的相关联系等一系列问题，总体来说并不十分清楚。作者在撰写民法典编纂议案、参加立法研讨和论证会议时，尤其深刻地感受到这一点，遂产生撰写这个研究报告的想法。事实上我国社会并没有一致同意编纂民法典，包括法学界在内的很多人认为，我国已经有了 1986 年制定的《民法通则》，还有了《合同法》《物权法》《侵权责任法》等法律，此外还有群体性的商法法律和知识产权法律，再制定民法典不但没有必要，而且也无法将现有的民商法、知识产权法容纳进去。甚至有法学家当面讽刺说，搞民法典就是某人为了当中国的拿破仑。还有学者说，中国立法机关和主导学者没有编纂民法典的能力。当然，更多的争议在于民法典的体系和其他法律的体系划分问题，包括民法典能做什么不能做什么，民法典编纂怎样处理和宪法、行政管理法的关系，和商法等民法特别法的关系，和涉外民事法律的关系，和民事程序法的关系这样的问题。当然，争议也包括民法典本身的体系构成问题，比如，总则和分则的体系划分问题。在参加多次学术研讨会之后，本人认为，这些问题，虽然是我国社会的热议问题，其实也是立法机关应该解决的问题，所以本人随即以全国人大代表和立法专家的名义，向全国人大常委会的工作机构提交了这一份立法报告。本文对上述争议问题一一做了解答。本文不但没有否定而且高度评价了 1986 年的《民法通则》的历史作用，以及后来我国民商法的重要发展，但是也同时指出了随着经济基础的变化，现在必须重新制定民法总则，之后整合其他法律为民法典。本文对民法典编纂的历史和理论体系有比较细致地梳理，梳理清楚了民法典和《民法通则》，和宪法与行政法以及相关法律之间的关系，也对我国民法典编纂的方法步骤提出了比较细致的观点。

| 本篇目录

中国最高立法机关正在进行"编纂民法典"的历史性工作。本次编纂，是二十世纪五十年代以来的第五次编纂。目前的立法计划是，本次编纂工作先修订 1986 年制定的《民法通则》为"民法总则"，然后整合民法其他部分为民法典分则，整体工作分为两步走，大体上在五年之内完成。本文作者参与了二十年来中国民法立法的各项工作，本次民法典立法再一次被国家最高立法机关聘请为立法专家，比较多地参与了中国《物权法》以来包括本次"民法总则"立法在内的各项民法典立法的准备工作，因此机遇，本人对前四次立法之所以不能成功的原因进行了独特的检讨。在本人看来，前几次民法典立法未果，除政治经济与文化方面的原因之外，立法者从一开始就没有从立法的科学性、体系性的角度提出要求，也没有在探索民法典立法与国家治理之间的社会科学规律性问题方面做出努力，因此民法典的制定总是就事论事，于国家治理的道理有所不足。因为这个原因，前几个民法典的设计，不论是体系模式的选择还是具体制度与规范的设计，都显示出鲜明的随意性甚至任意性。而恰恰就是因为这种原因，对于民法典的制定的最终决策，也可以随意甚至任意。一直到今日，不论是立法者、法学家还是社会舆论，其中相当一部分人对民法典并无深刻理性的认识，因此立法动议、观点、评价非常多，但是这些看法对于推进民法典编纂发挥积极作用的并不多。也正因为此，以本人看来，本次民法典的编纂，必须首先在法典编纂与依法治国之间的基本理论方面再下功夫，在法典自身及其规范以及制度设计的科学性体系性方面多下功夫，这样才能编纂成功该法，完成把民法典立法真正变成科学的"国家治理"的重要基础工程的任务。本文的思路也正是以此展开，但是，显然这一篇小小的文章并不能完全展开讨论这一主题，而只是据此思路提出一些问题供有识者参考。

一 1949年以来中国民法典的立法概况

（一）五次民法典编纂的简况

1. 第一次起草

1949年，中国共产党建立了新中国，当时的中央政府明确宣布，包括《中华民国民法》在内的国民政府"六法"均被废除。1950年，参考《苏俄婚姻、家庭及监护法典》，制定新中国第一部婚姻法。1954年，全国人民代表大会常务委员会组织民法起草，开始了第一次民法典的编纂工作。这一次立法工作，至1956年12月完成"民法草案"，包括总则、所有权、债、继承四编，共525条。这个草案显然受到前苏联民法典的影响。此后，中国发生整风、反右等政治运动，尤其是此时在城市开展的"公有化社会主义改造"运动、农村的合作化运动，打破了中国当时法律上的财产所有权制度体系，1954年，颁布的具有宪法效果的《共同纲领》中的几种所有权都被实际废止，这些事件，使得民法起草工作不得不中断。这一"民法草案"以1922年的《苏俄民法典》为蓝本，其特点是采用"四编制"的模式，亲属法被排除在民法典之外；未采用"物权"概念而仅规定"所有权"；不适用"自然人"概念而用"公民"概念代替；仅规定诉讼时效而不规定取得时效；强调对社会主义公共财产的特殊保护等。但是该草案大体上还是德国民法的模式。

2. 第二次起草

1962年，中国在经历重大政治和自然灾难之后，调整经济政策，中央的决策又强调发展商品生产和商品交换，民事立法又受到重视。国家最高立法机关因此开始第二次民法典起草。至1964年7月立法机关完成"民法草案（试拟稿）"。这一次的"草案"采取了既不同于德国民法也不同于苏俄民法的"三编制"体例：第一编"总则"、第二编"财产所有"、第三编"财产的流转"。这种模式有些类似罗马法的《法学阶梯》体例。该草案将"亲属"、"继承"、"侵权行为"等排除在外，却将"预算关系"、"税收关系"等纳入其中；该草案且完全放弃了"权利"、"义务"、"物权"、"债权"、"所有权"、"自然人"、"法人"等法律概念，而采取人民化的财产权等概念。显而易见，此次民法典起草，显示了立法者一方面企图摆脱前苏联民法的影响，另一方面也与西方民法划清界限的立场。草案内容受到当时中国共产党与苏联共产党进行的意识形态论战的影响，立法的指导思想已经非常偏激，已经完全不顾立法体系上规范属性的划分，包括了很多公法的内容。

即便如此，1964年起在全国范围内开展的"社会主义教育运动"（以下简称"四清运动"），则以更加极端的政治运动导致新中国第二次民法起草工作中断。此后至1966年"文化大革命"爆发，司法机关均被撤销，立法、司法、法律教学和法学研究也完全中断。

3. 第三次起草

1977年，中国在经历十年"文化大革命"之后实行改革开放，从单一公有制的计划经济体制向市场经济体制转轨，民法的地位和作用重新受到重视。1979年11月全国人民代表大会常务委员会的法制工作委员会设立民法起草小组，开始新中国第三次民法典起草。这一次立法工作至1982年5月完成"民法草案"，共8编、43章、465条。该草案的编制体例和主要内容，参考了1962年的《苏联民事立法纲要》、1964年的《苏俄民法典》和1978年修订的《匈牙利民法典》等。但是这一草案并没有予以颁行，因为，立法者考虑到经济体制改革刚刚开始，社会生活处在变动之中，体系完整的民法典无法制定。于是立法者改变立法方式，暂停整体的民法典起草，而采取先分别制定民事单行法，待条件成熟时再制定民法典的方案。1986年全国人民代表大会常务委员会副委员长王汉斌在《关于〈中华人民共和国民法通则（草案）〉的说明》中指出："由于民法牵涉范围很广泛，很复杂，经济体制改革刚开始，我们还缺乏经验，制定完整的民法典的条件还不成熟，只好先将那些急需的、比较成熟的部分，制定单行法。……考虑到民法通则还不是民法典，草案可以对比较成熟或者比较有把握的问题作出规定，一些不成熟、把握不大的问题，可以暂不规定。"[1] 这一时期民法立法活动的主要成果是1986年颁布的《中华人民共和国民法通则》。该法包括：第一章基本原则、第二章公民（自然人）、第三章法人、第四章民事法律行为和代理、第五章民事权利、第六章民事责任、第七章诉讼时效、第八章涉外民事关系的法律适用、第九章附则，共9章156条。

---

[1] 王汉斌：《关于〈中华人民共和国民法通则（草案）〉修改情况的说明》，载《中华人民共和国第六届全国人民代表大会常务委员会第十五次会议文集》，人民出版社，1986。

此前在 1982 年中国最高立法机关还制订了《中华人民共和国经济合同法》等重要的民事法律。

《民法通则》并不是大陆法系的"民法总则",而是当时中国民法的基本法,甚至是民商事法律的基本法。其内容不仅仅包括民法总则的基本规则,而且还包括物权、债权、知识产权、法律责任、涉外民事法律关系适用的规则。该法在社会主义法律体制的原则下,关于民事权利部分的内容,在承认和保护民众权利方面超越了前苏联民法。此外,该法还有许多价值重大的创造,下文将还有述及。

1992 年,中国修改宪法,正式宣布建立市场经济体制,因此民法、商法、知识产权法或者被称为广义的民商法这些专为市场经济体制服务的法律获得了巨大的生机。中国民法从此走上了彻底脱离前苏联民法的道路,开始全面接受市场经济的精神和制度规则。立法者在 1993 年再修订原来的《经济合同法》等三个合同法的基础上,重新编制《合同法》,并于 1999 年获得通过;1998 年起草《物权法》,于 2007 年获得通过。此外,《公司法》、《合伙法》等一大批民商类型的法律都被制定出来,因此形成了由《民法通则》和《合同法》、《物权法》、《婚姻法》、《收养法》、《继承法》等民事单行法所构成的现行民法体系。此外,中国还有一批商法、知识产权法等系列性质的特别法。但是,《民法通则》毕竟不能代替民法典的地位和作用,且因《民法通则》和各民事单行法制定时间和背景的差别,难免造成现行民法体系内部的不协调,不能适应市场经济和社会生活对法律调整更高的要求。①

4. 第四次起草

自 1992 年宪法确立市场经济体制之后,中国各界即酝酿制定编纂民法典。1998 年全国人民代表大会常务委员会编制的立法纲要提出了在 2010 年制定完成民法典的规划。该规划明确指出,民法典的制定完成标志着中国市场经济的法律体系建设的完成。这一纲要对于民法在中国法律体系中地位的高度肯定以及对于编制民法点的重要性的肯定,不仅对于民法学家,而且对于整个中国法学界鼓舞极大。在一片欢呼声中,中国立法机关做出了起草民法典的决定,许多中国学者组成了课题组自发地开始了编纂民法典的工作。1998 年后

---

① 梁慧星:《中国民法典草案建议稿附理由》,法律出版社,2013,第 4~8 页。

在很短的时间里，中国出现了数个学者的民法典立法方案。在学术界迫切希望民法典尽快出台的精神的鼓舞下，中国最高立法机关也做出了决定，将民法典颁布的规划日期从2010年提前到2005年，并在2002年编制完成了中华人民共和国民法典草案，提交到当年10月召开的全国人民代表大会常务委员会上。

这个民法典的立法方案共划分为九编：第一编总则、第二编物权法、第三编合同法、第四编人格权法、第五编婚姻法、第六编收养法、第七编继承法、第八编侵权责任法、第九编涉外民事法律关系的法律适用法。这个立法方案有许多显明的特点——并不一定是优点的特点。首先，从体系上看，该方案基本上遵守了"潘德克顿法学"的体系模式，从其基本结构中仍然可以清楚地看出"潘德克顿法学"五编制的结构，其不同点是取消了债以及债权法的总则性质的规定，而增加了人格权法和侵权责任法这两个独立的编。其次，从立法的内容上看，除增加的物权法、人格权法和侵权责任法部分外，该立法方案基本上是现行民法体系中生效法律的简单聚合或者归并，不但在立法的内容方面没有任何积极的创新，而且也没有对这些有效的法律做漏洞的弥补或者重复的整合。这一点不但可以从各编的内容中看出来，而且还可以清楚地从"收养法"这个独特的编中看出来。本来收养只是家庭关系中父母子女关系发生变动的原因，所以该部分内容应该规定在家庭法或者婚姻家庭法一编中的父母子女制度这个具体的环节之中，但是因为当时在中国婚姻法和收养法是两个法律，所以立法机关就将它们规定为两个编。再如代理问题，在该方案中不但总则部分有规定，而且合同法部分、亲属法部分也有规定，条文内容多次重合，其中的原因也是现行法就是这样规定的，而立法机关没有将它们做任何积极的修订。再次，该法对于当时已经明显不适合市场经济体制要求的许多规则也都予以了保留，很多内容显得非常不合时宜。复次，从本人当时参加立法谈论的笔记看，在最高立法机关组织的立法讨论会上，多数人对于人格权独立成编的问题都表示不赞同，而立法起草机构对此也不做出说明，以至于对这个问题的争论保留到现在，理论准备显得十分仓促。最后，第九编国际私法的内容部分相当丰富，与其他部分的简易化立法相比显得不大协调。

总体而言，2002年的"民法草案"实在不是法理上深思熟虑、实践上符合市场经济体制要求的立法方案。在当时，对于上述立法草案，民法学界一致认为毫无创新和发展，因此这个立法方案在提出之后就戛然而止。①目前，还有学者坚持这个立法方案，对此我们很难赞同。

5. 第五次起草

2014年10月，十八届四中全会通过《中共中央关于全面推进依法治国若干重大问题的决定》，明确提出"加强市场法律制度建设，编纂民法典"。2013年至2015年3月，我本人作为全国人大代表，在第十二届全国人民代表大会上三次提出编纂民法典的议案，这个议案在十二届全国人大三次会议上成案。该议案提出了首先修订《民法通则》为"民法总则"，然后整合其他民商事法律为民法典的观点，也就是民法典的编纂分为两步走的观点。目前民法典的立法规划，正是按照"两步走"规划进行的。其后，全国人大开始着手起草民法典的相关工作。这是中国民法典的第五次起草。

（二）《民法通则》的得失

根据本次民法典编纂工作的规划，立法分为两步走，第一步就是修订1986年颁布的《民法通则》为"民法总则"。因此我们有必要理解为什么要修改这个法律。该法在中国之外有不同的译本，很多外文似乎将其称为中国的民法总则。它的内容并不仅仅限于民法总则，还包括了物权法、债权法、知识产权法、民事责任立法的基本规则，因此它实际上是民法的基本法，其覆盖范围涉及全部民商法、知识产权法，涉及民事的行政法规等。

从历史发展的角度看，我们必须对该法的颁布给予充分的肯定，主要原因有：

第一，第2条关于民法调整范围的规定，承认了计划经济体制下民法社会存在和发展的必要性，给后来以意思自治原则为基础的民法社会的发展奠定了道德和法理基础。这一条文的规定，至今呈现智慧和理性的光芒，对中国整体的市场经济体制的法律制度发展发挥了重要的指导作用。

第二，它规定的法人制度尤其是企业法人制度，给我国的经济体制改革确立了方向。因为1986年之前，公有制企业并不被作为法人而是被作为政府机构。《民法通则》规定了法人制度之后我国公有制企业才开始了真正市场意

---

① 孙宪忠：《中国民法典制定现状及主要问题》，《吉林大学社会科学学报》2005年7月，第169页。

义上的改革。其他的各种法人，也对后来的改革开放发挥了极大的作用。

第三，《民法通则》规定的人身权制度、债权制度、物权制度、知识产权制度、法律责任制度，对后来的经济体制改革和人民权利承认与保护居功至伟。

第四，《民法通则》关于涉外民事法律关系的规定，在对外开放中发挥了核心立法和基础立法作用。

《民法通则》发挥作用三十年，它对我国改革开放的贡献无法一一枚举。时至今日，《民法通则》也面临立法的经济基础改变、国家基本经济制度改变、大规模民商法制定独立法律或者法规、基本内容被"掏空"等一系列难以解决的问题。简要地说，该法的一些规定是宪法确定的计划经济体制时代的产物，那时民营经济、民间财产交换都受到严格限制。后来这些规则都被其他立法替代，该法 156 个条文，多数实用性的法律规范都被后来制定的独立法律改变甚至废止，目前该法实际上还在使用的条文只有十余个。这就是本人在立法议案中所提及的"掏空"现象。"掏空"这个名词，已经出现在最高立法机关的立法理由之中。从民法典立法的固有体系看，现在中国民法所急需的，就是"民法总则"，因此本人提出，在修订《民法通则》的基础上编制"民法总则"的议案，而且最高立法机关也接受这样一种观点。

（三）本次民法典编纂工作的启动和进展

本次民法典的编纂工作，是一项由最高决策者确定的国家行为。这一工作的负责者和参与者是：最高立法机关的工作机构——全国人大法工委担负总责，最高法院、最高检察院、国务院法制办、中国社会科学院、中国法学会五个单位作为协办单位。这些负责单位和协办单位组成"民法典编纂工作小组"，该小组于 2015 年 3 月 20 日正式成立。在这一次会议上，还成立了工作小组的专家组，我自己也是成员之一。在这次会议上，我本人对民法典编纂工作提出了自己的方案。

2015 年 3 月 31 日该小组开会，确定了编纂工作的具体做法是"两步走"，即首先在修订《民法通则》的基础上制定"民法总则"，然后在整合其他民法立法的基础上形成民法典。这个规划，和我本人在 2013 年、2014 年两次全国人民代表大会上所提的议案的设想完全一致。

中国社会科学院作为协办单位之一，由中国社会科学院副院长负责，具体承担研究工作的是法学所民法课题组，也就是我本人负责的课题组。这个课题组最早的存在，可以上溯到二十世纪五十年代。改革开放过程中，该课题组一直在国家民事立法活动中发挥着核心智囊的作用。其中，在1986年《民法通则》立法活动中、在社会主义市场经济体制下的法律体系建设过程中，本人的导师王家福教授率领的课题组所提出的系统建言被采纳；之后这个课题组在梁慧星教授的领导下提出完整的《合同法》、《物权法》的学者建议稿，为这些市场体制最为重要的法律奠定了基础。因此，2008年该课题组获得中国法学会三十年来所颁布的唯一的"杰出成就奖"。我本人也是这个课题组的成员，负责撰写民法总则、物权法编的部分内容。目前中国社会科学院民法课题组吸收了北京大学、清华大学等二十多个高校的学者参加。所以我们这个课题组也应该理解为具有全国意义的学术队伍。目前，我们的课题组经多次研究，已经产生了体系完整的立法方案。

目前，最高立法机关所做的工作是编制民法总则。这是一项政治性、学术性都非常强的工作。按照全国人大法工委的立法计划，这项工作应该在2017年完成，民法典的立法工作应该在2020年完成。

二 民法典编纂过程中的科学化体系化思考

如果要探寻民法典编纂中的规律性，尤其要探索民法典编纂和国家治理的关系，首先就应该对于欧洲十七世纪开始的民法法典化运动有清晰的了解。民法典的编纂其实只是大陆法系发展到理性法学阶段后的产物，而且成为当时欧洲大陆主权国家普遍的现象。十七世纪之前世界上并无民法典，在理性法学的推动下，从十七世纪开始到十九世纪世界上曾经出现了"民法法典化运动"①，《法国民法典》、《德国民法典》、《瑞士民法典》是这些法典的楷模。此外还有很多国家都制定了民法典。第一次世界大战之后，出现了《俄罗斯民法典》。亚洲地区的民法典、拉丁美洲的民法典只是民法法典化运动后期的产物。

①　孙宪忠主编《民法总论》(第二版)，社会科学文献出版社，2010，第36~40页。

这一段历史我国法学界并不十分清楚，因此在这里简要介绍一下。

理性法学是受人文主义革命影响而产生的重要法学革新，近代以来的法律新思想多与理性法学有关。[①]实际上，理性法学发展到后来，和影响更加巨大的启蒙运动的科学与理性结合在一起，推动了欧洲的民法法典化运动，而且将这一运动推向了全世界。本人在学习和研究的过程中发现，理性法学在这一过程中有三个重要法律思想渊源，是它们铸造了民法科学化体系化的基础。[②]

（一）民法世俗化思想

所谓法律世俗化，指的是将法律效力的渊源确定在世俗的人的身上，而不再确定在神、上帝的身上的法律思想；而且，法律应该规范的社会活动，也仅仅只是世俗的人的活动，而不规范神的活动。所以法律的世俗化也被称为"脱神化"、"去神化"思想。

法律世俗化思想，在法律的发展历史上，是影响非常巨大的进步。它的首要意义，是把民法规范的作用范围，仅仅限制在世俗的人的身上，使得民法脱离了人神混杂的法律体制。历史上的法律制度中存在人神混杂在一起的居民，神灵享有世俗世界的法律主体的地位，并且对于世俗世界的权利义务关系发挥着强大的决定性作用。比如，法律的裁判本来是立法者以及司法者对于世俗的人的行为从正当性的角度做出评价，但是在人文主义革命之前，世俗的人的行为是否公平正义，是否能够获得法律的承认和保护，是要借助于神灵的意志的。所以为了获得这种"公平正义"，人们不断地祷告神灵。这种情形的原因，是社会的统治者需要神灵，把自己制定或者确定的法律效力归属于神力的支持。在人文主义革命兴起之后，世界上诞生了自然权利的学说，它把人与人之间享有权利、承担义务的原因，不再归属于神灵的或者神灵的代表者——君主的意志。这一思想推动了法律世俗化或者脱神化，它不但直接促成了人民主权理论的诞生，而且直接促成了民法上的人人平等、私权神圣、意思自治、自己责任的原则。事实上近现代民法的发展，甚至整个法律世界的发展都是在此基础上建立起来的。所以法律世俗化意义重大。

---

① 对此有兴趣者，可以参阅〔德〕茨威格特、克茨著《比较法总论》，潘汉典等译，贵州人民出版社，1992，第161页以下。

② Wieacker, Privatrechtsgeschichte der Neuzeit, 2 Auflage, 1967, §§ 15 ff.

（二）民法成文化思想

成文法思想，是针对习惯法而言的法律思想，也被称为"脱离习惯法"的思想。人类历史上首先出现的法律是习惯法，以习惯法组成的法律规则，存在法律渊源不准确、不明确、不统一、不同一的问题。因为习惯总是地域性的，而且是一个时代有一个时代的习惯。习惯法的适用，无法取得一个国家整体统一、同一、明确的司法效果。而且习惯法之中，也有一些保留了人类社会初期的劣俗、恶俗。这些都是妨害社会进步的。在罗马法被发现后，理性法学家正是利用了罗马法中的成文法的优点，开始在欧洲整体推行成文法思想。理性法学在这一点上提出："法律必须是写下来的理性。"这一句名言对后世影响巨大。[①] 写下来的理性，就是编纂成文法典，制定有体系性要求的法律。而编制体系性法律的历史机遇，也得到了"罗马法发现"的支持，罗马法那种初级的成文法，不论是《法学阶梯》还是《学说汇纂》，都给民法的体系化提供了物质素材。正是在继受了《学说汇纂》和《法学阶梯》的抽象概念体系（这一过程在历史上被称为"罗马法的继受"）之后，欧洲后来的民法才大体上呈现《法国民法典》和《德国民法典》两种不同的样式。但是我们必须指出的是，理性法学家们的法律成文化的努力，实际上并不是罗马法的简单重述，而是巨大的法律再造活动。比如，十七世纪晚期出现的《现代学说汇纂》（usus modernus pandectarum），已经把民法的全部法律规范整理为总则、物权、债权、亲属和继承五个部分，其体例和罗马法中的"学说汇纂"，不论在外在体系结构方面，还是在具体制度方面，都已经有显著的不同。这一点，说明这一时期理性法学的概念以及制度模式的创造取得了显著效果。《现代学说汇纂》出现后，在此后三百多年的时间里，在"神圣罗马帝国"的版图内发挥了普通法的作用，它成为法官更为喜爱的法律渊源，习惯法的影响力受到极大的压缩。三百年后的《德国民法典》的编纂体例和它基本一致。[②] 资料显示，这一时期理性法学家已经就公法与私法的区分、民法的作用范围、民法典的体系构成等各个方面，形成了系统的见解。也就是因为这样，我们也就能够理解萨维

---

① Wieacker, Privatrechtsgeschichte der Neuzeit, 2 Auflage, 1967, §§ 15 ff.

② Wieacker, Privatrechtsgeschichte der Neuzeit, 2 Auflage, 1967, S. 204 ff.

尼为什么不同意蒂鲍采用《法国民法典》的模式来编纂德国民法的观点了。

（三）民法规则的科学化与体系化思想

大量的民法规则需要建立科学化的系统，将其编制成为一个内在逻辑清晰的整体。理性法学家在这一点上受到了当时自然科学界的牛顿力学的重大影响。众所周知，牛顿力学将力学运动数学化，从而建立现代科学化的物理学知识体系；而这一体系又极大地推动了工业革命的发展。将自然因素数学数字化，也就是将其高度抽象概念化，从而创造出一种具有强大的辐射力量的科学知识系统，使人民脱离愚昧，并促进社会的进步发展，这一点即是当时启蒙运动的主要贡献，也是其不断发展的动力。受这一思想的影响，理性法学家们提出了法律科学化这个概念。在科学主义法学的概念提出之后，区别于法学的狭义的民法科学即由此产生了。

民法规则的体系化和科学化思想，还有一个重要的出发点，就是通过体系化逻辑，建立全部民法规范的内在联系，使得人们不仅仅在编纂法典时，而且在学习和应用民法时，避免法律规范的碎片化，也就是法律规则的分散、不关联的现象发生。法律规范的碎片化现象表现在立法上，就是单一的法规的制定只顾及自身的体系圆满而不顾及整个法律体系内在的逻辑联系和分工，从而使得法律体系内部出现大量无用的"垃圾规范"和重复规范的问题。从司法实践的角度看，非体系性的结果定会造成法律适用的困难。

在中国民法立法的过程中，这种非体系化的做法近年来已经出现，甚至愈演愈烈。比如，如上所述，2002年出台的官方"民法典草案"版本就出现了这样的问题。它把"收养"和"婚姻家庭"各自独立成编，没有考虑到收养制度和婚姻家庭制度的内在体系化联系。另外，该草案也没遵守民法意义上人格权只能从侵权法的角度建立法律规范体系的基本逻辑，形成了"人格权"、"侵权责任法"都在民法典中独立成编的格局。这种非体系化的做法，在2009年底颁布"侵权责任法"时造成了立法碎片化的结果。中国"侵权责任法"的编制，基本上没有考虑到它和现行法律体系中其他生效的相关立法的协调或者统一的问题，结果造成该法规定的高度危险责任、大规模侵权、物的侵害责任、专家责任等，和现行立法大规模重合。比如，作为"高度危险责任"之一的道路交通侵害责任，事实上中国在2003年就已经制定了比较详备的立法，而且在 2007 年该法还得到了非常详细的修正。而《侵权责任法》还是重复规定道路交通侵权责任制度，可是它的规定远远不及 2007 年颁布的《道路交通安全法》的规定详细而且具有可操作性。这样，法院在相关司法过程中都不会适用《侵权责任法》，而会直接适用《道路交通安全法》。大规模侵权中的环境侵权、医疗侵权等特殊侵权责任法律适用问题，法院等司法机关基本上还是直接适用其他的独立的单行立法，而不适用《侵权责任法》。[①] 所以，现在《侵权责任法》中的大量规定都成了无人适用的"垃圾规范"。

可以肯定，如果这一次民法典立法将人格权独立成编，那么肯定也会出现这种情形。

体系化的思考，不仅仅只是解决立法中的逻辑联系问题，而且也是学习和适用法律的基本逻辑。法律适用就是"找法"，体系化的考虑会引导我们知道法律规范的关联，知道上位法和下位法之间的适用优先规则。而且，也会引导我们提出一个问题解决一个问题而又造成其他问题。非体系化的做法常常会造成这个问题。在"民法科学化"这个概念产生后，一代又一代的民法学家在这一方面做出了巨大的努力，他们就是想发展一种所谓"纯粹的法学"。这种法学思潮在后来受到前苏联和中国法学界的猛烈批评，认为这种纯粹技术性的法学，是典型的资产阶级法学。但是从历史发展的角度看，这些批判是非常不中肯的。确实，科学主义法学希望能够将法律科学化、体系化，最好制定出"输入一个事实、得出一个结论"这种计算机化的法典。这种观念现在看来似乎偏颇，但是从历史的角度看，不论其出发点还是实际的效果都是积极的，因为将法律科学化、体系化，就能够使法律上的裁判达到确定、统一、同一的效果，进而消除司法任意性，从而极大地限制公共统治权，尤其是直接针对人民的司法统治权的任意甚至随意。这一点的意义非常重大。另外，科学主义法学极大地促进了新法的实施，它有利于消除法律效果域内不统一、同案不同判这些非体系性立法的弊端，进而强化对普通民众权利的保护。也就是因为这样，我国清末变法时期，采用了这种立法模式。

民法的世俗化、成文化、科学化，整体上体现了一种崭新的国家治理观念：以系统化的法律还权于民的思想、以成文化立法限制公共权力的思想和以

---

① 参见孙宪忠《我国民法立法的体系化与科学化问题》，《清华法学》2012 年第 6 期。

科学主义的裁判规则实现司法操作的公平公正的思想。这些思潮推动了欧洲大陆各个国家普遍性的民法典编纂活动，这就是"民法法典化运动"。这一运动的成效可以说是非常显著的，欧洲大陆从这一运动之后所形成的独特的立法和司法体系，以及法律编纂和法律适用的概念体系和逻辑体系，即被称为大陆法系。而且，第一次、第二次世界大战之后的独立国家，都在法典编纂时，采纳了大陆法系的模式，尤其是民法典编纂的模式。

三 民法典立法素材的选择

在民法典的编纂过程中，首先要解决的问题，是回答该法典能够解决什么问题不能解决什么问题的疑问。显然，虽然民法调整平等主体之间的财产关系和人身关系，但是并非全部的财产关系和人身关系都将要规定在民法典之中。民法典立法从一开始面临的任务，就是选择民法典的立法素材。民法虽然意义重大，但是它不能包揽一切。所以，从立法的体系性科学性的角度看，立法者必须首先明确民法典能够做什么不能够做什么，然后怎样去做自己应该做的事情。

民法典是制定法、成文法的典型，其基本特点就是立法的素材和逻辑由立法者选择。但是，这种选择必须体现体系化、科学化和法律逻辑的作用。所以成文法、制定法和判例法体系有着巨大的不同。相对于判例法体系中的 Law Reporter System 和 Case Restatement 而言，制定法的立法者主动的选择性是鲜明的。

对于民法典编制的素材选择问题，从中国民法典制定的现实国情看，本人在这里提出四个原则供参考：公法与私法相互区分的原则、国际法与国内法相互区分的原则、基本法与特别法相互区分的原则、实体法与程序法相区分的原则。

（一）民法典的私法原则

民法典立法的素材选择必须坚持公法与私法相互区分的原则，其内容只能限制在私法范围之内。

首先，民法立法只是选择平等主体之间的社会关系作为自己的调整对象，它选择的立法素材是传统民法所称的"私人之间"的法律事务，也就是涉及民事权利的法律事务，而不是涉及公共权力的公共事务。早期的罗马法提出了关于公法和私法的区分原则[1]，认为私法主要是民法调整民法社会的法律事务，规范民事权利；而公法调整公共事务，规范公共权力。数千年来，这一区分成为成文法的基本体系区分。当然关于公法和私法是不是应该相互区分、如何区分的问题，法学界也存在较多争论。[2]但是，多数人的观点认为，从法律科学的基础的角度，也就是从社会法权关系运作的角度看，区别公法和私法是有充分道理的。我们可以清楚地看到，公共权力和民事权利的取得、变更、消灭、行使方式、保护方式、损害及其救济等制度都存在重大甚至是本质的不同。因此，关于公法和私法的区分，在法学上是完全可以成立的，而且民法典的立法必须以此作为基础的前提，确定其立法素材的选择。

虽然近现代以来，在很多具体的法律之中，出现了既包括大量公法规范也同时包括大量私法规范的情形。但是大体而言，在这些法律之中，公共权力和民事权利的区分还是有一定之规的，相关的法律制度的建立也还是有章可循的。比如在社会法、自然资源、环境与生态法等法律方面，因为政府操控的经济活动越来越多，具体地把这些法律定义为公法还是私法，确实有比较多的困难。但是，从民法典立法的角度看，这一点并不成为显著的障碍，因为民法典只是规定一般的民事权利问题，这些特殊涉及民事权利的法律将由特别法规则处理。总之，在民法典的立法方面我们更应该坚持公法与私法的区分，民法典不能承担公法事务，不能规定公共权力。因此，对于诸如资源、环境与生态保护问题，动物保护问题，公共法人组成以及运作方式问题，公共财产事务等，民法典只能从民法的角度加以规定，对公法角度的问题不应该做出规定。

再如，近来有些学者提出"隐私"中的信息权的问题，要求民法对此加以规定。但是信息的规则大多涉及行政法的规定，民法事实上不应当过多地干

---

[1] 参见周枏《罗马法原论》（上册），商务印书馆，1994，第83页。
[2] 参见〔日〕美浓部达吉《公法与私法》，黄冯明译，中国政法大学出版社，2003，第23页。

预这个问题。民法只能从侵权救济的角度去解决这个问题，而不能从正面规则的角度建立信息权利的行为规范。

（二）民法典的国内法原则

民法典编纂必须坚持国内法和国际法的区分，立法素材选择必须限制在国内法之内。

民法是国内法，不是国际法，它无法包揽全部国际民事活动规则。在国际法领域，基本的原则是主权平等，因此，民法典只能规范本国领土之内的民事活动。关于国际法尤其是国际私法和民法的区分问题，大体上在潘德克顿法学中后期已经有了明确而清晰的答案。一般情况下，国际私法专门解决国际之间的民事争议的法律适用问题，国内法意义上的民法可以作为国际私法的准据法，所以作为国内法意义私法的基本法，民法虽然可以规定一些国际私法关于确定国际私法准据法的规则，但是国际私法的规则，并不仅仅只是规定在民法之中，甚至主要不规定在民法典之中。因此，从民法典的立法素材选择的角度看，它主要还是规范域内法上的民法问题，国际法上的民法问题将由国际私法予以规范。在中国民法典的编制过程中，有学者提出，中国民法应该建立广泛的属人法规则，这样可以将中国民法的适用范围扩展到国外。这种观点违背了国与国之间主权平等的原则，因此并不可取。

（三）民法典的一般法原则

民法典立法应该采取一般法和特别法相区分的原则，应该建立科学的体系性、逻辑性规则，使得民法典与其他民事法律保持一种大体系的和谐与统一。

民法典立法只是选择民事活动中的一般事务而不选择特别事务作为其立法的素材。关于一般法和特别法的问题，在民法学上已经是一个久远的学术问题，而且似乎有了一致的答案。传统民法，以适用于一切民事主体的法律为民法一般法或者民法基本法，民法之外，仅仅适用于商事主体的法律为商法，商法虽然在广义上也是民事法律，但是因为其特征明显，因此立法者一般采取"民商分立"的体例，将商法制定为民法的特别法。理性法学时代，曾经产生过将商法规范纳入民法典之中的立法观点，后来一些欧洲国家的立法，在民法典中包括商事基本规则，这就是所谓的"民商合一"的观点。①但是这种观点并未取得多数国家立法的认可，因为商事法特征明显制度复杂，即使民法典中包括了商事一般规则，但是还是要重新制定公司法等商事法。因此多数国家的立法采取了在民法典之外重新制定商法的做法，因此产生的立法体例称为"民商分立"。比如我国一些学者高度赞誉的《荷兰民法典》，就受到"民商合一"观念的影响，但是该法编制多年，至今只是颁布了民法典的部分内容，整体的民法典至今已经几十年了还未有完成。这说明采取"民商合一"的立法体例困难是巨大的。

当代社会，在立法体例上采取民法普通法和特别法的区分，显得十分必要。因为民法特别法已经发展演变成为一个巨大的立法群体。这个大群体大体上包括三个小群体：商事法群体；知识产权法群体；涉及自然资源（土地、矿藏、森林、草原、水流、大气等）、环境保护等方面的行政法规群体，在我国称之为"单行法规"或者"经济法规"的群体。这些特别法群体的大规模出现，使得十七世纪那种编制一个无所不包的超大民法典的观念成为绝对不可能实现的目标。

在采取"民商分立"的立法体例的模式下，民法因此建立了专门处理民法普通法和特别法之间关于法律适用的基本规则："特别法优先适用、特别法未规定者适用普通法。"此外，因为现在我国民法典固有体系之外，其他特别法内容庞大，因此我们还应该考虑在"民法总则"之中建立更加细致的一般法和特别法之间的适用关系的规则。

（四）民法典的实体法原则

民法典的立法素材的选择，应该限制在民法实体法的范畴内，而不必涉及或者基本上不涉及民法程序法的范畴。立法过程中出现的在民法典、民法总则中建立证据制度的观点，不符合体系化的规则，因此不值得采纳。这一点众所周知，在此不再多言。

总之，从上面的分析可以看出，民法典立法的素材选择受上述四个方面

---

① 迄今采取"民商合一"观点的立法也主要是瑞士民法典、苏俄民法典、意大利民法典等。参见梁慧星《民法总论》（第三版），法律出版社，2007，第11页。

的原因的限制，并不能任意而宽泛。

四 民法典编纂基本逻辑

民法典的基本素材得到确定之后，需要一个基本的逻辑，或者基本的线索，把这些素材贯穿起来。大体上在罗马法时代，法学家已经普遍认识到，民法所规范的事务有三个方面"人、物、权利"。[①]这三个方面的内容事实上也是当时的法学家对于民法体系中基本逻辑的认识。所以罗马法时代的《法学阶梯》，就是按照人法、物法、权利变动、侵权的顺序编在一起的，它的编制体例就是人—物—权利的逻辑。[②]到潘德克顿法学时代，法学家确定了"法律关系"这个民法乃至全部法律知识体系的基本逻辑，揭示了法律作用于社会的基本科学手段。萨维尼指出，在所有的既定情形中，法律关系这种生机勃勃的结构都是法实践的精神要素，并将法实践的高贵使命与单纯的机械主义区分开来，而许多外行在法实践中只看到了此种机械主义。[③]法律外行也许只是看到这个概念的"机械主义"式的套用，但是对于法律人而言，从主体、客体、权利、义务到责任的逻辑，却是一种非常准确而且能够普遍适用的分析与裁判的方法。所以，法律关系理论被发现和归纳之后，很快就被全世界的法律家们采用，成为立法、司法、法学分析的基本原理。

所以，编制民法典的基本线索是法律关系理论，即特定主体、特定客体、特定权利义务和责任的基本逻辑。运用这一逻辑对民法的全部素材进行梳理之后，才产生了各种不同的法律制度。这些法律制度，首先，大的方面来说，就是主体制度，其中最主要的就是自然人制度和法人制度；其次是客体的制度，比如财产制度，不动产制度等；再次是各种权利的制度，比如物权制度，最主要的是所有权制度，债权制度等；复次是权利取得消灭的制度；最后是法律责任的制度等。当然，一些法律制度是单一的，比如自然人制度；但是更多的法

① 参见〔德〕汉斯·哈腾豪尔《民法上的人》，孙宪忠译，《环球法律评论》2001 年第 4 期，第 393 页。
② 对此有兴趣者，可以参阅〔古罗马〕查士丁尼著《法学总论:法学阶梯》，张企泰译，商务印书馆，1989。
③ 〔德〕萨维尼:《当代罗马法体系Ⅰ》，朱虎译，中国法制出版社，2010，第 10 页。

律制度是复合性的，它包括上面这些制度的两个三个或者更多，比如婚姻家庭制度、继承制度等。

五　法律概念以及规范的类型化、提取公因式

（一）概念逻辑

民法典编纂毫无讳言是一项最基本的立法技术化、体系化、科学化工作。其中首要的立法是法律概念的整理。民法的概念体系十分庞大，但是，这些概念并不是杂乱无章的堆积。借鉴于前人巨大的艰辛劳动，这些数量巨大的法律规范已经被整理成为和谐的逻辑体系。按照潘德克顿法学家的系统整理，民法概念已经按照"同一概念和差异概念"、"上位概念和下位概念"的逻辑，形成一个有机统一的整体。

法律概念的基本要求大体上而言有四项：准确、明确、清晰、同一。其中的"同一"，即一个概念的含义在一个法律体系中保持同一的含义。其他三项的意义不言而喻。做到这四项基本要求之后，民法的立法、司法才有了牢固的基础。民法的概念体系之所以非常庞大，也是因为立法、司法准确性原则的要求。

当然，在立法上我们需要确定什么概念才是民法概念。立法者首先接触到的，是具体的、大量的社会事务，其中有一些才是具有法律意义的事实，这些事实中有一些可以作为法律上的概念。法律概念的确定，其实还是要遵从法律关系的逻辑，只有那些涉及民法主体、客体、权利、义务和责任的事实，才能够成为法律概念。显然，社会生活中涉及的概念非常之多，因此立法者必须从中做出明确的选择。对于这一点，我国立法者应该说已经具有相当丰富的经验，因此没有再多说的必要。但是，选择法律概念要遵守法律关系原理，还要遵守法律关系一个基本的逻辑就是，法律概念在主体、客体、权利、义务和责任方面都必须具体，必须符合特定性原则；而且我们还必须认识到的是，法律概念中所说的主体，也就是能够享有权利同时也要承担义务和法律责任的主体。从这个基本的要求我们可以看到，中国立法者在这一点上并没有严格遵守

法律科学原理，尤其是在中国民法立法采用一些政治意义和社会意义都非常重大的法律概念时，没有遵守法律科学的要求。比如"全体人民的所有权"、"国家所有权"等普遍使用的法律概念中，"全体人民"也罢，抽象意义的"国家"也罢，都是只能享有抽象权利，而无法承担任何民事义务和法律责任的。所以我们明确肯定地说，这些概念的采用是不妥当的。这些概念作为政治概念当然没有问题，但是它们成为民法概念时，就必须考虑民法科学性的要求。

（二）"提取公因式"规则

在科学主义法学的形成和运用过程中，"提取公因式"规则曾经得到巨大的应用。社会的自然人、法人所从事的民事活动类型非常之多，因此，民法上的法律概念、法律规范数量巨大。前人已经从法律概念、法律规范形成制度，从制度群体形成法律的技术规则中，按照法律关系理论的基本逻辑，并采取了"提取公因式"（Vor der Kammazuziehen）的理论和技术[1]，使其成为系统和谐的整体。这一技术借用了数学上的概念，实际操作也和数学上的做法类似，比如法律行为和意思表示的制度，就是从债权法、物权法、亲属法和继承法中"提取"出来的公因式，而放置在总则之中的。上面所说的法律概念，其实也是依据相同概念"提取公因式"的方法，产生一个抽象的上位概念，然后利用"上位概念与下位概念"区分，建立概念与概念之间的法律逻辑。当然，这一规则也被普遍地应用在法律规范之上，同一的法律规范之上，立法建立"一般条款"、"一般规则"、"通则"、"总则"这样一些一般通用型规则。事实上，民法总则就是这一立法技术的应用。这也就是施瓦布所说的《德国民法典》的抽象性。[2]

无法"提取公因式"的例外情形，形成立法上的特殊规则。这些制度，就是那些被我们称为"分则"、"具体规则"的法律内容。其实，提取公因式而形成的总则或者一般条款的内容，相对而言常常是简单的，但是分则性质的内容常常是非常丰富的。不论是在物权法、债权法还是亲属法中，分则的内容总是更加丰满。无论如何，总则和分则依靠内在逻辑相互联系，共同发挥作用。

---

[1] 参见〔德〕海尔穆特·库勒尔《德国民法典的过去和现在》，孙宪忠译，载梁慧星主编《民商法论丛》第2卷，法律出版社，1994。

[2] 〔德〕迪特尔·施瓦布：《民法导论》，郑冲译，法律出版社，2006，第28~31页。

大体而言，"提取公因式"的做法，只是反映了民法典编纂的一个技术规则问题，它无论如何不能完全反映民法作为社会科学在反映社会需求、满足民法社会的法律调整方面所建立的规则的复杂性。事实上，民法总则中有一部分内容并不来源于各分则部分（比如民事权利客体的物，本质上只与所有权相关，与债权法并无关联，没有物的情况下债权法律关系也可以成立）；另外，各个分则的内容，也就是各种具体的法律制度的内容实际上也是非常丰富的，比如婚姻法和继承法的内容，就是很有自己特色的。立法上可能的结果是："提取公因式"的技术操作，只是将这些法律制度"逻辑"地贯穿在一起，但是各个具体制度的内容，也就是那些未被"提取"的内容还是要发挥更为显著的作用。

"提取公因式"的做法，虽然遭到很多批判，但是不论是在民法典的立法上还是在法律的适用与训练上，它具有很多显著的优点。比如：首先是使得一些零散的法律规范形成内在的逻辑整体，人们在学习这些法律规范时，很容易掌握这些法律规范共同的本质。这就给法律适用提供了极大的方便。其次，这一做法极大地节约了立法的资源。一些共同的规则被发现后，对具体的概念、规范和制度，人们只要关注其特性即可。再次，也是最为重要的，是借助于这种特殊的手段，民法实现了其内在的体系化。民法全部概念、规范、制度的体系化，是由潘德克顿法学完成的，民法典因此成为逻辑的整体。体系化的优势在于解决一个问题不会出现其他的问题，甚至不会出现更多的问题，也不会出现制度的重复和遗漏。最后，"提取公因式"使得总则具有很强的抽象性和概括性，这对于培养法律人的归纳、演绎和抽象思考能力，进而形成独立思考民法问题的方法，也具有非常积极的意义。[①]

（三）概念膨胀的防止

从民法立法的角度看，首先要做的工作是同一系统内的概念归纳，归纳之后才有"提取公因式"的问题。概念的归纳与抽象，其实就是"合并同类项"的整理。而这一规则，就是要在立法中防止法律概念的膨胀。比如，各种不同的侵权都被整理为非常简要的规则。简单的罗列、不合并、不归纳整理，

---

① 陈华彬：《民法总论》，中国法制出版社，2011，第49页。

就会出现法律规范的无序膨胀，造成法律体系的碎片化、枝节化。而体系化整理之后，民法规范性成为不同的群体也就是法律制度，其中的总则分则的体系化是大陆法系的特征。目前在中国民法典的立法过程中出现的概念膨胀问题、不遵守规范的问题，事实上还是很严重的。比如"人格权独立成编"、"环境权独立成编"、"人权法写入民法典"、"动物福利法写入民法典"等观点，就是概念、规范、制度非体系化和非科学化之后，造成的概念膨胀以及规范混乱的表征。

六 民法规范性要求

民法的体系化法技术规则，在微观上表现为其规范的规则。制作法律规范显然是民法典立法的核心工作。

（一）民法规范必须是行为规范或者裁判规范

民法作用于社会的基本方法，就是以行为规范、裁判规范来引导人们的行为通过一个个行为的规范，达到一步步推动社会进步的目的。民法的规范，以行为规范和裁判规范为主。对此，郑玉波先生有言："民法乃吾人日常生活上行为之准则，以不特定之一般人民为规律对象，易言之，民法属于'行为规范'，惟对于此种规范，如不遵守，而个人相互间惹起纷争时，当然得向法院诉请裁判，此时，法院即应以民法为其裁判之准绳，于是，民法亦为法官之'裁判规范'。"① 从民法典制定工作的细节上看，制定该法的主要工作，就是建立行为规范和裁判规范，并且按照科学的逻辑将其编纂为体系。

民法不是政治口号，民法典不能包括政治口号这样的内容。民法以其规范来作用于社会，而不是依靠政治口号来鼓舞社会，因此一些激动人心的时尚的政治口号，在民法中不应该出现。目前民法典立法活动中，一些人因此而批评民法的保守性，但是这些批评是无理的。因为民法发展到现在，已经是高度理性的产物，它已经能够通过行为规范和裁判规范，对私法甚至超越私法领域

---

① 郑玉波：《民法总则》（修订 11 版），黄宗乐修订，台湾三民书局，2008，第 11 页。

的权利、义务和责任做出明确的裁定，从而以实实在在的步伐来实现立法的目标，因此，在民法上不需要那些空洞而漂亮的口号。

（二）规范的具体性要求

民法上的规范必须具体，只有这样才有可操作性。法律规范的必要内容就是主体、权利、义务和责任，而这些内容必须具体，就是具体的主体、具体的客体、具体权利、具体义务和责任的要求。这是法律规范的特征也是其基本要求。从法律规范的角度看，我们在说到权利时，首先就要分析这到底是哪个主体的权利。所以，主体必须是明确肯定的。其次，我们也会分析，这个主体到底享有什么样的权利，应该承担什么样的义务和责任。这些权利、义务和责任也是具体的、明确肯定的。事实上，民法的科学性就表现在这里：它通过对具体主体的具体权利义务的规范，具体地规范每一个团体每一个个人的行为，将立法者的立法目的具体地落实在每一个社会关系之上，这样才能够扎扎实实地达到改造社会、推进社会进步的目标。

（三）从规范的意义看人格权立法

中国民法典立法过程中出现了很多观点，对此，我们可以借助于行为规范 - 裁判规范的规则来分析，以此就可以清楚地看到这些观点是否值得采纳。比如众说纷纭的人格权侵害及其保护问题，从行为规范和裁判规范的角度看，就非常容易得到解决。但在当前中国民法学界，有学者主张在民法典中把人格权作为独立的一编进行规定。[①] 对此，如果从行为规范 - 裁判规范的角度分析，就可以看出这种观点难以得到支持。因为很多在一般民众看来非常具体的权利，比如俗称的生命、健康、隐私、名誉、姓名、肖像，以及现在还处于争议阶段的亲吻权、抚摸权、悼念权等，实际上不涉及民事主体之间的交易和往来，而只涉及其权利受到侵害之后的保护问题。因此对人格权，立法者完全不必建立行为规范来引导人们的活动，而只需要建立侵权保护的法律规则也就是裁判规则，对侵权行为予以制裁、对受害者予以保护就足够了。所以，人格权在民法上很多问题已经由已经制定的《侵权责任法》解决完毕了，另行制定法

---

① 王利明：《人格权法研究》，中国人民大学出版社，2005，第114~125页。

律，编制独立的民法典"人格权编"是完全没有必要的。

同时，从裁判规则的角度看，这些侵权法的规范也可以实现系统性的归并和简化，虽然具体的侵害方式有很多，但是从裁判规范上来看，立法者首先要解决的无非是三个方面的问题：被侵害的权利和利益是否存在、是否应该予以保护的问题；侵害行为是否发生的问题；侵害行为与侵害结果之间的因果关联问题。在这三个问题得以清理之后，法律上建立侵权责任的"归责原则"，就可以确定侵害人对于受害人承担损害赔偿的责任。从裁判规则的角度看，立法者解决这些问题，建立这些规则，对于人格权就已经足够了。立法者没有必要在立法上下很大力气，去搞清楚什么是亲吻权，什么是抚摸权，什么是悼念权。从司法实践的角度看，法律并不是越来越细密就越好，立法者如果非要这么做，则不但取得不了积极的社会效果，反而会给司法者裁判带来很大的困惑，因为每一次司法裁判都要弄清法律条文的含义，而这些含义本身很可能是难以弄清的概念，因而必将妨害司法操作。所以从民法科学性的角度看，当代民法科学中的侵权法归责原则，已经足以对人格权提供充分的保护。

七 民法典编纂的科学——潘德克顿法学的核心理论

（一）潘德克顿法学发展概况

如上所述，民法科学主义的思想到实践，从理性法学开始，最后发展到潘德克顿法学[①]，大约历时三百多年，其核心是试图以立法的技术性限制司法

---

① 法学上所说的潘德克顿，大体上有三种不同的含义。其一，是罗马皇帝查士丁尼编纂的《民法大全》的一部分，即《学说汇纂》，是当时著名法学家的言论集，被皇帝许可，可以作为有效的法律渊源。其二，指十四世纪后，德国法学界在继受罗马法后，在改造《学说汇纂》的基础上形成的德国普通法，约形成于十六世纪，一般将其称为"潘德克顿体系"或者"潘德克顿制度"。其三，指十九世纪德国境内以民法典的编纂作为研究对象而形成的法学学派，以萨维尼为代表，萨维尼的学生普赫塔、温迪谢德都为该学派做出了贡献。十九世纪末制定的《德国民法典》就是这种法学最典型的产物。这就是后世所说的"潘德克顿法学"。潘德克顿法学的主要贡献，在于为民法典的编纂提供了理论基础。其主要的理论是绝对权和相对权的区分（包括支配权和请求权、物权和债权的区分），法律行为理论等。参见孙宪忠主编《民法总论》（第二版），社会科学文献出版社，2010，第7页脚注。

的任意性，并取得司法统一的社会效果，从而推动社会的进步。德国乃至欧洲几代法学家都为此做出了贡献。我国法学界因引入前苏联法学，对理性法学以至潘德克顿法学多不了解，因此我们需要在此略做讨论。

理性法学的思想渊源是前述的法律脱神化、世俗化。结合罗马法发现，在德国兴起了以《学说汇纂》为核心的理性法学，很快这种法学就承担起了改造德国习惯法的使命。1789 年胡果出版的《现代罗马法教科书》中首次提出了五编制潘德克顿体系，即物权法、债权法、亲属法、继承法、诉讼法。1807 年，海瑟在《普通民法的体系概要》一书中，在胡果体系的基础上，增加了总则一编，使得民法的结构体系大体成型。他所创立的新的体系是：第一编总则，第二编物权法，第三编债务法，第四编物的、人的权利法，第五编继承法，第六编原状回复。而此后由理性法学家编制的《现代学说汇纂》(usus modernus pandectarum 也被中国法学界翻译为"实用法学汇纂")，已经具有了总则编、物权编、债权编、亲属编、继承编的体系，它在未统一的德国发挥着普通法的作用，而这种作用一直延续到《德国民法典》生效。①

在理性法学早期，受启蒙思想的影响，格老休斯提出并发展"意思表示理论"，并在此基础上形成了"法律行为理论"。"意思表示理论"的核心是，私法效果的根源是当事人内心意思，而非神的意愿或者统治者的强制力，这就第一次为民事权利的设定、变更、消灭找到了公正的根据。因此根据"意思表示理论"建立的"法律行为理论"是大陆法系法学最杰出的成果，因为它否定了神权主义、封建主义，为民事权利的设立、变更、消灭建立了新的道德基础。②

萨维尼也对潘德克顿法学的发展做出了巨大贡献。他在全面系统地整理了从罗马法、理性法学到当时全部私法学说的基础上，建立了私法上的权利区分的理论，重建了法律关系理论，并且以此重建了法律行为理论，从而使得民法甚至是全部的私法，都成为科学的知识体系，为后来的民法典的编纂奠定了完善的理论基础。我国法学界存在争议的"物权行为理论"确实是萨维

---

① Wieacker, Privatrechtsgeschichte der Neuzeit, 2 Auflage, 1967, S. 204 ff.

② Hans Hattenhauer, Grundbegrife des Bürgerlichen Rechts, Verlag C. H. Beck, 1982, Seite 64-69.

尼提出的，该理论不过是意思自治原则应用于物权变动的制度而已。不论是从理论分析的角度看，还是从司法实践的角度看，我们都可以看到当事人在法律交易中，以自己的意思表示来处分物权、知识产权、股权、法律利益等法律事实。物权行为理论并不仅仅只是能够解决物权变动之中的法律分析和裁判问题，它对于全部的民商事权利的变动都有涵盖性的指导作用。这个理论是非常科学的。

《德国民法典》完全接纳了萨维尼的理论，首先承认负担行为与处分行为的区分，然后确定物权行为是处分行为的一部分。

温德谢德是萨维尼的学生，是潘德克顿法学的核心学者。1865~1870 年，温德谢德出版了名著《潘德克顿教科书》（全 3 卷），构造了一个完整的五编制的民法学体系，并通过后来亲自参加并主持德国统一民法典（第一草案）的立法工作，而将自己的这一体系融入 1900 年施行的《德国民法典》之中，对西欧乃至整个世界民法的发展都产生了影响。①

（二）与法国"同一主义"立法模式的区分

如上所述，《德国民法典》和《法国民法典》都是理性法学的产物，它们都是在继受罗马法的基础上形成的。它们在立法模式上产生差异的原因，在于它们对于法律交易对象的认知有重大的不同。它们的共同特点在于他们都是自由主义法思想的产物，都是为了以交易为中心的法权制度建立的行为规范和裁判规范的系统。所以，它们都是建立在市场经济基础上的立法。但是这两个有重大国际影响的重要法典诞生的渊源就有差别。②《法国民法典》受到了《法学阶梯》思想的重大影响，它以交易标的物为现实存在的特定物为出发点，依据"契约应该履行"这个古老的原则，再加上法国当事人强调民众意思自治的革命思想，强调合同必须履行，因此合同成立时，就应该发生标的物所有权的转移（《法国民法典》第 1583 条："买卖合同成立，即使价金未交付，即使标的物未成就，标的物的所有权也应归属于买受人"）。因为标的物的所有权自合同成立时转移给买受人，法国法没有建立债权制度。事实上，该法也没有建立物

---

① 参见何勤华《近代民法学之父萨维尼述评》，《法学家》1996 年第 2 期，第 81 页。

② 对关于《法国民法典》和《德国民法典》的讨论有兴趣者，可以参阅〔德〕茨威格特、克茨著《比较法总论》，潘汉典等译，贵州人民出版社，1992，第二部分的"第一编"和"第二编"。

权制度，它的基本思路就是不区分物权和债权、不区分物权变动和债权变动的法律调整机制。当然，该法承认了意思自治原则，但是立法者认为，意思自治原则的目的在于强调民事主体的私权，防止公共统治权干预私权的运作；因此该法在保障意思自治原则的运用方面，主要针对公共权力建立了限制性的保障条款。但是意思自治原则没有被运用到合同履行的过程之中，所以在法国法中并没有物权与债权的区分，更没有物权变动制度与债权变动制度的区分制度，立法上只承认"广义财产权"，交易的法律只有合同。法国法的这一立法模式在国际上被称为"同一主义"或者"合意主义"，即依据一个法律根据同时发生物权变动和债权变动的立法模式。

与此相对应的德国立法，从一开始就接受了罗马法中的"学说汇纂"体系，而这一体系中包含着合同成立和合同履行的法律效果的区分。在理性法学将这一基本要点整理之后，到潘德克顿法学阶段，民法分析和裁判的理念已经与法国民法完全不同了。简言之，德国民法交易规制的理论要点是：

（1）现实法律交易中，标的物常常并不存在，因此合同应该履行不等于合同必然履行。合同应该履行是正确的观点，但是现实中有些合同没有履行也是客观存在的。因此不应该将合同订立的法律效果和实际履行的法律效果（所有权取得）予以区分。依据这一点，没有得到履行的合同也应该合法生效，但是不能依据合同裁判买受人取得所有权。

（2）合同成立时，当事人之间发生的法律拘束力为债权，即罗马法中所谓的"法锁"。

（3）合同履行时，当事人之间才发生所有权的转移。

（4）因为以上原因，一个法律交易应该被区分为债权的成立生效和物权变动两个阶段。而且，因为物权变动对第三人发生排斥力，所以物权变动必须进行物权公示，以保护第三人的安全，而债权变动无须公示。

（5）交易的法律根据就是法律行为。因此当事人之间的法律行为应该被区分为物权行为和债权行为，物权行为以符合物权效力的法律事实作为其生效条件，债权行为以符合债权效力的法律事实作为其生效条件。

不同于法国法的是，德国民法建立的这种分析与裁判的体例为区分原则模式。德国民法的分析模式，不论是从理论分析还是实践效果的角度看都优于法国法，因此我国清末变法时期，经过认真比较，最后采纳了德国民法的立法体例，因此形成了我国民法和德国民法之间的历史联系。[①]在这一过程中，关于民法典的编纂的情况是："宣统三年法律馆编纂成功五种法典，即大清民律草案第一编总则，第二编债权，第三编物权，第四编亲属，第五编继承……"[②]虽然这一民律草案不是法律，但是后来1930年的中国民法采用了这种立法模式。

法国"同一主义"的立法模式从表面上看容易理解，但是实际上其分析手段和裁判依据相比德国民法却十分复杂。比如，抵押权的设定，依法国民法，当事人之间仅仅只需要订立合同。但是设置抵押就是为了担保债权人的债权优先实现，因此必须排斥第三人。但是如果真的有第三人存在，则存在第三人和抵押权人之间的法律利益的比较分析问题。如果抵押权人只是依据抵押合同主张权利，则很难得到法院的支持。类似这样的问题，同一主义的立法模式基本无法妥善解决。法国民法立法者只能在民法典之外，重新制定民法附从法或者单行法来弥补其民法典立法的缺陷。法国民法就是依据1855年制定的《不动产登记法》等法律来解决其真正的司法裁判问题的。

但是依据德国法的区分主义原则来做分析和裁判时，这些问题都很容易解决。由于德国法严格区分物权与债权、物权变动与债权变动，抵押合同作为债权意义上的合同时，因为当事人之间的意思表示一致而生效，如果一方当事人违约，只是抵押权未能有效设定，但是根据这个生效的合同，违约一方应该承担法律责任；至于抵押权的有效设定，则因为抵押权的物权特征，必须以不动产登记这种公示方式作为生效的要件，不登记者抵押权不能有效设立。这样，一个抵押权设定的行为，必须根据其本质区分为抵押合同生效和抵押权生效两个法律事实，他们的生效的法律根据也必须明确区分，抵押合同以当事人的意思表示一致为生效要件，抵押权以不动产登记作为生效要件。其他涉及物权变动和债权变动的交易，也都依据这样的规则处理，这样既保障了交易的安全，也保障了交易的公正。[③]

在中国，潘德克顿的立法技术，尤其是其体系性科学性的规则，在立法

[①] 杨鸿烈：《中国法律发达史》香港版，第898页。清光绪二十八年，即公元1904年。

[②] 同上，第904页。清宣统三年，即公元1911年。

[③] 孙宪忠：《中国民法典制定现状及主要问题》，《吉林大学社会科学学报》2005年第4期，第173~174页。

中长期以来受到不少批评。立法者确立的立法原则是"易粗不宜细，易短不宜长，成熟一个制定一个"。这种指导思想妨害了法律技术化发展，也妨害了对现有法律规范做出体系化的整理。至今还有不少人认为，民法典对于法律科学的过分追求是不切实际的。在《物权法》立法时，一些学者提出，应该按照"两毛钱买一根黄瓜，一手交钱，一手交货"的现实，来建立民法上的交易规则。这一观点目前在法学界还有不少人坚持。这一次民法典立法，又有一些部门的领导人提出了"民法就是要让人们能看得懂的法律"的要求。这些要求损害了民法典的体系性科学性，立法者应该尽早认识到这些观点的危害性。

附：中国社会科学院课题组关于民法总则的编制设想

在上文对中国民法典编纂结合历史分析提出一些设想之后，本文作者想把自己关于中国民法总则的立法思路在这里提出来，供有识者参考。事实上在中国民法典前期的立法过程中，中国社会科学院法学所民法课题组在梁慧星教授的带领下，已经在2003年提出过一个最早的完整的学者建议稿。这个建议稿几经修改，正式出版成书，共包括九卷，包括立法条文和各篇、章、节、条文的立法理由共约八百万汉字，已经在2014年向社会发布。本人参加了这个课题组，并且撰写了其中民法总论部分的法律行为一章、物权法部分的总论共三章等。此后，本人自2013年担任全国人大代表，连续三年提出民法总则以及民法典的立法议案。关于民法总论部分，本人提出了自己的法律编制的方案，现在研究报告以及立法草案已经基本完成。本人提出的建议稿和梁慧星教授提出的建议稿相比结构和内容有新的设想。

（一）总则编的结构

第一章　一般规定

该章主要写立法根据、基本原则、法律适用等内容。最明显的需要，是创制关于民法适用的一般规则。其内容类似于瑞士民法第1条的规定。在这一条文中，应该解决除一般法律适用之外特别法律适用的问题，比如宪法适用问题、行政部门规章的适用问题、最高法院和最高检察院的司法解释的适用问题、法律习惯和法学原理的适用问题等，满足实践的需要。

第二章 自然人（人格以及人格权写入这一部分）

1. 在自然人的法律制度部分，目前《民法通则》的制度大体可以得到保留。但是婚姻家庭关系的一般规则、监护制度方面应该补充建立老年人、特殊群体保护的特别规则。另外，应该扩展民法上的亲属范围，将目前的法律确定的旁系血亲二亲等的范围限制完全取消，解决我国社会独生子女制度带来的亲属问题。

2. "个体工商户、农村承包经营户"部分的规则，应该进行较大的改造。首先，这一部分立法的条目应该改变，以体现民营经济的巨大发展。因此立法者应该进行实际的调研，清晰地掌握我国民营经济的整体结构。其次，对城镇个体工商户这种家庭或者家族式的经营，应该引导他们走上现代股权－所有权的法权结构。最后，对于农村承包制度，也应该进行实际调研，反映农村十八届三中全会以来因为"长期不变"政策带来的变化，反映农村的行业合作社的发展，反映农民权利股权化的变化。

3. 将《民法通则》规定的合伙制度从个人的规则中摘除出来，另外建立合伙的制度。因为合伙并不仅仅只发生在个人之间。

第三章 法人和非法人团体

在法人制度的整体结构方面，必须体现私法法人或者民法法人和公法法人的区分，体现公益法人和营利法人的区分，体现社团法人和财团法人的区分。

在私法法人的制度建设上必须体现现代公司治理结构的要求，在反映我国公有制企业要求的同时，反映上市公司甚至跨国公司的要求，反映混合所有制企业的要求。

必须承认公法法人制度建设的科学性和可行性，建立公共权力机构、公立事业单位、公立社会团体法人参与民事活动的基本主体资格和责任主体方面的制度建设问题。

本章写入合伙制度。删除"联营制度"。

第四章 权利客体

权利客体的制度是《民法通则》所缺乏的。权利客体虽然是标的物，但是它们的现实状态反过来对民事权利发挥着强大的反作用。比如，不动产的所有权和动产的所有权在政治意义、经济意义方面都有很大的差别，甚至在权利制度本身上都有很大差别。因此这一部分制度是不可或缺的。

在权利客体制度建设上，必须认识到人的行为不是客体，因为任何人的行为都只能因为他自己的意思而发生法律效果，而不能因为他人，即使是因法律关系上的相对人的意思而发生法律效果。这个哲学问题，在近现代以来早就解决了。因此应该认识到债务人的行为不是债权人的客体，而是他自己意思自治的结果。

在物的制度建设方面，应该采纳民法传统中关于公有物和私有物，公法上的物和民法上的物相区分的原理。[①]公有物，比如大气、阳光、水流、海洋等，应该依法保持其为公共利益必须开放性地供大众使用的特点，必须在法律上禁止任何人包括政府将其当作私物。建立这样的制度，可以保障人民群众对于公有物的基本权利。

建立无形财产必须特定化的规则，以满足知识产权保护的要求。

关于物的基本分类，应该采纳传统民法不动产和动产相互区分的原理，在此基础上，将对民事权利发挥决定性作用的物的类型划分的制度都建立起来。

第五章　法律行为

在承认《民法通则》关于行为人、意思表示真实原则的基础上，对该法"法律行为"部分的修改原则是补强而不是重建。在法律行为这个核心制度建设方面，我们应该首先放弃"民事法律行为"这个似是而非的提法，采纳"法律行为"概念[②]，并按照意思自治原则，对这个制度进行彻底地补强。首先，应该承认人身行为和财产行为的区分，承认负担行为和处分行为的区分，承认单方行为和双方行为、团体行为的区分。其次，在当事人意思表达及其法律效果方面，尽量细化规则，承认一般法律行为和特殊法律行为的区分。在此，建

---

① 参见孙宪忠：《中国物权法总论》（第三版），法律出版社，2014，第228~231页。

② 民法通则关于"民事法律行为"的创造并不准确，立法者似乎将法律行为界定为能够发生法律效果的行为，这样，在"民事法律行为"之外，似乎还存在"行政法律行为"等。然而，法律行为怎么可能发生在行政法律关系中呢？因为行政法律关系的各种活动中，当事人的意思表示并不发挥作用，不论是民众还是行政机关，都要依法办事，而不是按照自己的意思选择。参见孙宪忠主编《民法总论》（第二版），社会科学文献出版社，2010，第207~208页。

立法律行为完全无效和部分无效相区分的规则，建立瑕疵补正、转换的规则。再次，对于行政管理和当事人意思自治原则之间的关系，建立更为符合市场经济和人民权利要求的裁判规则。在这一方面，可以采纳人民法院关于将当事人违背行政规则的行为区分为管理性和效力性两种不同结果的做法。最后，建立开放性的兜底条款，尽量扩张民众意思自治的空间，保护民众创造性行为。

第六章 权利、义务、责任的一般规则

这一部分制度是我们现行立法和各个学者方案都忽略了的重要制度，我国民法总则应该建立这一方面的制度。因为这些制度不仅仅将建立起各种权利，包括民法基本权利和商事权利、知识产权等民事权利大体系之间最基本的内在逻辑联系，而且因此而确立民法总则和民法其他部分之间相互联系的基本逻辑，为民法典的编纂建立逻辑基础，而且还要对民事主体行使权利、履行义务、承担责任等建立积极的引导。这一部分的内容非常重要，大体包括如下方面：

1.各种民事权利之间的逻辑体系。这一体系通过民事权利的基本分类来建立。通过这一规则，使民法典中规定的民事法律和商事法律、知识产权法律、一些经济法律规定的民事权利之间形成内在和谐的整体，以此实现民法和商法、知识产权法、一般经济法律之间的法律效力连接和制度的和谐统一。

2.民事权利取得、变更以及消灭的一般规则。比如，民事权利的绝对发生和相对发生，民事权利变更的原因等。

3.民事权利行使的一般规则。比如不得滥用权利、行使权利必须尊重公序良俗原则等。

4.权利保护的基本制度。比如自助、行使诉权的基本规则等。

5.权利限制的基本规则。比如依据公共利益需要限制甚至剥夺民事权利的规则等。

第七章 代理

基本的出发点是把商事代理和民事代理统一起来规定。

第八章 时效

取得时效和消灭时效都要确立。

第九章 期日、期间

（二）编制总则的指导思想

第一，反映改革开放和市场经济、人民权利的基本精神。坚持社会主义基本原则。

第二，强调立法的科学性体系性。条文必须具有行为规范或者裁判规范的特性。如果不能编制成为行为规范和裁判规范，就不要采用。立法不能政治口号满天飞。

第三，民法总则的内容虽然有一些抽象规则，但是必须联系实际。立法的规则必须来源于现实，反映现实生活。一些不符合我国现实的制度应该即时放弃。

第四，一方面强调语言的平直，另一方面强调概念的清晰明确、规范的合理、制度的完整和立法逻辑的清晰。

第五，坚持制度创新和理论创新。在尊重中国历史和国情的基础上，在大陆法系民法学的理论框架内实现创新，制定一部引领二十一世纪民法发展潮流的科学的民法总则。

第三篇　中国民法立法的体系化与科学化问题

| 写作背景

本文写作和发表在 2011 年底，当时本人尚未担任全国人大代表。写作的基本原因，是本人对全国人大在 2011 年 3 月宣布我国法律体系已经建成的提法持不同看法，呼吁从立法体系化科学化的角度完善我国民法现行法律体系，而且认为，民法体系化科学化最好的结果就是编纂民法典。在 2011 年 3 月全国人大宣布法律体系已经建成后，我国法学界尤其是民法学界基本上接受了这个"建成"，但是作为民法学研究工作者，本人经过认真研究却得出结论：我国现行民法只能称为"群体"而不能称为"体系"，恰恰从体系化科学化的角度看我国的民法体系并未建成。论文指出了我国现行民法群体存在的一系列法律指导思想和技术层面缺陷。首先是这个民法群体的核心《民法通则》，其基本内容是为了服从计划经济体制的需要而展开的，它长期保留的机会经济原则到了 2009 年才得以更改，而其他方面的制度比如土地制度等，仍然保留着计划经济体制规则而没有任何改变。即使是 1992 年开始建立市场经济体制后制定的几个立法，也还在一些核心的制度方面存在矛盾，比如《物权法》和《合同法》之间就存在重大的冲突；另外，《侵权责任法》存在体系上的碎片化和枝节化的严重问题。这个民法群体缺陷很多，因此我们应该制定民法典，彻底解决我国民法制度建设的大问题。

该论文应该说比较冷静地提出了不同于立法机关领导人以及法学界很多人的观点，它提出了民法"体系"建设应该遵守的科学性逻辑问题，尤其对立法碎片化、枝节化的倾向提出了明确的批评意见，这是在当时背景下其他学者比较避讳的。

本论文曾经发表于 2011 年底的《清华法学》，本次发表基本无修改。

| 本篇目录

2011 年底，中国最高立法机关非常正式地向全世界做出宣告，中国的法律体系已经建设完成。但是对于中国市场经济体制的基本法律——民法而言，虽然立法机关所说的制度大体门类确实已经具备，但是恰恰从立法机关强调的"体系"的角度看，目前中国民法的制度门类及其主要规范群体，还具有明显的非体系的特点，有些制度设计则是不科学的。这些问题表现在，有些制度有鲜明的立法指导思想缺陷，有些制度还没有制定出来。现有制度和规范群体之间的不和谐之处还非常多。作为体系化代表的民法典，目前在中国还尚付阙如。本文作者在考察改革开放以来中国民法发展历程之后，发现中国民法立法，向来只是重视立法的政治要求，而对于法律的体系化与科学化却不甚重视。因此，现有民法立法"体系化"的立法质量是相当不高的。这种状况对于我国法制功能的实现造成隐患。本文提出在市场经济体制法律体系方面，不论是立法机构还是有关决策机构，应该认识到民法立法质量的重要意义，并且认识到提高立法质量的根本途径在当前就是民法的体系化和科学化，而体系化科学化的基本目标当然是制定民法典，现行民法体系脱离民法典的发展方向，应该予以纠正。

一 问题的提出

2011 年 11 月 24 日，全国人民代表大会常务委员会委员长吴邦国在形成中国特色社会主义法律体系座谈会上的讲话中指出："到 2010 年底，……以宪法为统帅，以宪法相关法、民法商法等多个法律部门的法律为主干，由法律、行政法规、地方性法规等多个层次的法律规范构成的中国特色社会主义法律体系已经形成。"在此应该注意的是，中国宪法明确规定中国是一个市场经济体制国家，而作为市场经济体制的基本法律的中国民法的立法现状如何？是不是随着中国整体的法律体系的建设完成，它也当然建设完成了？既然最高立法机关说到了"体系"一词，那么从体系化、科学化的角度看，中国民法的现状到底如何？

"民法体系"一词，在民法学中基本上没有太大的争议，它指的是民法的各种规范和制度，依据民法自身的逻辑所形成的内在和谐统一的系统。当代社会，民法是社会毫无争议的基本法，它要为自然人和法人提供几乎是全部的可供裁判的行为规范，因此民法上的规范群体数量巨大。这个庞大的民法规范群体是按照科学的逻辑形成一个统一而且和谐的整体，并不是像一麻袋土豆一样无关联地堆积在一起。民法科学自古以来就在研究和讨论着庞大的民法规范的体系化问题，尤其是民法规范、制度、体系及其逻辑这些基本问题。所谓民法规范，指的是法律规范按照法律关系学说形成的具有"权利－义务－责任"的行为规则；民法上的制度，指的是一些具有内在联系的法律规范群体，比如所有权制度、合同制度等；所谓体系，就是一系列的制度形成的系统；所谓民法体系的逻辑，指的是以概念同一性和差异性为基础，由上位概念与下位概念的相互联系所形成的民法规范或者民法制度之间的内在连接。① 当代社会的成文法国家，民法的规范成千上万，但是它们会按照民法的科学逻辑性成为一个内在和谐的整体，这就是民法规范的体系。民法规范体系的代表，就是民法典。

自古以来，民法学体系化、科学化一直是立法者、司法界和法学界共同追求的目标，人们在不断地追求者民法体系的完整和内在的和谐。从民法体系化的基本要求来看，虽然立法机关做出了体系形成的宣告，可是中国法学界对于民法体系的现状似乎并不是那么满意。有学者认为，中国特色社会主义法律体系的形成只表明我国已经结束了"无法可依"的历史，基本上解决了"有法可依"的问题，但是对于各个部门法内部的体系化、完善化，我们还有很多的工作要做。② 这一观点我们十分赞同。在世界各国，民法体系化的基本目标是

---

① 对此有兴趣者，可以参阅〔德〕海尔穆特·库勒尔著，孙宪忠译《德国民法典的过去与现在》一文中关于《德国民法典》编纂模式的讨论。该文载于《梁慧星先生主编之域外法律制度研究集》（第二辑），国家行政学院出版社，2000。此外，还可以参阅孙宪忠《中国民法典制定现状及主要问题》一文关于民法典体系逻辑的讨论。该文载《吉林大学社会科学学报》2005年第4期。

② 王利明：《中国特色社会主义法律体系建立后的民事立法》，发表于2011年3月14日民商法前沿论坛，对此见 http://www.legaldaily.com.cn/fxy/content/2011-03/18/content_2532120.htm？node=20780，最后访问日期：2012年5月11日。

颁布民法典，而中国民法立法的现状是没有民法典。中国立法机关对于中国民法立法中的民法典问题，近年来似乎已经不再提起。对此，有学者严肃批评道："一个现代法制国家的民事法律中，民法典是绕不过去的。"因为，民法典不仅是一部法律，它还包括很多价值取向、基本社会理念、基本法律精神和基本原则等，对整个民族和国家起到指引和教育的作用。①

以本文作者的观点，制定民法典当然是我国民法发展不可回避的重大问题，但是在制定民法典之前，现有民法规范自身的体系化、科学化问题也应该提出来认真讨论解决。据全国人大常委会公布的数字，我国已制定现行有效法律236件、行政法规690多件、地方性法规8600多件。这些不同的法律之间的联系在哪里？这些法律之间有没有法学上所谓的"总则—分则"的结构，以及"上位法—下位法"之间的逻辑关系？是不是有关民法一般规则与它的各个篇章之间的结构和逻辑的理论，也只能永远停留在学理之中而不能贯彻于法律？仅仅考虑这些问题，我们就可以知道，民法立法"体系"的现状远不能让我们乐观。确实，现在一些最主要的立法比如民法总则、债权法总则的制定还没有完成，而一些已经制定的法律，其相互之间的体系化协调工作还没有做。如果从立法科学化的角度看，现在已经颁行的立法的缺陷，还远远不能够让我们轻松地宣告法律体系建设的完成。在此，我们必须注意的是，随着时代的发展委员长有些立法逐日滞后的问题会越来越显著，因此我们应该尽快地解决中国民法制度建设中的体系化科学化问题。

二 中国民法体系中的明显缺陷

在民法的范围内，我国目前已制定了《民法通则》、《婚姻法》、《继承法》、《收养法》、《合同法》、《担保法》、《专利法》、《商标法》、《著作权法》、《物权法》、《侵权责任法》等一系列民事法律，加上其他各种有关的法律和法规，我国的民法体系显然已经构成了最基本的法律规范的框架。这些法律中，有些还

---

① 梁慧星：《决不能放弃制定民法典的目标》，http://www.iolaw.org.cn/showarticle.asp？id=2981。最后访问日期：2012 年 5 月 11 日。

是多次制定，比如合同法的统一和婚姻法的修订等。从改革开放开始的二十世纪八十年代初起算，我国民法的发展也就是三十多年的时间。三十年来，立法机关和我国法律界一起付出了巨大的劳动，几乎是在一片法律虚无主义的废墟之上，建立起来了现有民法巨大的体系；而这些制定的法律为经济发展和人们权利保护发挥了极大的作用。这一成就我们当然要给予充分的肯定。不过，和我国经济体制一样，我国民法体系也是从计划经济体制中脱胎而来的，因此它依然抹不去计划经济的痕迹；同时，因为改革的困难，一些在理论上已经解决的问题，却无法在立法上得到反映；一些理论上难以化解的问题，更是增加了立法的非科学性。加上立法者养成的明显的重政治规则轻视技术型规则的问题，现有民法体系化科学化的缺陷确实不少。在此仅仅举几个例子，供有识者参考。

（一）现有立法还保留着计划经济体制的烙印

中国民法从计划经济时代发展而来，它的一些极为重要的内容，打上了计划经济体制的烙印。这个问题集中地反映在作为民法基本法律的《民法通则》身上。该法在 1986 年制定时，宪法规定中国经济体制的基础是计划经济体制。因此，该法无法脱离这个宪法原则，也不能从根本上反映后来在 1992 年才提出来的"市场经济法律体系"的要求。在这一方面最突出的特征，就是该法没有承认意思自治原则，更没有按照意思自治原则建立法律行为制度。这一点在当时的历史背景下是可以理解和原谅的，但是毫不讳言的是，这是一个最为显著的不足。《民法通则》受历史限制，采取前苏联民法的观点，使用了"民事法律行为"这样一个似是而非的概念，而没有采用法律行为这个科学的概念。在民法中，法律行为这个概念特指民事主体按照自己的内心真实意愿设定、变更或者废止法律关系的行为。[①]法律行为制度和理论的核心，是当事人的意思表示，民法上的权利义务归根结底从意思自治的角度予以阐述时，这些权利和义务才符合民权和民法的伦理道德。而前苏联民法学表面上使用了"法律行为"这个词，但是给这个词加上"民事"两个字，构成"民事法律行为"这个新的概念，然后将这个概念和行政法律行为相互并列，使之成为民事法律

---

① 对此请参见〔德〕汉斯·哈腾豪尔《法律行为的概念——产生及发展》，孙宪忠译，转载于杨立新主编《民商法前沿》第 1、2 辑，吉林大学出版社，第 137~144 页。

关系的根据。但是，因为行政行为恰恰不是当事人意思自治的行为，它的法律效果与党还是人的意思无关，所以行政法律行为的这个概念似是而非，隐藏着根本的理论扭曲。而前苏联民法创造并列于行政法律行为的"民事法律行为"这个概念，本意也是将当事人的意思自治原则予以彻底放弃，将当事人的意思自治压抑到极端。①

因此，我们在这里说，《民法通则》使用这个概念似是而非，原因在于这个概念抽走了法律行为这个概念的灵魂——意思自治原则。虽然法学界尤其是民法学界对这个概念探讨多年，否定"民事法律行为"这个概念的观点居多②，遗憾的是它还是应用至今，在立法中得不到修正。这一点已经和当前的形势严重不符。在市场经济体制下，民众的意思自治范围非常大，因此法律行为制度本身内容十分丰满发达。《民法通则》中极度压缩的法律行为制度，尤其是它对于意思表示真实这个核心要素的限制性使用甚至放弃的观点，完全是计划经济体制的反映，和当前民法所体现的经济基础和民权观念严重不符。

《民法通则》受到计划经济体制制约的最为显著的标志，是该法明确固定了"计划原则"。该法第7条规定："民事活动应当尊重社会公德。不得损害社会公共利益，破坏国家经济计划，扰乱社会经济秩序。"在当时国家整体处于计划经济体制的时代，民法中出现这些内容当然可以理解。让人感到不解的是，这个原则在1992年中国提出建立市场经济体制整整17年之后的2009年才被立法废止。十一届全国人大常委会第十次会议2009年8月27日表决通

① 不论是在欧洲国家民法典中，还是在日本以及我国1930年民法典中，法律行为制度都非常丰满，相关法律条文非常多；与此相适应，学者关于法律行为制度的阐述也要占到相当大的篇幅。例如，《德国民法典》总则部分涉及法律行为的条文就有60个，德国著名的《帕兰特民法典解释》关于法律行为的解释就有120多页。可是在1961年前苏联"民法纲要"中，"民事法律行为"部分的条文仅仅只有不到10个，而法学家关于法律行为的讨论一般非常短暂，比如在〔苏〕斯米尔诺夫等著《苏联民法》（曾宪义等译，人民大学出版社，1985）这本书里，关于"民事法律行为"的讨论仅仅只有半页。这些讨论基本上也不在意思表示这一核心要素上展开，而是从国家管理的角度展开。

② 改革开放初期的民法学著述，基本上沿用前苏联法学中的法律行为的概念，对此请参见佟柔主编《中国民法学·民法总则》，法律出版社，1990，第63页以下等。近年来出版的民法学著述，则主张使用传统的法律行为概念，并将意思表示作为法律行为的核心要素。参见王利明《民法总则研究》，中国人民大学出版社，2003，第513页以下；龙卫球：《民法总论》，中国法制出版社，2002，第427页以下；董安生：《民事法律行为》，中国人民大学出版社，2002，第73页以下等。

过了关于修改部分法律的决定，删除了《民法通则》第 7 条 "破坏国家经济计划" 这么简单的几个字。仅仅废止这个几个字，居然耗费了 17 年的时间。

在《民法通则》生效 23 年后唯一的这一次修改中，立法者甚至没有为该法适应市场经济体制的要求再多做哪怕是一小点儿工作。除了删除 "计划原则" 这几个字以外，原来旧体制下确定的立法内容一点儿都没有改变。在这一方面我们可以举个简单的例子：我国不动产市场的发展之快可谓举世皆知，土地已经极其广泛地进入了市场，可是《民法通则》第 80 条第 3 款规定的 "土地不得买卖" 这几个字却没有在 2009 年这一次法律修订过程中被废止。其他的立法内容一点儿都没改动。

作为计划经济体制最为显著的特征，前苏联法中的所有权制度已经按照计划原则进行了彻底的改造。因为计划经济体制的要求，前苏联的生产资料基本上被国有化，"国家"（其实就是政府）可以利用行政命令的方式来操控社会作为主要的物质资料的流通，因此社会的物质资料已经基本被 "国家" 占有或者所有，而民众个人对于物质财富的支配力已经被极端削弱。在这种背景下，前苏联民法取消了物权法的规定，它只规定所有权，而且所有权的规定采取 "国家、集体和个人所有权" 这样的 "三分法"。[①] "三分法" 的指导思想，就是根据所有制形式对不同主体的所有权予以区别对待，其中，"国家所有权" 其实是政府所有权被依法赋予至高无上的神圣地位，而民众个人的所有权在法律道德上被确定为具有重大缺陷的权利。这种立法模式，为后来的社会主义国家普遍效仿，因此后来的社会主义国家包括中国，民众私权普遍受到强烈压抑，不但造成民众长期的物质生活困难，而且造成民众普遍的精神痛苦。而这种在法学科学上存在严重缺陷的 "三分法"，在传入中国后，成为社会主义民法的经典理论和制度。这一立法模式不但决定了改革开放之前出台的三次民法典草案的立法，而且，1986 年的《民法通则》关于所有权制度的规定，也是按照 "三分法" 来编制的。《民法通则》第 73 条第 2 款对 "国家财产" 使用了 "神圣不可侵犯" 的词语，第 74 条第 3 款对劳动群众集体财产采用 "受法律保护" 的态度，第 75 条保护公民的财产时，

---

① 孙宪忠：《中国民法继受潘德克顿法学：引进、衰落和复兴》，《中国社会科学》2008 年第 2 期，第 92 页。

采用"对公民的合法财产受法律保护"的表述方式。这些明显的法律用语差别，显示出立法者对于不同所有权的亲疏态度。

但是"三分法"这样一种立法模式，甚至是立法指导思想，甚至被作为改革开放已经取得极大成功标志的《物权法》采用。2007 年颁布的《物权法》虽然在其总则部分规定了"平等保护原则"，可是该法第五章"国家所有权和集体所有权、私人所有权"基本延续了《民法通则》第五章第一节"三分法"的规定，依然根据所有权的不同主体来进行不同的规定。第五章第 45~57 条居然使用了 13 个条文来规定国家所有权，第 58~63 条规定了集体所有权，此时，仅仅只有 3 个条文（第 64~66 条）规定私人财产权。这些法律条文的内容仍未偏离《民法通则》第五章的规定，甚至有些条文的内容，基本上原封不动地抄自《民法通则》，比如《物权法》第 66 条"私人的合法财产受法律保护，禁止任何单位和个人侵占、哄抢、破坏"，《民法通则》第 75 条第 2 款规定"公民的合法财产受法律保护，禁止任何组织或者个人侵占、哄抢、破坏或者非法查封、扣押、冻结、没收"，两者的内容除了个别词语的修改之外，大体上没有什么差别。

现行民法中这些指导思想方面的缺陷，也许人们已经熟视无睹，也许更多的人出于现行政治体制的原因不愿意提及。但是，正如 2005 年出现的"物权法风波"一样①，这些指导思想方面的缺陷总是会被人提起甚至会被人利用，也会被人当成妨害民权的工具（如前几年大规模出现的城市拆迁那样）。

（二）一些基本规则不合法理，内在体系有些混乱

在市场经济体制下，民法建立的法律规则主要是关于交易的规则。但是恰恰在交易规则中，我国民法中的核心法律如《民法通则》、《合同法》以及《物权法》等，一些对于司法分析和裁判具有基本意义的规则不符合法理，法

---

① 中国《物权法》制定过程中引发的政治风波，有兴趣者可以参阅《北大教授公开信称物权法违宪 姓社姓资再起争议》，http://www.sina.com.cn，2006 年 2 月 23 日 15:01:00；以及署名张冠的《巩献田搅黄了物权法?》（转载）提交日期：2006 年 1 月 5 日 11:09:00，载于 http://www.ccforum.org.cn/。另外还可以参见刘怡清、张勤德主编《巩献田旋风实录——关于物权法的大讨论》，中国财政经济出版社，2007。这本书收集了 2005 年 7 月中国立法机关发布物权法草案后，对该法持反对态度的学者、官员等的文章 23 篇。该书中多数否定物权法的文章，基本观点是否定物权法的政治态度，也有一小部分文章的观点认为该法还不能达到物权法的科学理想而予以否定之。

律与法律之间内在体系有些混乱，必须予以改正。

在现实生活中典型的交易是买卖，人们会首先订立买卖合同，然后履行合同。民法上科学的法理也是以此为据而产生的：订立合同时当事人之间产生债权，立法以债权作为基本的法律手段，也就是依靠法律信用关系来约束当事人不得随意撕毁合同；在履行合同时，也就是交付时，出卖人的所有权会向买受人转移，立法确认此时发生所有权的移转以及其他的物权变动。民法上关于交易的法律分析和裁判，基本上都是依据这样的规则进行的。需要特别指出的是，民法上所说的交付，分为现实交付与拟制交付，而拟制交付的典型是不动产登记，它们都是所有权转移或者物权变动的方式。这些基本的生活常识，比如订立合同在先，履行合同在后的常识；再如订立合同并不意味着合同肯定会得到履行的常识，演化在民法之中，就成了债权性质的权利和物权性质的权利两大类权利的体系划分。在民法中，这些基本的权利必须加以区分，因为这样的权利划分，民法还必须建立这两大类权利的法律根据也必须区分的原则，其中最主要的法律根据，就是当事人的法律行为的区分。民法的其他规则其实都是从此演绎出来的。这个基本的规则非常清晰明确，一般民众均容易理解，法官和律师更是耳熟能详。

但是这些基本的交易规则，在中国民法的现有规则系统中规定得并不清晰明确，甚至还有违背常识的情况发生。1986年《民法通则》颁布时，这些规则大体上还能够得到遵守。该法第72条第2款就财产所有权变动的规定是："按照合同或者其他合法方式取得财产的，财产所有权从财产交付时起转移，法律另有规定或者当事人另有约定的除外。"这一条文显示出，民法立法尚能承认债权和物权的区分，以及物权和债权的法律根据的区分。但是，在1994年到1995年制定的几个民法立法，比如《担保法》、《城市房地产管理法》等法律，以及最高人民法院的司法解释中，却都出现了"不动产合同不登记不生效"、"动产合同不交付不生效"这样一些不承认物权和债权的法律根据相互区分的立法例。首先，《城市房地产管理法》第35条规定，"房地产转让、抵押"应该办理登记，可是这里所说的登记指向的标的是合同还是物权并不明确（从后来的立法看，立法者对此确实是认识不清的）；然后，最高人民法院关于贯彻该法的司法解释中，就出现了"出让合同出让的土地使用权未依法办理审批、登记手续的，一般应当认定合同无效"这样的把不动产登记当作合同生效条件的规则。① 接着,《担保法》第 41 条沿用了"合同不登记不生效"的规则;而该法第 64 条规定了"合同不交付不生效"的规则。这些规则,违背合同生效之后到履行阶段才发生交付的常识,也违背债权变动发生在先而物权变动发生在后的法理,而法理认识的不清晰,导致法律分析和裁判基本结果的不诚信。比如,合同订立后就是不登记,不登记则合同不生效,那么,合同订立之后登记之前还有没有债权效力?依据这些立法当然是没有。现实生活中很多不诚信的公司和个人就是利用了这些规则。② 而对于这些案件,法官的分析和裁判真是难上加难,因为,法官不依据这些规则办案违背其职业准则;而依据这些规则办案时,违背其基本的公正良知。③ 问题虽然如此明显,可是最后还是进入了立法进程而且被有关立法采纳。

在得到极高社会评价的中国《合同法》中,我们还可以看到这些规则的重述。虽然有人也许会认为,《合同法》就买卖合同涉及所有权移转的规则,也就是其第 133 条"标的物的所有权自标的物交付时起转移,但法律另有规定或者当事人另有约定的除外"这一规定,就是重述《民法通则》第 72 条第 2 款而已,这一点不应该受到批评。可是本文作者在此并不是吹毛求疵,因为这一观点的主张者没有认识到,这一规则在 1986 年的《民法通则》中出现不应该是一个缺陷,但是在 1999 年的《合同法》中出现,那就成为明显缺陷,因为 1986 年中国还没有不动产市场,所以立法中只是规定动产交付的物权规则就足够了;但是 1999 年,中国的不动产市场已经蓬蓬勃勃,立法中不规定不动产登记的物权规则那就太说不过去了。实际上这里另有隐情:《合同法》还是没有从根本上认识到债权和物权的法律效力区分,尤其是从当事人的法律行为的角度确定这两种权利的法律根据区分。该法第 51 条把订立合同发生债

---

① 参见《最高人民法院关于审理房地产管理法施行前房地产开发经营案件若干问题的解答》(法发〔1996〕2 号)。

② 这一阶段司法实践中因为合同未登记而是否无效的案例,实在不胜枚举。对此可以举一个 2005 年 6 月 9 日《三湘都市报》上当事人请求律师解答的小例子。2005 年 2 月,甲与乙签订买卖协议,约定乙将其即将交付的拆迁安置房一套卖给甲,房屋面积 125 平方米,总价款 12 万元。协议签订后,甲按约支付了定金,乙也于同年 6 月 1 日交付房屋。2005 年 11 月,乙领取房产证和土地证后拒绝履行协议,不协助办理过户手续,并提出合同未登记,主张原协议无效。类似的案件,因为法律和最高人民法院确立的规则违背交易常识,法官和律师颇难处置。

③ 对这些案件有兴趣者,可以参阅孙宪忠《从几个典型案件看民法基本理论的更新》一文所引用的几个案例。该文载于孙宪忠《争议与思考——物权法立法笔记》,中国人民大学出版社,2007。

权的行为规定为"处分行为"。可是，处分行为作为法律行为的一种，它并不是发生债权的行为或者合同行为，而是发生物权效力的行为。另外，该法第132条关于买卖合同订立的规定，再一次出现了这样的法理错误。

在中国《物权法》制定过程中，本文作者基于常识和法理，提出立法应该采纳物权变动的原因行为和结果行为应该予以区分的区分原则，并且在立法草案的撰写中写入了这些规则的建议稿。① 这些立法建议最后被中国《物权法》接受，该法第9条关于不动产物权依据法律行为发生变动的规则、第15条关于债权合同效果不取决于物权变动的规则、第23条关于动产物权变动的规则等，反映了本文作者的这些想法。在《物权法》颁布之后，民法立法的法理错误应该说基本上得到了纠正。但是，因为《合同法》所确立的规则还没有任何的变化，因此两个立法之间就此不同规定形成了矛盾。虽然2007年生效的《物权法》是新法，1999年生效的《合同法》是旧法，一般来说人们会依据新法取代旧法的原理来分析和解决这里的问题，但是，这两个法律颁布的时间差异并不长，用新法旧法之说处理它们之间的矛盾显然难以为凭，因此这些立法矛盾给人们造成的混乱恐怕一时难以处置。再加上有些学者对《合同法》中这些不足之处的留恋和美化，《物权法》对《合同法》的更正效用还留有疑问。②

体系紊乱不仅体现在不同法律之间，而且在法律与司法解释中也屡屡出

---

① 参见孙宪忠《论物权变动的原因及其结果的区分原则》，《法学研究》1999年第5期。但是必须说明的是，当时写作这一论文，主要是为了说服"中国物权法立法"课题组的同人接受物权变动与债权变动相区分的观念，因此该文较多地考虑了同人的接收心理，从而在区分原则的法理探讨方面并没有彻底阐述。对此中法理感兴趣者，可以阅读孙宪忠《中国物权法总论》，法律出版社，2009，第六章第四节。

② 即使在《物权法》已经确定将不动产登记和动产交付作为物权变动的生效要件的情况下，学界依然有意见主张"该条并非强制性规定，……当事人双方若约定特定物的所有权自买卖合同生效时移转，法律自不宜否定"。对此可以参阅崔建远《物权法》，中国人民大学出版社，2010，第86页。考虑到这一观点有相当的影响，因此在此予以简要说明。显然，该书的作者在这里所说的是远期交易的情形。可是在远期交易的情况下，即使当事人之间约定物权的变动（比如所有权移转）在合同订立时生效，可是物权变动的实际生效也绝对不可能发生在合同成立的时候，而只能发生在合同履行的时候。因为，远期合同在订立时不会有物的产生，也就不会有物权的产生。当事人约定的物权变动当然也不会发生，债权变动和物权变动在这里当然是区分的，它们之间的法律根据当然也是区分的。因此，该书作者在这里所提的观点恐怕还是无法成立。在学理上，当事人订立合同时约定的物权变动的时间点，仍然属于债权性质的约定，不会发生物权的确定的效果。

现不谐调，甚至发生冲突。比如，《担保法》于抵押人处分权的规定就是这样。《担保法》第 49 条第 1 款规定，如果未通知抵押权人或者未告知受让人，已办理登记的抵押物转让行为发生无效的法律效果。这一规则存在明显的法理缺陷，它违反了担保物权的物上追及力的理论。因为无论抵押物辗转何处，抵押权人都能追及该物，由此而实现被担保债权的清偿。该规定也属于多此一举：如果受让人知道该转让物已为抵押登记，依然愿意受让该物，法律不必越俎代庖，加以制止。因此该条在理论和实践中都广为诟病。最高法院颁布了担保法司法解释（以下简称法释〔2000〕44 号），通过司法解释来解决这个法理和实践问题。法释〔2000〕44 号第 67 条针对《担保法》第 49 条第 1 款情况，规定在以上情况下，抵押物已经登记的，抵押权人仍可以行使抵押权。最高法院的司法解释当然无论从理论上还是在实践上都是没有错误的。然而，这一解释和当时仍然有效的担保法规则所引起的矛盾如何化解，却始终无人关注。最让人不解的是，虽然这一担保法涉及物权变动的规则已经被废止，抵押人处分权规则也被最高法院司法解释明确为不当，可是这一规则在 2007 年《物权法》颁布时却被再次写入法律，得到了立法的再次肯定。《物权法》第 191 条第 2 款规定："抵押期间，抵押人未经抵押权人同意，不得转让抵押财产，但受让人代为清偿债务消灭抵押权的除外。"此举强化了《担保法》第 49 条第 1 款对抵押物的保护，使得抵押权人同意成为转让抵押财产的一个要件。这样，就造成了物权法与司法解释的规则冲突。在此情况下，如何适用法律，究竟适用什么法律确实令人迷惑。

（三）繁简不当，轻重失衡

我国民法立法的现有体系，还显示出繁简不当、轻重失衡的问题。作为我国民法基本法律的《民法通则》虽然包括基本原则、公民（自然人）、法人、民事法律行为和代理、民事权利、民事责任、诉讼时效、涉外民事关系的法律适用、附则几大部分，但其内容过于简略，根本无法起到民法基本法的作用。即使将其看作民法总则，它也难以充当其任。考虑到《民法通则》立法之时，改革情况尚不明朗，立法过于简约也属无奈之举。

但是在《合同法》、《物权法》颁布后，中国民法忽视法律体系化的弊端在 2009 年底颁布侵权责任法时明显暴露出来。侵权责任的立法，不论是作为法律责任的立法，还是作为请求权发生原因之一的立法，其规范体系都不应该像目前中国《侵权责任法》那么庞大。在世界著名的《德国民法典》、《法国民法典》中，侵权法方面的内容只有几个条文或者一二十个条文。近年来东南亚国家颁布的几个新的民法典，侵权法方面的内容也不多。而我国《侵权责任法》一共规定了12章92个条文。从体系化功能的角度看，也就是以该法在民法整个体系中的地位而言，侵权责任法的内容相比《合同法》、《物权法》就显得实在太细致太丰满了。为什么侵权责任法的制定需要这么详细，而《物权法》、《合同法》的立法却要非常简洁呢？

即使侵权责任法已经如此繁杂，但是它的出台，却使得民法立法的体系化努力出现重大逆转。因为，中国《侵权责任法》的编制，似乎基本上没有考虑到它本身的体系化，更没有考虑它和当前生效的相关立法从体系的角度予以协调或者统一的问题。这一点尤其以该法规定的特殊侵权行为制度为严重。当前，不论是高度危险责任、大规模侵权、物的侵害责任、专家责任还是其他类型的侵权，事实上在该法出台之前中国都制定了法律，有些法律还不是一个，而是一个群体。比如，作为"高度危险责任"之一的道路交通侵害责任，事实上中国在2003年就已经制定了比较详备的立法，而且在2007年该法还得到了非常详细的修正。2009年颁布的《侵权责任法》虽然也规定了独立的道路交通侵权责任制度，而且该法还试图做到了尽可能的详细，但是它无论如何详细，它的规定远远不及2007年颁布的"道路交通安全法"的规定详细而且具有可操作性。这样，《侵权责任法》对道路交通安全责任的规定不但属于重复规定，而且属于司法无法引用的规定。此外，针对大规模侵权中的环境侵权问题，中国相关立法在《侵权责任法》颁布之前已经制定了四十多个单行法规，这还不算地方性立法。涉及专家责任的医疗侵权，中国的医疗卫生方面的立法在《侵权责任法》制定之前，也已经制定了多个，其中关于治疗和医药的责任问题的规则，可以说也已经非常详备。其他的侵权责任，事实上也都是这样。这样，即使《侵权责任法》试图将这些特殊的侵权责任的相关制度规定得尽可能的详细，但是，它的规定还是远远不及在它之前制定的那些立法规定得详细且具有可操作性。据笔者了解，关于特殊侵权责任法律适用问题，法院等司法机关基本上还是应用那些独立的单行立法。

《侵权责任法》的出现，使得中国民法的立法体系整合的努力变得非常困难。其实该法最初的立法动因，是仅仅解决侵权责任的归责原则，这个问题在《民法通则》中没有得到解决，因此制定一个重点在于规范侵权责任的归责原则的立法确实必要。而且，该法如果只是确定归责原则，那么它和民法其他部分的协调、与现有的单行法规的协调，都不会出现问题；也不会出现立法繁简不当、轻重失衡的问题。因为侵权责任的归责原则，在立法体系上只是债权法总则部分的一个章节，不会和民法体系形成冲突。但是立法机关最后颁布的文本离开了这个出发点，因为《侵权责任法》的体系过分庞大，而且它也不符合民法体系中"总则—分则"的结构以及"上位法—下位法"的逻辑。它的出台，不仅仅民法科学的内在逻辑遭到损害，而且中国制定民法典趋势出现了障碍。

（四）制度缺失与制度重复

从体系化和科学化的角度来看，我国的民事立法还缺失一些重要的制度，但是同时也有一些制度出现重复规定。

在民法体系中，目前比较明显的制度缺失，首先是我国民法目前还没有一个像样的民法总则。确实，1986 年制定的《民法通则》是以民法总则的模式来编制的①，而且这个法律在国外也被普遍地翻译为"民法总则"。②但是实际上，因为历史的特别原因，民法通则最后被编制成了一个小民法典，即民法基本法。《民法通则》包含着民法的一般原则、主体制度、法律行为与代理、权利制度、涉外民事法律关系的法律适用等，民法典的基本内容被微缩在总共九章 156 个法律条文之中。当然，该法一些核心的部分就不属于民法总则的内容。这些内容主要是第五章"民事权利"（共 45 个条文）和第八章"涉外民事关系的法律适用"（共 9 个条文）。此外，还有一些内容

---

① 对此请参阅王家福、谢怀栻《民法通则讲话》，人民日报出版社，1986。

② 以本文作者在国外阅读到的德语和英语资料看，民法通则在德语中被翻译为"Allgemeines Prinzip"或者"Allgemeiner Grundsatz"，该词和德语中的"民法总则"Allgemeiner Teil 一词非常相似，区别不大。而在英语中笔者见到的各种文本均将《民法通则》翻译为 General Regulation 或者 General Principle，其含义则与民法通则几无区别。

比如"联营"等，也不应该在民法总则中加以规定。但是反过来，一些本应该在该法中得以强化的制度，比如在民法总则中占据核心地位的法律行为制度、法人制度等，在该法中却非常单薄，无法满足市场经济体制和人民权利保护的要求，这些核心制度的不足之处十分鲜明。这些年来，改革中制定的新法，从主体制度、权利制度到涉外制度、法律责任制度等，全面地更新或者替代了该法的内容，比如，《公司法》《合伙法》等替代了它的法人制度，《合同法》基本上替代了它的债权制度，《物权法》替代了它的所有权制度，此外，新制定的知识产权立法也已经形成法律群体。这些《民法通则》的贯彻性的指导作用已经大大下降，它的法律实践作用越来越弱小。与此同时，我国民法立法迫切需要的民法总则部分的内容，在《民法通则》中却难以找到。从改革开放和人民群众的利益出发，及时将该法修正为"民法总则"是非常必要的。

我国民法体系中比较明显的缺失，就是现在还没有债法的一般规则。这一部分内容在法学上被称为"债法总则"。法学界呼吁编制债法总则已经多年，理由实际上非常充分。① 我们完全同意这些观点，认为未来的民法典应该设立"债权总则"一编。目前这一重要的制度缺失，实属不该。

另外，民法体系中的制度重复随处可见。上文所说的《侵权责任法》，在特殊侵权部分的全部规则，都是和现有的大量的单行法规相重合。上文说到，据作者自己统计，仅仅环境侵权部分，我国现有立法以及部门规章就有40多个，这还不算地方法规。此外，其他的特殊侵权规则，国家这些年来也都已经制定了单行法规和部门规章。因此，侵权责任法大量的规则造成了立法资源重复浪费。另外，立法重复比较多的制度，还有代理制度，它在《民法通则》、《合同法》总则、《合同法》分则中多次出现，其含义并不一致。这也是将来体系化统合的当然目标。

（五）法律规范缺乏可操作性

我国民法立法产生的法律规范缺乏可操作性的问题，学术界很久以前就

---

① 梁慧星《为什么不能取消债权概念和债权总则》，http://www.iolaw.org.cn/shownews.asp?id=145，最后访问日期：2012 年 5 月 14 日。

多有批评，近年来已经大有改进。但是现行法中这样的规范实属多见。

民法立法中，很多法律规范仅具政治宣言内容，欠缺法律上权利义务等方面的构成要件，也欠缺法律效果方面的规定，在实践上因此很难得到适用。这种情况在《民法通则》和《物权法》关于财产权利的一些条文中表现得最为明显。《民法通则》第73条第2款规定"国家财产神圣不可侵犯，禁止任何组织或者个人侵占、哄抢、私分、截留、破坏"；《民法通则》第74条第3款规定"集体所有的财产受法律保护，禁止任何组织或者个人侵占、哄抢、私分、破坏或者非法查封、扣押、冻结、没收"；《民法通则》第75条第2款规定"公民的合法财产受法律保护，禁止任何组织或者个人侵占、哄抢、破坏或者非法查封、扣押、冻结、没收"。这些条文具备宣言性效果，而没有法律操作性。民法不是政治宣言，它的条文中"神圣不可侵犯"、"受法律保护"这类的词语，没有任何法律规范的价值。如果说1986年《民法通则》制定时不得不如此，可是在2007年改革开放已经三十多年的情况下，这些宣言式条文在《物权法》再次重复，实在让人难以理解。

除了这些宣言式条文之外，民法立法还有很多不具有操作性的条文。这些条文就是指那些不具备"权利—义务—责任"这些法律规范的条文。这些条文在整个民法中很常见。即使是在《侵权责任法》这样实践性很强的立法中，也有不少这样的条文。该法在"医疗损害责任"中规定的医务人员在诊疗活动中对患者说明的义务（该法第55条），就是这样。不论是法官还是患者，均无法从该条文中看出，医生对于这一义务究竟要履行到什么程度，才算达到法律所规定的说明义务。医生也很难以通过阅读该条文，来明白他自己究竟要履行该义务到何种程度，才能尽到法定的职责。该条文虽然规定了这一说明义务，但是并没有确定地规定与义务相对应的责任。类似的法律条文，在该法还有几处。

在《民法通则》、《合同法》、《物权法》这样的民法基本法律中，"有关部门"、"相关法律"等难以定界和捉摸的概念语词相当多。这种情况，使得法律的科学性大大降低。

鉴于《民法通则》所包含的鲜明的民法思想，鉴于该法也遵守了民法基本的逻辑以及它对后来改革发挥的强力推进作用，尤其是鉴于该法制定历经的困难，我们在批评它的时候总是于心不忍。①同时，对于我们曾经率先创制而且耗费过巨大心力，而且同样也被极端思潮强烈否定过的中国《物权法》②，我们更是不愿意对其提出批评。可是，能够勇敢地认识到错误并积极改正者，才能够取得不断的进步。

三 中国民法体系化努力

（一）简要历史回顾

民法的概念体系和制度体系，并非源于中国本土，而是来源于西方。西方民法的知识体系和制度体系曾经两次大规模进入中国。③第一次引入出现于清末，最后演绎出二十世纪三十年代初的《民法典》，该法典现在仍然在中国台湾地区生效，被中国大陆法学界称为"台湾民法"。这一次民法知识体系与制度体系的引入，奠定了中国民法基本的概念体系。不仅仅像平等原则、意思自治原则这样重要的民法思想，也不仅仅像物权、债权、法律行为这样的基本概念来源于这一次引进，而且像概念、规范、制度的逻辑，以及基本法与附从

---

① 《民法通则》制定所遭遇的困难，在梁慧星《难忘的1979—1986——为祝贺导师王家福先生八十大寿而作》一文中有详细的反映。该文载孙宪忠主编《王家福法学研究与法学教育六十周年暨八十寿诞庆贺文集》，法律出版社，2010，第11页以下。该文揭示，在二十世纪八十年代初期，围绕着《民法通则》的制定，坚持计划经济体制的法学思潮和推进改革开放的法学思潮发生了强烈的碰撞；《民法通则》所反映的民权思想（从现在看当然反映得并不显著），遭到极端势力极为强烈的反对。

② 1994年中国社会科学院法学研究所课题组提出制定物权法的立法研究报告，该报告得到中央领导人积极肯定的批示，物权法的制定工作遂正式开始，到2007年该法正式颁布，正好十三年。十三年间，该法的制定屡经风暴，其中最烈者，为2005年因物权法提出平等保护公共财产和私有财产等受到极端思潮批判而引起。对《物权法》的产生有兴趣者，可以参阅梁慧星《中国物权法的起草》，载中国民事法律网2002年5月8日；另外，也可以参阅孙宪忠《中国物权法总论》（第二版），法律出版社2009年版的"绪论"部分。

③ 关于中国引入西方民法的问题讨论，请参阅孙宪忠《中国近现代继受西方民法的效果评述》，《中国法学》2007年第3期。该文主要分析了中国民法引入西方民法的法思想的实际效果。另外，关于法律技术的引入情况，可以参阅孙宪忠《中国民法继受潘德克顿法学：引进、衰落和复兴》，《中国社会科学》2008年第2期。

法、一般法与特别法、上位法与下位法这样的体系化知识，也是来源于这一次的引进。可以说，民法知识进入中国，从一开始就是以一种体系化的方式进入的。中国法律人，不管是法律实践家还是法学家从一开始接触民法，就是对这个法律体系化的了解，他们都是把民法的体系化尤其是民法典的体系，理解为民法科学化的一部分。遗憾的是，这一点至今都得不到包括法学界和立法者在内的一些法律人的认可。

中国第二次引进西方民法则是在二十世纪五十年代初，时值新中国刚刚成立，在一种特殊的国际政治氛围下，它引进了前苏联法律和法学，包括民法的概念体系和制度体系。前苏联的计划经济体制大体上在第二次世界大战之后完全建成，其法学思想、制度以及体系的整体也随着经济体制的变化而形成了完全不同于西方民法的模式。简要地说，前苏联民法，在法思想方面以阶级斗争作为立法基本使命，把法律当作工具而不当作科学，本质就是法律虚无主义的思想体系。在法制度方面，前苏联法学以计划经济需要建立基本制度，排斥民众个人意思自治，所以它的本质是非民权的。在法律学术方面，它以简要的政治规则和语言替代精确的民法规则和语言，反对法律科学化。在前苏联法学支配下，不仅仅在前苏联，而且在中国和东亚一些国家，都曾经持续发生法律虚无主义，最后的结果是法制的毁灭。前苏联法学知识和制度体系引入中国，整体效果不佳，因此中国自改革开放以来，一直在努力挣脱前苏联法学的羁绊。

目前中国民法的体系，已经脱离了前苏联模式体系。但是，在法学家话语体系中，前苏联法学体系仍然得到了强有力的保留。

（二）新中国民法体系形成简况

中华人民共和国建立后，曾有三次民法典的制订。第一次是在1956年12月完成了民法草案，该草案主要借鉴了前苏联的民事立法，它分为总则、所有权、债、继承四编，共525条，内容已经非常简化。然而这一立法活动还是随着1957年的反右运动而中止。1962年，民法典的起草工作再次被提上议程。1964年7月草拟出民法草案"试拟稿"，它包括总则、所有权和财产流转三编，共262条。法典草案如此简单，说明当时决策者的立法意图并不真实，但是，即使这样一个实在太不像民法典的立法草案，不久也胎死腹中。

1978 年中国开始改革开放，民法典起草第三次重启。因为开始进行大规模的经济建设，民法的地位和作用开始受到重视。1979 年 11 月，由官员和学者组成的民法起草小组成立，他们于 1982 年 5 月之前完成了新中国的第三部"民法草案"。该草案的编纂正值中国经济体制改革之初，社会各界对于涉及国计民生的很多重大问题（比如公有制企业的改制、所有权问题等）无法形成一致意见，而民法涉及国计民生的这些重大问题都需要在民法典中予以规定，这样，民法典的出台遭遇到了巨大的障碍。为了满足经济生活的需要，立法机关在 1980 年前后先颁布了争议不大的《婚姻法》和《继承法》，之后在 1982 年颁布了当时急需的《经济合同法》，又于 1986 年制定了民法基本法——《民法通则》。因为这种历史的原因，中国民法以体系化成果——民法典出台的机会就这样失去了。但是，中国立法机关在颁布《民法通则》时就已经明确，当时先分别制定民事单行法，待条件具备时再制定民法典。[①]在今天，中国民法已经形成了以《民法通则》为民事基本法，由《合同法》、《物权法》、《婚姻法》、《继承法》、《收养法》、《侵权责任法》、《公司法》、《票据法》、《证券法》、《保险法》、《海商法》、《专利法》、《商标法》、《著作权法》等民商事单行法构成的立法体系。我们毫不怀疑这些民商事立法为改革开放和社会主义市场经济的发展发挥过的积极作用，但是我们也必须承认，这种非体系化的发展方式，也确实不符合立法机关当初的承诺，散乱的民法体系也妨害了法律自身的和谐统一，造成了法律学习贯彻的障碍。

（三）2002 年的民法典文本的负面影响

中国民法近年来唯一的一次体系化的努力，是全国人民代表大会常务委员会法制工作委员会 2002 年向社会发布的一个"民法典草案"。它共有九编：第一编总则、第二编物权法、第三编合同法、第四编人格权法、第五编婚姻法、第六编收养法、第七编继承法、第八编侵权责任法、第九编涉外民事法律

---

① 对于《民法通则》形成它的编制现状的原因，请参阅王汉斌《关于〈中华人民共和国民法通则（草案）〉修改情况的说明》，载《中华人民共和国第六届全国人民代表大会常务委员会第十五次会议文集》，人民出版社，1986。关于编制《民法通则》和未来中国民法典之间的关系，请参阅梁慧星《关于民法典的编纂》，该文载中国法学网中的《梁慧星文集》，对此有兴趣者可以访问 iolaw.org.cn。

关系的法律适用法，共 1209 条。虽然该草案大体上遵循了潘德克顿的法学体系，但其取消了债法总则，增加了人格权法和侵权责任法这两编。它的民法总则部分对《民法通则》进行了一定程度的修改，删除了一些已经过时的规定，比如"个体工商户"，将已在单行法中规定的内容直接省略（合伙企业），并对一些内容予以修补。①

该民法典草案的"体系化"展现的思路是"现有法律汇编"，而不是具有立法价值的法学上所说的"编纂"。因为编纂意味着对于现有法律从内容到体裁格式的统一协调，可是该法典草案只是将当时已经生效的《民法通则》、《合同法》、《继承法》、《婚姻法》、《收养法》，以及当时已经公布但是尚未制定的"物权法草案"、"侵权法草案"等原封不动地照搬到民法典草案之中。立法者对民法典所做的工作，在立法的内容与体系上没有任何积极的创新。这种简单拼接的特点在《收养法》独立成编这一点上表现得尤其明显。一般而言，收养只是引起父母子女关系变动的原因之一，收养制度本应规定在婚姻家庭编中，它的体系定位完全不能和《婚姻家庭法》并列。但在中国立法当时已经制定各自独立的《婚姻法》、《收养法》的情况下，2002 年的"民法典草案"便将它们独立成编一并纳入，没有将它们进行一些哪怕是简单的归并式的整合。②此外，它的具体制度欠缺、相互存有矛盾之处随处可见。这一次民法典草案的出台，不但使得海内外对于法典草案抱有很大的期待濒于落空，而且也丧失了当时尚佳的立法条件。该草案出现后导致了铺天盖地的批评，之后不久便逐渐淡出了人们的视野，在法律界无人提及。

虽然该草案受到很多负面评价，但是它的影响依然存在。2009 年通过的《侵权责任法》就是该法典草案的衍生物。最近中国法学界一些学者正在筹备起草独立的人格权法，也是该法典草案中的人格权编的遗存。虽然学术界有大力提倡者，但是"人格权"在民法典中不能独立成编，因为，人格问题历来从属于自然人制度的一部分，无法和自然人制度分割。同时，制定人格权法的目标

---

① 比如民法典草案第 98 条："自然人、法人有抽逃资金，隐藏、转移财产等行为，拒不履行发生法律效力的法律文书的，经权利人申请，人民法院可以将该逃避民事责任的情形予以公告，并可以采取必要措施限制其高消费等行为。"这个民法典草案第 105~107 条规定了"取得时效"，这是取得时效制度唯一一次出现在立法草案中，这一点还是值得学术界重视的。

② 孙宪忠:《中国民法典制定现状及主要问题》,《吉林大学社会科学学报》2005 年第 4 期,第 169 页。

在于保护人格权，可是人格权保护的立法就是侵权法，我国已经制定了相关立法，再制定立法当属重复。上文说到《侵权责任法》颁布之前，中国在这一领域的立法已经有数百个单行法规和部门规章，它们都直接地发挥着人格权保护的功能。如果再制定"人格权法"，那么立法重复就会更加严重。人格权虽然不必独立成编，但其重要性当然毫无争议。目前《民法通则》已经对于人格权的概念和基本含义等做出了正面的规定，《侵权责任法》又从消极的方面解决了这种权利的保护问题，这一方面的立法基本已经足够。

2002 年民法典草案将《婚姻法》以及其他亲属法纳入，这一点应该予以充分肯定。

（四）民法体系化的障碍

2002 年民法典草案，揭示了我国民法体系化、科学化方面一个非常沉重的话题：立法机关对此的冷漠，以及法学界对此的陌生。立法机关对此的冷漠，可以从改革开放以来历次制定法律时的立法理由报告中得到证明。不论是1986 年制定的《民法通则》，还是此后制定的《合同法》、《物权法》、《侵权责任法》，立法机关向全国人大所做的立法说明的报告中，都非常高调地提到了立法所坚持的各项政治原则，但是没有一次提到立法应该遵守的法律技术规则，没有提到比如立法体系化、科学化这些问题。在此，本文作者在研究这一段历史时发现了这样一个问题：1986 年全国人民代表大会常务委员会副委员长王汉斌在《关于〈中华人民共和国民法通则〉（草案）的说明》中指出："由于民法牵涉范围很广泛，很复杂，经济体制改革刚开始，我们还缺乏经验，制定完整的民法典的条件还不成熟，只好先将那些急需的、比较成熟的部分，制定单行法。……考虑到民法通则还不是民法典，草案可以对比较成熟或者比较有把握的问题作出规定，一些不成熟、把握不大的问题，可以暂不规定。"① 这种"暂不规定"的情形，从当时立法背景看，在今天我们也都能够予以充分理解。可是，此后不久的一些立法宣讲活动中，全国人大法工委的负责同志却将这个"暂不规定"的情形，定义为民法立法要遵守的"宜粗不宜细、宜短不宜长、成熟一

---

① 王汉斌:《关于〈中华人民共和国民法通则（草案）〉修改情况的说明》，载《中华人民共和国第六届全国人民代表大会常务委员会第十五次会议文集》，人民出版社，1986。

个制定一个"的原则。① 这样，在这个原则的指引下，后来的民法立法就再也没有走回到体系化、科学化的道路上来。

2002 年 4 月，全国人大法工委组织民法立法专家讨论"民法典草案"，该草案的制定面临着如何将已经制定的或者即将制定的几个民法单行法予以整合的问题。法学界的基本意见是按照体系化的规则制定民法典，但是仍然有官员提出不要轻言废止改变现状的要求。② 后来，这个"民法典草案"并没有按照体系化科学化编纂的逻辑编制而成。非常遗憾的是，这个"汇编式"民法典草案，提交到当年 12 月 23 日的常委会进行了第一次审议。③

民法学家对于民法体系化、科学化的法理，始终显得陌生。改革开放之初，民法学家一般依据前苏联法学，对民法的专业化语言和体系化编纂方式采取批判的态度，近年，还有学者对民法必须建立科学的概念系统的概念法学发表批判性文章。这些批判性文字，批评的是德国法学中的概念法学，他们的结论是，对概念法学必须予以废弃。④ 但是，这些批评从来没有看到概念法学对《德国民法典》等科学主义的民法立法所做的贡献，也没有看到概念法学在德国并不是被废弃而是被更新的事实。它的基本法学方法不但在立法中得以继续采用，而且是司法的基本方法。比如，民法立法必须依赖概念法学确定的概念同一性和差异性规则、上位概念和下位概念规则等；司法中的法律适用必须遵循概念法学中的"三段论"规则等。德国当代民法学对于概念法学并不是废弃，而是弥补了其缺陷，其基本方法还是普遍地应用在法学之中。⑤ 声称概念法学在德国已经被废弃的观点，大抵上属于偏激而且片面的一孔之见。同时我

① 对此有兴趣者，可以参阅顾昂然《民法通则讲话》。此稿件连载于《人民日报》1986 年 5 月 1 日以下。

② 这一次会议，于 2001 年 8 月在皇城宾馆召开，民法学界参加者约 40 人。该官员的这些讲话来自本人参加会议的笔记。

③ 梁慧星:《中国民法典编纂的几个问题》，载于中国法学网中的《梁慧星文集》。该网址为 iolaw. org.cn。

④ 对概念法学整体的批评，请参见梁慧星《二十世纪的民法学思潮回顾》，《中国社会科学院研究生院学报》1995 年第 1 期等；另外，也有学者基本对物权、债权依据法律行为发生变动机理的否定的观点，批评概念法学，对此见王轶《物权变动论》，中国人民大学出版社，2001，第 15~16 页。

⑤ 对此请参阅拉伦茨、卡纳里斯的《德国民法通论》中关于概念法学、利益法学、评价法学部分的介绍。该书由邵建东等译，法律出版社出版。

们还要注意到，中国民法的体系化科学化同样离不开它的概念体系的成长。法律概念是法律思维的基础，其作用恰如长城上的砖石；体系化的民法尤其是民法典本身就是一个非常庞大的体系，但是它也是由一个个彼此联系（既有同一性又有差异性）的概念群体组成的。如果没有一系列确切的法律概念，如果不追求这些概念的科学性，那么不但立法成为不可能，而且司法也是不可能的，当然民法的体系化更是不可能的。不切实际的批判，妨害了中国民法概念体系进一步精确化、科学化的发展。

四　结论：中国民法体系化的迫切性

我国民法大体的立法门类齐全之后，将这些法律予以科学化、体系化，已经成为我国民法立法一个迫切的任务。简要地说，我国民法立法体系化的必要性表现在如下方面。①市场经济体制的必然要求。我国市场经济体制建设已经非常成功，而作为市场经济体制基本法律的民法，不论是其立法指导思想中残留的计划经济体制因素，还是法律制度建设方面不符合科学法理与交易的规则，以及它的体系还处于比较零散破碎的状态，都不能满足经济生活实践的需要。这些问题，已经直接或者间接地妨害了法律对经济生活的调整。因此我们可以看到，对于经济生活，尤其是交易关系的法律规范，出现了越来越强烈的立法体系之外的规则调整的现象（以最高法院的司法解释为最）。立法的威信越来越低是不可以回避的事实，而这一缺陷的根源还应该从立法自身去寻找。如果立法能够科学化、体系化，能够满足司法实践的需求，我们相信，立法之外的规则定会越来越少。②民众权利保护的要求。目前我国民众的权利意识非常高涨，而这些权利意识所指向的基本目标还是传统民法中的民事权利和意思自治原则所指向的范围。民众对自己权利状态的不满意，主要集中在我国立法对于民众权利的立法指导思想、权利保护制度以及引导民众行使自己权利的制度等方面。而这些问题都反映在民法现有法律体系中。它们的解决必须有赖于民法整体制度的体系化与科学化。③进一步健全法制的需要。民法不仅是市场经济体制的基本法，而且也是行政法、刑法等重要法律的立法基础。比如，民法的所有权制度和合同制度，就对行政法、刑法相关制度的建立具有基础或者前提的立法意义。民法制度的体系化、科学化，将为这些法律的进一步发展提供良好的条件。④充分贯彻实施法律的需要。民法的体系化和科学化，不但为我国社会进一步学习民法、贯彻民法提供极大的方便，而且可以为我国司法部门良好实施法律建立优质的基础。

当然，民法体系化的基本目标是制定民法典。通过确立民法典的体系整合作用，能够消除现行民事法律制度中的混乱与冲突，将各项法律制度整合为有机的整体，从而实现我国民事法律的统一与内在和谐。民法是社会科学的产物，多国的实践一再证明了民法典的优越性，即具有"适宜事理"①的良好内在整合效用。制定民法典不仅仅是我国几代民法学人的热望，而且也是中国法律文化发展到一定高度的必然要求。随着我国市场经济体制的建设完成，以及民法之内各个门类立法的基本齐备，将这些法律予以体系化，中国民法典的出台也可以说是顺水推舟之举。当前，不但市场经济发达国家都已经制定了自己的民法典，而且近年来我国紧邻的越南、泰国、柬埔寨、老挝等国家也都制定了自己的民法典。这些都凸显出我国制定民法典的必要性。

编纂民法典，需要吸取发达国家的经验，也需要遵循基本的法理，当然，更需要在制度建设上充分吸取国情因素。以上这些工作都有赖于正确运用法律的特定范畴和正确手段。所以说，民法典的编纂本身就是一门科学，在此过程中必定需要大量概念与术语，由此形成的法典，才是法律技术的体系。②民法学作为一门科学有其特有的工作语言和立法技术，这种立法技术的成熟者，应该就是以德国民法为代表的潘德克顿法学。③既然我们承认民法典是科学法理的产物，就没有必要刻意回避潘德克顿法学，更没有理由回避这一法学所建立的法概念体系和法技术手段。因此，中国法学界没有必要回避概念法学在中国

---

① Larenz, Methodenlehre der Rechtswissenschaft, 6. Aufl., Berlin Heidelberg u. a. 1991, S. 451.

② 孙宪忠：《制定民法典的主要难题》，《法学》2003 年第 5 期，第 47 页。

③ 梁慧星组织起草的《中国民法典草案建议稿》，序言中明示"草案编纂体例采潘德克顿式"，共分为总则、物权、债权总则、合同、侵权行为、亲属、继承七编，参见梁慧星主编《中国民法典草案建议稿》，法律出版社，2003；王利明组织起草的《中国民法典草案建议稿》，分为总则、人格权、家庭婚姻、继承、物权、债法总则、合同、侵权行为共八编，除了多个人格权编外，其他内容并无太大变化，参见王利明主编《中国民法典草案建议稿及说明》，中国法制出版社，2004；徐国栋所提出《绿色民法典草案》的立法体例与上述两个草案有所不同，参见徐国栋主编《绿色民法典草案》，社会科学文献出版社，2004。

的复兴。

　　总之，对中国民法现行"体系"从体系化科学化的角度予以探讨，可以发现这个体系在法思想、法制度方面具有诸多缺陷。这些缺陷基本上可以通过现有立法的体系化工作予以弥补。本文指出这些缺陷，并不表示我们否认民法立法三十年的成就和民法立法对于改革开放的贡献，恰恰相反，我们只是要解决现有"体系"中不符合体系化要求的一些问题。当然，将现有的民法体系予以整合，形成中国民法典，这是我们基本的目标。众所周知，当前中国立法尤其是民法立法质量不高，原因主要就在于民法立法从体系化的角度看技术性缺陷比较多。我们不希望中国民法人，包括立法机关和民法学家在"中国特色社会主义法律体系已经形成"这一论断下安于现状、沾沾自喜。面对民事立法的体系性、科学性的任务，我们还要鼓起勇气，挑起民法立法整合以至于制定民法典的这个历史交付的重担。

| **第四篇**　中国民法继受潘德克顿法学：引进、衰落和复兴

| 写作背景

　　所谓潘德克顿法学，即从体系化科学化的角度研究民法典编纂的基本方法、技术规则的法学。潘德克顿一词来源于拉丁语，本意是提要、抽象归纳和概括，也被翻译为学说汇纂。这一翻译的词源，是它在公元六世纪被罗马皇帝查士丁尼民法大学的立法者用来作为一些著名的民法学家的关于法律规则的观点集合，此后潘德克顿遂成为罗马法的四大渊源之一。公元十五世纪德意志法学继受罗马法后，学说汇纂所具有的讲究概念严谨、讲究立法逻辑和体系的优点，被德意志法学继受并获得本质的提升，此后在以启蒙思想为基础的理性法学中，逐渐发展成为潘德克顿法学，它以研究民法典编纂所需要的概念、规范和制度素材以及法典编纂逻辑等立法问题，作为讨论研究的主要任务。潘德克顿法学在立法体系性科学性方面的成就是公认的，它的其他作用也非常显著，比如在司法上限制了司法官员的任意和随意，在法学教学和研究上建立了可以复制和推广的逻辑体系。但是二十一世纪初期我国最高立法机关发布的民法典草案显示，我国立法者以及参与立法的民法学家，对于民法典立法必须依赖的体系化科学化规则是轻视的，参与这一法案的撰写以及讨论的一些法学家的相关讨论，表现出鲜明的立法碎片化和枝节化的倾向。为了支持他们自己的观点，一些法学家发表了对潘德克顿法学不准确的或者十分消极的著述。以物权和债权这些对于立法和司法实践具有基础性价值的民法基本概念的区分为例，我国立法以及当时的主导学者的观点，就显示出明显的非科学非体系的缺陷。也就是因为这样，本文提出了这个问题，从历史考察和实际功用的角度入手，再次正面引入潘德克顿法学，并且从我国民法立法特别需要解决的几个核心问题角度，阐述了潘德克顿法学分析和解决这些问题的思路。论文发表于《中国社会科学》2007 年第 4 期，并且获得中国社会科学院优秀成果二等奖。

| 本篇目录

一 引言

为适应市场经济的发展和人民生活的需要，中国立法机关近些年来忙于制定民法典的工作。而在民法立法工作中，对于民法如何能够形成体系科学而且和谐的立法逻辑和立法技术，我们当然应该予以足够的重视。潘德克顿法学正是关于民法典编纂的学问，而且我国近现代开始的立法变革，也是在继受潘德克顿法学的基础上进行的。因此，要对我国当前民法立法的逻辑与技术层面的问题予以认真地考察，那就应该对于潘德克顿法学知识体系进入我国的效果予以认真地分析，这应该是我国民法基础理论方面的一项很有意义的工作。

中国古代法系国家法、民法、刑法、行政法融为一体，实体法与程序法一并规定，立法上呈现超大法典模式。① 为适应在中国庞大的国土上适用法律的需要，中华法系立法必须采用概念抽象以及成文法的立法技术，其所制定的法律只能内容巨大，体系庞杂，因此历朝历代的法典编纂必须耗费巨大的精力与时间。这样的立法技术，使得法律的学习与适用即"找法"，事实上也有极大的困难。近代中国法制改革之初，这种"诸法合体"的立法模式即被放弃，中国立法开始采取大陆法系的立法模式，分别编纂宪法、刑法、民法、商法的实体法以及程序法。当然，中华法系被放弃，根本的理由在于该法系模式内，刑事责任作为民事责任的执行方式，而其刑事责任莫不强调"严刑峻法"，以严厉惩罚警告世人遵守法律。这一做法，与近代以来以人文主义作为思想基础

---

① 以世界著名的《唐律》也就是唐代《永徽律》为例，该法典共有十二篇"律"，共五百条，其内容包括等级身份、宫廷守卫、官制及职责、婚姻家庭、国库财政、越制越权行为、叛乱和劫盗、诉讼、诈骗等方面。对此，请参见杨鸿烈著《中国法律发达史》（上卷），商务印书馆，1930，第 350 页。

的法制文明勃然相对。所以这种不文明的法律体系被放弃，对于中国社会而言当然是一种进步。这一变革尤其对于中国民法的发展意义重大，因为从此民法至少是从形式上脱离了附属于公法的低下地位，从而具备了成为民间社会基本法的可能。

从对世界近代民法法典化①运动的历史考察中可以看出，民法的制定，其实并不仅仅只是民法技术层面的革新，更重要的，当然首先是民法所代表的法律人文思想的演进。法律内在的思想和外在的技术之间，其实完全不可以脱离开来。中国在清朝末年进行的法律改革就是引进大陆法系概念与知识系统，此后中国还有几次继受外国法律的大规模的动作。所以现在中国使用的民法，不论是其概念与知识体系，还是其思想体系，基本上都是外国法引进的结果。当然清朝末年的这种继受，主要是对西方法律知识体系尤其是德国潘德克顿法学的外在形式的继受。这种继受虽然也是困难的，但是相对于近现代西方民法思想的继受，法律技术或者法律形式的继受还是要显得容易一些。至于对渗透在近现代民法中的人文主义以及启蒙思想精神的继受，在中国一直非常困难。其原因是，从二十世纪初期到中期，中国事实上处于分裂状态和外国强权支配之下，为了实现国家的统一，中国社会对于强权政治普遍采取了容忍甚至欢迎的态度，因此民法所张扬的自由精神难以得到发挥。中国在 1949 年建立统一政权之后，却又在二十世纪五十年代发生了对于前苏联法的大规模继受。这一时期的中国法学，整体上而言特别强调社会主义法学的革新性，强调从内在思想和外在形式方面彻底否定西方法学，否定东西方法律的相互借鉴的正当性，因此在此后很长的时间里，中国法律和法学的发展和世界大多数国家处于隔绝状态，以至于法律制度建设走到"法律虚无主义"的境地，不但民法，而且其他法律的发展都处在非常困难的状况下。当然，此时潘德克顿法学在中国的影响已经荡然无存。

二十世纪八十年代中国开始实行改革开放政策，中国立法开始普遍接触外界，中国民法学界才开始了解国际上民法的发展；而到 1992 年中国开始建

---

① 自启蒙运动后期，欧洲各国出现了以编制民法典、依据民法的系统化为手段，来达到限制公共权力侵害民权的"法典化运动"。支持者以运动的思潮，为"理性法学"。此时出现的民法典，以法国民法典为代表，另外，普鲁士、巴伐利亚、奥地利、荷兰、意大利等国，均编制出了自己的类似法典。

立市场经济体制之时，中国社会已经认识到民商法作为市场经济基本法的作用，因此，中国法学界当然对于民法的思想和技术采取了接受的态度，因此这一阶段，中国民法出现了发展的高潮，法律的制定和法学的发展都非常快。这一时期内，尤其是一度销声匿迹的潘德克顿法学在中国开始复兴了。中国法学界对于德国法学尤其是潘德克顿法学的引进或者复苏，成为近年来民法学发展的一大亮点。[①]

为适应市场经济的迅速发展和人们基本权利保护的需要，中国急需大量立法，尤其是民商法立法；由于潘德克顿法学本身就是关于民法立法技术的学说，该学说在中国事实上走向了复兴。当然，在中国也有学者主张按照英美法体系发展判例法，也有学者主张按照罗马法或者拉丁法系特点制定中国法，但是这些学者的声音没有成为中国民商法学界的主流，也没有对于近年来的中国民商法立法产生比较大的影响。中国近年来颁布了合同法、公司法、物权法等对于市场经济发展具有至关重要的意义的立法。这些法律的内容，已经能够遵守市场经济体制下的民法基本理念和制度原则，而从立法体系和立法技术上看，这些法律基本上还是遵守着潘德克顿法学的基本逻辑。中国现在还努力进行着编纂完整的民法典的工作，目前中国立法者正在进行的一项工作是编制侵权法，此后要进行的工作是修订债权法（或者合同法），然后将编制民法总则。这些工作完成之后，这些法律和基本上已经制定完成的婚姻法、继承法等法律组成中国的民法典。所以，虽然在当代世界有所谓的"解法典化"或者"反法典化"（de-codification）的观点[②]，但是从目前的情况看，中国民法的发展仍然坚持着依据潘德克顿法学的立法模式进行法典化的道路。

如果从中国正在进行的一项民法立法"侵权法"的研究和讨论来看，潘

[①] 虽然作为学者应该具有谦逊的本分，但是本人认为，在此列举出本人早期的一些研究是必要的，它们是中国大陆地区这一领域比较早的作品，如《德国民法物权体系研究》，发表于梁慧星主编《民商法论丛》第 5 卷，法律出版社，1996；《德国当代物权法》，法律出版社，1997。另外，"德国当代法学名著"编辑委员会出版了"民法总论"、"物权"、"债权"以及法律思想方面的著作有十余本。中国政法大学出版社出版的"中华民国时代民法立法系列丛书"等，其中有不少介绍我国早期引进潘德克顿法学的著述。这些著作对于当代德国民法学术思想在中国的传播发挥很大的作用。

[②] 2005 年在中国上海召开了"法典化还是解法典化"的国际学术会议，会议上来自欧洲的学者介绍了"解法典化"概念在欧洲的发展。中国学者对此亦有不少持肯定的态度。该会议的学术论文集正在出版中。

德克顿法学在中国的复苏可以得到更好的验证。因为，虽然目前对于该法应该采取什么名字（在学者建议稿和立法机关制定的征求意见稿中，该法有"侵权法"、"侵权行为法"、"侵权责任法"等各种不同的称谓），以及立法将采取什么编制体例和结构，中国学者有十分广泛的争议。但是，对于该法编制的基本法理逻辑，中国学者的基本思路是一致的，即侵权指的是对于绝对权的侵害，侵权法的制定，也应该遵守这一逻辑。而绝对权和相对权的区分，可以说是潘德克顿法学对于民事权利区分的特征。当大多数学者能够利用这一理论的时候，说明该理论基本上已经成为学术界的共同观点。①

当然，中国民法在继受潘德克顿法学的过程中始终存在争议。其中最为激烈的争议，发生在中国刚刚生效的物权法的制定过程中。抵制外国法学传入的理由有很多，其中当然少不了狭隘的民粹主义思潮，这一点全世界都出现过，中国也不例外；但是，物权法立法之所以受到最为激烈的批评，是有些人认为这部法律出现了严重的资本主义倾向，在根本上违背了中国国家政治体制上的社会主义本质。②即便如此，中国物权法仍然在 2007 年 3 月获得了通过，并已经在同年 10 月 1 日起实施。从物权法的内容看，应该说潘德克顿法学的思想发挥了相当大的作用。对此，本文还要在下文仔细谈到。在中国目前的政治体制下，虽然那些反对中国法律借鉴参考外国法的观点还会长期存在，但是，这些观点无法阻挡中国坚定不移地推进改革开放的步伐。

从市场经济体制以及人民的利益保护需要来看，中国民法的发展空间还非常大，因此我们应该为民法进一步的发展付出更多的努力。这其中的一项工作，本人认为应该是：鉴于中国法从内在的思想体系到法律技术均来源于对于中国法继受这一基本事实，所以我们现在应该对于外来的法律思想和技术，当然也包括潘德克顿法学的思想和技术，按照中国的基本国情予以认真地评价。对于其中的精华我们当然应该予以坚持；对其中的糟粕，我们当然应该予以放弃。中国已经融入了国际化的潮流，法学尤其是民法学的发展绝对不可能再像

---

① 参见孙宪忠、汪志刚、袁震《侵权行为法学术报告会述评》，《法学研究》2007 年第 2 期。

② 参见刘怡清、张勤德主编《巩献田旋风实录——关于物权法的大讨论》，中国财政经济出版社，2007。这本书收集了 2005 年 7 月中国立法机关发布了物权法草案后，对该法持反对态度的学者、官员等的文章 23 篇，其中一部分文章反对制定物权法的原因，是该法还不能达到物权法的科学理想；而比较多的反对者认为，物权法草案有严重的政治问题。

以前那样在某种引进的极端理论的基础上自设前提、自我演绎、自我封闭、自圆其说了。

二 中国继受潘德克顿法学之初

中国引进民法概念与知识体系发轫于清末变法。"司法之革新事业始于清光绪二十八年，自是年设修订法律馆，先后所订有民律草案、商律草案、公司法草案、海船法草案、破产法草案各案……"[①]在这一过程中，关于民法典的编纂的情况是："宣统三年法律馆编纂成功五种法典，即大清民律草案第一编总则，第二编债权，第三编物权，第四编亲属，第五编继承……。"[②]虽然这一民法草案尚未被正式颁布而成为法律，但是它开启了中国接受西方法律知识的大门，而且奠定了中国编制民法典的基础，后来数十年的民法典编纂都是在这个基础上进行的。

从清末的这次民法立法可以看出，中国立法从此时起完全接受了大陆法系的立法模式，它不但将公法和私法予以区分，而且在私法体系内部，又将民法、商法等予以区分；尤其令人瞩目的是，它所编纂的民法典草案，完全采纳了德意志法系的立法模式，其五编章的结构，和德国民法典完全一致。尤其重要的是，对德国民法关于物权行为理论的各项规定，该法律草案也一并采纳了。例如，该草案第 979 条规定："依法律行为而有不动产物权之得、丧及变更者，非经登记，不生效力。"第 980 条规定："动产物权之让与，非经交付动产，不生效力。但受让人先占有动产者，其物权之移转于合意时，生效力。"我们可以清楚地看出，这种物权变动的公式要件主义、强调物权合意的规则，其实直接来源于德国民法的潘德克顿法学，而不是来源于当时作为中国立法摹本的日本民法。日本民法在这些规则方面，其实是继受了法国民法；而中国民法就比较坚决而且完整地继受了潘德克顿法学。这一段历史，中国民法学界长期以来基本上完全忽视了。

---

① 杨鸿烈著《中国法律发达史》（下卷），商务印书馆，1930，第 898 页。清光绪二十八年，即公元 1904 年。

② 同上书，第 904 页。清宣统三年，即公元 1911 年。

应该指出的是，在这次法制变革中，日本法学家发挥了极大的作用，他们为中国的法制事业不但贡献出了自己的学识，也表现出了放弃狭隘民族主义的学术勇气。当时协助中国编制民律草案的日本学者松冈义正、志田钾太郎，并没有建议中国采纳日本法的立法模式，而是采纳在法理上更为精确、更容易引进、更方便适用的德意志法学的知识系统。为什么要在法国法、日本法和德国法之间选择德国法的概念与知识系统作为继受的对象？原因在于当时中国立法者已经就这些外国的法律素材进行了认真的比较，中国当时的修订法律大臣在奏疏中说：

> 原本后出最精确之法理，学术之精进由于学说者半，由于经验者半，推之法律，亦何莫不然？以故各国法律愈后出者最为世人瞩目，意取规随，自殊剽袭，良以为学问乃世界所公，除非一国所独也。[1]

因此，近代中国民法改革之始，就是对德意志民法学说完全彻底地继受，而且中国不但继受了德意志法学的外观体系，而且继受了支持这种法典编纂模式的理论，即潘德克顿法学。这一点尤其表现在关于物权变动模式的选择方面。这一点与日本民法相比可以清楚地看出来。近代日本民法也是西方法律继受的结果，从表面上看也是继受了德意志法系立法模式的结果，其立法从表面上看也继受了德国法系的物权与债权的区分结构，但是它只是继受了德国法系物权与债权的法律性质的区分，却没有继受德意志法系的关于这些权利发生变动的法律根据的区分，没有清楚地继受德意志法系的特征处分行为理论。[2] 所以日本法并没有彻底继受潘德克顿法学。对此，正如日本近现代杰出的法学家

---

[1] 杨鸿烈著《中国法律发达史》（下卷），商务印书馆，1930，第906页；谢振民编著《中华民国立法史》（下册），中国政法大学出版社，2000，第745页。这一段文言文的含义是：本来法理上就有后来的立法会更加精确的道理，而学术上的精确化进步，一半的原因是学说上的努力，另一半的原因是经验的总结。这个道理应用在法律上怎么会不同？所以，世界各国的法律，越后来出现的，就越会引人注目。取得它们的思想，追随它们的制度，从来就不是什么剽窃或者抄袭。我们以为学问是世界上大家共有的，并不是某一个国家独有的。

[2] 日本民法第176条、第177条、第178条规定，物权变动仅以当事人的意思表示而生效。不动产登记和动产交付不是物权变动的生效要件，而只是发生对抗第三人的效果。

我妻荣先生指出的，这是日本民法的一个遗憾。①但是中国的民法立法从一开始就对德意志法学采取完全继受的态度，它基本上继受了德意志法系的全部制度精神。这一点现在看来特别值得指出。

此后经过二十多年的立法研究，中国终于在1930年前后完整地颁布了自己的民法典。该法典的产生，似乎可以说基本上是一个移植的结果，而不是制定的结果。从立法的体例上看，该法典与《德国民法典》完全一致，它同样包括总则、债、物权、亲属和继承五编。立法的基本素材的采纳，虽然也有过大规模的本土社会调查，但是立法的基本原理和大量素材来源于国外尤其是德意志法系。参与这一立法过程的法学家梅仲协先生说："现行民法，采德国立法例者，十之六七，瑞士立法例者，十之三四……"②该法律的境外资源，占立法素材的十分之八多，而法律的本土资源，只占立法素材的十分之一二。

因此可以肯定地说，中国1930年民法典的最显著的特征，是该法受到了《德国民法典》的巨大影响。该法典从体系上来说基本上与《德国民法典》一致，所不同者，是该法典在物权编部分规定了具有中国的传统色彩的典权以及永佃权，在亲属编部分依据男女平权的观念建立了新型婚姻家庭制度，这一点要比同时期的德国民法先进很多。但是总的来说，该法典在财产权利部分的规定，其基本的素材更多地来源于德国法、瑞士法而不是本土法。这部法典最显著的优点，是它从一开始就接受了作为德意志法学特征的"处分行为理论"或者物权行为理论，在涉及物权变动的法律规则方面，它的规定与《德国民法典》完全一致。③因为民法的基本结构正是关于物权与债权的区分，而中国1930年民法不但从物权与债权法的法律效力上进行了区分，而且从这两种权利的法律根据和法律关系方面进行了区分。上文所说的清末民法草案物权法部分关于物权行为理论采纳的情况，在1930年中国民法典中得到了坚持。这些

---

① 这一观点是星野英一先生在纪念我妻荣先生的一篇文章中转述的。此文的出处，见王茵著《德国、法国、日本的物权变动立法模式比较研究》，商务印书馆，2003，第10页注释部分。

② 梅仲协：《民法要义》，中国政法大学出版社，1998，初版序。

③ 请参阅王泽鉴著《民法物权》（第一册），三民书局，2001，第20页以下。对立法历史部分，可以参考台湾"司法院"林纪东、郑玉波等主编《新编六法参照法令判解全书》，五南图书出版公司，1986，第180页以下关于物权变动的各个条文的解释。到二十世纪下半叶台湾修订"民法典"时，更加确定了坚持这一传统做法的思路。

内容我们可以很清楚地从该法第 758 条、第 761 条等规定中看出来。另外应该指出的是，该法二十世纪末期予以修改时进行的立法说明，明确地强调了依据物权行为发生物权变动的立法要件，应该不同于非依据法律行为发生物权变动的条件。并且明确指出，从清末时代编制民法典草案时，即已经承认和采纳物权行为理论。① 所以，中国民法成为继受德意志法系最为彻底的法律。也许德国的法学家们不会想到，在德意志民族之外，中国这个具有悠久历史的大国，同样也建立了德意志法系的传统。

这一点与日本民法形成了一个很有意思的对照：日本民法只是在外在形式上继受了潘德克顿法学，它也承认物权与债权的法律效力的区分，但是日本民法基本上不承认物权变动与债权变动的法律根据的区分。日本民法典最关键的法律条文，也就是关于物权变动的法律根据的条文（日本民法典第 176 条、第 177 条、第 178 条等），与法国民法的规定基本一致。所以日本民法如果从这一点看，只具有德意志法系的形式而不具有其实质。

1930 年中国民法典从立法技术的角度看，既继受了德国民法概念精确、体系完整的优点，同时也避免了德国民法的语言和技术过分强调法律专家的专业化而忽视民众化的缺陷，它的大量的规定，采用了适合中国本土的法学语言。② 这部立法不论从其基本结构还是从其具体规范的角度来说，它的质量应该说是很高的，它表现了中国法学家既擅长于大气而又精深的法律思维的特点，又表现了中国立法者所表现的后来者居上的勇气。

中国法学界在评价这一段历史时，常常指出这一阶段先辈法学家对于外国法继受的盲目。这一评价从历史事实看并不准确。现在看到的资料证明，这一时期的法学家们对于选择哪种模式的立法予以引进，是经过认真思考和比较研究的。我们现在阅读这些成果的时候，首先常常为我们有这样的先人而感到自豪，也为我们今天民法典立法过程中在立法思想和立法技术方面处处为艰感到尴尬。

---

① 参见王泽鉴著《民法物权》（第一册），三民书局，2001，第 20 页以下。

② 参与制定该法典的梅仲协先生认为，这一点是参照《瑞士民法典》的结果，同时也是尽力涤除早期的立法方案中存在的日本语口气的结果。参见梅仲协《民法要义》，中国政法大学出版社，1998，第 19 页。

三 中国二十世纪中期对前苏联法学的继受

1949年新中国成立。新中国初期，当时发挥宪法作用的《共同纲领》尚许可市场经济的存在和发展，因此中国尚存在民法发展的土壤，但这一时期并不长久。由于追求彻底革命的结果，新中国开始以完全照搬的方式引进前苏联民法。此后，这种法学开始在中国法律发展中发挥超乎寻常的作用。

从外在的立法形式上看，前苏联法学中的民法概念体系也来源于德意志法学，1923年的《苏俄民法典》，由总则、物权、债权和继承四编组成，从此中我们还可以看到潘德克顿法学的影子。但是前苏联民法没有规定亲属编，之所以如此，是因为前苏联人认为，民法是财产法，不能包括亲属问题，从此亲属法这个重要的民法范畴脱离了民法。后来，因为现实中计划经济体制加强，社会生产资料被基本上国有化，以调整交易关系为特征的民法的作用范围被大幅度地压缩，因此苏俄民法典又发生了一个体例上的重大变化，即取消物权法，只规定所有权。①这种立法模式和理论，本来只是前苏联自己的国情演变的结果，但是长期以来，却被后来的一些国家盲目地当作社会主义的特征，不仅仅是东欧国家，而且中国改革开放之前的法学也认可其为经典，中国改革开放之前出现的几个民法典草案，都是这样的结构。所以在改革开放之前，中国民法中没有形式意义的物权法与亲属法的概念和知识系统。

从法律的政治功能角度看，前苏联法与大陆法系民法也有了本质的区别。前苏联法学强调法律体系必须建立在计划经济体系之上，必须为贯彻计划经济服务，民法尤其如此。另外，前苏联法学强调法律为阶级斗争服务的目的，把法律制度的各个方面都理解为无产阶级革命的工具，这样，法律的技术规则完全演变成为政治工具。到二十世纪四十年代到五十年代时期，尤其是经过1937以后的大肃反②和长期的政治斗争对不同意见的清理，前苏联法学已经建立了自圆其说的"社会主义法学体系"。因此这一时期的前苏联法学，是已经完成了对于西方法律体系从概念体系到立法精神的彻底批判和改造的产物。在立法指导思想方面，它彻底否定了近现代以来民法所接受的以人文主义为核心

---

① 关于前苏联人的这种做法以及原因，请参见〔苏〕库德利雅夫采夫主编《苏联法律辞典》(第一分册)，法律出版社，1957，第105页。

② "肃反"，即"肃清反革命运动"，前苏联共产党1937年发动的清理各种异己分子的运动。

的思想和价值体系，否定了近现代民法的所有权理论、意思自治理论；而在立法技术方面，由于经济社会中已经不存在市场和交易，因此传统民法建立的规范市场以及交易的制度体系也基本上被废除了。新中国成立之初继受的前苏联法学，就是这样的法学。

但是从后来的中国民法发展状况看，它所发展的法学知识体系尤其是民法学比前苏联民法更加极端、更加片面。比如，在前苏联和东欧地区国家，都普遍地存在大量的私有生产资料所有权，尤其是作为生活资料的土地私有所有权。而中国到"文化大革命"之后，就彻底消除了土地的私有所有权。前苏联以及东欧国家都存在着大量的住房私有所有权，而中国长期以来城市居民基本上没有住房私有权。前苏联和东欧很早就制定了自己的民法典，而且一直还比较重视民法典的制定工作，但是中国从 1949 年一直到改革开放时期将近四十年里，根本就无法制定民法典。即使是它所起草的民法典草案，也都成了阶级斗争的宣言书。[①]

而且在中国法律制定和研究中，法学界和社会似乎一直非常重视立法的政治问题。尤其在每次民法立法工作进行时，总有人提出"民法的资本主义倾向"。[②]立法者最为担心的，是被人提出要制定的法律到底是"姓资"还是"姓社"这个最重大的问题。[③]因此每一次中国制定法律的时候，都要首先由立法机关在这个问题上做出解释或者声明。这种令人恐怖的"习惯"一直保留到今天，成为一些学者手中的打人棍棒。比如刚刚生效的物权法就遭受到了这种严厉的政治批判。2005 年末期以来，中国一些学者以及退休官员等人提出，中国立法机关颁布的物权法草案有严重的政治问题，它背离了社会主义的方

---

① 最典型的是，1962 年，在毛泽东的直接指示下中国立法机关起草了一部民法草案，该草案完成于 1964 年 8 月，由 252 条共三篇组成：总则、财产的所有和财产的流转。这个民法典草案几乎完全放弃了传统的民法概念和术语，充满了中国流行的政治口号。这个草案的基本特征是强调当事人的义务重于权利。这一点清楚地反映出中国当时处于"义务本位"社会的状态。另外，在 1964 年的草案中，涉及基于侵权产生的义务、不当得利和无因管理的内容都被完全删除，知识产权也被奖励制度所取代，民法的制度系统已经被简化到极端。这个法律草案即便如此得极端，但是由于后来更为激进的"文化大革命"，这个草案没有颁布施行。对这个草案，因为已经有公开的资料，故此处不加以介绍了。

② 二十世纪八十年代中期，为反对制定"民法通则"，中国救济法学会在 1985 年年会时形成的会议报告中，明确提出"民法通则"具有资本主义倾向。该报告后来曾经广泛向社会散发。

③ 所谓"姓资"，就是具有资本主义的性质；"姓社"，就是属于社会主义的性质。

向。^①当然，这些学者所说的"社会主义"，还是前苏联模式的社会主义，和后来中国法律虚无主义时期认定的社会主义。从其理论上看，这些人对于国际社会主义思潮基本上没有任何了解，他们可以说是在一个完全封闭的环境里成长起来的极端思想群体。在他们的著述里，整个世界还是区分为东方和西方两大阵营，两个社会水火不容，一定要斗争到你死我活。他们的法学专业知识也相当缺乏，他们对于物权法应该解决什么问题，不能解决什么问题，完全一无所知，比如，他们反对物权法中不动产登记制度的一个重大理由，就是该制度没有解决贫富差距问题。^②其实，不动产登记制度怎么能作为平抑贫富的手段呢？仅仅从这一点就可以看出，这些学者法学专业知识的贫乏。但是他们却擅长利用"文化大革命"时期的阶级斗争手段，从政治高压上解决他们不理解的学术问题。^③联想到中国"文化大革命"时期出现的许多类似的迫害知识分子的理由，这些观点实在令人不寒而栗。

实际上，这些对于物权法提出的政治性质的质疑，并不是从这几个人开始的，从物权法的制定开始，就一直存在这样的声音。^④相对而言，中国学术

① 关于物权法流产的事件，中国媒体尤其是网络媒体有大量的报道。对此也可以参见《北大教授公开信称物权法违宪 姓社姓资再起争议》，http://www.sina.com.cn，2006 年 2 月 23 日 15:01，南方新闻网；以及署名张冠的《巩献田搅黄了物权法？》，（转载）提交日期：2006 年 1 月 5 日 11:09:00，http://www.ccforum.org.cn/。这两篇新闻报道也反映了对于此事的两种相反的态度，前者对于物权法流产甚为惋惜，而后者基本上是幸灾乐祸。当然对此有兴趣者，可以阅读刘怡清、张勤德主编《巩献田旋风实录——关于物权法的大讨论》（中国财政经济出版社，2007）这本书。该书收集的批判物权法的观点，有些已经完全和中国"文化大革命"时期的大批判一致。

② 对此可以阅读刘怡清、张勤德主编《巩献田旋风实录——关于物权法的大讨论》（中国财政经济出版社，2007）这本书中巩献田的文章。

③ 对此可以参阅一篇"乌有之乡"网站 2006 年 3 月 29 日发表的署名为"史前进"的文章《是中华人民共和国物权法，还是"中华民国"物权法？——四评〈物权法〉（草案）辩护词》，该作者说："当前，在物权法问题上，我们正经历着一场严重的斗争。斗争的实质，是国内外敌对势力妄图利用物权法打开缺口，进而威逼修宪，以从根本上改变我们党的性质、国家的性质和社会的性质，彻底推翻人民革命的胜利果实。我们的斗争，正是同这些国内外敌对势力的斗争。谁是我们的朋友，谁是我们的敌人，这是中国革命的首要问题，也是中国社会主义现代化建设的首要问题。当然，也是物权法争论中的首要问题。"

④ 对此请参阅孙宪忠的几篇论文：《物权法的基本范畴及主要制度反思》、《编制中国物权法学者建议稿的几点考虑》、《中国财产权利制度的几个问题》、《确定我国物权种类以及内容的难点》、《国有企业财产权利问题》，以上几篇论文收集在孙宪忠《论物权法》，法律出版社，2001 年版中。另外，还有《我国物权法中所有权体系的应然状态》，《法商研究》2003 年第 4 期；《物权法制定的现状以及三点重大争议》，《金陵法律评论》2005 年第 1 期。

界大多数人的观点是温和的、适度的。本文作者自始参加中国物权法的起草与编制工作，后来也参加中国民法典的编制工作，在此过程中，深感中国民法学者的知识背景和外国民法学界的差异非常之大，也同样感受到前苏联法在中国影响之大、危害之深。本人写作此文，也是希望在民法学界以至于法学界能够认真清理中国继受前苏联民法以及在此基础上所发展出的极端主义法学。

我们应该首先清理前苏联法学的思想精神。这种法学的基本特点，就是完全否定人文主义革命的价值，否定以民事权利作为核心的民权在法制社会的基础作用。不论是依据自然法的法理，还是依据社会主义思想，在中国都应该建立人人平等、民权优先、公权保护私权的法学观，这也就是"以人为本"的法学观。而在前苏联法学里，权利来自法律的赋予，每个人的权利只能根据其在"所有制"中地位的差异有区别地得到保护。这样即使是合法财产，也会有法律地位的尊卑的区分。更糟糕的，是和这些财产相联系的人，也有了"全民身份"、"集体身份"和"个体身份"的差异。这就严重地违背了社会主义的理想和本意。

从法律技术的角度看，由于前苏联基本上不存在市场和交易，所以前苏联法中基本上没有交易的民法观念和制度体系，其技术规则完全是计划经济体制的反映。所以在这一次物权法制定中，即使是民法学界的很多人，也无法准确理解物权法对于保障交易安全所建立的制度，原因就是这些学者过去的知识背景中，基本上没有这些内容。这一次物权法制定中，坚持前苏联法的观念始终占据上风，最后颁布的物权法还是坚持了前苏联法关于财产所有权的"三分法"的主张，法人尤其是企业法人的财产权利的规定，仍然被纳入"国家、集体、个人"这种模式之内。公有制企业的财产权，也被当作国家所有权的一种实现方式，这就严重地违背了改革至今所确定的以法人制度改造公有制企业制度的目标和法律原理。目前中国公司法对于这一点的法律规则已经有很大的进步，即原公司法第3条第3款的规定，已经在公司法的修改中被废除了，而物权法草案却仍然坚持了这一被废除的法律条文。把企业仅仅作为所有权的客体，不承认其作为法人充分的所有权，就是计划经济体制的法律规则。从这一点，可以看到前苏联法在我国的影响之深，危害之深。前苏联法学的这些思想和技术规则，对中国并没有产生好的效用，即使是从前苏联留学归来的老一代法学家对此也深有感触。①

总之，前苏联法的观念体系和技术规则体系不但和市场经济的要求完全相悖，而且不符合中国当前建立的"以人为本、以民为本的可持续发展战略"的要求。对这些过时的法律观念清理，应该是中国法学界必须立即动手，而且必须长期坚持的任务。

四　改革开放初期对外国民法的借鉴

中国从 1978 年开始实行改革开放的政策，到 1992 年之前，这一时期可以被当作改革开放的初期。这一时期是中国摸索适合自己需要的经济体制的时期。在这一时期内，中国的民法发展基本还是没有脱离自设前提、自我演绎、自圆其说的局面。在经济层面中国可以说完全向世界开放了，但是在法学知识更新方面却显得非常拘谨。一方面由于多年来的政治斗争，人们不敢于大胆引进和接受西方的法学尤其是民法理论（基于同样原因，人们也没有胆量从台湾学习自己的先人所继受的大陆法系法学）；另一方面也是因为当时没有足够的法律外语人才，法学界基本上无法知道西方民法的发展情形。

这一时期中国的民法发展表现出中国法学界试图脱离前苏联法学的努力，但是这一努力显得非常艰难。1986 年制定的"民法通则"可以说清楚地反映出这一特点。该法虽然表现了改革开放初期中国立法者摆脱前苏联法、建立适合改革开放的民法制度的一面，但是它的基本法律用语基本上还是前苏联法的那些内容。"民法通则"坚持了计划经济原则，坚持了对于各种合法财产不能平等地予以承认和保护的思想。这些，在当时那种环境下是可以理解的。我们应该首先肯定，民法通则在中国的经济体制改革和政治进步中发挥了极大的作用。比如，它规定中国民法调整平等主体之间的财产关系和人身关系，这一点打破了计划经济体制铁板一块的法律调整方式，从法律思想方面承认了中国民法社会的存在，奠定了民法的发展基础；它关于法人制度的规定，为后来的经济体制改革和政治发展创造了前提和手段；它关于各种民事权利的规定，开启

---

① 《对张仲麟先生的访谈录》，《中国法律人》2004 年第 4 期。

了中国民权社会的篇章；它关于民事责任的规定，成为我国法院系统最为重要的裁判规则。

尤其应该注意的是，它关于物权变动与债权变动基本关系的规定（第72条第2款）果敢地坚持了德意志法学的潘德克顿法学的基本要求。该条文的基本含义是：依据合同取得所有权的，所有权的取得在标的物交付时生效，而不是与合同同时生效。①"民法通则"所确立的这一原则，与二十世纪九十年代的"城市房地产管理法"、"担保法"以及"合同法"的法律技术规则显著不同。这说明，当时我国法学界关于物权与债权的法律效果以及法律根据的区分这些法律技术规则的认识，还是清楚的。

二十世纪八十年代末到九十年代初期，日本现代法学进入中国并且发挥了巨大的影响，这一点成为这一时期中国引入外国民法学说的亮点。在中国当时，法学界有一种强烈的摆脱前苏联民法、重归大陆法系民法传统的倾向。但是由于迅速学习西方语言的困难，一些法学家开始学习日语，希望能够借助语言的便利实现自己的知识更新。数年之后，中国成长起了学习日本民法的群体，他们的知识对于后来中国民法尤其是合同法的制定发挥了很大的作用。中国这一时期颁布的担保法、城市房地产管理以及合同法等，都受到了日本法学的影响。通过对日本法的学习，中国法学界开阔了视野。1999年颁布的中国合同法在与国际法理接轨方面实现了很多突破，其成就首先是应该予以肯定的。

但是也正是因为如此，这一时期的中国民法具有浓重的日本法学的特色。这一点最为显著的就是在债权与物权的法律效果以及债权与物权变动的法律根据方面的技术规则建设中，"担保法"以及后来的"合同法"都放弃了1986年"民法通则"还采纳的物权变动与债权变动相区分的理论和制度，转而采纳法国法和日本法上的"同一主义"立法模式——依据一个债权意思表示统一发生债权变动和物权变动的效果的立法模式，因为只有一个统一的意思表示，所以物权变动无效的时候，债权意义上的合同也无法生效。②这样，中国民法在这一时期虽然承认了物权和债权这些潘德克顿法学的概念，但是没有承认它

① 这一规则当然仅仅适用于动产，但是当时中国尚没有不动产的交易行为。

② 对此可以参考的法律条文，有1995年城市房地产管理法第37条，担保第41条，1999年合同法第51条、第132条，以及最高法院1995年关于贯彻房地产管理法的司法解释等。

们的法律效果的区分，因此这些法律并没有真正采纳潘德克顿法学的立法技术。这些不合逻辑和法理的观念被立法采纳后，对经济生活实践造成了消极的后果。①

五　潘德克顿法学在中国的复兴

1992 年，中国的经济体制发生了本质的改变：彻底放弃计划经济体制，建立市场经济体制。这一变更对于中国国计民生整体具有历史意义，在法学上对于中国民法的发展更具有决定性的促进意义。因为民法的核心就是为市场经济服务的，它的整个制度基本上是建立在市场经济的基础之上的。对市场经济体制的承认，标志着民法的思想及其技术特征在中国得到完全的承认，因此1992 年之后中国民法才真正获得突破性的发展。这一时期中国最高立法机关的立法规划明确提出，市场经济的基本法律是民商法；而且中国民法典的制定完成，标志着中国市场经济的法律体系建设的完成。这一认识，使得民法在中国获得了空前的至高无上的评价，也就是在这样的政治条件下，中国才开始了真正制定民法典的工作。

市场经济体制对于民法思想和民法规则的要求，与非市场经济体制的要求是完全不同的。这一点在中国物权法的制定中得到了充分的验证。该法的起草、颁布和生效，可以说是以潘德克顿法学为代表的现代民法思想和技术规则在中国得以复兴的最为显著的标志。对此，本文打算从支持潘德克顿法学的人文主义思想方面，和关于支持物权变动的立法技术方面予以简单地探讨。

如上所述，在中国物权法的制定中，最激烈的争议，发生在坚持前苏联法学的观念和支持市场经济体制的观念之间。在中国，受苏联法学熏陶的法学家尤其是民法学者其实是多数，因为新中国成立后到改革开放初期的法学教育，一直把前苏联法学作为"正宗社会主义法学"；而中国的改革一直是在"摸着石头过河"的原则下，也就是不明显改变意识形态的前提下进行的，因

---

① 这些立法的消极后果，可以参照孙宪忠《从几个典型案例看民法基本理论的更新》一文中评议的几个案例。该论文载《争论与思考——物权立法笔记》文集，中国人民大学出版社，2006。

此前苏联法学的政治思想基础在中国从来没有被清理过。也就是这样，大多数的法学家仍然坚持前苏联法学的知识体系。当然他们之中只有少数人比较极端，他们的特征就是把来自市场经济体制下的常识性的法学知识当作资本主义法学而大加批判；而大多数人虽然也持有前苏联法学，但是他们的观念比较温和，能够接受市场经济体制，也能够逐渐地接受市场经济体制下关于法律和法学的共同知识。

2005 年末以来中国出现的关于物权法制定的争议，比较尖锐地反映出苏联法学对于中国改革开放已经严重不适应这个问题。从立法的指导思想角度看，这一点表现得最为强烈。最初提出中国物权法立法方案的是中国社会科学院法学研究所的课题组，所提出的立法方案，基于市场经济体制和人民基本权利保护的一般要求，在所有权这个物权法的核心制度方面，提出了对于各种合法所有权，不论其公有还是私有，均应该给予"一体承认、平等保护"的立法方案。[①]但是在参与立法的其他专家看来，这一观点太过于激进，触动了"社会主义"制度关于"公"与"私"所有权之间的地位问题的这个敏感神经。立法机关编制的立法方案最后在所有权问题上采取了折中的温和的做法。一方面，它按照前苏联法确立的"国家、集体和个人"这种"三分法"规定了中国的所有权体系；另一方面，它也没有坚持"国家财产所有权神圣、私有所有权应该受到压抑"的社会主义国家的"传统观点"，这样就间接地建立了公共财产和私有财产平等保护的原则。但是这种温和的做法，仍然被中国法学界一些非常极端的学者坚决否定，他们认为，中国物权法不再坚持公有财产神圣、私有财产卑下的做法，是决然无法接受的，因此掀起了多次反对物权法立法方案的浪潮，并且使得颁布物权法的计划推后到了 2007 年才得以实现。当然这些极端的观念，在中国法学界也是极少数人坚持的，但是由于大多数法学家对于民法基本问题的认识与苏联法学并没有本质的区分，中国法学界尤其是民法学

---

① 本文作者在 1996 年的一份研究报告中，提出将公共财产和私有财产"一体承认、平等保护"的观点，其基本的含义，就是要按照市场经济的基本要求，对于中国各种民事主体的财产权利给予平等的承认和保护，不要刻意地强调某种权利神圣或者卑贱。在物权法立法过程中，在中国社会科学院法学研究所课题组撰写的物权法草案建议稿中，总则部分写入了"平等保护原则"。这一点已经被立法采纳。对本人的这些观点，可以参见《中国财产权利的制度的几个问题》《物权法的基本范畴及主要制度反思》等，这些均收入《论物权法》，法律出版社 2001 年版中。

界现在还不能彻底否定这些极端的主张。

但是，中国物权法还是顺利地颁布了，物权法最后颁布的文本，明确地规定公共财产和私有财产权利"一体承认、平等保护"的原则（物权法第3条第3款，第4条，第五章等）。中国立法做到这一点，在社会主义国家立法中还是第一次，其意义十分重要。这些规定可以说建立了中国市场经济发展的法理基础，和中国人民个人财产权利获得保护的法理基础。对于压抑民众个人财产权利的前苏联法学观念，中国绝大多数学者和民众是坚决否定的，中国领导人也明确采取了排斥的态度。中国国家主席胡锦涛明确提出，中国当前所坚持的，是以人为本、以民为本的可持续发展战略。[①] "以人为本、以民为本"这些充满近现代法律文明的思想精神，现在已经得到了中国执政党和人民的普遍高度肯定。2007年6月，中国国家主席胡锦涛又一次提出，改革开放，是中国的必由之路，必须坚定不移地推进。中国政府最权威的舆论甚至使用非常强烈的语气强调，"我们走过的路程已经表明，不改革开放只能是死路一条"。[②] 当然我们要明白，改革开放最初的动机，就是要改革前苏联建立的计划经济体制以及由此而产生的各种思想观念；现在坚持改革开放，当然还是要坚持这一基本前提。从现在中国上下对于改革开放的态度可以看出，那些主张坚持前苏联体制和观念者，在中国上上下下是很难得到响应的。

至于潘德克顿法学的技术层面的问题，也就是关于物权、债权相互区分的法理以及实践价值等问题，在中国学术界也发生了极为激烈的争议。其实在中国物权法制定之初，在法学界反对制定物权法的声音中，就有对于潘德克顿法学的直接批评。一种观点认为，物权法的概念和知识体系不如英美法的财产法，因为物权法无法包括财产权利的全部，而且中国人难以接受物权法这个外来词和制度。另一种观点认为，物权法的制定忽视了人权。这两种声音在物权法的制定中始终没有太大的影响。原因很简单，"财产法"的概念太宽泛，无法形成科学的立法体系和裁判方法；而制定物权法就是为了实现和保护民众的所有权等基本人权，制定物权法丝毫不存在以物权压人权的

[①] 《中国国家主席胡锦涛美国时间21日在美国耶鲁大学发表重要演讲》中新网，2006年4月22日。"

[②] 《改革开放是中国特色社会主义必由之路》，《人民日报》2007年7月29日社论。

问题。

真正在民法学家内部发生的关于立法技术的激烈争议，是对于被称为"德意志法学的典型标志"的物权行为理论①的看法之争。1995 年以前，中国学者中否定物权行为理论的观点占绝对统治地位。这些否定物权行为理论的观点基本上来源于日本一部分学者对于该理论的表述，而否定的基本理由无非是德国民法典编撰时代奥托·冯·基耶尔克（Otto von Gierk）对于萨维尼（Savigny）的批评：一是该理论纯属虚构，二是该理论增加了学习法律的困难，三是该理论不符合国民对交易法律规则的认识。②在这些否定物权行为理论的学者中，个别人士很动感情地对该理论进行了彻底的批判，他认为，该理论在德国也已经"日薄西山，气息奄奄"，并且是"为世界各国所唾弃的东西"。③这些学者对于该理论在德国法中坚不可摧的现状茫然无知④，居然也不知道中国近代法制变革之初就已经接受物权行为理论的历史，而且也不知道中国现在的台湾地区还在良好地应用着这些规则的现实。在中国，如此"张狂其言"轻率否定物权行为理论者，当然并不多。

但是，无论如何，否定物权行为理论成为二十世纪九十年代多数人的观念。在这种情形下，中国民法在债权与物权的关系，也就是在物权变动这个物权法的核心制度领域，放弃了 1986 年"民法通则"还承认的物权与债权相区分的原则，出现了强制性地依据债权意义的合同确定物权变动的结果的规则；或者说强制性地要求债权意义上的合同与物权变动同时生效或者同时不生效的

---

① 〔德〕K. 茨威格特与 H. 克茨 "Einfuehrung in Die Rechtsvergleichung" 之第 15 章的标题。本书作者将这篇文章翻译后在中国发表。所据版本为：Einfuehrung in Die Rechtsvergleichung auf dem Gebiete des Privatrechts，Band 1. Grundlagen，Verlag J. C. B. Mohr Tuebingen，1972。

② 对这些观点，可以参考的有梁慧星《我国民法不能采纳物权法行为理论》，《法学研究》1989 年第 5 期；王利明《物权行为若干问题探讨》，《中国法学》1997 年第 3 期；陈华彬《基于法律行为的物权变动》，《民商法论丛》第 6 卷，法律出版社，1997 等。

③ 陈华彬：《论基于法律行为的物权变动》，载梁慧星主编《民商法论丛》第 6 卷，法律出版社，1997，第 146 页。这种观点后来在该学者以及梁慧星主编的教科书《民法总论》、《物权法》中多次重申过。

④ 在德国现代法学界，公认为物权行为理论像"啤酒和面包"一样是法律生活中须臾不可缺少的。参见〔德〕霍·海·雅各布斯《物权合同存在吗？》，王娜译，载《中德法学学术论文集》（第 1 辑），法律出版社，2003。另外，本文作者翻译的《德国物权法的结构及其原则》（载《论物权法》文集，法律出版社，2001，第 663 页以下）也清楚地表明，德国司法界对于物权行为理论的认识和应用。从这些表述看，德国民法学界对于该理论是高度认可的。

法律规则。1995 年中国担保法、房地产法，最高法院关于审理不动产交易问题的司法解释，都出现了"不动产的合同不登记不生效"的规则。① 而这里的法理阐述，即上述否定物权行为理论的学者所揭示的，将物权变动的结果和债权意义的合同相互结合的"折中主义"。这种"主义"的核心是：从意思自治的角度看，债权的意思表示是客观存在的，是不可以否定的；物权变动的法律根据只能是不动产登记或者动产交付；而不动产登记和动产交付不是法律行为或者与法律行为无关。因为交易中当事人的意思表示既包括债权性质的效果意思，也包括物权性质的效果意思，因此这两种效果意思应该一并生效。换言之，如果物权变动未生效，债权合同也不能确定地发生效力。对这一理论予以贯彻的另一部法律，就是 1999 年中国制定的"合同法"。该法第 51 条规定，依据债权意义的合同可以发生物权处分的效果，不过这种处分行为如果是无权处分时，需要等待真正权利人的追认。这样的理论和立法，不但把物权变动和债权变动强制性地束缚在一起，而且最终取消了物权和债权的法律效果区分。

当然这种"折中主义"的观点非常不符合法理，而且损害了交易的诚信基础。它的最为明显的错误是：首先，它把不动产的物权变动理解为国家公共权力运作的结果，而否认这是民事主体法律行为的结果，这就违背了民事交易活动的基本特征。在中国这种公共权力强大的社会里，这种观念对于民事权利有本质的损害。其次，按照这种观点，不动产的债权合同没有登记之前是不生效的；而此时合同不生效，又如何约束当事人去履行合同？如何能够达到要求债务人履约的目的？以此规则，不守约的当事人，反而在法律上不承担责任。② 简要地说，这种法学观念的错误，就是把债权这种请求权的法律效果，强制性地规定为物权的支配权的法律效果，模糊了这种民法基本财产权利之间的差别，也违背了潘德克顿法学的基本要求。

1995 年以后，中国法学界出现了重新认识物权行为理论的声音，其基本

---

① 中国城市房地产管理法第 37 条规定，房地产合同不登记者不生效；中国担保法第 41 条、第 61 条等，也采取了同样的规则。这里所说的司法解释，即 1995 年 12 月 27 日最高人民法院印发的《关于审理房地产管理法施行前房地产开发经营案件若干问题的解答》。

② 对此可以参见孙宪忠《从几个典型案例看民法基本理论的更新》中收集的几个案例。该论文载《争论与思考——物权立法笔记》文集，中国人民大学出版社，2006。对这种法理上非常有问题的观念，本人在立法研究中多次进行了批评。现在这一问题终于在立法中解决了。

要求是正确认识和评价物权行为理论和潘德克顿法学。在这一方面首先进行的工作，就是否定不负责任的误传与误导，将物权行为理论以及潘德克顿法学的正面形象以及系统知识引入中国，恢复物权行为理论的真正价值。[①] 由于中国原来就具有继受德意志法学的传统，而且中国的市场经济发展很快，交易现状越来越复杂，而潘德克顿法学的价值以及一些司法规则，比如将债权与物权的法律效果和法律根据予以区分的"区分原则"等，能够得到立法、司法等实践部门的率先认可。虽然学术界"多数人"持反对态度，但是对于潘德克顿法学的正面引进，可以说获得很大的成功。近年来，对物权行为理论持肯定态度的学者越来越多，青年学者中，支持这一观点者已经开始占多数。[②] 在物权法生效之前，正面介绍潘德克顿法学和物权行为理论的努力就已经获得了立法以及司法的支持。首先最高法院的数个司法解释采纳了物权变动与债权变动的区分原则，从而在司法实务领域，潘德克顿法学获得了普遍支持。比如，1999年，在中国合同法生效后不久，中国最高法院就颁布了几个有关合同法的司法解释，尽力纠正合同法因采纳"折中主义"原则而造成的交易不公平问题，合同法第51条的规定，被最高法院的司法解释事实上否定了。2003年颁布的《最高人民法院关于处理商品房买卖合同纠纷案件适用法律若干问题的规定》中[③]，明确采纳了本人提出的"合同生效只产生债权变动效力，其效力与不动产登记无关；物权变动应该以不动产登记作为生效要件"的观点，在一系列条文中建立了"区分原则"的规则。通过这些做法，合同法中建立的"同一主义"模式实际上已经没有法官采用了。因此可以说，潘德克顿法学规则的很多方面，在物权法生效之前已经得到中国立法和司法的承认。

恢复潘德克顿法学尤其是物权行为理论的努力在中国立法部门也得到了很大的重视。在举世瞩目的物权法立法过程中，本人负责编写该法草案学者建议稿的第一编，也就是物权法总则编，并且参与所有权部分以及其他部分的物

[①] 对此，请参见孙宪忠的几篇论文：《物权行为理论探源及其意义》、《再谈物权行为理论》、《物权行为理论中的若干问题》等，这些论文，均载于孙宪忠的《论物权法》文集，法律出版社，2001。另外，孙宪忠在所著《德国当代物权法》（法律出版社，1997）、《民法总论》（社科文献出版社，2004）、《中国物权法原理》（法律出版社，2003）等著作中，也坚持了这样的立场。

[②] 本人在中国二十多所大学担任兼职教授，在这些著名的大学中，青年学者基本上都支持该理论。

[③] 2002年底，本人作为最高法院聘请的专家参加了这个司法解释的制定工作。

权变动制度的设计工作。因此本人的工作，可以为潘德克顿法学在中国物权法中的应用提供佐证。

就中国物权法如何在其物权变动制度中贯彻潘德克顿法学的基本要求等问题，我们可以简要地介绍如下几个方面的内容。

（一）立法的大体逻辑

中国物权法关于物权变动的规定，主要的条文是该法第一编"总则"部分的第二章"物权的设立、变更、转让和消灭"。该章共三节，第一节"不动产登记"，第二节"动产交付"，第三节"其他规定"，这一部分有23个条文。此外，该法第二编"所有权"部分的第九章"所有权取得的特别规定"也是关于物权变动的重要规定，这一部分有11个条文。此外，物权法总则部分的第一章规定了物权变动的公示原则；在农村土地承包经营权部分、地役权部分、抵押权与质权部分，物权法规定了涉及这些权利变动的一些特殊的法律规则。其中，物权法第二章的规定属于物权变动基本制度的规定，其他部分的规定属于特别规定。

中国物权法第二章部分编制的基本逻辑是：①按照物权变动的法律根据，将其区分为依据法律行为的物权变动和非依据法律行为的物权变动两大部分。②将依据法律行为发生的物权变动，按照物权变动所依据的公示原则，区分为"不动产登记"和"动产交付"两节。这样，中国物权法总则已经不再像日本民法典或者中国台湾地区"民法典"那样只有10余个条文，而是一个包含了38个条文的很大的体系。此外，物权法第九章规定所有权取得的特别规定，也属于物权变动的规则。贯彻在中国物权法第6条、第9条、第23条、第106条、第127条、第142条但书、第158条等条文的一条中心的线索，就是从法律行为的角度解释物权变动，而不是从行政管理部门登记行为的"公信力"的角度理解物权变动规则。当我们把这些涉及物权变动的规则系统性地与法律行为理论相联系时，当然就可以看出物权行为理论所发挥的作用。

（二）公示原则

中国物权法严格遵守了物权公示原则，但是又考虑到一些特殊的情形规定了例外的规则。物权法第6条规定："不动产物权的设立、变更、转让和消灭，应当依照法律规定登记。动产物权的设立和转让，应当依照法律规定交付。"物权法对这一原则予以具体应用的条文是该法的第9条和第23条，其内容是在依据法律行为发生的物权变动的条件下，公示行为具有确定物权的公示、发挥着决定物权变动是否生效的作用。关于不动产物权的公示原则，物权法第9条规定："不动产物权的设立、变更、转让和消灭，经依法登记，发生效力；未经登记，不发生效力，但法律另有规定的除外。"关于动产物权的公示原则，物权法第23条规定："动产物权的设立和转让，自交付时发生效力，但法律另有规定的除外。"这些规定清楚地表明，中国物权法采取的是公示要件主义或者公示实质主义立法。这一点与日本民法所采取的公示形式主义立法有重大的差别。

在依据法律行为发生物权变动的场合下，中国物权法在规定物权公示行为具有决定物权变动是否生效原则的一般效力的同时，明确指出"法律另有规定的除外"。这些法定的例外规则，在不动产物权变动中指的是：①物权法第127条规定农村土地承包经营权的设立，采取合同生效原则。但是这一合同无论如何，不能解释成为债权意义上的合同。②物权法第158条所规定的地役权的设立，采取合同生效规则，但是法律规定不登记不得对抗第三人。当然，这一合同也不能解释为债权合同，因为债权合同只能产生债权；而这里的"合同"只能解释为物权合同。

在动产物权变动的规则中，物权法除第23条规定交付作为一般公示行为之外，还规定了动产登记、权利登记作为动产物权的公示行为。这些公示行为，除物权法第24条、第188条、第189条规定登记发生"对抗效力"之外，其他情况下，动产物权的公示行为，同样对于物权变动发挥决定性效力。这些原则，在第23条、第224条、第226条、第227条、第228条得到充分体现。

从中国物权法关于公示原则的规定中，可以清楚地看到一个事实：公示行为在中国物权法中不是单一的方式，而通过这些不同的公示行为，我们可以看到法律行为的作用。它基本上贯彻了"法律行为（当然是物权行为）加公示"这个物权变动的科学规则。

（三）区分原则

法学界提出在中国物权法中建立区分原则，是在中国物权法立法之初，其目的就是弥补中国民法一度采纳债权形式主义的缺陷，为物权变动在合同法之外建立法律根据。[①] 目前物权法第 9 条和第 15 条的规定，采纳了这些设想。中国物权法第 9 条规定，不动产物权变动以不动产登记作为要件；而第 15 条规定，债权意义的合同成立生效，只依据债权关系的法律根据，是否进行不动产登记，不影响债权意义上的合同效力。这些立法，纠正了上文提到的二十世纪九十年代以来，中国立法和学术界刻意不承认债权变动和物权变动法律根据应该区分的理论错误。

（四）物权行为理论应用的典型：物权法第 142 条"但书"

中国物权法第 142 条，首先规定地上建筑物、构筑物及其附属设施的所有权归属于土地物权权利人，但是这一条文，又规定了一个特别有意义的"但书"。它指出，如果建筑物、构筑物的占有人等有相反证据证明自己的权利时，这些建筑物、构筑物可以不归属于土地物权人。一般人从这个条文以及但书中看不到什么，但是这一规定具有重要的理论价值。因此在物权法颁布的前夜，几位核心专家在讨论物权法最后定稿时，就这一条文仍然引发了比较激烈的争论。争论的缘故在于：不动产物权是否可以依据不动产登记之外的法律行为发生变动。在登记之外确立物权变动的根据，就打破了登记"统一公信力"的原则，而转向承认以当事人的物权的独立意思为核心、以多种物权公示原则作为客观要件来确认物权变动的物权行为理论。这种结果有点类似于德国民法典第 873 条第 2 款的规定，它能够证明物权行为理论发挥的作用。经过激烈的论证，立法最后采纳了坚持这一"但书"条款的论证，规定了这个"但书"条款。

物权法第 142 条的"但书"，它的产生实践价值很大。因为这里的"相反证据证明的除外"，指的就是房屋购买人已经按照所有权人的意思占有住房、而没有办理房屋所有权登记的情形。这个"但书"要解决的现实问题非常普遍。在中国买房子，都是先发生房屋的占有交付，之后过一段时间才发生所有权取得登记；但是所有权取得登记在中国常常是不能按时进行的，结果购买人居住多年未办理登记的现象非常普遍。当然，此前开发商已经取得了开发土

---

① 参见孙宪忠《论物权变动的原因与结果的区分原则》，《法学研究》1999 年第 5 期。

地的土地使用权证（实践中称之为"大产证"），但是，购买房屋者常常在取得房屋占有之后很长时间无法获得自己的房屋所有权证（实践中称之为"小产证"）。中国国家建设部 2005 年曾经在武汉做过一个调查，该市到 2004 年底，购买人居住三年以上没有办理登记的住户，有 20 万户。而三年以下没有办理登记的更多。我们中国现在共有城市 660 个左右，其中类似武汉这样的大城市还有好几十个。大体测算一下，可知在中国已经居住多年而没有办理登记的老百姓的住房，至少有千万户，涉及的利益主体至少有好几千万人。对这么大一个物权变动的现实问题，如果不承认购买人以所有权取得的意思获得的占有对自己权利的证明作用，而只是采取"统一登记公信力"理论，以登记作为物权确认的唯一手段，那么在法律上就只能得出一个遗憾的结论：因为这些房屋还没有转移到购买人的名义下，房屋的所有权就只能确定地认为还仍然保留在开发商的手里。在这种情况下，开发商的一物多卖、又卖又抵押等损害购买人的情形，在法律上均属正当行为。如此法理，如此制度，显然严重损害社会大众。从这个角度看，承认物权行为理论的作用，承认购买人获得占有交付时的物权意思表示，也承认开发商向购买人交付房屋时具有交付所有权的意思表示，并根据这些意思表示和占有公示行为来保护购买人的所有权，这一点对于中国民众意义重大。因此物权法第 142 条的"但书"，它在中国的意义显著。而坚持这个条文，就是坚持了以物权的意思表示和登记之外的公示方式确定物权变动效果的原则。

不论现在中国部分学者是否理解和接受物权行为理论，立法最终采纳了本人关于这个问题的论证。

（五）"从无权利人处取得"规则的应用

这次中国物权法制定过程中，经过努力，物权法在第三人保护这个交易安全的核心制度建设方面，没有采纳"传来取得"理论，而是建立了"从无权利人取得"的原则。这就是物权法第 106 条的规定。

第 106 条规定的理论意义和实践价值都很大。它首先规定"无处分权人将不动产或者动产转让给受让人的，所有权人有权追回"。但是它马上又规定"除法律另有规定外，符合下列情形的，受让人取得该不动产或者动产的所有权"。第 106 条前半句话是强调原所有权人的追回权，其中的法理采用了罗马法的传来取得的思想，赋予原所有权人"所有权返还请求权"。这一做法和中国 1999 年合同法第 58 条的立法思想相一致。如果物权法继续坚持这个立法观念，那么第三人所代表的交易秩序的稳定，在法律上就得不到承认和保护。但是，从该条文后半句法律术语看，前半句规定的情形反而是法律上的例外，而后面的规定才是司法规则的常规。由此可见，物权法对于物权变动与第三人关系方面的立法思想和合同法时代的民法思想是有明显区别的，因为，该条立法视为常规的，是后面不许可"原所有权人"行使所有权返还请求权的情形。

最有意思的是，该条规定的三个不许原所有权人行使追回权的条件，它更多地体现了物权行为理论所追求的保护第三人的价值，并且采用了物权行为理论的方法。该条文规定的第一个条件，是"受让人受让该不动产或者动产时是善意的"，只有在这一点上，物权法才坚持了罗马法中主观善意规则。而该条所指的第二个条件是"以合理的价格转让"的，以及第三个条件是"转让的不动产或者动产依照法律规定应该登记的已经登记，不需要登记的已经交付给受让人"。

这三个条件中，第一个条件虽然承认了"善意取得"，但是应该特别注意的是后面的两个条件，它们更加强调的，是交易的客观公正性，尤其是物权公示原则的作用。在现实经济生活中，一般的交易都能够做到后面的两个条件，因此第一个条件，即善意取得的保护方法，发挥的作用反而就不会很大了。而后面两个条件，强调以交易的客观标准尤其是物权公示原则来切断前手交易的瑕疵，这其实就是德国民法中"从无权利人处取得"或者物权行为理论中的"抽象性原则"的体现。有学者认为第 106 条总体的规定都是"善意取得"，但是我们可以看出该条文中后面的两个条件，依据立法解释也不可以解释为"善意取得"，因为立法机关在颁布物权法的同时所颁布的概念解释指出，善意仅仅指的是权利取得人对于其前手交易瑕疵的知情或者应该知情[①]，所以该条文并不仅仅是，甚至并不主要是善意取得的规定，或者说是对罗马法传统上的"善意取得"的规则的采用，而是对德国法学中"客观善意"规则，即"从无权利人处取得"规则的采用。这就是物权行为理论应用最为

---

①　中国立法机关在颁布"物权法"条文的同时，也颁布了几个关键概念的解释。其中关于"善意"以及"善意取得"的解释见《中华人民共和国第十届全国人民代表大会第五次会议文件汇编》，人民出版社，2007，第 172 页。该解释明确规定，"善意"仅仅是指权利取得人的主观心态。

主要的成果。

因此我的基本看法，就是中国物权法在这个重要方面接受了物权行为理论，从而实现了理论和实践两个方面的重大改进。从此之后，中国法可以说这一次重新恢复了潘德克顿法学的本来面目。

六 结语

潘德克顿法学进入中国到现在刚好一百年，其间经历高涨、衰落和复兴，它所反映的，并不仅仅只是中国法学的变革之路，而且也折射了中国百年来的强国富民之路。近代以来，基于割地赔款、丧权辱国的惨痛教训，中国人试图通过各种方法奋勇而起，振兴自己的国家和民族。而法制的革新，是祖先已经痛切地认识到的强国富民的方法之一，这就是所谓的"变法图强"。所以，近代以来我国社会的各种变革，一直和法制的变革联系在一起。虽然我们不能把国家强盛以及人民赋予的全部使命都交付给法制的变革，我们当然承认经济基础决定上层建筑的一般规则，但是我们也必须认识到，法律制度对于经济基础具有强大的反作用，正确的法律制度的选择，会为经济基础的变革提供强大的促进作用和保障作用。潘德克顿法学被引进我国一百年的历史，基本上可以证明这一道理。

因此，在我们今天建立市场经济体制的时候，我们必须承认一个普适的道理，即以民法为基础的现代民商法制度体系，是市场及体制的基本法，因此我们当然应该以民商法体系的完善，来促进和保障经济改革。正是基于这一认识，本文作者在此希望以如下三点总结本文。

1. 在市场经济体制已经国际化的今天，中国民法学的发展已经不再是国际上的孤岛，不能像过去那样，依据"自设前提、自我演绎、自圆其说"的方法寻求自己的发展。一方面，我们必须承认，近代以来中国法律制度发生了大规模的外国法继受，其中对我国法学影响巨大的，是二十世纪五十年代大规模地照搬前苏联的法学，正是因为这样，中国传统的民法法制文化已经荡然无存。当现在强调民法立法或者法学的"中国特色"的时候，其实应该看到，现行民法学说体系中源于中国自身的法律文化已经非常罕见。另一方面，我们更应该看到，中国现在已经融入了国际市场经济秩序，那种仍然坚持在一个自我封闭的环境下自言自语的法学，甚至鼓吹民粹主义思潮的法学，是狭隘而没有出路的。

2. 中国民法已经承起了市场经济基本法的作用，为了完成其历史使命，中国民法学必须在法律思想和法律技术两个方面实现更新。虽然中国法学界过去认识到潘德克顿法学是一种关于民法立法的技术规则的科学，但是从本文的分析中可以看出，这种科学其实是在近代人文主义革命、工业革命、启蒙运动基础上建立起来的，这三次革命，被称为是对人类社会发展有根本影响的革命。这些思想运动成为现代化市场经济体制建立的精神渊源，也是现代民法建立的直接思想基础。不但民事权利的伦理和哲学基础来源于此，而且近现代民法中的基本制度，比如民事主体制度、法律行为制度、所有权制度、债权制度、法律责任制度等，也是来源于这些革命运动的。中国历史上没有发生过这些对于人类社会影响巨大的革命运动，而且过去在极端思想时代还发生过对于这些革命成就的歪曲和批判，现在我国社会还保留着很多极端思想时代的阴影。当前为多数人理解或者持有的民法学说，多多少少都保留着极端思想时代的痕迹（比如将民众的不动产物权登记理解为行政授权、行政确权等，几乎是中国法学界的通说。但是这一通说是完全错误的）。所以现在我们发展市场经济体制的民法学理论的时候，民法学界的思想更新应该是一项必需的任务。

3. 在我们坚持市场经济体制和民法科学体系的基础上进行比较法的分析之后，我们可以肯定地认为，潘德克顿法学是真正的科学，对这一科学，我们必须认真地学习和继受。在市场经济体制下，我们必须坚持尊重民事主体权利的原则，坚持意思自治的原则；在民法立法和学术思想上，坚持法律关系学说、法律行为学说、支配权和请求权相互区分的学说（或者绝对权和相对权相互区分的学说），以及因此而建立的物权与债权的法律效果和法律根据相互区分的学说等。这些潘德克顿法学的基本内容，为我们建立适应高度发达的市场经济体制需求的民商法知识体系和制度体系提供了完善的技术指导。潘德克顿法学历来都是一个开放的知识体系，它对于新型民事权利具有的包容性，对于民法基本原则的坚持，对于复杂交易生活的解释能力和裁判能力，相比其他民法技术科学而言，是最彻底和最完善的。应该承认，我国主流的民法学家们对于潘德克顿法学关于法律技术规则方面的知识引进和接受，曾经走过很大一段弯路。不过这种情况在近来的物权法立法中已经发生了转变。

　　一百年前我们的法学前辈曾经说，法律科学是人类共同的财富，学习以及借鉴他人不是一件耻辱的事情。因此坚持潘德克顿法学，对于我们而言应该是科学工作者的使命。

| **第五篇** 民法"科学性"的含义、由来以及
在中国的几个问题

| 写作背景

本文根据在中南财经政法大学、中国社会科学院研究生院等地的讲座整理而成，讲演时间应在 2012 年中期。面对青年学生对民法科学性的提问，文章仔细阐述了作为科学意义上的民法学和作为法律知识意义上的民法学之间的差别，为学生补充了一段在中国不为人熟知的历史，即受启蒙运动的科学主义思潮影响而起的理性法学发展到潘德克顿法学也就是法典编纂法学的历史，从这一段历史中可以看出，科学主义的民法，就是从经验上升到理性的民法。文章再一次指出，科学主义立法的基本出发点，就是通过法典这一体系，来限制立法的任意和司法随意，而且把调整农贸市场的法律规则上升到调整现代市场交易的法律规则，以满足当代复杂的市场经济生活需要。文章指出在我国民法典编纂的过程中，一些课题组提出，民法典立法应该突出人民性，应该让普通民众看得懂；民法典立法应该是立法者选择的结果，不应该过分强调法律科学原理；甚至还有立法专家表示，所谓法律科学无非是法学家的想象，你可以这样想象，我也可以那样想象。这些观点完全否定了民法的科学性，否定了先人从经济生活中总结的民法规范社会生活的规律。大学教授应该讲科学、讲法理，从学校里一开始讲法学，就给学生说法律是规律，法学是科学。但是我们的民法教授而且还是参与国家立法的民法教授，却毫不掩饰地表示否定民法科学，这是完全不应该的。文章强调了法律科学性原则在我国民法立法和司法中的重大作用，也表现出对中国立法碎片化、枝节化的强烈忧虑，表达了把希望寄托在青年学者身上的期待。值得作者自豪的是，我长期呼吁的民法立法科学性原则，在民法典编纂时期已经得到承认，而且 2017 年十九大报告中，对于立法的要求，第一点就是"科学立法"。当然，贯彻这一原则，还需要长期的努力。

本篇目录

一 引言

近几年我国的立法群体尤其是民商法的群体已经形成，但是为何大家都对立法现状不满意、对司法适用法律不满意？为什么在我国出现了世界特有的以最高法院的司法解释制定真正具有行为规范和裁判规范的实在法的情形？我国法学界尤其是民法学界的各位同人是否有人想到，其中根本的原因之一，就是现行法尤其是民商法的立法科学性不足，立法质量不高。在我国，很多人长期以来对最高法院以制作司法解释的方法来制定实在法意义上的、普遍适用的法律规范的做法很不满意。2012 年，最高法院颁发了关于买卖合同的司法解释之后，遭到了法学界尤其是我们民法学界很多人的批评，很多人的批评很尖锐。但是这些批评很少能够回答因为立法欠缺科学性标准而法院必须科学裁判的问题。从我参与全国人大的立法活动和最高法院很多法律活动的情形看，我认为我国立法似乎从来都是考虑了太多的立法政治问题，而不太考虑法律的科学性标准问题。比如，立法机关从来都是把法律民众化作为指导思想之一，可是我从来没有听说过谁讲过我们应该坚持立法科学性标准。法学界的主流，包括参加立法的学者主流似乎也是这样。比如，在我国合同法起草时期，法学界主导性的观点，是按照"两毛钱一根黄瓜，一手交钱，一手交货"的交易模式，来理解法律交易中的债权与物权的关系问题，因此这一时期的立法刻意地建立了债权与物权从法律效力到法律根据都不区分的制度。合同法的几个核心条文反映了这个观念，比如众所周知的第 51 条和第 132 条的规定。据我的调查所知，这些年来，法院系统的司法工作者们深为这些条文所苦，他们从上到下都知道适用这些条文违背法理，会造成裁判的不公正。因此，2012 年最高法院的买卖合同司法解释在法院系统内深得人心。可是法学界尤其是民法学家们批评很多，这就值得深思。

对这个问题我曾经思考很久。我想，我们作为学者或者说作为法律科学家，还是应该考虑一下我们的法学和立法中的科学性问题，法学家还是要拿法学科学说话。我对这个问题思考的部分结论，应林来梵教授之邀，发表在2012年第6期的《清华法学》上，题目是《我国民法立法的体系化与科学化问题》。对这个问题的另外一些思考，发表在《中国政法大学学报》2013年第1期上，题目是《防止立法碎片化、尽快出台民法典》。这两篇文章发表后，一些内容被其他报刊摘发了。我认为，法学研究有很多标准，但是我们作为法学家的本分是法学自身的科学性标准。我希望依照这个标准来审视我们的现行立法和未来还要进行的立法工作，以此提高立法的质量。同时，我也希望这个标准能够成为我们教学和科研的标准，各位同人能够用这个标准来培养我们的学生和后来人。对于民法科学性和民法体系化规则之间的关系问题，当然一篇论文说不了多少东西。而且在《清华法学》发表的文章考虑的是我国民法立法实际情况方面的问题，对于民法科学化的历史并不方便说。但是，在提出民法科学化这个问题之后，如果不把这个问题的来龙去脉说清楚，那就是对于民法科学化问题没有足够的论证，这显然是不足够的。所以，今天我想在这里把这个问题说说清楚。

从法律科学的角度看，法学和法律科学这两个名词既有牵连也有不同。法学这个名词的产生已经非常久远了，远到我们现在实际上已经不可考察了。这个名词包括的含义，大体上是指各种关于法律的知识，包括法律的价值、立法的规则、执法以及司法的技巧、人们对于法律的评价等各个方面的学问和知识，含义非常广泛。但是法律科学这个名词产生的历史并不久远，它大体上是在启蒙运动提出"理性、科学"思想之后才诞生的。它是以"科学"这个新时代的标准审视法学、重新思考法学的结果，这个结果就是立法的体系化与科学化。具体地说，法律科学这个名词出生在"理性法学"时代。所以，法律科学这个名词的含义，也和广义的法学的概念有所区分。大体上来说，法律科学并不是非常广泛的关于法律的知识和评价，而只是关于法律的制定或者编纂、法律规范的形成以及分析等方面的规律总结。显然，法律科学只是法律制度本身的科学，而不是关于法律的一切学问或者知识。我所总结的这个含义，大体上和德国民法典编制时代的看法一致。那么这个概念是怎么来的？为什么要提出这个概念呢？它后来又是怎样发展的呢？以我学习研究的看法，可以把这一段历史划分为四个阶段，这些阶段里，民法科学化这个命题展现出各自鲜明的不同的特点。对这些特点进行分析，我想对我国民法科学化问题的思考，也许很有意义。

二　理性法学时代提出了科学主义民法

受启蒙思想运动的影响，在十六世纪的欧洲兴起了理性法学。理性法学秉承启蒙运动所要求的"科学、理性"的宗旨，对当时统治欧洲的神权主义法学也就是寺院法学进行了比较深入的批判，展开了以脱离神权为主要特点的法学重构活动。这些法律活动，也被称为"去神化自然法运动"（saekularisiertes naturrecht），或者"自然法世俗化运动"，也就是理性法学运动。之所以将去神化的法学重构活动称为理性法学，那是因为受启蒙运动影响，当时人们发现，神学法学也就是寺院法学建立的基本法理基础是天主教神学，而神学知识基本上是感性的盲目的，也就是不理性的。神权法学只要求人们信仰神的巨大力量，将其作为法律权利义务正当性的标准；依据神权法学建立的法律制度，充满宗教愚昧，只可以要求人们遵守，而无法要求人们从理论上解释。这一点和启蒙运动所要求的理性、科学精神发生巨大矛盾。理性法学正是在去神化或者法律观念世俗化的基础上建立起来的。

理性法学在发展过程中还受到了英国工业革命以及后来的科技革命的巨大影响，它试图像牛顿力学将机械运动划分为一些最基本的学术因素，然后在这些因素之间寻找数学逻辑那样，将法学中的一些基本要素抽象出来，并且建立这些要素的基本逻辑，使得民法甚至其他法律都能够像数学运算一样，依据一些简单的符号，能够得出一些具有普遍性的结论。理性法学在最初的发展中借助于罗马法重现这个契机，依据罗马法的一些素材，尤其是罗马法中"学说汇纂"这个法律素材，提出民法科学化问题，大量应用了后世闻名的"提取公因式"的抽象技术，建立了民法科学系统的基本概念和范畴。

理性法学在这一方面所做的基本工作，首先是将人们社会基本的民法素材予以抽象化，从中产生了民法上的人、物、权利这些基本概念；然后产生了意思表示、法律行为、物权、债权这些非常重要的民法基本概念。尤其重要的是，这一时代的法学家们对于这些抽象的概念之间的逻辑进行了非常有价值的挖掘，这样就使得这些概念系统化了。从事这些伟大的基础性工作的学者，有格老休斯、海瑟、沃尔夫等。史料证明，在明确的概念体系的基础上，人们开始了民法法典化的努力，在中国有不少学者知道的《实用法学汇纂》（usus modernus pandectarum）或者《现代法学汇纂》，就包括了总则、物权、债权、亲属、继承五编的内容，它实际上就是一个学者编制而成的民法典建议草案。德意志民族内部的 "普通法" 正是以此为基础形成和发展起来的。

经过这些整理（其实是重构）之后，罗马法以完全不同的内容和形式呈现在世人面前。民法因此彻底脱离了查士丁尼民法大全那种 "以例说法" 的法律编排模式，走上了抽象概念与抽象逻辑相关联的概念主义法律编撰的道路。这就是 "民法科学化体系化" 最初的由来，它从一开始产生，就是围绕着民法立法、民法分析与裁判的基本概念与逻辑等问题展开的。它虽然也使用了罗马法中 "潘德克顿" 这个词，但是其含义已经发生重大变化：罗马法中的潘德克顿，仅仅只是法学家们的内容提要；而理性法学中的潘德克顿则是指民法制度科学化和体系化。

三 法典编纂学派的出现以及他们最显赫的成果——《德国民法典》

民法科学化工作的重大发展契机，来源于德意志民族统一国家建设过程中对于民法典的追求。十九世纪中期，德意志民族开始了统一国家建设的步伐，而统一的国家需要统一的民法典。这个历史契机使得此前进行的民法科学化的研究得到了历史机遇，具有良好法律概念体系和内在逻辑的德意志 "普通法" 得到了萨维尼、温迪谢德等人的进一步的发展，最后形成了法典编纂法学，也就是潘德克顿法学。这些科学化的工作，最后造就了《德国民法典》。中国法学界很多人都知道，在《德国民法典》制定过程中蒂鲍和萨维尼之间就如何编制民法典进行了激烈的争论。萨维尼的主要观点就是要坚持制定一个不同于《法国民法典》那样的法典，原因也是德国法学家在理性法学以来关于民法科学化研究所取得的成就。其实，萨维尼在民法科学化方面做出了前所未有的巨大努力和贡献，他从历史法学的角度出发，借助于罗马法中学说汇纂这个独特的历史视角，将理性法学进行的概念整理与体系化的工作推向了很高的阶段。萨维尼通过概念的同一性与差异性、上位概念与下位概念之间的逻辑关系分析的研究方法，系统地重新整理了罗马法以来民法以至于整体私法的全部法律概念，清晰地建立了这些概念之间的区别和联系，从而将它们整理成为民法科学的知识体系。他的八卷本的《当代罗马法体系》，两卷本的《当代债法体系》等著作，就是他进行概念整理的成果。这些浩大的工作的完成，使得民法科学以至于私法科学最主要的基石也就是法律概念最终系统地清晰明确了。他的这一工作，被后人称为萨维尼倾慕中国人修建长城过程中打制长城砖的技术的产物。这一略带讽刺的说法，其实也揭示了萨维尼工作的辛苦与成就。当然，萨维尼还系统地建立了法律关系的民法学说，这一学说的提出，使得民法的科学体系一下子清晰明确了。法律关系的学说，事实上已经成为全世界的法律工作者的案件分析和裁判的基本技术手段。这个最为重要的、最基本的法律技术，其实就是抽象的概念法律技术。这些技术性工作，表面上是罗马法的继续，但是，它与罗马法已经有了显著的不同。因此耶林说这是德国人"通过罗马法而超越罗马法"的成果。

萨维尼去世后，他的学生温迪谢德依据抽象概念法律技术编制成功了《德国民法典》。英国人梅特兰等认为，该法典是科学主义法学最突出的成就。因为该法典非常强调法律科学化行为规范和裁判规范制造手段，强调概念准确清晰、制度的完整，强调立法的逻辑。这些民法科学化手段的运用，使得《德国民法典》取得了"法律计算机"的美名。通过精确的概念之间的逻辑关系的运作，人们甚至期待着就像计算机一样，在民法典面前输入一个案件，后面就能得出一个准确的分析或者裁判的结果。这种将法律机器化的思维方式，其实正是理性法学时代法律科学化思维的继续。这种立法思维从一个方面揭示出，法律概念的精确与制度逻辑的严密，在那个时候已经成为民法科学化的基本要求。也就是这样，萨维尼的学生之一，德国另一位世界级的著名法学家耶林提出了"概念法学"这个术语，作为潘德克顿法学的另一个术语，而概念法学其实就是民法科学化发展到极致的产物。

也就是这样，《德国民法典》也被称为"教授立法"，即非常专业的知识分子按照自己的理念来起草编纂的法典。该法典的产生，表示民法科学化的研究成果得到了实践的采纳。而后，该法典在世界很多地方得到采纳，"概念法学"得到了推崇。人们推崇它的原因在于：

其一，严密的科学化的民法体系，严格限制了法官以及其他有权审判者的司法任意，也限制了国家统治者对于民众权利的侵害。这个政治性的目标恰恰是启蒙思想所一直追求的。

其二，抽象的经过科学化整理的法律概念，表面上看似乎疏于民众，但是恰恰是这样的法律才具有最容易理解的优点。因为，恰如数学上的一加一等于二这些最为抽象的规则其实最容易理解一样，抽象的法律概念比如所有权、合同、买卖等，也是人们很容易理解的。因此，科学化的概念体系最容易用于法律教学，法律的人才最容易得以培养。

后世的一些人经常以这种抽象化的概念体系"疏于民众"而对其提出强烈的批评。但是这些批评忽视了这样一个历史背景问题，那就是萨维尼等人与其说是在建立民法的概念体系，还不如说是在对历史上已经产生的法律概念的整理和系统化。所以民法学上的概念最初还是来源于历史的现实，是历史上数千年法律实践的产物。

其三，科学化的民法知识体系最具有辐射力。科学主义民法，给法律的统一提供最为方便的道路，不论是京畿都市还是遥远边疆，法律规范都可以借助于统一的科学化法律文本得以实施，这样依据法律推进社会进步的目标就可以达到。

其四，科学主义的法律知识容易被不同的民族和国家理解。所以，虽然在世界级的著名法典中，《德国民法典》诞生相对迟一些，但是其被接受的力度最大。比如，中国近现代变法时就继受了该法典的法律技术，因为我们中国与德国一样都是非常崇尚抽象概念技术的民族。

四 实质正义时代的民法科学主义

上文讲到了民法科学主义的前两个阶段。第三个阶段，伴随着社会主义的法思想从形式正义发展到实质正义，民法科学化规范体系经受了被怀疑、打压的过程，此后又获得了新的发展。

第一次世界大战之后，概念法学受到批判，因为建立在自由主义法思想基础之上的科学主义法学，主要解决了国家统治者层次的法律正义方面的问题，但是它没有满足被统治者阶层对法律正义方面的要求。自由主义法思想导致的法律形式正义既表现出其进步性又表现出其有限性。此时，世界主导的法律观念开始从自由主义哲学阶段过渡到社会主义哲学阶段，法律尤其是民法开始着手建立实质正义的理念和制度。在这个改造和发展的过程中，对概念法学首先发怒的是耶林本人，他提出了"利益法学"这个新的法律分析与裁判规则，希望建立新的法思想和法技术为法律的实质正义提供依据。此后，菲利普·海克发展了利益法学。但是海克的一些发展走得太远了。因为海克提出的设想，是按照民众化的观念来废止《德国民法典》中基本的法技术，比如物权和债权相互区分的技术，尤其是要废止功能强大的物权行为理论或者处分行为理论，这样，海克的观念动摇了德国民法学的基础。一般认为，概念法学基础上的科学主义民法只是出现了漏洞，而这些漏洞是可以弥补的；而海克的理论认为概念主义法学整体必须废止。他的理论被希特勒利用，纳粹提出了废除法律形式主义的目标，甚至他们要废除《德国民法典》而制定"人民法典"。所以在二战之后，海克的学说自然被淘汰，他本人事实上也无疾而终。近年来，中国个别学者把海克定义为德国当代最杰出的法学家，这些说法没什么根据，因为德国法学著作大多把他称为"法律学习者"（rechtlernender）。

概念法学也受到前苏联以及很多东方国家的批判，人们把这种技术化的科学主义法学当作帝国主义法学的特征。我们上大学时，老师讲外国法制史的课程，就是这样介绍德国民法的。前苏联法学在中国影响巨大，中国法学界对科学主义法学的批判、对形式正义体系的批判，现在还时有耳闻。但是历史事实证明，以实质正义为理由直接否定形式正义，直接打乱形式正义确立的标准，最终却无法实现实质正义。无论是在希特勒的德国，在前苏联，还是在中国的"文化大革命"时期以及今天的朝鲜，这些否定形式正义的体制下根本不存在什么实质正义。事实证明否定形式正义建立的公开的、合法的、共同的正义标准，无法实现所谓的实质正义。因此，建立在抽象概念基础之上的民法立法的体系化这个科学化的价值必须得到充分的肯定。

事实上，德国有很多伟大的法律家在这个阶段为弥补概念法学的缺陷，做出了孜孜不倦的努力。比如，卡尔·拉伦茨就提出了"评价法学"或者"价值法学"的漏洞弥补方法，以此来消除法律不能及时反映社会现实的问题。同时，立法也依据制定劳动法、消费者保护法等民法特别法，来修正或者弥补民法意思自治原则、所有权绝对原则等造成的制度缺陷，实现社会正义。事实证明，这些立法在实现社会正义方面发挥了极大的作用。在此我们必须明确的是，这些法律技术方面的法学，都是建立在体系化和科学化民法基础之上的，而不是否定了民法体系化另搞一套。这一点在中国民法学家的著述中，尤其是否定概念法学的一些描述中始终是没有说清楚的。

五 中国改革开放背景下的民法体系化与科学化

前苏联体系国家在二十世纪九十年代纷纷变色，走到了西方所说的"后社会主义阶段"。当然，"后社会主义阶段"这个名词在中国没有得到使用，我国社会是不使用的，也不承认。因为我们现在还是社会主义，而且我们的改革开放比前苏联要早，而且中国人改革开放一直是主动的。所以我们的社会主义和斯大林时期法律虚无主义的社会完全不一样。我们中国第一次在社会主义国家中提出了建立社会主义法治国家这个原则，这个原则已经入宪。在改革开放初期，我们中国人就已经认识到法律虚无主义给人们和国家造成的灾难，我们国家是真心实意地推进我国的法制建设，因此从改革开放一开始，我国就提出了完善法律制度建设的重大目标。在重建法制的时候，人们当然要重新思考法律上的形式正义和实质正义之间的关系问题，也要考虑体系化立法问题。事实上，重建法制，首先就是要重新建立法律形式正义的标准，也就是按照法律面前人人平等这个大原则，在立法的各个方面都重新建立公开的、合法的人与人之间的行为规范和裁判规范，所以立法必须成为体系，这样，我们就必须考虑制定法体系应该解决的基本问题，就是科学主义立法的基础。

同时我们也要看到，前苏联之后的俄罗斯、东欧、中国、越南等，都重新走上了法治国家的道路，在形式正义基础上重建民法的价值体系。这样，类似于历史上出现过的希望通过立法来推动社会进步的观念，通过明确清晰的概念和逻辑体系来建立一种新的制度的观念，就再一次复兴了。我们也可以说，潘德克顿法学在这些国家复兴了。因此我们可以说，民法的体系化科学化这个浪潮是世界性的。

当然，中国人继受潘德克顿法学的道路布满了荆棘，1949 年后中国的民法立法的体系化和科学化的实现，一度出现了光明的前景，但是至今问题没有解决。实际上，中国在 1904 年清末变法时就引进了潘德克顿法学，我们的法律先人很早就接受了抽象概念体系化这些东西，在此基础上编制了二十世纪三十年代的民法典。正是因为这一段历史，1949 年之后由于政治体制的问题，虽然没有制定民法典，但是中国法学尤其是民法学还是坚持着潘德克顿法学的基本概念体系和逻辑，至少中国法学家对这些概念是不陌生的。所以后来制定"民法通则"时，潘德克顿法学的知识发挥了支配性作用。

现在我们看看中国当前民法立法的体系化和科学化问题。

通过对这些历史的简要考察之后，来看看我们国家自己在民法科学化道路上的历程，我们会获得很多启示。首先，我们应该肯定自己的成绩，中国立法尤其是民法立法这些年来确实取得了很大的成就。但是，我们的法律科学化问题一直没有得到很好的解决。

在我国法学界，如果看民法学的很多研究成果，包括教科书等，你就会发现我们关于民法体系化科学化这个问题的认识，大体上来说，是继受不彻底，认识不全面。最关键的问题，也许是受到了前苏联法学那种强调法律政治性忽视法律技术的影响，目前多数人还是首先坚持民法立法民众化这个指导思想，不把法律技术问题作为基础的立法考量。前苏联法学把以德国民法典为代表的技术化立法当作帝国主义法学的典型，这样的话现在虽然没有人说了，但是中国法学界对技术化立法没有好感者，其实不在少数。比如，法律概念的抽象化这个词汇，在中国法学界基本上是个贬义词。但是人们很少想到，抽象化是一种科学的手段，抽象化产生的概念反而更容易理解也更有涵盖性和辐射力。比如一加一等于二就是最抽象的，但是大家都能明白。在民法领域里，物权和债权的概念也是抽象化的产品，但是在 1904 年中国法制变革时期，当时的法律先人认为这些概念比起法国民法不使用这些概念的做法更加容易理解。现在，这些概念也都为中国各地的法官们掌握了。如果这些概念不抽象，那么我们可以想一想，中国地域如此之大，统一立法和司法的目标如何实现？所以我们说，抽象的法律概念和知识更有辐射力，更容易被接受。

大家都知道近年来中国在刑事法领域里发生了好几次舆论杀人的案件，在民事法的领域里也发生了好些舆论裁判的案件。这些案件反映出的问题就是，中国法学界包括民法学界的主流观念，都有一种不信任法律形式正义的问题，也就是不信任分析和裁判中的科学化法学的问题。这些观念体现在很多民法著述里，也反映在国家的立法中。这些观念有民粹主义的成分，也有前苏联法学的成分，它力图打破科学的法学概念和制度逻辑的束缚，创造所谓的实质正义。但是，历史证明这些努力总是缘木求鱼。解决问题的出路，就是重建科学主义法学，包括重建科学主义的民法学。我自己在这一方面发表了几篇论文，但是，从整体上来看，这种建设性的呼声不是太强烈。按照科学主义法学的要求，在民法领域里制定民法典应该是法律概念系统化的结果，是法律制度逻辑的结果。比如，物权和债权法律效力的区分，以及它们发生效力的法律根据的区分，就是概念系统化的结果和制度逻辑的结果。从科学化立法的角度看，坚持物权行为理论可以说是根据充分，在立法中运用这一理论可以说是水到渠成。所以，最高法院的买卖合同司法解释是不应该受到我们民法学家这么多批评的。

改革开放以来，我国为了解决中国法制遭到严重破坏的问题，立法者以及整个法律学界，都有一种强烈的立法冲动。民法学界也是一样。这本来是好事，但是时间长了以后我发现了问题。这就是立法者本身有功绩思维，法学家有功业思维，这两种思维加在一起，有时候形成的立法冲动失去了科学主义民法的基本规则。举例说，我国现行有效法律法规包括地方法规等，已经制定了8000多个，法律中重合已经比较多了，可是中国法学界现在还有人不断提出制定这个法制定那个法，这些观点基本上不考虑法律规范之间的逻辑问题。相比而言，德国现行有效法律是3000多个，据我了解，德国法学界很多人批判说，他们的法律太多了，必须从体系化的角度予以合并删减。这样的问题，中国法学界包括立法者至今认识不到。我认为，我国立法到了这样一个时间点：必须利用法律科学性手段对现行法律进行体系化整理。而且下一步的立法，必须按照科学主义法学的基本要求，整合现行法律，尽量避免盲目的立法冲动。

在这一点上我想给各位举一个中国立法冲动的典型例子，就是《侵权责任法》的制定。制定该法的原因是成立的，但是它的内容出现了不顾及立法科学性要求的很多点和面。比如说对于环境侵权，2011 年之前国家已经制定了 40 多个环保方面的立法，其中对于环境侵害责任规定很细致。再比如说到道路侵权责任，我国的立法也非常多，仅仅在公路侵权方面就有大家熟悉的"道路交通安全法"，其中的侵权规则也很细致。还有医疗侵权问题，国家在医疗卫生方面的已经有数十个法律，其中规定了很细致的医疗责任。可是这些责任性规则，在《侵权责任法》中都予以重复规定了，问题是，该法的重述性规定反而不如那些具体的法律详细，因此，法院在确定这些责任时，主要的依据还是那些具体的法律而不是《侵权责任法》。这样看来，这个法律中相当的内容就有问题了。可是中国立法者、民法学界对此并不认识。现在还有学者提出制定独立的"人格权法"，如果该法制定，法律的重合会更加严重。这就是立法冲动的体现。如果从民法体系化的角度看，制定这个法律实为不必。

但是另一方面，中国民法中还有真正的大缺陷，比如债权法总则方面的立法目前还没有制定，学者和立法者为什么不积极为此呼吁呢？

结　语

在《物权法》制定时，一些学者和官员曾经批评我起草的比较抽象的关于物权变动制度的规则设计，其理由就是"两毛钱买一根黄瓜这么简单的事情，为什么立法上要搞得那么复杂？"但是现在看，我做的这些抽象化的工作，反而是简明扼要的，而一些反对这些设计的学者和官员的理论观点却繁复冗杂，很难理解，以此指导实践反而非常困难。在物权变动这个问题上，反对物权行为理论的各种解释学说都有一个共同的特点，那就是要替代该理论，但是很少（也许是本人视野狭窄没有看到吧）有谁说这个理论不科学。这一次出现的很多对最高法院买卖合同司法解释的批评，也是不太谈科学主义法学的基本要求。很多法学家希望自己像老百姓那样去理解法律，将法律做成现实经验感性的总结，这一点恰恰是理性法学时代要解决的问题。

民法科学性规则的价值非常重大。上面说过，民法科学性规则，除了将民法学知识体系予以系统化整理之外，最大的功能在于实现法律价值逻辑的统一和整合，实现法律裁判的统一性，限制司法任意，限制公权滥用，这一点我们必须有充分的认识。民法科学化体系最大的优点，是它能够把法律精神通过抽象的概念辐射出去，把法律携带的先进思想扩展到穷乡僻壤，甚至扩展到国际。这是我们应该充分注意到的。中国事实上具有世界上最为抽象思维的传统，比如"道可道非常道"就是这样。现在法律上的抽象概念，经过法学教育已经很容易理解了。比如，所有权、债权，在中国谁不知道？所以不要说人民不喜欢抽象概念，不要以人民性来限制法律科学性。现在我们需要做的工作是，将这些已经比较成熟的法律概念从体系化的角度予以整合，并且在此中贯彻民法科学的基本逻辑，渗透民法思想的基本精神，编制完成我们的民法典。今天在这里我说这么多，无非是想建立一个平台，呼吁民法科学性发展走上应有的轨道。今天在座比我年轻的民法学家很多，我也把希望寄托在你们身上。

第六篇 如何理解民法典编纂的规划步骤问题

| 写作背景

　　2015 年我国最高立法机关开始编纂民法典后，我国社会就存在关于如何开展这一工程的规划和步骤的争议。本人在 2013 年和 2014 年的两次领衔议案中提出了"两步走"的建议，立法机关经过认真讨论并报请中共中央通过，采纳了"两步走"的方案。本文回答了涉及"两步走"方案确立的原因以及排除"一步走"、"三步走"方案的理由等问题。总的意见是，"两步走"的方案确定，根据是我国现行民法体系之中，作为总体纲领的《民法通则》和其他法律比如《合同法》、《物权法》等法律制定的历史背景、可以适用的内容有极大差别。简而言之，《民法通则》基本上已经无法适用，因此需要彻底改变；而其他的法律运行大体良好，基本上不需要大的改变。而且，目前民法的整体体系基本齐备，不需要制定再多的法律。其他的立法方案都存在不符合中国实际的情形。文章发表于《中国人大》杂志。

民法总则的编制完成，标志着我国民法典编纂工作的第一步已经顺利完成，下一步整合其他民法单行法律为民法典的工作也因此拉开序幕。目前，关于民法总则的社会评价总的来说非常好，但是也有一些消极的看法。对这些不同的观点我们应该积极应对，澄清一些基本问题的认识，不但是民法典编纂第二步工作的需要也是未来保证民法典发挥其应有功能的需要。我认为民法总则是成功的，因为该法表明我国立法者积极应对了我国现实问题，并且依据科学法理稳妥地解决了这些问题。在民法总则的整个立法过程中，我们倡导中国问题意识、紧密围绕中国现实建立法律的结构和制度，因此民法总则不仅仅是一部非常"接地气"的法律，还是一部富有创新的法律。我认为中国意识的指导思想是值得我们下一步继续坚持的重要思想。

中国意识和科学法理首先体现在我国立法机关确立的民法典编纂规划"两步走"的方案这一点上。而这个规划，确保了民法总则从最初提出议案、编写草案、修正草案到最终颁布，基本上没有受到太多的干扰，并最终顺利地得以通过。这个方案的确立，是中国问题意识中国方式分析中国结论的产物，不是简单地比照外国或者境外地区的立法例，把我国立法套入外国立法的既有框架之中。同时，面对一些近似于政治口号式的大话宣教，我们也是冷静分析，虽然从中吸取了一些积极因素，但是也不随风起舞。这个规划看到了我国民事法律制度发展中的长处和缺陷，准确地抓住了当前编纂民法典的切入点。先编制民法总则，然后再整合其他民法单行法律为民法典的方案，既符合法理也符合我国民事法律发展的实际情况，获得了普遍的认同，保障了立法的成功。

民法是国计民生的基本法律，因此编纂民法典是完善国家法制建设的基本工程，也是民法学界几代人的热切期盼。除少数人提出中国现在没有能力、没有必要编纂民法典的极端观点之外，绝大多数人都认为中央做出编纂民法典的决定是正确的，现在中国应该编纂民法典。但是就我国立法机关现在如何编制民法典，我国法学界提出了不同的方案。除上述"两步走"的方案之外，法学界还提出了"一步走"，即一次性推出整体民法典的方案，和"三步走"的方案，即在上述"两步走"方案中插入编制人格权法的方案。"一步走"的方案认为，民法典的内部体系是高度协调的，分步走无法保障民法典内部的体系协调。这种观点的出发点虽然是好的，但是它把民法典编纂工作简单化了。世界各国编纂民法典绝大多数都是分步进行的，著名的法国民法典在编纂过程中就曾经被分割为三十多个部分，逐一单独制定出来，然后再整合在一起。因为民法典编纂工作量非常大，分步进行更容易集中精力，保证立法质量。

编纂民法典必须从我国现有民事法律发展的实际出发。应该注意到的是改革开放后，尤其是市场经济体制建立后我国民事法律发展到今天的现实，就是形成了以《民法通则》为核心，结合《物权法》、《合同法》、《侵权责任法》、《婚姻法》、《继承法》等单行法的民法群体。当然，我国立法机关还制定了很多民法特别法。这个立法群体之中，《民法通则》制定于计划经济体制时代，其内容显著过时，故陆续被其他法律替代，在民法典编纂工作开始之前它只有大约十个条文还有适用价值，形成了"掏空"现象。但是《合同法》、《物权法》、《侵权责任法》这几个重要立法制定于市场经济体制时代，其内容虽然也有不足，但是它们的缺陷远远不像《民法通则》那样严重。《民法通则》修正为《民法总则》，基本的工作是重新制定，而其他的法律都是部分修订。"两步走"的方案，是根据这种实际情况确定的。

至于说到"三步走"的立法方案，其实也就是人格权在民法典中独立成编的立法方案，曾经由我国法学界部分学者强力推出，而且现在还有人在坚守。民法总则获得通过后，这些学者中部分人以此为由对民法总则表示了不同程度的不满。所以我们有必要就此简要讨论一下。事实上我国立法机关在2015年开始民法典编纂工作后，就明确地否定了这个方案。我们认为，立法机关的这个做法是正确的，不采纳编制独立的人格权法或者说没有采纳人格权在民法典中独立成编的观点，既符合法理也符合我国《民法通则》确定的立法传统。首先我们要看到，学术界关于二十一世纪是人权的世纪因此人格权就应该独立成编的观点，是一种国际大话，没有逻辑和道理。因为，先不论二十一世纪是不是人权的世纪（其实史学通说认为十七、十八世纪才是人权的世纪，即人权脱离神权、脱离君权的世纪），即便二十一世纪是人权的世纪,那么人权也不能仅仅就是人格权(普通民众的人身权、财产权都是人权),弘扬人权也不能得出人格权一定要在民法典中独立成编的结论。道理很明显,虽然人格权非常重要,但是人格权的典型类型比如生命权、健康权、隐私权、性自主权等都是民事主体专有、不可以转让的权利,只有个别非典型的权利类型比如肖像权才有可能转让的问题。但是肖像权的转让历来由广告法等法律规范而不由人格权法律规范。另外,人格权的基本特征是,它只有在受到侵害之时才能显示出它们的存在,如果它没有受到侵害,甚至民事主体也从不会宣称这种权利的存在。比如我们从来见不到日常生活中某人向我们宣称他的生命权、健康权和隐私权。还应该注意的是,一些学者声称,现在信息、数据保护问题显著,应该将它们纳入自然人的隐私权范围,但是这个观点也是无法成立的。因为个人的信息、数据并不是隐私,这一点如果认真分析我国《民法总则》第111条、第127条就可明白。因为以上特点,全世界的人格权法律规则都只有保护性的规则,也就是侵权法上的保护规则,而没有交易性规则。我国2009制定的《侵权责任法》已经基本上解决了人格权保护的问题。我们特别注意到,现有几个关于人格权独立成编的学者建议稿中,大量设想的法律条文既和《侵权责任法》高度重复,也涉及很多行政法规则,这是不严谨的。所以,如果认为《侵权责任法》有所不足,那么修改该法即可,没有必要制定独立的人格权法,并将其纳入民法典中独立成编。

另外还应该注意的是,我国《民法通则》第五章第一节规定的是"人身权",它包括了人格权和身份权两种类型。强调"人身权"而不是仅仅只强调人格权,这是我国的民法立法传统。如果对人格权在民法典中独立成编,那么身份权又如何规定?这一次《民法总则》对于人身权的规定在《民法通则》的基础上有实质的发展和丰富。尤其是第109条关于"自然人的人身自由、人格尊严受法律保护"的规定,它的理论涵盖面远远超过了人格权,对我国未来法律发展意义非常重大。此外,第110条规定了人格权,这个规定已经解决从正面弘扬人格权的立法需要的问题。此外,第112条规定了身份权,这也是十分必要的。这些规定就是传承了《民法通则》关于人身权的概念价值。如果仅仅只是强调人格权,那么不仅仅身份权的内容将被放弃,而且像第109条这样意义重大的条文就无法写进来,那是多么遗憾的事情啊！

民法典编纂下一步的工作将更加繁重，纳入民法典体系中的合同法、物权法、侵权责任法、婚姻家庭法、继承法这五个分编不仅仅要进行自我完善性质的修正，还要和民法总则以及其他法律相互协调。在这种情况下，我们还是应该更加清楚地认识到"两步走"规划的科学性和可操作性，避免一些不当观点带来的纷扰，不让这些纷扰妨害民法典编纂的工作。更为重要的是，我们必须明确"两步走"方案中内在的理性分析，不让这些纷扰妨害未来民法总则以及整个民法典在我国社会发挥其应有的作用。

第七篇　用民法通则的理性光芒指导民法典编纂

| 写作背景

民法典编纂意味着 1986 年制定的民法通则将会完全被替代，因此如何看待民法通则的成败功过，也一度成为争议的话题，争议点在民法通则到底还有什么价值，如何继承民法通则的立法遗产这些方面。一些学者以民法通则整体基本失效为由，认为它已经没有多少价值值得民法典编纂借鉴。本文借民法通则颁布 30 周年的纪念日，对这个问题进行了必要的澄清。本文认为，民法通则最值得借鉴的价值就是它的立法理性。在当时的历史背景下，它体现了改革开放和积极进取的精神，它以极大的勇气，建立了多项有效的制度，打开了市场经济体制的大门，也建立了人民权利保障的基础。而且，在当时的背景下，该法事实上就是微缩的民法典，正是以它为基础才发展起来了后来市场经济体制的法律体系。这些勇于开拓的精神和勇气，正是我们今天编纂民法典应该好好继承的。文章发表于《光明日报》2016 年 4 月 18 日第 10 版。

1986 年 4 月 12 日，我国最高立法机关制定了民法通则，迄今已经整整 30 年了。民法通则制定的年代是我国改革开放的初期，那时人们对于经济与社会发展的趋势并不十分清楚，社会各界对于改革开放促成的社会基本生产方式、生活方式的转变等重大问题，事实上也并不是十分清晰。但是，这部法律的指导思想却是十分明朗和坚定的，那就是坚定不移地实施改革开放的政策，不再走自我封闭的道路；坚定不移地贯彻保障人民基本权利的精神，承认和保障人民群众的物质权利和精神利益；坚定不移地促进公有制企业走向市场，让它们成为具有越来越大的自主权利的创造力量和推进力量。立法者正是在这种思想信念的鼓舞下，表现出了强大的创造力和勇气，可以说是在比较困难的情况下冲破重重阻力，比较圆满地制定出了民法通则。

回顾改革开放取得的重大成就，不仅要看到我国社会发生的翻天覆地的变化，而且要看到民法通则在其中发挥的重要作用。我国经济社会的巨大发展，人民权利得到越来越强的承认和保护，社会物质文明和精神文明的巨大进步，曾经封闭的中国不但融入国际社会而且成为世界瞩目的引擎，这一切成就无一不是从这部法律中得到了支持、推动和保障。所以，我们今天满怀敬意地纪念民法通则颁布 30 周年是有充分理由的。在我看来，我们更应该从中总结经验，充分吸收其合理性，以此来指引我们正在进行的民法典编纂工作。

结合民法通则制定的历史和贯彻实施的经验，我认为，该法的制度理性从以下几个方面充分展示出来。

一 确立民事主体平等原则，为我国市场经济的发展铺平了道路

民法通则第 2 条规定，民法调整平等主体之间的财产关系和人身关系；第 3 条规定，当事人在民事活动中的地位平等。平等原则虽然在民法上成为公

理性原则，但是在其他国家比如法国、德国、日本等的民法中却都没有规定。这个现在看起来已经被我国社会普遍接受而且也非常容易理解的原则，在当时的历史背景下，能够写入法条中实属不易。因为我国当时的经济基础是计划经济体制，而计划经济体制的基本特点是命令和服从，不遵从平等原则。所以，民法通则规定的平等原则，不仅意味着我国基本法律对于民事主体基本法律地位平等予以确认，而且事实上也为之后即将到来的市场经济体制确立了法律基础。正如马克思所言，市场是天生的平等派，如果没有民法通则规定的平等原则，在我国就不会出现依据这一原则而来且越来越强大的市场，甚至也不会出现市场经济体制。同时因为这一原则的确立，处于社会基层的人民大众有了充分决定自己法律事务的权利，实现了在这个国家当家作主的法律保障。

二　规定法人制度，为国有企业改革铺平了道路

民法通则在民事主体制度建设方面，浓墨重彩地规定了企业法人制度，为我国公有制企业改革指引了方向，也为后来非公有制经济发展铺平了道路。在计划经济体制下，公有制企业的法律地位和下级政府机关完全一样，只是国家计划的执行部门，它们既没有权利也没有义务来安排自己的生产活动。所以，改革开放初期最主要的任务就是"搞活企业"。民法通则规定的企业法人制度在当时就引发了强烈争议，但是今天我国的公有制企业已完成了从政府附属物到独立自主的市场参与者的本质飞跃，尤其是近年来国有企业在国际经济贸易和生产中发挥的巨大作用，引人瞩目。而这一切，都是在民法通则规定了企业法人制度的情况下逐步形成的。此外，目前在我国国计民生中发挥重大作用的非公有制经济，也从民法通则规定的法人制度之中获得了巨大利好。

三　规定人身权制度，极大地促进了我国社会精神文明的发展

民法通则第五章第四节用 8 个条文规定了民事主体的人身权，这在我国民事立法史上是第一次。根据这 8 个条文，我国的自然人和法人享有了与其各自主

体地位相匹配的较为丰富的人身权利。众所周知，近代以来，人格被视为人的最高价值，自然人的生命、身体、健康、名誉、荣誉、姓名、肖像、隐私，法人的名称、名誉、荣誉等都成为重要的人格利益，成为人之为人的最本质所在。在民法通则制定的二十世纪八十年代，肆意践踏人权的"大鸣大放大字报"虽然刚刚被宪法废止，但是这些随意侵害个人姓名权、隐私权、名誉权的恶行并没有很快消失，原因是针对这些侵权行为还无法确定其法律责任。民法通则关于人身权的规定可以说彻底解决了这个问题。该法颁布后很快出现了许多这方面的案例，侵害他人人身权的行为都依据民法通则承担了法律责任。所以民法通则规定的人身权条款，对于促进我国社会精神文明的发展发挥了核心的作用。

四 规定所有权的法律制度，保护了民众的财富进取心，激发了我国社会创造财富的信心和激情

民法通则第五章"民事权利"的第一节即规定了"财产所有权和与财产所有权有关的财产权"，标志着新中国成立以来第一次在民事基本法中确立了所有权制度，其中包括承认和保护民众个人财产所有权的法律制度。这一点从后来改革开放获得的巨大成功来看，意义十分显著。因为，改善自己物质生活条件的正当欲望，也就是扩大自己财产权利的愿望，自人文主义革命以来，一直被当作人的三大本能之一。但是在那个年代，民众的财产所有权并不能获得充分承认和保护，这一点不但严重损害了人民作为国家主人翁的基本权利，而且也妨害甚至压抑了民众创造财富的积极性，造成我国国民经济发展长期不力的局面。民法通则对民众所有权的明确保护，是尊重人民基本权利，顺应民心的法律制度。在这些规定颁布之后，中国人的财富进取心逐渐得以发掘和激发，人们创造财富的热情逐渐高涨。事实证明，人民获得财产权利不但改善了自己的生活状态，也促成了国家经济的巨大发展。我国现在已经发展成为世界第二大经济体，人均 GDP 超过了 8000 美元，国家的经济实力和人民的生活水平获得了极大提高。究其原因，除了党和政府的政策之外，我认为，民法通则建立的所有权制度发挥了不可替代的作用。孟子在两千年前就说过"有恒产者有恒心"，正是因为有了对财产所有权的肯定，人民才有了诚实生活的恒心，

社会的发展也就自然而然有了源源不竭的动力。

民法通则的时代价值必须给予充分肯定，但它毕竟是二十世纪八十年代改革开放初期的产物。从历史发展看，该法很多规定不可避免地被打上了计划经济体制的烙印。更为重要的一点是，民法通则的 156 个条文中，多数条文都已经被其他法律所替代。比如该法的法人制度被公司法、合伙企业法、合作社法替代，涉及物权的内容被物权法替代，涉及债权的内容被合同法替代，涉及民事责任的大部分内容被侵权责任法替代，涉及涉外法律关系的内容被涉外民事法律关系适用法替代，等等。目前来看，民法通则只剩下人身权中生命权、健康权等一部分约 10 个条文还能继续发挥效用，这就是所谓的民法通则的"掏空"现象。

在这样的背景下，党的十八届四中全会通过的《中共中央关于全面推进依法治国若干重大问题的决定》，明确提出要"编纂民法典"，可以说顺应了发展大势，是当下合理而必要的选择。

民法通则存在"掏空"现象，它注定要离我们而去，但是它的理性精神长存，我们仍然需要借助民法通则的理性光芒推进民法典的编纂。其中至关重要的，就是要体现改革开放的精神，体现充分承认和保护人民权利的指导思想，而且要按照中央提出的科学立法的要求，制定出一部具有体系性、科学性特征的民法典。

我认为，继承和发扬民法通则的理性精神，就要明确民法典编纂必须以行为规范或者裁判规范为制度基础，强调立法的可操作性，以科学的制度体系而不是以空洞的口号来贯彻依法治国的基本方略。同时，要充分贯彻民众意思自治的原则，以此建立"法律行为"制度，既真正体现民事主体意思自治的原则，又为司法机关裁判案件提供完善的法律依据。另外，目前社会反响很大的生态环境问题、动物保护问题，也应该在民法典中得到回应。

总之，编纂民法典的任务虽然十分艰巨，但是我们相信，只要坚持正确的政治导向和科学务实的精神，就一定能够完成这一历史任务。

| 写作背景

2016 年初我国南方某城市政府决定，在城市居民购买商品房的建设用地使用权期限届满以后，将再一次收取土地出让金。这一明显违背《物权法》第 149 条规定的做法，引起了我国社会的普遍关注。这一事件可以看作是该法生效后第一起具有全国意义的物权法案件。原因很简单，每一个城市家庭都会遭遇这样的法律问题，问题如何处置，涉及每一个城市居民包括城市户籍的居民和在城市居住的农村户籍居民的重大利益。实际上在《物权法》起草时期的 2005 年 8 月，在全国人大某专门委员会上，就这一问题如何处置就已经产生了很大的争议。在讨论到包括土地在内的自然资源所有权的制度在《物权法》中如何规定时，因为涉及民众的住房所有权占有城市土地，因此而形成的城市建设用地使用权的制度建设问题，以及相关的用地收费问题，在本人和多数学者以及官员之间产生不同看法。一些官员强烈主张，要在全部自然资源领域里强化国家所有权，因此在居民建设用地使用权期满后应该再次收取土地出让金，因为土地是国家的，居民是一般民事主体，不能随便占用国家的土地。某著名大学法学院院长以老城市居民"无偿"占有国家土地为例，强调现在已经出现了城市居民占有国家土地不收费的情形，声称国家已经成了弱势群体，认为《物权法》如果规定居民占有国家土地到期不收费，就是损害国家利益。本人当时作为立法专家参加了这次研讨会，当时就对这些貌似正确的观点表达了不同意见。我的看法是，第一，我国的城市土地国家所有权是新中国成立之后依据社会主义的土地观念"建立"起来的，它从一开始就不是政府的私有土地，而是包括城市居民在内的人民的公有权，这个土地法权的基本思想我们不能忘记，因此政府不可以像经营私有土地一样经营城市土地。第二，城市居民占有国家土地不论是以前还是现在从来都不是无偿的，历史上旧城区居民住房用地本来就是所有权。改革开放开启不动产市场后，民众支付的房权价格中包括了土地的价格，这个价格比国际上所有权的价格还要高。基于这个分析，本人在这一次讨论上提出了城市居民建设用地使用权期限届满"无条件自动顺延"或者"无条件自动续期"的观点。鉴于这个问题十分重大,本人在会议结束后,又向我国最高立法机关提交了正式的立法报告,就"无条件续期"的观点进行了充分的阐明。这个立法报告的观点,在最高立法机关发布的《立法简报》上有明确的报道。从《物权法》第149条的规定看,本人的观点得到了采纳。这个对每一个城市家庭有重大利益的观点,通过国家大法的形式得到了实现。

2016年南方某城市政府提出再次向民众征收土地出让金的报道出现后,本人立即联系《人民日报》记者,通过我国最权威的媒体解释了《物权法》第149条的确切含义,即无条件续期,就是不再设立任何条件和程序的自动续期,包括不再征收任何费用。此后,为准确表达对这个观点的论证,本人应《经济参考报》的邀请,修改了当年的立法报告并将其公开发表。这个观点也被国土资源部领导同志采用,做出了对民众的建设用地使用权到期后不征收土地出让金,相关不动产登记只收取工本费的决定。南方某城市再次向民众征收土地出让金的事件,基本上得以完满解决。近年来民法典编纂过程中,还不断有涉及相关国家自然资源所有权的理解方面的问题的报道,希望本文的发表能够有所裨益。

中国《物权法》颁布之后，关于城市居民购买商品房涉及的建设用地使用权七十年期限限制的问题，地方政府、媒体和民众都有很多疑问和争论。近日因为某地方政府要对改革开放早期出让的即将到期的居民住宅土地使用权收费引发的争议，已经成为普遍关注的问题。对这一问题，本人愿意从我国《物权法》制定时期，本人作为立法专家对这一问题的论证的角度，说明一些基本的理论问题，帮助我国社会来理解《物权法》第149条解决这个问题的规则，保证这个具有重大现实意义的法律条文的贯彻实施。

《物权法》第149条第1款规定："住宅建设用地使用权期间届满的，自动续期。"本来，这里所说的"自动续期"，含义就是无条件的续期，不必要补交费用，也不需要再次办理不动产登记手续，民众自动地继续合法使用土地。但是从目前媒体报道反映的情形看，一些学者和地方官员仍然认为，这种条件下如何"自动续期"立法不明确，有的还得出了民众必须再次交纳土地出让金的结论。事实上，在立法已经如此清楚地做出规定的情况下还认为立法不明确，这已经是一个明显的思想认识问题，或者说是观念的问题。这一点使我不得不想起当初在《物权法》制定时期关于如何确定这一条文内容的争议。当时，主导的立法观点认为，民众住宅使用的土地是国家的，国家只许可这种土地使用权七十年的期限，期限届满，当然土地要收回国家。如果民众要继续使用国家土地，那就必须给国家交纳土地出让金。对这种观点，在立法论证会上除了几位全国人大的领导人没有表态之外，与会的法学家、经济学家竟然一致赞同。但是，我对这种观点持强烈的反对态度，我的观点，就是这种土地使用权期限届满时，应该"无条件自动顺延"[1]。

当时我认为这种情况下建设用地使用权"无条件自动顺延"，是因为城市

---

① 关于这一立法论证会的报道，请参阅新华社2007年3月9日《住宅用地70年期满自动续期》的报道，另外，当时一些媒体也有报道。

居民住宅土地权利问题涉及我国五六亿居民的基本利益，立法对于这样一些看起来仅仅是一句话但是涉及基本民生的重大权利的规定，一定要慎重处理。我对此所做的论证要点有两点。其一，从社会主义国家土地所有权建立的法思想的角度看，不应该再次向居民收费。因为，国有土地所有权是新中国成立之后按照社会主义的法思想建立起来的权利，这种权利和历史上任何一种民法意义的土地所有权有着本质的区别。在历史上，土地所有权是一种"私权"，土地是私人的财产，别人占有使用必须付费。即使在国家拥有"私有"土地的情况下，比如旧中国时期国家拥有土地的体制下，一般民事主体也不能无偿使用国有土地。但是这种情形和新中国成立之后"建立"的国家土地所有权都不一样。按照社会主义的土地法律思想，新中国通过一系列手段取得了全部的城市土地和部分农村土地，特别是通过 1982 年《宪法》的规定取得了全部城市土地，并且以此为基础不断取得扩大的城市建成区的土地，这种土地所有权的政治基础、伦理基础和法律基础和旧中国以及其他私有制国家的国家土地所有权都不一样。研究中国国家土地所有权和城市居民使用土地的法权问题，必须从社会主义的土地法权思想出发，而要理解这个问题，应该研究从孙中山一直到毛泽东的社会主义土地革命的理论。孙中山比较早地接受了关于土地的社会主义思想，他提出了土地为天然富源、私有土地之上的价值增值应该归公的系统理论。这些理论可以简单地归结为"土地私有、涨价归公"。该理论发展到中国共产党人之后，变成了土地公有、均享地利的思想。根据这一学说，中国共产党建立了土地公有制，不再保留私人土地所有权。建立这种地权制度的目的，是防止私人独占土地自然增值的情形，要把土地的利益为民众共同享有。因此我们必须知道：第一，国家土地所有权不是按照传统民法规定的所有权取得方式取得的，而是"建立"起来的；第二，建立国家土地所有权是为了实现社会主义的"均享地利"，即让一般民众直接地普遍地享有土地的利益，而不是让政府从民众身上取得土地租金一类的收入。因此我认为，让政府从土地上不断取得土地出让金的观点和做法，不符合建立土地公有制的社会主义理想。从这个角度看，我国民众享有的建设用地使用权不应该受到期限的限制。所以民众建设用地使用权到期"无条件自动顺延"是具有法理基础和伦理基础的。其二，从土地低价的角度看，也不应该一再收取土地出让金。对此我曾列举世界上房地产市场价格的比较资料，说明我国城市房地产价格已经超过了世界上大多数国家的事实。而且在其他国家民众可以取得的房地产，既包括土地所有权当然也包括房屋所有权。这些权利当然都是无期限限制的。按照市场经济的发展水平和权利相等原则，既然我国民众购买的房地产市场价格超过了世界上大多数国家的所有权，那么我国民众也应该享有相应的权利。

基于以上分析，本人提出民众在取得住宅所有权时，他们享有的建设用地使用权虽然有法律规定的期限，但是在该期限届满时应该无条件自动顺延的观点。虽然立法时对这一点颇有争议，但是最后《物权法》第149条第1款的规定（即：“住宅建设用地使用权期间届满的，自动续期。”）和我的观点基本一致。这个条文虽然很短，但是涉及的民众利益重大。

当前，我国改革开放初期出让的城市建设用地使用权正在逐步出现出让期限届满的情况。虽然在改革开放初期，立法对于期限届满之后民众权利如何处置规定不详，或者甚至还有一些地方的规定和《物权法》的规定不一致，但是，这一问题应该统一地按照《物权法》第149条第1款的规定处理。原因很简单，就是这个立法体现人民权利的思想。这一思想，和中央提出的“五大发展理念”之中的“共享”理念是一致的。

也有人不断询问，我国为什么不能在这个问题上简化一下，直接承认民众对住宅土地享有所有权？对这个问题，我想回答的是，这种情形和我国的实际情形不太符合。原因是我国特殊的土地资源和人口资源情况。中国人多地少，无法采取单一化住宅模式，让每家每户都有一块地或一处独立住宅。我国必须采取公寓化住宅模式，在这种情况下，最后的方法还是像现在这样，国家其实是政府享有土地所有权，民众享有建设用地使用权和住房的所有权。

关于我国民众享有建设用地使用权的情形，已经由历史造成，现在改变几乎不可能。改革开放后，我国在城市土地归国家所有的基础上，采取了出让土地使用权的方式来吸引外资，将土地使用权有期限地出让给企业，尤其是外资企业，许可它们在我国投资。1988年土地市场全面启动后，在解决城市居民住宅使用土地时，出让土地的模式应用在城市住宅买卖中，依据当时的习惯做法，人们购买的土地使用权是有期限的，后来立法逐步明确这一期限为七十年。必须明确的是，人们对房屋的所有权从一开始就是没有期限的。

根据《物权法》第149条第1条，住宅建设用地使用权期间届满的，自动续期。依据立法的本意，“自动续期”就是不必要办任何手续，也不必要缴纳费用就能续期。这个做法，建立了在《宪法》规定城市土地国家所有的情况下，民众建设用地使用权的自动续期制度，基本上解决了民众住房所有权永久存续的法律基础问题。在我从事《物权法》的研究和教学活动中，遇到了一些官员和学者任意解释这个条文含义的情形。一些地方政府还曾经制定规则，试图在该权利期限届满时从民众身上收取土地出让金。这一做法是明显违法的。那些坚持民众使用国家土地就应该交钱的传统私权理论，不符合中国国家土地所有权不能作为私权的历史和立法基础。根据《立法法》对于立法权限的规定，这种涉及限制公民基本权利的法律，必须由全国人大制定，国务院和地方人大都无权就此自己立法，地方政府及其部门更不能就此问题擅自做出规定。

第九篇 民众所有权的正当性和有效性问题

| 写作背景

　　民众财产所有权，也就是普通老百姓的财产所有权，它是普通老百姓安身立命的根本。2016 年 11 月，中共中央、国务院发布了《关于完善产权保护制度依法保护产权的意见》，其中明确提出了"平等保护产权"的指导思想。本人在一次相关讨论上发言说，我们必须认识到中央所说的"平等保护产权"这个重要思想的含义所指，也就是要认识到平等保护所要解决的现实问题。平等的要求就是要解决不平等的观念和制度造成的问题。平等保护产权，针对的就是我国社会多年以来基于改革开放之前的所有权观念，对普通民众所有权采取的不信任、质疑甚至压抑限制的观念和法律制度。

　　写作本文的动机，形成于二十世纪末期中国物权法起草阶段的 1995 年，在本人受命撰写中国物权法学者建议稿的总则部分时，本人依据我国宪法已经明确规定的市场经济体制的要求，提出在物权法中写上"一体承认、平等保护原则"，以解决市场经济体制发展和人民权利保护的问题。但是，这个既符合我国宪法原则又符合社会主义法权思想体系的观点，在当时首先受到了参与起草民法的部分学者的否定；之后 2004 年物权法草案采纳这一原则之后，该原则又受到一些社会思潮极为强烈的政治批评，以至于酿成 2005 年的"物权法风波"。2007 年通过的物权法，相关法律条文的表达实际并不尽如人意。在这种情况下，本人开始思考，我国社会为什么一直存在强大的质疑、压抑甚至限制普通民众的财产所有权的思想观念这个重大的问题。正如本文谈道，我国宪法规定人民是国家的主人，人民的权利属于宪法上的基本权利，但是为什么普通民众的财产所有权受到歧视？而且这种社会观念为什么这样强烈？在长期研究思考之后，本人认识到，要把这个问题说清楚，必须从所有权的法权思想历史演化开始。因此，本文探讨了所有权的起源，涉及民众所有权的发展历史，我国现实法律制度建设的重要进步，以及改造我国社会涉及民众所有权的社会观念的基本问题。本文的写作费时不少，大体到二十一世纪初期的十年里才刚刚完成。之后以此题目，在中国社会科学院法学研究所、中国政法大学等院校给学生开设了大学讲座，为方便阅读，文章还是保留了口语体。

文章的要点在于，探讨民众所有权的伦理基础和历史逻辑问题。经过这些伦理和历史的考察，我国十几亿普通民众的财产所有权的承认和保护，应该具备了坚实的基础。因为文章提出和解决的问题属于我国法律制度建设的基础性问题和贯穿性问题，文章的讨论，对于更新我国民法的法思想，进而更新其他相关学科法思想应该有积极的效用。值得欣慰的是，文章中的一些看法和2016年中央发布的"平等保护产权意见"是契合的。

| 本篇目录

一 问题的提出：题目的理论和实践意义

今天和大家一起探讨的题目是"民众所有权的正当性和有效性问题"。这个题目在历史上很多人从不同的角度提出过，比如早在工业革命时代，亚当·斯密的著作就提到过。我希望以此为题，讨论一下作为普通人民基本权利的财产所有权的理论和制度建设问题。

讨论这个题目的理论意义和实践意义都是非常明显的。按照现在的法律意识形态，民众所有权或者私人所有权的问题，还处在改革深水区，就是意识形态上比较敏感的领域。对这些政治敏感问题大家多采取回避的态度。虽然这个问题有些敏感，但是我认为它涉及国计民生，涉及普通民众的基本权利，而且我国法学包括民法学在内，还存在很多似是而非的，甚至扭曲历史、对人民权利非常不利的各种理论观点，而且这些理论观点指导下的立法，确实给普通民众的此处权利造成了很多损害，因此不论是从法理上还是从法律实践的角度看，这个问题都非常值得探讨。

当前我国已经是世界第二大经济体，随着国家经济上的强大，民众已经聚集了很多财产。可是在现实生活中我们总是遇到有人提出这样的问题：一个普通的老百姓，他拥有这么多的财富，是正当的还是不正当的？虽然每个人都希望自己能够迅速富裕起来，但是我国社会对于别的富人的所有权，却总是持有怀疑甚至批判性的观念。作为一个物权法学的研究和教学工作者，我也常常想，为什么民众的所有权总是受到质疑甚至被否定？从立法的角度看，我们要不要给民众拥有的财富以充分的承认和保护？所谓充分保护，就是要问一问，法律上建立的承认和保护民众所有权的制度，是不是足够得有效？随着中国社会民众的财产所有权数量和质量的极大提升，现在讨论这些问题是我们已经无法回避的任务。

在开始讨论这个题目时，首先我要提出这样一个问题：在座的都是学习法律的，在过去的法律学习和研究中，你们所获得的知识体系中，民众的所有权处于什么地位？大家都知道，我们的政治宣讲文件，以及大学教科书都说，所有权制度是现行法律制度的核心。可是，民众私有所有权是不是也处于国家政治制度、法律制度的核心地位呢？可能没有人敢于回答这个问题，甚至过去还没有人想到这样的一个问题。

另外我再提一个问题：大家看国外的法律制度，尤其是宪法制度，一般都是把所有权和继承权同时加以规定的——当然这里仅仅只是民众的私有所有权。像德国宪法第 14 条规定，所有权和继承权受法律保护。很多国家的宪法都是把民众所有权和继承权联系在一起来规定的。应该注意的是，宪法为什么要把民众的所有权和继承权规定在一起呢？它体现了什么立法思想？说起来这个道理很简单：在一个建设性社会里，所有权体现的是社会基本的财产支配秩序，而继承权则体现了这种秩序的合法传承。宪法把民众所有权和继承权规定在一起，就是要以此实现基本的财产秩序的持久稳定，进而实现国家整体社会秩序的持久稳定。

但是就是这样一个很简单的道理，我们从中国的政治宣传和大学教科书里是看不到的。我自己在中国学习和研究法律几十年，还没有看到我国的政治宣传和法学教科书讲出来这样的道理。在此之前甚至从来没有人这样思考过这里面有什么要思考的问题。中国法学界对这个问题的态度，也就是对以私有财产为基础建立的财产支配秩序是否可以永远延续下去的态度，至少是不明朗的，甚至多多少少还是否定的。其中的原因虽然很多，但是其中一个原因，就是如果这个支配秩序稳定下来的话，财富如果有继承，就会意味着贫富差别的累积或者叠加，或者说按照中国人习惯的感觉，这会使得贫富差距扩大。而贫富差距的问题，也是我国社会的一个敏感问题。民众所有权的制度确立，必定涉及这些问题。

实际上自古以来我国社会对私有财产所有权的态度，也常常呈现自相矛盾的状态。当前也是一样。一些人认为要对民众的私有所有权给予充分承认和保护，合法权利就要充分保护，这是当前多数人的观念。2007 年制定的物权法也体现了充分承认和保护民众财产所有权的思想。另外一些人则以中国社会传统反对贫富差距扩大为由，反对给予民众私有所有权以充分承认和保护。一方面，中国历史上有先贤主张"有恒产者有恒心"，就是应该给予私有财产所有权以充分承认和保护；另一方面，也有些是主张均贫富的。新中国之后的教科书则多强调说，均贫富是社会进步思想。从前苏联引进的所谓社会主义法观念或者法思想，也是要限制私有所有权，甚至主张要消灭私有所有权。早期社会主义思想家仇视私有所有权的态度是很极端的，他们把这种权利看作罪恶，必须从法律上废除。拉萨尔、蒲鲁东等人就明确提出要废除所有权并同时废除继承权的政治主张。他们的主要根据就是私有所有权产生不平等，而继承权将这种不平等进一步扩大。马克思曾经批判拉萨尔他们，说他们是无政府主义者。我们可以简单地想想，就知道这种观念是多么荒唐。如果不承认个人所有权，谁还会积极创造财富？如果不承认继承权，谁还会积聚财富？那么社会定会一穷二白。这些荒唐的观念本来不值得去驳斥，但是这些观念在今天的中国，还有很多人坚持，这就构成了我国社会法律制度建设中的一个隐忧，也是我们要研究解决的问题。

今天，我们国家因为改革开放已经取得很大经济发展，中国现在已经叫作中等发展国家，或初步发达国家。现在我国官方文字也很少说自己属于发展中国家了。2014年我国人均年产值超过了七千美元，有不少地方人均产值超过了一万美元。在这样的情况下，我国民众个人所有权支配的财富数量已经相当大。可是在我国民众初初富裕的同时，社会观念的分化也加剧了。网络上有很多"愤青"（其实，"愤青"之中不仅仅是年轻人，也有一些不再年轻但是仍然容易激动愤慨的人），其中就有一些人对我国社会民众所有权拥有的不平等持强烈的批评态度。从参加中国《物权法》立法课题组到如今二十多年，我看到很多社会现实问题，也接触过很多人，深感在民众财产所有权这个问题上，我国社会还没有形成比较一致的看法，这对于我国法治社会的根底是一个隐患。在研究这个问题时我发现，前苏联法学那种压抑、限制民众所有权的法思想，在我国还有相当大的影响力。过去我本人不揣绵薄，几次做出努力，试图为清理前苏联法学，为我国民众所有权建立一个坚实的道德基础。在这一方面我有一些著述，也取得了一些社会效果，一些观点被立法采纳。但是个人的能力真的是有限的。因此我认为，大家一起来做关于民众所有权的理论和实践研究很必要。这就是我提出研究民众所有权正当性和有效性问题的初衷。但是这个问题实在太大，牵扯的理论问题实在太多，而讲座的时间有限，我的能力更有限，所以今天只能从历史发展的角度，并且只能是从历史发展的几个断面，来探索一下贯彻在人类社会数千年甚至数万年以来在民众所有权这个问题上的法思想。虽然我采摘的历史断面不多，但是从逻辑上看还是统一的。

二 蒙昧时期的所有权

人类社会，从人类产生到系统性的政治和法律体制产生之前这个漫长的时期，在史学上称为蒙昧时期。这个称呼大体上相当于我国熟悉的原始社会这个概念。这个时期，人类社会有没有所有权呢？

图 1　宁夏贺兰山岩画

图片来源：作者拍摄于宁夏贺兰山某岩画展览馆，2008 年。

首先我想给大家介绍一张照片，这个照片是我照的，照片的艺术质量大家就不要讨论了，我们来看照片的图形。照片是 2008 年我和几位同人一起到宁夏去做一个社会考察时照的，地点是在宁夏贺兰山一个岩画展览馆。这个岩画展览馆的工作人员介绍说，这个岩画产生在公元前六千年到一万年前。

当时的人们制作岩画，是一件很辛苦的事。因为岩画刻画在山岩上，一般是花岗岩上面，这是一种很坚硬的石头。可是那个时候人类社会没有铁器之类坚硬的工具，只能用石头来刻画。首先要把整个花岗岩磨平，磨平了之后再用其他坚硬的石头在这块花岗岩上刻画出图像来，刻画岩画的劳动是很辛苦的。

岩画的制作如此辛苦，为什么要刻这个岩画呢？实际上这些岩画都是当时的人们对他们认为值得记载的事件的描述。所以现在我们借此可以研究当时的情形。岩画就是那个时代的历史密码，我们现在来看看我展示的这幅岩画诉说了什么事情。

那这幅画所告诉我们的是什么呢？首先大家看，岩画的中心有个现代人表示的红心，红心的位置上有一只手，这是这幅岩画的核心点。这是一只右手。它表示一种控制，现在我们是用右手的把握，表示对一个物品、物体的控制。古人将这只手刻在岩画上，表示要宣告一个人对他周围的事物的控制或者拥有，其实就是所有权。大家看这只手的周围有很多动物，虽然这些动物是骡子是马我们还无法判断，但是我们能看出来首先这些动物都是驯养成熟的动物，这些动物都没有野性；而且动物一个个吃得都胖乎乎的，这能说明什么呢？就说明了当地的牧场应该是很肥沃的，是个好牧场。所以，有这么一个人，他要用这个岩画来表达的是他对这个牧场和动物的所有权，也就是说，他通过这幅画要表示这个肥壮的牧场、肥壮的牲畜都是他的。这就是人类历史上非常古老的一个所有权公示的例子。

关于所有权的公示，大家一定会想到我国《物权法》规定的物权公示原则。我自己过去写的几本物权法的书里面也有关于物权公示原则的介绍。我想说的是，在公元前六千年到一万年以前，我们中国人就意识到了所有权的宣告的重要意义，他认识到了所有权的价值，也认识到了所有权公示的重要价值。在当地博物馆的工作人员给我介绍了这幅画以后，我当时非常激动，因为我从中获得了非常重要的启示。

我从此画中获得的最大启示是所有权产生于人类社会的蒙昧时期这样一个事实，我认为恰恰是这一点对于我国社会涉及民众所有权的法思想的研究来说有非常重要的价值。这个启示具体来说有两点。

第一个启示是所有权产生的时间点。

我国法学界采认的通说认为，蒙昧时期，也就是原始社会，是没有所有权的。这个观点来源于前苏联法学。其根据在于，原始社会属于狩猎社会，人们打猎，当天获得的食物当天就消耗完了，人类社会没有持续稳定的财产。我上大学的时候，民法关于所有权的教科书中是这样写的。老师还用我国《诗经》里的"飞土逐肉"的典故，也就是把石头扔出去，打死一只鹿或者一个动物的故事，来说这种情形。猎物抓到以后大家把肉分割吃掉，人们对物的支配关系无法形成持续的占有或者持续的支配，这样就无法产生法律上的所有权的关系。但是，在贺兰山的这一帧岩画里，我们可以看到，那个时候我国的土地上出现了大批的很温顺的动物，也就是"家畜"，它们不是野生的，不是通过狩猎的"飞土逐肉"获得的。这些动物是驯养、驯化而成的动物。我们知道人类驯养和驯化动物需要很长的时间，不是抓一个野生动物就能把它驯化成功，有些动物常常要经过几代人、几代动物才能驯化成功。这就说明，我们中国人对这些动物存在数代人、数代动物之间稳定持续的控制关系。这种关系就是所有权，而且，它毫无疑义的就是私有所有权。如果不从私有所有权的角度来理解这种对于动物和牧场的支配关系，我们就不能理解特定的人对特定的物，长期稳定的支配权这个所有权的本质含义。无论如何，这个法律上的要点，和苏联法学的观点是本质不同的。前苏联法学的分析是把全部原始社会都确定为狩猎社会，而我们可以看到，在我国贺兰山这个地区，人类社会的相当长一段时间其实是畜牧社会。在畜牧社会里，有驯化完成的动物，有牧场，因此就有了私有所有权。

李约瑟先生在科技史的著作上说，中国人在畜牧时代不但驯化了很多独特的动物，而且还发明了骡子。我们都知道骡子是怎么来的。骡子没有后代，但是骡子吃得少，并且力气很大，能干活。骡子的发明实在是太有意思了。

这件事情可以证明，畜牧时代人只有在财产控制关系明晰的情况下，也就是所有权明确的情况下，才会积极地做动物的驯化。如果驯化的动物归属于别人，或者归属于大家，驯化的人没有好处，那么谁去干这个事情？动物的驯化，骡子的发明说明了所有权的权源，和各位过去学习到的知识，和我国很多法理学家、宪法学家和民法学家的知识是不一样的。

对此我还想举一个例子说明此中的道理。在座的有些朋友也可能去过中国的河姆渡遗址。河姆渡遗址实际上表现的是这样一种情形，就是人类在公元前七千年左右，在中国长江流域余姚这个地方发明了种植水稻。那个时候是没有国家的，但是我们的先祖开始种植水稻了。大家都知道，稻田插秧都是插在软的泥浆里头，因此泥浆地必须是非常平整的。而这种泥浆地的养成也不是说一天两天，而是要经过好几十年的培植才能够形成稻田，之后秧才能插进去。这也说明了一个很简单的道理，就是在余姚这个地方，人们在对土地长期稳定的利用过程中产生了特定的人对于土地的稳定持续的支配关系，也就是土地所有权，即在公元前七千年就已经产生了。这个历史，跟我们畜牧时代的这个历史大体上是相当的，跟刚才大家看到的岩画的畜牧时代是相当的。但那个时候我们中国还没有国家，因为我们中国最早的国家是从这个夏朝，大禹的儿子夏启时才宣告建立国家，但是那个时候所有权早已产生了。这是我希望大家能够注意的，希望大家再思考的问题。当然，这些看法和前苏联法学，和在座的各位所接受的法律知识相当不同。你可以不同意我的观点，但是你不能不顾及这样一个法律上的事实：就是这种长期的、稳固的甚至是好几代人世世代代在共同支配土地的这样一种法律上的法权关系。那这不是所有权又是什么呢？我们就必须要解决这个问题。这就是所有权在很古老的时代给我的第一点启示。

第二个启示，是所有权产生的方式。

这个岩画告诉我们的是，在当时还没有国家制定法律的情况下，所有权就已经产生了。这种情形可能跟在座的各位以及我们中国人所接受的所有权的产生的学说是有很大的差别的。此前，大家所接受的所有权产生的学说或者所有权的权源学说都认为，所有权是阶级斗争的产物。大家都知道这个论断是从哪里来的，我也就不再多说了。我国社会接受的法律学理论认为，国家、法律、所有权都是阶级斗争不可调和的产物。但是这岩画所告诉我们的恰恰不是这样，所有权是为了大家和平共处的需要而产生的。当时的人们为了安居乐业，为了生活的需要，需要把自己的所有权公示出来让大家都知道，然后大家彼此互相尊重，达到一种和平共处的生活状态。所以说，所有权不是因为阶级差别和阶级斗争才产生的，而恰恰是因为人类的和谐共处才产生的。我的这一点感悟，或者说我的这个观点，恐怕对现在很多人所理解的所有权的观念是一种颠覆。

这个认识，对于我们理解现在我国民众的所有权，也具有十分显著的意义。在民间，所有权就是通过社会民众的互相认可而获得承认的。在一个正常的人际社会里，民众的所有权发挥作用，主要还是要依赖社会的人相互之间的认可，而不是依靠国家法律的强制。所有权的价值目标，也就是我们所熟知的"定分止争"的功能，通过社会民众之间对他人权利的承认，也能够获得实现。这个启示，理论价值和实践价值都非常大，值得我们认真思考。

三　所有权的文明时期，等级身份制

人类社会进入的第二个历史时期，在历史学上称为"文明时期"，这个时期的所有权情形我在这里也简单地跟各位讨论一下。

（一）什么是文明时期

历史学上所说的文明时期，就是建立了体系性的官僚体制和法律体系的时期。文明时期和蒙昧时期的最大区别，就是在于系统性的官吏体制和法律体制的建立。为什么说建立了系统的国家体制和法律体制就是文明时期呢？因为在蒙昧时期也就是野蛮时期里，人类社会还是存在弱肉强食的情形，谁的力量大，谁人多势众，谁就能抢来好东西；抢别人的牛马羊，抢别人的粮食，抢别人的女人，只要能抢来，都是正当的。这一点和非洲草原上动物世界的丛林规则差不多。可是建立国家体制和法律体制之后是怎么样的呢？人与人之间有矛盾了，那就可以去报官。通过官府，通过法律规则来裁判是非，不能再以大欺小了。这就是文明。所以"文明时期"这个提法，和我们法律专业的诞生是同时的。

而且文明时期的诞生，从一开始就和所有权有关，因为官府和法律要解决的重要问题就是要判断这东西到底是谁的，要保护正当的所有权。中国之所以被称为"四大文明古国"之一，就是因为中国在历史上最早建立了文明的体制。

（二）奴隶制下的所有权

虽然在历史学上，这一时期被称为文明时期，但是从所有权这个角度来

看，这种政治文明和法律文明之中存在一种非常不文明的情形。这就是奴隶制。奴隶制度虽然比起原始社会有所进步，但是其所有权制度非常黑暗。我在这里还是要讲两幅画。这两幅画是文艺复兴时代的作品，名字叫作《出卖女奴隶》，现在保留在"大英博物馆"里面。

图2 《出卖女奴隶》

图片来源：http://www.360doc.com/content/12/0514/08/7110506_210849898.shtml。

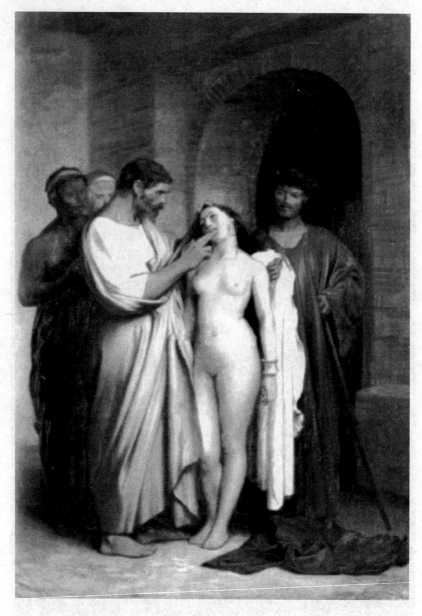

图 3 《出卖女奴隶》

图片来源: http://www.360doc.com/content/12/0514/08/7110506_210849898.shtml。

　　《出卖女奴隶》这幅画想告诉我们什么道理呢？我们首先看看第一幅画。这是拍卖一个美丽的女奴隶的场面。可以看到，这幅画有一个很强烈的对比，首先我们看奴隶女孩的身材非常漂亮，即便是看着背影我们也知道她是非常美丽的。可是她是奴隶，她必须在众人面前脱光了衣服供人家来挑选。她也知道羞愧，因此用胳膊蒙住眼睛。而那些灰头垢面的、躲在黑暗画面地方的人是买卖奴隶的。这个奴隶女人的生命、她的性生活，她所有的一切都要由这些黑暗的人来决定。为什么？因为她是奴隶。奴隶在法律上不是人，虽然她也是自然人。人们为什么要买她这个自然人啊？因为她跟自然人是一样的，年轻美丽，这些丑陋的男人要买她。她没有任何的权利来说不，因为法律上她被当作动物来看待。

第二幅画上，几个奴隶主买女奴隶还要检查女奴隶的牙齿。为什么呢？因为一方面牙齿能表示一个人是不是健康，看她的牙齿观察她的健康状况，这对奴隶主也是很重要的。但是更重要的是，这是古代以来演化的买牲口的习俗，买牲口要看牙。

《出卖女奴隶》的油画，给我们现代人一种强烈的视觉震撼。它告诉我们，历史上有这么一个时期，人类社会中的所有权制度是黑暗到极端的，那就是把奴隶不当作人的情形。这里遭遇最悲惨的就是女奴隶。奴隶本来在自然形态上是人，但是恰恰在所有权的制度方面，他们是别人的所有权的客体，他们的地位就是动物。画面上的女奴隶年轻而且美丽，但是因为她们在法律上不是人，她们的生命、健康、性的决定权，一切都不由自己做主。我们可以想象这些奴隶的悲惨遭遇，而这种遭遇是法律制度承认和保护的。艺术家用他的作品对罪恶的奴隶制进行了强烈的控诉，我们借此也知道了这样一个罪恶的社会里的所有权的情形。

（三）等级身份制

在这一时期，奴隶之外其他的人都叫作自由民。自由民这个名词听起来挺好的，但是这些自由民的法律生活现实是怎样的？事实上这一时期的自由民的法律社会也是很黑暗的，因为自由民之间也存在合法的、公开的等级上的差别。这一时期，有一个贯彻始终的社会基本制度叫作等级身份制。等级身份制在历史上存在了很长时间，对于后世的影响巨大，尤其是对于法律制度的影响非常大，而且近现代社会从中脱身而来，因此要说到近现代社会总要讨论到等级身份制。所以国际上的法律文献资料都要涉及对它的探讨。但是遗憾的是我们中国人的历史教科书和法律文献对此讨论很少，好像我们现代的社会是从空中掉下来的一样，现代社会之前一段的历史法律制度，恰恰在这一点上出现了空白。但是这一段历史是不可忘却的，因为等级身份制是一种非常黑暗的社会制度，而且这种制度在现实中还有相当的影响。

等级身份制的显著特点是，这些叫作自由人的人，被区分为严格的身份等级差别，而且这种差别是基于血缘出身的，生下来是上等人的就是上等人，生下来是下等人的就是下等人，这一差别终生不可以改变。此外，等级身份制还有一个重要的特征，上等人和下等人之间存在密切的人身依附关系。身份卑贱的人终生依附于身份高贵的人，终生对其效忠，绝对服从他们。所以等级制的人与人之间，存在人格减等的规则，最低等的人和奴隶差不多。比如在欧洲一些国家这一时期的佃农，就被称为农奴，第一个信奉天主教的罗马帝国皇帝康士坦丁大帝制定的一部要求农奴必须在指定的土地上耕作，不许随意离开土地的法律就叫作《推奴法》。

这种人身依附性的关系，可能过去有些同学或者老师听说过，就是领主和附从的关系，领主可以决定附从的一切，包括他的财产，包括他的性的自由，包括他的生命，包括他的一切。

这个时候的财产所有权也是依附于人与人之间的，财产权利作为等级身份制的必要内容。这种等级身份制决定他的附从的一切，我在这里列举德川家康的例子，大家都知道德川家康是幕府时代的大将军。在司马辽太郎所写的《德川家康》这本书里，有一段德川家康作为他人的附从而做的一件毁灭他自己的根本利益的事情。德川家康本来是一个小邦国的君主，因为战败，他的少年和青年时代的日子并不好。到了中年，他为了保护自己，归顺了大将军织田信长，成为其附从。这样，织田信长成为德川家康的领主，为了考验德川家康的忠诚，他找个理由说德川家康的儿子有谋反的行为，要求德川家康杀死自己的儿子。德川家康的儿子对他意义非凡，因为他本人十七岁时结婚生子，儿子基本上和他同时成长起来，是他培养的接班人，当时快20岁了，很聪明也很能干，可是织田信长要杀死他。基于附从对领主的道德，德川家康"毫无怨言"把他的儿子杀死了。我们想一想，德川家康这时候已经是贵族，甚至是一个邦国的君主，但是都要遭受这样一个命运。所以等级身份制下人与人之间的关系之严苛，由此可见一斑。一般老百姓或者一般附从的命运会怎样？他们的命运肯定是比贵族更差。

等级身份制社会实行人格减等，有些人享有完全人格，有些人终生人格不完全，因此大家都有差别。这种社会的本质就是讲究"血统"，血统有尊卑贵贱的严格区分。有些人一生下来就有尊贵的身份，血统往往笼罩着神秘色彩，比如什么"白头山血统"等。上等人一生下来就是上等人，他们就是王，就是将军，就是统治者。虽然这个阶层的人，有些其实是傻子，如晋惠帝司马衷，什么都不懂，可是他就仅仅因为血统高贵，就能够统治别人。这些统治社会的人当然是少数人。相对应的，血统卑贱的下层人，也就是社会多数人，只能从事社会最辛苦的劳作，而且终生劳动，辛苦一辈子，命运决定了他们只能埋没于黄土之间。

等级身份制法律制度下，人格与人格的差异最终要表现为法律责任的承担。而这一点最能够说明这种体制的黑暗。最近在印度发生的，关于为了惩罚下等人的男青年和上等人的女青年私奔，因而判处男青年的两个妹妹要被女青年的兄弟们合法强奸，而且还要将这两个妹妹裸体游街的报道，就是等级身份制下法律责任问题的写照。[①] 所以等级身份制是历史上最为黑暗的社会制度。而且现在已经有大量的资料证明，等级身份制是世界上普遍发生过的，这一段黑暗的历史是我们的祖先曾经共同拥有过的。

在这种体制下，财产所有权是怎样的？这一时期的所有权很有特点，就是财产权利附属于人身依附关系，随着人身的人格附属，所有权并不能表现出现在我们所说的独立性。在欧洲和日本等地，出现了所谓"双重所有权"的情形。因为人身依附关系的决定作用，所有权尤其是土地所有权出现了一个物上存在多级所有权主体的情形。比如土地，终极的所有权是属于国王或者属于领主的，但是国王把土地封给大贵族也就是领主，领主又把土地封给骑士等附从。这些领主、骑士又把土地租给农民甚至是农奴耕种。所以，附从获得封地，他们直接占有和使用土地，甚至普通的佃户也在占有使用土地。从法律上来说，国王、领主、附从、佃户、耕种土地的人都有所有权，但是这种所有权又都不是终极的，所以就叫作双重所有权。这种双重所有权是等级身份制社会的很典型的一种产物。这种双重所有权的情形，在欧洲习惯法里存在很多年，在东方，日本、印度等很多国家也存在过。

---

① 《印度两姐妹遭强奸后被裸体游街》，新华网，2015 年 8 月 29 日。

双重所有权作为一个特定历史时期的法律概念，有其特殊的历史背景，那就是等级身份制和人身依附关系。我国现在有些学者不知道这些背景资料，乱用这个概念，造成理论上的混乱。比如有中国学者认为我们中国公有制企业的财产权利可以定义为双重所有权；还有学者认为，农民的土地上存在国家的所有权也存在企业和农民的所有权，这是双重所有权。这个概念用在这里是很不应该的，因为我国背景下的上述法权关系之中，绝对不存在人身依附关系，更没有什么等级身份关系。我希望我国法学界的朋友们在使用历史上的概念的时候一定要谨慎。如果说国有制企业和农民的所有权是双重所有权的话，那你把农民当成什么人了？当然这一段话是题外话。

（四）宗法体制下的所有权

现在的资料证明中国没有双重所有权这种体制，因为中国历史上除部分民族和少数汉族贵族拥有家奴之外，一般的单一个人之间没有领主和附从的关系。但是我们中国历史上同样存在等级身份制。原因是我们中国人在西周的时候建立了分封制国家，国君把天下的土地分封给自己的家人和功臣，这样，国君既是天下人的君主，也是天下人的"族长"，家族关系和国家关系混为一体。这样就产生了国家之法和家族之法在道德的层面相互融合的局面，支持这种法律的道德伦理及以此建立的法律治理，被称为"宗法"。孔夫子将这种体制从道德上完全正当化，后世的君主又将孔夫子的学说当作制定法律的基础，因此就产生了"君君、臣臣、父父、子子"这样的国家治理体系。这个体系的特点是以家庭作为单位，每一个家是一个社会单位，然后有大家，有国家。每一个家庭和国家社会之间的连接，不仅仅是基于法律而且更重要的是基于家庭伦理，大家把君主都当作我们共同的父亲。这就是"宗法社会"的意思。在这个特殊的社会中，家庭或者家族才是法律上的主体，而单一的个人并没有独特的法律地位，因为每一个人根据其家庭的出身确定其地位。

在儒教的伦理体系中，每个人都有一个符合自己身份的社会地位，人与人之间有等级尊卑，秩序井然。儒家又强调"以礼入法"，社会的每一个人，不论是对于国君还是上等人，都有一种特殊的人身依附关系。所以中国等级身份制也还是存在的，不过它跟西方那种明确的领主和附从的关系是不太一样的。不管怎么说，等级身份制是封建社会的共同特点。

（五）等级身份制下的所有权

封建社会的等级身份制情况下的所有权的特点是：

1. 权利主体合法的赤裸裸的不平等

如上所述，这种身份差别与生俱来，而且终生难以改变。从法制上来说，它是赤裸裸的合法的不平等。有些人享有无边无际的特权，当然这些人是统治者，是少数人；而社会上绝大多数人没有完整人格，只能世世代代受别人绝对的统治。

2. 在等级身份制所有权的情况下，所有权附属于人身关系，不能体现财产权利的独立特性

双重所有权就是典型表征，它通过人身依附关系确定了最终的财产支配秩序。虽然我们中国没有这样一个观念，但是我们中国的封建社会的财产所有权跟现代意义上的所有权也是不一样的。我们知道，现代意思上的民法所有权，基本的特征是主体的自由意志。而封建社会等级身份制主体之间是没有自由意志的，所以说这个时期的所有权跟现代社会是完全不一致的。

另外，我们大家都熟悉的"抄家"这个概念，也反映了等级身份制下，所有权的不独立性。一个人犯了事情，不但自己要被判罪，家人要被判罪，而且连家里的全部财产都被抄了，所有家产不管是合法的还是不合法的，都被没收了。这一点和我们现在法制的所有权是完全不一样的。

封建等级身份制造成了全世界性的物质文明和精神文明的极大压抑。因为极少数人依靠世袭特权穷奢极欲，而多数人草木终生，不但财产权利得不到足够的保障，而且生命都由统治者支配。这种体制下，又怎么能发生物质文明和精神文明的进步呢？现在我们还可以看到这种体制的残存。在一些国家里，等级身份制仍然在发挥作用，统治者利用这种体制统治人民。这些国家无疑是世界上政治最腐败的，其经济长期不发达，其中的原因应该是不言自明的。

四 三次世界性大革命重新铸造所有权

（一）概说

近代以来，罪恶的等级身份制被历史淘汰了。大体上从东罗马帝国灭亡之后，这一阶段历史上发生了很多大事情，其中对于后世影响最大的，是被史学界定义为"铸造近现代社会的三次大革命"的人文主义革命、工业革命和启蒙运动。大家看一下这一段历史前后的世界政治格局与经济布局、社会生产力的发展水平以及经济基础、社会的主要生产方式和生活方式、社会主导的思想基础等最为重要的社会研究指标，就会发现这三次大革命对于我们人类社会的影响实在是太大了。[①] 当然，这些重大政治、经济、文化等全面的社会变迁，必然要造成法律思想和法律制度的变更，尤其是对关于所有权法律思想和制度的变革。鉴于这一段历史对于我们今天的法律制度整体意义重大，尤其是对于所有权制度的重造意义重大，而且国内法学界鲜有提及，所以我在这里稍稍细说一下。

（二）文艺复兴到人文主义革命：重造所有权的道德基础

在近现代三次大革命中，最重大的一次社会革命，也就是说对人类历史影响最为巨大的革命，就是人文主义革命。人文主义革命起源于文艺复兴运动。文艺复兴运动的情况我国大多数教科书都有介绍，我不再多说。但是文艺复兴又如何造就了人文主义革命，人文主义革命又怎样导致了法律思想和法律制度的革命，这一点在法律制度史上尤其是在民法制度史上意义重大，可是恰恰这一点我国法学界基本上没有人知道。

我们大家都知道在唐朝的时候，唐帝国的北边生活着一个民族叫突厥。突厥人由于战乱就向西方迁徙逃亡，没有想到的是他们反而变得强大了，在1453 年的时候他们打败世界上最为强大的国家东罗马帝国，占领了东罗马帝国的首都康士坦丁堡（中国人把它翻译成君士坦丁堡，实际上准确的发音，应该翻译为康士坦丁堡，它是以历史上第一个信奉天主教的罗马帝国皇帝康士坦丁大帝的名字命名的）。1453 年该城被土耳其奥斯曼帝国占领，成了后者的首

---

① 对此有兴趣者可以看看〔美〕L.S. 斯塔夫里阿诺斯所著的《全球通史》。

都。土耳其奥斯曼帝国是草原民族，他们对于罗马帝国时代制作的那些绘画、雕塑等文艺作品毫无兴趣，把这些东西都搞坏了。本来罗马帝国一直以它的文化发达自豪，因此当时一些艺术家们非常心疼这些被毁坏的文化艺术作品，他们就把那些绘画、雕塑拿到了意大利的那不勒斯，在那里成立的一个大学叫作雅典学园，在那里恢复这些东西，这就是文艺复兴运动的由来。但是，文艺复兴运动后来变成了人文主义革命。为什么文艺复兴后来变成了推动历史发展的最伟大的人文主义革命呢？这中间发生了什么事情？

要说明这个道理，我们必须对于当时欧洲主导的思想意识形态略作介绍。在那个时候，统治欧洲的观念是天主教神学，天主教神学统治人们有两个基本的理论。一个理论就是创世说，基本的内容就是上帝创造世界包括创造人的学说。其中的内容大家可能都知道了：上帝以他自己的形象创造了一个男人，所以男人就直接代表了上帝。然后，从男人身上抽出的一根肋骨变成了女人，所以女人是依附于男人的。所以这个创世说的基本特点是揭示了世界上最基本的人与人之间的支配和服从的关系，这是创世说。创世说的基本教义是，人是被创造的，不是主体而是客体，所以人必须服从上帝创造的规则和秩序，而且人与人之间还有依附和支配的关系。天主教统治社会的学说，还有一个理论就是原罪说，就是人人有罪、人人必须赎罪的学说。这个学说来源于吃苹果的故事。夏娃受了蛇的诱惑，吃了苹果，吃了苹果以后她的眼睛亮了，她首先意识到自己是个人了，她先有了人的欲望。然后她又引诱她的 partner，那时候也不能叫丈夫，就是亚当（Adam）这个傻乎乎的家伙也吃了苹果。这样两个人都眼睛亮了，知道自己是人了，有了人的欲望了。上帝对此很生气了，把他们逐出天堂，叫他们不可以永生，叫他们的后世永远赎罪。原罪说的基本教义是人不可以有欲望，必须时刻控制自己。

在原罪说之中，还有一个次要的道理，就是说人遭受诱惑是从女人开始的，而且是从女人的身体意识开始的。女人最不容易经受诱惑，而且女人在自己沦落以后，还要诱惑男人沦落，然后导致大家都沦落。仔细地说，就是圣经所载，亚当眼睛亮了以后呢，他看见了女人的肉体，他自己就有了愿望，这样以后他就成了罪人了。所以女人的肉体就意味着一种诱惑。所以在宗教观念下，我们可以看到在很多宗教的信条之中，都要用黑色或者灰色、褐色的衣服把人都裹得严严实实的，尤其要把女人包裹得很严密，就是要防止诱惑。这个很简单的道理，是从原罪学说而来的。这种把人当作客体，把人的身体当作罪恶，把人的自然的需求自然的愿望当作罪恶的这种学说，这种观念，恰恰是在文艺复兴时代，慢慢被一种新的观念冲破了，或者说被涤荡了，被消灭了。此中的道理来源于文艺复兴时艺术家们的活动。他们复兴文艺的活动，并不仅仅只是复兴东罗马帝国的作品，而且也恢复了一些古罗马和古希腊创作的文艺作品。在恢复古罗马和古希腊的作品中，人们发现了一个重要的事实，就是那些古罗马古希腊艺术杰作，那些雕塑，那些绘画上的人，原本都是赤身裸体的。像古代人开奥运会时人就是裸体的。希腊原始的奥运会，不但是裸体的，男人身上还要涂上橄榄油，要让他的肌肉在阳光下闪闪发光，在阳光下奔跑、射箭、掷铁饼、投标枪、摔跤，展现人的力量。在恢复这些古罗马和古希腊的作品的时候，人们产生了一个疑问：为什么古罗马和古希腊的作品中的人能够赤身裸体呢？那时候天主教还没有得到信奉。为什么当时人们就不认为这是一种罪恶呢？

图 4 断臂的维纳斯

图片来源：https://www.louvre.fr/zh/routes/%E5%8F%A4%E5%B8%8C%E8%85%8A%E9%9B%95%E5%A1%91。

这个时候，天才的一个机遇或者说是一个天才的作品出现了，就是维纳斯雕像。我们知道维纳斯雕像出土于过去古希腊的一个区域。它是古希腊的神话中的爱神。可能大家都看到过维纳斯雕像，是一个女人赤身裸体的雕像。从她腰身以上全部裸露，是一个很年轻但是成熟的女人的身体，可是在看到这样一个极其美丽而且已经成熟的女人身体的时候，我们首先感受到的只是对她的美貌，对她的生命力，对她的健康的一种敬意。任何人都不可能说他来到维纳斯的面前受到了一种罪恶的诱惑。你看，这样一个成熟女人的身体，从她身上我们不但看不到任何所谓女人对男人的诱惑，反而只是看到了生命的崇高和美好。这个雕像只是基于自然的流露，表示人们对健康的生命，对成熟的美丽的生命的一种膜拜。那么这种生命到底是罪恶的还是一个自然权利呢？所以，恰恰在这个时候出土的维纳斯雕像，点破了文艺复兴时期人们很长时间苦苦思考的重大命题，那就是人的身体，包括人的自然需求是不是一种罪恶的问题。人们因此发出了重新思考统治社会的指导思想的呼声。这时候，在意大利产生了人文主义革命第一人，他的名字叫皮特拉克，在"human"就是"人"这个词本身后头加上一个词尾"ness"，加上这个词尾之后，"人文主义"这个伟大的名词就这样诞生了。人们认为人文主义包括这样一些内容，就是人们基于自然理性要求的一切，都是自然权利，包括生命、健康、性爱、自由，还有财产。

可能，有些朋友说，维纳斯的雕像跟财产权利有什么关系呢？跟所有权有什么关系呢？其实道理很简单，在座的我想也有些朋友看过圣经，那你们知道，圣经中间记载的夏娃眼睛亮了以后，她第一个社会的动作是什么吗？你看过这个书能记得吗？

学生答：遮住身体。

问：用什么遮？

学生答：树叶或者树皮、动物的皮。

孙宪忠：就是这个意思，但还不是太准确。就是她知道自己身体后，她就有了"羞体"意识，这是人所特有的。这是人的觉醒。你们看看，没有一个动物会遮挡自己的羞体。夏娃用有些人说是找一个树叶也好，有些人说她找一块树皮也好，遮挡了自己的身体。这是法律上很有意义的一个事情。就是一个人，人类世界上，从圣经这个角度来讲，第一个人的第一个社会性的动作，恰恰是给自己取得所有权的行为。这个行为的意义太大了。这是我的一个发现。

人知道自己是一个人的时候，他首先要拥有最基本的财产，除了不把羞体暴露出来之外，还要有东西吃。所以说人的所有权，是人的所有权利中最基础的权利，人的生命离不开对财产的支配。这是最简单的、最基础的权利。所以，所有权是人的基本的本能之一。

所以当时人们就说，幸亏维纳斯没有手，她要是有手的话可能会把这个地球都打翻了。你可以想一想，她的女人人体的形象引起了人们多少的思考，罪恶的天主教的理论原罪说在道德上就被否定了。在此之前，人们都是要把女人包裹起来，从头到脚都要包裹起来，都要送到教堂里头去。可是在这个时候，从这以后，文艺复兴时代的那些人都画了很多美丽的女人，都是赤身裸体的，圣母都要露出乳房。可是在这里都画得很自然，包括有一个画家画妓女，也都是很自然，她的眼光、她的神态都不是说要诱惑人们去犯罪，只是说这个是自然的对美的一种需求。

这就是我今天要给大家讲的第一个要点，就是民事权利的除罪化的问题。这是文艺复兴运动转为人文主义革命的转折点。除罪化的问题，恰恰就是人文主义给我们人类社会或者是给我们法律社会、民法社会带来的最伟大的贡献。把民事权利在道德上除罪化，尤其是把所有权除罪化，这一点开辟了人类社会法律生活的新世界。我们可以看到，人文主义革命中所倡导的自然权利，其实主要都是民法上的权利，在此之前，这些权利在道德上都是罪恶的；而人文主义革命之后，这些权利被道德正当化了。民法上的权利自此有了新的道德基础。一个自然人，不论是国王还是平民，甚至是奴隶，只要他活着他就有权利，他为了活着他就要取得财富，长大了就要结婚生孩子，这些都是自然的权利。现在我们可以清楚地看，这些权利之中最主要的就是我们现在所说的民事权利。

人文主义革命，经历的历史是很长的，因为它从一个道德革命，最后演化成了法律革命，是一个思想意识形态的革命，所以它不是那种暴力型的革命，而是通过一个温文尔雅的、思维的进步所导致的运动，但它导致的运动是很深刻的。后来所有社会的甚至世界性的进步与发展都跟它有关。

（三）工业革命与所有权

在人文主义革命推动下，在历史上产生的另外一次伟大的世界性的社会革命，就是工业革命。工业革命有很多伟大的贡献，它不仅仅创造了空前的物质文明，而且改变了社会的生产力和生产关系，改变了社会的生产方式和生活方式，也改变了人际社会最基本的法律秩序。

比如说工业革命把农业社会变成了工业社会这一点，对我们社会影响就非常大。农业社会里，人都是日出而作日落而息，农民早晨太阳升起的时候牵一头牛去耕地，到晚上太阳落山了又牵着一头牛回来了。或者是早晨迎着朝阳，晚上回来的时候又踩着露水，像湖畔诗人华尔华兹所写的那样，非常浪漫。可是到工业革命以后这些东西都没有了。工业革命之后人们都在工厂里上班，机器可以 24 小时不停歇。这样工人每天都要按时间上班下班，不论刮风下雨，四季变化。像以前农村社会那样的温文尔雅的慢腾腾的社会，一下子就变成快速的机械化的工业社会了。此外，工业革命条件下，物质财富的创造有了极大的发展。在农业社会里，一亩地打个一千斤粮食，或者放几头牛，一年就这些收入。可是进入工业社会以后，高科技以及新的产业不断被发现，人们发明了机器，发明了轮船、火车、汽车、飞机，天上飞的和陆上跑的，河里游的，身上穿的，肚子里吃的，所有的东西都可以由工厂 24 小时制造出来。这就是现代化，工业革命时代开始，世界上产生了"现代化"这个名词。现代化伟大的一个贡献，就是物质财富极大地发展，新产品不断出现。另外，此前的小工业一下子变成大工厂了。一个工厂几千人几万人都是很正常的。工业社会跟农业社会相比，人们的社会心态也发生了巨大变化。工业革命改变了世界的政治格局，世界的版图也发生了重大变化。

图 5　爱迪生发明的电灯

图片来源: http://news.cri.cn/gb/9523/2006/12/12/782@1346044.htm。

图 6　马和火车的赛跑

图片来源: https://image.baidu.com/search/detailidlsimipic?tn=detailidlsimipic&dututype=similar&word=&pn=0&queryurl=http%3A%2F%2Fd.hiphotos.baidu.com。

　　为什么工业革命取得成功了呢？虽然原因很多，但是一个基础性的原因，就是人文主义革命对于民法上的权利尤其是所有权的除罪化。这个问题至关重要。亚当·斯密就曾经这样说，因为所有权很有效，它能够调动人们去创造财富。创造财富不是罪恶了，大家都可以去创造财富而取得自己的所有权了。这一时期，罗马法被重新发现，其中的所有权制度也发挥了很好的作用。因为罗马法中的所有权不是双重所有权，而是单一所有权。罗马法强调主体的特定性，法律上的人，必须是一个特定的人，而不是双重的或者多层级的人。而且物也必须是特定的物。所有权必须是特定的人对特定的物享有所有权。这种所有权制度引进之后，创造财富的人就能为自己，而不是为自己的上等人取得所有权了。这样，人们可以享受到自己创造财富的利益和权利。

　　从此，所有权给了人们一种比以前历史上的法律更加明确的强制性的保护，所以人们非常愿意积极地创造财富。你不创造财富你就会饿肚子，也没有人去同情你。你创造了财富就会享受到好的生活。它就是这样一种体制。

所以我们可以看到那个时候的工业革命，有很多人大胆地创造财富和寻找财富。比如鲁滨孙，他居然一个人划一个小木船想到海洋去寻找新的海岛，或者去建立自己的新土地。这种开拓性的思维使后来很多人都漂洋过海到外海去，到外国去发明新的世界，后来甚至发现了北美大陆，这都是所有权激励的结果。如果没有这种有效的所有权制度的激励，人们就只能整天守着一头小毛驴或者一头牛，种着一亩三分地，这样一种观念和体制下，社会财富定不会有什么发展。

在所有权制度的有效性方面，我想引用瓦特打官司这个例子来说明一下。我们大家都知道，瓦特这个人，他的名字被定义为物理学上的能量单位。他是最早发现机械运动规律，并且因此发明了动力机器的人。《公司的力量》这本书里说到，瓦特一生发明有 3000 项专利，可是历史上记载，他曾经打了 5000 次官司，为什么跟别人打官司呢？因为发生了侵权问题。可是他为什么能打 5000 次官司呢？大家想一想算一算，就知道这是多么不容易。40 年的创造发明，打 5000 次官司，每一年每一个月打几次官司？为什么他能这样做？这说明英国的所有权制度是有效的，法律制度的方方面面能够给创造所有权的人以足够的支持。侵害他的权利，他就能够从法律上获得救济。这从正面、反面证明了这样一个道理，就是所有权的有效性问题对人们创造财富的积极性所发挥的作用。

所以后来有一个法律历史学家，叫 Blackstone，他这样说，从来没有一种法律制度像所有权这样能够焕发起人们创造的激情。我希望你们能够记住这句话，这对我们中国人是很有用的。我在几本书里都用了这句话：从来没有一种法律制度像所有权这样能够焕发起人们创造的激情。创造的激情来源于所有权，这就是所有权的正当性和有效性的问题，是这个概念的基本的出处。像我这样从少年时期经历长期贫困而且是绝对贫困的阶层的人，也就是那个时候深切遭受冻饿之苦的人，对于这样一句话当然有着十分强烈的感悟。

工业革命创造了世界性的商品生产和商品交换，借助于世界性的商品交换，整个地球被真正地连接在一起，成为地球村。同时，因为商品生产和交换对法律制度的需要，民法终于成为直接为新的生产力和生产关系服务的基本法律。这一点，过去我国理论界都是从批判的角度来否定的，对其正面肯定的是很少的。这一段历史也被埋没了。

工业革命成功后，英国成为世界的霸主，有效的财产所有权制度毫无争议地发挥了关键作用。英国工业革命以后，革命的精神传到欧洲大陆，欧洲大陆成为世界的霸主，后来又传到了美国，美国成为世界的霸主。因此我们可以清楚地看到，私有财产所有权神圣这个原则，至今仍然深入人心。至今这些国家还都是世界上的强国和富裕国家，人民普遍享有很好的物质文明。因为工业革命，世界格局发生了变化。拥有传统丰厚的历史资源的一些国家如印度等反而最后成为别人的殖民地。当然我们对成为别人殖民地有一种刺痛的感觉。但是我们自己要知道哪里出了问题，而不能仅仅只是发牢骚骂别人。

（四）启蒙运动与所有权

在工业革命的前后又发生了启蒙运动，启蒙运动宏观上的内容大家比较熟悉，我就不多说了。这一运动以"理性"和"科学"这四个字为旗帜，不但造成了世界性的科学规律大发现，造成了世界性的自然科学的繁荣，而且这四个字形成的动力也推动了人们重新发现、重新认识国家和法权关系，从而造成了新的国家理论和法律理论的产生，造成了新的国家政权体制以及法律体制产生，最后应用于世界上的大多数国家。即使是那些神权国家和君权国家，也都采用了这样的国家与法权的理论。因此这一运动也被称为改造世界的第三次大革命。

启蒙运动对于法律理论的改造，出发点是改造社会的公共权力学说，进而也改造了社会的私权学说包括所有权的学说。自从罗马法以来，人们普遍把社会的法权区分为公共权力和私权这两大类型，而私权基本上也就是民事权利。启蒙运动以人民主权理论、政治契约或者社会契约理论、三权分立理论来主导社会公共权力机构的建立和运作，要让公共权力为民事权利尤其是要为民众的所有权服务。在这种思想体系的指引下，法律上的所有权理论和神权法、君权法体系下的理论，发生了非常重大的改变。我在这里简要总结如下：

首先，所有权不再是神权或君主赋予的权利，而是人的自然权利。基于自然权利和学说，每一个人都应该平等地、自由地享受到所有权。这个所有权的理念，实际上主要是解决所有权的宪法或者公法角度的现实问题，也就是神权法以及君权法体系下被统治者无法自由取得和享有所有权的制度建设问题。从历史的角度看，这个问题的提出意义显著。启蒙思想基于人文主义革命的观念，提出每一个人基于出生应该享有平等的人格、平等地取得权利的机会。这就是我们民法上所说的权利能力学说，它就是在这时候产生的。在此之前，历史上有没有权利能力学说呢？它是没有的，因为人与人之间是不平等的，而且是公开的合法的不平等。民法权利能力学说提出以后，解决了人人自然平等这个基本的法律伦理问题和基础性原则问题。

显然，这里所说的平等，是法律资格上的平等，也就是从法律上的资格的平等，这个平等完全消灭了等级身份制。这一点为民众取得和享有所有权消除了一个基本的障碍。被统治者不能因为人的血缘、出身、性别、民族等受到取得权利的限制。权利能力学说的人文主义思想给民法，尤其是给所有权理论带来重大进步。当前我国社会出现了批判权利能力学说的观点，这是不了解这一段历史造成的。

第二个进步是什么呢？就是公共统治权必须服从于民法上的权利尤其是所有权，要为民众的权利服务。

在启蒙运动时期，很多法律理论上的理念更新都是来源于人文主义革命。基于人的自然权利的学说，在公法理论方面产生了人类历史上最为重要的人民主权学说。这个学说，从根本上改造了国家与法权的道德基础和法治基础。基于人民主权学说，人们开始重新解释"public power"，也就是公共权力，或者被翻译为"公共统治权"的建立基础，从而得出了崭新的宪法学说。在此之前，历史上是没有宪法的。启蒙思想认为，公共统治权不是天上的神权授予的，而应该是民众意思自治的结果，人民的主权才是公共权力的基础。在这个基础上，只有符合人民选择的公共权力来统治人民才是正当的。而且，民众的所有权是人民权利的最基础的部分。所以对民众的所有权要给予足够的承认和保护。从那个时候以后，很多国家的宪法就写上这样一句话，就是私有所有权是神圣的，是不可随意侵犯的。这一句话在前苏联和中国改革开放之前一直是受到批判的。但是从历史的角度来讲，这是有历史缘由的。而且至少我们应该这样说：从历史发展的角度来看，这个观念的提出具有重大的历史进步的价值，这个我们是要肯定的。

第三个方面的重大进步，就是所有权不再依附于人身关系，成为独立的财产权利。

上面我们谈到，在等级身份制情况下，所有权依附于人的等级身份，而不是一个纯粹的财产权利。在等级身份制被否定之后，同时也是因为罗马法上的所有权制度被发现的缘故，单一所有权理论取代了双重所有权理论，所有权不再是身份象征了，它变成了一个纯粹的财产权利。这一点对于民法整体权利的构造意义非常大。如果所有权还是双重所有权的那个样子，那么民事权利的制度将怎样建设？民法制度如何构造？这些我们都是难以想象的。所以，所有权理念和制度的这一进步，对后来的民法知识体系的发展具有十分关键的作用。

启蒙运动带来的所有权理论的第四个重大的进步，就是这一时期的所有权理论，已经能够把权利的取得、行使等都和所有权人的独立意思相联系，以此充分实现意思自治这个民法的基本价值。

民法社会必须遵循意思自治原则，这一点是近现代民法的基础。正是从这个角度来看，我们才能够理解为什么说所有权是权利人绝对意思的体现，这是所有权的基本特点。关于所有权人独立意思的这个问题，我认为这是理解现代民法权利的一个要点，甚至是基点。民法上的权利，如果不能从意思自治原则的角度去理解，那么你就不能彻底地理解这些权利的内容。我国法学界尤其是民法学界长期以来对于民事权利的理解不足，最后导致民法基本的行为规范和裁判规范出现了缺陷。你们如果有兴趣可以看看我写的《中国物权法总论》关于民事权利基本分类的讨论。我在这方面有一些解释，大家可以看一下。

在启蒙思想时代，人文主义革命时代，人们特别强调所有权人的独立意思，原因就是要贯彻民众的意思自治原则，把意思自治原则当作保护民事权利、限制公共权力、限制君主权力、限制统治权力的一个手段。《法国民法典》关于土地所有权是这样规定的：土地所有权人对土地所享有的权利，及于土地地表上下不受限制的空间。这个土地所有权的定义非常有意思。一般我们讲土地所有权，是基于土地地表来讲权利人支配的土地有多大面积，可是这个法典规定，它是支配地表上下的空间，不受限制的空间的权利。你想想，这个不受限制的空间是多大呢？大家过去也许听说过，上及青天下至黄泉吧，也就是从这个规定上产生的。《法国民法典》强调权利人的独立意思，而且是绝对意思，这个是非常绝对的。目的就是强调那个时候人文主义革命的观念，人们意识到封建制度明目张胆地欺压民众是一个必须彻底解决的问题。因此，立法高扬意思自治原则，来反对封建制度。从这一点上来说，这个做法也是有其历史进步价值的。

（五）民众所有权的宪法问题

我在学习德国法时，看到德国宪法法院有一个判决，判决书里头有这么一段话我认为很有价值，在这里和大家分享一下。这个判决书说，所有权对老百姓而言是基本权利，当然它首先是作为民法上的权利来规定的。但是实际上不能把它仅仅当作一个民法上的权利，而是要看到所有权所反映的宪法角度的问题。从宪法的角度看，所有权其实是一个保障人格自由发展的权利，所以宪法必须要为民众的所有权提供保障。这个意思就是说，有了所有权之后，一个人才有一个自由人身，才能够决定自己的生存和发展。所以宪法就必须要保障这个所有权。否则，没有所有权的宪法保障，一个人就不能够自由地形成自己，也不能很好地发展自己。

从宪法的角度看民众的所有权问题，是我今天所说的所有权制度的有效性和正当性问题的另一种法律解读。德国宪法法院判决书里有段话这样说，如果宪法不能给民众的所有权提供足够的发挥作用的空间，没有给它提供足够的保护的话，那民法上的所有权必定是名不副实的。大家想想，这个看法是不是很有道理？我在学习这一段德文的时候，确实受到很大启发。因为民众所有权问题，并不仅仅是个民法问题，比如侵权问题，这远远不足。民众所有权社会功能的发挥，最大的障碍不在民法方面，而是在宪法方面。

我再仔细审视上面这一段所有权发展演变的历史之后，觉得痛心的是，或者说我觉得有必要说的是我们中国法学界对这段历史，至今没有采取实事求是的历史分析的态度。不论是官方意识形态还是一些所谓的主流的学者，对人文主义革命、工业革命、启蒙运动，尤其是启蒙运动之后的私有所有权基本的态度都是批判的，而且批判都很尖锐。批判的主要根据，是人文主义革命时期的所有权理论的虚伪性。为什么说它是虚伪的呢？我在写博士论文的时候，大概是在 1988 年到 1989 年，看到一个前辈法学家写的一篇论文，是关于资产阶级所有权的，他说资产阶级的法律使用所有权的概念、建立所有权制度本身就是虚伪的。原因是什么呢？就是资本家有财产而工人没有财产，所以他们强化民众所有权的理论只是为了资本家的利益，不是为了工人的利益，所以这是虚伪的体现，应该受到批判。这篇出现在二十世纪五十年代否定"旧法理论"

时候的论文，后来在我国法学界沿用至今，成为我国宪法学、法理学和民法学看待民众所有权的通说。

我这里提到的这个老前辈也是从德国留学回来的，而且也曾经是我现在就职的中国社会科学院的前辈，后来到大学去了，我对他本人是很尊重的。但是我对这篇论文却深以为不妥。他对人文主义革命时期产生的民众所有权的理论的看法，完全不符合历史的实际。从历史上来讲，人文主义革命是不是虚伪的，从刚才我们看到的那个出卖女奴隶的油画你就知道了。在人文主义革命时代，很多人是很严肃认真来思考历史的，他们对奴隶制、等级身份制的历史丑恶现象的揭露和批判，思想的深度远远超过了中国人熟悉的口号式的批判。人文主义革命时代为什么要提出平等原则？道理很简单，就是因为他们在那个时代要解决的社会最大的问题，就是那种公开的、赤裸裸的、合法的人与人之间的不平等，就是等级身份制的问题。历史上存在几千年的等级身份制，是人类社会的黑暗制度，在这种合法的赤裸裸的不平等的制度下，人与人之间的权利义务的法则，不可能实现哪怕是一丝一毫的法律上的公平和正义。这个我在前面已经讲过了。经过人文主义革命以后，废除了等级身份制，人们获得了法律上的平等。这一点的社会成果是显著的，不论是什么人，哪怕是生活在穷乡僻壤的些许小民，至少在法律上开始享有完全人格了，是一个法律上的人了，而不再是一个农奴或者说是一个奴才或者说是一个等级很卑贱的人了。这个社会进步从历史的角度看，不应该存在疑问。从严肃对待历史的角度看，我们更应该看到这个革命性的伟大进步，而不应该随意批判。

做法律工作的人，尤其是一个做民法工作的人，尤其应该懂得这样一个道理：只有首先实现了法律平等也就是形式平等，然后才能够实现所谓的实体平等也就是事实平等。因为，只有在法律上建立平等的原则之后，然后才能够对那些不平等的现象给出矫正，才能够最后使他们实现法律上的平等。所以，在法律上首先确定形式平等，就是公开的、明确的、标准的人与人的平等。这是首先应该做到的。所以，只有先做到法律上的形式平等，然后才能够达到事实平等。在这一方面，不采取这一原则的相反的例子非常多。大家仔细看一下，凡是反对法律平等和形式平等的那些国家，其中还有一些自称为社会主义的那些国家，哪一个国家实现了实质平等？事实是它们不但没有实现法律上的实质平等，后来还造成了很多人类的灾难。从这些历史的教训中我们应该知道，法律上的平等首先就是形式上的平等，没有形式上的平等就不可能实现实质性的平等。

在所有权这个问题上也是这样，人文主义革命下建立的所有权制度确实是有缺陷的，但是从历史的角度看，它首先有重大的进步价值，它解决了封建社会存在的不受制约的公共权力、等级身份制等限制甚至剥夺被统治者取得所有权的自由的问题。等级身份制这种体制下，公共权力是绝对的，被统治者的权利不论在道德上还是在法律制度上都受到严重限制甚至压抑。这个问题在人文主义革命中永远解决了。这一点我们应该看到。我们这里所说的封建体制下的被统治者，并不仅仅只是资产阶级，其中法律地位更低的人之中，也包括工人和农民，他们的权利地位在人文主义革命之后确实获得了本质的提升。人文主义革命的所有权思想认为，一般被统治者的财产权利最容易受到侵害，所以提出私有所有权神圣不可侵犯，借此以限制滥用权力的统治者。这当然对工人是有很大好处的，这也是历史的进步。

五 社会主义时期的民众所有权

（一）概说

在人类历史上，自由主义的法思想占据的统治地位，后来被社会主义的法思想所替代。在社会主义法思想的指导下，民众所有权的法思想发生了本质性的转变，这个核心的转变使得法律制度整体也发生了转变。社会主义是人类历史上进步的政治运动和思想运动，虽然前苏联、东欧解体了，但是我们必须认识到，社会主义运动本身没有错，它所要解决的社会问题确实存在，而且有很多国家的社会主义实践也确实解决了这些问题。所以我认为，社会主义思想不是问题，出问题的只是某些国家的体制建设。

社会主义法思想的进步意义在于，它准确地认识到自由主义的法思想没有彻底解决的社会实质平等问题，并且提出了解决这个问题的方案。上面说到，人文主义革命时期，法律受自由主义思想的支配，强调个人所有权的意思绝对，排斥别人意思的干涉，甚至也排斥公共权力的干涉，所谓风可进雨可进国王不能进。这对于消除等级身份制、实现人与人之间的法律平等也就是法律形式上的平等已经是做到了极致，但是也有可能给经济与社会发展带来消极的一面。因为这样的话，即使为了公共利益也不可以进入私人所有权的支配空间，这就造成了社会公共利益很难发展的问题。历史上确实有这样的事情：早先发明飞机，从土地上飞过去，法国人会诉讼，因为飞机进入了土地之上的空间，这就构成了对土地所有权的"侵犯"。从《法国民法典》的规定看，土地所有权人的支配范围是土地上下不受限制的任意空间，所以飞机飞过，就侵犯了土地所有权人的权利。这种情况下法律上的所有权制度就妨害了社会的进步。但是据我了解，这种不当的规则解决是很容易的，后来世界上并没有出现这一方面的问题。

在我们看来，自由主义法思想支配下建立的私有所有权制度真正需要解决的社会问题，是经济上处于强势的所有权人利用法律制度的规定损害社会的弱势群体、妨害公平正义的问题。从大量的历史资料看，这种情形确实是事实，发生在早期的资本家侵害工人利益这一点上。实际上这一段历史并不久远，就像马克思过去所说，资本家购买工人劳动，看起来好像是平等的，但是实际上是不平等的，因为工人没有生产资料，除了到工厂里做工，没有其他的生存手段。这样，在工业革命之后工人却变成了社会的弱势群体，资本家和工人之间形式上的平等而实质上的不平等演化成为严重的社会问题。《公司的力量》这本书有一节对工人成为弱势群体之后，没有社会保障而生存出现严重困难的情形有准确的表述。因此，在工业革命发达的国家和地区产生了社会主义运动。社会主义运动诞生的出发点是保护工人这种弱势群体，它是人类历史上的进步运动，我们必须坚持这一点。为什么这样说呢？因为社会主义运动看到了在那种所有权体制下，法律上的形式平等原则具有严重的缺陷，所以进步思想家都提出了实现实质平等，真正实现法律上的公平正义的观点。社会主义者从一开始就认识到工人的法律地位的严重缺陷，并且从保护工人的角度提出了解决这个社会重大问题的措施。对这个问题的把握是准确的，而以工人保护为出发点的社会主义思想当然值得充分肯定。

（二）西方国家对私有所有权的限制

从现在我们掌握的资料看，一些西方国家很早就采纳了社会主义的思想，建立了从工人保护的角度促进社会实质平等的制度措施。比如说普鲁士首相俾斯麦时代就开始建立了一系列的保障工人的社会制度。这些社会保障，总体来说，就是就业保障、医疗保障、养老保障。现在我们说到的社会保障也是这"三大保障"，它来源于俾斯麦时代。建立这三大保障，俾斯麦政府采取了三种力量相结合的方法，即国家买保险、老百姓自己买保险和企业买保险相结合，把对工人的保障问题切实地解决了。这是在十九世纪中后叶就解决了的问题。后来，英国工党也采取了这样的措施，给工人建立了社会保障。法国等也都在后来建立了这样的社会保障制度。大体上来讲，现在欧洲国家基本上都建立了以国家强制性保险为基础的社会保障制度。此外，在民法的体系里，还制定了劳动法、社会法和消费者保护法这样一些法律；在民法体系之外还制定了环境法、生态法、食品安全法等各种各样的法律。通过这些法律，行政性的法律和民法性的法律相互结合，来实现社会的实质平等。

这些法律的共同特点，从所有权制度的角度看，就是限制所有权人的绝对意思，就是要限制大产业者、供业者这些所有权人的绝对意思，保护弱势群体的利益。德国《魏玛宪法》第 14 条提出的"所有权必须为公共利益服务"的原则，在世界很多国家都做到了，我们应该承认这一点。

（三）东方国家的所有权

应该承认在东方国家，主要是前苏联法体系下，民众所有权的法律承认和保护曾经出现过严重的问题。这些国家看待民众所有权所造成的社会问题，并对此建立应对措施时，不像西方那样以限制所有权人的意思自治为要点，而是尽可能地限制、压抑甚至是消除民众私有权。我们可以看到很多的教科书里都这样写道，民众追求所有权创造私有权，是道德上的自私自利，是政治上的消极落后，严重的就要制裁。民众拥有所有权在道德上是没有正当性的，在法律上是不能得到充分承认和保护的。这是这些国家民众所有权制度普遍的特点。

基于这些观点，前苏联体系的国家，都对主要的社会物质财富包括土地等实行了强制公有化。但是实事求是地说，前苏联和东欧前社会主义国家实行的强制公有化是有余地的，包括前苏联在内，都不是很极端的。前苏联还承认私人别墅，还有鼓励人们发明创造，并对此进行充分保护的私有所有权制度。东欧前社会主义国家允许的私有财产的范围就更大了。东欧社会主义国家都承认私有土地的合法性，我在德国留学时调查过，那是在 1993 年 5 月，我在德国柏林开会时访问了"托管局"，当地官员提供的资料说明，东德时期的私有土地占国家土地总面积的百分之二十五。资料证明，匈牙利和保加利亚的私有土地曾经占国家土地总面积的百分之四十，这个数字已经相当大了。为什么土地能私有呢？因为人家认为，土地有一部分是生活资料，不能公有；社会主义国家只能主张生产资料公有，生活资料不能公有。另外，这些国家保留了一些土地，比如小片儿土地，比如山地等的私有，因为把它变成公有是不经济的。相比起来，我国在改革开放之前，将作为生活资料的土地公有化了，城市中的房屋大部分公有化了，这些做法现在看来确实是绝对化了。

在一些东方国家的社会主义体系里，对私有所有权实行限制和打击实在是太过分了，这种极端的措施，给国计民生带来了长期的困难，一般民众衣食不安甚至遭受极大的人为的灾难。最极端的就是柬埔寨以前的共产党总书记波尔布特，他取得政权之后在该国实行消灭商品、消灭货币、消灭剥削阶级、消灭私有所有权的政策，结果仅仅几年，就将这个国家带入了灭顶之灾，全国六百万人口短短三四年之内减少了一百五十万多。所以国际法庭后来组织了针对波尔布特等人的国际审判。实际上我们中国对民众所有权的压抑也是一度走向了极端。1975 年的时候，我在一个农村里当团支部书记，记得那个时候张春桥写了一篇论文，叫作《论对资产阶级的全面专政》，提出要彻底地消灭农民手中的生产资料的所有权。在辽宁省当革委会主任的毛远新，出台了一个政策，要求农民家庭养母鸡不能超过两只，因为母鸡是下蛋的，属于生产资料了。你养母鸡养的多那就是私人占有生产资料，你就成资本主义了。就是这样很极端的一些政策，导致了这些国家和人们长期的生活困难。

前苏联法最基本的特点就是把民众所有权重新罪恶化，这一点从历史的角度看是一种倒退。人民在宪法上是国家的主人，但是在前苏联法学体系下，民众所有权在道德上有缺陷，因此不应该从法律上给予足够的承认和保护。鉴于民众所有权这个核心权利受到沉重的压抑，其他的民众权利也受到全面的限制和压抑，财产自由、契约自由已经完全不可能，连婚姻自主这些典型的民法原则都无法实现。今天讲座一开始我曾经提到为什么民众个人的所有权利以前不能成为我国立法的核心的问题，答案就在这里。

图 7　上海知青在西双版纳

图片来源：http://www.tianya999.com/news/2015/0302/61476.html。

图 7 "上海知青在西双版纳"，间接地说明了长期限制压抑民众私有所有权，导致普通民众日常生活陷入严重困难。种粮食的农民常年吃不饱饭，织布的工人没有新衣穿。这就造成了中国将近四十年没有解决的"温饱"问题。如图 7，这些"文革"期间知青的穿着就显示了这种情形。几个正值青春年华的美丽姑娘，却穿着破旧不堪、打着多重补丁的衣服。这种情形在当时是最普遍不过的。人民的私有所有权被极端压抑的结果，就是人民普遍的赤贫，而不是

单一地区、单一行业或者部分民众的赤贫。

（四）两种所有权法思想的比较

在这里我简要地将人文主义革命时代的所有权观念和前苏联法学中的所有权观念分析比较一下，大家可以看看其中的道理。

1. 人文主义的所有权观

人文主义革命时代分析问题的视角，是把所有权置于公共权力和民众私权相互冲突的视野下，从神权法、君权法体系下的公共权力尤其是封建统治权绝对强大，从而造成被统治者的权利受到绝对压制，而且压抑民权数千年的历史现实出发，以人文主义革命的自然权利作为私权的伦理正当性基础，把所有权理解为私权的核心，把限制公权作为实现法权正义的基本方式。民众所有权成为民权的典型代表，它并不仅仅被理解为一种私权，而是被理解为宪法基本权利。因此，民众的所有权，在人文主义革命之后，不但具有强大的道德伦理基础，而且具有强大的宪法保障，当然也有细致的民法保障。

在这种权利观念的建立过程中，人文主义革命、工业革命、启蒙运动发挥了决定作用，同时罗马法的再现，也为其提供了基本的法学分析方法，这就是罗马法对于"Public Power"和"Private Right"之间的矛盾的学说，和分析法学问题的基本方法。从民权保障的角度，宪法提供宪法保障、民法提供基本制度保障的民众所有权制度，不但保障了市场经济体制各国比较稳定的长期的经济发展，而且也保障了这些国家的民众所有权没有遭受过本国政府强大的公共权力的损害。

对于私人之间的所有权拥有的不平等的问题，这些国家的解决办法是多种法律共同发挥作用。宪法确定了"所有权的社会义务"原则以及保护弱势群体原则，而民法修正了过分依赖意思自治原则的规则，最后是社会立法确定了全面地对弱势群体给予救助和保障的制度。无论如何，民众所有权的制度基础没有被废除，因此这些国家经济与社会发展的动力得到了保持。但是通过积极有效的矫正，社会民众所有权的不平等造成的问题也基本上得到了解决。

2. 前苏联法学的所有权观

前苏联法学分析民众所有权的视角，是把这种所有权置于民众的私权与私权的冲突之中，从私人之间所有权拥有不平等的社会现实出发，力图借助于公共权力的强制干涉，达到削平贫富的目标。为了达此目标，前苏联法学过分地渲染了私人所有权不平等的社会危害与非伦理性，进而强化了公共权力干涉的伦理正当性。这种做法，改变了社会法权现象之中的基本矛盾的学说和分析法学问题的基本方法，也就是"Public Power"和"Private Right"之间的区分和矛盾的学说和方法。它基本上忽略人类历史上存在的奴隶制、等级身份制时代公共统治权的过分强大和极端滥用，以及因此造成极为惨重的民权损害的惨痛教训。

因为前苏联法学否定了必须限制公共权力的法理，故接受这个理论的国家，立法中的公共权力普遍走向极端化和神秘化，走向盲目崇拜和肆意扩张，有些甚至扩张到人文主义革命之前。而这一点恰恰给民众权利的存在和发展造成了难以克服的困难，相对于公共权力的极端扩张，民权普遍走向衰微。民众所有权更是成为不可能发展的权利类型，因为这种权利作为民权的核心，不但在法律伦理上失去了正当性基础，而且在法律制度上失去了有效的法律承认和保护。民众可以取得所有权的财产的范围极为有限，而且即使是已经合法取得的所有权，也难以得到足够承认和保护。[1]事实上在这些国家里，公共权力已经超出了法律控制的范围，公共权力控制的公共财产的秩序存在的问题更为严重，但是这个问题已经不是本讲座要讨论的。

六 改革开放以后我国民众所有权

（一）改革开放后的重大立法发展

回顾历史至今我们现在应该庆幸地说，中国是比较幸运的，原因在于我们中国二十世纪八十年代以后走上改革开放的道路，也制定了物权法，我们还修改了宪法，承认了民众的私有所有权的正当性，甚至私人可以开私人企业，等等。关于民众所有权上的思想悖谬、制度缺陷已经获得了很好的纠正。在这一方面，我想指出，在我国现在立法对于民众所有权的法律承认和保护方面，

---

[1] 对此有兴趣者，可以参阅本人所著《论物权法》的后记"请尊重财富的进取心"这篇文章。

有三个立法是特别值得关注的。

1. 2004 年的宪法修正案

该修正案第 21 条，将宪法第 11 条第 2 款"国家保护个体经济、私营经济的合法的权利和利益。国家对个体经济、私营经济实行引导、监督和管理"修改为："国家保护个体经济、私营经济等非公有制经济的合法的权利和利益。国家鼓励、支持和引导非公有制经济的发展，并对非公有制经济依法实行监督和管理。"修正案第 22 条，将宪法第 13 条"国家保护公民的合法的收入、储蓄、房屋和其他合法财产的所有权""国家依照法律规定保护公民的私有财产的继承权"，修改为："公民的合法的私有财产不受侵犯。""国家依照法律规定保护公民的私有财产权和继承权。""国家为了公共利益的需要，可以依照法律规定对公民的私有财产实行征收或者征用并给予补偿。"

从该修正案的内容看，我国对于民众所有权的宪法承认和保护的问题已经得到解决。而且，我们还可以看到，这一修正案关于民众所有权的内容的表述，和世界上市场经济体制国家的表述基本上是一致的。这无疑是我国法律体制的重大发展和进步。2004 年到 2005 年出现的"物权法政治风波"之中，宪法的这一修正案在支持中国物权法草案顺利通过的过程中发挥了决定性作用。

2. 2007 年中国《物权法》规定的"平等保护原则"

中国《物权法》在其总则部分建立了"一体承认、平等保护"的原则。这一原则是在中国特殊背景下提出来的，它特别针对的，就是改革开放之前轻视甚至限制和压抑民众所有权的政治生态问题。这个原则后来规定在《物权法》第 3 条中。在 1995 年我本人负责中国物权法总则部分学者建议稿的起草，在这个时候我曾经参与立法报告的撰写，提出了我国法律对于不论公私财产所有权都应该"一体承认、平等保护"这个原则。在我提出关于这个原则的创意之后，首先是民法学界的一些朋友不同意，他们的观点是这个提法不会得到领导人的通过。这个理由实在太奇怪了，其实是他们对于这个原则引起的社会效果没有把握。后来这个原则在国家立法机关 2004 年发布物权法征求意见稿时，果然引起了政治风波。极左思潮的批判，理由就是这个原则体现了资本主义的法学思想。但是中国法学界的主流都认识到，对人民群众的合法权利包括财产所有权必须给予一体承认和平等保护，人民是国家的主人，合法财产的地位都应该是平等的，"文化大革命"时期造成的限制压抑民众所有权的政策思路必须废止。所以，当《物权法》在2007年3月15日的全国人民代表大会上顺利通过的时候，全场响起了雷鸣般的掌声，这掌声就是人民的声音，它表示人民整体对于极左思潮的否定。

图8 2007年3月15日"物权法"顺利通过

图片来源：作者拍摄。

3. 2011年国务院制定的"新拆迁条例"

在2011年，我国国务院颁布了《国有土地上房屋征收与补偿条例》，这就是大家所说的"新拆迁条例"。该条例，废止了以前立法可以根据政府不透明的决策来拆迁，从而导致民众基本的所有权被消灭的规定。

事实上，这个立法也受到了《物权法》第42条规定的"征收条款"的推动。在我撰写中国物权法总则学者建议稿时，关于物权的消灭，我从政府行使公共权力导致民众物权消灭的角度，提出了这个问题，并且提出了"目的正当、程序正当、足额补偿"三项原则，将其写在了法律条文的建议稿之中。后来我国社会关于征地拆迁的法律实践证明，这个条文的创制意义非常大。

制定新拆迁条例，目的就是从征收的角度，也就是公共权力行使时如何保护民众所有权的角度，来建设我国的民众所有权制度。制定该条例的时候我也有深度的参与。从该条例一开始修订，到重新制定新条例，我都参加了。我提出的公共利益条款的设想、程序的设想等，都被采纳了。征收条例对于解决民众权利应对公共权力的征收时的保护这样的大问题，发挥了很好的作用。

（二）城市居民住宅的物权期限问题

中国《物权法》颁布之后，涉及城市居民购买商品房而产生的住房所有权，是否要受到法律规定的建设用地使用权七十年期限限制的问题，地方政府、媒体和民众都有很多疑问，因此也产生了不少争论。事实上关于这个问题，在《物权法》制定期间就有争论，一种观点认为，民众住宅使用的土地是国家的，国家只许可这种土地使用权七十年的期限，期限届满，当然土地要收归国家。如果个人要继续使用国家土地，那就必须给国家交纳土地出让金。这种观点，在物权法起草时期的相关立法论证会中，除了几位全国人大的领导人没有表态之外，与会的法学家、经济学家竟然一致赞同。但是，我对这种观点持强烈的反对态度，我的观点，就是这种土地使用权期限届满时，应该"无条件自动顺延"。[①]

鉴于城市居民住宅土地权利问题涉及我国五六亿居民的基本利益，因此我建议对这种看起来仅仅是一句话，但是又涉及民生的重大权利的规定，一定要慎重处理。我国城市居民购买的商品房的法律事务，首先必须弄清楚的是关于房与地的关系。从立法角度看，我国与世界上很多国家不同。国际上很多国家实行土地所有权可以由民众个人享有的立法政策，同时在城市中解决居民住房的政策实行单一化住宅，即一块土地上只有一个家庭占有的建筑物，在这种情况下，法律上的土地与房屋的所有权可以混为一体，不单立土地所有权、土地使用权和房屋所有权。这种立法体例中，民法规定土地为主物，以房屋作为地上附着物，在法律交易中取得土地所有权就意味着取得了地上房屋所有权。这种立法体例和我国不同。我国宪法及民法等基本法律规定城市土地一律归国家，但是一直以来民众对于房屋的所有权也是受到宪法和民法的承认和保护

---

① 关于这一立法论证会的报道，请参阅新华社 2007 年 3 月 9 日《住宅用地 70 年期满自动续期》的报道，另外当时一些媒体也有报道。

的。这样，城市居民享有所有权的住房必须建造在国家土地所有权之上，这时就有了关于土地和房屋之间法律关系的第三个权利，即立法以前所称的"国有土地使用权"，现在所称的"城市建设用地使用权"。民众的住房建立在他们享有建设用地使用权，对国家土地合法利用的基础之上。

在分析我国民众住房的权利时，土地使用权这个权利的立法解读意义是关键的。一般人都可以看到这三种不同的权利，但是如何看待此中的建设用地使用权，才是准确理解这三种权利之间关系的关键。在《物权法》制定时期，习惯的看法是从传统民法中的"用益物权"的角度，把民众享有的建设用地使用权理解为用益物权；同时按照传统民法关于用益物权的定义，把民众的建设用地使用权理解为民众和政府之间依据民法上的"设定物权"的法律行为，通过订立合同、办理不动产登记等行为方式取得的权利。当然如果根据传统民法来理解这种权利，那么这种权利就是一种典型的派生的、有法定期限限制的、有严格的内容限制的用益物权、他物权、限制物权或者定限物权。但是，这一理解不符合历史，尤其是不符合1982年宪法将城市中的居民土地所有权"规定"为国家所有权，而并没有给予民众以及其他民事主体当时还拥有的土地所有权被消灭的补偿这个历史事实。

显然我国城市民众享有的建设用地使用权并不是依据传统民法的规则建立起来的用益物权。这个权利的建立，另有法律上的道理。这个道理就是从孙中山一直到毛泽东等社会主义的土地革命的法思想。孙中山比较早地接受了关于土地的社会主义思想，他提出了土地为天然富源、私有土地之上的价值增值应该归公的系统理论。这些理论可以简单地归结为"土地私有、涨价归公"。该理论发展到中国共产党人之后，变成了"土地公有、均享地利"。根据这一学说，中国共产党不论是在农村还是在城市都推行建立了土地所有权的公有制，不再保留私人土地上所有权。建立这种地权制度的目的，是防止私人拥有土地所有权时形成的土地自然增值等为私人独占，并形成土地利益为民众共同享有的法律基础。在这个关键的问题上我想提起各位关注的有两点：第一，国家土地所有权不是按照传统民法规定的所有权取得方式取得的，而是"建立"起来的。第二，这种所有权建立的目标，是社会主义的"均享地利"，即让一般民众直接地普遍地享有土地的利益，而不是让政府享有土地的物质利益。政府享有这一利益的说法和做法，并不符合当初建立土地公有制的社会主义理想。因此现实生活中一些地方政府依据"国家土地所有权"来从民众身上取得市场价值的指导思想和做法不应该得到肯定。

正是基于以上的分析，我们可以看到，把民众享有的建设用地使用权归纳为按照传统民法设定权利的方式产生的用益物权，这也是无法成立的，也是不符合社会主义地权制度建立的法思想基础的。这不但是因为没有这个具体的设权行为发生的过程——这个权利可以说是法律安排给民众的，民众并无其他的选择；而且更为重要的是，我们必须从"均享地利"的角度来理解民众的地权：民众作为土地的全民所有制组成部分，作为社会主义土地法权的利益共享者，他们享有的地权，其实只是他们具体实现社会主义体制下享有土地利益的方式。从这个角度看，我国民众享有的建设用地使用权不应该受到期限的限制。在我国民众利用国有土地只能存在和发生三种上述权利的情况下，我们就应该建立民众建设用地使用权到期"无条件自动顺延"的制度。

在《物权法》设定这一制度规则时，我还曾列举了世界上房地产市场价格的比较资料，说明我国城市房地产价格已经超过了世界上大多数国家的事实。在这些国家，民众可以取得的房地产，既包括土地所有权，当然也包括房屋所有权。这些权利当然都是无期限限制的。按照市场经济的发展水平和基本原则，既然我国民众购买的房地产市场价格都超过了世界上大多数国家，那么我国民众也应该享有相应的权利。

基于以上分析，我提出了民众在取得住宅所有权时，他们享有的建设用地使用权虽然有法律规定的期限，但是在该期限届满时应该无条件自动顺延的观点。因为这个使用权可以自动顺延，因此民众对于住房的所有权面临的法律问题都自然得到了解决。虽然立法时对这一点颇有争议，但是最后从《物权法》第149条第1款 ① 的规定看，立法还是采纳了我的观点。

这个条文虽然很短，但是涉及民众利益重大。为了我国城市民众这个重大的利益，我做出了自己应该做的努力。

但是也有人不断询问，我国为什么不能在这个问题上简化一下，直接承认民众对于住宅土地享有所有权？对这个问题，我想回答的是，首先我在上面讲到，住宅土地是生活资料不是生产资料，民众如果取得这种土地的所有权，

---

① 该款的内容："住宅建设用地使用权期间届满的，自动续期。"

不违背社会主义原则。但是，这种情形和我国的实际情形不太符合。原因是我国特殊的土地资源和人口资源情况。中国人多地少，无法采取单一化住宅模式，让每家每户都有一块地或一处独立住宅。我国必须采取公寓化住宅模式，在这种情况下，最后的方法还是像现在这样，国家其实是政府享有土地所有权，民众享有建设用地使用权和住房的所有权。

关于我国民众享有建设用地使用权的情形，已经由历史造成，现在改变几乎不可能。改革开放后，我国在城市土地归国家所有的基础上，采取出让土地使用权的方式吸引外资，将土地使用权有期限地出让给企业，尤其是外资企业，许可它们在我国投资。1988年土地市场全面启动后，这种权利出让模式应用在城市住宅买卖中，意味着人们购买的土地使用权是有期限的，当时的立法定为七十年。这一点的改动困难也很大。但人们对房屋的所有权从一开始是没有期限的。

根据《物权法》第149条，住宅建设用地使用权期间届满的，自动续期。非住宅建设用地使用权期间届满后的续期，依照法律规定办理。该土地上的房屋及其他不动产归属，有约定的，按照约定；没有约定或约定不明确的，依照法律、行政法规的规定办理。

依据立法的本意，"自动续期"就是不必要办任何手续，也不必要缴纳费用就能续期。在《宪法》规定城市土地国家所有的情况下，民众的建设用地使用权自动续期基本上解决了民众住房的所有权永久存续的法律基础问题。在我从事《物权法》的研究和教学活动中，遇到了一些官员和学者任意解释这个条文含义的情形。他们的基本依据就是传统民法中典型的用益物权理论，把民众的这一权利解释为不论是内容还是时间都是有限的权利。一些地方政府还曾经制定规则，试图在该权利期限届满时从民众身上收取土地出让金。这一做法是违法的。根据《立法法》对于立法权限的规定，这种涉及公民基本权利的法律，必须由全国人大制定，国务院和地方人大都无权就此立法，更遑论地方政府及其部门。

（三）现行法中缺陷分析

这些立法说明，我们国家在民众所有权保护这一点上，立法确实取得了很大的进步。目前涉及这一方面的立法指导思想，应该说已经离开了前苏联的法律体系。实事求是地说，现在中国的市场经济体制以及法律体制的立法思想、指导观念，已经完全不能用改革开放之前的极端的法权观念来解释，我们的所有权的法律制度，已经走上了建设性社会的道路。我们国家的法制进步，保障了民众的所有权，而这一点又保障了我国经济与社会发展的成功。我们国家现在的国民经济总产值已经排到了世界第二位，从平均的 GDP 这个角度来讲，我们已经步入了中等发展国家的行列。这里的原因有很多，我特别想提到的，还是 Black Stone 那句话："从来没有一种法律制度像所有权这样能够唤起人们创造的激情。"而这里的所有权，显然仅仅只是民众的所有权。

当然，从亚当·斯密说的所有权的有效性这个角度看，我国民众所有权的制度建设还不能说完全到位。要认识到自己取得的这个进步，同时也要看到我们目前的立法仍然是有缺陷的。比如说，对于这个民众所有权，我们能不能在道德上让它充分正当化，这就是个很大的问题。另外，我们对于民众所有权的范围还有着极大的限制。上文说到，东欧以前的社会主义国家都认为，对于作为生活资料的土地，可以保留私有所有权。可是我们现在就做不到。另外，媒体上报道说，贵州、云南、四川等地出现的"盆盆田"，就是像脸盆儿那么大的一块土地，把它规定为公有，有什么意义呢？大概在二十世纪八十年代末的时候，土地管理法修改，调研中遇到这个"盆盆田"的问题。立法中出现了如何规定这些土地的争议，因为历史上贵州是一个喀斯特地形，土地数量严重不足，农民老吃不饱饭，当地政府出了个政策，鼓励大家上山造田，谁造谁有。但是因为地质问题很多人造的那个地只有脸盆儿那么大或者比脸盆大一点，地里头栽一棵玉米的都有，栽两棵玉米三四棵玉米或者栽了几棵玉米，最后这些地区的吃饭问题解决了。可是在修改土地管理法时，立法者强调农村土地必须归集体所有，农民就很难理解。而事实证明，即使法律这样规定了也执行不下去。另外，调研中发现的西北毛乌素沙漠造林也存在这样的问题。毛乌素沙漠在二十世纪八十年代不断扩展，造成严重的生态灾难。那时当地出了个政策，叫"沙漠造林，谁造谁有"。后来老百姓就在沙漠里头造林，这个工作非常辛苦，因为沙子存不住水，所以农民要首先改造土壤才能造林。后来林造成了，国家就说这是生态林，森林必须归国家所有。其实，把这些小块地、森林的所有权给民众有什么不可以？所有权给他，又给他规定行使权利的条件，效果可能更好。

通过这些事情，大家就知道了，我国一些立法者确定所有权制度尤其是民众所有权制度时，首先想的不是民生民权和国情。如上所述，在东德、东欧其他地方一些土地都能私有，人家认为有些小地、山里头的地、偏远的地没有必要把它公有化，一户人种几块的地，这个很正常。为什么我们就不行呢？

七 结语：以史为鉴

今天和各位讨论的，简单地说，就是民众所有权入罪、除罪、再入罪、再除罪的历史过程。当然，这个"罪"字是道德伦理层面的意思。这一段历史之中，一些是大家知道的，一些是大家不知道的。其中还有一些很重大的历史史实，是因为有人刻意隐瞒，不让大家知道的。

在讲座的最后，我还是想用一个大家熟悉的历史人物涉及的所有权的案例来阐明讲座的主旨。这个人物就是历史上最著名的清官海瑞。目前，我国贫富不均、官场腐败问题严重，我国传统观念中的"均贫富"这三个字，又开始高涨起来了。我们熟悉的海瑞的一段历史，就和这三个字有关。海瑞是大清官啊，我们都很尊重他，他被罢官有两次。第一次是在明朝嘉靖皇帝时期，他反对皇帝跟那些道士们一起瞎胡闹，道士给皇帝吃壮阳药，皇上在皇宫里建设道观修行，在全国建很多道观，搞得国家乌烟瘴气。后来海瑞就劝皇帝，皇帝说谁劝我我杀谁。海瑞说你杀吧，我抬了棺材来了，你杀了顺便把我装棺材里头就算了。最后皇上一想，我杀他，他反而成名我成坏人了。所以皇上没杀他但是不让他做官了。这是第一次罢官。第二次罢官在隆庆皇帝时期，隆庆皇帝当政初期，觉得海瑞这人的名气很好，请他当了苏州府的知府，苏州府是当时我们中国最富裕的，是天下税收的主要来源。为了保障税收，中央安排海瑞执管苏州府。海瑞这个人很正直，同时也坚持均贫富的理念。他的正直表现在他对这个贫富的态度上，凡是穷人跟富人打官司，他基本上是不问情由，就判决富人失败，打屁股，把富人的财产给穷人做赔偿。有些人讲这很好啊，这符合我们有些人的观念啊，可是后来很多富裕的人就受不了了，他们就不在苏州创业了，就搬家了，有些甚至搬到江西九江去了。还有些经商的人，人家都避开苏州不到你那里去经商了。这样，苏州原来是中国税收第一，但是在海瑞来到后大概五六年，苏州经济就糟糕了，给国家的税收交不上来了。那时首辅是高拱，高拱对张居正说千万不能再用海瑞了，再用海瑞咱们国家财政可就有问题了。这就是海瑞的第二次罢官。这次罢官就是后来吴晗写的海瑞罢官这个戏。这个戏里的情节和历史有差别。实际上真正的情由是海瑞不保护合法所有权，导致当地经济出现困难，妨害了国家的税收。黄仁宇写的《万历十五年》这本书对此有描述。

除了"文革"时期那些教训之外，我们在民众所有权的法治建设这个问题上还是要做很多事情。2011年中国招商银行年度报告，里面说中国亿万富翁中的百分之二十七已经办理移民了，百分之四十七的人正在办理移民。亿万富翁中百分之七十的人不愿待在中国，他们要把财富拿走，为什么这样呢？除了其他原因之外，很大的问题还是民众财产所有权的承认和保护问题。我们国家还不是一个太富裕的国家，每一个建设项目都需要钱，为什么我们不能够给民众的所有权很好的保护，把这些拿到国外的钱用来发展经济呢？

因为时间有限，关键还是我能力有限，今天讲的内容涉及的历史覆盖到世界数千年，我的知识总是不够的，讲不到的地方大家原谅。简要总结，我学习这一段历史获得的启示是：第一，应该从民众和平共处、民间相互承认的角度来理解所有权的权源。法学包括宪法学、法理学、民法学不能从斗争的角度来理解它。希望我国社会早日从斗争的法学中解脱出来。第二，不要担心民众富裕会有越来越多的财产所有权，宪法要给民众所有权提供更多的空间和保障，民法要给它提供更加切实的保护。只要国家是稳固发展的，民众享有的所有权肯定会越来越多。第三，解决贫富差距主要应该依据社会立法，税收调节，不能采取限制和压抑民众所有权的做法。像海瑞那种简单地否定合法所有权的做法极不可取。第四，坚持人文主义的权利观，不要说老百姓的权利都是国家赋予的，我们要时刻警惕神权法、君权法的权利观的再现。最后，从建设性国家的要求出发全面审视民众所有权的正当性和有效性的问题。总之，一方面要承认我国立法取得的重大进步，但也要承认现行法的缺陷，只有这样我们才能够找到发展的动力，才能够为进一步保障民权、促进社会经济发展做出贡献。

不当之处，请各位批评指正，谢谢各位！

| 写作背景

本文写作于我国《物权法》制定的过程中，发表于该法实施后的 2013 年。它来源于国家社会科学基金的重大课题"国家所有权的行使与保护研究"中的序言部分。论文探讨的，是涉及公有制财产之中的国有财产的法律制度建设科学化这种非常重大的命题。在国家社会科学基金的项目成果中，本文还有一个副标题"从制度科学化入手"，这个副标题揭示了论文的基本出发点。本论文的问题意识在于：国有财产是国民经济的基础，也是国计民生的命脉所在，因此在我国被赋予崇高甚至神圣的政治地位，在半个多世纪的建设和发展之后，国家在国有财产权的名义下也积聚了巨大的经济价值和利益。因此法律本应给予这种财产权利益更加科学而且更加有效的制度建设，以保障它能够得到良好的运作和健康的发展。但是真实情形是，国有财产体制中存在很大的灰色空间，法律规定的"统一唯一国家所有权"事实上由无数个层次不同、地域不同、利害不同的主体行使，这种情形不仅仅导致市场经济体制在国有财产领域里推进困难，而且也导致这一领域存在极为严重的贪污和侵吞问题。很早以前本人即开始研究这一领域的法律制度，发现我国国有制财产的法权现象各种弊端存在的原因，就是从前苏联法学引入的"统一唯一国家所有权"学说不但不符合涉及财产所有权的现代法理，而且也不符合我国建立市场经济体制基本要求。因此，在中国物权法起草过程中，本人提出了否定"统一唯一国家所有权"学说和制度，而依据法人所有权这种科学的制度建设来推进公共资产法律制度科学化的设想。但是这一设想，首先被仍然信奉前苏联法学的一些民法学家否定，继而又在"物权法风波"中遭到极端思潮批判。面临我国《物权法》中公共资产制度和市场经济体制国家还有明显差异的情况，本人仍然努力，希望能够依据现代民法关于所有权的科学法理，推进相关的制度建设。本文就是在这种背景下完成的。本文指出，前苏联法学的核心理论"统一唯一国家所有权"学说本来就是一种背离民法科学、依据政治强力自圆其说地建立起来的，依据这种理论建立起来的公有制资产的法律制度，存在主体、客体、权利、义务、责任五个方面都不明确肯定的弊端,它就是公共资产不但不能良好运行,而且不断被侵吞的制度原因。改革的基本切入点,就是按照科学的民法法理,贯彻法人所有权规则,将上述五个不明确肯定的领域,明确肯定下来,从而建立起真正符合这种权利的政治目标和市场经济体制要求的公共资产所有权制度。论文发表于《法律科学》杂志 2013 年第 3 期。

近年来,随着我国市场经济体制的深入发展,尤其是国有企业改制的基本成功,一大批国有企业的股票在境内甚至境外上市,还有很多国有企业,以及企业与企业之间形成了依据股权 - 所有权分割和连接的企业集团,这样公有制财产中经营性资产的法人所有权已经得以实现;随着《民法总则》第 96 条关于公法法人所有权的规定,关于非经营性资产的公法法人所有权规则的贯彻和实施,也得到了基本立法的承认。

| 本篇目录

一 问题的提出

在中国，大体上从中学教育阶段开始，基本上每一个人都已经接受了关于国家财产所有权这个法律概念的相关知识，而且这样的接受从一开始，人们就已经习惯地把这个概念所包含的法律意义，和它所包含的崇高的道德伦理价值牢牢地联系在一起。所以在中国每一个受到教育的人，哪怕是受到比较少的教育的人，都知道国家财产所有权这个神圣的法律概念，而且也知道这种权利是全中国人民的根本利益、整体利益和长远利益的体现，大家都必须爱惜、尊重这一权利，甚至要用生命去捍卫这一权利。这些基本的认知，不仅仅写在一代又一代的从中小学到大学的相关教科书里，而且也贯彻在我国的各种政治文件里。甚至中国一篇又一篇的文学艺术作品，都是在用诗歌一般的语言，数十年来不断地歌唱这种财产权利的伟大和崇高。既然国家财产所有权如此神圣，那么不论什么人都会当然地产生一种期待，希望国家所有权这样一种法律制度，应该在法律上具有完美的制度设计，使得它在国计民生之中稳妥地予以行驶，不会与其他的法律制度发生碰撞或者矛盾，也不会轻易地被贪官污吏以及其他不良分子侵害，更不至于会轻易地招致流失甚至无法追回。

那么，我国现实中的国家财产所有权的法律制度，是不是能够符合我们的期待？对于回答这个问题，肯定会有学者或者立法机关的工作人员拿出我国的现行法律，比如《宪法》、《民法通则》、《物权法》、《企业国有资产法》等重要的法律，指出这些法律中一些经常在政治宣传中使用的条文，说明我国这一方面的立法制定得多么完好甚至精妙。但是，事实告诉我们，中国国有财产所有权的法律制度的运作，效果应该说相当不佳。一个基本的问题，就是国家所有权项目下的资产长期大规模流失。仅仅在2004年，官方报道的中央企业清产核资共清出各类资产损失就已经高达 3521.2 亿元。但是专门研究这一问题的学者认为，3500 亿元看起来很多，但这是经过清产核资确认的数字；而实际上这些已经确认的数字并不是国有资产流失数字的全部，恐怕不过是冰山一角罢了，全国那些尚待确认的国资损失估计将达数万亿元规模。① 来自有关政府部门的说法尤其让我们感到震惊：如此巨大的财产损失之中，大约只有四分之一大约 800 亿元可以被追回，其余的部分也就是绝大部分已经永远丧失无法追回了。② 多年来，媒体报道的侵吞国有资产的案件源源不断，不但共和国的巨贪，从成克杰、胡长清到刘志军，至今也没有办法让其绝迹，而且，即使那些并不掌握类似巨大公权的地方官员们，也可以将国有资产非常轻易地中饱私肥。土地部门、公路建设部门、自然资源垄断部门等涉及商业利益的公权部门，腐败的官员基本上就是前赴后继。③ 一些控制自然资源的官员的腐败大案，比如被媒体称为土地系统的"三最"贪官案④，媒体报道出来的事实，让人觉得具有强烈的"传奇"色彩，一般人实在难以想象其中的丑恶。再如媒体报道的山西省一个县级煤炭局局长贪污数亿元，已经在北京、海南等地购置 35 处房产这样的案件，仅仅披露出来的事实就已经让人瞠目结舌。⑤ 依据媒体的报道我们可以确定的是，这些腐败大案要案，都与国有资产所有权的控制秩序有关。

---

① 对此请参阅记者杨大鹏、实习生熊贝妮的报道《央企核资 3500 亿国有资产流失 只是冰山一角？》，《经济参考报》2005 年 11 月 8 日。关于国有资产流失方面的类似数字，在中国并不是每年都公布的，我们采择到的信息来源于 2004 年，近年来的信息无法采择。

② 对此请参阅记者白天亮的报道《央企清出不良资产 3500 余亿元 预计可追回 800 亿》，http://finance.sina.com.cn，2005 年 11 月 8 日。

③ 此中最典型者，为河南省交通厅连续四任厅长的贪腐大案。对此可以参阅"人民网'甘肃频道'""中国共产党新闻网甘肃分网"2012 年 10 月 16 日刊登的《反腐倡廉四任厅长牵手落马 制度在纵容官员贪腐》的新闻。

④ 所谓"三最"贪官案，指媒体使用的土地系统"级别最低、数额最大、手段最低劣"的一个腐败大案。该案件主犯为东北某市国土资源分局女局长，其腐败行为令人发指。关于此案，见 2010 年 12 月 22 日"中新网"的报道《辽宁"土地奶奶"飞扬跋扈 巨贪判死刑将提上诉》。

⑤ 对此请参阅新华社记者刘云等撰写的《科级煤炭局长家财数亿》的报道，载于 2010 年 6 月 7 日《人民日报》等。报道中说："一个小小的县煤炭局局长，居然在北京、海南等地有房产 35 处，家财达数亿元。"该案犯之所以能够获得如此巨大的赃款，当然和他担任地矿局局长、安监局局长、煤炭局局长的身份密切相关。该案的披露甚至在境内外产生巨大影响。香港《南华早报》网站 2010 年 6 月 14 日发表题为《官员的 5 亿元赃款只是冰山一角》的文章，文章在对该官员的腐败表示震惊的同时，还揭示说："有许多像郝鹏俊这样的官员正在滥用职权、聚敛财富，只不过没有被抓到而已。"

另外，我们还可以看到一个让人更加不解的事实：面对如此之多的国有资产的侵害，却没有谁能够以国家所有权主人的名义，哪怕仅仅是以保护国家所有权的名义提起排除侵害的诉讼；法律，不论是宪法还是民法，都没有赋予任何一个机关或者个人来行使所有权人的保护自己财产的权利。这种法律上的窘迫告诉我们，虽然大家都对国家所有权抱有强烈的政治理念，但是，从保护国家所有权的角度看，我国的法律制度存在难以逾越的障碍。近年来，有一些关于解决这一问题的讨论，一些人试图以公益诉讼的方法来提起保护国有资产所有权的诉讼，可是无一理论上完满、实践上成功。面对我国社会保护国有资产所有权的高度政治热情，面对公众对侵害公共财产行为的同仇敌忾，我们不得不承认的一个事实是，国有资产所有权的侵害保护案件，在中国作为一种财产保护的案件其实是不可诉的。有学者指出，当前的国家所有权制度有一个严重的缺陷，那就是在它受侵害时，全体人民的个体成员无权请求司法救济。[①]其实，不仅人民中的某一个或者某些成员无权提出司法救济，就是任何政府机关哪怕是专门代表国家行使司法诉权的检察院也无权提出保护国家所有权的司法救济，因为，它们谁也无法被法律确定为或者依据法律被确定为可以行使国家财产所有权的主体。

一边是连篇累牍的诗歌一般的高唱赞歌，一边是源源不断的难以杜绝的侵害和流失，中国国有资产的所有权制度，到底出现了什么问题？我们不禁要问，为什么在政治上无比神圣的国有资产，实际上却成了最容易获取的唐僧肉？这当然是制度建设问题，当然是指导这些制度建设的法律理论问题。本文作者在多年追踪这个问题的过程中发现，最主要的问题，就是我国的国家所有权制度，基本上是在高度政治性目标的基础上建立起来的，从这一制度建立之初，决策者就很少考虑到法律科学性的要求，尤其是没有考虑到民商法关于物权法的基本原理的运用；然后，我国社会又在不断地盲目颂扬这一制度，一代又一代的政治人和法律学者也在依据自圆其说的方法积极附和这种自上而下的学说，而没有认真思考制度设计和建设的科学性问题。现有的国家所有权理论和制度，就是在这样的历史背景下，不断被这些自圆其说的方法抬高和放大，使得相关的理论和制度充满政治化、神秘化色彩。而国家财产所有权制度的高

① 对此可以参阅王军《国家所有权的法律神话》，中国政法大学 2003 年博士学位论文，第 1 页。

度政治化、神秘化，反过来又妨害了人们对它予以科学化的研究，更妨害了人们依据民商法科学原理纠正其缺陷，对其进行真正的完善和改造。

在我国整体的经济体制已经市场化的情况下，文本上的国家所有权和现实中的公共财产所有权可以说已经完全不符合了。因此，如果仅仅只是从现有的理论和法律文本的意义角度来讨论公共财产保护的时候，这种做法事实上就成了一个难以实现的目标。因此解决国有资产保护的出路，必须从根本上认识到现有法制度的缺陷，以及支持这种制度的指导思想也就是法理论的缺陷，必须从指导思想科学化和制度科学化入手，才能够解决神圣的公共资产所有权的保护问题。

二 从一个国际性案例说起

首先来看一个国际性的案例，它有助于我们了解我国法学界常常坚持的国家所有权的理论，与世界公认的财产所有权的一般理论和制度之间的差别。

这个案例发生在我国企业和埃及企业之间，时间是在我国《物权法》制定初期。① 根据穆斯林"清真"的信仰，我国某伊斯兰地区一个国有企业被认可向埃及出口羊肉。但是，该国有企业出口的羊肉上没有阿訇所做的标志，因此被埃及方面视为不洁之物而扔进大海。随即，埃及方面的进口商向我国出口企业索赔，而我国该出口企业认为出口的羊肉符合国际卫生标准，因此拒绝赔偿。埃及方面随即请求埃及法院将停泊在埃及某港口的我国某远洋运输公司的两艘巨型集装箱货轮扣押，并计划用这两艘巨轮偿债。埃及方面法院扣押我国远洋运输公司货轮的理由是，该羊肉出口企业是中国国有企业，中国的远洋运输公司也是中国的国有企业，依据中国《宪法》、《民法通则》以及中国数十年一贯的学者解释，这两个企业都只有一个法律上的主体即中国国家，所以这两

---

① 该案例来源于我国民法学界的前辈费宗祎大法官。2000年，中国最高立法机关讨论"物权法草案"时，学者之间就如何规定"国家财产所有权"问题发生争议，本课题主持人提出，我国物权法必须放弃前苏联法学关于国家所有权的"主体统一性和唯一性"观点。这一看法受到一些大学教授的批评，而费宗祎先生肯定了本课题主持人的论证，并举出这一他当时正在处理的案件来说明其观点。在此对费宗祎老先生表示衷心感谢。

个企业是一个所有权人名义下的财产。因此，中国羊肉出口企业所欠债务，可以理解为中国国家的债务，这一债务当然可以用其名义下的财产——中国远洋运输公司的轮船来承担。

在这个案件中，埃及法院扣押中国某远洋运输集团公司的两艘巨轮，所使用的道理并不复杂。对此我们简单想一想就可以明白。如果张三借了你一笔钱而不偿还，你当然可以向法院提出请求扣押张三拥有的其他任何财产，来促使他向你还债。在法律上，所有权人要以自己的全部财产来承担对债权人的责任，这是一条基本的规则，法学原理称之为"所有权人的无限责任"。在中国的法律中，国有企业的所有权属于国家，这一点规定在上面我们提到的那些法律之中。因此，按照中国法律，"国家"作为所有权人，当然应该以自己全部的财产来承担法律责任，埃及法院的做法没有任何的错误。

可是，类似案件如果发生在其他市场经济体制的国家里，那会怎么样呢？对此我们可以肯定地说，这种将一个企业的法律责任强制让另一个企业承担的情形绝对不会发生。因为，其一，市场经济体制下，不论投资人是政府还是私人，投资者对于企业只享有股权或者股东权，而不享有所有权。依据国际公认的民商法的原理，投资人享有股权，投资人依据其股权对于企业的责任是有限责任，即投资人仅仅以自己投资到企业的资产来承担企业的债务或者其他法律责任，此外投资人的其他财产并不会为企业承担法律责任。这一点和所有权人对于自己的债务负担无限责任的法理形成鲜明差别。在民商法的基本原理中，这些都属于非常基本的道理，一个稍稍学习过法律的人都会明白。其二，企业在法律上是独立的主体，它对自己的全部财产拥有所有权，因此企业作为所有权人应该以自己的财产承担无限责任。所以，一个企业的法律责任，也不会转移到另一个企业身上。

可是，恰恰以上两点市场体制下的法律原理在中国立法中一直难以得到贯彻。中国立法却一直坚持，作为投资人的"国家"对企业并不享有股权，而是享有所有权（可是私有投资者在我国照样享有股权）；而公有制企业不能享有财产所有权（非公有制企业却照样享有企业法人所有权）。不但改革开放之前的法律这样规定，改革开放之后的法律也还是这样规定；虽然2005年的《公司法》修正案似乎模糊地改变了1993年《公司法》中国家对于公有制企业的投资享有所有权这样的提法[1]，但是，2007年的《物权法》却没有明确地承认作为投资人的国家的股权，它还是模糊地承认国家对于投资企业的所有权。[2]2008年制定的《企业国有资产法》，甚至放弃了《公司法》和《物权法》那种模模糊糊的态度，明确地宣告"国家"对于国有制企业的财产享有所有权。[3]因此我们应该明确的是，这种对于公有制企业以及相关公共财产权利的不合国际公认法理的做法，实际上一直到近年还是被我国立法坚持着。

在此情形下，国有制企业的财产权利一直成为法律上规范的难点。改革开放之初，我们就已经认识到前苏联计划经济体制下公有制企业没有独立主体资格和独立财产权利的缺陷，因此从"放权让利"入手，逐步强化公有制企业的主体资格及其财产权利。1986年的《民法通则》改变了计划经济体制下国有制企业只可以享有行政管理色彩的"经营管理权"的一贯提法，规定它享有独立的"经营权"。但是这个提法没有改变企业的财产权利本质，因为，在我国建立市场经济体制之后，"经营权"照样无法满足企业的需要，尤其是不能解决企业进入国际市场的权利基础问题（上述案件就是一个典型的例子），因此1993年制定的我国《公司法》规定，国有制企业开始享有"法人财产权"。[4]立法采取的这个名词，反映了立法者对于依据市场经济体制的公认规则来设计公有制企业财产权利的一种两难的态度。一方面，他们需要公有制企业享有充分的财产权利；另一方面，他们又无法改变"国家"对于投资还必须享有所有权的传统观念。因为，立法所使用的"法人财产权"这个概念，虽然从英美法系的角度可以将其理解为财产所有权，但是，立法者一再强调，国有制企业不能享有所有权。

我国立法这种在政府投资的法权关系的法律制度建设中，明确地不采取

---

[1] 对此请参阅我国1993年《公司法》第4条第2、3款"公司享有由股东投资形成的全部法人财产权，依法享有民事权利，承担民事责任""公司中的国有资产所有权属于国家"的规定，以及2005年该法修正后这一条文的规定为："公司股东依法享有资产收益、参与重大决策和选择管理者等权利。"

[2] 对此请参阅我国《物权法》第55条的规定："国家出资的企业，由国务院、地方人民政府依照法律、行政法规规定分别代表国家履行出资人职责，享有出资人权益。"

[3] 对此请参阅该法第2条的规定："本法所称企业国有资产（以下称国有资产），是指国家对企业各种形式的出资所形成的权益。"以及第3条："国有资产属于国家所有即全民所有。国务院代表国家行使国有资产所有权。"

[4] 对国有制企业在改革开放之后的财产权利的演变有兴趣者，请参阅孙宪忠《关于中国政府投资企业的物权分析》，《中国法学》2011年第4期。

国际通行的民商法学概念而非要自行其是的做法，揭示了立法者在处理国家所有权法律问题时，遇到了他们自己也难以逾越的障碍。

数十年来，我国的法律工作者，包括立法机关的工作人员，对于民商法学中的法人理论、投资关系的一般原理以及其中的概念系统，应该都是非常熟悉的。而且我们大家都知道，中国立法关于国有企业投资形成的法权关系所使用的概念，就是和国际上普通的做法不一致。为什么非要和国际上通行的法理不一致呢？就是因为新中国成立时期引进的前苏联法学就是这样做的，而且我们中国人从那个时期就确认了前苏联法学作为正宗社会主义法学的牢不可破的地位。[①] 新中国照搬前苏联法学之后至今，数代中国法律人都将前苏联法学奉为圭臬，以致现在的中国法学界还不能跳出其窠臼。

在前苏联法学关于国家财产所有权的学说中，有一个非常关键的理论，即"国家所有权的统一性和唯一性"学说。这个学说的含义是：只有代表全体人民的意志和利益的国家才可以享有国家财产所有权，中华人民共和国是国家所有权的统一的和唯一的主体，这是国家财产所有权的最基本的特征。[②] 为什么要做出这样的规定？因为国家是国家所有权的统一的和唯一的主体，是由全民所有制的性质决定的。国家财产是社会主义全民所有的财产，其所有权的行使必须根据全国人民的意志和利益，而只有国家才能真正代表人民的意志和利益。同时，由全民所有的财产组成的全民所有制经济是国民经济的主导力量，决定着整个国民经济的发展速度和方向；只有由国家统一行使所有权，国家才能对整个国民经济进行宏观调控，实现组织经济的职能。[③] 一般认为，国家所有权的这种定型的理论，来源于前苏联法学家维涅吉克托夫在 1948 年撰写的《论国家所有权》，这一理论在得到斯大林高度评价之后，遂成为社会主义国家里定性国家所有权的经典理论。

---

① 对此有兴趣者，请参阅孙宪忠《中国近现代继受西方民法的效果评述》，《中国法学》2006 年第 3 期。
② 这一概念是我国法学界数十年来一直使用的。从改革开放初期的民法学教材，即当时聚集民法学界最主要的学者编写，署名为"法学教材编辑部《民法原理》编写组"编著的《民法原理》（法律出版社，1983，第 149 页以下），到当前被普遍使用的民法学教材，比如魏振瀛的《民法》（第四版）（高等教育出版社，2010，第 245 页以下）等，以及此期间内出版的大量的博士论文以及硕士论文，在提及国家所有权概念一词的含义时，其基本内容几乎没有改变过。这一概念如此"经典"和普遍使用，就连维基百科（汉语版）、百度、搜搜等网站，也采用这些提法。
③ 见前一引注所引用的著作。

可是这种极高的政治定调，在前苏联法学中，只是为了给计划经济体制下的中央政府提供充分的财产支配权，以满足其实施计划的需要。但是这样的观点的产生，却没有任何民法科学意义上的考量——比如从民法法律关系原理所要求的一项所有权必须符合主体特定、客体特定的规则所做的考量。在上面所举的案例中，我们可以看出，在采用前苏联独创的国家所有权理论之后，中国的国有经济首先遇到的巨大问题是无法进入国际经济秩序。试想，一种在国内经济体制尚未完全市场化的情况下都无法自圆其说的理论，在完全市场化的国际经济体制下怎么能够得到认可？事实上，这种力图自圆其说的国家所有权的理论，即使在改革开放初期的时候，也无法应用于国内的经济生活实践。因为市场经济条件下任何交易都是权利的移转，商品交易就是所有权的移转。如果坚持国家对企业占有的财产有所有权，企业只有经营权，那么当一个国有企业从他人手中购买一件物品时，他买的时候，物上的权利本来是所有权，但是企业自己只能获得经营权；当企业向别人出卖一件物品时，企业本来只拥有经营权，但是他人买到的却是所有权。唯一的例外是纯粹的国有企业之间的交易，能够自圆其说地用这种只发生经营权转移的理论来解释。这种企业对于自己占有和处分的资产的权利时而大时而小，时而是这种权利，时而是那种权利，如同斯芬克斯之谜一样的变换，既违背交易常识，又违背法理。[1]问题的关键在于，投资人权利和投资人责任相适应，企业权利和企业责任相适应，如果坚持"国家"对于企业的投资仍然享有所有权的学说，那么，首先是给国有制企业的市场实践带来完全无法逾越的障碍，正如我们在这里所举的出口羊肉的这个案件所说明的那样。从这里可以看出，国家所有权统一性唯一性学说和市场经济体制的法理是背离的。

坚持民商法的"股权－所有权"理论时，这些障碍会自然消除。我国法律规定"三资企业"对于自己占有的财产是享有所有权的[2]，这就是说，立法者对于"三资企业"法人的所有权规则，还是坚持了"股权－所有权"的民商法原理。另外，对于一般的民间投资形成的法权关系，我国立法同样采用国际认可的法理。那么，对于中国公有制企业为什么不能这样做呢？这种

---

① 孙宪忠：《公有制的法律实现方式问题》，《法学研究》1992年第6期；亦发表于孙宪忠《论物权法》（修订版），法律出版社，2008，第491页以下。

② 我国《中外合资经营企业法》第2条；《中外合作经营企业法》第3条；《外资企业法》第4、5条。

立法上的作茧自缚，到底是为什么？

我国接受前苏联法学的"国家所有权的统一性和唯一性"学说的背景，现在已经无人提及，立法者以及坚持这一学说的人们，似乎不讨论前苏联法之所以建立这种学说的经济基础方面的原因。这就完全违背了经济基础决定上层建筑的基本原理。现在持这种观点者，基本上无视国有制企业面临市场体制的法律需要。在《民法通则》制定时期，中国法学界有学者认为，立法规定国家对于国有制企业的所有权，是国有制企业唯一可行的制度设计[①]；但是这样的观点在当时国家经济体制还是计划经济体制时，也许能够做到自圆其说，但是现在国家的经济体制变了，"国家"的角色变了，"国家所有权"的理论和制度也都应该变了。

三 "全民"以及"国家"的主体资格考察

按照《物权法》，"国家所有权"的本来含义是"全体劳动人民的所有权"或者"全体人民的所有权"，或者简称"全民所有"。[②] 从"全体人民"到"国家"，这个概念的置换至少是不严谨的。因为"国家"一词在法学上无论如何是不可以和"人民"这个概念互相替代的。国家，在法学上具有国际法和国内法的双重意义，但是不论是从国际法还是从国内法的角度看，"国家"一词都不能和"人民"、"全体人民"在法律上相互混同。比如从国际法的角度看，国家指的是"生活在地球表面的确定部分，在法律上组织起来并具有自己政府的人的联合。"[③] 或者更精确地说，国家是指"持久地占有一处领土的人民，并且由共同的法律或者习惯束缚在一起成为一个政治上的实体，通过组织起来的政府为媒体，行使统治领土范围内所有的人和事务，与地球上

---

① 佟柔、周威：《论国营企业经营权》，《法学研究》1986 年第 3 期；佟柔、史际春：《从所有权的动态考察看我国的全民所有制》，《中国法学会民法学经济法学研究会 1989 年年会论文选辑》，第 12 页。

② 《物权法》第 45 条：法律规定属于国家所有的财产，属于国家所有即全民所有。

③ 《牛津法律大辞典》，光明日报出版社，1988，第 851 页以下。

的其他团体社会宣战、缔结和约和加入国际组织独立的主权"。① 从这些比较精确的论述中，人们总结出了"国家"这个概念所包含的三个必要因素：领土、居民与主权。在国际法上判断一个政治实体是否形成为国家时，人们都会使用这个三个要素来予以衡量。这一意义上的国家，也被称为抽象意义的国家。② 国际法上所谓的人民，只是"国家"这一法律概念的组成因素之一，在国际法上谈到国家时，并不可以仅仅指这一国家的人民，而不论及其主权和领土。

因此在国际法律实践中讨论国家权力时，人们常常讨论的是"主权"，而并不是指"所有权"一词。国家与国家之间涉及的法律争议，一般都是主权争议，所以国际法上言及的国家权力基本上都是指主权。③ 比如，我们在说到国家对于领土的权力时，就是使用"主权"一词。主权是对外国而言的，不是对本国人民而言的，因为本国人民是主权的组成部分。外国人进入领土包括领海和领空的时候需要获得国家主权机构的认可，主权对于外国人有排斥力，而对本国人没有排斥力，本国人民可以任意进入本国，可以在本国从事各种事务。从这些法律科学应有的概念出发，我们可以发现国际法意义上的国家权力尤其是主权不能和所有权相互混用的最简单的道理：所有权是一种典型的民法上的财产权利，国家所有权即使是对于本国民众也是不可以占有使用的。

在国内法上，国家和人民都是社会治理模式中使用的概念，而且从社会治理这个角度看，国家和人民恰恰是利益相对的不同方面，因为国家是相对于被统治的居民而言各种统治机构的总称。在中国的政治生活中，在各种法学教科书中人们常常使用的"国家机器"一词，就是指这一含义。其含义是社会的统治者所建立的一整套立法、执法和司法的机构，包括军队、警察、法庭、监

---

① "A people permanently occupying a fixed territory bound together by common-law habits and customs into one body politic exercising, through the medium of an organized government, independent sovereignty and control over all persons and things within its boundaries, capable of making war and peace and of entering into international relations with other communities of the globe." *Black's Law Dictionary*, Fifth Edition, ST.Paul Minn. West Publishing Co. 1979, Page 1262.

② Deutsches Rechtslexikon, Band 3., Verlag, C.H.Beck, 1994, Seite 490-491.

③ 国际法意义上使用国家所有权一词，仅仅限于国家对于相邻疆界的共有等极少见的情形。这些意义上的所有权和民法意义上可以由权利人处分的所有权含义也还是不一样的。

狱等。① 因此，在国内法上，"人民"这个概念，无论如何也不是国家机器的组成部分。在当代世界上，即使是那些声称自己最为民主的国家，也不可以把国家和人民的概念混为一谈，因为人民对国家的权利即使在法律上构造得极端民主，那也不可能改变人民整体处于国家机器的治理模式之下这个简单的事实，也不可以改变他们是被国家治理的对象的地位。也就是因为这样，当代民主与法制国家都要制定宪法，借以限制国家机器滥用公共权力。②

从上面的分析可以看出，"国家"无论在哪一种法律意义上都不可以和"全体人民"等同。同时，在"国家所有权"和"全体劳动人民所有权"这两个概念之间简单地画等号，同样是不科学的。

如上所述，国际法意义上的"国家"，法学上称为"抽象国家"；而民法意义上的财产所有权制度，必须遵守主体特定和客体特定的原则③，从民法基本的科学原理法律关系学说出发，法律关系的主体必须明确肯定，因此抽象的"国家"只能在主权和所有权无法分清的情况下（比如钓鱼岛属于中国所有），才能够成为所有权的主体。而完全抽象的"全体人民"这样的概念，无法成为民法财产所有权的主体。这一点，并非我们今天这样分析，即使是在前苏联时代，属于前苏联系列的一些东欧法学家就发现了此中的法学问题，它们并不承认全民所有这个概念的现实存在。比如原捷克民法学家凯普纳就认为："全民所有是直接的社会所有，所有者虽为全体人民，但在法律上并不是一个所有者。"④

实际上，抽象的"国家"和具体的财产所有权是无法发生法律连接的。在法律实践中，只有具体的主体比如自然人、法人等才能够对具体的财产行使特定的民事权利尤其是所有权这样的物权，而抽象的"国家"无法享有具体的物权。如果立法非要坚持"国家所有权"指向具体的特定物，那么就会导致法

---

① 对此请参阅"百度百科"、"维基百科"等对于国家以及国家机器的解释。

② 在前苏联法学中有一种观点认为，在社会主义国家里实现了绝大多数人对少数人的统治，人民已经成为国家机器的一部分了。这些观点被我国坚持前苏联法学的学者继续沿用，对此可以参阅孙国华《法学基础理论》，天津人民出版社，1988，第108~114页。这一观点其实是一种法律童话，它显然把国家治理应该解决的基本问题卡通化了。

③ 对此见中国《物权法》第2条对于"物权"概念的表述，对此进一步的法理问题，有兴趣者可以参阅孙宪忠《中国物权法总论》（第二版），法律出版社，2009，第26、32、292页等。

④ 转引自王利明《物权法论》，中国政法大学出版社，1998，第454页。

理和司法的混乱。媒体上曾经报道的《毛主席去安源》油画所有权归属案①，就说明了这个问题。这个案件情况简要是："文化大革命"时期出现的"油画《毛主席去安源》是由原北京画院院长刘春华独立完成绘画，因此，刘春华应为油画的唯一作者，享有著作权"。（引号内的文字为原文引用法院判决书文字）该油画曾长期由中国革命历史博物馆收藏。20世纪80年代中国革命博物馆放弃此画的收藏，将此画交给作者。1995年10月7日中国嘉德国际拍卖有限公司受刘春华委托对油画《毛主席去安源》进行了公开拍卖。中国建设银行广州市分行（现并入中国建设银行广东省分行）以550万元价格通过竞买购得此画，并将油画交归中国建设银行收存。1995年博物馆起诉至法院，以该油画应该由国家享有所有权、油画离开博物馆属于国有资产流失为由，主张收回此画。法院最后的判决中认定，油画《毛主席去安源》目前存放在建设银行，其国有状态没有改变，国家财产并未实际受损。因此，博物馆请求刘春华和建行返还油画的诉讼请求法院不予支持。这个案件非常值得人们思考。案件中所说的油画，其实际的占有已经三易其主，而且占有的转移是以巨额货币支付作为代价的。这些事实，居然被法院判决书认定的"国家所有权没有实际受损"一句话所掩盖。但是法院不这样判决又能怎么样呢？这个判决结果从民法科学意义来说显得十分滑稽，但是我们必须看到的是，该案判决正好说明了本文强调的一个基本的法学原理：所有权的主体、客体都必须是具体的，抽象的主体无法形成民法意义上的所有权主体。这个法学原理，来源于民法的基础理论法律关系学说，民事法律关系的主体必须明确肯定，否则无法确定真正的权利人。

国际法上的国家概念是"抽象主体"，它也许可以对抽象的客体享有所有权，但是这种所有权并不具有民法科学的意义；抽象主体无法对于具体特定物享有所有权，正如本案所示，其实上文列举的出口羊肉的案件，也证明了这个道理。本案中真正享有所有权的，是具体的自然人和法人；中国革命博物馆主张自己可以享有，或者自己可以代表抽象的"国家"享有所有权，并且认为自己可以主张本案标的物的所有权，从一开始就是没有根据的。

---

① 案件来源：http://www.sina.com.cn 2002年4月1日21:15。本文对于案件的表述多来源于媒体上报道的法律文书，故文字略欠流利。

多年来，本文作者在多项研究中均指出了"国家所有权"中的"国家"无法成为具体财产所有权的主体这个严肃的立法缺陷问题。[①]也许是立法者注意到了这些讨论，因此我国《物权法》第45条在规定"全民所有权"时采用了这样的表述："法律规定属于国家所有的财产，属于国家所有即全民所有。""国有财产由国务院代表国家行使所有权；法律另有规定的，依照其规定。"这一规定中的最后依据颇有深意。因为，它在前面的法律条文虽然明确了国家所有权其实属于中央政府这一点之后，同时也认识到国务院在这里仍然还只是一个名义上的所有权人的事实；更为重要的是，这个条文的最后一句话事实上承认了公共财产实际支配人远远复杂于这个名义规定的事实。因为如上所述，《物权法》意义上的物，是具体的特定物；而具体的支配这些物并且行使着实在的处分权的人（基本上是法人），才是真正的所有权人。物权法原理也认为，所有权的典型表现就是处分权，享有完全的法律资格处分标的物者，就是所有权人。因此《物权法》第45条第1款的规定，并没有反映公共资产支配关系的现实；而该条文最后关于"法律另有规定的，依照其规定"一句，似乎又为未来的改革留下了余地。

但是我们必须指出的是，将"全民所有"改变为"国家所有"，继而改变为中央政府国务院所有，这个问题十分重大，在法理上和实践上留下很多争议的空间。

四 "国家"所有权内的利益冲突

在民法上，一个所有权人内部可以有一些分支，但是因为所有权作为最终支配权的特质，所有权人的各个分支之间不会发生利益的冲突。如上所述，我国法学界引用前苏联法学的观点认为，之所以要坚持国家所有权的统一的和

---

① 对此有兴趣者，可以参阅孙宪忠《中国财产权利制度的几个问题》、《确定我国物权种类及内容的难点》、《公有制的法律实现问题》，这些论文可以从《论物权法》（修订版），法律出版社，2008年版中查阅。另外的研究如《物权法制定的现状以及三点重大争议》、《物权立法尚未解决的十六个问题》等，可以从《争议与思考——物权立法笔记》，中国人民大学出版社，2006年版中查阅。

唯一的主体的特点，是因为全国人民的意志和利益的一致性，而只有国家才能真正代表人民的这种统一的意志和利益。而且这种意志和利益没有根本上的冲突，因此，统一的、唯一的国家所有权的建立是毫无疑义的。[①]但是，我国国家所有权在实践中的运作却完全不是这样，这些依据拉普捷夫学说产生的中国国家所有权的理论解说，从实践的角度看实在是很滑稽的。

仅仅从一般认为的"统一"的政府而言，我们首先可以看到中央政府和地方政府财产利益的重大不一致。1995年以来我国开始实现分税制，承认地方政府与中央政府各自有独立的征税权。而分税制的基础就是中央利益与地方利益明显区分。税收在法律上就是政府取得所有权的方式，故实行分税制说明我国实际上已经承认了地方政府独立的所有权。

如果从投资的角度看，当前我国投资，划分为中央投资和地方投资多个层次，因此形成的企业被称为央企和地方企业。作为国务院职能部门的国务院国有资产监督管理委员会，事实上只是掌握支配央企的权利。地方企业属于地方政府掌管，上级国资委即使中央政府的国资委对它们也只有指导权力，而没有直接掌控的权力。在没有实行中央投资和地方投资的区分之前，全部国有制企业统统称为国企，法律规定政府对它们享有统一的国家所有权。可是，这一点已经被实践证明是非常失败的。[②]中央政府和地方政府的投资利益不一致，地方政府之间的投资利益就更不一致。十多年以前，媒体报道了北京市投资十多亿元人民币新建了京塘港，而临近的天津港运力却下降了30%这件事情[③]，当时人们还以此为怪，可是这样的现象现在习以为常了。现在统一的"国企"已经不存在了，投资关系上统一的国家所有权又从何说起？

在自然资源的所有权方面，虽然国企垄断地位强烈，但是从媒体报道的一些事实看，中央政府和地方政府之间的争夺也是很激烈的。比如，关于陕西北部油田的享有和开采权利，就发生了中央政府支持的中石油集团公司和地方

---

① 参见孙国华《法学基础理论》，天津人民出版社，1988，第108~114页；许崇德：《中国宪法》，中国人民大学出版社，1989，第119页；佟柔：《民法原理》，法律出版社，1983，第134页。

② 对此可以参阅的案例有《中原"航空母舰"搁浅剖析》，《沿海时报》1998年3月2日第5版报道，"国家"在郑州市郊投资18亿元人民币，因投资关系不清，导致企业"建成"之日，竟是企业破产之时，如今企业负债已经达到30亿元。具体案情也可参考孙宪忠《物权法的基本范畴及主要制度反思》，《法学研究》1999年第5~6期。

③ 《环渤海：如何振翅高飞》，《光明日报》1997年12月3日。

政府支持的地方油田延长集团之间的争夺。而这样的问题，同样发生在中央政府和四川、黑龙江、新疆等地区之间。① 据媒体报道，中石油集团以国家对资源享有统一所有权为由，主张自己应该对这些地区的油田享有统一开采权；可是地方政府同样以国家所有权为依据，主张自己享有开采权。除了石油、煤炭等自然资源的利益争夺之外，各地还发生了很多关于水资源、森林资源、土地资源等方面的争夺。从这些情况我们可以看出，即使是一般认为高度统一的政府之间，统一的利益关系也是不存在的。

至于政府和民间的利益争夺，在中国社会那就更加普遍了。我国的征地、拆迁制度多年来深为社会诟病，其主要的原因是政府经营土地的目标逐渐转化为土地财政，从而发生严重的地方政府与民争利的情形。② 至于一些沿海地区的地方政府和渔民争夺海洋利用利益的案件③，以及近年来一些地方政府试图垄断太阳能、风能等政策文件的出台，都体现了政府与民间争利的普遍事实。从媒体报道的相关地方政府出台的文件看，政府方面之所以试图垄断占有海洋、太阳能、风能，就是他们认为根据我国法律，国家享有对于这些自然资源的所有权，而政府依据法律可以代表国家行使所有权。但是政府出台垄断太阳能、风能的事情，从古到今在世界上其他国家还没有出现过，而我国地方政府出台的这些政策文件，说明了我国一些地方政府在与民争利方面已经是走向了极端。我国法学界，尤其是宪法学界、法理学界，当然也包括民法学界，面对这种现实应该首先考虑其中的法理问题和法制建设问题。比如，我们应该思考，中国虽然是一个社会主义国家，但是它为什么还存在政府与民争利的现实？这到底是合理的还是不合理的？如果是不合理的，那么我们应该怎样从法律制度建设的角度防止（至少是限制）政府与民争利？在这样的现实面前，立

---

① 对此可以参阅《南方周末》2005 年 9 月 29 日的报道：《第四大石油公司隐情：陕西省政府与中石油交锋》。

② 因为我国新拆迁条例，即《国有土地上房屋征收与补偿条例》在 2011 年颁布生效，关于制定该条例的各种争议以及立法的解决，也都是刚刚发生不久的事情，对此有兴趣者可以比较方便地参阅到这一方面的资料。不过，对该条例制定的法理方面的问题，有兴趣者可以参阅孙宪忠《政府经营土地应以当事人角色出现》，《中国社会科学报》2010 年 9 月 21 日。至于政府征地、拆迁与民众之间发生的一系列重大争斗的事件，在我国媒体上已经有大量的报道，有兴趣者也可以很方便地查阅。

③ 对此可以参阅孙宪忠《物权法》（第二版），社会科学文献出版社，2011，第 46 页所列举的"政府出租渔港案"。

法者和法学家们至少应该认识到，坚持全体人民利益的一致性、执政者和政府自然而然代表人民利益这样的理论，确实是已经远远背离了社会生活的现实。

现实生活中，只要涉及利益，便会发生争夺，即使中央政府和地方政府之间、各个地方政府之间也是如此，民间的利益争夺就更是普遍了。人类社会的各个民族发展至今，历时长的数万年，历时短的上千年或者数百年，人与人之间存在利益争夺可以说是普遍存在的，所以，世界上的国家法律中都有所有权制度，这一制度的共同目标是定分止争，确定财产支配秩序。中国社会不是天堂，中国人并非人人圣贤，不同利益主体之间存在利益争夺是非常正常的。就是因为有利益不一致和争夺，我们才要制定《物权法》。

不过我们从这些实际分析中可以得到一个确定的启示就是：多年来我国法学界一直强调的"全体人民利益一致性"完全不存在。因此，"统一性、唯一性"的国家所有权制度建立的社会基础也是完全不存在的。

五 结论：问题归纳及其答案

（一）问题归纳

从保护目前"国家财产所有权"项下的公共财产利益的必要性这个基本出发点的角度看，我国法律依据"国家财产所有权的统一性、唯一性"理论建立的国家财产所有权制度存在严重违背民法科学的因素。这些因素可以简单归纳为"五个不明确"。

（1）主体不明确

我国宪法和物权法等法律规定的"全体人民"或者"全体劳动人民"无法成为法律关系主体；这个抽象的人的群体，在任何时候都无法满足所有权主体必须明确肯定这个最基本的要求，也不符合民法科学关于法律关系主体的基本定义。在我国，"全体人民"的所有权转化为"国家所有权"，继而转为政府所有权的法律过程是没有得到足够的立法理由支持的，实际的操作更是不明确的。即便如此，至于说到"国家所有权"中的主体"国家"这个概念，从法律科学上分析，也存在主体资格方面的问题。上文已经分析清楚，国际法意义上的国家为抽象国家，它无法对具体财产行使所有权或者其他财产权利（如上所述，抽象国家对于抽象财产的所有权，从国际法的角度看也许是可以成立的）。而国内法意义上的国家，其实只是统治社会领导人民的各种各样的国家机关。这些机关单位无法统一地享有或者行使民法意义上的财产所有权，因为"国家"在国内法领域里，只是职权分明的不同层级的立法机关、执法机关即政府和司法机关如法院检察院，特别国家机关如军队等。这些机关在我国《民法通则》中被称为"国家机关法人"，罗马法以来的民法称之为"公法法人"。每一个公法法人都具有自己独特的政治功能，他们或居于庙堂，或分散在各地，其占有支配的财物更是各种各样，如果将他们占有支配财产的法权关系强制性地套入"统一、唯一的国家所有权"的理论和制度框架之中，则这些公法法人的财产法律关系定会不清不楚，失去法律规范最一般的基础。

我国《物权法》第45条在规定"国家所有权"时，事实上也在努力地打破"统一、唯一主体"论的束缚。该条文的第2款规定："国有财产由国务院代表国家行使所有权；法律另有规定的，依照其规定。"这个规定为我们在国家所有权理论构造方面解放思想，甚至按照民法科学重建这一制度创造了根据。

（2）客体不确定

即使是除去《物权法》第48条、第49条和第50条所列举的，在法律和法学上根本难以界定的"资源"之外①，当前"国有财产"项下的资产也就是"实产"有谁知道有多少？在"统一、唯一主体"的"国家"名义下，那些具体的财物是怎样产生与消灭的？到底还有多少财物像上文列举的《毛主席去安源》这幅油画一样，已经被交易多次，还被确定为"国家所有权"没有流失？

（3）权利不确定，也就是所有权的支配关系不确定

从"统一、唯一主体"理论出发，依据现行的《物权法》，远在云贵高原、西塞边陲、北国沙漠的一个小镇上的政府办公楼也需要国务院享有所有权，身在北京的一个部委的职工食堂里的几棵白菜也需要国务院享有所有权，这实在是有点儿不可思议。《物权法》明确规定，物权是对特定物的权利，这

---

① 《物权法》第48条："森林、山岭、草原、荒地、滩涂等自然资源，属于国家所有，但法律规定属于集体所有的除外。"第49条："法律规定属于国家所有的野生动植物资源，属于国家所有。"第50条："无线电频谱资源属于国家所有。"

一点是建立科学的财产支配秩序的法律技术基础;可是我们在探讨中国国有资产的支配秩序时会发现,这个秩序实在是不明确的,因为从法律上的所有权人"国务院",到具体的物品控制人之间尚有太多的环节,财产的具体支配关系到底是什么样的? 公共资产的占有、使用、收益、处分的权利到底是谁在行使? 物权法规范对这些物品的支配秩序到底应该怎样建立? 对这样的问题,"统一、唯一主体"学说是无法给出答案的。确实,当前的我国《物权法》虽然对于国有企业的财产权利做出了规定,虽然这些规定还十分地勉强和模糊(对此可以看看该法第 67 条、第 68 条的规定),可对于千千万万个"事业单位"这些实际占有着巨大的国有资产的法人的财产权利,该法却一点儿也没有做出规定。比如,一所大学、一个中国科学院或者中国社会科学院的研究所、一个公立医院对于它所占有使用的财产享有什么权利? 这个问题从《物权法》中找不出答案。这些单位占有、使用财产,也在经常处分财产,可是他们对于财产的权利却在国家的基本法律中找不到依据。

正如上文的分析所言,所有权的支配秩序不明确时,在这种财产受到侵害的时候,却没有一个主体能够提起排除妨害、保护财产的法律诉讼。这是公共财产最容易受到侵害的关键所在。

(4)义务不明确

因为国家所有权被高度政治化的缘故,多年以来在中国形成了一个十分难以从法律理性的角度去理解的惯例,那就是尽可能将无法明确的财产经立法或者政策文件归结为国家所有。这种做法,被一般人认为在政治上非常崇高,至少是不会犯错误。我国的许多立法规则都是这一观念的产物,立法者在处理难以确定的财产归属问题时,都会把它们规定为国家所有。甚至对于传统民法中的"无主物",比如野生的天上的飞鸟、地上的走兽、江河中的流水,立法也要把它们规定为国家所有。但是立法者在确定这些立法规则时没有想到的是,作为所有权人,在立法上是要承担相应义务和责任的。世界各国立法都规定了所有权人的物导致他人权利受损而应该承担的责任,比如建筑物以及工作物致人损害的法律责任,比如宠物犬伤人所有权人的责任,甚至栽培植物致人损害的法律责任等,这些我国立法也是承认的。① 因此,不科

---

① 对此见《民法通则》第 126、127 条,《侵权责任法》第十章、第十一章。

学地扩大国家所有权客体的范围时，无形中也增加了国家应该承担的法律责任的范围。比如当前《物权法》把一些传统民法中的无主物规定为国家所有，将国际法上主权控制也规定为所有权控制，这种做法就导致了国家必须承担一些莫名其妙的法律责任的问题。[①] 本来依据传统民法，国家并不应该因为主权的拥有而承担民事责任，但是现在立法将国家主权纳入所有权，这就不理智地扩大了"国家"责任的范围。如果不承担这些责任，则国家或者政府的行为会受到民众的责难。

（5）责任不明确

如上所述，国有财产支配秩序中，法律上的所有权人和实际享有处分权的主体严重不一致，其中在很多环节上财产的控制权和法律责任是不明确的。这里最不可以化解的法理缺陷是，依据抽象国家不可诉的规则，国家事实上不能够作为国内法上的原告，也不可以作为被告，因此，在"国家"财产大量受损的情况下，无法确定真正的责任人来提起保护国家财产的诉讼；同样，在国家财产致人损害的情况下，"国家"也不会承担责任。这就构成了中国最为严重的法律实践问题。

（二）出路：从理论科学到制度科学

从上面的分析我们可以看出，"统一、唯一主体"的国家所有权理论实际上给我国的公共财产权利的享有、行使以及保护带来了极大的障碍。因此我们必须尽早废止这种不合时宜的理论。

废止"统一、唯一主体"的国家所有权理论，并不是绝对地否定国家所有权这个概念本身。正如上文分析所言，在一些特殊情况下，"国家"仍然可

---

① 对此可以参阅北京市某地的"地道战"遗址案。此地地道年代较久，部分发生垮塌，使得地道附近不少居民住房墙壁倾斜，发生倒塌危险。居民因此将地道管理部门起诉至法院，要求消除危险并给予赔偿。这一诉讼，就是本文此处阐述的"物的侵权责任"问题。但是，居民的诉讼陆续被法院驳回，法院的判词认为，"地道是国家的文物，其所有权属于国家。地道管理处并不是所有权人，无法承担法律责任"。"国家作为所有权人，不能作为被告"。关于这一案件，可以参阅《北京青年报》2004 年 5 月 28 日的报道（记者程婕、安金宝、姚学文）《焦庄户居民"地道官司"败诉》；正义网 2004 年 5 月 27 日的报道（通讯员安学文）《"地道战"遗址危及民宅　居民索赔被法院驳回》；《北京晚报》2004 年 5 月 28 日的报道《地道战遗址穿过农宅　村民起诉纪念馆被驳回》。另外，2010年湖南某地也发生了民众因为河道突然涨水淹死亲属而提起的以政府作为河道的所有权人的侵权案件，原告的请求也被法院以国家不可以作为被告的理由驳回。

以作为所有权的主体。比如在国际法上，国家对于相邻疆界的共同所有权，对于无人居住的海岛的所有权等。在国内法上，国家也可以享有对于一些总括性财产的所有权，比如对于矿藏的所有权等。

废止"统一、唯一主体"的国家所有权理论的要点，是把"国家所有权"的含义恢复到社会公认的"公共财产"这个概念，然后，在公共财产治理秩序中，利用当代民法技术规则中的法人制度，尤其是公法法人制度，明确承认实际行使公共财产占有、使用、收益和处分权利的法人享有公共财产所有权。这一观点采纳了德国民法学术中的"公法法人财产所有权"理论[①]，借以使得财产实际控制秩序从主体、客体、权利、义务和责任的各个方面明确化。

公法法人所有权理论，在法理上的科学性和"统一、唯一主体"的公共财产所有权理论的不科学性，刚好形成显明的对照。在公法法人所有权理论下，公共财产权利的主体、客体、权利、义务和责任都是明确肯定的。法律制度上的优势，也保障了公共财产权利保护方面的优势，因为在具体的财产受到侵害时，定会由具体占有使用这一财产的法人承担保护这些财产的责任。

在中国《物权法》的制定过程中，本文作者已经就此提出了自己的观点并且通过著述展开了自己的观点。在立法机关讨论这一问题时，人们对于"公法法人所有权"理论也提出了质疑。主要质疑是该理论有可能导致公共财产被私有化的结果。当时，本人已经就此疑问做了观点阐述。显然，质疑公法法人所有权导致公共财产私有化的观点，首先是对"公法法人"这个概念不甚理解。公法法人根据宪法、行政法或者公法法人组织法设立，法律规定公法法人的财产只能用于公共事务或者公益事项；在当代民法中，法人以及法人所有权是一种明确财产权利、义务和责任的法律技术手段，它的基本出发点是民法上的法律关系特定性理论，也就是主体和客体必须明确肯定的原则。依法有权利对于特定物行使处分权者，就是所有权人。这一观点，并不否定社会大众使用的"最终财产归属"的观念。即使是在私法法人制度设计中，人们也不认为法人所有权是财产最终归属的依据，因为股权才是这样的依据，私法法人解体时，最终财产归属于股东；公法法人解体时，最终财产由公法确定。在公法法

---

① 对"公法法人财产所有权"理论，有兴趣者可以参阅孙宪忠《德国当代物权法》，法律出版社，1997，第23页。

人理论指导下，公共财产支配秩序只会发生权利、义务和责任不断清晰的结果，在任何情况下也不会发生私有化的结果。

中国《物权法》制定过程中的这些讨论，对于该法的发展发挥了一定的积极作用。比如，该法第 45 条在规定"全民所有权"时第 2 款规定："国有财产由国务院代表国家行使所有权；法律另有规定的，依照其规定。"该款的后半部分，至少是承认"统一、唯一的主体"之外，还有其他主体的存在。我们认为，理解这个条款意义重大：它实际上为我们破解公共财产所有权的享有、行使以及保护的难题，开放了一个门户。我们对于本课题的研究，也就是以此为基础展开的。

最后，我们还是希望我国社会的有识者想一想，在建立和完善我国的公共财产支配秩序的时候，我们到底是依据"统一、唯一主体"学说这种童话式的分析，还是依据一种科学的法学理念？相信在阅读以上分析后，各位会得出自己的结论。

第十一篇　关于混合所有制问题的法学分析

| 写作背景

　　本文是为阐述混合所有制经济条件下的财产权利问题而做。中共中央提出建立混合所有制经济之后，我国社会并没有对这个重大的经济战略部署做出应有的响应，原因还是受到了旧意识形态对于所有权、所有制等观念的束缚。本文从民商法的成熟法理的角度，仔细分析了所有制和所有权的概念区别，分析了现代工商业背景下的投资法权关系和初级市场经济体制下的投资法权关系的重大区别，阐述了股权－所有权的法理逻辑和法人所有权制度的科学和理性，指出混合所有制体制下，立法的核心并不是所有权而是股权控制。

　　2013 年十八届三中全会提出要"积极发展混合所有制经济"，并指出，"国有资本、集体资本、非公有资本等交叉持股、相互融合的混合所有制经济，是基本经济制度的重要实现形式，有利于国有资本放大功能、保值增值、提高竞争力，有利于各种所有制资本取长补短、相互促进、共同发展。允许更多国有经济和其他所有制经济发展成为混合所有制经济"。[①] 中央的重大文件如此浓墨重笔描绘"混合所有制经济"尚属首次，这也表明混合所有制确实已经成为一种较为普遍的社会经济现象引起了高层关注。然而，到底什么是混合所有制，在经济学中首先就是有激烈争论的。但是从目前我国社会各界尤其是经济学界对"混合所有制"这个问题的争议看，我认为，这个概念在中国还是不清晰的。原因是这个问题既是个经济学问题又同时是个法学问题，所以必须从这两个学科的结合上才能够说清楚混合所有制基础性问题。

---

　　① 《中共中央关于全面深化改革若干重大问题的决定》，人民出版社，2013，第 8~9 页。

一 关于所有权和所有制

所有权是物权法、民法乃至一切法律立法的核心。从权利性质而言，所有权对社会大众而言其作用不仅仅是一种财产权利，而且是一种基本人权。[①]这个意义是所有权的政治意义。

但是所有权首先是一种民事权利。所以它的概念必须首先从法学上予以界定。所有权是权利人在法律规定范围内对物的全面支配的权利。从所有权制度的历史发展来看，所有权的科学定义来源于民法中的法律关系学说。依据法律关系学说，所有权法律关系的特点可以归纳为"三个特定"：主体特定、客体特定、权利特定。法学上所谓主体即权利拥有人，客体即具体的物而非抽象的物，权利即法律上特定支配的力。谈到所有权时，我们应使用这"三个特定"予以判断。[②]我国《物权法》第39条对所有权的权能进行了列举，即所有权人对自己的不动产和动产，依法享有占有、使用、收益和处分的权利。但是，从所有权的本质看，所有权并非上述权能的简单相加，正如史尚宽先生所言："所有权系就标的物有统一支配力，而非物之使用、收益、处分等权能之总和。于法令限制内有为自由利用之单一的内容，其情形犹如人格的自由权，非得任为何事之权能之集合，乃于一定限制内得为其所欲为之单一的权利。"[③]

从权能角度而言，所有权是特定主体对特定物拥有占有、使用、收益、处分四项完整权能的支配权。权能的完整性意味着主体对客体的支配是完全的，而其他物权则一般只具有物权的部分权能，如用益物权人对物只有占有、

[①] 孙宪忠：《中国物权法总论》，法律出版社，2014，第137页。

[②] 孙宪忠：《所有权制度的历史分析》，《河南财经政法大学学报》2013年第3期，第27页。

[③] 史尚宽：《物权法论》，中国政法大学出版社，2000，第61页。

使用的权能，有一些还有收益的权能，而担保物权只有处分物的权能。所有权还具有主体对客体支配的最终性、彻底性特点。与其他物权人对物的支配相比，所有权人可以独断地形成并贯彻自己支配物的意思，排除他人的干扰。所有权的客体，即在法律意义上能够成为被主体所支配的标的物，应该包括不动产和动产。由于所有权所具有的权利的基本性、权能的完整性以及支配的绝对性，其对于权利主体的重要性非其他形式的物权可比，也毫无疑问成为民法世界中最为基本、最为重要的权利。

我国法学界和经济学界，常常把所有权问题和所有制问题相互混淆。但是它们之间有着重大的不同。所有制的科学意义为马克思首创。在此之前，思想家的著述里只有所有权的含义，而没有所有制的表述。根据马克思的理论，所有制就是渗透在社会的生产、分配、交换、消费领域并且起决定作用的经济基础。他认为，所有制是一定生产关系的总和，要说明所有制，就必须把社会的全部生产关系描述一番。[①] 由此可见，根据马克思的观点，生产关系范畴的所有制不能简单地等同于上层建筑范畴的所有权。马克思从社会生产的宏观控制角度来认识所有制问题，即使在今天看来仍然是非常正确的，因为对任何国家而言，社会生产的宏观控制都是值得重视的基本问题。[②] 我国学术界对所有权和所有制之间的差别说不清楚，其根源就在于我国对于前苏联生产关系分析方式"三段论"的错误接受。[③] 如前文所述，本来，马克思的所有制理论是非常科学的，但是20世纪30年代的前苏联，把生产关系分析方式归纳为"三段论"，即生产资料的所有制形式即所有权、分配关系及生产中人与人的关系。马克思认为所有制表现为生产关系的全过程，是社会生产过程中起主导作用和支配作用的一种客观力量，分析所有制必须把全部社会关系描述一番，即必须从经济基础的角度考察所有制，而"三段论"则认为只能从生产资料所有权这个上层建筑的形态考察所有制。基于此，前苏联人得出了有什么样的所有制就必须有什么样的所有权的结论，笔者曾称之为"照相式反映论"[④]，这种观点曾影响了我国几代学者。依据这种观点，无法理解现在我们要讨论的混合所有制

① 《马克思恩格斯全集》(第1卷，第191页)
② 孙宪忠：《中国物权法总论》，法律出版社，2014，第141页。
③ 孙宪忠：《论物权法》(修订版)，法律出版社，2008，第474页。
④ 孙宪忠：《中国物权法总论》(第二版)，法律出版社，2009，第126页。

经济的法律问题。

所有权与所有制的关系问题，确切地说，所有权与所有制的区分问题，随着社会经济的不断发展以及经济结构的不断调整，显得愈加重要。在经济发展早期，生产力发展水平低下，生产资料的种类比较少，劳动者通过直接行使其对生产资料所有权的方式参与生产，并进而参与到其他社会生产过程是可能而且必要的。这样的一种生产方式符合当时生产力的发展要求，也是当时所有制的全部内容。在这种类似小作坊经济的所有制状态下，所有权人直接占有支配生产资料，并直接行使其所有权，生产关系表现得简单而有效。但是，随着经济的不断发展和现代化企业的诞生，这种所有权作为所有制唯一实现方式的模式，已经无法适应现实的要求了。17世纪初，世界上第一家股份有限公司——荷兰东印度公司成立，现代化企业初具雏形。在实际生产经营过程中，现代化企业的生产规模更为庞大，生产资料种类繁多，生产关系更为复杂。传统的所有权人直接行使对生产资料所有权的所有制形式，已经不再适应现实生产力的发展要求。此时，需要有一种新的所有制实现形式来满足现实社会化大生产的要求。根据马克思主义的观点，从现代社会经济发展产生的生产模式看，所有权作为法律权利并非所有制的唯一实现形式，不能排除其他的所有制实现形式。由此，股权控制作为一种新的所有制实现形式应运而生，它作为生产关系中一项有效的控制方法，在实现所有制需要方面，从社会化大生产的角度看，实际上发挥着比所有权更大的作用。[①]比如，民法中的公司法人，作为一类重要的民事主体，实际上就是通过股权控制的方式来进行实际运行的。这一新的所有制实现形式对现代化企业乃至整个社会经济的发展都产生了重大而深远的影响。

二 民法中的股权－所有权结构模式

公司法人的诞生，有着非常重大的意义。经济学意义就是"积聚社会资金办大事"。法学的意义，就是投资人的身份以及财产权利和投资形成的法人

---

① 孙宪忠：《中国物权法总论》，法律出版社，2014，第143页。

的身份以及财产权利相分离。投资人以股东的身份拥有股权，而公司法人拥有自己的法人人格和法人所有权。股权成为独立的财产，它的价值只能以股份的数额计算，而不能以投资人投入的财产数额计算。"股票"成为一种非常特殊的商品，也形成了非常特殊的市场。我们大家都知道的"上市"、"炒股票"就是这种特殊商品运作的现象。

在此，笔者通过两个大型企业的股权结构案例进行具体说明。案例1，中信证券股份有限公司。中信证券是国内非常有名的券商，注册资本为1101690.84万元人民币，其投资人既有法人也有自然人，难以计数。持股比例较大的股东都是法人股东，主要有：中国国际信托投资公司（出资78780万元）、中国粮油食品进出口（集团）有限公司（出资10000万元）、雅戈尔集团股份有限公司（出资20000万元）、中信国安公司（出资20000万元）。其中的大股东如中国国际信托投资公司持股比例仅为7.2%，但已经可以取得相对控制公司的实际效果。案例2，招商银行股份有限公司。招商银行是国内发展最为迅速的股份制银行之一，其注册资本是1027227.2454万元人民币。主要股东有：招商局轮船股份有限公司（出资184437.1997万元）、中国远洋运输（集团）总公司（出资88441.9548万元）、中国海洋石油南海东部公司（出资15907.5489万元）、广州海运集团有限公司（出资55874.5731万元）。其中招商局股份有限公司持股比例仅为18%，基本已经可以控制招商银行的经营管理。[①]从上述两个大公司的财产支配秩序可以看出，现代企业大都采取公司制的形式，其资产控制关系是按照"股权－所有权"这种民商法的权利结构建立起来的，而不是按照所有权人实际控制的方式建立起来的。公司的股东作为组建这些大公司的投资者，对这些大公司拥有股权，其权利义务表现在作为股东的权利义务方面；而这些大公司本身作为法人，拥有对于公司的全面彻底的支配权，包括对公司具体财产的所有权。经过三十年的改革，目前国内的许多大型企业都是通过这种"股权－所有权"的权利结构建立起来的，并且这种结构并不会损害国家对于关键领域企业的控制关系。因为，对于国家而言，只要保持公有制的主体地位即可，但公有制的实现方式可以是多元的。从

---

① 上述数据来源于国家工商行政管理总局全国企业信用信息公示系统，http://gsxt.saic.gov.cn/zjgs/，2014年8月1日访问。

公有制的实现方式上看，只要能够保持社会对生产的法律控制力（持股达到控股地位），社会对生产资料无论享有哪种法律的权利，都是在实现公有制，而不是在改变公有制。

股权的运作机理是一个需要阐明的问题。股权是股东权利的简称，是股东基于其股东身份和地位而依法享有的从公司获取资产收益、参与重大决策和选择管理者等权利的总称。[①]股权是民事权利体系中非常特殊的一种类型，它既包括了财产因素（自益权），也包含了非财产因素（共益权）[②]，因而是财产权和非财产权的有机结合。股权产生的机理是这样的：第一，民事主体（自然人或法人）通过出资成为公司的股东，此时，股东对于投入公司的出资丧失所有权（有时也可能是其他财产权如建设用地使用权等）。第二，股东取得股权包括自益权和共益权，前者主要是股东为了自己的利益而行使的权利，主要有利益分配请求权、剩余财产分配请求权、新股认购请求权等，自益权体现了股东获取投资回报的目的；后者是股东为全体股东的共同利益而间接为自己利益而行使的权利，主要有表决权、请求召集股东会的权利、请求判决股东会决议无效的权利、请求查阅账簿的权利等，共益权实际上是股东参与公司经营管理的一种体现，这一权利的行使股东间接受益。[③]第三，公司则取得对股东出资的物品的所有权或其他权利，公司并对公司的所有财产享有法人所有权。第四，公司成立后，公司以其全部财产对公司的债务承担责任，这是一种无限责任。有限责任公司的股东以其认缴的出资额为限对公司承担责任，这是一种有限责任；股份有限公司的股东以其认购的股份为限对公司承担责任，这也是一种有限责任。股权的上述运行过程都要在公司法人的层面上进行，不管是自益权还是共益权，都要作用于公司法人本身，因此，从股权视角对公司法人所有权的行使进行分析非常必要。

股权控制之所以能够在现代化企业的实际运行中发挥巨大作用，原因在于股权控制的基本特点，是不再控制具体的物，而是控制生产经营；它不仅仅可以用来实现一些具体的人控制一个具体企业，而且可以用来实现一些人对于

---

① 我国《公司法》第 4 条规定，公司股东依法享有资产收益、参与重大决策和选择管理者等权利。

② 孙宪忠主编《民法总论》（第二版），社会科学文献出版社，2010，第 92 页。

③ 施天涛：《公司法论》，法律出版社，2005，第 295 页。

更多企业的控制。① 从民商法的角度来看，股权控制的实质可以表示为现代化企业中的"股权－所有权"结构模式。具体而言，投资人通过将其自身拥有的物、资金、知识产权等生产资料投入企业，在将自身对生产资料所有权让渡给企业的同时，成为企业的股东，获取企业的股权，而当股东拥有足够股权成为企业的实际控制者时，股权拥有者通过法人治理模式操控着企业经营；从所有权的角度而言，被投入企业的具体的物、资金等生产资料，其法律形态上的所有权属于企业，企业对这些物、资金等可以直接行使所有权。在这种结构模式下，股东不再享有对其投入企业物、资金等生产资料的所有权，取而代之获得的是股权，具体包括资产收益、参与重大决策及选择管理者等权利内容。此时，企业对外以其自身所拥有财产对债务承担无限责任，而股东仅以其投入的财产为限对债务承担有限责任。同时，企业也可作为投资人对外投资，从而获得对所投资企业的股东身份。基于同一原理，新成立企业对于投入其中的企业财产拥有所有权。这样，新的"股权－所有权"结构模式又产生了。比如中国国际航空公司，是目前国内最大的国有制航空运输企业，法律形态为独立法人。但它实际上是被中国国际航空集团这个公司法人绝对控股的公司。中国国际航空公司作为投资人，同时又投资了几个著名的公司，成为别的公司的控股人，如其投资山东航空公司，成为该公司的控股人。

股权控制模式的出现，大大改善了所有权作为唯一所有制实现方式的不利局面，适应了社会化大生产的要求，进一步推动了现代化企业的发展。但是，我们同时应该看到，这一模式催生的新法律制度更为复杂，企业法人财产权、股东股权、企业股东等概念开始出现，企业法人股东对自身债务的无限责任以及对所投资企业的有限责任等责任类型多样，增加了理论研究和实践操作的难度。

在"股权－所有权"结构模式下，无论是自然人股东，还是企业股东，对所投资企业都是承担有限责任。比如，有限责任公司的股东以其认缴的出资额为限对公司承担责任，股份有限公司的股东以其认购的股份为限对公司承担责任。这意味着，在一般情况下，不管投资人的身份是个人还是企业，其对所投资企业承担的都是有限责任，而非以其自身所有财产承担无限责任。

---

① 参见施天涛：《公司法论》，法律出版社，2005，第295页。

即使作为投资人的企业自身实力雄厚，也仅需在其所投资财产范围内承担有限责任。这里的例外，指的是"揭开公司面纱"，即指为阻止公司独立人格的滥用，就具体法律关系中的特定事实，否认公司的独立人格和股东的有限责任，责令公司的股东对公司债权人或公共利益直接负责的一种法律制度。[①] 相比股东对企业承担的有限责任，一旦股东拥有了足够股权，达到了可以对企业进行实际控制的程度，则这一股权拥有者便可以根本性地控制企业的生产经营，甚至在一定程度上决定企业的命运。股东的责任是有限的，但其通过占有足够股权对企业施加的实际控制却可能是无限的。这有可能在实践中引发一系列问题。

其中比较突出的问题之一，就是"股权－所有权"结构模式下小股东利益的保护问题。如上所述，在"股权－所有权"结构模式下，当公司的股东拥有足够股权，以至于能够对公司的生产经营产生实际控制时，从某种程度上说，实际控股股东的意愿即决定了公司的实际行为，无论这一行为是否会对其他股东尤其是小股东的利益产生损害。实际情况往往是，大股东为了自身利益，不惜牺牲其他小股东利益，利用优势地位操纵股东会，谋取私利。而小股东由于股权比例的天生不足，除了获取股金分红外，无法在重大事项决策及选择管理者等决定公司生存发展命运的事情上拥有话语权，这直接导致现实经济生活中小股东利益受损事例的层出不穷。这种情形，在传统的所有制实现形式即小作坊的所有制形态下是不存在的，因为小作坊的所有制是通过所有权人直接支配并行使所有权来实现，不存在"股权－所有权"的结构模式。

我国《公司法》主要通过公司担保的限制条款（《公司法》第16条）、保证股东的知情权（《公司法》第33条）、公司决议撤销之诉（《公司法》第22条第2款）、股东代表诉讼（《公司法》第151条第2款）、累计投票制（《公司法》第105条）等制度对中小股东进行保护。[②] 除上述《公司法》具体制度对小股东利益保护外，公司法人的技术化优势也能较好地保护中小股东的利益。根据公司法人的一般原理，法人的权利能力到终止时消灭，而法人终止时

[①] 赵旭东:《公司法学》（第三版），高等教育出版社，2012，第8页。

[②] 周友苏:《新公司法论》，法律出版社，2006，第19~20页。

要经过清算。所谓清算，是指公司解散后处分公司财产以及了结各种法律关系并消灭公司人格的行为和程序。一般的民法理论认为，法人是一个工具性的法律实体，并不附载伦理价值，如果不在终止之前了结财产关系，将为法人设立者滥用法人制度，损害相对人利益提供可乘之机，因此，法人终止之前必须经过财产清理程序，即清算。[①] 但是，清算除了了结财产关系之外还有另外的价值，这就是对股东利益包括小股东利益的保护。因为，法人清算的结果有两种：其一是清算后财产足以偿还公司全部债务，此时，公司财产除用以偿还公司全部债务外，还要将剩余财产分配给公司股东，既包括大股东也包括小股东。这种情况贯彻了社会大众"最终财产归属"的观念，即在私法法人制度设计中，人们也并不认为法人所有权是财产最终归属的依据，因为股权才是这样的依据，私法法人解体时，最终财产将归属于股东。[②] 此时，虽然公司解散了，但剩余财产的分配在一定程度上保证了小股东的利益。其二是清算后发现公司资不抵债，此时，则应转入破产清算程序。[③] 而在破产程序中，公司仍有可能复活[④]，最差的结果就是经过破产程序后，公司人格消灭，但即便如此，股东也仅仅以其认缴的出资额（有限责任公司）和认购的股份（股份有限公司）为限对公司承担责任。

而对于股权控制模式下小股东的利益保护问题，传统的关于所有制实现形式的论述中，都没有解决这一问题的行之有效的答案。党的十八届三中全会作出的《中共中央关于全面深化改革若干重大问题的决定》（以下简称决定）提出，要积极发展混合所有制经济。允许更多国有经济和其他所有制经济发展成为混合所有制经济。国有资本投资项目允许非国有资本参股。允许混合所有制经济实行企业员工持股，形成资本所有者和劳动者利益共同体。在全面深化改革的背景下，混合所有制经济同样需要解决在股权控制模式下对各个股东平等保护的问题。

---

① 朱庆育：《民法总论》，北京大学出版社，2013，第430页。
② 孙宪忠：《统一唯一国家所有权理论的悖谬及改革切入点分析》，《法律科学》2013年第3期，第65页。
③ 《公司法》第187条第1款规定，清算组在清理公司财产、编制资产负债表和财产清单后，发现公司财产不足清偿债务的，应当依法向人民法院申请宣告破产。
④ 进入破产程序后，公司可能通过破产重整程序或和解程序而复活。参见我国《企业破产法》第八章和第九章规定。

三 关于法人及法人所有权

所有权是特定主体对特定物行使占有、使用、收益、处分的一种支配权。民法上的法人制度出现之后，其对于自身财产当然享有法人所有权。所谓法人，是指具有民事权利能力和民事行为能力，并以自己的名义享有民事权利和承担民事义务的组织。法人的出现在民法的发展过程中具有重要意义，对组织、团体赋予法律人格，是民法最富想象力，对社会贡献最大的创造。[1]法人通过将单一的、个体的自然人组织起来，集合单一个体的力量，形成更大规模的组织，能够更好地参与社会经济生活，改造客观世界。法人制度的起源，最早可追溯至古罗马时期。在罗马共和国时期，罗马法即有条件地承认了国家和地方政府等公法人的独立人格。现代意义上的法人直接渊源于中世纪的合伙制度、英美法上的委托经营等。但现代法人制度的真正雏形出现于资本主义时期，它以现代意义上的公司制度的建立为标志。[2]

法人制度出现之后，所有权这一民法世界中最为核心的权利类型在适用于法人时，更多地成为一种技术规则。从会计学的角度看，就是如何解决"独立核算"这个问题；从法学的角度看，就是确定"三个责任"的问题：意思能力、行为能力和责任能力。关于这些，已经在法学上、立法上形成了确定的规则。但是也带来了一些很大的问题。

与自然人可以通过占有、使用、收益、处分的方式直接行使所有权不同，法人所有权在股权控制模式下，很难展现其自身力量。法人的"股权－所有权"结构模式，决定了对法人拥有实际控制权的大股东们可以通过股权控制来决定法人的生产经营或者其他重大事项。这种情况下，法人尽管对各个股东投入其中所构成的法人财产拥有所有权，也可以在理论上通过行使法人所有权对财产进行处分，但由于法人与有血有肉的自然人毕竟存在不同，这种不同会在理论上引发我们思考：法人如何通过行使所有权对其财产进行处分？法人的意思到底是谁的意思？谁在其中发挥作用？基于此，我们还可以继续思考：既然法人作为一个独立存在的法律实体，能够独立地从事民事活动，并且可以依据

---

[1] 孙宪忠：《民法总论》（第二版），社会科学文献出版社，2009，第152页。
[2] 孙宪忠：《民法总论》（第二版），社会科学文献出版社，2009，第153页。

自己的名义承担法律责任，那么法人的行为能力和责任能力究竟如何体现？其与法人所有权又存在何种关系？

要对这些问题进行解答，首先必须明确法人的本质。在中国学术界，流行的是德国关于法人的学说。第一种是否定说，是耶林等人所主张的。他们认为法人不存在，也不是法律主体，真正的法律主体是法人的成员。第二种为拟制说，为萨维尼所主张。他认为权利义务主体只能是自然人，只是出于便利的考虑，法律才拟制其为法律上的主体。第三种学说为实在说，为基尔克所主张。该说认为，法人有其团体意思，是一个有机的社会体，与自然人一样是实在的主体。[①] 现在，实在说已成为通说。这三种不同的观点表明，在公认成熟的德国法学中，在法人制度的发展初期，即使是一些著名的法学家的认识也是有缺陷的，因此我们就可以理解现在我国法学界对法人、所有权以及所有制问题的认识缺陷，也是需要时间来解决的。

法人通过个体股东投入其中的财产形成法人财产，对其财产拥有法人所有权，并以此为基础，可以自己名义独立开展民事活动，独立享有民事权利，履行民事义务，承担民事责任。本质上，法人与自然人没有任何区别，应当是具有民事权利能力、民事行为能力的独立民事主体。因此，法人的意思并非其股东本人的意思，也非其内部工作人员的意思，而是在法人治理模式下，通过一系列复杂程序最终形成的团体意思。比法人意思更为复杂的是法人行为。法人意思形成之后，只有通过行为将其实现才有实际意义，但法人并非有血有肉的自然人个体，最终的具体行为仍然需要自然人去完成，比如通过职业经理人组织执行具体的法人决策，通过法人的业务代表与其他法人签约等。因此，必须从法律上对法人行为进行界定，明确谁有资格、权利代表法人实施法人行为，行为的对内对外效力如何，法人行为与股东、工作人员个人行为的边界等。法律如果对这些重要问题不了厘清，势必影响交易秩序与交易安全，从长远看也会影响法人制度的发展。

而论及法人的责任能力，在"股权－所有权"结构模式下，尽管法人是以其全部资产对外承担法律责任，承担的是无限责任，但创设法人的自然人（法人成员，比如公司股东）承担的是有限责任，他们仅以自己投入

---

① 梁慧星：《民法总论》，法律出版社，1999，第118~119页。

法人的财产为限承担责任。法人由于拥有同自然人主体一致的独立法律人格，必然意味着独立承担责任。这也意味着，即使在法人破产的情况下，法人的投资人也只在其投资额的范围内承担清偿责任。当然，这一情形存在例外，那就是"揭开公司面纱"。股东在此例外情形下，仍需以个人财产对法人债务承担责任。"揭开公司面纱"的适用，使得法人责任与股东个人财产之间绝对不可交叉的局面被打破，也使得法人责任的承担问题变得更为复杂。有的国家在法人责任的承担方面，甚至要求职业经理人在一定情况下对法人债务承担清偿责任乃至其他责任，这些都已经超出了传统民法的范畴。

从这些角度看，在我们分析法人、法人所有权时，首先会遇到"投资人－股东"的身份问题，也会遇到"投资人权利－法人独立财产所有权"这些法理和立法上的技术规则问题，这些问题，从法学的角度看，并不复杂。但是如果把这些问题和我国政策上、学术上的所有制问题相联系的时候，就出现了无法解释的政治意识形态方面的问题。而这些政治意识形态问题的产生，就是因为很多人实在不懂当代法学，照搬前苏联那一套。

四　关于混合所有制经济与国企改革

按照目前中央有些文件的解释，所谓混合所有制经济，是指财产权分属于不同性质所有者的经济形式。但是这个看法，如果从上面的分析看就会看出来问题：在成熟的公司法人体制中，公司的所有权属于法人自己，而不是属于我们现在所说的"所有者"。而投资人，他们的权利形态也比较复杂，有些人是控股的，有些人比如一些炒股者仅仅只是股票拥有者而已。所以，要说明混合所有制，必须从投资人－股权－法人治理的角度才能说清楚。

目前经济学家关于"混合所有制"的理论争论，说明一大批学者无法分清投资人和所有权人的概念差别，也无法分清"股权－所有权"的概念逻辑。在我们分析这个理论问题时，要认识到这个问题基本上只是个中国问题，或者说只是个继受了前苏联法学理论的中国政治意识形态方面出现的问题，它在其他市场经济体制国家基本上不会发生这样的争论。[1]这是因为，在西方国家并不存在混合所有制经济，它们的经济形态就是生产资料的私有制，其生产、交换、分配、消费等各个环节的统治权都掌握在私人手里，私人拥有所有权也罢，拥有股权也罢，总之国民经济的主导权掌握在非政府手中。但是我们必须明确的是，这种被中国某些称为正统的意识形态定义的私有制，其实已经不是什么个人私有，因为真正对于国计民生发挥重大作用的企业，其资本构成已经是社会控制。所以，我们把这些企业定义为非政府企业是可以的，但是将他们定义为非公有制企业就讲不通了。

在这种情况下，很少存在将私有制经济和公有制经济混合到一起的社会制度条件，也基本没有将其人为地混合到一起的必要。例外情况是，英国、美国、法国、日本等发达资本主义国家进入二十世纪以后尤其是二战以后，随着国家资本主义的发展，在经济上出现了私人垄断资本主义与国家垄断资本主义相混合的混经济，这就是政府拥有股权的企业。比如，美国政府对私人企业不愿投资的原子能工业、宇航工业等新兴部门，军事部门以及投资数额大、建设生产周期长、利润低的基础部门，公共事业部门和基础设施进行了大量拨款，建立了一批国营企业，这些国营企业由政府控股，部分股权交给社会；企业或由政府自己经营，或出租给私人垄断资本集团经营。再比如，法国中央政府和地方政府掌握部分股份的股份有限公司，根据法国官方的划分标准，国家至少要持有30%资本的企业均称为国营企业。[2]但是，对于私有制占绝对主体地位的这些国家来说，这种情况绝对属于例外。并且，从资本主义国家性质上说，这些由政府投资和经营的所谓国营企业，如果从中国某些学者定义的公有制的角度看，怎么说也无法确定为公有制企业，但是从"股权－所有权"的角度看，就可以明确它们确实是公有制企业。

在我国，自从二十世纪五十年代以后，我国就建立了模仿前苏联的公有制国民经济体制。这种体制的典型特点是计划经济体制，这种体制的经济学特

---

① 《经典作家所有制和分配理论基本观点研究》课题组：《国内外关于经典作家所有制理论的争论》，《中共中央党校学报》2008年第1期，第70~76页。

② 陈健、毛霞：《西方混合所有制经济发展模式的比较和借鉴》，《全国商情》（经济理论研究）2007年第2期，第88~89页；另可参见田广、刘瑜《中国的混合所有制如何不同于西方——理论、实践与制度创新》，《人民论坛·学术前沿》2014年第6期，第28~29页。

点是政府自上而下地垄断性经营国计民生的方方面面，不许可私人投资的掺入。而其法学特点是"国家唯一统一所有权"，国家不是投资人而是所有权人，国家操控经营资产以政府所有权人角色出现，而不是以投资人的股东身份出现，企业成为"国家所有权"的客体。这和西方的公有制企业完全不一样。即使是现在，改革开放多年之后，即使是1995年我国开始对公有制企业实行现代化改造之后，即使公有制企业已经实现了"股权－所有权"的分割，但是法学理论、经济学理论上还是没有解决"统一唯一所有权"这些理论问题。

所以，现在我们讨论混合所有制经济的法学问题时，意义非常大。因为这个问题和我国现在所说的公有制企业未来的发展走向密切相关。

首先，我们要认识到，公有制企业也就是政府或者国家享有支配权、控股权的企业，在我国国计民生中占有主导地位，这个基本精神不改变。但是随着私有经济的发展壮大，国家一方面需要继续保持公有制经济对国民经济关键领域的控制，另一方面也需要通过强化混合所有制中的公有制经济来保持对我国社会整体的生产、交换、分配、消费等环节的控制。因此，我们不仅仅需要非公有制投资人进入公有制企业本身，而且也需要非公有制投资人进入以前不被许可的产业领域，只有这样，我们才能够理解，这才是我们今天所说的发展混合所有制经济。

在这个基本前提确定之后，我们会发现，混合所有制这个表面上看的学术问题，实际上是涉及我国下一步改革的重大实践问题。它包括宏观和微观两个方面的问题。

从宏观的角度看，十八届三中全会提出的"积极发展混合所有制经济"是指在保持公有制经济主体地位的情况下，要允许私有经济或民营经济进入相关领域甚至重要领域，并且要加大进入的广度和深度，加大进入的比例。而从微观的角度看，就是要非政府的经济力量进入过去的公有制企业。这种进入，不单纯指资本的进入，更是指私有经济要在企业中参与经营决策。所以我们说，混合所有制问题的解决，事关改革大事。

对类似于中粮集团这样的大型国有企业来看，混合所有制的发展，可能会导致民间资金的大量进入，甚至会发生非政府经济对经营决策的参与。当然，这种参与要通过"公司法人治理结构"的法律机制来实现。现代公司的机关及其相互之间的关系常常被称为"公司的治理结构"。公司治理结构是适应现代企业所有权和支配权分立后，为解决代理人问题而设置的一种制度结构。它通过一系列的制度来配置和行使权力，规范股东、董事会、经理人员和监事会在公司运作过程中的行为；确立公司组织机构和运作程序，界定股东会、董事会、经理人员和监事会之间的法律关系；监督和评价董事会、经理人和职工以及设计和实施激励机制。公司治理结构是一种权力制衡机制，其核心是处理投资者、经理人和职工之间的关系。①私有经济股东参与公司决策是其参与公司治理的重要手段，是混合所有制经济下公司治理机制的重要组成部分。

总之，从宏观层次来讲，混合所有制经济是指一个国家或地区经济控制力量的非单一性。即在国计民生的经济领域里，既有国有、集体等公有制经济，也有个体、私营、外资等非公有制经济，还包括拥有国有和集体成分的合资、合作经济；而作为微观层次的混合所有制经济，是指不同所有制性质的投资主体共同出资组建的企业。从微观的角度看，就是要许可非公有制经济力量购买公有制企业的股票甚至是达到持股数额的股票，实现对公有制企业的操控。这样就解决了旧体制排斥非公有制经济的弊端，尤其在涉及国计民生的重点领域和重点行业，只允许国有资本进入，不允许个体、私营等民营资本进入，更不允许公有制企业出售股权或者吸收职工入股的问题。所以，这是比以前的改革，更加具有重大意义的改革。

要积极发展混合所有制经济，必须充分重视并发挥非公有制经济的重要作用。公有制为主体、多种所有制经济共同发展的经济制度是我们的基本经济制度，必须坚持权利平等、机会平等、规则平等，废除对非公有制经济各种形式的不合理规定，消除各种隐性壁垒，制定非公有制企业进入特许经营领域的具体办法。同时，要鼓励非公有制企业参与国有企业改革，鼓励发展非公有资本控股的混合所有制企业，鼓励有条件的私营企业建立现代企业制度。这些举措对于我们促进混合所有制经济的发展都是大有裨益的。

---

① 孙宪忠主编《民法总论》（第二版），社会科学文献出版社，2010，第164页。

| 写作背景

本文是 2015 年参观"西柏坡革命历史遗址"时,阅读该纪念馆中展出的涉及农民个人土地权利最初建立的相关历史资料受到启发而做的。论文写作的问题意识是,在参加《物权法》、《农村土地承包法》等相关农村土地制度设置以及如何改革的多次研讨会和论证会的过程中,本人发现我国理论界对于农民个人的土地权利的认识常常是非常不利的,其要点是特别强调所谓集体所有权的正当性而贬低农民个人或者个人的各种土地权利的正当性。本文正是要解决这个基本认识问题,为农民个人或者家庭的土地权利建立正当性的伦理基础。论文通过史料说明,农民个人和家庭为了新中国的成立付出了血的成本,他们获得的土地权利最初就是所有权;以后的土地集体所有权的建立也完全遵循的是社会主义的土地思想,而且也是建立在农民个人或者家庭以土地所有权加入合作社的基础之上的,农民因此取得了集体之中的成员权。集体所有权,正是这些单一的农民个人和家庭的共同权利。这个基本特征,使得农民个人或者家庭现在享有的土地承包经营权和传统民法中的用益物权完全不一样。因此,我们不能照搬传统民法中用益物权作为他物权、有限物权、定期物权的基本框架,而是要按照"自物权"的理论,来理解和束缚农民个人或者家庭的土地承包经营权。从这个角度,我们就能够完全理解近年来中央提出的土地承包关系"长久不变"的合理性,也能够按照这个指导思想来推进新的农地制度的改革。

在建立一种法律制度时，执政者的法思想在其中发挥决定性作用。我国建立的农民土地承包经营权，就深刻地体现了中国共产党推动农村社会进步、保障农民基本权利方面的法思想。尤其是中央提出的"赋予农民更加充分而有保障的土地承包经营权、现有土地承包关系要保持稳定并长久不变"的决策，可以说把这一法思想发展到了极致。但是我们在近年来现实调查过程中，发现我国社会甚至是相当多的领导同志对该权利认识不足，最主要的是对建立该权利的法思想理解不足。具体的表现是，近年来有不少人甚至是一些领导同志提出，《农村土地承包法》以及《物权法》等法律，对农民的土地承包经营权的承认有些过分，对该权利的保护有些过度，妨害了农民集体所有权，对于集体组织调整农民土地的限制太过死板。[①]在这些思想观念的影响下，不但中央多年来一直倡导的农民地权登记发证的工作进展不大，而且中央近年来大力倡导的农地"三权分置"的经营模式推行不力。因为要在承包土地上建立新的经营权，一个必要的条件就是农民的土地承包经营权必须稳定持久。如果土地承包经营权难以稳固，"三权分置"的经营模式一定无法推行。在修订《农村土地承包法》的过程中，一些同志还提出了适度解除对于"集体"调整农民承包地的严格限制的要求。

针对这些问题，我们认为，现在已经到了这样一个时刻：相关决策者、立法者必须首先认真思考和解决我国农村农民土地承包经营权得以建立的法思想问题，从政策和法律的制定、贯彻实施层面解决思想障碍方面的问题。

我们在社会调查和学术研究过程中，发现对于农民土地承包经营权得以建立的法思想的认识不足，主要表现在如下方面：①认为集体所有权是公有制权利，而土地承包经营权是家庭或者个人的私权，后者的政策定位就应该低

---

① 请参阅财新网 2015 年 5 月 20 日关于"土地承包法迎大修 承包期长久不变存议"的报道。在本报告撰写人参加的立法研讨会和学术研讨会上，对"长久不变"持消极看法者比较多。

于前者。②认为按照传统民法学上的用益物权理论，用益物权是从所有权中派生出来的，因此用益物权应该在权能和期限上有明确的限制。我国法律规定土地承包经营权是一种用益物权，它是从集体土地所有权中派生出来的，它的权能和期限也应该有明确的限制。③认为目前农村土地的利用出现了不公平的情况，因此，必须"适当"恢复集体对于承包关系的调整权。

我们认为，这些观点及其依据都有明显的缺陷，这些观点不但对于准确理解承包经营权相当有害，而且对于农村的整体经济体制改革发展不利。对此我们在这里简要分析一下。

一 关于农民土地承包经营权得以建立的政治伦理基础的再分析

大家都知道，集体所有权并不是从来就存在的权利，而是新中国成立后在二十世纪五十年代"建立"起来的所有权类型。那时，农民以自己的所有权加入合作社，入社之后才产生了合作社的所有权，合作社的所有权是现在农民集体所有权的雏形。而当时农民的所有权，来源于农民跟随我党闹革命、参加土地革命的实践。在"西柏坡革命历史博物馆"里，一系列的文献清晰地表明了农民家庭和个人取得土地所有权的历史过程，通过对这些过程的分析，我们应该为老百姓的土地所有权重新确定道德依据和法律依据。1946 年国民党发动内战时，我们的解放军实际上处于劣势地位。此时，中国共产党发动了土地改革，将土地的所有权交给了农民。此举获得了农民衷心地拥戴，农民积极入伍一下子解决了解放军的兵源问题，而且这些战士为保卫土改而战，自觉自愿地为革命做出了牺牲。文献还表明，那时候农民发动了举世罕见的大规模的支前工作，文献显示，前线每一个战士的背后，有九个后方老百姓支前为解放军做事，他们也做出了巨大的牺牲。农民提出，"最后一碗米交军粮，最后一尺布做军装，最后一个儿女上战场，最后一件衣服披在担架上"。这样的民心，这样的军民团结，国民党怎么不败！毛泽东主席在谈到解放战争胜利时说："有了土地改革这个胜利，才有了打倒蒋介石的胜利。"[①]从这一段历史分析来

---

① 毛泽东:《不要四面出击》，该句摘自"西柏坡革命历史博物馆"展览资料。

看，我们应该重新认识农民取得土地所有权的道德伦理基础问题。我们认为，那些把农民个人的土地所有权，理解为中国共产党给人民的赋权、农民完全是无代价地从国家手里取得了土地所有权的观点，不但是简单的，违背历史的，而且是违背政治道德的。而有意无意地压低农民个人地权的政治定位观点，也同样是违背政治道德的。

二 农民家庭或者个人在"农民集体"中的成员资格的固化或者相对固化，农民的土地承包经营权基本固化或者相对固化，已经成为全国的普遍现象

据我们的调查，现在农民家庭或者个人在集体之中的权利，包括其成员资格权、土地承包经营权，都已经固化或者相对固化，这种情况已经成为全国农村的普遍情形。首先，农民在"农民集体"之中的成员权资格已经基本固化。现在我国法律中的"农民集体"或者"农村集体经济组织"，来源于二十世纪五十年代的农村合作化运动时期，那时由农民以土地入社而形成合作社。因为入社采取"自愿原则"，而且这一时期的合作社仍然保留了农民家庭或者个人的土地所有权，或者保留了农民的土地股份，所以农民在合作社中的成员资格和财产权利是明确肯定的。按照现在的说法，就是"固化"的。到人民公社时期，土地一律归国家，农民的所有权、股权已经全部丧失，这种"固化"失去了基础。到 1962 年时，土地又返还给集体。但是这一时期的集体，是以农村自然村落为基础，以村落自然居民为成员的共同体①，而且农民在集体之中的成员资格不再成为民法上的权利，农民个人也失去了对于土地的支配权，所以这一时期也没有农民在集体中的权利被"固化"的可能。从那时起到我国《宪法》、《物权法》制定之时，我国法律一直以这种成员资格不固定、以自然

---

① 《人民公社六十条》规定的农村集体所有权，是"队为基础、三级所有"，即农民集体的土地所有权划分为农民生产小队、生产大队、人民公社的三级所有，其中以农民生产小队的所有权作为基础性普遍性的土地所有权形式。这里的生产小队、生产大队都来源于 1958 年兴起的人民公社时期，它们都已经不再是以农民自愿入社形成的合作社，而是完全依据自然村划分的生产组织。其中，一个比较独立的自然村划分为生产小队或称生产队，若干生产队组成生产大队。1982 年之后，生产大队成为法律意义上的"村"，生产队成为"村民小组"。

村落形成的"农民集体"作为"农民集体经济组织"。

但是，从全国各地调研获得的情况看，法律上规定的"农民集体"和现实中的"农民集体"可以说完全不符合。现状是，农民家庭或者个人在"农民集体"中的成员资格和财产权利，都已经普遍地固化或者相对固化。比如，农民个人进城打工的，虽然目前已经有数亿之多，但是他们在法律上还是农民，在农村集体中还保留其作为成员的资格，也保留了他们对于承包地的权利。再如，经济发达地区，乡镇企业发达的，农民在农村集体经济组织中的股份也已经普遍固定化。同时，我们在调查中得知，河南、河北等地的农民到北京城市近郊区打工务农种菜的，安徽、江苏等地的农民到上海近郊区打工务农种菜的，已经发生多年，人数也不少。这些人来到大城市郊区居住在农村地区，干的还是农活，但是他们不能成为当地"农民集体"的成员，而只能是他们家乡的"农民集体"的成员。这些情况充分说明，"农民集体"与个人之间的关系，实际上已经固化，谁是集体的成员，农民自己心中有数，别人无法加入，不能像以前那样，因为住在本村就能够成为本村集体成员。同时，农民对于土地尤其是承包地的权利也已经普遍固化或者相对固化。

这种农民在集体之中的成员权已经固化或者相对固化的情形，并不是对于"农民集体"的法律资格的否定，更不是对于集体所有权的否定。因为，农民家庭或者个人只有成员权，他们并没有取得所有权。同时，我们通过调研得知，土地承包经营权在各地农村，都随着"农民集体"成员资格的固化或者相对固化，也呈现固化或者相对固化的状态。村落和居住，基本上不能成为农民集体成员资格的取得条件。这一点事实上已经成为全国普遍的现象。我国立法应该及时反映这一现实，不能长期保持立法落后于现实的局面。

三　依据传统民法中的用益物权理论来解释农民土地承包经营权，从法律理论的角度看似是而非，从法律政策的角度看可以说完全错误

当前在我国，依据传统民法中的用益物权理论来解释农民土地承包经营权的观点，不但是立法机关的司法解释的观点，而且也是学术界多数人的观

点。这种观点认为，传统民法中的用益物权，都是从所有权中派生出来的，其基本内容尤其是存在的期限必须受到所有权人的限制；现在我国的农户土地承包经营权就是一种用益物权，它的内容和期限就应该受到所有权人的限制。①但是这种观点似是而非。原因在于，传统民法中所有权的权利人和用益物权的权利人，是两个完全不相干的权利人，比如传统民法中的地主和租种地主土地的农民（此时农民享有永佃权，这是用益物权的一种）之间的关系。但是在现时我国农村，农民和集体之间的关系是地主和农民的关系吗？上文分析到，从历史发展过程看，农民入社才有了集体，而不是先有集体所有权然后才有农民的地权。这一段历史不可以颠倒。更为重要的是，现在的农村集体，恰恰就是农民组成的，农民在其中享有成员权。农民的土地承包经营权，是根据自己在集体中的成员权取得的地权。这个法律上的要点，或者法律理论的核心，与传统民法中的用益物权完全不一样。正因为如此，我们应该承认农民本身对于集体享有最终所有权。所以，农民的土地承包经营权，恰恰是他们行使这种权利的一种方式。

如果用传统民法中"用益物权派生于所有权"理论来理解我国农户土地承包经营权，还会得出把农民排斥在"农民集体"之外这样的政策结论。所以，我们认为这种观点从法律政策上看是十分错误的。

四 理解农民的土地承包经营权，应该吸取农民地权发展演变的历史经验和教训

我国现行法律中的土地承包经营权，是总结人民公社以来的历史经验教训而确立的农民基本权利。这些历史的经验和教训之一，就是把平均主义当作社会主义，在农村搞大锅饭。目前那些主张恢复、保留甚至扩大集体调整承包地权利的各种观点，都还是吃大锅饭的主张。如果承包地无法稳定持续，农民心理定不会稳定持续。

---

① 关于这些观点，对立法机关的司法解释有兴趣者可以参阅胡康生等著《中华人民共和国物权法释义》（法律出版社，2007）一书的"用益物权"一章，尤其是"土地承包经营权"一节。法学界多数著作也采用这一观点。

另外，土地承包经营权的建立，既有我国现有的产业发展背景的因素，也有确保农民作为弱势群体应该享有的生存权和发展权这些因素的根据。中央提出"赋予农民更加充分而有保障的土地承包经营权"，其实有着深刻的历史背景因素。如果脱离这些因素而制定政策或者法律，定会重犯历史错误。

五 不要狭隘地使用社会主义来限制农民地权的长久不变

目前的各种政策和立法宣传，仍然把以自然村落形成的"农民集体"，以及在这个基础上形成的集体土地所有权，理解为社会主义土地公有制，我们认为，这种观点至少是很狭隘的。仔细阅读土地革命的历史文献，我们就会知道社会主义公有制有不同的法律实现方式，二十世纪五十年代，我国建立以农民个人所有权、股权为基础的合作社，就是我国建立社会主义的农业土地法权思想的初衷。虽然现在恢复这一时期的合作社的法权结构非常困难，但是我们应该知道，既然二十世纪五十年代农民保有土地所有权、土地股权的合作社，是社会主义的土地公有制，那么现在我们建立的依据"长久不变"的精神确定的农民土地承包经营权，同样也是社会主义土地公有制的实现方式。

上述分析表明，农民家庭或者个人的土地承包经营权具有强大而且坚实的道德基础，而且也有强大的现实基础。所以中央确定的农村承包关系长久不变、强力保障农民土地承包经营权的基本思想，是非常正确的，它既是非常符合历史的，也是非常符合民心的，还是非常务实的。长久不变，体现了对农民土地承包经营权的历史经验的充分认识和总结，它具有坚实的道德伦理基础和法律基础。这一点希望有关政策制定者、立法者能够充分理解和尊重。改革开放多年之后，我们不能在承认和保护人民基本权利方面走回头路。按照"长久不变"的精神来理解农民土地承包经营权，不但可以保证农民心里的稳定，而且农村地权的登记与发证的工作定会顺利推行，"三权分置"这种对于我国农业具有重要意义和发展前途的经营模式，也会顺利建立起来。

第十三篇　意思自治原则的理论和裁判价值 *

*　本文是根据 2000 年初在中南财经政法大学的一次讲座整理而来的。在此对整理稿子的叶铭芬、周璐两位同学表示衷心感谢。本次发表，仅仅只是个别字句的修正。

| 写作背景

本文来源于 2000 年初期在中南财经政法大学等一些院校所做的讲座整理。当时，物权法尚在制定之中，涉及不动产登记等制度的法理和样态，在立法上发生争议。在我自己受命撰写物权法学者建议稿的总则部分时，我确定了把交易中的所有权取得、抵押权设定这些物权变动的制度纳入物权法体系的方案，从而改变民法学界多年来一直坚持的物权变动属于动态经济关系，因此应该作为合同法的内在制度的方案。在这个核心制度改变的过程中，如何认识类似于物权变动和不动产登记制度内在联系、当事人的意思表示在物权变动过程中的作用，以及因此而发生的物权裁判这样的问题，本人和当时主导的民法学家发生争议。当时多数民法学者认为，在不动产的法律交易中，只存在当事人合同债权的意思表示，所有权的取得以及抵押权的设定等不动产物权变动，并不是当事人意思表示的结果，而仅仅只是不动产登记的法律效果。这种观点的要害，就是把交易中的所有权等物权的来源，归结为国家的行政行为。这个显而易见的错误，当时成为很多民法学家和行政法学家的共识。如何破解这个问题，成为本人长期思考和研究的内容。

本文就是在上述背景下本人思考上述问题的一个小结。本文并没有从当时热议的物权法制定涉及的制度角度展开，而是针对民法整体制度建设中的核心原则——意思自治原则而展开的，从而破解了上述难题。意思自治原则在法律上的要求有两个方面，其一，是它对宪法、整体法律制度以及政治制度的要求，即从支持这些制度建设的道德和伦理的角度承认民众自我决定自己法律事务的正当性；其二，是它对民法制度建设的要求，即从法律行为理论的角度，从当事人内心真实意思表示的角度，确定民事主体关于设立、变更和消灭民事权利义务关系的法律效果。正如文章所说，我国法学和法律制度建设受前苏联法学影响最大的消极后果之一，就是否定了意思自治原则，在以上两个要点上，都背离了这个原则的基本要求。前苏联法学的基本出发点支持和确保国家计划的贯彻执行，因此，在整体法律制度建设方面，它极度压抑限制了民众意思自治的空间；在民法领域，它废止了民事主体依据自己的内心意愿来发生权利义务的法律关系的逻辑，它仅仅许可民事主体适用国家现成的法律，不许可民众在法律未规定的情形下的自主和创造。前苏联法进入中国体制的典型代表，就是著名的"螺丝钉"理论。本文就是从对"螺丝钉"理论的分析和批判入手，从市场经济体制对于法律制度建设最基本的要求入手，揭示了意思自治原则的道德正当性，提出了从法律制度建设的整体的角度承认和确立该原则的基本观点。同时，本文进一步从民事主体的效果意思的角度，论述了本人前几年提出的"区分原则"，揭示了债权法律效果和物权法律效果相互区分的基本法理，并比较仔细地揭示了区分原则在民商法的法律交易分析和裁判中得以普遍适用的规则。文章完成比较早，因为其反思性比较强，一直难以找到发表的机会。当前发表此文的意义在于：在民法典编纂的过程中，如何设计民法总则中的法律行为制度时，我们再一次遭遇到了涉及意思自治原则的基本伦理和基本制度建设的争论，其中来自于法理学、宪法学界的很多学者，仍然坚持民法上的法律行为理论只能建立在民事主体适用现成法律的基础上，不承认民事主体依据自己的意思表示来发生法律关系的法理正当性。当然，本文不可能对民法典编纂中的这些理论提出质疑和评判。但是从本文的内容我们可以看出，在今天，虽然全面推进依法治国、全面建设市场经济体制已经成为宪法原则和全社会的共识，但前苏联法学的消极影响还是如此巨大，因此我们必须予以清理。因此发表本文的价值仍然显著。

| 本篇目录

今天应邀讲座的主题是探讨当前民法专业研究热点问题，以我近年来从事法学研究和教学工作的体验，我认为，我国民法关于意思自治原则的重新承认、确立和现实贯彻，应该是当前我们特别需要研究的热点问题。近年来，民法学整体的知识体系，包括法律的指导思想和裁判技术的知识都有很大的变革，很多问题值得关注和重视。但是民法说到底，就是建立在意思自治这个核心原则基础上的法律，所以意思自治原则对于民法整体的知识具有基础性、贯穿性的理论和实践价值。但是这个原则在我国民法的制度体系和知识体系之中并没有得到很好的承认和贯彻。中国社会在改革开放之前本质上是排斥这个原则的，现在虽然一步步地接受了，而且立法也开始逐步采用了，但是接受和采用都很不彻底甚至很不准确。当然，因为这个原则的接受，我国社会因此而发生了很大的进步。但是因为采用和接受得不准确不彻底，民法的制度体系和知识体系留下了很多不应有的缺陷。因此，理解和研究这个原则当前显得十分必要。需要大家关注的是，这个原则从被排斥转化为被接受，民法学的知识体系和规则也应该随之发生根本改变。从我国市场经济体制发展和民权发展的需要上看，也必须发生这样的更新。那么，我们就应该研究一下，哪些民法的知识和制度应该予以更新？在更新的时候，还有哪些制度障碍和思想障碍？这是最近一段时间我思考的比较多的问题，虽然还没有展开研究并形成系统，但是也有一些心得体会，在此我想和各位分享一下。

一　旧意识形态对意思自治原则的排斥

我们中国传统社会是一个自然经济社会，二十世纪五十年代我们又建立了计划经济体制，但是计划经济体制基本上只是建立在城市之内，在农村中自然经济体制还是没有改变。因此可以说，改革开放之前几十年中国是一个计划经济和自然经济相融合的社会。在计划经济和自然经济这种经济基础之上建立的法律制度有一个共同特点，就是涉及民权的法律思想和法律制度都是很不足够的，远远不能达到民事权利社会的要求。因为自然经济体制和计划经济体制有一个共同的特征，就是特别强调公共权力（public power）的绝对优先，与此相对应，社会大众只能时刻服从，他们的民事权利（private right）就总是处于压抑的状态。公共权力和民众权利的对立，是人类社会进入法律社会的基本现象。古今中外法律发展历史几千年，法学研究的核心的命题，就是解决公共权力和民事权利之间的对抗和矛盾问题。可以说，公共权力和民事权利总是既相互依存，又相互矛盾、相互冲突的。如果公共权力过分强大了，民事权利肯定衰弱，这是历史的普遍现象。中国改革开放之前的法制发展也呈现这一点。

对于以民事权利为核心的民权被压抑这样一种现象，中国改革开放之前的主导意识形态并没有认识到这是一个缺陷。恰恰相反，旧意识形态建立了一整套自圆其说的思想体系，来说明这个现象的合理性、正当性。比如，在计划经济体制和自然经济时代，我们常常听到让民众无条件地服从公共权力的各种政治教导，这些教导对于民众的基本权利是非常轻视的。但是以前，我国社会的主导意识形态一直都在这样做，而且立法、司法、执法工作还以这种思想作为指导，很多制度对于民事权利的承认和保护都是非常不到位的。这里的核心，就是没有充分承认和保护民众的意思自治，把老百姓自己应该做主的事情，老百姓也能够自己做主的事情，不让老百姓自己做主。

比如，我们过去常常聆听的一个教导，就是要我们老百姓"做一颗闪闪发光的螺丝钉，拧在哪里就在哪里发光"。这个要求民众充当"螺丝钉"的教导，曾经贯穿了几代中国人，可以说非常准确地传达了过去意识形态对于民众权利的看法，对意思自治原则的看法。因此我想把"螺丝钉"所代表的思想作为改革开放之前的旧意识形态的典型，在这里略作分析。

首先我们可以看到，"螺丝钉"思想所表达的，就是在公共权力与民事权利的矛盾中，民众处于完全被动和消极的地位，甚至是没有权利自己做主的地位。按照这个思想，一个普通的民众在社会上如何生存和发展，他自己完全没有主动性，他的生活最重要的方面不能由自己安排或者创设，而应该由领导安排或者由别人决定。这个思想的潜台词是，领导人或者政府会自然而然地为我们公正地处理各种事情。可是说这句话的人，包括我们一大批法学家，他们从来没有想过，领导或者政府是不是能够承担起这个伟大的使命呢？民众到底是法律上的主体还是客体？

法制史告诉我们，领导人或者政府在历史上虽然也有非常清明的，非常体贴民众利益的，但是他们并不是天生就那么神明，不是那么公平的。换句话说，那些做领导的，其实也是人，他们也有自己作为人的缺点。尤其是他们掌握权力很久之后，滥用权力的现象非常普遍。在《联邦党人文集》这本书中，美国第三任总统托马斯·杰弗逊曾经说：我们千万不要相信政府会自然而然地代表人民利益的鬼话，因此我们一定要制定一部完整的宪法，以此来限制政府的权力。杰弗逊的这句话，中国很多人恐怕没有听说过。过去我们认为，只有资产阶级的政府才会欺负人民，而我们的公共权力机构自然而然地会公平正当地处理各种事情。但是，事实上，似乎资产阶级的法学家才认识到了公共权力的不可靠性，并且建立宪法和相关的法律来解决这个问题。而我们自己的法学家却没有认识到这一点。从我上大学学习法律到现在，我看到的法学著作中还没有谁这样分析我国社会的类似问题。主流法学甚至认为这样的问题在我国并不存在。过去我们通过铺天盖地的宣传来让人民接受政府自然公正的观念，但是现在，自从"躲猫猫"这样的事情出现后，自从媒体揭露全国各地普遍存在的政府与黑煤窑、黑砖窑结合在一起欺负农民工的凄惨状况之后，老百姓似乎已经不怎么相信这些政治宣传了。

其实一个健全的法治社会，首先要解决的问题就是尊重民权，就是必须依据法律的手段使得公共权力透明、廉洁、高效，而要达到这一目的，就要使得公共权力受到法律的限制；另外，要让民众的意思自治得到充分的尊重和贯彻。因此我们必须认识到我国过去的意识形态，盲目宣传公共权力的正确性，不尊重民众的意思自治，限制在民法中贯彻意思自治原则，这些从根本上违背了法学原理，也违背了历史的规律。因此我想，大家从意思自治原则的这个角度，就该充分认识到"螺丝钉"这个思想观念的缺陷。

其次，我们还应该看到这个问题的另一方面，也就是纯粹从民法制度建设方面去思考这个问题。每一个社会民众，或者说这个"螺丝钉"，其实不是一个个的物体，而是一个个肉身的人，他有自己的生命和健康，如果他是成年人，他还有老人和孩子需要养育。因此每一个自然人都有自己的追求，也就是有一种发展和进步的主观能动性，可以说发展自己、改善自己是一种本能。当一个环境不利于他的发展和进步的时候，他当然应该而且他自己也会积极主动地改变这种情况。所以在当代法律上，这些自然人被定义为"主体"。因此这些自然人自然而然地享有一种权利，就是为自己的事务去积极创造。这种道德权利演化出的，就是民法上的意思自治原则，就是自然人应该在各个方面有权利为自己设定具体的民事权利和民事义务。这个思想下还有另外一层含义，那就是自己责任原则。它的基本含义是，社会每一个人都应该为自己的行为承担责任。如果你积极创造出了成果，那么成就是你的；但是你的行为不当给别人造成了伤害，那么你也应该承担责任。这样，现代法律既从正面为每一个自然人发挥他们创造力建立了法权基础，又从责任方面加强了对他们的督促。

但是，"螺丝钉"的思想却要让他做一个螺丝钉，被动地接受别人的安排，这样，他既没有发挥创造力的可能，同时也不应该为自己的行为承担责任。在权利和责任两个方面，"螺丝钉"的理论都造成了法律上的严重问题。从权利方面看，如果社会民众有自己的追求，比如追求财产的扩大，那么就会被当作自私自利，不断地遭受批评和改造。可是如果不让社会大众关注自己劳动成果的所有权，你只让他劳动，劳动者迟早会逆反你这种制度和思想。从责任的方面看，我们看看当前社会那些不愿意为自己的发展承担责任的现象就会明白，这个"螺丝钉"的理论造成的危害。很多中国人尤其是计划经济体制下成长起来的人都有这样一种习惯，就是不断地抱怨政府，不断责骂那些为他们"安排不公平"的领导人。这些人其实都是过去做"螺丝钉"的产物。这些人当了几十年"螺丝钉"，现在他们的处境不好的时候，他们当然就要抱怨政府和领导者没有把他们安排好。如果我们的法律意识形态能够认识到，让老百姓自己意思自治，那么他们现在就不能抱怨别人了。

"螺丝钉"的思想观念来源于计划经济体制的要求。那个时候，人只能被当作资源来看待。大家都知道，过去的政治经济学原理之中，在讲到计划经济体制的本质及其"优越性"特征时，都会指出，计划经济体制的优越性本质，就是这种体制能够使得社会的物质资源和人力资源实现最佳搭配，从而创造有计划、按比例、高速度的发展。这个学说有一个核心，那就是，这种体制看人，并不是把人当作一个个有主观能动性的单一人，而是当作一个个的劳动力资源。因为自然人只是劳动力资源，这样你就不是法律上的主体，而是客体。

按照这种思想，你就是螺丝钉，将你固定在哪个机器上，都不由你自主决定，而只能由政府决定或者领导决定。因为只有政府或者领导的决定才能够实现物质资源和人力资源的"最佳"搭配。你自己不能展现自己的主观能动性，不能自我寻求发展和改善自己，否则你就会破坏计划经济对你的"搭配"。

为了让人民接受这种思想，改革开放之前的旧意识形态采用了阶级斗争的方法。"文革"时期有一个样板戏叫《海港》，里面有一个小伙子叫韩小强，他是码头工人的后代，按照体制的安排，他也被安排做一个扛麻袋的码头工人。但是他不愿意做这个工作，他愿意念大学，愿意去从事科研的工作。从我们今天来看这些都是很好的愿望，求上进、改善自己，实际上也有利于促进国家的发展。但是过去"文革"时期，计划经济体制的意识形态认为，这种思想违背了"螺丝钉"的教导，组织上让你做码头工人，你怎么可以不去做？这就是观念问题。这个戏剧里明确地说，韩小强的这种思想是严重的资产阶级思想。这种上纲上线的分析，让韩小强以及其他的韩小强们实在无可辩驳，无法抗拒。可是韩小强本人是工人的后代，在那个特别强调阶级出身的时代，逻辑的答案是他应该只拥有无产阶级思想。那么韩小强严重的资产阶级思想是从哪里来的呢？这个戏剧给我们的答案是，有一个隐藏在工人队伍中的资本家帮凶，是这个人蛊惑韩小强，鼓励他不去当扛麻袋当工人而去上大学当白领。这样一来，韩小强的这些"资产阶级思想"就有了来源。但是，这样编造阶级斗争、上纲上线，而且借此打击年轻人合理愿望的做法，是非常不正当的。旧意识形态就是这样建立起来的。

这种旧意识形态对民众的基本要求就是"听话"，其实也就是盲从。它产生了强烈的社会效果，就是对积极向上的社会风气的压抑和限制，现在的大学生对此可能无法想象。那个时候社会普遍认为，如果一个年轻人不愿意做螺丝钉，那么他就有思想问题，他就应该被批评。河南豫剧《朝阳沟》就反映了这种观念。这个戏剧的核心思想，就是让大家"听话"地从事农业。但是学习经济史的人们都知道，在工业革命之后，经济发展的动力已经演变为城市中的现代工商业；但是我国当时的领导人认识不到这一点，他们只是认可现代化的出路还是农业，所以他们鼓励大家都到农村去，到山里头去种地。其实在世界上农业这个时候已经处于被反哺的地位，农业只能依靠补贴才能获得生存和发展。我国，相对于过剩的农业人口，土地也越来越少，北方的山里头耕地就更加稀少了。但是《朝阳沟》这个戏，按照当时的意识形态，却要求大家到山里去种地，甚至把这种思想叫作"觉悟"，你不在山里种地你就没有觉悟，这就是严重的思想问题。这个戏剧里有一个城里的姑娘叫银环，她来到男朋友的家乡就是山里当农民。但是她到山里头以后当然是种不了地，不能适应这个生活，于是她要回到城里头去。这时候她的男朋友就跟她讲了："咱两个在学校……"一大段唱词，这一段唱词说的是，这两个年轻人是在看了刘胡兰、董存瑞等先烈以后才确立了恋爱关系，所以他们恋爱的基础就是革命，种地就是实现革命理想，你王银环现在不种地了就是不革命了。这样的政治压力，在那个时候谁敢不屈从？但是，事实上山里无地可种，从事镰刀锄头这样低级的劳动也根本就不是什么科学种田，更不是什么高尚的革命活动。这种政治压力本来就是不理智的，压抑和限制了年轻人积极向上的精神，社会就不会得以发展。但是多少年来，我们的意识形态教条并不这样看。现在大家仔细想一想，当年被当成是资产阶级思想的很多东西，才真正代表了人类社会的进步观念。

这样的意识形态，来源于前苏联法学。这种意识形态坚决反对民法上的意思自治原则。改革开放之后相当长一段时间里，民法以及其他法律教科书，都把意思自治原则当作资产阶级的法律原则，这种情形导致1986年的《民法通则》以及到今天的我国民法，都没有承认意思自治原则。这个原则被否定之后，民法本质上就被否定了。本来，在一个正常的人际社会里，民事社会是时刻离不开这个基本原则的。比如说，年轻人结婚，一个姑娘爱上了姓李的还是姓王的，这件事情与社会公共利益可以说没有多少关联；一个人订合同买东西，他买东家的不买西家的，也不能说他觉悟不高。但是在改革开放之前到改革开放初期相当长的时间里，意识形态就是把这些民事活动和政治相关联，尽力限制甚至压抑民众意思自治的范围。最后导致的结果，就是民事社会、民权统统被公共权力所吸收。

二 法律行为理论和制度的病变

实事求是地讲，限制和压抑意思自治原则的作用造成的法学思想退步，民法可能比其他的法学学科还要少一点，因为民法毕竟还是关于民事活动的立法。但是，这种旧意识形态的消极影响还是不断地冒出来，对我国市场经济体制的法治发展造成干扰甚至损害。这一点最典型的，就是旧意识形态对于民法上的法律行为理论和制度建设造成的病变，迟迟无法得以医治。

我们知道法律行为是法律关系发生变动最主要的根据。这一方面的理论和制度建设，既有强烈的学术价值，也有巨大的实践价值。法律行为这个根据在民法上具有核心意义，尤其是在市场经济体制下，因为市场体制下，民事权利要经常按照当事人的意思表示发生变动，包括权利和义务的发生，也包括权利和义务的消灭。

法律行为理论的重大学术价值在于它要解决的问题，就是要对交易中的民事权利的取得以及消灭的正当性做出合乎民法本质的回答。民事主体在民事活动中享有权利和承担义务，这些权利和义务归根结底是从哪里来的？过去人文主义革命之前，人们认为权利义务要么来源于神权的授予，要么来源于君权的授予。人文主义革命的基本思想是意思自治原则，就是认为民事权利义务的本质应该是当事人自己内心的真实意愿，也就是民法上所说的效果意思。大家都熟悉"yes, I will; yes, I want"这些表达，"will"演化为"willings"，这就是法律行为上的核心概念内心真意，其实就是自己内心的真实意愿。民法上法律行为理论的基本要求，就是按照民众的真实意愿来确定他们行为的效果，这是民事社会公认的正当性的基础。但是，中国法学界，因为接受了前苏联民法，甚至是一些有名的民法学家也不这样看，他们认为，民法上的权利义务，归根结底来源于国家的法律，法律规定你民事主体享有什么权利你才能够取得这些权利，法律不承认的，你就不应该享有和取得。在物权、债权、亲属法的各个方面，这种排斥意思自治原则的观念都有反映，我国法学界包括民法学界，接受意思自治原则都有一些思想障碍。

举一个例子大家就可以看出这里的问题。比如说婚姻，这其实是最典型的法律行为，婚姻当事人的感情应该是婚姻的基础，所以婚姻的建立必须由当事人的真实意愿决定，这是婚姻的基本伦理。中国的法律也讲婚姻自由、婚姻自主，但是中国的法律不能把这些原则贯彻得很彻底，因为在我国很多法学家看来，婚姻的效力最终来源于行政登记或者国家，来源于国家的承认。但是这个登记的效力是什么，对婚姻而言是生效要件还是公示要件？其实婚姻登记就是个公示要件，这样理解才符合婚姻的本质。但是很多民法学者都不这么认为，认为登记是绝对的生效要件而不是公示要件，多数的婚姻法著作认为，婚姻只有登记才是有效的，没有登记就是非法同居，非法同居就要给予法律上的制裁。大家一看就能明白，这些观点把婚姻最终理解为国家登记而不是当事人的意思自治了，这不符合婚姻的本质，也不符合婚姻自主的原则。

当然我不是鼓励非婚同居或者同居性的婚姻，但是婚姻也不是有些人想得那么简单。至少我们不能说没有登记就是非法同居，更不能想办法去整治这种婚姻。比如在国外，如北欧，登记的婚姻和没有登记的婚姻大概各占一半。芬兰前总统基洛宁夫人是在当选总统数年后才登记结婚的。没有登记之前，她和丈夫以同居的方式，以夫妻的名义共同生活数十年，生儿育女，也没有什么不正常。那个地区非登记的婚姻这么多，但是夫妻之间的关系一般也很好，不像我们宣传的那么混乱。其实意思自治的核心要求就是相信当事人能够对自己的行为及其后果进行判断，这是法律行为的一个真谛，也是民法社会的基本要求。有人说，登记式婚姻是为了杜绝"包二奶"，但是事实上"包二奶"者不登记也能做。所以，登记不是杜绝"包二奶"的方法。

三 依据意思自治原则理解不动产登记

如果能够从意思自治原则这个角度理解婚姻登记，那么同样也就能够很好地理解不动产登记。事实上民法上的登记，都应该从当事人意思自治原则这个角度去理解。不动产登记到底是什么性质的行为？比如说你买了一个房子，你取得房屋的所有权，是你给钱买的所有权还是不动产登记机关通过登记授予给你的所有权？不承认物权行为理论的学者之中，有一个学术上的观点被称为债权形式主义，它认为，当事人之间的意思表示只有订立合同的那个债权意思，而登记并不是当事人之间的意思表示；所以债权发生效果之后，不动产所有权的取得是不动产登记机关的确权或者是授权行为发生的法律效果。从民法意思自治原则角度看，这一理解的错误我们可以非常容易看出来。老百姓买房子花了那么多钱，房屋的所有权怎么能够说来源于登记机构的行为呢？作为一个民法学者，我们怎么能够提出并坚持民众购买的所有权来源于公共权力的观点呢？

对那些否定物权行为理论的人们，我想提出的一个问题是：没有过户登记之前这些房子难道就没有所有权吗？当然不是。房屋建造好之后，房屋上面的所有权就产生了；到了交付房屋的时候，出卖人和买受人通过交付的行为将所有权转移。交付可以区分为不动产标的物的交付和所有权的交付，所有权的交付主要表现为不动产登记。当然，在不动产标的物的交付过程中，也包括了当事人之间转移所有权的意思。只不过，不动产登记的公示法律效果强，交付标的物实际占有的公示效果稍微弱一些。但是我们不能认为交付标的物的实际占有就是毫无意思表示的事实行为，或者是意思表示不受承认的事实行为。大家想一想就知道，交付标的物的实际占有，这么重大的事情，当事人之间怎么能够没有意思表示？所以我们应该承认交付标的物的实际占有，也包括了所有权转移的意思表示，不过这个意思表示的公示效果不如不动产登记而已。

进一步地分析，至于不动产登记，到底有没有当事人的意思表示发生？大家都承认登记不过就是不动产所有权转移的公示方式。但是，公示的内容是什么呢？其实就是当事人之间转移所有权的意思表示。有些学者认为，这个意思表示就是债权的意思表示。这个理解是错误的，因为债权的意思表示在订立合同的时候就已经做出了，而且也已经生效了，当事人交付不动产，那就是债权合同发生拘束力的体现。合同就是在当事人之间债权意思表示之后才生效的。法律行为理论中的"债权的效果意思"，就是说明这个情形的。

在合同债权的效果意思生效之后，在当事人之间发生所有权转移的时候，我们还是要贯彻意思自治原则，承认当事人的意思自治推动了所有权移转或者其他的物权变动。这个意思表示表现方式非常多，最典型者，就是当事人之间共同向不动产登记机关提交的所有权过户的申请、抵押合同和抵押申请书等。在日本，虽然法学界很多人不承认物权行为理论，但是日本的司法书士这一支队伍却普遍承认物权行为理论，因为司法书士所进行的主要工作之一，就是按照当事人之间关于所有权过户的委托或者抵押权的登记委托等，撰写专业性的司法文书，并代为办理向不动产登记机关提交申请等不动产物权的法律事务。在这里如果不承认物权行为理论，那么当事人之间的相关意思表示就成了完全理解的东西。

一般来看，以不动产登记和动产的占有交付作为物权变动的有效根据是可以的，但是必须明确，发生物权变动的真正根据，并不是不动产登记和交付本身，而是当事人之间的意思表示，准确地说，就是当事人之间关于物权变动的意思表示，它支持了不动产登记和动产交付的行为。因此，以不动产登记或动产交付作为不动产或动产确权的依据，一般情况是正确的。因此，民法上一切权利义务的建立和变更，都应该从当事人意思自治的角度来理解，而意思自治的具体制度就是刚才提及的法律行为，不动产登记的本质不是行政管理或者行政授权，而是不动产物权的公示方式，或者说不动产物权法律行为的客观表现方式。

我在这里所讨论的，可以说是一般的法律科目的大学生都能够理解的东西。但是我国法学界很多学者尚不能理解，这是我深为惊讶的事情。近年来我国市场经济发展很快，因此造成中国商法理论冲击民法基本理论的局面。在商法领域里，物权行为理论这些东西早就采纳了。比如证券的交付，强调意思自治原则，但是更加强调交易外观性原则，其实就是处分行为理论支持的物权公示原则的应用。所以，商法领域接受意思自治原则是很彻底的，或者说彻底接受了法律行为理论。比如负担原则和处分原则的区别，商法领域早就采纳了。物权行为理论的无因性规则，它也采纳了。

中国走上市场经济体制的道路，民法的思想必须要有大的转变，这一点可以从意思自治原则和法律行为理论的全面接受做起。现在我国法学界包括民法学界在内似乎对此还没有做好准备。

四　意思表示和物权裁判技术规则

民法的技术规则，也就是民法作为案件分析和裁判的规则技术。民法上主要的裁判技术规则，就是根据债权与物权的区分的基本原理建立起来的。对此，我本人提出了"区分原则"，在中国法学界倡导和推介已经有很多年了。最近有一个教授对我提出的物权法的分析与裁判规则提出批评，他针对的是区分原则。他的观点是，交易就像买卖一个杯子，你买我卖，交易就是这个现实存在的杯子在当事人之间转移。他批评说，他很难理解德国人从现实杯子里面再抽象出来一个杯子，把它想象为两个杯子的交易这样的分析方法。他批评说，德国人坚持的将现实的杯子打碎了不影响抽象的杯子转移的观念，这不但不符合民众对于交易的认识，而且也不科学。这种以"民意"为招牌来批评区分原则的观点，在我国法学界是很常见的。但是，这些观点在萨维尼时代就已经出现过，而且也已经遭到了德国民法典立法者的否定。不过那时反对萨维尼理论的人，所举的例子是买卖手套，就是一马克买一双手套，一手交钱一手交货。在中国物权法制定过程中，也曾经有学者主张，交易就是两毛钱买一根黄瓜，一手交钱一手交货，没有必要区分债权变动和物权变动，尤其是反对从法律行为理论的角度建立物权变动制度。

从德国人所说的买手套，到我们国家学者所说的买黄瓜，到现在某教授所说的买杯子，其法律技术观念都是一样的。他们认为，应该按照一手交钱一手交货这种交易模式来建立民法的裁判规则，这种观念在《物权法》颁布后还有很多人坚持。但是这样的观念实在是太不了解现实的交易了。我在这里为你们大体分析一下。

首先我要提出的问题是：人们在交易中为什么要建立合同？答案在于，合同的基本含义就是，当事人在订立合同的时候，标的物常常是不存在的，所以一手交钱一手交货的方式是做不到的，所以当事人只能先订立合同，在以后才能履行合同。这样，就必须在法律上产生债权来约束当事人。按照我国一些教授不能理解的方式来说，就是首先要有一个观念上的杯子，这个杯子在没有履行合同之前当然要在法律上产生出来。否则，当事人违约了怎么办呢？大量的对于国计民生具有重要意义的合同，都是这种标的物还不存在的合同，也就是我们所说的远程合同或者远期合同，合同订立的当时无法履行，但是这个时候合同必须生效。当事人订立合同的目的，就是让这个合同受到法律的承认和保护，要约束住双方当事人，要求他们不违约。这个债权完全是抽象出来的。如果你只能理解一手交钱一手交货，比如买手套、买黄瓜、买杯子这样的交易，那么你就不能理解这个债权。

同时，我们也知道，债权是束缚当事人的一个法律关系，它并不能确认合同百分之百地得以履行。但是它至少可以通过违约责任的方式来让那些信守合同的当事人得到救济。说到违约责任，那我们就必须理解，这个合同必须是生效的，无效的合同不会产生违约责任。所以我国法律上曾经出现的"不动产的合同不登记不生效"的规则，是非常错误的。法学界曾经坚持的买卖合同必须针对现实的标的物订立，否则就是无权处分不受承认和保护的观点（支持1999年《合同法》第132条、第51条的规定的观点），也是明显错误的。因为合同之债针对的不是即时清结的交易，而是未来履行的合同。虽然债权很抽象但是非常必要。英美法将债权称为"credit"，这个名词大家都理解，就是信用的意思。它的基本含义就是，合同订立后到履行合同之前所需要的一个信用。这种情形说明，某教授批评我的观点，认为区分原则假想了一个观念上的杯子的观点，是很难成立的。从这一点来看，中国很多法学家，甚至是很有名气的学者，也没有认识到债权的重要意义，也认识不到债权的根据。他们看起来是反对区分原则，反对物权行为理论，其实他们反对的，是让合同产生债权的法律效果。

理解了债权之后，我们就会清楚地理解物权。在交易涉及的案件分析和裁判中，我们都要首先分析当事人之间的债权性质的法律效果和物权性质的法律效果的区分。不论是法官做裁判还是其他司法工作者做分析裁判，都需要掌握这个基本的技术，也就是从法律根据和法律效果的角度来确定，当事人之间的交易到底发生了债权还是物权的效果。这就是裁判和分析的基本功夫。

由于否定物权行为理论曾经一度成为民法学界的主流，中国"担保法"、"城市房地产管理法"以及"合同法"都出现了一些不该出现的错误。这些我已经多次讨论过。

有年轻学者提出了担保合同的法律性质问题。这其实是一个更为复杂的问题，因为担保首先不是债务的承担，它只是一个有或然性的担保，不是债务更替。担保本身就受到这么一个前提性法律条件的约束。担保的信用就是一个更为复杂的问题。1995年的担保法就是在这个根本的方面发生了认识错误，它认为担保就是债务替代履行，或者说是债务更新，所以它建立的担保制度，是依据债务承担的规则建立起来的。这个问题在1995年撰写物权法立法方案时我就意识到了。1995年我回国以后，一个努力的目标就是要废弃这个担保法。当时全国人大法工委的一些领导不主张废除这个担保法，最高人民法院一些负责起草担保法司法解释的人也不主张废除，后来经过很长时间的讨论，大家才认识到这个法律确实是无法保留的。否定担保法的另一个重要的原因是该法建立的物的担保制度，违背了物权变动的基本原则。它完全认识不到物权与债权的法律效果区分，也认识不到物权和债权的法律根据的区分。所以该法有严重而且明显的技术规则问题。

　　说到技术规则，我们可以看出，民法上的很多制度是抽象出来的。比如物权与债权的制度设计是最抽象的。但是抽象是科学的。现在有一个很活跃的年轻学者认为，物权和债权都是人们想象出来的，你可以这样想象，也可以不这样想象。这种说法是违背科学研究的基本规则的。因为科学的归纳和演绎都是抽象的规则总结，凡是科学原则，就都是抽象出来的。但是想象就不是这样，想象不遵守归纳和演绎这些基本的科学规则。所以想象可以是虚假的。抽象来源于现实，反过来又可以作用于现实。物权法上的规则就是这样的，比如，区分原则就是这样的，它是来源于现实，又可以作用于社会。但是想象的东西是永远无法作用于现实的。我们必须把交易区分为债权变动的阶段和物权变动的阶段，这就是很合理的。正如上面谈到的，债权的抽象还是必要的，物权的抽象也是必要的。

　　谢谢大家。

第十四篇　法律行为制度构造与民法典的制定

| 写作背景

本文撰写于二十世纪末期，针对当时我国立法规定的"不动产的合同不登记不生效、动产合同不交付不生效"的立法规定，以及我国民法学界不能区分债权变动的法律根据和物权变动的法律根据的理论混乱，本人在借鉴德国物权行为理论的基础上提出了"区分原则"理论，以此来建立法律交易争议中司法的基本分析和裁判规则。这个理论提出后在我国司法系统逐渐被接受，而且得到了很好的推广，但是在法学界受到很大阻力。在和国内法学界多次讨论后，我发现我国法学界尤其是民法学界一些同人，不能接受区分原则的基本原因是他们接受的法律行为理论不彻底而且不全面。最显著者，就是这些同人只承认民事主体订立合同而发生债权的效果意思，看不到民事主体处分财产的效果意思，因此不但不理解类似于单方抛弃这样的法律行为，也无法理解类似于不动产登记过程中当事人的双方行为甚至多方行为。他们非常简单地把这些行为"定义"为事实行为。这不但违背了交易的现实，而且也造成很多不公平的裁判结果。鉴于这种情况，本人在二十世纪末期开始比较系统地研究和推介法律行为理论，阐明法律行为理论的起源、其主要理论和制度构成与分析要点，尤其是阐述清楚了民法上的基本权利类型——支配权和请求权的区分，以及当事人依据法律行为而实现这两种基本权利的变动的效果意思的区分。其实这就是法律行为理论的核心，而这个核心的理论在我国民法学著述中是很少论及的。知识资源的谬误，导致了法律制度的缺陷。为了法律行为理论的正本清源，而且还要联系中国法的实际，因此做得比较努力和全面，文章比较长。本人曾以本文的题目在一些著名高校直面学生和青年教师做讲演，地点有北京大学、中国人民大学、中国政法大学、武汉大学、中南财经政法大学、四川大学、西南财经大学、西安交通大学、西北政法大学等。为加深思考，本文附加了 2002 年 4 月在北京大学讲座时，该校某青年教授所作的评论，以及作者对这个评论的简要回答。事实证明，这种对于法律行为理论的基本内涵的系统发掘是十分必要的，在我国民法典的民法总则部分的编写过程中，不同学者知识要点的差异还是形成了立法争议，从而影响了立法。但是无论如何，《民法总则》涉及的法律行为理论和制度发生了本质的更新。必须指出的是，文章的最后定稿采取了论文的格式，而不是讲演稿的形式，只是因为时间的问题没有做出必要的注释，但是不论是资料的援引还是历史文献的表达，都是言之有据的。文章反映的我国法学界对于法律行为理论研究的状况是二十世纪末和二十一世纪初期的，和今天略有区别。

| 本篇目录

虽然我国目前的民法学研究取得了相当的成绩，但是基础理论方面的研究仍然很薄弱，在法律行为理论方面尤其是这样。尤其是作为民法学的核心理论的法律行为，在我国的研究尤其薄弱。绝大多数流行的民法学教科书中采用的法律行为理论还基本是前苏联的那一套，个别教科书虽然不同于前苏联法学理论的著述，但是采纳了不能彻底承认法律行为理论的立法学说。鉴于该理论在民法立法以及学说中的核心地位，我们必须痛下决心在这一领域进行彻底更新。

一　法律行为理论在我国

大家都知道，法律行为制度是民法最基本的制度。民法的核心制度是民事权利制度。而民事权利制度，除了要规定基本的权利类型以外，还要规定这些权利如何取得、如何转让、如何消灭，否则民法作为权利立法的目的还是达不到。事实上民法权利，如果只是自己持有，不发生转让，不发生变更，它们的意义也显示不出来，不通过市场的比较，权利的价值难以表现出来。从法律上看，民事权利的取得与变更，有一个法律上的原因或者动力的问题。一般认为这种原因有四种：公共权力（包括立法、法院判决、行政指令等）决定、自然事件、人的事实行为、法律行为。其中法律行为就是民事权利发生变动最常见、最重要、最根本的原因和动力。在市场经济体制下，所有的法律交易，都是法律行为推动的。所以，法律行为制度是民法的核心制度之一。

在市场经济民法立法中，法律行为制度，不论立法是否明确承认它，它都是民法的核心。在创立这一概念和制度的德意志法系中，法律行为理论是民法学的核心。英国人迈特兰说，法律行为理论是大陆法系理念法学、科学法学发展的顶峰。我国近代民法，从概念体系到制度体系从一开始就是以德意志法系模式为基础建立起来的，这种情况到现在没有改变，因此法律行为理论对我们中国人显得十分重要。然而法律行为理论在德国产生后，经过什么样的渠道传到我们中国，在传递的过程中发生了哪些变化？现在人们对它是如何理解的？这个理论现在又有什么发展？这都是我们应该研究的问题。

简单地说，法律行为传到中国有三个渠道。第一个渠道就是清末法律变革的时期，大陆法系尤其是德意志法系的理论传入中国，所以我国近代立法一开始就直接接受德国的法律。这一次引进到我国的法律行为理论，基本上没有改变该理论在德国法中的本来面目。我国清末变法编制的民律草案，以及1930年制定的我国民法典，直接以德国民法典草案的第三稿（即后来颁布法典的底稿）为样板，虽然具体制度建设方面融入不少中国特色的东西，但是法律行为理论基本上彻底采纳。当时我国民法典的主要起草人基本上都有学习和研究德国民法的经历，而学术界的大力参与，保障了这部立法的质量。现在看，这部立法的学术水平和实践水平都是很高的，是我们中华民族民法学发展上的骄傲。对此，我们看看还在台湾生效的"民法典"的有关内容，就能清楚地掌握。

引进法律行为理论的第二个渠道就是1949年之后我们对前苏联法学的全部承受。前苏联法律的基本概念体系也来源于德意志法系，不过很遗憾的是前苏联法学按照计划经济的需要，而且是出于政治的目的，对整个法学基本理论和制度进行了彻底改造，所以前苏联的法学已经脱离了人类历史发展的正常轨道。为了贯彻计划经济，前苏联人将民法作为改造的中心，而作为市场经济立法核心的法律行为理论当然被放弃了。这一改造的结果，是否定了法律行为理论的基石——私法自治或者意思自治原则，极大地压缩了民众按照自己的意愿建立权利义务关系的空间。这种改造对法律行为理论造成根本的破坏，因为，法律行为理论的基本出发点正是意思自治原则，法律建立法律行为制度的目的，就是承认和保护民众具有按照自己的意愿建立和变更涉及自身生存与发展的法律关系。前苏联人的这种改造导致民法学整体的癌变，它的基本概念到逻辑体系虽然从语词上看还是大陆法系的，但是本质与传统民法背道而驰。比如过去人们找对象都要向组织汇报，结婚都要像斗私批修一样，在这种纯粹应该由个人感情决定的领域，都深深地渗透了政治上的压力，其他领域更是这样。对于国计民生有重要影响的民事行为，比如订立合同等，更是为公共权力所控制。现在看大家觉得这很荒谬，但是过去几十年就是这么做的。甚至到现在这种现象还有残余，比如离婚要经组织批准、由组织开介绍信的现象一直存在50多年，前两年才改变了。在这种情况下，从文字上看我们的民法承认了法律行为理论并建立了相应的制度，但是实际上丧失了其本意。

第三个渠道就是改革开放之后，我们希望打破前苏联的束缚、恢复传统法学的时候，由于地域和文化方面的联系，结果广泛引进了日本法学研究的成果，其中包括法律行为理论的研究成果。当时人们的外语能力普遍比较差，因此学习和引进日本法学比较方便，又比较时髦。日本法学对中国的影响，在合同法立法时达到高潮。除了中国一些学者的推崇之外，日本学者自己对中国立法也表现出崇高热情，他们自费来中国，通过各种方式在合同立法中灌输他们的法律观念。我们中国人历来衷心感谢别人的帮助，但是这一次日本民法的引进可以说问题不少。比如现在引起很大争议的合同法第 51 条、第 132 条、第 133 条、第 149 条、第 159 条等，都渗透着日本民法学的影响。这些条文与买卖这种最典型的交易行为有关。在市场经济条件下，在物没有制造出来、当事人没有处分权的情况下，当事人可以先订立关于这些物的买卖合同的情形是很常见的，在法理上也是很正常的（下面我将仔细探讨这一方面的理论）。可是按照我国合同法的上述规定，这时的买卖合同要不然不能生效，要不然买受人不能主张出卖人的权利瑕疵责任。这些规定本来很有问题，可是主导立法的学者总是不顾法理和实践，以为能够自圆其说，所以到现在还在不断地自圆其说。可是建立在不讲法理基础上的理论，尽管为了自圆其说而搞得他们的理论越来越复杂，但是越来越显得不能自圆其说。日本民法从形式上看也属于德意志法系，但是恰恰在法律行为理论方面，接受了基本上不承认法律行为理论的法国法制度。我妻荣先生曾经说过，没有在本质上继受德国民法是日本民法的一大失误，可惜木已成舟，难以改变。现在我国学者拾人牙慧，到目前尚不自觉。

从以上通过对法律行为理论进入我国的渠道的历史描述中，可以看出我国现在法律行为理论研究的症结。本来我们中国人对该理论有很好的研究和立法，但是这些成果因为历史变迁受到彻底的批判，因此这些成果只能存在台湾一地并在那里放射光芒；而在大陆这边，具有重大缺陷的前苏联引起的法学、日本一部分学者的观点，却成为我们的"主流"。前苏联法学被当作社会主义法学的经典，可是它恰恰抽去了法律行为理论的精髓即意思自治；从日本引进的法律行为理论，恰恰是在基本上不承认该理论的法国民法法学的基础上建立起来的。我国目前一些被认为"主流"民法学关于法律行为理论的研究，基本上就是这个十分滑稽的样子。近年来我国一些学者开始介绍法律行为理论的真实状况，但是由于起步较晚，所以遇到相当限制。

二 法律行为理论的产生及其意义

（一）定义

法律行为是以意思表示作为要素的人的行为，它在法律上的基本定位就是作为民事权利变动（包括权利设定、权利转移、权利变更和废止）的依据。它在整个法律体系中的重要地位可以通过如下逻辑得知：民法是权利法，权利必须要发生变动，而权利的变动必须有合法的根据——自然的事件和人的行为，人的行为之中有法律行为和事实行为。法律行为就是民事权利发生变动的根据之一。

（二）中国必须建立法律行为制度吗

在法律行为制度建设上，尤其考虑到制订民法典的现实，我国民法首先要考虑的，就是民法典要不要建立法律行为制度。这个问题值得考虑。有一次哈佛大学法学院院长到我们法学所访问，他说民法中建立法律行为制度实在没有多大必要。因为在中国的法律中法律行为发挥的作用仅仅限制在合同法中，实际上就是一个要约承诺问题，因此法律行为制度要解决的问题，依靠要约承诺制度就可以解决。大陆法系国家，也不是都建立了法律行为制度，比如法国民法就没有采纳法律行为理论。在我国民法典立法的过程中也有些人认为，这个概念在世界上没有普遍性，在英文里找个比较精确的单词都没有，怎么翻译都不太精确，法语也是一样。既然这样，为什么我们还要这个概念和制度呢？

尽管如此，在中国民法学界绝大多数人支持这一理论，立法的基本趋势也是承认它。原因很清楚，法律行为理论是科学的。英美法系一些学者主张不建立法律行为制度，因为英美法的合同内容极其广泛，人身关系、财产关系都依据合同规则，而且所有的意思表示甚至单方意思表示都被称为合同。所以在英美法中形式上看没有法律行为制度，但是本质上还是存在的，所以英美法的许多学者都承认法律行为理论，并自觉应用这一理论的规则。但是在我国，因为法律上建立了人身关系与财产关系相区分的制度，在财产关系领域又建立了物权与债权相区分的制度，我国法律上的合同仅仅指债权关系领域里的合同，合同只是发生债的根据之一，因此我们立法上的合同是最狭义的。合同概念本来有狭义广义的区分，广义合同指一切基于当事人之间意思表示的协议，比如亲属法上的协议（婚约以及婚姻）、物权法上的协议（比如抵押合同等）、社团发起协议（公司发起合同、俱乐部发起合同等）等；而债权法意义上的合同是十分狭义的合同，当然不能包括法律行为理论和制度的全部内容。如果在中国不承认法律行为理论并建立相应的制度，就会在中国产生将一切法律关系归纳入债权法律关系的后果。也正因为这样，我们必须在立法体例上明确建立法律行为制度。

（三）法律行为制度的构成

法律行为理论的本质是确立民事权利变动的正当性根据。法律行为理论的全部出发点，是探讨并确定当事人真实的意思表示。从这一点出发，法律行为理论将一个法律行为划分为三个组成部分：效果意思；行为意思；表示行为。这三个组成部分的含义不一，在法律行为也就是意思表示中发挥的作用是不一样的，因此它们是不能互相代替的。

一些学者将动机也就是目的意思也当作法律行为的组成部分，但是大多数学者不这样认为。我本人也持反对态度。因为，动机本身不是法律行为的要素，它与当事人的法律关系的内容没有关系。动机也就是一般人所说的目的意思，和效果意思严格来说还不太一样，效果意思对当事人的法律关系有决定作用，而动机没有。比如当事人之间订立了一个买卖木材的合同，但是购买人拿木材干什么的动机，以及出卖人用卖木材的钱做什么的动机，一般与当事人之间的法律关系无关。

通过这些概念的分析可以看出，法律行为理论能够把当事人之间的权利取得与消灭的变化确切地建立在当事人的内心真实意愿基础上。这样就符合了私法的本原，特别是贯彻了私法自治的原则。所以，这一理论提出后得到世界法律界的承认，因为它更加深入地揭示了私法与公法的区分，而且为调动民法上的人的创造精神起到了解放思想的作用。从这一点来看，也能说明法律行为制度不能被要约与承诺制度代替的原因。要约承诺理论实际上只是解决双方当事人协商一致的问题，它是否能清楚地表达意思表示的各要素，一个行为意思表示是否真实，意思是否能通过行为得到表达，像这样的逻辑分析在要约承诺理论中是看不出所来的。所以以要约承诺理论替代法律行为理论的观点是有缺陷的。

（四）法律行为的大体分类

法律行为作为民法权利取得以及变更的根据，从其对民事权利发生的作用看，所有的民事权利都缺少不了这一根据。所以说法律行为是民事权利变动的一般根据。根据法律行为涉及的民事权利，可以把法律行为首先区分为人身法律行为和财产法律行为。人身法律行为，比如结婚、收养等；财产法上的行为有物权行为、债权行为，涉及处分行为与负担行为的区分。根据法律行为的当事人，可以将法律行为区分为单方行为、双方行为、多方行为等。在这一切分类中，负担行为与处分行为的区分具有最基本、最重要的意思，这一点我在后面要详细谈到。也就是在这个问题上，我国民法学基本理论的研究呈现十分落后的局面。

（五）法律行为理论的产生

法律行为理论是怎么产生的？大家都看了不少的书，像胡果、格老休斯的创见，后来的潘德克顿法学的贡献，还有萨维尼的法学贡献，我想大家都了解很多了。在此我再简要介绍一下。

法律行为理论的产生，从根本上来说有两个根源，一个是欧洲文艺复兴时代产生的理性法学；另一个是潘德克顿法学。

理性法学（Vernunftsrecht）的产生，是当时著名的文艺复兴、宗教改革、继受罗马法三大事件的结果。这三大事件的英文字母都是以 R（Renaissance，Reform of Religions，Rediscovery and Explanation of Roma Law）开头的，所以又称为"three R movement"，即"三 R"运动。

这"三R"所引起的革命性后果，就是要对人际社会关系建立以至于发生各种变化的合理根源从新做出解释。在文艺复兴之前，对为什么会有权利、为什么要承担义务或责任，人们首先将其解释为神的意志。在人类的蒙昧时期，人们总是认为有一种很伟大神秘的力量在操纵着社会和自然，这种力量就是神。因此当时的人们不论做什么事，包括订合同、结婚等都要拜神，其目的在于使其行为获得正当性的支持。从而在一方义务不履行时，另一方当事人就可追究对方的责任。这种情况甚至在罗马法中还可以看到痕迹。这一时期的民法，具有附属于神法的特征。

但到后来人们越来越发现神的力量并不管用，对神请求了半天，好人没得到保护，坏人也没有得到相应的惩罚。尤其哥伦布"发现"新大陆对于神无所不能的观念产生极大的打击，因为圣经上并没有记载美洲大陆和玛雅人、印加人，这样一来，神的强制力就在淡化。但是古代的人特别地讲原则，他们总要对自己的行为正当性找出合理的根据。因此法学上产生了权利义务正当性的新解释。这个解释就是以人的社会性为依据，强调个人的意志就必须服从社会的意志，由社会最有资格的人认可人们行为的正当性，并追究违法者的责任。这种解释把个人权利义务都归结为社会利益的需要，而社会利益的最高代表或者说最应该的代表，就是君主或者统治者，因此人们是把他们当作社会整体利益的代表来承认的。所以他们有权威，想怎么做就怎么做，最后形成极端君主统治制度。社会的个人可以说没有发挥自己独创精神的可能，也没有追求纯粹的"个人利益"的可能。因为个人的利益被社会彻底吸收了，个人行为的正当性以所谓的"社会利益"判断。这种情况在我国过去事实上也存在。比如曾经引进一个前苏联的观点，说家庭是社会的细胞，所以人离婚就意味着社会细胞分裂，社会秩序就被破坏了。因此中国长期以来有一个"离婚难"的问题，法院也好，领导也好，尽量不让人离婚，结果给许多人造成严重的痛苦，反而增加了社会的不稳定因素。其他的民事行为的正当性，更是要从这一方面来解释。这种逻辑最严重的问题，是个性的泯灭，社会文明不是进步了而实在是倒退了。

但是文艺复兴运动带来了精神的解放。文艺复兴，从名义上看似乎是一场文化活动，但是它是一场真正的思想革命。因为文艺复兴所鼓吹的精神，是人性从附属于神的地位、从附属于君主的地位向独立人格的复兴，它以张扬人体美、自然美的方法，主张人是社会的主体或者本体，自然人的自然本性是社会性的基础，所以人应该从神和君主的统治下解放出来。所以文艺复兴也被称为人文主义革命、人本主义革命。在这场革命中人们重新思考了权利、自由、民主这些东西，这一思考产生了"理性法学"，即以人的基本属性为基础思考法律的正当性的法学理论，其基本的结论是只有符合"人性"的法律才是正当法律。这一观念最后对民法也产生了极大的作用，就是在民法上产生了"意思表示"理论，即只有符合当事人自己的内心真实心愿的法律关系结果才是符合人性的学说。这些学说和理论首先发挥了解放思想的作用，它把个人放在法律的根本上，把个人的真实意思表示作为法律性质正当性的基石。这种解放思想的作用，是人类历史上最光辉的，实际上正是它造成了一次又一次工业革命，造成了人类物质文明和精神文明的极大发展。与此同时，宗教改革运动打破了罗马教廷对神权的垄断性解释，促进了思想的解放；而罗马法的重新解释，导致了民法社会的承认、民法社会的意思自治原则的承认、私权神圣的承认。"three R movement"，最终导致近现代民法的产生，后来产生的民法理念和制度，都是这场革命的结果。民法上的法律行为理论和制度，就是将这些思想成就具体化为私法的规则而已，这种具体化的过程，是一个法学技术化的过程。目前我国有学者认为，德国法学的高涨意味着人性的压抑，认为法律行为理论是法学家书斋里的产物，这种观点显然不了解法律行为产生的历史。

"三 R"运动在法学上最大的成就，就是理性法学。理性法学的基本特征，就是从人的理性出发建立民法一整套概念和体系。其最光辉的成就就是法律行为理论。在理性法学看来，一个人权利的获得、义务的承担到责任的追究，其根据只能是人自己本身的意愿即意思表示。只有符合自己意愿的义务承担才是合乎理性的，因此才是正当的；基于同样的理由来追究法律责任时也才是正当的，这就是"自己责任"理论的产生。从这一点我们就可以明白，为什么德国民法那么强调意思表示的真实性，并将其作为法律行为效力的根本依据。这些思想，都是革命性的。民法就是在这一点上高扬了人性，解放了人的思想。

当然，法律行为生效的一个基本前提就是人首先要平等，要有理性，否则人无法平等表达自己的意思。这样法律行为理论就给公法代表的公共权力系统提出了革命性的要求。

法律行为理论被立法采纳后，民法上的权利、义务、责任制度的建立才有了真正合理的基础。欧洲民法基本上都受到理性法学的影响，从文字上看，影响最大的最直接的是法国民法典。但是思考最深刻而且将其具体落实为民法具体制度的，是德国民法。

最初提出意思表示这一科学概念的是古斯塔夫·胡果，后来一大批法学家、思想家对此做出了贡献。从我刚才的描述中可以看出，最初提出意思表示理论时，它并不完全是从民法的角度提出的，它首先是针对公共权力运用的正当性提出来的。康德说，一个人的意思如果要产生法律上的效果，首先他的意思必须是自由的。从这句话中大家可以看出，自由不是针对个人的，而是个人向整个社会发出的呐喊，要求公共权力能尊重个人的自由，个人能够拥有自由形成自己意志而且能够贯彻自己的意思的自由。后来德国一个比较著名的民事立法——巴伐利亚民法典首先采纳了意思表示这个概念。而在法律上首先采纳"法律行为"这个概念的，是1794年的普鲁士统一邦法。从该法的规定也可以看出，意思表示、法律行为这些概念的使用，首先还是为了对公共权力的限制，是代表民法向公法主张权利。无论如何，法律行为理论就这样产生了。

法律行为理论的另一个根源是潘德克顿法学。这一法学科学，使得法律行为具体地成为民法科学的基础。

潘德克顿法学尤其是其创始人萨维尼，对法律行为理论的贡献是什么呢？我们都知道萨维尼是个罗马法学家，他强调倡导的历史法学派主张从罗马法中寻求私法即民法的本源。许多同学曾经问我，一个德国人为什么将罗马法当作本民族自己的法律？对于这个问题，我们了解一下欧洲的历史就会了解。1860年之前意大利中部一直到瑞士、波罗的海这一带都是日耳曼民族神圣罗马帝国的版图（但是主权在各邦国，而不在帝国），罗马法实际上是在德意志民族神圣罗马帝国境内发现的；而德意志民族神圣罗马帝国一直宣称自己是罗马帝国的继承人，所以德国人从一开始就是将罗马法当作自己的法律来继承的。德意志神圣罗马帝国一直到1860年才解体，而萨维尼的活动时代，是1800年到1860年。所以萨维尼以及当时其他的德国人一直将罗马法当作自己的法律。

萨维尼对于法律行为理论的创造在于：他将法律行为具体地纳入民法之中，使之成为真正的民法制度。萨维尼之前的法律行为理论有两个特征，其一，提出法律行为理论主要是为了向公法社会主张民法的作用空间，其基本要求是公法承认私法的基本原则；其二，在私法的意思表示和法律行为方面不划分具体的类型，只主张"泛意思表示"、"泛法律行为"，即只是一般地指出了民法权利和权利人自己的意思表示和行为之间的联系。

而萨维尼的贡献也正是在这两个领域里进行的。他不仅仅将意思表示、法律行为正式引入民法的范畴，而且从民事权利性质的差异方面，建立了民事权利和意思表示以及整个法律行为理论的内在联系。萨维尼指出，民法上的权利性质是不同的，有人身权利，有财产权利，而财产权利中又有请求权和支配权的基本区分。这些权利的性质是如此的不同，因此当事人追求的司法上的效果意思也是不同的。因为当事人追求的效果意思的不同，所以涉及不同民事权利的意思表示、法律行为也肯定是不同的，因此必须在不同的权利取得与消灭的根据方面，尤其是在法律行为方面做出清晰的划分，以明确不同的法律关系。正是这样，萨维尼提出了后来在民法学上发生重大影响的处分行为理论，我国一般称为物权行为理论（但是物权行为只是处分行为的一个主要的种类）。这一理论的提出，为民法上两种最基本的权利——请求权和支配权的变动确立了科学的根据，其中能够发生请求权的法律行为是负担行为，能够发生支配权效力的法律行为叫处分行为。对这一问题，我在下文中将仔细谈谈。

在萨维尼和潘德克顿法学之前，虽然意思表示理论和法律行为理论已经产生，但并没有从民法的角度清晰地确定某种法律行为与某种民事权利之间的联系。法理上只是泛泛地讲有个意思表示是权利变动的依据，但权利变动怎样与意思表示结合，与其他民事权利有什么关系，在萨维尼之前并不清楚。萨维尼之后的法律行为理论中，这些问题都清晰了。

理性法学和潘德克顿法学对当代法律行为理论的确立发挥的作用都很大，但是角度不同。理性法学所发挥的作用，主要是从法律行为的角度证明了公法和私法的区分，确立了近代私法学科学的基础；而潘德克顿法学的贡献在于从法学技术的角度使民事权利具体化，使得民事权利发生变动的根据具体化，使得民事法律关系具体化，从而建立了现代化的民法科学体系和制度体系。也就是说，潘德克顿法学确立了具体的民法权利及其法律根据之间的内在联系，从而进一步厘清了不同质的法律关系，并使得法律关系理论成为科学。

（六）法律行为理论的意义

法律行为理论具有重大的意义，最重大的意义在于对民法上的权利的享有、义务的承担、责任的追究的正当性的解释。

首先，法律行为理论正确地揭示了民法上的权利根源，它要求立法尊重民事主体自己的选择权，而且保护民事主体按照自己的真实意愿进行的选择，这就为调动每个人的主动精神建立了根据。法律行为理论和制度是人文主义革命的结果，它首先的功绩是对人的解放。正是因为这样，这一制度的建立对于后来社会的物质文明和精神文明的发展发挥了极大的促进作用。

当然，在潘德克顿法学之后，法律行为制度才真正成为民法上的制度，因为立法不是革命的口号，它必须将自己的理念具体为法律制度。潘德克顿法学就是这样一种能够将法律行为理论的人文价值具体化为民法规范的科学。它直接的产物是民法理念进入民法制度，所以，在潘德克顿法学里，人们看不到激扬的革命口号，只是具体的制度。但是我们民法学家必须明白，立法和法学必须将理性演变成细致的规则，才能在社会最彻底地贯彻理性。因此立法必须如此，这是我们自己的工作语言。如果一个法学家因此而责备法律，那么这个法学家就有不懂自己的工作语言的嫌疑。

确实，在民法社会里要贯彻意思自治原则，权利的设定、取得，义务的承担，责任的追究的正当性根据，只能是当事人在设定这一法律关系时意思表示的真实性。所以法律行为理论的基本制度，就是确定当事人意思表示的真实性。这是法律行为制度的基本内容。我们之所以要批评前苏联民法，原因正是在这一点上，前苏联的民法歪曲了法律行为理论。

其次，法律行为理论对整个民法的体系进行了更新，对现代民法体系做出了新的贡献。现在大家都说德意志民法体系比较科学、比较完善，就是因为德意志法系民法把涉及人身的法律关系、财产的法律关系区分开来，在财产法律关系中又将请求权、支配权的法律关系作了区分。最关键的是在权利的享有，权利的变动模式上做出了贡献，建立了科学、稳定的法律依据，这样使得各种民事权利制度最终臻于完善了。也正是因为如此，法律行为理论成为整个私法包括民法、商法的理论基础。

除此之外，法律行为理论还有一个很大的功绩，就是对现代公法理论的推动。法律行为理论提出来之后对公法理论也发生了极大的促进作用。比如征税这个最常见的公法行为，实际上现代公法里纳税人这个概念就是从法律行为理论里产生的。因为纳税的基本前提，是按照纳税人的意愿选择管理者，但管理人要按照纳税人的意思活动。从某种意义上来讲，就像我们雇个保姆一样（社会契约）；同时我们老百姓也必须按照这个契约关系，支付管理人的报酬及其活动经费，这就是纳税。有领导宣传说，税是国家确定的，让你交你就得交，你必须服从，这就是纳税意识。所以北京前几年派很多人在街上堵截自行车，强征自行车税，结果花的钱大大超过征来的税，这样做的目的，据说就是要培养老百姓的纳税意识。这种把纳税意识理解为领导怎么决定你就要老老实实服从的观念，就是没有经过民法上的法律行为的精神改造的旧观念，是有封建特色的。在法治国家里，纳税是老百姓固然的义务，但是纳税人有权利知道这个税具体干什么用了。强调培养老百姓的纳税意识就是服从意识，这样说老百姓更反感。这种官员就属于法盲系列。当然这跟今天要讲的没多大关系，我就不多说了。整个公法系统都是这样，比如说宪法等都是从法律行为、意思表示理论中获得的精神，从这个意义上来讲，说民法是宪法的基本法是不过分的。

三 法律行为制度建立的前提条件

建立完善的法律行为制度，确实需要一些现实的条件。在我看来，这些条件至少应该有如下几点。

（一）法律政策要承认民间社会（civil society, private society）的存在，而且必须承认民间社会的独特性

所谓民间社会，或者私的社会，就是只涉及个人利益，应该由社会的人自己决定各种关系的社会空间。和民间社会相对应的，为公共社会，即涉及公共利益，应该由社会的人全体或者大多数人共同决定其事务的社会空间。公共权力系统要承认有民间社会存在，民法上的人才可能实现意思自治。因此，法律政策承认民间社会的存在是建立法律行为制度中重要的前提条件。

民间社会在我国存在吗？可以说以前基本上不存在，而现在已经获得了

极大的发展。二十五年前我当兵的时候，一个人要结婚必须要向组织汇报，你娶王姑娘可能允许，娶李姑娘就不允许，当时确实是这样。连这样一个纯粹涉及个人感情的事情公共权力都加以控制，其他的事情比如订立各种合同等就更是这样。一个人的一生都没有自己决定的机会，从小孩上学，幼儿园、小学、中学、大学到工作，一直到老都是由公共权力决定，一切都是分配的，个人只能是一颗"螺丝钉"，人家把你拧在什么地方，你就在那里"闪闪发光"吧。从某种意义上来讲是国家从摇篮到坟墓都要将你管起来。这就是绝对公共权利社会，民间社会基本上被公共权力社会吸收。现在当然不一样了，别说谈恋爱婚姻没有人管，还有上幼儿园、中学、大学一直到老都要订合同，上学要交学费，工作要挣工资，到老要买养老保险。除了个人的生活之外，大量的合同政府和执政党都不负责了，不但不管了还将很多问题向社会上推。比如说国有企业，国家将国有企业推向市场，让企业自己做主。因此民间社会在我国实际上已经存在，而且获得了极大的发展。随着市场经济的发展，我国的民间社会肯定还会进一步发展。

民间社会产生后，民法的制定成为必然。我们既然承认了民间社会的现实性，也就承认了意思自治的客观基础，完善的法律行为制度的建立也就是必然的了。

对于民间社会的存在和发展，很多法律尤其是宪法，根本就没做出反应。对于民间社会或者民法社会产生这件大事，我国的法学研究，不论是公法学科还是私法学科基本上都没有探讨。这个问题实在是太大了。

（二）承认并确立意思自治原则为民法的基本原则

意思自治，或者私法自治的原则，指社会的个人事务由社会的人自己决定的原则。意思自治是民法制度的基础，也是法律行为制度充分发挥作用的基础。强调这个原则的基础作用在我国具有特别重要的意义。从前苏联法学引进的所谓经典社会主义法学，曾经对这一重要原则进行过十分不中肯的批判，现在我们的许多教科书以及民法学著作都不承认这一原则。但是，意思自治不论是作为政治制度文明的基础，还是作为民法制度文明的基础，在我国都是不能否定的。

意思自治首先在民法上是指当事人追求的意思，能产生法律上的后果。

实际上意思自治首先是指私法领域里的自治，是民法向公共权力提出的要求。意思自治的空间在我们中国到底有多大，像意思形成的自由、意思决定的自由、意思表达的自由在中国到底有多大，我们的民法立法不能不考虑。现在的政治体制许可的当事人的意思自治到底有多大，这对法律行为制度发挥的作用是一个前提条件。

（三）社会经济的发展

法律行为作为民事权利变动的根据，它的完善还必须依靠社会经济关系的发展。在自然经济状态下，一个农民种二亩地，种出来不卖就自己吃，少量的交给国家，在这样一种经济状态下，意思自治发挥不了什么作用。有一次我在外地讲课，讲到法律行为理论，某地有个司法局长说，孙教授你讲的这个理论很好，就是没多大用，为什么呢？因为在我们这里农民特别讲诚信，用不着这么复杂的一个制度。比如我到街上买一头牛，五百块钱的价格，可是我只带了三百块钱，怎么办呢？牛你先牵走，然后在地上找块瓦片，往地上一摔，摔成两半，一人拿一半，这就是债权，然后在下次逢集的时候还在老地方，将两块瓦片一对，如果能合上，我再给他二百块钱。老百姓都很诚信，法律上建立这么复杂的制度干什么？还有一次我参加一个立法的会议，提出建立法律行为制度的一些设想，西部一个大学教授说，你讲的实在是太复杂了，这些对中国人都没有用，因为中国人比较讲究信用，尤其是在我们西部特别讲义气，欠人钱怎能不还，订了合同就要履行，所以什么物权、债权，什么物权变动、债权变动，还要区分法律行为，搞那么复杂干吗？

按照他们这样的说法，是不是能够得出法律行为制度不符合我们的传统道德观念，不符合我们的国情的结论呢？我跟他们说，我也不给你讲多深的法学原理，你看现实生活中有多少骗子，防都防不过来，你还用这种瓦片式交易，能保护你的权利吗？你讲订合同没必要设置抵押，抵押不必要登记，欠钱就还，但是你先看看现实中那么多的房地产开发，开发商将还没有开发的房子早卖出去了，甚至一房二卖三卖，既出卖又抵押的情形，老百姓的利益得不到维护，如果只是认为订立了合同就能够得到履行，那能做到吗？

法律从来不限制纯朴的人按照诚实信用的规则所进行的交易，更不会将他们从事的诚实的交易裁判为无效。但是法律必须对于不诚实的交易确定裁判的规则，以确定发生争议时的解决办法。从制裁的角度看，法律从来都不是为防止纯朴的人而制定的，纯朴的行为在法律上不会受到制裁；但是法律也不能假定一切人都是纯朴的人，更不能把自己的裁判规范建立在一切交易都是诚实信用的这个不实际的前提下。对此不但立法者应该明白，法学家更应该明白。

在我国民法立法中一直有这样一种呼声，即立法的"本土化、民众化、通俗化"的要求。这种呼声在我国特别容易产生共鸣，因为多年来我国的法律意识形态具有重政治、轻科学的特点，许多人希望法律能够像白居易的诗一样浅显，能够让农村里的老太太听得懂。但是如果做到了这"三化"，那么就牺牲了立法的科学化、技术化、专业化、可操作化，立法就只能像过去一样仅仅是一个政治宣传工具，而不是法治国家原则下的裁判规则，这样的法律尤其对法官不利。我们民事法律制度如果只能适应这种"瓦片债权"的话，那么，它就肯定不能适应发达市场经济的需要。反过来，如果法律规则依据发达市场经济建立起来，那么简单的交易纠纷也能得到解决。这就是说，用牛刀可以杀鸡，但是用鸡刀却不能杀牛。用立法的政治要求牺牲立法的科学化要求，我们是有教训的，现在这种做法很不可取。

四 建立完善法律行为制度民法层面的问题

从上面的分析基本上可以看出，法律行为理论在我国法律制度上的建立的障碍，一方面是政治意识形态方面的，另一方面是民法科学自身方面的。

第一个问题，从前苏联引进的所谓正宗、经典的社会主义法学意识形态，排斥着完善的法律行为制度的建立。这种所谓正宗的社会主义法学，不承认公法与私法的区分，不承认意思自治的原则，因此它在本质上也不承认法律行为理论。这一点和我国目前的政治体制、经济体制很不适应。有些人说改革开放已经这么多年了，这些观念恐怕早没有人相信了。但是我最近看了一些法学教科书，发现原来的这些旧理论基本上没有改动。许多教科书一提到意思自治原则还是说是资产阶级的法律原则，社会主义法律只承认社会利益、社会意志，个人权利对公共权力的服从。虽然我们合同法、婚姻法都规定了自主自愿原则，但是意思自治作为私法的基本原则尚未得到承认。这一次民法典的立法方案中也没有承认这一点。也正是因为这样，现在几个民法典的立法方案，也都没有建立完善的意思表示制度，这样的法律行为制度当然是不完善的。

第二个问题，就是在公有制的体制下，我国法律根据意思自治原则建立的法律行为制度能够发挥作用的空间到底有多大。中国较特殊的问题就是公共权力进入市场经济社会，利用公共权力经商的现象很严重。公共权力经商在法治国家是不许可的，按照公权与私权的划分原则，"公权不得牟利"是法治国家普遍承认的原则。因为税只能为社会公共利益服务，政府用纳税的钱来经商，违背了征税问题上的政治契约。但是在中国，除国有企业垄断性经商这个问题难以解决之外，政府直接经商的问题大家都知道。这几年铁路的票价问题、通信的费用问题，就是因为政府直接的操作，搞得民怨鼎沸。尤其是中国的铁路名字叫作人民铁路，但是只有中国的铁路敢在老百姓最需要的时候涨价。这时候坐火车的人实际上是最没有钱的人，多数是打工的人，在他们最需要坐火车的时候铁路借助于政府行为涨价，世界上没有哪个国家敢于这么做。在我国，官办企业不论在哪里，大多数有一种严重的"霸道"作风，他们借助于政府行为所进行的交易，使得民法上的法律行为制度难以发挥作用。

第三个问题，是现行立法建立的法律行为制度的问题。这些问题主要有：

（1）民法通则只承认双方法律行为即合同，不承认单方的和多方的法律行为。在诉讼法中才能找到单方法律行为的依据；多方行为也只能在公司设立制度中找到间接依据。

（2）立法中的概念不科学。民法通则以来，我们民法采用"民事法律行为"这一概念，而没有采纳"法律行为"这一概念。在我国法学中，与民法上的民事法律行为相对应的概念有行政法律行为等，这些概念当然都是来自前苏联了。但这些概念实际上都是错误的。比如行政法上哪有什么法律行为？法律行为指依据当事人的意思表示产生法律后果的行为，行政法上哪有依据当事人意思表示产生法律后果的可能？所以行政法律关系中没有法律行为。目前的立法和学者的解释，都是根据前苏联法学，并不指出意思表示在法律行为制度中的核心地位，而把所有当事人所追求的具有合法效果的行为都叫作法律行为。前苏联人为什么能这样说呢，因为他们不承认或者尽量压缩民法上的意思自治，当事人的意思表示发挥作用的可能性有限，所以民法上的行为和行政法的行为可以说没有本质的区别。但是在科学的民法学理中，公法与私法必须明确区分，以意思表示为要素的才是法律行为，行政行为因此不是法律行为，因此不能采纳"行政法律行为"这样似是而非的概念。

对法律行为这个概念的正确理解有个翻译的问题。"法律行为"一词，在德文中本身是"Rechtsgeschaeft"，由"Recht"和"Geschaeft"构成。"Recht"本身是法律和权利的意思，"Geschaeft"本身指的是交易的意思，指权利的转让、让渡等。这个词翻译为"法律行为"不算太确切。因为人的行为有专门的词"handle"，跟英文的"hand"词根是一致的，人的纯粹行为用"hand"。以个人所为的、能够产生法律效果的行为，在德文中表示为"Rechthandlung"，从其本意来看，这个概念并没有要求以当事人的意思表示为要素。但是"法律行为"作为一项交易，就必须以当事人的意思表示为要素，因为转让权利必须符合出让人的意思，也必须符合受让人的意思。但在行政法上哪有交易？从这个名词的原意上，也能看出行政法律行为、民事法律行为这些概念都是不科学的。

（3）立法不承认准确的意思表示理论。意思表示理论的核心，是要求法律效果符合当事人的真实意愿。为了达到这一点，就必须对于各种导致意思表示不真实的情况在立法上予以考虑，并建立相应的规制。正因为此，凡是建立法律行为制度的市场经济立法，都建立了十分详细的意思表示的制度，其目的就是要采用各种手段使得法律行为的后果准确地符合当事人的内心真意。但是我国目前的各种立法所建立的意思表示制度，都十分简单。比照一下前苏联的立法我们就能知道为什么会这样。前苏联民事立法，不论是哪个法典都十分简单，前苏联学者的著作里探讨的意思表示，一般只有二三百字。这种情况和西方国家对于这一问题的探讨形成明显的差别。我国立法在这里的问题，原因已经在上面谈过。

第四个问题，是我们民法科学自身的问题，即几年前所谓的"主流法学"对于法律行为理论研究的问题。立法上、司法实践中的问题，归根结底都是法学研究的问题。但是在我看来，前苏联法学的影响肯定会随着时间的发展被自然清除，而日本法学的影响逐渐成为我国建立科学的法律行为制度的最大障碍。

上面谈到，现在民法学所谓的主流，是模仿日本法学建立起来的。在法律行为理论研究方面，这一部分学者所接受的理论，和日本法一样只是接受到萨维尼之前的"泛意思表示理论"或者"泛法律行为理论"。他们承认依据当事人的意思表示来实施后的效果,并且以这样的逻辑来确立当事人的权利义务、法律责任的正当性。但是他们对法律行为理论的承认也就到此为止。至于萨维尼以及潘德克顿法学对法律行为理论的贡献,他们可以说基本上不承认。在他们的著作中,不但看不到意思表示以及法律行为和各种不同的民事权利的内在联系,也看不到支配权、请求权、物权、债权的效力区分和当事人法律行为(当事人有意识的效果意思)之间的联系。他们不但不承认这里的区分,而且反过来批评这种区分。这些批评反映出他们没有经过潘德克顿法学训练这一严重的问题。下面我以负担行为和处分行为为例,具体谈一下这个问题。

五 负担行为和处分行为的区分

处分行为和负担行为,可以说是法律行为理论中最具有常识性的一对概念,从制度建设来看,这两个概念也是法律行为制度中最基本、最重要的概念。但是目前在我国民法学教科书中,只有一本书谈到这个概念,而且还是采用了批评和否定的结论。2001年在博士生考试中我出了一道题就是论处分行为和负担行为,结果不但很多同学不理解,说是没有听说过这样的概念,还有一些大学老师说宪忠出的题偏难古怪,整人。因此我想特别谈谈这个问题,请大家看看这里的重要意义。

首先,我想请大家一起来分析三个问题。

第一,一个合同订立之后,你能够保证这个合同肯定得到履行吗?大家肯定会异口同声地说不能,因为这个道理很简单,合同订立后有很多原因,有主观原因、客观原因会导致合同无法履行。比如一个人在订立合同时是精神正常的人,到履行合同的时候成了精神病人甚至死了;一个企业订合同时是良好的企业,但是到履行合同时就有可能破产了;还有一物二卖的情形也很多,在市场经济的利益驱动下,由于某些资源的短缺,出卖的人宁可承担违约造成的损失,他也要一物二卖,因为一物二卖的收益可能更大。在一物二卖的情况下合同肯定只能向一个买受人履行,其他的人就不能得到履行了,这是很正常的情形。另外,还有购物的人,在履行合同时不愿意接受履行的情形。所以,合同成立后得不到履行的情形很常见。罗马法中"契约应该履行的原则"，并不等于契约肯定履行的现实。

第二，没有得到履行的合同，在法律上应该不应该生效呢？这个道理大家都很清楚了，很清楚它应该是生效的。合同没有履行它也应该生效，为什么呢，因为合同没有履行必须要考虑没有履行的原因，如果有一方当事人违约，则必须考虑相对人的利益保护。而要考虑相对人的利益保护，就必须有一定前提条件，就是合同必须生效，只有在合同生效的情况下，法律才能追究违约人的责任。比如说一物二卖，出卖人对一个人履行了合同，对其他人没有履行，其他人只能在有效合同的情况下，追究出卖人的违约责任。如果合同无效，则不履行合同不能算是违约——因为无效的合同对双方当事人都没有约束力，违背它当然没有违约的问题。除合同违背法律规定的禁止性规范而一概无效之外，根据当事人约定的合同，不应该因为当事人后来未履行的行为而被宣告无效。在这一原则下，上面所说的其他未得到履行的合同也要在认定为有效下才能准确地处理当事人自己的争议。比如说，一个人订立合同时正常的人在履行合同时得了精神病，合同不能履行，法律上会按照解除合同的理由，给相对人的利益一个救济。如果认为这个合同无效，那么对方当事人的权利就得不到救济。在定约人破产、拒绝履行等情况下都是这样。

第三，这个合同生效，生的到底是什么效力？这很简单很清楚，合同本来就是债权请求权的产生依据，合同生效，当然产生债权请求权的效力。因此没有履行的合同照样可以产生请求权的效力。按照物权与债权效力的区分，按照债权请求权产生的依据，这一点在我们的法学中本来是非常清楚的，只是在这几年模仿日本民法学之后，这里出现了混乱。对此我会在后面谈到。

买受人订立买卖合同的目的是取得标的物的所有权，但是在法律上必须考虑的问题是，买受人如果只是订立了合同，他就一定能取得标的物的所有权吗？从上面的分析可以看出，答案是不一定。但是如果所有权的转移没有成就，也不能以此得出买卖合同无效的结论。合同就是法律行为，因此从这里我们可以知道，一个有效的合同，就可以产生对当事人的约束力，这个约束力就是要当事人承担按照合同向对方履行的义务。这个义务的产生并不以合同已经得到履行作为其条件，而是以当事人之间达成意思表示一致为充分必要条件。我们也可以说，这个合同是给当事人双方设定了一个未来履行合同（准确的法律概念即给付）的义务的法律行为。正因为这样，我们把这个以产生债权法上的约束力为目的的合同称为"义务行为"（Verpflichtungsgeschaeft），因为这个义务是给双方增加的负担，因此这个行为在汉语里被称为"负担行为"。

我们必须明确，负担行为的生效，即它产生债权法的约束力的效力这个法律事实，是以当事人双方意思表示一致作为充分根据的，因此，当事人关于产生债权请求权的意思表示，这时候就已经充分完成了。这一点必须明确牢记，因为债权的法律行为的生效，不能增加其他的法律条件，否则不但不符合法理，而且对实践会产生消极的后果。我以前多次讲过一个"一物二卖"的案件，在我写的《物权变动的原因与结果的区分原则》《物权法基本范畴及主要制度的反思》《从几个典型案例看民法基本理论的更新》这些文章中都使用过，这个事例能够很好地说明把握这一点的法理意义和实践意义。

在厘清上述问题后，我们再来看看买卖合同中标的物所有权转移中的法律行为。从上面的分析中我们已经清楚地知道，仅仅债权意义的合同生效的法律事实，不能直接产生所有权转移的后果（不论是从法理上还是从实践上都是这样），因此，为了实现所有权的转移，当事人在订立合同之外，还必须履行合同。履行合同的行为，除一般的交付之外，还应该有不动产登记或者法律许可的其他方式。我们先来看看交付。所谓交付，就是权利的出让人将标的物的占有移转给合同相对人的行为。交付有三个要件：交付是标的物占有的转移；交付表示权利出让人将权利移转给合同相对人；交付是权利出让人有意识的作为，也是权利受让人有意识的作为。在德国当代民法学中，交付的这三个特点尤其得到强调，原因在于，交付的前两个特征一般都能够承认，而第三个特征在没有经历过潘德克顿法学训练的人看来无法理解。但是恰恰这第三个特征，是潘德克顿法学的要点。我们先抛开法理的问题不谈，从事实分析来看，如果一个交付，没有权利出让人的意思作为必要因素之一，也没有权利受让人的意思作为必要因素之一，那么，权利怎么能转移到权利受让人手中？而且，如果标的物的转移占有欠缺这个意思一致，则取得人的取得常常是非法的，是不受法律保护的。因为，权利出让人不能不顾受让人的意思表示而简单地将标的物扔出去，而权利受让人也不能不顾出让人的意思而夺取其占有。所以，一个正常的履行买卖合同的标的物的交付，是双方当事人关于所有权转移的意思表示一致的产物。

交付中的意思表示，就是当事人双方为实现所有权的转移而为的一项新的法律行为。这个法律行为，在债权法律行为之外，是一个特别的以所有权转移为目的的法律行为。实际上，一切目的在于支配权的设定、取得、变更、废止的行为，性质都是这样。这个法律行为，在法学上被称为"处分行为"（Verfuengungsgeschaeft）；如果这个行为特别是指物权的设立、转移、变更、废止，那么这个法律行为就是"物权行为"（Dingliches Rechtsgeschaeft）。

当然，动产物权中的这一意思表示一致，在客观上表现为动产的交付行为；而不动产物权中的这一意思表示一致，在客观上主要表现为不动产登记、不动产合同公证、不动产实际交付、交付权利证书等行为。就是因为这样，萨维尼说，交付也是一个典型的独立合同。说到这里，我们也就明白了，合同在我国仅仅指两个以上的当事人之间关于债权关系建立变更的协议或者意思表示一致，但是我国法律中的合同，是最狭义的合同，即债权合同；合同以其本意，也有广义的概念，在物权变动中、人身关系中、公司法其行为中，都会发生合同。

负担行为与处分行为之间的区分是很客观的。现实交易中，有时候只有负担行为而没有处分行为，比如当事人有效地订立了合同而没有履行的情形。有时候，交易中只有处分行为而没有负担行为，比如所有权人抵押权的转让，不动产登记顺位的转让或者变更等。同时，这两个法律行为与其他法律行为一样，也有单方行为与双方行为、多方行为的区分。

为什么说负担行为和处分行为这一对概念，是法律制度建设中最重要、最基本的概念呢？因为，支配权和请求权是民事权利中最基本，而且是最重要的一对权利，任何其他的民事权利，都只是这一对权利的下属权利或者附属性权利（物权属于支配权，债权属于请求权，抗辩权是请求权的附属性权利）；而支配权设定、转移、变更和废止的法律行为根据，是处分行为；而请求权关系的相应法律根据是负担行为。

为什么说负担行为和处分行为这一对概念，是法律行为理论中最常识性的一对概念呢？原因同上，因为法律上所说的交易，无非是支配权或者是请求权的设定、转移、变更和废止，这两种基本交易的法律根据即法律行为，也就成为最具有普遍性意义的行为。

正因为此，德国民法典立法时就在其立法理由书中明确地宣告采纳这些理论成果。对此，可以参看我所翻译的《抽象物权契约理论——德意志法系的特征》这篇译文，其中一段文字，清楚地说明德国立法之所以要这样做，就是为了纠正"旧民法"（指法国民法典等）在权利的效力和根据方面认识不清的问题。现在一些人说德国民法这样做只是为了在立法上追求体系完整，这样的说法，未免浅薄了一些。

所以，这样一对最重要、最基本，而且从法律行为理论来说最应该为人知晓的概念，在我国遭到了否定也是最不应该的。

否定这样常识性的基本概念，对我国立法产生了十分消极的影响。比如上面说到，我国合同法第51条等的规定，就是没有把负担行为和处分行为含义厘清，对区别它们的意义和方法没有弄明白。我国合同法这些规定的错误，就是要求订立买卖合同时，要有物的存在，出卖人要有处分权，如果买受人明知出卖人不具备这些条件时，买受人就不能向出卖人主张权利瑕疵担保责任。

对这个问题，我们还可以继续作如下的分析。首先，买卖合同订立时，标的物是否必须已经产生呢？不一定，标的没有成就，合同也能生效。当事人订立合同的时候，可能标的物还没有生产出来，但是当事人可以先订立合同，而且合同还应该生效。只要在履行合同的时候标的物产生出来就行了。其次，订立合同时出卖人需不需要有处分权呢？也不一定，出卖人只要在履行合同时能够取得这一权利，并且保障买受人的权利取得就行了。现实中商家常常是在有了买卖的下家之后，才组织进货，就是这种情形。从这个意义上看，"出卖他人之物"也是正当的，因为这一行为只是给出卖人增加了一个向买受人届时交付的义务，而并没有损害物的所有权人的利益。最后，订立合同时，要不要交付标的物呢？基于上面两个理由，答案也是不一定。因为根据合同产生当事人之间的请求权约束力，也就是说，这一行为是负担行为，所以合同的成立生效不一定要这三个条件。这就是负担行为的三个特征。

而出卖人向买受人履行合同的行为，也就是向买受人转移标的物的所有权的行为，也就是我们所说的处分行为就必须具备这三个基本的条件，即标的物成就、出卖人即处分人有处分权、必须进行动产的交付或者不动产登记。因为这样，买受人才能真正取得标的物的所有权。所以，我国合同法的上述规定，存在将物权取得当作债权行为生效的条件这个逻辑的错误。我们在上面一开始就分析了，合同应该履行的原则，不等于合同肯定履行的现实。因此不能把合同是否得到履行当作负担行为生效的必要条件。订立买卖合同是为了转让所有权，所以合同总是在前面订立，然后才有履行行为即交付；合同生效是所有权转移的原因，但是有原因不一定会发生结果；同时，更不能将有没有发生结果当作原因的生效条件——结果永远不能成为原因的原因。目前我国的立法，就犯了一个将未来不肯定的结果反过来作为原因生效必要条件这样的明显的错误。

立法出现错误的原因，就是我在上面说过的，是模仿或者引进日本法学中的"债权形式主义"的产物。对于这里的问题，我在《从几个典型案例看民法基本理论的更新》这篇文章中已经有清晰的分析。在此恕不重述。

目前法律的规定，也违背了公认的交易常规。再举一个简单的例子。尤其我们加入 WTO 以后，我们的眼界应该更放宽一点。比如一家中国公司想在德国买一件精密仪器，经常用的是两种方式，一种是找个代理人，从法律上来讲，代理人订立的合同应该由当事人承受。但是使用代理人交易的问题，是代理人有独立的意思，所以你不能对代理人进行控制，代理人的行为有时可能不利于本人。所以，为了保障自己的利益，买受人常常使用另一种方式，即先和一个专门的商家订立一个买卖合同，比如进口精密仪器，就可以先与中国精密仪器进出口总公司订立一个买卖合同，然后再由中国精密仪器总公司与德国的生产商订立一个购买合同。这样仪器实际的进口人一开始肯定知道中国精密仪器进出口公司既没有这个仪器，也没有这个仪器的处分权。那么，按照我国合同法的规定，购买仪器的公司就不能向精密仪器进出口总公司主张违约责任，比如主张权利的瑕疵责任。从这一点，可以更清楚地看出模仿日本法学的消极后果。

处分行为和负担行为的划分是个常识性问题。加入 WTO 以后，你要买个货，你跟韩国人订立合同，这个货不一定是韩国的，也可能是美国的、德国的、非洲的，你可能有个合同的 partner，对方也有个合同的 partner。这种交易，必须在合同成立生效与实际的所有权取得之间确立不同的法律根据。这就是处分行为和负担行为的区分问题。这个区分关键意义在于，我们要给出卖人建立一种束缚即负担，使他承担按照合同履行的义务，并在他违约时候追究他的责任。可是合同法第 51 条等的规定，没有履行的合同是无效的，而无效则无约束力，违约者也就不算作违约。有些学者说这里可以适用缔约过失责任，但是问题是缔约过失责任是合同的附随责任，或者说是伴随责任，而不是合同本身产生的责任，所以根据缔约过失责任规则，可追究违反保密、通知义务的责任，但没办法追究违约责任。对这种立法上的缺陷，最好的办法是承认，以便在以后的立法中修改，而不能不断试图自圆其说。合同法第51条公布后有很多批评意见，我也写过文章。尽管参与合同法立法的学者为这一条做了很多辩解性文章，但是最高人民法院的司法解释还是采纳了与我相同的观点。

处分行为和负担行为的区分对于高度复杂的市场经济体制是非常必要的。从我在上面的分析看，这一对概念完全不是有些人所说的那样，是法学家的拟制，恰恰相反，它是实践的科学总结。对于"一手交钱、一手交货"这样的交易来说，这个理论显得复杂了一些，但是这种交易常常是对于国计民生没有太大意义的交易。对于高度复杂的市场交易，采纳这一理论就显得非常必要了。

六 尚未厘清的几个问题

在本人关于法律行为理论的研究中，还有几个问题尚未厘清，在此提出来，以请教于大家。

（一）事实行为的立法规则

事实行为是与法律行为相对应的概念，本来不应该在法律行为中研究，但是作为权利变动的根据之一，应该在立法中明确其规则。在我自己写的物权法建议稿中有一些事实行为引起物权变动的立法建议，全国人大颁布的物权法征求意见稿中也写了一些，事实行为从法律概念上是承认了。但事实行为是不是只在物权法中才有啊，其他的法律规则中有没有呢？实际上也是有的。那么关于事实行为的规则在民法立法中怎么反映呢？这很复杂，目前还没有想到一个可行的方案。

（二）事实法律行为的立法规则

这个概念指依据事实行为的规则产生，但是必须依据法律行为规则确定其内容的行为。从这个概念的名称看，又叫事实行为又叫法律行为，这个概念容易让人疑惑。但不能因此而否定它的意义。

这个概念是希特勒时由一个很年轻的法学家豪普特提出的。豪普特对希特勒时代的很多合同提出了自己的解释，他说许多合同本来是当事人意思表示的产物，但当时希特勒为了国家的需要，国家指令性地让企业生产某种东西，买受人也都是依据计划购买这些产品，所以从法律表象上来看当事人之间根据他们的法律行为订立了合同，但是从实质上看当事人意思表示的因素起不了决定性作用。对于这种从客观上看具有合同的含义，但是并非按照当事人的意义表示一致发生的合同，豪普特将其命名为事实法律行为（Tatsachliches Rechtsgeschaeft）。希特勒失败后，人们指责豪普特的理论为希特勒的独裁提供理论根据，将豪普特骂得很厉害，豪普特因此在战后十分压抑，43岁时就死了。

此后很久，事实法律行为理论好多年没人提起。但是二十世纪七十年代在汉堡这个理论被法院采用了。汉堡是大城市，汽车很多，停车场不够用，汉堡市政府就将市政厅前广场的一部分做了停车场。但是有个小伙子在那里停车之后，却不愿意交停车费。他的理由是市政府广场是公共场所，是公法上的物，老百姓可以自由使用；再说，如果知道在这里要收费的话就不在这里停车，不跟你发生使用停车场的合同行为，所以收费违背了意思自治的原则。但是法官使用了事实合同这个概念，法官的分析是：市政厅广场作为停车场是为了解决停车问题，经过了批准，是符合公益的；停车人在此停车，虽然不符合其自愿，但是已经合法地使用了这个场地，在停车人知道收费合理的情况下也会交费，所以虽然当事人之间没有明确的合同关系，但是从事实上成立了合同关系。这样，事实法律行为的概念和理论又复活了。

所以，事实法律行为，就是从事实上成立的法律行为，而不是依据当事人的意思表示成立的法律行为，一般即事实合同。探讨这种理论很有意义，因为这种情况在中国也很多，我在国际经济贸易仲裁委员会和北京仲裁委员会就裁决过这样的案子。在房地产买卖合同争议中，可能会发生合同无效或者被撤销而退房的事件，但退房之后产生了这样的问题——房子在交付后买受人已经使用了一段时间，已经不是新房了，这种情况在商业性用房的情况下，会导致房子大量贬值。合同被宣告无效或者被撤销，合同自始无效，开发商可以原物返还房款，但是返还房屋给该开发商时，对开发商损害挺大。原物返还房屋也可以，但买受人使用房子使得房子变得陈旧，对房主造成的损失怎么办？像这样的法律问题，我就使用了事实合同理论。我们可以认定合同无效，但房子也不能无偿使用，在买受合同无效之后，"买受人"应该明知不能无偿使用他人的房子，这种情况下关于房子的使用只能按照租赁关系来处理。

（三）人身关系法律行为、不可以强制执行的法律行为

人身关系法律行为从法律行为的本意上看，是最典型的法律行为，因为这些行为必须按照当事人的内心真意来确定其效果。比如结婚，就完全应该是感情的结果，而所谓的感情，就完全是当事人自己的意思表示。但是这样的法律行为，在中国没有得到普遍认同，许多人把婚姻理解为登记的结果，但是由于登记的行政性质，它作为婚姻的原因当然是错误的。

人身关系法律行为除婚姻外，还有许多其他的行为，比如订婚、收养等，在传统民法中就是法律行为。在现代又出现了人体器官的捐赠、移植等法律行为。

在法律行为理论上还没有厘清的，或者说尚未得到大家一致认同的，就是我提出的一个概念，"不可强制执行的法律行为"这一概念。比如说婚约，婚约也是法律行为，婚约不能说就是旧风俗习惯，婚约提倡人们重视婚姻和感情，给人们在结婚前一个"考验期"，这对婚姻没有害处。所以我国立法应该承认婚约这种法律行为。既然是法律行为，它就需要法律规制，在这个问题上，订立婚约后，婚约如果有效、无效会产生怎样的法律后果，是应该考虑的问题。婚约无效，可能导致因为婚约发生的财产返还；但是，婚约有效却不一定能强制性地发生婚姻的结果。因此有学者提出，建立这样的概念没有意义，因为法律上生效的法律行为，就应该有法律强制的意思。

但是我认为，这种观点有失于简单化。并非所有的法律行为都会导致法律强制的结果。比如雇佣合同这种典型的法律行为就是这样，显然，雇主不能因为雇佣合同的生效而强迫被雇佣者劳动。但是大家都认为雇佣合同是典型的

法律行为。

从法律上看，凡是涉及人身权利的法律行为，都具有不可强制的特点。因为人权至上，当事人自己可以按照意思表示来处理自己身体权利，比如以结婚的方式处理性权利，但是别人即使是法律关系相对人也不可以强制他（从这一点我们就能理解为什么婚内强奸可以成为犯罪）；但是无论如何不能否定当事人自己按照意思表示来处理自己的权利，因此，这里的法律行为是客观存在的。

另外，还有像人体器官的移植或捐献，精子、卵子捐献，都应该是这样的法律行为。还有比如艺员和运动员的转会，也会产生这种法律行为。球员俱乐部转让运动员，这些法律行为涉及人权，在欧洲曾经引起一场影响巨大的诉讼。但是无论如何世界上大多数法律都把这种行为当作法律行为。我 2004 年到德国访问，了解到欧洲正在制定的统一体育法，其中就有许多关于运动员转会法律行为的规则。欧洲的体育市场是很大的，现在我们很多运动员就在欧洲做球员。我们现在这一方面的市场也已经建立起来了，因此对这种法律行为早日建立法律规则是十分重要的。

谢谢。

附：在北京大学法学院讲演时青年教师的评论以及本人的简要回答

评论人

孙老师是我们大家都非常尊重的民法学家，对于孙老师的报告，严格来讲，我没有评议的资格，只能谈一点自己的感想。民事法律行为制度是民法王冠上的一颗明珠。孙老师今天就将这颗明珠展示给我们大家，尽管时间有限，但还是对法律行为的方方面面进行了展示。我想简单地谈一下自己的几点看法。

首先，就是孙老师在报告中涉及的民事法律行为制度的价值。民事法律行为的价值在民法上不仅仅是作为民事权利变动的根据，同时作为一种行为制度在某些方面与民事法关系的价值有着相似的作用，民事法律行为和民事法律关系都和民法的想象有关系，那么，民法的想象这样一个概念指什么呢？我们知道德国著名思想家伽达默尔在他的《真理与方法》中说，世界只有进入我们的语言才有意义。世界只有进入民法的语言才能被我们民法理解，也才能对社会发生作用。从这点来讲，民事法律行为和民事法律关系都赋予民法抽象的概念体系，构建民法制度。所以民事法律行为概念对于解释生活事实有作用，就是民法想象的问题，在这样一个想象的过程中，可能不同的人他的想象有不同的结果。我想可能在债权合同之外有没有独立的物权合同存在，跟我们对民法的想象有关，用民事法律行为去想象生活世界时的差异有关系。这是我想讲的第一点。

第二点感想，是在孙老师的报告中孙老师提出了一个很重要的论断，就是自由之于法律行为，自由之于民法的重要性。康德有一句名言，自由之于意识就像质量之于物体，根据这句话，我想对孙老师的话作一个引申，就是自由之于法律行为，自由之于民法就像质量之于物体，自由的保障对于民事法律行为、民法制度来说就像质量之于物体，而民事法律行为制度在民法上得到确认就为自由在民法上得到确认和保障提供可能。我知道德国著名的民法学家卡那利斯教授在德国民法学大会上宣读了一篇论文——合同的具体化，这篇论文翻译成中文后加了个定语——债务，在这篇文章中，卡那利斯教授将保障的自由区分为两种自由：一种是法律上的决定自由，一种是事实上的决定自由。民事法律行为制度无论是对于法律上的决定自由还是事实上的决定自由都有重要的保障作用。就法律上的决定自由来讲，民事法律行为制度得到承认我们才可以在实体法上进行程序设计，比如在合同法上合同这样重要的行为，我们可以通过要约和承诺规则的设立来保证法律上的决定自由在民法上得到实现。而同时可通过法律行为制度通过意思表示要素的构成可以保障当事人的意思决定自由。我觉得孙老师负责的民法典专家建议稿在初稿里面，意思表示的要素分为目的意思、效果意思和表示行为。自由之于法律行为，法律行为之于自由的确是民法中非常关键的一个问题。

第三点感想，是孙老师在今天的报告中不动声色地维护了孙老师关于法律行为的设想。可能跟我们想象生活世界时的想象方式不同有关。另外一个方面，孙老师刚才提到的处分行为和负担行为、请求权和支配权的区分。如果我得到的信息不错的话，孙老师去年（2001 年）博士出的是处分行为和负担行为的问题，今年（2002 年）出的是请求权和支配权怎样建构民法体系的问题。可见孙老师对这个问题的重视程度。我想我们国家包括现在的民事立法和民法学说中，也认可请求权和支配权的区分，但是请求权和支配权的区分是否必然带来处分行为和负担行为的区分可能在民法学界是有问题的。从孙老师的报告中我们可以看到处分行为和负担行为的区分很重要的价值是让请求权的变动和支配权的变动分解在不同的民事法律事实基础上，是不是离开了就不能把请求权的变动和支配权的变动建立在不同的民事法律事实基础上是有待讨论的。至少从我现在的观点看，离开了处分行为和负担行为的概念，我们可以把法律事实的概念，将请求权的变动和支配权的变动分别建立在不同的法律事实的基础上。孙老师刚才提到的无权处分行为效力的认可，实际上除处分行为和负担行为的区分以外，用债权形式主义的物权变动模式也能得出无权处分行为的结论，这是我想简单谈的第三点。

想简单谈的第四点就是在民法理论上是否需要规定民事法律行为。对这个问题孙老师刚才也提到过，我们国家参与民法典起草的学者大部分还是主张规定民事法律行为制度，不过采用这样一个思路的确也存在一些技术上的难题，比如说民法典的总则篇，债编的总则部分与合同法的总则部分在相关的规定上如何协调的问题，像这样一些可能在民法典中直接规定民事法律行为制度直接带来的问题，所以也有一些学者从别的角度提出了一些建议，大家注意到梅迪库斯教授的《德国民法总论》中的很大一个特点就是对于合同法的介绍、用合同行为的介绍来替代法律行为的介绍，在日本最著名的民法学家内田贵的民法总论这本书中他直接就用合同、契约法替代了法律行为，换句话来讲，法律行为的几种典型类型单方行为、双方行为、多方行为和决议是否需要在民法典上，是否需要在民法典中间用法律行为一个概念来加以概括，这确实是我们在起草民法典中需要考虑的一个问题。这是我想谈的第四点。

我想谈的第五点，就是刚才孙老师谈到事实行为在民法典中如何进行制度设计，这的确提出了民法上很大的一个问题。我们知道民法作为社会治理的工具，它的治理目标的实现主要依靠两个调控方式，一种叫意思主义的调控方式或者叫法律行为的调控方式，一种是法定主义的调控方式，事实行为在民法上得到确认就与民法的法定主义调控方式联系在一起。当然我们注意到对于事实行为本身包含的内容存在不同意见，有的将侵权行为和其他行为从事实行为中间剥离出去，作为法律事实中的单独的事实行为，还有的学者把侵权行为和其他的违法行为，考虑到它们与法定主义的调控方式的关联性，也把它们作为事实行为中的类型。那么可能对事实行为上的差异也会影响到民法典上怎么对事实行为进行制度的设计。这是我想谈的第五点。

我想谈的第六点也是最后一点，就是刚才孙老师提到的在法律行为制度里面是否承认不可强制执行的法律行为，这个可能牵涉到一个很重大的问题，就是法律规范、道德规范、伦理规范它们到底依据什么标准去划分，那么我们知道法律规范，特别是民法规范对主体权利和义务关系进行协调，之所以叫作民事法律关系就是在这个法律关系进行中间如果出现了不正常的话，可以通过国家的强制力来保证权利的实现和义务的承担。在这样一个前提下可以说民事法律关系有一个很核心的要素就是可诉性的要素。如果承认了不可强制执行的法律行为，那么可诉性在民事法律关系中就会得不到体现，是个值得考虑的问题。对孙老师提到的像球员的转会、球员的转让这类合同，我个人理解，也不知道是不是妥当，球员和运动员的转让可不可以理解为雇佣合同里边雇主所享有的债权合同的转让，罗纳尔多所享有的雇佣合同里的债权从甲俱乐部转让到乙俱乐部是合同债权的转让，这样的一种理解是不是能够成立，如果能够成立，像这样一种行为是否可以归入不可强制执行的法律行为。听了孙老师的精彩的报告产生了这样一点感想，谢谢大家！

本人的简要回答

谢谢主持人的评论，大家从他的评论中可以看出他的才华。对他的评论，我简要回答几句，其实有些问题我在前面的报告中已经提到了。

1. 法律行为理论是一些人的想象还是客观规则的总结？任何科学都有自己的科学语言系统，因此科学是抽象出来的，但是科学不是想象，更不能任由人想象。主持人说，法律行为理论表现了我的想象，而且他对此也有自己的想象。我要说的是，我对法律行为理论的看法是结合法理与实践两个方面的因素而形成的，我完全不敢凭想象提出自己的观点。除了学习和研究德文著述之外，我近年来做了不少调查，大家从我引用的案例中也可以看出来。而且我学习德国民法有年，我也不认为这一套理论只是一种想象。原来我一直担心的是，我学习或者运用的德国民法知识像有些人批评的那样不适合中国，但是实践调查之后，我发现只有符合法理的规则，才是真正符合实践需要的规则。而那些法理不深不透的学说和观点，对我国实践也肯定没有好处。

2. 在法律行为的构成因素分析中，我并没有认为动机属于法律行为的必要组成部分。因为动机与法律关系无关。比如一个购买人订立了一个买木头的合同，合同确定的法律关系由当事人关于权利和义务的效果意思确定，至于购买人买木头是用来盖房子还是做家具，都和出卖人无关，因此也和双方当事之间的权利义务的效果意思无关。所以动机不是当事人意思表示一致的部分，即不是法律行为的组成部分。

3. 关于负担行为和处分行为相区分的理论，是否可以被债权形式主义替代的问题。这一点其实我上面已经说过，在《再谈物权行为理论》（《中国社会科学》2001 年第 5 期）一文中我详细探讨了这个问题，在《从几个典型案例看民法基本理论的更新》中我仔细分析了这一理论的实践危害和法理错误。简而言之，这种说法既存在逻辑错误，也存在法理错误。这里的逻辑错误，就是把应该是结果的东西，强行处理为原因的生效条件，逻辑上十分荒唐，这一点我在前面已经谈到。这里的法理错误，是不理解合同生效不等于合同肯定履行的常识，将未能发生物权变动当作肯定要发生的事实，因此才从法律效力方面将债权行为和物权行为捆绑在一起处理。从根本上来说，这种观点没有搞清楚什么是债权的约束力、什么是物权的对世效力。这种观点的实践错误，是鼓励违约，鼓励人们不讲诚实信用。这种观点不是主持人提出的，所以我这里的批评也不是针对主持人的。

如果一个法学原理要被别的东西取代，那么替代者应该更科学、更有实践价值。但是日本民法不采纳德国潘德克顿法学的原因，却不是科学方面或者实践价值方面的原因，而是这种理论难以为民众理解的原因和法官不会使用的原因。在当时日本经济的发展程度也很低，客观上采纳这种为复杂交易建立的制度确实有困难。所以，日本民法从表面上看采纳了潘德克顿法学的形式，但是没有采纳潘德克顿法学的本质。后来，日本法学界发现了他们的不足，因此也有很多观点批评自己的立法，也有学者从潘德克顿法学的角度重新解释日本民法，当然也有一些人为他们的模仿式民法辩护，也有一些人提出了"债权形式主义"这种修正方案。编制这种修正方案的学者，还列举了瑞士法、奥地利法为论据。但是从我获得的资料看，这些论据也站不住脚，因为有更多的资料证明，瑞士法和奥地利法并不是这些人所说的"债权形式主义"，比如，大家仔细看一下瑞士民法典关于不动产登记的规定，就可以明白其中的差异。问题在于日本和我国个别学者只看瑞士民法典关于法律行为的规定，而不看该法关于不动产登记的规定。这种观点在日本也只是一派的观点，更不是通说。这种观点从日本传来中国后一度很受推崇。我国《担保法》等法律采纳了这一理论，但是在我的论文《物权变动的原因与结果的区分原则》发表后，现在参与制定这一法律并在其中发挥思想库作用的学者，也开始坚决否定这一理论。现在的物权法方案已经放弃了这一理论。这一理论自身的缺陷证明，它对我国立法的影响只能是暂时的。对此，我在上面提到的几篇文章中都详细谈过。现在的立法方案，已经否定了这种观点。连当初最坚持这种观点的学说的一些带头人，现在也应用"区分原则"了。

4. 合同制度能否替代法律行为理论？针对主持人提出的这一观点，我在上面的讨论中已经有所说明，我的答案是不行。因为中国合同法中的合同，只是狭义上的合同，即债权法上的合同，当然不能替代法律行为制度。德国民法中的合同，是广义的，与我们所使用的合同概念本质不同。即使采纳广义上的合同概念，也做不到这一点。

法学研究中有许多概念，在前苏联法和日本法进行改造之后，含义已经与德国的原创含义不同。除合同这个概念之外，在法律行为这个范畴内，还有一个概念就是"不当得利"，它被改造成只是债权的发生根据，但是它在德国本来的含义，是发生请求权的根据，所以这一概念也被应用在物权法中。鉴于这一概念和法律行为，尤其是和物权行为的联系，我想在此特别指出这一点，希望使用这些概念的时候，搞清楚它本来的含义。

5. 关于不可强制的法律行为，是否可以引起诉讼的问题。这当然没有问题，欧洲有一个足球运动员和他的俱乐部的诉讼，以及后来法院的判决，产生了改变世界的运动员转会规则的效果。我国这样的案子实际上也存在。另外，实践中婚约的诉讼、婚姻中法律行为的诉讼，在中国也很多。因此，不可以因为无法诉讼就否定这里的法律行为。罗马法中确定合同的体系，就是依据可诉与不可诉的标准；但是后来到中世纪寺院法时代就不采纳这一标准了。再后来，人们普遍认识到涉及人身权利的合同，虽然可以发生法律效果，但是不可以用诉讼的方式强制执行，比如雇佣合同，雇主就不可以根据生效的合同强制雇工为自己劳动。婚姻行为也是这样。所以不可以强制执行的合同也是客观存在的，对此不必大惊小怪。

再次谢谢大家。

| 写作背景

本文是作者作为全国人大代表，在 2015 年提出关于"民法典总则编"的议案时，针对其中法律行为一章的立法理由部分，另外补充材料和论证发表的论文。因为议案不能包括很多论理，而法律行为理论和制度的复杂性必须得到清晰的阐明，因此不得不在议案之外另行制作本人设想方案的立法理由书。正如论文所说，民法典总则编之中，法律行为制度的设计，不论是体系结构还是具体条文的编写，都对于民法整体功能具有绝对的核心价值。文章的针对性就是支持自己设想的立法方案，因此，对相关理论争议并未有太多涉及。文章探讨了法律行为得以建立的法思想渊源，指出了在这种法思想基础上建立的意思自治原则，就是法律行为的指导思想，它在民法总则的整体结构和具体制度上都发挥着决定性作用。文章指出我国现有立法中法律行为制度的主要不足，恰恰就在于未能彻底全面地接受意思自治的法思想，因此我国法律中的法律行为制度有明显的缺陷，从市场经济体制的要求看，我国立法中的法律行为制度可以说有严重缺陷。文章从完善立法的角度首先指出现行立法在行为主体的类型划分方面的不足；在贯彻民法基本权利——支配权和请求权的划分方面，只承认请求权的法律行为根据，而不承认支配权的法律行为根据的不足；在关于现代人事关系人身关系方面未能接受法律行为根据的不足等。文章最后从弥补缺陷的角度提出了中国民法总则编法律行为制度建设的设计方案。

| 本篇目录

一 法律行为的制度价值

法律行为制度，是民法总则甚至是整个民法的核心制度之一。这一制度的基本意义，是确立民事主体享有权利、承担义务以及责任的法理根据。在民法制度体系中，权利处于核心地位；但是这些权利在现实生活中要发生取得、变更和丧失；相对应的是，民事主体也要承担义务和责任。在民法上需要解决的问题，首先是要明确界定民事主体的权利和义务的具体内容，但是同时也要依法确定这些权利和义务的法律根据或者法律基础。传统民法因此建立了法律根据或者法律事实的制度规则。关于法律根据或者法律事实，现代民法是以民事主体的行为作为根据，将其区分为法律行为和非法律行为。其中的法律行为，指的是以民事主体的意思表示作为核心要素的行为。此外，其他那些能够引起民事权利和民事义务及责任发生的法律事实，传统民法称之为非法律行为。非法律行为在民法制度建设中也是一个非常大的类型，我国民法总则也将确定其规则，我们在此仅仅考虑法律行为的制度建设问题。

法律行为作为民事权利义务发生变动的法律根据，其最基本的要素是民事主体自己的意思表示，也就是民事主体关于民事权利义务关系发生变动的真实的内心意愿。以通俗的话语，这也就是要把民事主体的"是的，我愿意"（Yes，I will），作为其享有权利行使权利的正当性根据，也将此作为其承担义务和责任的正当性根据。将民事主体的意思表示作为民事权利义务关系发生变动的法律根据，这一点在历史上意义非常重大。从历史发展的角度看，它不仅仅只是民法上的一项制度建设问题，而且也是体现十分重大的人文和政治价值的革命性制度进步。之所以这样，是因为在历史上，法律上看待民事权利和义务的伦理正当性根据，并不认为它们和民事主体本身有关，更不会认为它们和民事主体的内心意愿有关。古代法律确定民事主体享有权利、承担义务和责任的法律根据，是神的意志、君主的意志，以及社会的公共统治权的强制要求等。法律把这些规定为法律根据，以此来确定民事主体应该享有的权利和承担的义务，民事主体对此只能接受，不享有主动选择的权利。当然，法律在确定这些与民事主体无关的法律根据时，首先要考虑的，是统治者对于人民的统治权，而不是人民自己的感受。即使法律上的权利义务对于一般民众有一种强加于人的十分不利的效果，民众也不可以否定。所以，这些法律并不是民主与法治的立法，而是君主统治人民的手段。在人文主义革命之后，民法之中引入民主与法治的精神，这样民法的制度建设之中才有了民事主体尤其是一般的人民可以依据自己的意愿来发生权利义务关系的规则，也就是法律行为的制度规则。从此民法的本质发生了变更，所以，民法上确定将民事主体自己的内心意愿作为他自己的承受权利义务关系的根据，这不仅仅只有民法制度发展的重要意义，而且可以说这是现代法律制度最深层的变更。因此，法律行为制度进入民法，是历史上最伟大的进步之一。①

在传统法学中，民法属于私法，民事权利义务关系一般都是民众之间的权利义务关系。如果民众自己的权利义务关系，民众自己不能根据自己的意愿来选择和决定，那显然违背民法的私法本质。而法律行为理论的产生，就是要承认民事主体对于自己的权利义务甚至法律责任的选择权和决定权，所以该理论提出并被确立为法律制度之后，民法才找到了符合私法关系建立与保障的符合普通民众真正利益的道德伦理根据。意思自治原则与法律行为制度的建立，废除了封建时代自然人方面的等级身份制，也废除了法人的特许主义，从实质上开启了人人享有平等、自由与尊严的社会，极大地促进了社会经济的发展。所以这一理论对人类社会的发展贡献非常伟大！② 在意思自治这一民法基本原则下，法律行为不仅仅是民事权利义务关系得以建立的正当伦理依据，而且是规范公共权力管理民事法律关系的各种行为的正当性根据。只有按照当事人自己设定的权利义务关系来确定当事人的法律责任，即只有符合当事人自己意愿

---

① 关于法律行为理论产生的背景资料，有兴趣者，可以参阅〔德〕汉斯·哈腾豪尔著《法律行为的概念——产生以及发展》，孙宪忠译，载杨立新主编《民商法前沿》第 1、2 辑，吉林人民出版社，2002，第 136~152 页。

② 王泽鉴：《民法总则》，三民书局，2000，第 266 页以下。

的法律关系，才是符合人类社会进步的、文明的法律所追求的正义性价值的。我国的法律尤其是民法当然要采纳这一理论以及以此建立的法律制度。

二　制度产生以及发展

法律行为概念诞生在近代法学时期，罗马法中尚无这个概念。文艺复兴运动发展到人文主义革命之后，十七世纪欧洲社会兴起了理性法学派，此时德意志法学家古斯塔夫·胡果提出了法律行为的概念，并建立了这一概念的基本体系。此后该理论在德意志法系各国的立法中得到了确认。后来，萨维尼以及以萨维尼的学生温迪谢德为代表的德国潘德克顿学派的法学家对这一理论做出了极为重要的贡献，在这一学派的努力下，该理论终于成为完善的体系。[①]《德国民法典》以及后来继受德国法学的国家，其民法立法都采纳了这些理论体系。《法国民法典》虽然没有明确采纳这一概念，但是采纳了意思自治原则，法官和民法学界也普遍承认这一概念的科学性，并在学理上为丰富这一理论做出了贡献。其他后来制定民法典的罗马法系国家，虽然不属于德意志法系，但是其民法立法基本上都直接采纳了这一概念。[②]明治维新之后变法产生的日本民法，和二十世纪三十年代制定的我国旧民法，也直接在民法总则中规定了法律行为制度。英美法系国家在学理上也采纳了这一概念。

以前苏联民法为代表的改革开放之前的社会主义民法，一般也直接或者间接地采纳法律行为的概念，立法上也建立了相应的制度。但是，因为计划经济体制的需要，民事法律关系的作用范围受到极大压抑，社会主要的财产转移依据政府指令划拨或者调拨，而不再依据民事行为；当事人自己意思自治原则更是无法发挥作用。在这一方面一个最典型的例子就是婚姻。前苏联法体系已经将婚姻法从民法之中摘了出去，它们把对于民事主体而言非常个性化、隐私化的婚姻行为，都不再从婚姻当事人的意思自治原则的角度去分析和理解，而是要从社会利益需要的角度去分析理解。这种不再把婚姻作为法律行为结果的

[①] Hans Hattenbauer, Grundbegriffe des BürgerlichenRechts, VerlagC.H.Beck, 1982, Seite 67-74 usw.

[②] K. Zweigert and H. Kötz, An Introductiong to Comperative Law, translated by Tonz Weir, Second Editon, Volume Ⅱ, Clarendon Press Oxford, 1987, p.16~18.

理论和制度，实际上已经违背了婚姻的本质。至于这一法系中合同、财产处分、公司的发起及其运作等，法律行为理论在其中已经很难发挥作用。因为这种经济体制，这些国家立法中的法律行为制度也都非常简单。[①]

前苏联法学建立的法律行为制度，适应了计划经济体制的要求，但是违背了民法意思自治这个基本原则。这一制度模式传入我国后，对我国后来的立法发展的消极影响非常大。这种变形或者说变质的法律行为理论，现在还可以从我国主导性的法理学理论、宪法学理论中清晰地看出来。我国法学理论上，法律行为的概念，不是从当事人意思表示这个核心来分析和定义的。我国法理学、宪法学上所称的法律行为，被定义为"具有法律意义的行为"或者"能够导致法律关系发生的行为"，它既包括宪法行为、民事法律行为、行政法律行为、诉讼法律行为这些一般的法律行为，也包括各类别的法律行为如合法行为、违法行为、犯罪行为等。法律行为是这些行为的上位法学概念。[②]实际上，这种理论已经完全脱离了法律行为理论的本源。像前苏联法学一样，我国立法和主导学说也不再将婚姻行为作为法律行为，将民事主体处分财产的行为不作为法律行为而仅仅作为事实行为，这都是前苏联法学限制甚至否定主体意思表示的法律行为理论造成的。显然，如果不从意思表示的角度理解法律行为，那么就不能理解意思自治原则；而不理解意思自治原则时，民法甚至整体的法律制度都会变质。

幸运的是我国改革开放之后，我国民法理论，一直在努力地跳出前苏联法学的巢窠，基本上成功地转型为市场经济体制的类型。尤其是《合同法》、《物权法》以及最高人民法院关于合同法、物权法的司法解释的颁布，是我国民法成功转型的标志。

除受前苏联法学影响这一段时间之外，我国立法从清末变法至今，一直接受法律行为理论。其中1930年制定的中国旧民法建立的法律行为制度在当时已经非常完善，在世界上享有盛名。改革开放之后，为适应市场经济体制的发展和人民权利保护的需要，我国民法不但采纳法律行为制度，而且在尊重民众意思自治原则方面，制度进步一直没有停止过。比如，1986年颁布的作

---

① 对此有兴趣者，可以参阅〔苏〕曾宪义等译《苏联民法》。

② 对此有兴趣者，可以参阅张文显主编《法理学》，高等教育出版社、北京大学出版社，1999，第101页。

为民法基本法律的《民法通则》就建立了法律行为制度；1999 年颁布的《合同法》则以比较细致的规则，规定了我国法律中的债权行为，在这一方面极大地弥补了《民法通则》的众多疏漏。对于我国社会经济生活具有重大意义的 2007 年颁布的《物权法》，直接或者间接地承认了一些非常重要的处分行为。①我国《婚姻法》中强调了婚姻的法律效果必须取决于当事人的内心真实意愿，即婚姻自主原则。我国《继承法》则比较细致地规定了遗嘱行为。我国《公司法》等商事法律则规定了一些多方法律行为也就是共同行为。最值得注意的是，我国最高人民法院在立法规则缺乏可操作性的情况下，为指导法院裁判案件，在这一方面颁发了很多关于法律行为的司法解释文件，比如合同法的司法解释（一）、（二）、（三）等，在弥补立法漏洞、提供法院裁判的渊源方面做出了极大的努力。

三　现行法律的制度缺陷

从立法的角度看，我国现行法律对法律行为的理论"接受"和制度建设还是有许多不足。当然，首先的不足是已有制度不成体系，彼此之间没有逻辑联系。此外，从民法总则立法也就是从制度建设的角度看，比较明显的不足有以下几点。

1. 我国法学整体对"意思自治原则"不能全面接受，因此对法律行为理论认识出现重大偏差

我国法学整体的主导理论不能完全、彻底接受"意思自治原则"，在承认民众享有自我决定权方面显得小心翼翼，十分拘谨，因此导致民法立法无法完全接受法律行为理论，从而出现很不应该的制度偏差。如上所述，这一点主要是受到前苏联法学的消极影响所致。改革开放之前因计划经济体制的需要，公共权力对社会全面而又强力的管控，具有法律道德层面的至高无上的伦理正当性，而民众依据自我意愿寻求生存和发展的基本权利受到极大限制，意思自治原则不但不能获得承认，反而被当作资产阶级法学的本质和典型特征受到批

---

① 对此有兴趣者，可以参阅孙宪忠著《中国物权法总论》（法律出版社，2014）中的"物权变动"一章。

判。① 过去的这种观念，和我国过去不发达的交易生活相适应。这种体制曾经一度导致主流民法学说不完全承认民间社会的存在，不完全承认自然人、法人按照自己的意思追求法律效果的效力。这些学说导致的立法结果，首先是我国立法在《民法通则》使用"民事法律行为"这一概念而不采用"法律行为"这一概念，这是典型的似是而非。民事法律行为这一概念来源于前苏联法学，虽然从表面上看它与法律行为这一概念似乎没有什么差别，但是实质上差别很大。因为，法律行为概念的核心是意思表示，即当事人内心真意的表达；法律行为的效果，必须来源于当事人自己的效果意思。但是，"民事法律行为"这一概念只是强调能够发生民事权利变动的法律根据，它的法律效果来源于法律的规定。因此法律行为的概念和我国法律采用的"民事法律行为"的概念内涵，是大相径庭的。如上所述，我国法学界将法律行为的概念和"行政法律行为"、"诉讼法律行为"的概念相并列的观点，就更是不成立的。但是恰恰是这种并不看重当事人的意思表示的"民事法律行为"的概念目前在我国法理学、宪法学的著述中居然是主导性的学说。②

如果法律行为的概念之中抽去了当事人的意思表示，也就是抽去了民事权利义务关系得以确立的道德正当性的基础，也就抽去了法律行为的灵魂。在公法领域，尤其是在行政法领域，并不存在依据当事人尤其是民众的意思表示发生法律效果的可能。因此，行政法领域，只有行政机关的管理行为和民众接受或者不接受管理的行为，在这一领域里，不可能有任何意义的当事人意思发生法律效果。所以，公法上不可能存在法律行为。与"行政法律行为"这个概念似是而非一致，"民事法律行为"这个概念同样似是而非。

另外，《民法通则》还使用了"民事行为"这一概念，这就导致了法律概

---

① 我国旧有法学对意思自治原则的批判，最为人熟知者，即资本家购买工人劳动的例子。这个例子在过去所有的政治教科书中都出现过，在法学中，它被当作资本主义形式平等原则掩盖实质不平等的典型。但是这种政治性质的批判从历史研究的角度看是非常不准确的，因为形式平等原则首先是否定封建等级身份制体制下人与人之间合法的、公开的不平等；而意思自治原则，是为了否定民事权利义务关系由国家统治者规定，而不能由民事主体自己约定的情形。因此，不论是形式平等原则还是意思自治原则，从历史发展的角度看都是人类社会法律制度的重大进步。对旧有法学的批判，有兴趣者，可以参阅曾宪义等译《苏联民法》，以及佟柔主编《民法原理》（法律出版社，1983）的"民事法律行为"一章，关于民事法律行为的意义的讨论。

② 对此有兴趣者，可以参阅张文显主编《法理学》，高等教育出版社、北京大学出版社，1999，第100~108页等。

念的更多混乱。从表面上看，似乎"民事行为"涵盖着"法律行为"、"事实行为"与"不法行为"这些部分，但是从立法的内容看，《民法通则》有时又将民事行为与法律行为这两个概念混同使用，对于它们之间的区分，在立法上、司法上和学理解释上均不清楚。

2. 我国法律只是明确承认法律行为理论的一部分，而不承认一些更为重要的法律行为类型。因此，现行法在法律行为制度的体系上是很不全面的。这一方面的问题主要有以下几点

（1）现行民法重要法律，不论是《民法通则》、《合同法》还是相关民法立法，只承认双方法律行为，而不承认单方法律行为（如悬赏行为、抛弃行为）、多方法律行为（三方当事人以上的交易行为）、共同行为（比如公司发起行为，决议行为等）等非常重要的法律行为类型。因为立法不承认这些分类，当然也没有建立相应的规则。[①]虽然后来的《公司法》、《合伙法》等法律规定了多方行为和共同行为，但是这些重要的行为类型在基本法律中尚付阙如。

（2）现行立法尤其是民法基本法律只承认财产法中的法律行为，基本上不承认人身关系中的法律行为。恰恰从民法的发展历史看，从人文主义法思想的角度看，意思自治原则在人身关系领域里发挥作用，意义十分重大。因为个人的幸福、个性的满足，都必须从当事人自己的内心真实意愿的角度去理解，才能够得到完满的答案。这里，最典型的涉及人身关系的法律行为就是婚姻。意思自治原则的起源，本来就是和婚姻的个人自主性相联系的。但是恰恰在我国，在现行法律关于人身关系的规则中，我们基本上看不到法律行为尤其是当事人的效果意思发挥的决定性作用。比如，从《婚姻法》规定的婚姻效力的条文中，看不出婚姻当事人的意思表示在婚姻缔结以至终止中的决定作用。[②]至于在我国实践生活中得到广泛应用的婚约，我国法律基本上不予理睬，对此毫无规定。可以说立法至

---

① 《民法通则》第 57 条要求，法律行为的行为人"非依法律规定或者会取得对方的同意，不得擅自变更或者解除"。从这个条文我们可以知道，在那个时代出现的民法基本法，仅仅只是承认了需要"对方"的双方行为，而没有承认单方行为、多方行为、共同行为这些重要的法律行为类型。甚至到现在其他几种重要的法律行为类型在民法基本法中也是难觅其踪。

② 例如，《婚姻法》第 10 条规定的"婚姻无效"的事由，并没有因意思表示瑕疵而导致的婚姻关系效力瑕疵的规定。关于意思表示不自由情况下婚姻关系的撤销，《婚姻法》第 11 条也只是规定了"胁迫结婚"这一种情形，而对于欺诈等情形没有规定。另外，我国的《婚姻登记条例》也体现出了以登记作为婚姻法律效果的根据，而不是以当事人的意思表示作为其根据的特点。

今认识不到婚约的社会功用，也不知道如何加以规范，现实中涉及婚约的案件全部依靠法院的司法解释来裁判。至于当前社会中应用越来越多的婚姻契约或者婚前约定等，民法基本法律中的法律行为制度基本上也是未予以涉及。

（3）对于其他涉及人身关系、人事关系的法律行为，法律更无规定。一些法律将这些法律行为规定为行政行为，排斥了当事人的意思表示在其中发挥的作用。而在民法之中，也没有认识到这些法律行为的基本特征。比如，对于雇佣这样涉及人身自由，可以订约但是不可强制义务人履约的法律行为的特征，立法实际没有给予足够的关注。

3. 对于现代社会新出现的法律行为类型，立法基本上是不睬不理

比如，类似于像运动员转会、人事资格流动等，虽然这些都属于特别民法问题或者特别法律行为问题，但民法总则中应该有其基本的规定。至于现代日常生活中大量存在的人体器官移植、输血、生命元素移植（如人的精子卵子捐献）中当事人意思表示的效力等，法律至今无动于衷。显然，在这一领域，我国法律应该有更大的创造。

4. 事实上我国现行民法立法在法律行为制度中最为重大的缺陷，是没有规定负担行为和处分行为的区分原则

之所以我们认为这一点是最为重大的缺陷，原因是，民法上的基本权利类型有请求权和支配权的区分，这些基本权利也有依据法律行为发生变动的法律制度建设问题，但是我国现行法律仅仅只是承认债权可以依据法律行为来发生变动，而不承认支配权可以依据法律行为发生变动。这不仅仅只是一个重大的法律制度缺失的遗憾，而且也给支配权的变动比如所有权取得、消灭等重大的法律事实不能建立足够的法律根据，从而在民众所有权保护方面造成了不应有的现实问题。

依据法律行为理论的基本知识，对应于民法基本权利类型划分的法律行为，即负担行为和处分行为的区分，而且这一划分属于基本的法律行为分类。但是我国立法恰恰在这个基本的类型划分方面出现了重大的制度问题。我国立法和支持立法的民法学理论，在法律行为理论以及制度建设方面是只承认模模糊糊的"泛意思表示"和"泛法律行为"[①]，而不承认对于所有的交易——不论是民法

---

① 参见孙宪忠著《中国物权法总论》（第三版），法律出版社，2014，第305页。

上的物权交易、债权交易，还是商法上的权利转移、知识产权上的让与和许可等交易，都具有分析和裁判意义的具体的意思表示和具体法律行为的划分，即负担行为和处分行为的划分。事实上，这两种基本的法律行为在法律交易之中承担的法律规范功能有着清晰而且明确的区分。在所有的法律交易中，当事人之间先要订立合同，然后才履行合同，订立合同和履行合同之间有时间上的间隔，这本是交易常规的现象，有些合同从订立到履行相隔数年也是正常。之所以人们会相信，虽然合同订立的当时没有履行而以后肯定会按约定的时间履行，原因就是合同从订立之时起，就发生了法律上的约束力，即债权。当事人如果不履行合同，就是违约行为，就要承担违约责任。所以，债权承担的法律功能，就是在合同订立之后履行之前保障合同的持续效力，也就是保障当事人之间的信用关系。这是交易的法律规制的第一步，而这个建立债权请求权法律效果的行为，就是债权行为。因为它给双方当事人设置了一个债权意义上的法律负担，所以这个法律行为也被称为负担行为。另外，因为这个法律行为给当事人设置的是履行义务的负担，所以这个法律行为也被称为义务行为。

在合同约定的履行期限到达的时候，如果当事人约定的法律条件仍然正当，那么此时当事人会以自己独立的意思表示来履约，也就是完成合同中指明的权利变动。比如，如果当事人订立的是买卖合同，那么出卖人会把标的物以及标的物的所有权证书交付给买受人，而买受人应该支付合同约定的价款。此时出卖人履行合同交付标的物和标的物的所有权证书，同样是自己意思表示推动的结果，也就是他的物权变动的效果意思的结果。而这个意思表示的内容，就是完成所有权的交付或者所有权转移。这个意思表示，和债权行为不同，是目的在于完成所有权转移的法律行为。这个法律行为，就是物权行为。如果当事人之间的交易目的不是物权的转移而是其他权利的转移，比如证券权利、股权、知识产权，甚至债的转移，那么，这种行为被称为"准物权行为"，其性质和物权行为一致。因为此时当事人的意思表示的内容在于完成物权或者其他权利的转移或者变更，所以这一行为也被称为处分行为。处分行为、物权行为的法律功能，就是保障交易能够按照当事人的意思表示来完成物权的变动。这个意思表示，当然是债权意思表示之后的另一个意思表示。

除上文分析的买卖这种最为典型的法律交易中必然包含典型的负担行为和处分行为的区分之外，其他任何民事权利的交易也都存在负担行为和处分行为的区分，它们在交易中发挥的作用和买卖合同类似。正因为此，法学理论上建立了负担行为和处分行为的区分原则。这一原则——尤其是其中包括的民事主体依据意思自治原则行使对于物以及物上权利的处分权的法思想，在民法上得以建立具有极为重大的价值。首先是在权利的设立、变更、转让和处分这些法律实践之中，彻底地贯彻了民法上的意思自治原则，体现了民事权利发生变动的基本伦理：不是神权，不是君权，也不是国家公共权力，而是民事主体自己拥有对自己权利的最终支配权。从这一点看，我国法学界某些学者至今还坚持否定物权行为理论的观点，确实存在严重的缺陷。而一些学者坚持的仅仅只承认债权契约成立过程中存在法律行为，而物权处分过程中不存在法律行为的"债权形式主义"学说[①]，其学术观点的不足也在于此。这种观点，就是看不到处分行为之中，民事主体独立的意思表示发挥的作用。这种观点反映在立法上，要么是把物权处分的法律根据确定为债权行为，要么是将物权变动的效果确定为公共权力机构的行为，最终的结果都是排斥了民事主体对于自己权利的最终处分权。所以这种观点也就是在民法的核心领域，或者说核心要点上，排斥了意思自治原则的作用。

从法律技术的角度看，这种"债权形式主义"的理论也是难以成立的。因为，以此理论，交易中只有当事人之间发生债权变动的意思表示，那么物权变动的效力从何而来？它当然不能是债权意思表示的结果。但是是什么法律上的力量确定物权变动？对此"债权形式主义"只能从公共权力赋权、授权学说，来理解交易中的物权效力来源问题。他们因此把不动产登记理解为行政规制的行为，把不动产物权变动从不动产登记的行为之中获得的物权效力，理解为行政权力对于民事主体的赋权或者授权，以及政府对不动产市场进行监督和管理强制力。[②] 这个理论不仅仅存在明显的认识错误——如一个买卖房屋所有权的交易，买受人取得所有权，到底是从出卖人手中取得还是从不动产登记机

[①] 所谓"债权形式主义"学说，指的是一种目的在于解释和分析物权变动的理论，其要点是在依据法律行为发生物权变动的整个过程中，当事人之间只会发生债权性质的意思表示，即当事人之间订立的债权合同；当事人的债权意思表示再加上不动产登记以及动产交付这些形式要件，就发生了物权变动的效果。这种学说的要点是绝对否定当事人之间发生物权意思表示。对这种学说有兴趣者，可以参阅梁慧星、陈华彬著《物权法》（第四版），法律出版社，2007，第81~83页。

[②] 对此有兴趣者，可以参阅崔建远等著《中国房地产法研究》，中国法制出版社，1995，第238页；王崇敏《我国不动产登记制度若干问题探讨》，《中国法学》2003年第2期等。

构手中取得？而且这个问题，"债权形式主义"历来是回答不了的。在民法上，交易涉及的权利变动是否正当，归根结底都应该从当事人的意思表示中确定，所以债权意思表示不能发生物权效果。在一些坚持"债权形式主义"，不承认出卖人的物权意思表示的观点看来，交易中买受人的房屋所有权只能是来源于不动产登记机构的赋权或者授权，好像出卖人原来没有所有权一样。[①]

债权形式主义的理论缺陷一旦应用于法律实践，就会造成严重的政治错误。我们在拆迁和征地的法律实务中可以看到很多案例，一些地方政府的官员一再声称，民众的不动产所有权来源于政府的授权；既然来源于政府，我政府为什么不可以收回？[②] 所以，我们必须坚持交易物权的来源只能是民事权利主体本身，而绝对不是政府的公共权力这样的民权观点。坚持公共权力对于民众权利的赋权或者授权，对于民事权利有着致命的危害。前苏联法学就是滥用了这种赋权和授权学说，才给一些政府利用其公共权力损害民众权利创造了借口。

但是如果承认了当事人之间发生物权变动的法律效果，根源是当事人关于物权变动的效果意思，也就是当事人的物权行为，这样的理论和实践错误都会烟消云散。

区分原则第二个非常重大的价值，就是它作为核心的裁判规范，对于所有的民事权利包括商事权利、知识产权等的交易案件的分析和裁判，具有普遍的指导价值和贯穿的作用。在所有法律交易之中，当事人之间首先会订立合同，产生请求权，然后会履行合同发生支配权的变动。实践中涉及交易的案件，常常就发生在合同订立之后这一阶段，当事人之间经常为合同效力问题、是否履行以及是否发生物权变动或者其他支配权的变动问题发生争议。而区分原则恰恰就是在这一领域发挥核心的裁判规范的作用，他能够指导人们准确地按照当事人交易中的意思表示，准确地裁判什么时候发生了债权变动，什么时候发生了支配权——包括物权、知识产权、票据权利以及成员权中的股权的变动，从而对当事人之间的争议做出既符合当事人意思，又符合民法原理的裁判。

因为我国法学界一度的主导学说并不知道民法学说中还有"区分原则"，

---

① 对此请参阅梁慧星、陈华彬著《物权法》（第四版），法律出版社，2007，第 82 页。

② 对这些案例有兴趣者，可以参阅孙宪忠等著《物权法的实施》第二卷《城镇拆迁》（社会科学文献出版社，2012）的案例选编部分。

我国现行立法，涉及债权变动和支配权变动之间关系的法律裁判规则出现了极大的混乱。其表现显著者有四：

其一，合同不履行者不生效的规则。二十世纪九十年代初期，在我国出现的一系列立法和最高法院的司法解释，提出并采纳了诸如 "不动产的合同不登记者不生效" 的规则。最典型者，为我国《担保法》第 41 条以及第 64 条的规定。如该法第 41 条规定："当事人以本法第四十二条规定的财产抵押的，应该办理抵押物登记，抵押合同自登记之日起生效。"第 64 条规定："出质人和质权人应当以书面形式订立质押合同。质押合同自质物移交于质权人占有时生效。"这一规则的核心错误，是把不动产登记和动产交付这些物权变动的法律根据，依法规定为合同生效的根据。这一时期制定的《城市房地产管理法》、最高法院的司法解释等，也都采用了 "不动产的合同不登记不生效" 这样的裁判规则。但是交易生活实践告诉我们，登记是不动产交易的最后环节，登记表示不动产交易的终结或者完成。"不动产的合同不登记不生效"，其含义就是交易彻底完成之后合同才生效！那么，当事人之间订立合同有什么意义？本人曾经在自己的著作中引用过一个现实的案例，案件中的房屋开发商没有按照合同的约定向购买房屋的一些民众交付指定的房屋，在这些民众将房地产开发商起诉到法院之后，法院却以这些合同没有进行不动产登记因而应该无效为由，驳回了民众的起诉。也就是这样，法律的这些规定保护了不诚信的行为。[①] 这样的案件在当时发生过多次。从法理上分析我们会清晰地看到，对法律行为的认识不当，首先是会损害债权，损害交易的诚信。

其二，"债随财产走" 的规则。1994 年，最高法院出台了 "债随财产走" 的司法解释，对我国社会造成的消极影响非常大。这个规则出台的本意，是为了解决当时大量存在的恶意避债问题，它的基本要求是，当债务人将借贷而来的金钱转移至第三人时，原债权人的债权针对该第三人也有效。[②] 这一规则在 1994 年至 2007 年得到法院普遍应用，也得到了一些法学家的赞同。这个规则的制定本意也许是好的，但是因为它不能区分债权和物权的法律效力，也不

---

① 对此有兴趣者，请参阅孙宪忠《从几个典型案例看民法基本理论的更新》，载孙宪忠著《争议与思考——物权立法笔记》，中国人民大学出版社，2006，第 362 页以下。同时也可以参阅孙宪忠《物权法制定的现状以及三点重大建议》，《金陵法律评论》2004 年秋季卷，第 37 页。

② 参见最高人民法院《关于审理与企业改制相关民事纠纷案件若干问题的规定》第 6 条、第 7 条。

能区分债权和物权的法律根据，所以它作为裁判规则是错误的。债权只能是请求权，它不能指向第三人，依据一个有效的债权，在任何时候都不可以直接向第三人主张权利。实际上，民法、商法中针对"恶意避债"问题的解决方法有很多，完全用不着以违背法理的方式来达到目的。①

其三，债权上的"无权处分"规则。现行《合同法》第51条的规定就突出地表现出这一问题。该条文规定："无处分权的人处分他人财产，经权利人追认或者无处分权的人订立合同后取得处分权的，该合同有效。"如上所述，本来的交易过程是订立合同在先，合同能不能生效，应该从当时的条件能不能产生请求权作为法律根据。到履行合同的阶段才发生标的物或者权利处分，因此到合同履行阶段应该考虑处分权是否存在以及可以行使的法律根据问题，所以订立合同本质上与"处分权"无关。这正好比一家公司到另一家工厂里订购产品，合同订立的时候当然产品是没有的，处分权当然也是没有的，但是这个合同必须首先生效，必须对双方当事人产生法律约束。但是，按照《合同法》第51条的规定，这一合同只有到工厂把产品生产出来以后才能够有效。那么，工厂如果不能积极组织生产，工厂反而是没有责任的！《合同法》第51条的错误同样在于，它把物权变动的法律根据，依法强制规定为债权生效的法律根据，从而导致了交易逻辑的混乱。②

---

① 在此以一个本人曾经参与讨论的案例分析：山东某地某公司甲，此前曾经向某公司乙借贷用于经营活动；然后公司甲成立了独资的石油公司。因为公司甲所欠公司乙的借贷一直没有归还，公司乙向公司甲提出还贷的诉讼要求，并提出因石油公司为公司甲投资设立，因此追加石油公司为第三人。此案，经法院多级审理，判决将石油公司资产直接用来为公司乙还贷。法院依据的规则，就是"债随财产走"，多级法院的判决书均引用了这一规则。但是，法院判决存在严重错误。因为公司乙依据借贷合同仅仅只能向公司甲主张权利；而公司乙向公司甲主张权利也能够满足其利益，因为公司甲对石油公司的股权价值就能够满足其诉讼请求；法院将石油公司的财产直接拿来给公司乙清偿债务，那么石油公司自己的债权人，其权利又如何得到保护？所以，"债随财产走"的裁判规则是错误的。

② 《合同法》第51条产生后，支持者对此展开了非常积极努力的辩护性论证。其中论证之一，是指出合同如果不把物权处分当作条件，那么就会导致人们订立那些根本无法履行的合同，而这样的合同如果生效就会欺骗民众。对此，请参阅崔建远《无权处分辩》，《法学研究》2003年第1期，及王利明著《合同法新问题研究》（修订版），中国社会科学出版社，2011，第310页等。但是这一论证是不能成立的。因为合同也是法律行为，它的生效必须服从立法对于法律行为设置的最一般的条件。根本无法履行的合同属于标的不能，而且是自始不能，所以该合同自始无效、根本无效，不会得到法律的承认和保护。这些与合同的处分权基本无关。

其四,《合同法》第 132 条。该条文第一句规定:"出卖的标的物,应当属于出卖人所有或者出卖人有权处分。"这个条文的错误之处同该法第 51 条一样,是把物权变动的生效条件即法律根据,规定为债权生效的法律根据。这当然是不符合交易实情的,也不符合债权生效的法理。一个民事主体在没有所有权、没有处分权的情况下,可不可以订立出卖合同?是不是出卖人一定在取得所有权之后才能订立出卖合同?在现实生活中存在大量的中间商,他们在产品的制造者和使用者之间发挥桥梁作用,比如把制造商的产品出卖给使用者。这些合同,基本上都是出卖人尚未取得所有权的合同。但是这些合同的存在是很正常的,尤其是在国际贸易中,这些合同是常见的。[①]

从上面这些分析可以清楚地看出,二十世纪末期在我国民法的发展过程中,出现了交易规则的系列性混乱。而且,如上所示,这些混乱都是关于债权成立发生的法律根据和物权变动的法律根据的混乱。这些混乱用来分析和裁判交易中当事人之间到底是发生了债权关系还是发生了物权关系之时,就必然违背交易常识,或者损害交易诚信。[②]所以,为纠正这些基本的法律分析和裁判规则的错误,在参与撰写中国物权法学者建议稿的过程中,在借鉴德国民法科学中物权行为理论的基础上,本人提出了"区分原则"的更新理论和规则,并且为此进行了系统性论证。[③]这些论证的基本思路,首先是坚持在民法的基本权利类型之中,确定支配权和请求权的法律效力为基本的划分;而在依据法律行为发生支配权和请求权的变动时,其法律根据必须要有处分行为、负担行为的区分。正如支配权和请求权的区分在民事权利中为基本类型划分一样,处分

---

① 王泽鉴教授在分析债权变动和物权变动的法律根据的区分时指出:债权因其对人请求权的本质,其发生效果不需要物的特定化,不需要出卖人有所有权或者处分权,更不需要不动产登记或者动产交付;而物权的本质是对物的支配权,故物权变动的生效,标的物必须特定化,出卖人必须享有所有权,并且以不动产登记和动产交付作为其必要条件。对此请参阅王泽鉴著《民法总论》,三民书局,2000,第 284 页以下。

② 对此有兴趣者,可以参阅孙宪忠《从几个典型案例看民法基本理论的更新》中列举的几个案例。

③ 对此有兴趣者,可以参见孙宪忠《物权变动的原因与结果的区分原则》、《物权行为理论探源及其意义》、《物权变动中第三人保护的法律基准》、《再谈物权行为理论》等论文。这些论文初发表于《中国社会科学》、《法学研究》、《中国法学》等杂志,后一并收入文集《论物权法》,法律出版社,2001,第 36 页以下。该文集 2008 年再版,这些论文都得到了保留。另外,拙作《中国物权法总论》一书,从民事权利的基本分类到法律行为的基本分类的逻辑,对此也有系统阐述。该书第 1 版,2003,法律出版社;第 3 版,2014,法律出版社。

行为和负担行为的区分是法律行为的基本划分。当然，处分行为之中，物权行为是典型形式。

这种区分并不只是具有理论意义，其实践意义才是根本性的需求。只有在这种清晰的理论指导下，民法才能建立起科学的民事权利变动法律规则。尤其是在一个交易涉及多种民事权利变动时，法官和其他裁判者需要对这些不同的权利变动从时间上和效力上做出清晰的判断，从而对于处理复杂的交易行为建立科学的根据，而区分原则正是建立起了这样的根据。相比之下，否定区分原则的种种理论都是捉襟见肘的。也就是因为这样，我国民法学界越来越多的学者尤其是青年学者都开始接受了这一理论。

在立法层面上，"区分原则"也逐渐得到了采纳。该原则提出十年之后，中国《物权法》第9条、第15条、第23条等，从法律根据的一般性的角度承认了债权变动和物权变动的区分。因为《物权法》具有基本法的意义，所以这些规则对于从根本上改变中国民法的裁判规则系统，改变中国民法学基本理论体系奠定了基础。在这一点上，具有重大的实践价值的是，最高人民法院关于审理买卖合同纠纷案件适用法律问题的解释[①]，从裁判规则的角度旗帜鲜明地采纳了区分原则。该解释第3条规定："当事人一方以出卖人在缔约时对标的物没有所有权或者处分权为由主张合同无效的，人民法院不予支持。""出卖人因未取得所有权或者处分权致使标的物所有权不能转移，买受人要求出卖人承担违约责任或者要求解除合同并主张损害赔偿的，人民法院应予支持。"尤其值得注意的是，最高法院参与撰写这一解释的法官和学者的著述中，明确提出："物权法第15条明确地表明我国立法已经接受'区分物权变动的原因与结果'的原则，因此在解释《合同法》第132条与第51条的关系时，应特别注意区分负担行为与处分行为，区分物权变动的原因与结果，区分合同的效力与合同的履行，区分买卖合同与物权处分。"[②]从这一司法解释以及说明中，可以清楚地看到在我国法院，已经把区分负担行为与处分行为作为基础的裁判规则，准确地应用到了实践层面。该解释既否定了该院"债随财产走"的司法解释，也否定了《合同法》第51条所谓的"无权处分合同"所代表的债权变动

---

① 2012年3月31日最高人民法院审判委员会第1545次会议通过并发布。

② 对此有兴趣者请参阅《最高人民法院关于买卖合同司法解释理解与适用》，人民法院出版社，2012，第77~78页。

和物权变动的逻辑混乱。这是我国民法走上科学化的重大进步。该解释发布后，我国法学界尚有学者对该解释第 3 条持批评态度，他们认为中国《物权法》第 15 条并未明确承认负担行为与处分行为这些概念，也没有建立这些行为的区分原则。解释第 3 条以物权行为理论为基础，这违背了生活经验和我国《物权法》确定的物权变动模式，实际上改变了《合同法》第 51 条的规定，属于司法权对于立法权的僭越。①但是正如上文分析所指出的那样，以《合同法》第 51 条为典型的一些法律规则，体现了系统性的法理逻辑混乱，而这里所说的最高法院的司法解释，体现了交易裁判规则的逻辑和科学法理，这才是真正的学术进步，值得充分予以肯定。另外，该解释所列条文和《物权法》第 15 条的规定，内在逻辑也是一致的。

四 立法建议

在以上分析的基础上，我们在这里提出中国"民法总则"一编中"法律行为"一章的基本编制设想。

各国法律对法律行为制度，一般都是将其规定在民法典的总则编，也有一些立法将其散乱地规定在涉及不同权利变动的章节中。《德国民法典》中"法律行为"一章分为六节：第一节，行为能力；第二节，意思表示；第三节，合同；第四节，条件和期限；第五节，代理、代理权；第六节，单方面的同意、许可。②《日本民法典》中"法律行为"一章分为五节：第一节，总则；第二节，意思表示；第三节，代理；第四节，无效及撤销；第五节，条件及期限。《韩国民法典》中"法律行为"一章分为五节：总则、意思表示、代理、无效的撤销、条件与期限。我国旧民法中"法律行为"一章分为六节：第一节，通则；第二节，行为能力；第三节，意思表示；第四节，条件及期限；第

①　对此可以参阅梁慧星《买卖合同特别效力解释规则之创设——买卖合同解释（法释〔2012〕7 号）第 3 条解读》，载中国法学网，访问日期：2013 年 11 月 21 日。以及王利明《王利明教授做客民商法前沿既华润雪花论坛畅谈买卖合同司法解释的理解与适用》，载中国人民大学法学院网站，访问日期：2013 年 11 月 21 日。

②　以上德国民法的内容为本部分作者孙宪忠自译。

五节，代理；第六节，无效及撤销。

我国《民法通则》将原来属于法律行为制度的行为能力制度纳入自然人法而不再规定在法律行为部分；另外，它还将原来的代理制度也从法律行为部分析出，将一般代理即直接代理，结合法定代理、间接代理和广义的商事代理，单独规定为代理一章。在这种情况下，目前我国的法律行为制度，内容范围比较窄。在这种情况下，即使我们现在接受的法律行为一章的立法覆盖面稍稍狭窄一些，但是也还有很多必要的内容要加以规定。另外从上文分析可以看出，我国立法在这一部分必须有立法观念以及制度的继承、创新和发展。本人提出的建议稿认为，我国的法律行为制度，应规定如下七节：第一节，一般规则；第二节，意思表示；第三节，人身法律行为；第四节，负担行为、处分行为；第五节，无效、撤销、追任和效力待定；第六节，条件与期限；第七节，法律行为的解释。

第十六篇 民事权利基本分类及其分析裁判的法技术问题

| 写作背景

文章主要来源于本人在中国社会科学院研究生院开设民法总论课程的讲稿，要点是讲授民法分析和裁判的法律技术问题。文章从相关制度的发展历史出发，对我国现实的立法和法学观念进行了系统清理，为实现我国民法知识的体系化和科学化作出努力。民法作为社会科学，和其他任何科学一样具有自己独特的概念体系和规则体系，这是其他科学或者知识无法替代的。本文揭示的就是民法基本权利类型，以及依据法律行为发生的权利变动的系统知识。这些是民法科学体系的基础。在我国，民法的科学性和体系性曾经受到了极为严峻的挑战，甚至遭到了极为强烈的批判，但是从未有人系统而且正面地介绍相关的知识。本文是为了弥补这一缺憾而作的。本文的切入点，是法律交易中民事权利的取得以及丧失这个传统民法一直在研究的问题，适用于依据买卖取得所有权、依据合同设置抵押权、依据合同转让股权或者知识产权等。这样的法权交易，属于市场经济体制下最普遍、最常见的交易形式，这样的法理分析以及制度建设，不仅仅在理论上对整个民法领域具有贯穿性，而且在法律适用上对整个民事权利的交易制度具有普适性。一般民众所熟知者，在这种交易中需要订立合同；此前我国法学界所接受的民法知识，是这种交易财产流转制度，并把它列到合同法的制度之中。然而，订立合同就必然发生财产权利流转的结果吗？从订立合同到履行合同，这是一个法律行为还是两个以上的法律行为？当事人之间交易产生的权利有哪些？这些权利的取得和消灭，当事人之间的意思表示是怎样的？这些意思表示发挥什么样的作用？法官和其他法律执业者，掌握这些分析和裁判的规则的必要性在于：这些知识并不仅仅能够扩大和提升自己分析实务的能力，而且能够更加准确地贯彻意思自治原则和人民权利保护原则，以自己的知识为国家和人民服务。

历史考察证明，我国法律学界包括一些立法工作者、司法解释的操作者，对这些最基本的民法理论其实并不是十分清晰。在我国市场经济体制得以建立之后，我国居主流的民法学说和立法指导思想，在交易涉及法权分析和裁判规则上，曾经长期停留在自然经济和计划经济的观念之内。这种观念的典型，就是用"两毛钱买一根黄瓜，一手交钱一手交货"这种既不可能产生法律信用，又对国计民生欠缺重要价值的交易模式，来解释那些更具有重大意义的远期合同、远程合同的交易现实，并且依据买黄瓜的经验建立针对远期合同和远程合同的市场规则。近年来，我国民法立法又受到所谓的"法律要让普通民众看得懂"的"人民性"观念的影响。这些看起来朴素但是属于民粹的思想观念，极大地妨害了法律体系性科学性建设。从二十世纪末期以来，本人依据民法科学原理，提出区分原则的科学理论，建立支配权和请求权相互区分（包括绝对权和相对权的区分、物权和债权的区分）及这些权利发生变动的法律根据相互区分的规则，为交易中的法权关系分析和裁判建立科学规则体系。区分原则在近年来得到了我国立法和司法解释的逐步采纳。本文对于区分原则涉及的法理历史渊源，以及我国立法的发展、法学的发展、现实问题适用等问题展开做出了系统的阐述。

| 本篇目录

一 问题的提出

（一）概说

今天谈的题目，从民法学的角度看是属于法技术范畴的一个问题。关于民法的法技术的问题，过去民法学界很少谈到，但是实际上十分重要。民法和任何社会科学一样，它能解决的社会问题的范围是明确肯定的；而且，它在解决自己能够解决的社会问题时，有自己独特的语言体系，也有自己独特的分析和解决问题的方法。对此，大家比较熟悉的，就是民法上的各种权利、义务、责任的概念系统，以及民事法律关系的逻辑等。这些民法的知识体系，构成民法的法技术层面的内容。

我们学习民法、利用民法分析和裁判案件，甚至进行民法立法，比如现在我们正在进行的民法典立法，都要依靠民法的法技术知识。我在民法典立法的专家会议上多次指出，民法典立法不能像一麻袋土豆一样把一大堆概念或者规范堆积起来。如果表面上看是一个整体，内在的制度和规范却没有逻辑，这就无法形成完整的体系。美国法学家艾伦·沃森在评论欧洲的民法法典化之所以能够演变成为一场世界性的运动的时候指出，这一运动的成功经验之一，就是这些主导民法典运动的立者和政治家清晰地认识到了"体系化效应"，也就是把庞大的民法规范群体按照一定的逻辑编制成为一个体系的积极效应，这种积极效应首先是能够消除盲目立法和冲动立法，其次是能够压抑甚至消除司法随意或者司法任意。因为建立起来一个体系之后，立法者就不能随便立法了，法官也就不能随便司法了。这个积极效应得到了世界普遍的承认。但是，要建立一个科学的民法体系，就首先要采用民法科学，采用民法自己独特的语言和逻辑。

民法技术层面的知识体系，虽然在世界各国的民法立法中不会明确地得以宣示，但是，我们可以从这些制作完成的民法典的立法大结构、它的制度规范的细节清晰地看出来。民法的整体的规范效用的实施，要受到法技术的约束。法律执业者、法律学习和研究者，在学习民法和适用民法时，务必要掌握这些法技术。

民法的法技术，是民法科学性的体现。这里面的知识看起来比较抽象，专业化的色彩比较强烈，显得不太亲近民众。这是很多人批评它的一个原因。但是，我们要知道，现实生活中民事活动非常复杂，我们如果要建立起一套既能够反映人民的利益，能够反映基本的国情，也能够限制司法官的任意作为，限制行政官员随意侵害民众民事权利的民事立法体系，那就必须遵守民法的法技术规则。民法的发展史告诉我们，民法作为成文法、制定法，形成具有内在逻辑的体系，其原因一方面是长期从事法律裁判的经验的科学总结，另一方面就是要通过体系化的立法，限制公共权力系统的随意性，以保护普通民众的权利。听起来，民法的法技术规范是冷冰冰的，似乎和一些人经常高喊的公平正义、诚实信用、自由民主等高大上的法律价值无关；但是恰恰正是民法上的技术规范，排斥了人为的司法任意性，保障了法律的基本价值能够普遍地、准确地得到遵守。这就是民法科学性的体现。艾伦·沃森在同一本书中指出，这种看起来冷冰冰的法律技术，其实是法律理性的体现。

最近几年在中国法学界兴起了一种观点，认为民法规范是政策选择的结果，没什么必须遵守的一定之规，立法者怎么规定都可以。这种观点，不但否定了民法规范的法技术因素，否定了民法的科学性，也否定了民法存在的正当性基础。这样的观点迎合了我国社会一些人反对法律科学性的思潮，所以从总体上看也否定了依法治国这个原则。我认为，民法科学，是不可以随意想象的，也是不可以随意改变的。

从民法的法技术发展历史可以看出，这些民法的基本语言和逻辑是依据民事权利体系的发展而形成的。民事权利的基本分类对于民事案件的分析和裁判发挥着决定性作用。首先，民事权利是针对国家对于社会的统治权或者管理权（public power）提出的，所以，民法的分析与裁判技术和宪法、行政法、刑法的法技术有着显著的不同，这是我们首先要注意的。其次，我们在讨论民事权利和裁判规则的法技术的时候，我们必须明白，如果公法法人从事民事活动，比如按照市场规则买卖取得所有权，比如因为占有动产或者不动产而发生侵权责任，那就不能再把这些机关当作公共权力享有者，而应该确定他们具体的民事权利和责任。再次，我们讨论民事权利的时候，必须遵守主体的具体性和客体特定性这个法律关系科学理论的基本要求。所谓民事主体的具体性，指的是民法上享有权利或者承担义务的主体，必须是具体的个人或者是独立法人。比如我们说到所有权，他就必须是张三或者李四的权利，主体必须是具体的。所谓客体的特定性，指的是客体必须现实存在而且范围、界限能够清晰地和别的物体区分开来。之所以要提出这个问题，是因为在我国的立法中，我们会发现"人民"、"全体劳动人民"、"国家"等抽象概念作为权利主体的规定。但是这些"主体"不能真正享有权利也不能真正承担义务。另外，我国现行法律还规定了一些根本无从界定其范围的权利客体。这些不符合民法原理的制度，无法从民事裁判的角度建立确切的法律规则。最后，我们分析和裁判民事案件的基本逻辑是民事法律关系的科学原理，民法立法也要遵守这个原理。我国民法自从继受前苏联法学之后，过分强调法律的所谓政治性，忽视法律的科学性，因此立法不符合民法科学原理的地方很多，在此无法详细列举，今天我也不再详细展开这个问题。

对于民法的裁判规则具有重要价值的民事权利的分类，我国社会比较熟悉的，就是把它区分为财产权利、人身权利两大类。这一种分类在裁判法上具有的核心价值是人身权保护，它要强调的是人身权在民法上具有绝对不可侵害的特点。比如，一个人根据合同受雇于他人，为其工作，这个人不愿意工作时，法官可以裁判他是否承担违约责任，却不可以裁判他继续为他人工作。但是，财产权和人身权的这种分类对于民事案件的法律分析和裁判的作用还是有限的，因为人身权不参与交易。在市场经济体制下，经常参与交易的民事权利在民事案件的分析和裁判中发挥决定性作用。

分析和裁判民事案件的基本出发点，当然首先是确定提起权利保护请求权者是不是真正的权利人，以及他的权利内容。这些分析的方法，就是权利、义务和责任的逻辑。分析的结构是要回答如下问题：当事人应该不应该承担法律责任？如果要承担责任，那么是违约责任还是侵权责任？这些问题就比较技术化了。在民法的逻辑上，当事人承担违约责任的前提是相对人享有请求权或者相对权；当事人承担侵权责任的前提是相对人享有支配权或者绝对权。而相对权与绝对权的区分，请求权和支配权的区分，就是民法科学从法技术的角度建立的基本权利类型的划分。但是恰恰是这些法律概念，我国法学界很陌生，一些大学教科书甚至从来没有提到这些概念，一些专业的民商法的教科书甚至没有提到这些概念。有个律师告诉我，他毕业于我国最著名的大学法学院，可是参加实际工作后才知道支配权与请求权的区分、绝对权和相对权的区分这些知识。

支配权与请求权的区分，绝对权和相对权的区分，这是从法技术的角度对民事权利的基本区分，这也是我们学习民法一定要掌握的基本技术规则。但是我国民法学界长期忽略了这些基本知识，因此导致立法和司法出现了长期的混乱。

（二）中国现实问题分析以及区分原则的提出

二十世纪九十年代初，我国民法规则尤其是其裁判规则出现了很大混乱，不仅仅法理上非常别扭，而且造成很多不公正的判决。1995年我从德国做博士后回国，开始为清理这种法理不正、规则混乱付出努力，并提出了后来在我国立法和司法上产生较大影响的系统性的观点理论。经过将近二十年的努力，基本上解决了此中问题。这个问题比较重大，因此我要在这里仔细厘清。

二十世纪九十年代初，中国民法立法以及学术上的裁判规则，最为清晰而且严重的法理和裁判规则的缺陷，就是把债权意义上的合同的成立生效，和物权变动混为一谈，搞不清楚这两者之间的区别，也搞不清楚这两者发生的时间上的逻辑顺序。比如，当时我国立法上和司法解释中关于合同是否生效的裁判规则方面，有一个非常著名的条文，就是"不动产合同不登记不生效"。这个规则在1994年的《城市房地产管理法》的实施条例中有规定，在最高法院的司法解释里面也得到明确规定。然后在1995年的《担保法》中也进行了规定，该法第41条规定抵押合同不登记不生效，第64条规定质押合同不交付占有不生效。这一系列的规定在这个时间段里出台，说明它们都是受到同样的法学理论支配的。

对于这个"不动产合同不登记不生效"的规则，我们不必用什么高深的法律科学知识，仅仅利用自己社会生活的常识，就可以知道它是逻辑混乱的。我用现实中常见的买房子的事情来说明一下。如果你想买一个房子，那你就要和开发商订立一个合同；订立合同的时候常常是没有现房的，所以这个时候无法登记。过了一段时间，房子盖好了，开发商给你发出了接收房屋的通知，你也愿意接收这个房屋，然后双方一起办理房屋的交付。一般情况下，购买人常常是在住住安稳之后才去办理房屋过户登记手续的，而且我们的调查发现，很多人常常在居住多年之后才去办理不动产登记的手续。2004 年我们在华中某大城市调查，这个城市居住三年但是尚未办理不动产登记手续的居民，有二十万户。这个数字比较大，生活的常识就是这样的，它说明，不动产登记其实发生在房地产交易的最后环节，或者说是合同履行完毕之后才进行的。通过对这个生活常识的描述，大家可以看到"不动产合同不登记不生效"这个规则的荒唐和混乱：在没有履行之前这个合同一直没有生效；等到履行完了合同才生效。这叫什么逻辑？这不是很荒唐吗？

问题在于，这样明显的错误规则，就是裁判规则，它要依据不动产的登记和动产交付这个法律根据，来裁判合同是否产生法律效力的结果。这样错误的裁判规则，事实上确实造成了很多裁判不公正的结果。但是和有些法学界的同人经常批评法官素质低的看法不同，我的调研发现，多数法官的心里都有公平正义的标准，只是因为法律规定错误、法学家的理论错误，很多法官有苦难言。因此大家也就可以知道，为什么在我提出区分原则之后，首先在法院系统内得到了普遍的积极的响应和采纳。在这里我要提醒各位的是，大家可以发现，我国民法学领域里确实有一种理论，它的基本特点就是把交易中的债权变动和物权变动强制性地连接在一起。这种观点，我们还可以从《合同法》第 51 条、第 132 条等核心条文中看出来。关于其中的法理缺陷我会在下面讨论。

本来，不动产登记是所有权过户的法律程序，广义地说，是物权变动的程序性条件，所以不动产登记应该是物权变动制度中的法律规则。买卖房屋的交易，总应该是订立合同在先，交付所有权在后，这是交易的常识。合同必须在履行之前生效，产生的效果就是债权，债权约束当事人履约，这样交易目的才能实现。这也是法律上的常识。可是我们的立法、最高法院的司法解释就违背了这些生活常识。

为什么会出现这个问题？事实上我在回国之前就开始思考这些问题。我想，既然上面这一系列立法和司法解释都在遵守这种不合逻辑的理论，那么一定是深层法理出现了问题。经过一段时间的学习研究，我提出了从法技术的角度来更新这些立法和司法解释的理论，简言之，就是关于债权变动与物权变动既要在法律效力上做出区分，也要在法律根据上做出区分的"区分原则"。我为此写出了一些论文和著作。经过数十年努力，这一理论已经获得了我国法律和司法解释的采纳。大家可以看到，2007 年制定的《物权法》第 9 条、第 15 条、第 23 条等条文，采纳了这一理论。2012 年最高法院关于买卖合同的司法解释，更加明确地采纳了这一理论。事实上，最高法院 2012 年制定的确定人民法院立案的"案由"的解释，也是按照这一理论建立的。这些立法以及司法解释出台之后，关于债权变动和物权变动之间的法理和逻辑一下子清晰明确了，法官、律师分析和裁判案件不仅仅方便快捷了，而且更加客观公正了。所以"区分原则"获得了我国司法部门从上到下一致的支持。

但是，反过来看我国民法学术界，理论的更新还是遇到了很大的困难。一些学者虽然也承认类似"不动产合同不登记不生效"这些规则是错误的，但是他们并不知道错误的根源。甚至在我国立法接受区分原则的趋势已经逐渐明朗的情况下，一些曾经强烈支持"不动产合同不登记不生效"这些规则的学者，却开始曲解区分原则，而且对近些年我国民法科学化的趋势提出了批判的看法。这种情形，不但导致民法学术上的混乱，而且也导致一些地方法院裁判的混乱。因为一些学术观念的混乱，也造成了司法分析和裁判的混乱。为了解决我国民法分析和裁判上"知其然不知其所以然"的问题，从二十世纪末期我开始了一段民法基本理论"考古"历程，经过努力，终于对我国民法在基本权利和基本裁判规则方面的诸多理论，做出了大体上的渊源梳理，尤其是对我国民法学界曾经的主流观点有重大影响的理论，挖掘出了其渊源，从而找到了解决这些问题的比较贯通性的答案。

这就是我今天要在这里讲述的法理问题。我要沿着我所做过的民法理论考古的思路，厘清从法技术的角度建立的民法基本权利的分类，然后厘清因此而产生的裁判规则的大体构成。这个问题比较大，我在这里尽量做得细致一些。

二 欧洲民法法典化时代的基本认识

（一）法思想决定法技术

德国当代影响巨大的法学家卡尔·拉伦茨说，法的体系实际上是两个体系，一个是它的概念和制度组成的体系，这个体系是外在体系；另一个是它的思想体系，即内在体系。内在体系决定着外在体系。[①] 关于民法的法思想如何影响决定其外在制度体系的问题，我将在另一篇报告即"民法的法思想的流与变"这一部分阐述。

我们大家都知道，我国现在的民法学知识体系，是继受外国法学的结果。这个过程开始于 1904 年，清朝末年设立"修订法律馆"，开始按照西方法律体系模式来建造中国自己的法律体系。在那个时候，在民法方面，最早继受的西方法律体系是德意志法系。[②] 在此以后，我国法律继受外国民法的情况还有不少变化：二十世纪五十年代到改革开放之前，影响最大的是前苏联民法体系；而改革开放到明确建立市场经济体制的初期，日本民法学盛极一时；近年来，陆续又接受了法国民法和德国民法的很多内容。在个别制度上我们也借鉴了美国法的一些内容。从法技术的角度看，前苏联民法学在此可以略去不谈。原因在于这种法学本质上受到强烈的法律虚无主义的支配，立法以及裁判的法技术受到政治问题的极度压抑，这种法学总体来说对于我国的法制实践损害很大，没有给我们留下多少值得参考借鉴的知识。

日本民法学体系，自从明治维新之后获得了极大的发展，在二十世纪九十年代是我国民法发展最大的知识源。日本民法学知识体系，既有强烈的法国民法色彩，也有强烈的德国民法色彩。在一些细节性的制度建设上，比如特殊侵权法的规范建设方面，日本民法的研究成果很值得借鉴。但是整体而言，在法律的大体系和基本概念方面，日本民法一直力图将法国民法与德国民法融合为一，但是这种融合目前看来还只是混合，而这种混合事实上也造成了大结构和基本概念系统的混乱不清。我在下面的分析中也会就此提到一二。因此，我

---

① 对此有兴趣者，可以参阅拉仑茨的《法学方法论》，台湾陈爱娥的译本前言部分。

② 关于这一点，可以参阅杨鸿烈《中华法系发达史》的近现代部分。

在进行法技术的"考古"总结之后，还是把法国民法和德国民法作为分析的典型，而把日本民法作为一种非常重要的参考。

所以我们先看看法国民法与德国民法在民法基本权利方面和裁判规则方面的异同。在讨论法国民法和德国民法的法技术差别时，我想首先指出它们的四个共同点。因为有这些共同点，所以虽然法国民法和德国民法在民法立法层面的法技术差别比较大，但是，其实际操作层面的差别却并不大，没有出现我们中国二十世纪九十年代以来那种巨大的理论和制度混乱。这一点非常值得思考。

（二）决定民法体系的民法大法典思想

大法典思想，从我学习和研究所获得的资料看，产生于十六世纪。实际上发生效果在十七、十八、十九世纪，在欧洲形成了后来著名的"民法法典化运动"。关于"民法法典化运动"，我国民法学界虽然都很关注，但是很少有人知道其中的原因。我学习研究看到的资料说明，因为受人文主义思潮、宗教改革等运动的影响，在这一时期欧洲各个民族国家形成了脱离罗马教廷的神法统治，成为独立主权国家的热潮，然后各个独立民族国家为体现自己的主权独立而开始编纂大型民法典。在此之前，欧洲各个国家的主权本质上受制于罗马教廷，形式上的主权受制于神圣罗马帝国，在他们陆续主张自己的主权独立的时候，便开始了编纂本国法典的热潮。但是对于后世影响巨大的却是"民法法典化运动"。因为，民法典深刻地体现了人文主义思想，立法者希望依据民法来追求法制的统一，但是实际上的效果是消除封建法制，因为这个时期启蒙思想形成了，它对于民法的影响最大。启蒙思想运动的基本思想就是人民主权，强调保护人民的权利，人民权利保护最切实的一个步骤就是要编纂大民法典，把普通民众的权利系统化，从而防止了政府、法院的法治任意、司法任意。也就是因为这些思想，欧洲的"民法法典化运动"获得了很高的国际声誉，人们也因此把欧洲大陆法系称为"民法法系"。我们知道，《法国民法典》、《德国民法典》都是这一运动的产物。从这一点，我国也许能够为中国要编的民法典提供一些启迪。

（三）指导民法思想价值的自由主义哲学

法国法和德国法产生的思想基础，是自由主义哲学。自由主义哲学是人类历史影响最大的一种思潮，我国社会以前对这种思潮没有正面的资讯，主导的舆论是持批评的态度。甚至有些人说，自由是相对于纪律而言的，认为自由主义就是不遵守纪律的意思。这种说法多多少少是挺无知的。因为自由是对专制而言的，它的基本要求是结束专制的君主体制，尤其是当时在欧洲盛行的神权和君权相结合的专制统治，这种统治把神权的愚昧和君权的强暴结合在一起，可以说是一种非常残暴愚昧的专制体制。这种统治建立在等级身份制的伦理之上，而等级身份制也是我国社会过去很不了解的。简言之，等级身份制就是每一个人生来就有等级身份的差别，生来是贵族你就是贵族，生来是平民就是平民，所以国家的统治者和被统治者的社会地位是天生的，人与人之间有等级尊卑的区别，而且一辈子改变不了。这就是统治者的世袭制，当然也是被统治者的"世袭制"，这种伦理支持了极少数人对于多数人持久的君主专制和愚昧政治。历史学家评说，这是合法的、公开的不平等。自由主义哲学的基本要求就是人人平等，它的出发点就是否定封建等级身份制，从本质上否定神权和君主专制。在这个基础上，自由主义哲学提出了解放思想的主张，主张发展科学、文化和技术。大家都知道匈牙利诗人裴多菲歌颂自由主义的诗歌，自由这个词是很高尚的。自由主义哲学支持民法的最基本的作用，就是主张人人平等，就是人民权利观念，其历史意义非常大。《法国民法典》对于自由主义是彻底的接受，我们从其关于人人平等的表述，对于人民权利的表述，对限制法院司法任意的表述等，可以看出该法典对于自由主义哲学的衷心拥护。其实，《德国民法典》也是自由主义的产物，法国民法所接受的自由主义的思想，有些虽然在德国民法中没有条文表达，但是通过法律行为制度和所有权制度等，比较全面地接受了。在分析和研究法国民法和德国民法的立法差异和实践效果时我发现，虽然这两大法典的法技术区别很大，但是因为自由主义哲学的基础性作用，法技术问题在这两个国家并没有造成重大的实践问题。可是这些法技术知识引入我国之后却造成立法和司法混乱，这恐怕是典型的"中国特色"问题。当然，日本民法也没有完全接受自由主义哲学，所以它的民法学思想的改造显得仓促。

从我获得的资料看，希特勒实际上非常讨厌《德国民法典》中的自由主义思想，因为他是一个法西斯主义者，他想废除"德国民法典"另外制定一个"人民法"。但是因为自由主义哲学的影响太大了，他的努力失败了。虽然自由主义哲学后来暴露出来一些问题，但是我希望，不论是学习民法还是从事其他法制历史的研究，都应该从历史演进的角度，首先对自由主义推动社会进步的作用给予足够的肯定。

（四）推动民法体系科学化的理性法学

理性法学，也是我们国内民法学界不是很了解的一个法学流派。说到"理性"这个名词，大家一定会联想到启蒙运动中"科学、理性"的思想纲领。理性法学确实是启蒙运动在法学上的反映，是那个时代的产物，它导致了法学整体包括民法学的根本改造。民法不仅仅是法技术，而且法思想受其影响尤其大，在此之后民法学完全呈现了新的面目。法思想的方面我要在其他著述里阐述，此处只是简要地谈谈法技术方面的发展问题。

"理性"一词出现在这个历史阶段，在民法学这一发展阶段，首先的含义就是脱神，就是脱离宗教神学，使得民法世俗化。"理性"法学对于民法另一个重要的影响就是推动其脱离习惯法学，使得法学变成为科学。这两点在民法发展历史上意义太大了。

首先，我们说说民法的脱神化问题，也就是世俗化的问题。大家都知道原始法学一直把权利神授学说当作法律的圭臬，依据这种思想，在民法领域里，权利的享有、义务的承担，归根结底是神的旨意，民法上的人只能被动接受。理性法学认为神学是高度感性的信仰，盲目的信仰没有理性。民法的脱神化，就是要神从民法领域里退出去，把权利与义务的法律根据归结为自然人。[①]这一重大的思想观念的变革，可以说推动了民法本质的进步。

至于说到民法脱离习惯法而走上科学化道路的问题，今天的民法学的发展更是要感谢理性法学。如果我们看一看此前的民法就会明白，现代民法的技术规则体系就是理性法学建立起来的。此前在欧洲大陆流行的是习惯法，它是历史留下的杂乱无章的法律系统。习惯法应用于民法，总是存在"同案不同

---

① 对此有兴趣的，可以参阅孙宪忠翻译的《民法上的人》这篇论文。

判"、"司法任意"这样的严重问题。因为，各地区的习惯不同，不同时期人们对于习惯有不同的看法。为了解决这个问题，理性法学借鉴了罗马法中成文法的积极作用，将法律做成脱离习惯的规范和制度，并使其成为体系，这样就解决了上面所说的这些严重的问题。理性法学的产生，受到现代物理科学的巨大影响，尤其是受到牛顿力学的影响。牛顿力学把日常生活中的力学运动制作成数学符号，建立了动力、能量的基本公式。这种数学化的努力，推动了工业革命中大型机器、大型运载工具的产生，对世界影响非常大。理性法学家提出，为了消除习惯法同案不同判的弊端，法律能不能科学化呢？民法立法能不能做到前面输入一个事实，后面得出一个确定的结论呢？这种思考就是理性法学的思考。

从这些思考出发，理性法学家开始了民法科学化的历程。他们从整理基本概念入手，从现实生活中归纳出一系列法律概念，然后又根据"概念的同一性和差异性"、"上位概念和下位概念"的逻辑，建立了系统民法规范和制度。在这种技术体系中，出现了主体、客体、权利、义务、责任、物权、债权、亲属、继承这些我们现在使用的概念和体系逻辑。最早从事这一工作的法学家，有胡果、格老休斯、海瑟等，他们著名的劳动成果，就是在民法史上留下光辉印迹的《当代法学汇纂》，或者《当代学说汇纂》（也可以翻译为《实用学说汇纂》）。后来在这一方面集大成者，就是著名的萨维尼。萨维尼撰写了《论占有》（一卷）、《当代罗马法体系》（八卷）、《当代债权法体系》（两卷）等著作，把民法的基本概念和制度体系进行了系统的归纳整理，并进一步发展和提出了法律关系理论、物权行为理论等科学规则，为《德国民法典》的制定奠定了基础。因为他们的工作就像牛顿力学一样从习惯性的规则中提炼出概念，建立比较抽象的概念逻辑，因此后来的人们也将他们的成果称为概念法学。[①]

因为理性法学，尤其是德意志法学家对民法体系化、科学化的发展所做的巨大贡献，德国民法实现了"通过罗马法、超越罗马法"（耶林语）的伟大进步。从此，民法完全脱离了神权法和习惯法，完成了法律尤其是民法科学化的基本任务。法律的科学化，除了对欧洲国家自己的法制的进步具有显著意义之外，对我们中国这样后来的变法运动也有重大价值。因为科学化主义使得民

---

① 对此有兴趣者，可以参阅〔德〕维阿科尔的《近代私法史》。

法的概念和制度可以脱离一时一地而在其他地方甚至其他国家适用，因此一些后发国家的变法，比如日本、中国等，在近代法律革新的时候，就选择了大陆法系尤其是德国民法作为法律继受的渊源。实际上，即使是像前苏联这样对于西方国家的法律制度充满疑虑甚至充满恶意的国家，它在法律制度创建时，在民法的知识体系方面也继受了德国民法。

也就是因为这样，我们就会明白，为什么在十九世纪中后期德国统一之后开始编纂民法典时，萨维尼那么坚决地反对采纳《法国民法典》的模式，原因就是德国民法学在这一时期的发展已经远超了法国民法。在我学习民法的过程中，发现日本的民法学界在这一方面关注相当不足，而从日本传到中国的民法知识，基本上都对此没有正面的介绍。更有甚者，从前苏联法学传入的关于科学主义法学的知识，很多都是负面的、批判性的。但是这些批判多数都不中肯。这种对于法律科学主义的批判，适应了中国背景下的法律工具主义思潮，推动了法律虚无主义的产生。这种情形在中国的法理学界尤为严重，随意解释法律基本规范的现象，在法理学领域非常严重。在民法领域里，否定民法科学化、体系化的观点也是存在的。但是，如果民法体系中没有清晰的概念系统，规范和制度又如何建立？法律又怎么制定？

（五）共同的民法基本素材：人、物、权利

罗马法时代的法学家就已经把民法的基本立法素材整理为人、物、权利三个方面。这个学术整理的结果非常杰出。不论是后来的法国民法还是德国民法，虽然其编制体例不一样，但是它们接受了罗马法关于民法基本立法素材的观念，都认识到民法上要解决的问题，就是人、物、权利这三个问题，以及它们之间的关系问题。[①] 谁是法律上的人？人对面的客体是什么？人对于人、对于物有什么权利？权利怎么取得和消灭？这就是民法的基本内容。从我所做的民法"考古"来看，关于人、关于物，法国民法和德国民法基本的看法是一致的。但是关于"权利"的看法出现了分歧，就因为此，两国民法的法技术出现了分歧，立法体例也出现了重大差别。对此我要在下面仔细探讨。

通过上面这些对民法的法技术问题产生的背景分析，我们可以看到，虽

---

① 对此有兴趣者，可以参阅孙宪忠翻译的《民法上的人》。

然现在我们中国民法学界使用的法律概念和制度体系与它所继受的法律的发源地基本一致，但是在法思想方面有相当大的不同。这就使得中国民法在裁判规则方面出现的问题，更显得"具有中国特色"。这真是非常值得我们思考的。

三 法国民法典立法者的相关认知

（一）《法国民法典》的编纂体例

《法国民法典》产生时，它的编纂体例为：第一编，人法；第二编，财产所有权以及相关财产权利；第三编，取得财产的各种方法（2004 年，《法国民法典》出现了它的第四编"担保"）。这种三编章的立法结构是非常典型的罗马法中的《法学阶梯》模式。《法学阶梯》是罗马法的法源之一，它的基本结构，是把"人、物、权利"这三个立法素材完全予以平面化的处理：先在法律上规定"人"，然后规定财产权利，最后规定人通过订立合同等方式来取得财产权利。[1]这种立法的思路，就好像对一个去市场上买菜的老太太的行为予以白描一样：先是有了特定的人、有特定的物，人与人进行买卖，一手交钱一手交货。似乎民法所有的问题都是以此展开的。

但是，如果交易中指向的物还没有产生，这种合同可不可以订立？如果"特定物"尚不存在时合同可以订立，那么当事人在买卖什么？尤其是买受人在合同成立生效后取得了什么？这个非常重大的问题，《法国民法典》的立法者是怎么考虑的呢？从我们获得的资料看，该法的立法者在这个关键的问题上发明了一种理论——"广义财产权学说"。这个学说的基本意思，就是在合同的标的物还没有确定的情况下，买卖合同当事人也可以发生交易，买受人根据有效的合同可以取得一个"广义财产权"。[2]但是，我必须提醒大家注意的是，"广义财产权"的学说，是法国民法理论界对我在这里所说的情形下当事人权利的解释，并非立法的规定。按照《法国民法典》第 1583 条的规定，买受人

---

[1] 对此有兴趣者，可以参阅〔德〕康拉德·茨威格特和海因·克茨所著《比较法总论》，贵州人民出版社，法国民法部分。

[2] 法国民法学界关于这种权利学说的资料非常多，有兴趣者，可以参阅尹田著《法国当代物权法》。

根据合同必须获得所有权。而且我还要特别指出的是，在德国民法和中国民法中占据核心地位的债权这个法律概念，在《法国民法典》中是不存在的。这一点在我们看来非常奇特。事实上，在法国民法立法和学说之中，财产权和所有权的概念界限是模糊的。关键之处在于：合同成立生效后没有履行之前，这个最值得关注的法律问题，法国立法者没有采取债权这个概念，当然它也没有物权这个概念。

（二）"Packta sund servanda"（契约必须履行）的革命意义

《法国民法典》为什么要采取这种立法结构？尤其是在德意志法学已经建立了清晰的物权和债权的概念体系，欧洲法学家事实上已经了解这些概念的情况下，《法国民法典》为什么不采纳这些清晰的概念体系呢？

对于这个问题，我经过一番学术"考古"终于搞明白了。其原因就在于法国大革命时代，法国资产阶级大革命的主导理论，对法国民法的基本制度产生了决定性影响。大革命强调人民主权原则、民众意思自治原则。按照这一原则，法律之所以具有约束力，绝不再是神权和君权的授予，而是民众的意思自治，即人民自己给自己立法。这一点也可以解释为政治契约或者社会契约的思想，对此我国法学界已经有很多介绍。因为这一点，民法上的契约行为就不仅仅只具有民法意义，更重要的是，它具有契约当事人自己给自己立法的意义。[1]

这种契约作为人民自己为自己立法的革命化的思维和古老的"Packta sund servanda"（即"契约应该履行"，也可以翻译为"契约应该严守"）原则相结合，使得民法意义上的合同，性质发生了巨大变化。关于"契约应该严守"这个原则，在我国法学界曾经被认为是一个罗马法的原则。但是据我学习和研究所得，这个原则的产生并不在罗马法时代而是在寺院法时代。在罗马法中，合同分为可诉契约与不可诉的契约，即有些契约可以起诉，而有些是不能向法院起诉的，即使起诉了法院也不会管的。不可诉的合同主要是民间的口头借贷合同。罗马法认为这种合同不可诉的原因很简单，你借我多少钱，我借你多少钱，没有证据，而个人之间搞不清楚，法院没办法办。到中世纪寺院法

———————

[1] 可以参阅〔德〕康拉德·茨威格特和海因·克茨所著《比较法总论》，贵州人民出版社。

时代，罗马法与寺院法相结合，此时有一个法学家，即托马斯·阿奎那，他认为，契约不是人之间的契约，而是两个当事人对神的契约，所以不能说哪个契约可以诉，哪个不可诉。因为契约是对神的订约，那所有的契约都应该严守，或者说所有的契约均应履行。所以这个原则是托马斯·阿奎那在寺院法时代创造的。[①]

到法国大革命时代，"契约应该严守"的古老原则获得了新生，获得了另一种革命的精神，即契约就是当事人为自己立法，而当事人应该履行自己为自己制定的法律。这是法国人大革命时代对契约自由的认识。在启蒙思想的影响下，法国大革命时代的立法者包括拿破仑本人，都普遍接受了这样一种观念，那就是，国家的统治力来源于人民，法律的内容必须符合人民的意思自治原则。在启蒙思想的指引下，《法国民法典》的立法者，在当事人缔结的合同中贯彻了人民意思自治的思想，得出了契约就是人民自己给自己立法的结论。所以《法国民法典》第1134条第1款规定：合同成立，即具有法律拘束力。这一句话，在现在看来含义似乎非常平淡，但是从历史的角度看，这句话的意义太重大了。它是一个历史的转折，在民法的法律思想发展史上具有极为重大的价值。在此之前，人们普遍接受的法律观点认为，法律是神给我们的，合同是自然人订立的，因此合同的生效，必须获得神的批准或者认可。如早期的罗马法就规定，契约必须在神的监督下订立和履行。例如在买卖奴隶中，要牵着奴隶绕着市政广场上的柱子转三圈，把这个买卖的意思通过祷告上达天主。在履行这些仪式之后，获得了神的默示同意，然后对大家宣誓交付奴隶，履行合同。在有些国家，合同的成立生效虽然不必祷告神灵，但是要获得君王的同意。总之，合同的法律效力来源于统治者，民法上的当事人自己反而只能承受其结果。可是，在《法国民法典》的这个条文中，我们可以看到，正是民法上的自然人自己的意思，才是合同产生法律效力的来源。什么神灵啊、君主啊，他们的决定权第一次失效了！这个历史性的创造正是《法国民法典》完成的！该法典在人类历史上第一次提出，法律的效力来源于被统治者，来源于千千万万像我们这样的自然人。这一点就足以使它名垂青史了！该法典，使得千千万万的被压迫的普通老百姓真正成为法律关系的主体，成为法律上的人，这在人

---

① 对此参见〔德〕维阿科尔的《近代私法史》。

类历史上是没有过的。正是因为这一点，后世的人，对这个法典充满了敬意。通过这个法典的内容我们可以看到，它把所有的民法意义上的往来都定义为合同，包括婚姻和财产往来。同时我们还可以看到，受人民主权观念和意思自治原则的影响，它在总则部分规定了人民的民事权利在国家生活中的基础地位，要求国家的统治权尤其是司法权必须对于人民的基本权利给予足够的尊重。这些内容，从现在来看似乎有宪法规则的意义；从当时历史背景来看，这些规定实际上揭示了人民权利实现必须限制公共权力的法理，这一点正是启蒙思想的体现。

同时，《法国民法典》揭示，契约是人民给自己制定法律的一种方法，这也是历史上的第一次。这种思想的价值对后世的启示和影响也是巨大的。也就是因为这样，契约成了法律，既然如此，那么契约就必须得到履行。在这种革命的法理或者逻辑的推动下，在《法国民法典》中就出现了契约成立生效的法律结果必须和契约履行的法律结果保持同一的规则。在这个问题上，涉及我们要讨论的民法裁判规则的核心内容，就是《法国民法典》第1583条的规定："买卖合同依法成立，即使价金未交付，即使标的物未成就，标的物的所有权也归属于买受人。"为什么要这样规定？大家按照法国立法者的革命逻辑一分析就清楚了：买卖合同就是标的物所有权买卖，订立的买卖合同是肯定会履行的，履行的结果就会发生标的物所有权归属于买受人的结果。所以按照此中革命的逻辑，这个法条的规定是当然成立的。

但是这个时候，你不能按照所有权的标的物必须特定化的原理来分析法国法的规定。如果你要分析说，没有标的物哪里会有所有权，那你这个分析采用的是德国民法的原理，不是法国民法的原理。而且，法国民法在这个问题上留下了巨大的法理争议，那就是我在上文已经讲到的"广义财产权"规则。该法就财产权、所有权的法律概念并不是十分清晰地作了区分。

上文我也讲到，《法国民法典》并没有大家熟知的债权这个概念。因为合同成立等于合同履行，债权这个法律概念在法国民法中没有发挥作用的空间。债权是在合同成立后还未履行前的这么一个法律状态，但在《法国民法典》中合同成立所有权就转移，它认为合同成立则必须被履行，债权因此是无法产生的。

（三）同一主义原则

正如《法国民法典》第 1583 条关于买卖合同成立所有权即发生转移所展示的那样，该法典在抵押等法律交易中也确立了合同成立等于合同履行的规则。这一种立法模式，在法学上被称为"同一主义原则"或者"合意主义原则"（Konsensus Prinzip），它的意思是：在当事人依据自己的意思表示发生法律交易时，当事人之间全部的权利义务关系都由他们之间订立的契约来决定；而这里所说的契约，就是指他们在交易之初订立的合同。"同一主义原则"的特点是，当事人之间的交易只有一个法律事实，那就是合同的订立；而这个法律事实导致的法律结果也只有一个，那就是财产权利（广义财产权、第 1583 条所说的所有权）的转移。所以我们也可以把"同一主义原则"确定为一个确定的法律事实，产生一个权利变动的立法模式。

如果从法理上分析我们就会看到"同一主义原则"确实存在很大的问题，我在这里简单列举一下。

1. 交易只能有两个当事人，不存在第三个当事人，或者说无法分析第三人加入交易的情况。但我们在现实生活中确实会遇到许多交易中的第三人，这时候依据"同一主义原则"就无法分析了。比如购买商品房，你与开发商订立的合同，你和开发商之间发生了交易。但是，在和你订立合同之前或者之后，开发商也会和银行订立借贷合同，银行是开发商的债权人，同时也是你的第三人；而且开发商还会购买机械设备，设备的供应商是开发商的债权人，也是你的第三人；开发商还必须使用水、煤、电、气，雇佣工人，这些都是他的债权人，也是你的第三人。这些当事人、第三人之间，没有直接的权利义务关系，可是存在利益的冲突。但是一个开发商对很多债权人负债，而不是仅仅只和一个人订立合同，这种情形是很正常的。我们大家知道这是"债权相对性原则"的作用。可是这种情形按照"同一主义原则"就无法理解了。因为，按照法国法，该合同订立后一定会履行，标的物的所有权转移给买受人了，这样就不能拿这个标的物再对第三人承担法律责任了。我们知道，在法律上债务人应该以其全部财产来对其债权人负责，但是依据法国民法，如果第三人来订立合同，那么他的权利指向何处？这是法国法无法解释的。

2. 法国法中没有债权制度，它只能适用于即时清结的买卖，即一手交钱一手交货的法律交易。根据我所看到的资料，《法国民法典》的立法者确立的立法指导思想是"民众化"，他们希望"外行中的聪明人"能够读得懂这部法典。[①] 在"民众化"的指导思想下，他们认为民众所能够接受的交易就是"一手交钱一手交货"这种模式，也就是我国法律曾经使用过的"即时清结"的交易。这种交易模式情形下，没有必要使用债权的概念，当然也就没有必要采纳物权的概念。而且立法者特别强调，尽量不采取抽象的概念体系，因为民众对于这些概念是十分陌生的。

但是，真正对于国计民生具有重要价值的法律交易，却是那种远期交易或者远程交易，合同成立之后到履行之前有相当的时间间隔。那么合同成立后没有履行之前，依据什么法律制度保障合同履行？是不是要像法国民法那样假定合同已经履行并且依法就这样确定合同已经履行？我对此不以为然。在中国《物权法》的制定过程中，因为我负责撰写该法学者建议稿的总则部分，我在这一部写上了债权变动和物权变动相区分的原则，这就引起了我国一些学者和官员的批评，也引起他们一直到今天的持续的质疑。比如，一位我非常敬重的教授就这样指摘说：两毛钱一根黄瓜，一手交钱一手交货，你把法律制度搞得这么复杂干什么？甚至还有人说：某某人创立只有自己搞得懂的话语权，将来这是给他挣钱的。这样的批评一直到全国人大讨论物权法方案时还有人尖锐地提出来。

如果我们把即时清结的两毛钱买一根黄瓜的交易当作市场经济体制下的典型，那么我们的立法就永远无法处理远期合同或远程合同这样的交易，所以这种简单化的思维是不可取的。另外，我们要知道，即时清结的交易一般不涉及太多的价值，所以也不会引发争议和诉讼。比如谁会为了两毛钱一根黄瓜去法院起诉？当事人恐怕都不会在意，谁都不会把这种交易当作严肃的事情。问题是涉及汽车、房屋一类的交易，合同成立时到实际履行时，会有相当的时间距离，这些交易才容易产生争议，当事人也会认为这些争议值得诉讼。所以从裁判规则的角度看，大家想一想就会明白，这才是我们应该确定的典型交易模式。法院要解决的就是这些合同涉及的裁判问题，而不是买卖黄瓜的问题。但是反过来，你能够处理远期合同、远程合同了，你当然也就会处理买卖黄瓜的

---

① 〔德〕康拉德·茨威格特、海茵·克茨：《比较法总论》，贵州人民出版社版，第156页。

争议。

3. 法国法无法区分违约责任和侵权责任的问题。如上所述，现实生活中法院裁判案件的主要方法，就是确定当事人到底要承担违约责任还是侵权责任。但是依据法国法，这个问题很难区分。比如买卖合同订立之后而没有履行之前这个阶段，一旦出现法律争议该怎么处理？这时依据法国法，很难说清楚当事人承担的到底是违约责任还是侵权责任。因为合同成立后标的物所有权已经归属于买受人了，可是出卖人却并没有发生交付，他还在合法地占用着标的物。有时候，标的物根本无法交付了，可是所有权却被法律规定由买受人取得了。这种情形下，出卖人到底是对买受人侵权，还是合同不履行的违约，法国法是自相矛盾的。法国人发明了"广义财产权"这一概念，可是这个概念似是而非。所以，虽然《法国民法典》走的是"民众化"的路线，但是给法院司法带来了麻烦。

简言之，法国民法中的基本民事权利，就是广义财产权，这是一个和财产所有权相关，但是含义并不十分明确的权利。法国民法中基本的裁判规则，就是"同一主义"，把当事人之间的交易确定为一个法律事实，其中既包括合同的订立，也包括合同的履行；合同成立生效和合同履行不做法律意义的区分。

（四）法技术方面的缺陷及其弥补

实际上法国民法的立法者很早就认识到了他们这种立法模式的法技术缺陷，也采取了措施来弥补。不过，因为《法国民法典》意义显赫，它有自己的法思想体系和法技术体系，立法者改动它十分困难。但是立法者还是通过民法附从法的制定改变了民法典的一些核心规则。在这一方面最值得提起的，是法国 1855 年制定的《不动产登记法》。《不动产登记法》有一个十分重要的规则："不动产的物权变动，不经登记不得对抗第三人。"这个规则的意义如下：第一，它首先提出了物权这个概念。这是《法国民法典》没有的。第二，它提出了不动产的物权变动，这也是《法国民法典》没有的。第三，它提出了第三人的问题，这也是《法国民法典》没有的。第四，它提出了以不动产登记作为物权变动能够排斥第三人的生效裁判依据规则。这些内容在《法国民法典》中都是另一种规定，在司法实践中，法官主要使用《不动产登记法》来裁判案件。

关于"不动产物权变动，不经登记不得对抗第三人"，后来在日本明治维新时代，为《日本民法典》所采纳。不过，日本民法把这种不动产登记对抗第三人的规则，也应用到动产交付对抗第三人的规则上。这样，物权变动全部规则都和《法国民法典》发生了比较彻底地改变。这已经形成了另外一种立法模式了。

此外，《法国民法典》确立的基本权利和基本裁判规则，也还受到了其他法律的改正。关于合同履行，法国民法引入了公证人制度来弥补民法典没有建立物权变动制度的漏洞，通过公证，实现了合同成立与合同履行的区分。法国法中的公证作用是巨大的，它介入合同订立到合同履行完成这段时间的环节，尤其是对物权变动的过程进行公证，从而解决了合同履行的实际问题。

我国的法律人，多多少少都受到德国法的熏陶，因此对于法国民法中的基本权利和基本裁判规则不太容易理解。大家会对这种立法模式的实践效果有很多疑问，如当事人订约的诚信制度、违约的救济等法律的问题，也有人认为，这种立法模式的实践效果肯定是非常糟糕的。但是我在法国的实地了解发现，法国民法的实践效果并不很糟糕。其中原因我已经在前面讲到，主要的原因是法国经过充分的人文主义的革命，国民以及法院对私法契约以及因此而建立的社会诚信是很尊重的。受人文主义思想和社会诚信制度的约束，当事人不能轻易违约。因为人文主义思想的制约，法律对民间社会诚信体系的尊重，事实上其他市场经济体制国家，即使其法技术立法不能做到足够理性科学，其司法实践的效果却并不太糟糕。采取经验主义立法也就是判例法体系模式的英美法，也有这样的效果。这说明，人文主义思想对社会的改造、整个社会诚信体系的建立，在民法的实施中发挥的作用，比立法技术合理性显得更为重要。在中国《物权法》的制定过程中，在编纂民法典的立法活动中，曾经有很多人向我提出了这样的质疑：为什么法国法、英美法没有德国民法的这些概念和逻辑也没有出现实践效果方面的问题？我认为，这个问题的答案就在这里了：这些国家的民法体系虽然法技术方面有所不足，但是其他的法律包括宪法、行政法、民法附从法补正了这些不足，而且社会整体的诚信保障了人们尊重契约。这些都是我们国家还不具备的。所以我们不能说我们也可以采纳法国民法甚至英美法的模式。

不过在同样的法思想背景下，法技术尤其是民法的裁判规则在科学性、体系性方面确实存在可比性。从这一点看，法国民法立法确实有明显的缺陷。

（五）似是而非的"债权意思主义"和"债权形式主义"

我在本文一开始就谈到我国民法裁判规则的混乱问题，经过很长时间的学术追索，才发现这种混乱的根源，就是我国民法学界长期的主流观点，还是建立在《法学阶梯》的民法知识体系基础之上，认为交易关系就是"人、物、权利"都现实存在的情况下，具体的人交易具体的物，一手交钱一手交货。在民法原理上，我国民法学界的主流观点对《法国民法典》中的"同一主义原则"发生了本质的误解误读，以至于出现了似是而非的"债权意思主义"，以及在这个基础上更加离谱的"债权形式主义"。这种理论研究的不谨慎对我国立法和司法裁判造成了很消极的结果。

我国民法学界很多人的著作中都认为，《法国民法典》第1583条等所体现的，是当事人依据其债权的意思表示来达到所有权取得等物权变动的法律效果的立法指导思想。所以这种立法模式被称为"债权意思主义"。①这里说到的"债权意思"，我们大家都知道，这是法律行为学说中的一个概念，即当事人在发生法律交易时其内心的效果意思。所谓效果意思，即当事人以发生民事权利的取得、消灭等各种变更为目标的内心真实意愿。法律交易中，当事人权利的享有、义务的承担，符合当事人的效果意思的，即符合民事权利变动的基本法律条件，才能够得到法律的承认和保护。这是人文主义革命之后民法的意思自治原则的体现。这些理论要点，可以说是民法上的基本理论，不论谁写民法教科书，都要把这一基本原则清清楚楚地写下来。不论是哪一个民法教授或者研究生、律师，都要把这个要点清清楚楚地记下来。这个知识可以说是基础性的。可是，我们如果使用效果意思理论的基本道理来分析"债权意思主义"的时候，不论是谁都会觉得非常奇怪：既然《法国民法典》的立法者都已经认识到了"债权意思"概念的含义，知道这个意思就是当事人之间要发生债权法律效果的内心真实意愿，那么这些立法者怎么能够在遵从意思自治原则的前提

---

① 对此有兴趣者，可以参阅梁慧星和陈华彬著《物权法原理》、王利明著《物权法论》、王轶著《物权变动论》等。

下，将当事人的这个意思直接规定为物权变动（所有权取得）的结果？立法者明明已经采纳了"债权意思"法律主义，那么他们为什么不在立法中建立债权制度？

大家从我在本文上面的讨论可以看出，这种"债权意思主义"的表述确实是不正确的。因为，在《法国民法典》的立法过程中，起主导作用的是立法者将契约直接确定为当事人自己为自己立法的革命思想。也就是说，《法国民法典》的立法者所坚持的意思自治原则，就是一个交易中只有一个意思表示，这个意思表示并不区分什么债权意思或者物权意思，而是革命的意思。因为这种革命意思的作用，契约成立等于契约履行，因此买受人直接依据合同取得所有权。而且，因为《法国民法典》立法者所采纳的典型交易模式为一手交钱一手交货，所以这种情况下区分债权物权也显得没有意义。

在我多年追寻二十世纪九十年代以来我国民法裁判规则混乱的原因时，我发现，其中一个非常重要的原因就是关于把"同一主义原则"解释为"债权意思主义"的误解误读。当然，现在各位民法学习者不需要通过学术"考古"就可以发现，《法国民法典》的立法者并没有采纳什么"债权意思主义"，因为该法典中并没有债权的概念和制度，所以立法者心目中没有什么"债权意思"。我国一些民法学者把《法国民法典》中合同成立的意思表示，解释为债权意思，那是因为他们已经接受了德国民法区分物权和债权的法律知识体系，因而望文生义地认为，凡是合同成立之时的意思表示，那就只能是债权意思。从目前的资料看，这些观点是来源于日本法学的，日本法学在这一点上，对《法国民法典》的考察是不准确的，中国法学界的这些看法，多少也是拾人牙慧。

在我追寻"债权意思主义"的理论渊源的时候，我发现我国学者的这些说法，都是从日本引进的。我在欧洲学习时，从关于《法国民法典》立法理由书的研究成果中尚未发现这一种主义。在之后和法国学者的交流过程中也得到确认，法学学者也认为，《法国民法典》时代，没有什么"债权意思主义"。经查，这种观点来源于日本。日本民法学家接受了物权和债权相区分的理论，因此他们便想当然地认为，合同成立之时，当事人的意思表示属于债权意思，《法国民法典》的立法者采纳了债权意思主义。这一点，多多少少是把法国民法的立法者归类于怪诞了——明明知道当事人内心真实意愿是债权意思表示，而且还要强调意思自治原则，那么怎么能依据债权意思来直接确定物权变动的结果呢？法国人有这么别扭吗？所以我认为首先是债权意思主义的这个学说，从学术考察的角度看是不靠谱的。

在这个基础上出现的"债权形式主义"，从表面上看似乎弥补了"债权意思主义"的理论缺陷，但是实际上，这种理论比后者更加怪诞，更加不靠谱。在我国民法学者的著作中，我们可以看到，这些学者已经认识到"债权意思主义"的明显缺陷，就是依据债权意思表示来确定物权变动的效果，这违背了法理；因为物权变动的结果无论如何不能来源于当事人的债权意思表示，因此他们就提出了"债权形式主义"的立法模式作为改造的"主义"。所谓债权形式主义，就是当事人订立合同的意思表示是债权意思的产物，依据债权法的规则裁判其效果；然后合同的履行，便不再认可有当事人的意思自治，只是由不动产登记这种行政行为的形式来确定不动产物权变动的效果；动产的交付也被定义为完全脱离当事人意思表示的事实行为。①但是，这个"债权形式主义"比"债权意思主义"在民法学上更加怪诞，我们只要简单分析就可以看出它重大的理论和制度缺陷。

首先，我们说，债权的发生，并不需要什么形式。这种理论传入中国后，马上就产生了"不动产的合同不登记不生效"这样一种奇怪的制度产物。

其次，我们也知道，按照意思自治原则，不但当事人订立合同是意思自治，而且履行合同也是意思自治。可是"债权形式主义"却只认可合同成立时的当事人意思自治，而不认可和保护履行合同阶段当事人的意思自治。所以这个"主义"连"债权意思主义"都不如，因为债权意思主义还承认合同履行本质上也是当事人的意思自治。所以，这一点是对意思自治原则的严重倒退。因此，这个"主义"的法思想价值很不高。

再次，这种立法模式严重违背民事交易生活的现实。因为现实交易，合同的履行都是当事人有意识的行为，不动产的交付、不动产登记、动产交付、有价证券的登记和交付、提单仓单等物权证书的交付，都是当事人的内心意愿的结果。如果不从当事人发生物权变动的意思表示的角度去理解这些行为，就无法区分这些行为准确的法律含义。

最后，这种立法模式，把不动产物权变动的法律效果归结为行政机关的

---

① 对此有兴趣者，可以参阅梁慧星、陈华彬《物权法原理》，王轶《物权变动论》。

管理性行为，这一理论已经造成了严重的政治灾难。在当事人的法律交易之中，物权受让人的权利到底是从哪里得来的？"债权形式主义"的观点认为，交易中的物权变动之所以能够发生效果，关键是不动产登记机构的"登记行为公信力"发挥了作用，是这个"登记公信力"确定的物权变动生效。这样的理论，就把物权变动的核心，归结为行政权力的行为，而不是物权出让人的出让行为。这样，当事人的物权，最终成了是从政府手中取得的物权。这种理论不仅仅否定了出让人原来享有的物权，否定了出让人和受让人之间的意思表示一致，而且造成了人民权利从政府手中诞生、取得的荒唐法理和伦理基础。我国社会征地、拆迁中的政治事故，多与这种理论有关。对这种理论的缺陷，我将在其他文章中加以仔细讨论。

所以，不论是"债权意思主义"，还是我国现在很多人都坚持的"债权形式主义"，在理论上似是而非，不是科学的理论。

四 德国民法基本权利和基本裁判规则考察

（一）德国民法中的"契约应该履行"

从现有的资料看，德国民法学也是在继受罗马法、寺院法的基础上发展起来的。但是我们仅仅从其编纂的结构就可以清楚地看出来，《德国民法典》和《法国民法典》完全不一样，而且其使用的法律语汇也不一样。比如我们现在熟悉的物权、债权、法律行为这些概念，在《法国民法典》中不存在，却是《德国民法典》的普通概念。确实，这些概念是德国民法知识体系中特有的。

在我学习和研究民法基本理论的过程中，在参加中国民法立法的过程中，经常听到对德国民法知识体系的批评或者否定，原因是德国民法学体系太过于抽象，不好理解。事实上，稍稍学习和研究之后就会发现，恰恰是德国民法的知识体系很容易理解，而法国的不太好理解。为什么？前面讲到理性法学时，我已经说明，"物权"、"债权"这些概念就是德国法学家为了实现法律的科学化而创设出来的，但是这些概念的创造，既有罗马法的根源，也有现实生活的根源。最关键的，还是"Packta sund servanda"这个词，也就是"契约应该履行"这个原则，在理性法学时期，德国民法学家也是接受了；但是，就是因为这个简单的原则，德国法学家的思考和结论与法国不一样，最后导致了立法结构的区别。在理性法学时代，德国法学家就在思考，契约应该履行是不是等于契约绝对会履行呢？而应该履行的合同最后没有履行的话，结果会怎样呢？有了这样的思考，问题的出发点就跟法国法不一样了。理性法学家，对这个问题的分析结论是，契约应该履行不等于契约绝对会履行。这个基础性的结论就和法国民法不同，《法国民法典》的基本结论是契约都会履行。然后，理性法学家又进一步提出，有些契约最后没有得到履行，那么这些没有得到履行的，是不是就不发生效果呢？当然不是。如果承认这些契约要发生效果，那么它会发生什么效果？这么一思考，结论就完全和《法国民法典》不一样了。理性法学家的基本认识是即使没有得到履行的契约，也应该和其他履行了的契约一样，发生法律上的效果。但是因为没有履行，它的效果要和履行的效果区分开。也就是因为这样，德国法上产生了"债权"这个概念。

"债权"一词最初来源于罗马法中的"法锁"（Frankreich Schloss）。在罗马法中有一个规则，就是契约成立之后在当事人之间发生一个法律上的约束，恰如"法律上的锁链"一般。从那以后，人们就在法律中间归纳产生了"法锁"一词。"法锁"特别指合同成立但是还没有履行的状态。这个状态在罗马法中叫作"法锁"，在英美法系中叫作"Credit"，在德文中就把它叫作"债"或者"债权"，也就是"Schuld"。这个词的原意就是责任、义务或者法律上的债权债务。可是后来到了我们中国怎么就变成了"债权"这个词呢？中国古代就有"债权"这个词，但是中国古代人所理解的"债权"这个词本身的含义是"金钱借贷"，仅仅是这个意思。这个词的含义，和民法"债权"一词的含义并不完全一致。那么，汉语民法"债权"一词又是如何和德国民法相一致的呢？这一点应该归功于日本近代民法的变法。日本在明治维新变法的过程中接受了德国民法的知识体系，他们对德国法中的"债权"应该怎样翻译费了一番脑筋，最后使用了汉语中的"债"和"债权"这些汉字。实事求是地说，这个词并不是完全一致，但是此外也没有其他更为恰当的词。后来我们也就在中国使用这个词来表达"债权"这个概念了。但是大家要明白，汉语历史传统中的这个"债"和"债权"的概念与民法中的"债"和"债权"概念还是有差别的。汉语习惯中的"债"仅仅指的"金钱借贷"，可是民法中的"Schuld"

指的是合同已经成立但是还没有履行前的法律状态，比现实生活中的概念要宽泛得多。比如我们订立一个运送合同，当事人之间的法律关系在民法上就是个债的关系，这可不是金钱借贷。如果你要跟老百姓说这是个债的关系，可能老百姓不会理解。

让我们再回到德国法发展时期进行一些本源性的思考。

德国法等于在交易的法律规则中首先拟定了一个债权的法律关系，合同缔约首先发生债的法律结果，合同履行以后才发生物权取得的法律结果。这个分析就跟法国法发生了最大的区别，这个区别就是要在交易中间把法国法所理解的一个交易划分为两个不同的大的阶段，一个是合同成立的阶段发生债权债务的关系，另一个是在合同履行的阶段发生物权变动的关系。所以德国法中一个最基本的原则——"区分原则"就产生了。在法国法中是"同一原则"，一个法律根据产生一个法律结果。而在德国法中交易至少要划分为两个不同的法律阶段，至少要产生两个不同的法律结果；我在这里说的是"至少"，后面大家还会看到一些复杂的情况。我刚刚回国的时候，有些人就批评我说，这就是两毛钱一根黄瓜的问题，一手交钱一手交货，你怎么把它搞得这样复杂？因为实际上交易有订合同的时候，有支付价款的时候，还有物权变动的时候，这是三个不同的交易方向。我刚回国的时候很多人没办法理解这个道理，我只能变相地相对保守地说"至少"有两个阶段。

在把交易区分为两个阶段以后，大家就会明显看出债权的地位彰显出来了。因为债权是合同订立以后保证交易实现的一个非常重要的手段，而在合同成立之后没有履行之前，当事人之间的法律事务是非常复杂的，也是当事人发生纠纷的高发阶段，合同是不是能够充分地履行，履行的缺陷、品质和时间等各个方面都有容易产生纰漏的地方，所以债权在德国法中间的地位就彰显出来了。法国法没有债权，但是德国法中债权的地位是非常重要的。不管是德国民法典、日本民法典还是中国台湾的"民法典"，债权的分量都要超过物权一倍以上。学者写书也是这样，如果物权法要写一个小薄本的话，债权法就要写一大厚本，如果物权法写一本的话，债权法就要写两本或者两本以上。这足以证明，债权在现实生活中地位的重要。也就是因为这样，从民法的立法的角度来讲，是必须要把物权和债权区分开的。

（二）德国民法上的权利与法律责任分类

从立法的结构上看，《德国民法典》和法国民法的差异，正在于它们对于权利的认识差异。权利是法学抽象的产物，它属于上层建筑，并不是现实的物质存在。因此不同历史背景下的法律文化，对民法权利体系认识是有差异的。这一点正是法国法与德国法一系列重大差别的原因。在法技术层面，法国民法继受的是罗马法的《法学阶梯》体系，那是公元二世纪时形成的；而德国民法继受了罗马法潘德克顿体系，后来在这个体系基础上，在公元十七、十八世纪时期获得了巨大的进展，除了意思表示理论、法律行为理论之外，在民事权利方面取得的突出进步就是在这个体系中出现了物权和债权的区分。这一时期出现的《实用法学汇纂》[①]，其中把民法划分为五个部分：总则、物权、债权、亲属和继承。这个立法方案的出现意义重大，它代表了潘德克顿法学，也奠定了后来的历史法学和德国民法典的基础。当然，物权和债权这些概念在罗马法甚至人类社会早期的法律制度中也都有制度的影子，但是将其理论化体系化的还是德国民法。在罗马法中，就已经有了对人权和对物权的区分，德国民法债权和物权的区分事实上也是在这个基础上实现的。

在德国民法典编制的阶段，又有学者把债权概念进一步抽象化，提出了请求权这个概念；与此相对应，在物权的基础上提出了清晰的支配权的概念。支配权这个词，在中国话语中显得有些抽象，但是在德文中是很通俗的。它的基本含义，相当于汉语的"归属你了"、"随你用"这些意思。事实上，请求权、支配权在德语中是老百姓所熟悉的语言。

在德国民法学说中，更多的学者认为，绝对权和相对权的区分，才是德国立法和法学中最基本的民事权利的划分。[②]绝对权和相对权的划分，作为民法基本权利划分的标准，来源于人文主义革命时期法学家对民法以及民事权利的哲学属性的基本认识。这个区分意义显著，这也是我国民法学界并不十分清楚的部分，因此我稍微详细阐述一下。人文主义革命的突出成果，就是强调法

[①] usus modernus pandectarum 或者翻译为"法学大全现代应用"（moderner Gebrauch der Pandekten，参见《德国法律大全》，贝克出版社，1995，第3卷，第868页），是德国尚未统一时，德国法学家为德意志境内的市场统一和交易规则统一而撰写的民法典立法方案。

[②] 对此有兴趣者，请参阅《德国民商法导论》一书对于民事权利分类的讨论。

律的根本效力来源于世俗的人，而不是天上的神或者地上的君主。这种进步的法思想，强烈地影响了民法的发展，它导致人们从当事人的意思表示发生的效果的角度，来定义和分析民事权利。绝对权和相对权的区分，就是依据权利人的意思表示和权利实现的内在联系来对民事权利的划分。从民法上看，绝对权，就是权利人行使权利的效果意思能够绝对发生效果的权利类型。这句话听起来是抽象的，然而是非常准确的。比如你对一个物品有所有权，这就是绝对权，因为你行使所有权的意思能发生绝对的效果，你处分也会发生绝对的效果。用通俗的话说，比如说你家里有一套房子，你想使用你的房子（这就是你的效果意思），你什么时候进你家都可以，半夜三更也可以，中午十二点进去也可以（这就是效果意思绝对地发生了效果）。关键是法律承认和保护你这种意思的效果。与此相对应，相对权就是权利人行使权利的意思表示只能发生相对的效果：如果要实现这个权利，就必须要有另一个民事主体来配合这个权利人的意思。这么抽象的话，说的就是请求权，或者说是合同的效果。同样我们用通俗的话来说明这个问题。我们就以买卖房屋的合同产生的权利为例。如果你是买受人，根据合同你的权利是请求对方交付房屋。但是，你要求对方交付房屋的时候，房屋要真正转移到你手中，那么还需要出卖人交付房屋的意思来配合你。如果对方不能配合你，无法配合你，你的交易目的还是无法实现。这就是相对权的基本含义。

这个问题，在民法的基本分析中非常重要，能够分析清楚绝对权和相对权，这在民法理论和制度的整体构造方面，是基础性的知识。我国民法的分析和裁判规则长期难以取得进展，关键就在这里。各位可以设想一下，即使合同是有效的，即使房子也盖好了，也到了履行期限，你依据合同向对方提出请求交付时，对方是不是必然会交付呢？你的权利是不是必然得到实现呢？当然不是！依据社会生活的经验我们也知道，一个合同成立生效了，但是最后没有得到履行的情况非常多见。有时候合同订立之后，社会生活发生了变化或者立法发生了变化，一方请求对方履行时，对方的履行会遭遇很多现实或者法律上的障碍；当然也有当事人故意违约不履行的情形发生，甚至有时请求权人自己放弃履行请求权。

这些年我国的房价忽高忽低，其中就发生了很多合同订立后得不到履行，甚至权利人放弃的案件。2008 年之前，我国房价不断增高，很多人买房子搞投资保值。可是，2008 年美国发生了金融危机，我国市场发生连锁反应，很多人投资买的房子一下子就卖不出去了。在这种情形下，买房子保值炒作的人眼看着达不到自己期待的目标了，相比他们买房子的高贷款利率，不涨钱的房子被称为"房负负"，这个概念很多人还记得。2008年初期，出现了很多房屋买主吵着闹着要向开发商退房的现象，这些人主动放弃了依据合同取得房屋的请求权，要求中止履行合同。当然，这个"房负负"的期限并不长，因为我国中央政府用四万亿元人民币救市，房价马上又高起来了，高上来的房价，到现在也下不去了。所以到了2008年下半年，很多买主又来找开发商要求恢复合同履行。通过这件事情，大家就能够明白，合同债权和所有权的取得并不是一回事，当然也就明白了合同债权作为相对权的道理。

理解债权是相对权之后，我们也就能更清楚地理解物权为什么是绝对权，分析的关键是当事人的意思表示的作用。这个环节中，当事人的物权意思表示是十分明确的、关键的。

美国法中"效率违约"制度，也是说明债权作为相对权的例子。这个制度指的是，当事人在履行合同时可能有意识选择不履约，这样可能对双方当事人更有利。这种情形，具有商事活动经验的人都很容易明白。我国法学界尤其是民法学界一些学者，很难接受绝对权和相对权相互区分的知识，因为他们对法律交易的理解是很简单的。他们认为订立合同就一定要履行合同，他们不知道合同生效与合同履行之间还有很多复杂的情形。

绝对权和相对权作为民事权利的基本分类，对于民法整体的体系构造具有基础价值。除所有权这些物权之外，人身权其实也是绝对权，甚至是比物权更加具有绝对性的权利。举个简单的例子，一个女人结婚了，她的性自主权利是不是就失去了？显然不是，这个人身权只能属于她自己，即使结婚也不会丧失。人身权只属于自然人自己，在法律上没有放弃或者转让的可能。这是一个基本的法律伦理问题，我国法学界包括民法学界一些人也不是很清楚的，一些人提出的人格权转让、人格权商业化开发，简直是匪夷所思，完全违背了这些伦理。

此外，知识产权也是绝对权。这一类权利当然也是典型的民事权利，但是如何在民法上将其纳入民事权利体系，还有过一段小争论。在《物权法》起草阶段，知识产权法学界的一些老师曾经不同意制定物权法，他们主张制定财产法，因为物权法无法包括同样作为财产法的知识产权法。但是，恰如我们分析，知识产权当然具有民事权利的基本特征，它们虽然不是物权，但是同样是民事权利中的财产权，属于民事权利中的绝对权、支配权。因此制定物权法并不等于就否定知识产权法属于民法。商法的一些权利也需要这样的理解或者认知。

德国法确立民事权利的分类之后，它的理论和实践价值非常显著。从本人学习和研究的角度看，这种分类最大的好处，就是明确了民事法律责任的分类及其确定方式。从绝对权和相对权的角度看，我们可以清楚地知悉，为什么民事法律责任要划分为侵权责任和违约责任。侵权责任就是对绝对权的侵害，而违约责任是针对请求权而言的。这是民法分析和裁判最基本的分析手段和逻辑。民法上分析案件、裁判案件，说到底就是追究责任。大家可以看看，法国民法在责任追究这个环节，理论和制度上就是不清晰的，可是这个核心问题在德国法中是再清楚不过的。这个问题也是我国民法学界需要认真思考和更新的地方。

总之，我在学习和研究德国民法的过程中，一个很深的体会就是，德国民法的知识体系不仅仅只是概念和制度的清晰明确和严谨，更为重要的是通俗，符合交易和生活的常理。一些学者经常说，德国民法深奥，属于法学家的语言系统，它不如法国民法通俗易懂。可是我们实实在在地分析这两个法律体系的概念、制度和逻辑之后，得出的观感却完全不一样。我国法学界包括民法学界这样不求甚解，甚至轻率的观点，实在太多了。

五　交易中的物权确认问题

（一）一般分析

所谓交易中的物权确认，指的是当事人依据法律行为来设立、转让和消灭一项物权时，司法裁判上依据什么标准确认该项物权变动已经生效的规则。以买卖房屋为例，买受人和出卖人发生了买卖房屋的交易，那么这时候就存在房屋的所有权在何时确认给买受人的法律问题。显然，交易是指法律行为，如果当事人的房屋所有权取得并不是依据交易（比如依据自己建造的事实、依据法定继承等），那么物权确认的规则就是另一回事情了，不能依据法律行为条件下的物权确认规则。

当事人在交易中定会做出法律行为，如王泽鉴老师所说，物权在整个交易过程中间，要先订立合同然后才发生合同履行，在订立合同和合同履行中间，实际上就涉及债权和物权的问题。所以，依据法律行为发生的物权确认问题，从案件分析和裁判的角度看，关键在于，我们必须确认物权变动生效的法律根据是什么？事实上对这个问题，我国民法历来都有争议。

传统民法学以"权利取得"为题概括物权变动问题。这一理论以所有权取得为典型，所以以前很多教科书简单地把这一方面的制度定义为"所有权取得"，然后把所有权取得的规则，套用到其他物权身上。传统民法学，依据有无权利出让人的意思，将权利取得划分为原始取得和传来取得。所谓原始取得，即没有出让人或者出让人的意思不受法律承认和保护时取得权利。而传来取得，即依据权利出让人的出让的意思而取得其权利，又称继受取得。结合上文关于法国民法和德国民法的介绍我们可以看到，在民法学说历史上，即使是大陆法系传统民法学在传来取得规则方面也存在严重分歧。罗马法以及法国法、日本法，在传来取得的法理上，其基本认识是，传来取得中出让人出让其权利的意思就是合同，除此之外没有其他的意思。所以，这种观念下的传来取得就是依据（债权意义）合同的取得。依据这种观点，合同有效时所有权取得自然有效，合同无效或者被撤销时所有权就应该返还。这一理论的基本特点就是不考虑交易中第三人的存在。比如，甲依据合同将房屋出卖给乙，乙又将房屋出卖给丙。如果甲和乙之间的合同被撤销，则甲享有"原物返还请求权"，以及"所有权人追及权"，可以不顾及丙的利益将原物以及所有权追回。大约到公元九世纪时，罗马法中才兴起"善意保护"的制度来保护第三人。但是第三人必须负担善意的举证责任。总的来说对第三人很不利。

法国民法以及日本民法的这些理论，前几年在我国立法上、理论上和司法实践中影响十分强烈。我国民法因为接受这种理论，而确定了交易中的物权变动只能以债权合同为依据，合同有效时物权变动就生效、合同无效时物权变动就失效的规则。最高法院1995年有一个关于合同的司法解释，提出"先成立的合同先履行"。1994年，最高法院又出台了"债随财产走"的司法解释。1994年《城市房地产管理法》第36条规定"不动产合同不登记者不生效"。1995年的《担保法》第41条规定抵押合同不登记不生效；第64条规定质押合同不交付占有不生效。这些规定都是把物权变动和债权变动强制性地混为一谈。到了1999年《合同法》制定时，这个问题还是没有得到改变。该法第

51 条，规定订立合同发生"无权处分"的问题。大家都知道处分属于物权的权能、所有权的权能，订立合同只发生债权，和处分权有什么关系？为什么合同之债里面出现"无权处分"？这些似是而非的条文，渗透着法理的混乱不清。《合同法》第 132 条居然提出，订立买卖合同，必须要先有物，先有处分权，否则合同就不会得到承认和保护。那么，在工厂里订货的时候货物还没有生产出来，这样的合同就得不到法律承认了？另外《合同法》第 58 条，合同无效或者被撤销后，原所有权人自然可以要求原物返还，而且还可以追及至第三人，那么，善意第三人的利益还能得到保护吗？这些立法问题，都说明我国法学界一度的主流观念，对于民法上最一般的概念区分，在法理上是不清楚的。

（二）一个债务人对多个债权人负债的法现象分析

在我国法学界曾经有物权这个概念难以理解的说法，但是依我多年从事民法教学和研究的经验，债权这个法律概念才是更为抽象的科学术语。从上文的分析可以看到，我国立法曾经出现的一系列不合法理的规定，都涉及债权的基本理论不清晰不科学的问题。即使在今天我国民法科学已经取得了很大的进步，但是面对这些法律规定，也许会有人能够看到它们似是而非，但是恐怕很少有人能够准确地分析和阐述清楚，这些制度的错误到底在哪里？

上文已经讲到，债权这个概念的产生，最简单的原因，就是未履行的合同必须生效，合同不能等到履行结束了才生效。在这个道理之外，还有一个非常重大的理论问题，就是第三人债权问题。为了说明这个问题揭示的法理意义，我们可以看看如下的图 1。

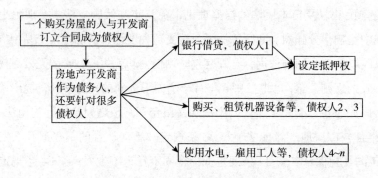

图 1　购买商品房时的法律关系网络

图1是一般老百姓购买商品房都可以遇到的情景。这个法律关系网络并不复杂，现实的问题应该比这个更复杂。如果你要向开发商购买一个正在建造的小区的房屋，那么你就应该想到，这个合同还没有到履行的期限，所以你和开发商订立的房屋买卖合同以及你们之间债权债务的法律关系还要保持相当长的一段时间。你有没有想到，在这期间，这个开发商还和他人之间发生了很多债权债务关系？这个开发商在和你订立这个合同之前或者之后，他还要和很多民事主体订立合同。比如，如果这个开发商本身就是建筑公司，那么他必然要和设计公司订立设计合同，和一家银行甚至多家银行订立贷款合同，和建筑材料的供应商订立很多订货合同，和机器设备的供应商订立购买或者租赁机器的合同，和水、电等供应者订立诸如此类的供应合同。当然还有一大类合同是最必不可少的，就是建筑公司和它的数百个数千个工人订立劳动合同。这种法律现象，就是"一个债务人对多个债权人负债"的典型例子。

一个债务人对多个债权人负债，导致很多一个债务人负担的债权同时发生效力的现象，这种现象非常值得思考。首先，我们要认识到，这种现象在经济生活中是常见的、普通的。大家不要认为这种事情不正常。所以首先希望大家不要像有些学者所说的那样，仅仅只能理解两毛钱一根黄瓜的交易，或者一个马克买一双手套的交易，买黄瓜或者买手套，不会产生有法律意义的争议。作为法律执业者应该知道，对于国计民生和法律制度建设更有价值的交易，是这个图1所示的交易。其次，我们要考虑的是，这种正常的经济现象的法律解释。多个债权人和一个债务人订立合同，这么多的合同债权指向一个特别确定的债务人，他们的债权都是有效的，都是受到法律的承认和保护的。从法律关系的角度分析，我们知道，这些债权人相互之间，并没有法律关系，但是他们的债权都指向了债务人，也就是因为这样，债权人和债权人之间发生了第三人的关系。

在这里讨论第三人这个法律问题意义十分重大。在《中国物权法总论》这本书中，我本人对法律上的第三人这个问题有比较多的讨论。民法上所说的第三人，是和法律关系的一方当事人发生另一个法律关系，和另一方当事人之间存在的社会关系。通过这上面这个图1我们会清楚地看到，多个债权人都是和债务人有法律关系的，但是他们相互之间是没有法律关系的。所以这些债权人相互之间是第三人的关系。讨论第三人的法律问题之所以意义重大，是因为在民法上，绝对权包括物权等权利，是可以排斥第三人而优先实现的，而有些权利比如请求权却无法排斥第三人，比如包容第三人权利的存在。比如这个图1之中，第一个债权人享有的抵押权，就是可以排斥其他债权人权利而优先实现的。而其他的债权人相互之间却不能互相排斥。我在这里要淡淡地指出的一点是，我国民法学界的一些教科书中有所谓"任意第三人"一说，它们把第三人定义为不特定的任意多数人，即和当事人之间没有任何关联的人。这个观点并不对。

问题在于，这个图示中，多个债权为什么能够在一段时间里共同存在？为什么谁也不能排斥别人？

这就是债权相对性和债权平等性的基本原理。我国法学界一般都能够接受的认识是：债权的本质是请求权，债权人是特定人，债务人也是特定人，债权人只能向债务人提出履行债务的要求，但是不得向第三人提出任何要求。债权的基本原理是其相对性，其法律关系只发生在特定人和特定人之间，因此债权不发生排斥第三人的效果。这个民法上的道理是我国民法学界多数人能够接受的。但是，我国立法和法学界对债权相对性这个原理的理解，显然还是不足够的。因为，上文我们已经分析到，债权相对性原理最根本的原因，也就是一个债务人能够对多个债权人负债的原因，是债权人行使请求权的效果意思只能发生相对的后果，而不能发生绝对的后果。权利的行使其实也是权利人意思自治的过程，债权人的请求必须等待相对人"给付"也就是履行的意思表示（中国法学一度称之为"协助"，二十世纪九十年代之前，中国民法学界还普遍承认相对人的协助，也就是债务人履行的意思，是相对于订立合同的另一个意思表示）。如果相对人不能做出或者不愿做出"协助"的意思表示，债权人的权利目的还是无法实现。这也就是说债权的生效与债权目的最终实现之间没有绝对关系。

债权平等性原理的根据其实也是这样。每一个债权人只享有向债务人提出给付的请求权，而无法向第三人主张任何权利，因此，各个债权人都处于一种互相包容的状态，所以在一个债务人对多个债权人负债的情形中，每一个债权都是平等的。因此，一个债务人可以同时对多个债权人负债，可以和多个债权人同时发生债的法律关系。债权相对性原则以及根据这一原则建立的债权平等性的规则最典型的应用，就是债务人清算时（比如债务人破产），法律关于债权人"平等受偿原则"的规定。

但是，因为债权是当事人订立合同之后，法律为了约束当事人履行合同所做的一种权利拟制，所以这个权利是法律上抽象产生的，它不指向任何现实的标的物，它没有一般民众可以想象的现实客体。所以，债权才是德国民法知识体系中最为抽象的法律概念，因为它的高度抽象性，妨害了人们包括一些法学家和立法者对它正确的理解。根据我对我国立法和法学观点的总结，人们对债权经常的不准确理解，有两个方面。

（1）它的请求权的本质。很多人难以理解，为什么要规定合同仅仅只是发生请求权的效果，而不能发生类似于所有权取得的物权效果。比如，一些老百姓说，买卖房屋的合同生效了，我就应该直接取得房屋的所有权。一些法学家和立法工作者也是这个看法。实际上，我国民法学界目前还在流行的债权形式主义的观点，本质上和这些看法是一致的。因为他们同样的认识是，在债权人请求履行合同时，债务人就必须履行，债权人的权利可以直接支配债务人的行为。因此，行使合同请求权，就可以直接发生物权取得的效果。这种观念，就是没有理解债权作为请求权的本质。

当债权意思主义和债权形式主义这两种不成熟的法学理论引入我国之后，很多人之所以能够接受这种别扭的理论，就是因为这些学者和一部分立法者认为，债权人请求履行的权利直接支配债务人的行为，债权人要求履行合同时，债务人必然有履行的行为。不论是债权意思主义还是债权形式主义的观点，其基本观点之中，都是否定债务人履行合同的行为是债务人自己意思自治的结果，它们都强调，债权人的履行行为是事实行为，债务人的意思表示没有实际的意义。这一观点，就是不理解债权相对性的原理。这种观点事实上已经倒退到二十世纪九十年代之前了，因为那个时候我国民法学界还普遍承认，债权人履行合同的请求权，必须有待于债务人"协助"履行的意思。在上文的分析中，我们已经对债务人的意思表示有清楚的阐述。如果没有这个独立的意思表示，履行就无法进行。从目前看，契约应该履行不等于契约绝对履行这个道理，在我国立法和法学界的贯彻并不完整。

（2）债权法律效力只是指向特定人而不能排斥第三人。很多人认为，合同既然有效，那么"出卖人"（或者出让人）就不应该再和第三人订立合同。很多人以此认为，债务人和第三人订立的合同是恶意的，不应该得到保护和承认。在我国法学界、司法界和立法工作者之中，持这种观点者还比较多。但是我们仅仅通过上述图 1，就知道这个观点是不正确的。那么它的错误在哪里？我想用一个真实的案例来分析一下。

二十世纪九十年代初期在北京，一个建筑公司用其三辆大型施工车辆设置"抵押"，向一家银行贷款数百万元人民币，用于建设工程需要。这个抵押行为，仅仅只是订立的抵押合同，所以我用引号将它表明了。在还清贷款之前，这个建筑公司又利用上述三辆车中的两辆，向另一家银行抵押贷款，这一次的抵押进行了相关的抵押权设立登记。当第一家银行的还款期限到来的时候，法院直接依据抵押合同判决，将这三辆施工车辆拍卖，价款用于清偿第一家银行的债务。这个案件的审理过程中，第二家银行当然依据其有效设置的抵押权提出了异议，也提起了抗辩。但是法院在判决书中明确地写道：建筑公司既然已经和第一家银行订立了抵押合同，那么他就不应该再和其他人订立合同，将这些抵押物设置抵押。建筑公司的恶意，不应该受到法律的保护（判决书的大意如此）。大家分析一下这个判决书，它的明显不足在哪里？

非常清楚，建筑公司是恶意的，但是遭受损失的是第二家银行，而不是建筑公司本身！这个案件的审判以及判决的文字，还发表在《北京日报》上面，作为人民法院公正审理案件的好案例。当然，现在我们的法院已经能够真正公平地处理这样的案例了，因为，债权变动和物权变动的基本原理大家都基本上掌握了。但是在二十世纪九十年代初期，我国法律界整体对于这些基本规则是不清楚的，因此在《担保法》等一系列法律的制定过程中才出现了系列性的错误。恕我直言，我国法律当时出现的这些错误，和我们盲目引入日本民法学有关。大家看看日本民法第 177 条，就可以发现，法官可以直接依据抵押合同来排斥第三人的规定。

1994 年，最高法院出台的"债随财产走"的司法解释影响极大，至今没有人认真讨论过其中的缺陷。这个规则最大的问题，也是搞不清楚涉及第三人的法律制度内涵。这个司法解释的基本内容是，为解决恶意避债的实务问题，它提出在债务人将借贷而来的金钱转移至第三人时，原债权人的债权针对被转移的第三人也有效。这一规则在 1994 年至 2007 年得到法院的普遍应用。这一规则至今得到了一些法学家的赞同。但是我们通过这个真实的案例，同样可以清楚地看出其缺陷。

山东某地某公司甲，此前曾经向某公司乙借贷用于经营活动，然后公司甲成立了独资的石油公司。因为公司甲所欠公司乙的借贷一直没有归还，公司乙向公司甲提出还贷的诉讼要求，并提出因石油公司为公司甲投资设立，因此追加石油公司为第三人。此案，经法院多级审理，判决将石油公司资产直接用来为公司乙还贷。法院的裁判认为，依据"债随财产走"的规则，公司乙可以直接向石油公司主张债权，而且石油公司必须以其财产为公司乙承担债务履行的责任。

在这个案例中，从公司甲和公司乙的借贷关系的角度看，石油公司是一个典型的第三人。公司甲对石油公司的股权，是该公司的主要财产权利之一，这一笔财产已经能够偿还公司乙的债权。可是法院为什么认识不到呢？如果将石油公司的全部财产拿来给公司乙清偿债权，那么石油公司自己的债权人的权利又该如何保障呢？

这个案例告诉我们，在民法分析和裁判过程中，必须坚持法律关系的学说和规则，必须认识到第三人进入交易网络的法律规则问题。真正的公平正义，并不是一些民粹观念的学者所主张的那样要不断打破民法科学的逻辑，也不是一些"朴素"的官员或者法律界人士所主张的法律要让人民看得懂的"人民性"，而是要严格遵循法律的科学性体系性规则和逻辑。

（三）区分原则的分析和裁判

1999 年，根据自己长期学习和研究的成果，我提出了"区分原则"，即在法律效果上区分债权和物权，在权利变动的法律根据上区分债权行为和物权行为的理论观点。区分原则，将债权和物权的问题准确而清晰地区分开来，为立法和司法实践确立了科学的法理。经过数十年的努力，我国民法学界逐步认识和接受了这个法理。首先，是江苏、上海等地的人民法院的法官们采用了区分原则，依据这一法理来分析和裁判交易中的物权变动案件，取得了审判上的方便快捷而且民众认可的双重效果。此后，2007 年的《物权法》第 9 条、第 15 条等采纳"区分原则"，将债权成立生效的法律根据和物权区分开来。接着，《最高人民法院关于审理买卖合同纠纷案件适用法律问题的解释》（2012 年 3 月 31 日最高人民法院审判委员会第 1545 次会议通过），非常明确地采纳了这一原则。这个司法解释意义显著，尤其是它的第 3 条规定："当事人一方以出卖人在缔约时对标的物没有所有权或者处分权为由主张合同无效的，人民法院不予支持。""出卖人因未取得所有权或者处分权致使标的物所有权不能转移，买受人要求出卖人承担违约责任或者要求解除合同并主张损害赔偿的，人民法院应予支持。"这个规定，否定了曾经在法院采用多年的"债随财产走"的司法解释，也否定了《合同法》第51条。这是我国民法走上科学化的重大进步的象征。

对于区分原则，我们如何理解呢？

对这个问题，我们可以采用王泽鉴老师在解释台湾"民法典"第108条的含义时的一篇论文的分析。王老师认为，法律上的交易分析，无非就是确定物、权利、登记、交付等这些法律事实和债权、物权变动的法律关系的问题。王老师提问道：一个债权的生效，也就是在合同发生请求权效果的时候，需要标的物特定化吗？需要出卖人有处分权吗？需要不动产的登记或者动产交付吗？

这个著名的债权成立条件的"三问"，一下子抓住了债权变动的本质、分析和裁判的关键。对于订立合同时标的物要不要特定化，是不是只有在标的物存在以后才能订立买卖合同这个问题，我想稍有法律知识或者市场经验的人都会得出否定的看法。因为在工厂里订货，在波音公司买飞机，都是标的物尚不存在的合同，这些合同非常正常，应该得到法律的承认和保护。大家想一想，王老师为什么要提这个问题？因为我国《合同法》第132条规定，买卖合同的成立和生效，条件之一就是标的物必须特定化。从这里就可以看出我国合同法的核心条文存在违背法理的地方。这是第一个问题。

第二个问题是，订立合同时，出卖人是否就已经享有所有权或者说处分权呢？就是说，非所有权人可不可以订立一个买卖合同呢？王老师提出的这个问题，同样是针对我国《合同法》第132条和第51条的。依我回国初期参加合同法的几次立法讨论经历可知，我国民法学界对这个问题同样是法理不清，争议很大。我们可以想一想上文提到的第一个问题，没有标的物的时候就已经可以订立合同出卖这个东西，那这种情况下出卖人当然是没有所有权和处分权的。现实生活中，即使标的物已经存在，出卖人实际上还没有取得所有权或者处分权，这时候他能不能订立针对标的物的合同呢？在《合同法》讨论的时候，我针对这些条文提出了不同看法，我认为没有处分权订立买卖合同是可以的，因为买卖合同产生债权，物权并不一定非要同时发生效果才行。但是我的观点受到了民法学界著名教授的严厉批驳：出卖他人之物，有何公正可言？不是所有权人，竟然出卖别人的物品，这有违中华民族几千年诚实信用的传统！这个严厉的批驳，使得我无法回复，最后《合同法》第 51 条、第 132 条成为法条了。

可是这些法条的道理能成立吗？这些年来，我参加了很多学术讨论会，在讨论到这个问题的时候，很多民法学家、很多青年学生，都认为这个批驳我的道理是成立的。在他们的观念中，不是你自己的东西，你都能出卖，这显然很有问题。但是在王泽鉴老师的论文中，在我过去求学看过的法律知识中，这样的批驳却是无法成立的。因为，订立合同产生的法律效果只是债权，这个合同只是在出卖人和买受人之间发生拘束力，它对于真正的所有权人没有发生任何法律上的关联，所以，它首先不会对标的物的所有权人构成任何损害，没有什么对于标的物的所有权人公正不公正的问题。在这里，我们必须把债权的约束力这个问题搞清楚。其次，在市场交易中，经常发生这样一种情形，出卖人需要先和买受人订立买卖合同，然后他再去找货源，和真正的所有权人再订立一个买卖合同。比如，很多批发商的业务就是这样的。所以，这样的合同，也符合交易实情。最后，我们必须知道，出卖人和买受人订立的合同必须生效，因为这个合同必须约束出卖人为买受人的利益而积极寻找货源。如果这个合同不生效，那么对于交易秩序不利。从这些分析可以看出，我国法学界一度的主导学说，确实没有搞清楚合同仅仅只是债权发生的法律根据这个大家都在讲的道理。

王泽鉴老师提出的第三个问题，就是订立合同要不要以不动产登记或者动产交付作为生效条件？我们一想就知道，这个问题就是针对大陆民法比如担保法、城市房地产管理法中那些不动产合同不登记不生效、动产合同不交付不生效的规则提出来的。订立合同为什么要登记要交付啊？登记过户、交付标的物，都是履行合同的方式，是合同生效之后才能做的行为。依据这些规则，合同到了履行之后才生效，这不是很滑稽吗？所以我 1995 年回国以后就坚决反对这些规定。也就是从那个时候开始，我国民法学才开始真正发生法技术规则的更新了。大家从这个滑稽荒唐的规定，看到了我国民法立法和民法主导理论的谬误。

王老师提出如上的"三问"之后，得出了明确的结论，那就是，合同仅仅只是请求权、债权发生的法律根据。而标的物特定化、出卖人有所有权或者处分权、不动产登记或者动产交付这三个条件，或者三个法律根据，正是物权变动的法律根据。这个不能混淆。

关于交易中的物权变动的确认，王泽鉴老师提出，第一，到了物权变动阶段，标的物一定要特定化。我买东西就是要买这个特殊的标的物。标的物特定化之后，才能够发生交付。第二，物权变动阶段，出卖人一定要享有所有权或者取得处分权。因为从法律上看，买受人要取得的，正是所有权，所以出卖人此时必须有所有权，他才能把所有权交付给买受人。第三，所有权是抽象的，怎样把这个抽象的权利转移到买受人的手中？这个法律手段就是要不动产的登记和动产交付。

这就是区分原则关于交易中物权变动的法律根据的一般分析和结论。债权生效的法律依据和物权生效的法律依据完全不一样。它们的效力是区分的，支持效力发生的法律根据也是区分的。这个基本的分析和裁判手段掌握以后，我们就能分析普遍的民商事交易案例。在我看来，区分原则可以适用于如下交易的场合：

① 物权法规定的依据法律行为发生的物权变动。

② 知识产权移转。

③ 债权转让。

④ 股权、有价证券权利的转让等。

⑤ 海商贸易中的脱离货物占有的提货单交付。

⑥ 难以被界定的"权益"的转让，比如"企业"转让等。

在区分原则下，交易被区分为两个不同的阶段——请求权变动阶段和支配权变动阶段；同时也被区分为三个不同的方向：合同债权生效、所有权取得、对价的支付。这三个不同方向可以建立三个方向的法律责任的追究。这些裁判规则已经从法理上完全清晰明确，成为"可复制、可推广"的科学原理。

我提出的区分原则，当然是在德国民法、萨维尼的物权行为理论的基础上提出来的。当然萨维尼的物权行为理论之中也有一个区分原则，但我说的和他说的略有区别。我的理论，已经将萨维尼的理论简化了，更能够符合我国立法和司法的实践了。按照区分原则，交易中的法律事实，或者法律根据就不再仅仅只是一个合同了，而应该区分为债权合同、物权意思支持不动产登记、动产交付等。2016 年，最高法院做出了物权法司法解释（一），就区分原则在物权确认方面，做出了很有价值的系统的规则。对此我将在另一篇论文中细致探讨。

不承认区分原则理论的，在我国民法学界还有一些人，他们基本上都是在《合同法》制定过程中成长起来的，对该法第 51 条、第 132 条很坚持。他们坚持的道理，就是批评物权行为理论。批评的论据，都是来源于一个叫奥托·冯·基尔克的自由派法官。他说一个人到商店里去买一双手套，一手交钱一手交货，交易就是这样的。可是萨维尼把这个交易搞成三个法律行为，一个是基本的债权、一个是手套所有权转移、一个是货币的转移。这纯粹是理论对生活的强奸！基尔克说，物权行为理论有三大弊端，第一个是纯属虚构，违背生活的真实；第二个是过于玄妙人民无法理解；第三个是合同无效时所有权不能自然返还，不利于原来的所有权人。我在二十世纪末期开始阐明区分原则时，也有我国著名民法学界批评我说，两毛钱一根黄瓜，一手交钱一手交货，你为啥把它搞得这么复杂？我看了一些从日本法学引入的观点，否定物权行为理论的，也是依据基尔克讲的这三点。

其实在上文我的分析中已经讲过了，交易的典型并不是买手套和买黄瓜，而是买飞机。你买飞机订立合同的时候，飞机还没有制造出来，造飞机轮胎的橡胶还长在马来西亚的橡胶树上，但是合同必须生效。你订立了合同，不能像买黄瓜那样从筐子里挑出来。买飞机的合同生效后才有履行的效力。到了履行合同的时候，购买者要给制造商交钱，交钱也需要新的合同。尤其是国际支付，涉及的合同还不是一个两个。制造商要指定一个银行，购买人也要指定一个银行，国内的银行和国外的银行还要有协议或者合同。然后，就是飞机所有权转移过来，这也要订立一系列新合同。这三个环节哪一个都不能少。中国老百姓没有几个人买飞机的，但是买房子是普遍的。买房子要先订立合同，然后房子盖好了，要付款就需要去银行，其实你的银行和开发商的银行也要有协议，我们没有听说哪个人提一麻袋钱给开发商吧？这里面的法律行为不是一个两个吧？然后就是房屋交付和所有权过户，物权变动需要自己的法律根据。大家想一想，一个正常的交易至少有三个方面的合同，这不是很正常吗？这是个很简单的道理，有什么过于玄妙不理解的呢？这两年我在做社会调查时，走了国内一些地方发现法官和律师们基本上都掌握了把一个交易区分为两个以上法律行为的道理，而且也能按照区分原则分析和裁判案件了。基层的县里的法官都知道这种案件应该怎么办，所以说这种观点并不玄妙，所以我们法学家不要拿这个吓唬年轻的本科生、研究生了。

在坚持区分原则的前提下，债权或者说合同的无效是否必然导致物权变动行为无效的问题，也是大家经常关注的。我国法学界很多人因为所谓的无因性的理论，否定物权行为理论。我认为，这一点和我国社会长期缺乏市场交易的观念有关。在市场交易过程中，当事人已经完成了不动产的登记和交付占有时，多数的情况说明，当事人之间关于物权变动的意思表示是真实的，是应该受到承认和保护的。事实证明，物权变动之后，当事人尤其是出卖人常常提出交易不公正的理由，要求撤销合同的，其内心真实的意愿是觉得对方给的钱少了，而不是真的要主张所有权返还。所以物权变动发生不可逆转的结果，在实践中并不是什么可怕的事情，也不能认为所有权不返还就违背了交易公平。在商业实践中，商家不论是买家还是卖家，都不重视所有权返还，而重视价值的平衡和补偿。我国法学界尤其是民法学界特别钟情于所有权返还，这个观念其实并不先进，也不符合交易的常情。当然，如果当事人转让所有权的意思表示有法律不能承认和保护的重大瑕疵，那么我们也可以直接应用法律行为的规则撤销它，宣告它无效。这是完全可以做到的。按照我国《物权法》第106条的规定，善意要从物权变动的角度来理解，而不是从债权的角度来理解。所以，所有权取得不一定逆转，这一点在我国法律上也是明确肯定的。

结语：重建分析与裁判的法律科学

关于交易中的法律关系分析和裁判的规则，以我从事民法教学和研究的经验，可以总结为七种情形。

（1）法国民法，依据"泛意思表示"，发生"广义财产权"（不区分债权和物权），这就是"同一主义"的立法模式。

（2）德国民法，采取相对权和绝对权相互区分、负担行为和处分行为相互区分的理论模式（区分原则）。我国民法在 1930 年采取了德国法的区分原则。

（3）苏联民法"特定物的买卖，合同生效所有权转移；不特定物买卖交付占有所有权转移"。这种立法模式 1980 年至 1986 年盛行于我国。[①]

（4）1978 年一段时间里，我国法律还曾经采用过"交钥匙"的规则。这就是 1987 年在王家福老师等主编的《合同法》一书中提出的规则，不动产所有权的转移是交钥匙规则，即实际交付规则。这个规则后来也适用于动产交付。这个规则后来被《民法通则》采纳。在这个理论产生后，物权变动就已经能和合同生效相互区分开了。这个观点是和大陆法系、德国法比较类似的。[②]

（5）1986 年《民法通则》，区分债权和所有权取得（第 72 条第 2 款"按照合同或者其他方式取得财产的，财产所有权从交付时起转移，法律另有规定的或者当事人另有约定的除外"）。这个规则意义重大，比较科学，就是区分原则的应用。当时因为我国没有开启不动产市场，所以该法只是建立了动产交付发生所有权取得的规则。

（6）1992 年后，立法和司法解释，违背了《民法通则》的规定，建立了"不动产合同不登记不生效，动产合同不交付占有不生效"的规则（《担保法》第 41 条第 2 句、第 64 条第 2 款）。这一段时间里，我国民法学受债权形式主义影响很大，出现了很多理论和制度的混乱。

（7）二十世纪末期以来，我所做的重建区分原则的努力，目前已经得到包括物权法和最高法院关于买卖合同的司法解释的采纳。大家可以看看中国《物权法》第 9 条、第 15 条等的规定，以及最高法院 2002 年颁布的立案案由，以及 2012 年买卖合同司法解释等。

在相关理论问题上，我一直在思考的是，基层法官都懂，一般律师甚至一般在校大学生都能够理解的理论，为什么在立法上却受到很多阻力？我想可能的答案就是，我国立法总是受到所谓立法人民性观念的左右，法律科学性体系性的观念在我国法学家以及立法工作人员之中贯彻得非常不彻底。民法典编纂的过程中，一些官员提出，普通民众看不懂的，不要写在立法中。这种民粹

---

① 对此有兴趣者，请参阅佟柔主编《民法原理》，法律出版社，1983。

② 参阅王家福主编《合同法》，1987。

主义的观念，和法律虚无主义本质相同，就是否定法律科学性。可是，民法的本质是行为规范也是裁判规范，如果涉及案件分析和裁判，我们就会发现区分原则是非常准确的。像两毛钱一根黄瓜，一手交钱一手交货，这种事情根本不会产生争议，更不会产生诉讼，当然我们的立法也就不必考虑这些问题。相反，像买房子、买汽车这样的，甚至是买飞机这样的交易，是会产生争议的，是会产生诉讼的。所以立法应该关注的，是这样的交易。从这一点看，立法和法理的取舍是清楚不过的。

第十七篇 物权法司法解释（一）分析与适用

| 写作背景

　　2007 年颁布实施的《物权法》因为受到政治风波以及不准确的法学理论的消极影响，在裁判规则上没有彻底贯彻物权变动的物权法原理，因此造成近年来交易中的物权分析和裁判出现不少问题。最高人民法院在 2016 年颁布物权法司法解释（一），力图从实践需要的角度尽力弥补立法的制度缺陷，因此交易中的物权案件分析和裁判的规则发生了一些积极的改变。但是，在本人的调研中发现，一些不准确的法学理论，在解读这个司法解释时，仍然依据所谓的债权形式主义来指导法官和律师，结果把交易涉及的物权变动、涉及的债权变动再次混淆，在保护第三人这个问题上出现了使得司法实务无法准确界定如何保护相对人和第三人的操作边界的问题。某省高级法院在相关培训后，出现了许多混乱，因此多次来电咨询并邀请本人重新授课。本文就是在了解这些理论和实践问题之后才撰写完成的。本文专为研究这一司法解释撰写，它首先从理论根源上澄清了我国相关法学理论出现的混乱，然后从民法意思自治的原则、从法律行为的规则、从交易中的物权确认以及第三人保护的角度全面地阐明了物权变动的法律原理，对法律实践提供理论支持。论文来源于在最高法院以及某些省份的法官学院的讲座整理，发表于《法律适用》杂志 2016 年第 9 期。为了方便法官等司法实践家的掌握，文章发表时保留了口语体。

| 本篇目录

一 问题的提出

（一）引言

最高人民法院在 2016 年 2 月 22 日发布了《最高人民法院关于适用〈中华人民共和国物权法〉若干问题的解释（一）》（法释〔2016〕5 号）（2015 年 12 月 10 日由最高人民法院审判委员会第 1670 次会议通过），自 2016 年 3 月 1 日起施行。该项司法解释的发布，不但引起了我国法院系统的高度重视，而且也引起了我国其他司法机关、仲裁机构、法学研究机构和高校的重视。该项解释不但在进一步厘清《物权法》的一些重要的裁判规则方面满足了司法实践的需要，而且对应用物权法学原理这一点有相当大的强化。实事求是地说，该司法解释的某些规则相比现行立法确实有明显改进。从法学进步的角度看，我对这个司法解释基本上持肯定的态度。

该司法解释的发布，证明了我国物权司法实践还需要科学法理支持，以弥补现行立法缺陷这个十分浅显的道理。很多人都知道物权法立法的时候遇到很重大的政治风波，因此该法中涉及裁判规则的内容被大幅度减弱；同时，在《物权法》制定之时也存在一些民法学家就物权裁判的法理认识不清，从而导致物权法科学法理贯彻不足，进而导致立法确定的裁判规则减弱这一方面的缺陷。在下文的分析中，大家可以更加清楚地看到这一点。无论如何，如果立法不能足够的从科学性体系性的基本要求建立其规范，那么司法也就无法做出符合法理的裁判；但是如果法官以及其他裁判者不重视法律科学原理的运用，那么裁判的结果也必然会偏离立法的本意。也就是因为如此，本人想在这里结合我国《物权法》实施以来的法律实践和本人从事相关法学研究和教学的经验，对这个司法解释做出进一步的解读。

（二）交易中的物权确认问题

我们首先要搞清楚物权法司法解释（一）想要解决的问题。它的第 1 条第一句话就阐发了它的目的，是要解决"因不动产物权的归属"的问题，当然，在该解释的下文部分，也涉及一些动产物权归属的规则。确定物权的归属，司法实践中常常的用语是"确权"一词，以前该名词指的是相邻不动产之间的疆界划分确认问题。这个问题常常因为历史原因，当事人之间纠葛已久，所以会遇到困难，因此虽然立法上没有采用"确权"一词，但是司法实践中早有这个概念。但是，司法实践中更有意义的确权问题，却是发生在交易过程之中。比如，以典型的交易房屋所有权买卖而论，那么就买受人而言，他到底在什么时候取得房屋的所有权，这个时间点在哪里确定，这就是一个非常重要的裁判规则问题。从时间的角度看，这里有订立买卖合同之时，也有办理交付房屋手续验收之时，有办理过户登记手续之时。远的不说，改革开放以来，我国司法裁判确认交易中买受人何时取得标的物的所有权的时间点，在法学理论和司法实践中就多有变迁，在理论上也不是一个已经完全解决了的问题。比如，我国民法学说在二十世纪八十年代确立的类似于房屋买卖中所有权确定的标准，就曾经有"特定物的买卖，所有权自合同成立时转移"，交钥匙时转移，交付房屋时转移，《物权法》生效后又建立了一般情况下以不动产登记时转移。从这一段学术史的整理情况看，可以说我国法学界关于交易中的所有权转移，或者说与此相关的更加广泛的一些交易中的物权确认的问题，理论上长期以来并不是说已经非常清楚。

其实在这个司法解释颁布之前，最高法院就曾经颁布过一个目的基本相同的《物权法》的司法解释，即《最高人民法院关于审理建筑物区分所有权纠纷案件具体应用法律若干问题的解释》（2009 年 3 月 23 日最高人民法院审判委员会第 1464 次会议通过）。关于建筑物区分所有权的司法解释和这次发布的物权法司法解释（一）所要解决的基本问题其实是一样的，就是交易中的物权确认的问题。因为关于建筑物区分所有权的司法解释，首先要解决的问题，就是要搞清楚谁是"业主"，也就是取得所有权的人。这同样是交易中的物权确认问题。为什么要解决这个问题呢？因为，我国一些民法学家坚持认为，在商品房买卖的过程中，不动产登记是所有权取得的唯一方式，买受人虽然接受了房屋的交付，但是没有办理登记之前，即使买房子的人在里面住了几年，也不能定义为"业主"，不能参加业主委员会行使业主的权利。这一观点可以说严重违背了交易的现实，也损害了广大购房人的基本权利，所以关于建筑物区分所有权的司法解释基本上否定了这一观点。当然，这个司法解释在实践中贯彻得并不好，其原因，一方面可能是它没有建立更多的正面裁判规则，另一方面，还是很多的法官不能认识物权法的科学法理。因此，这一次最高人民法院又发布了物权法司法解释（一），更多地从正面规则的角度来解决司法实践问题。其中的科学法理的应用也加强了——尽管从目前的报道来看，该解释的制定者是不是有意识地采纳了这些科学法理，我们目前还不得而知。

（三）不动产物权确认的审理不应该是行政诉讼

物权法司法解释（一）第1条提到"因不动产物权的归属，以及作为不动产物权登记基础的买卖、赠与、抵押等产生争议，当事人提起民事诉讼的，应当依法受理。当事人已经在行政诉讼中申请一并解决上述民事争议，且人民法院一并审理的除外。"这一条的后半段涉及行政诉讼的问题，首先需要我们从法理的角度予以解决。

在我国，长期以来都是把不动产登记当作是一个行政行为，所以在法院司法体制下，涉及不动产物权登记的诉讼，历来都是由行政庭管辖，不是民事庭管辖。这个做法从法理上看是很不妥当的。因为物权确认的问题，由行政法庭依据行政程序法、行政诉讼法来处理是没有道理的。因为不动产登记只是不动产物权变动的一种公示方式，物权变动的原因是类似于买卖、赠与、抵押等合同，而物权的设立、转让等，同样是当事人自己意思表示推动的结果，这些事情可以说和行政管辖确立的国家管理没有什么太多的关联。行政庭没有可能、没有职责去审理买卖行为、赠与行为或者不动产抵押行为，甚至不动产转移这样一个事实，更没有职责审理民法权利变动之中的法律关系、法律事实这些基本的裁判因素。说到底这些问题和国家的行政管理权无关，因此，不动产物权登记并不应该由行政管辖。在我国建立行政管理形式的不动产登记，其根源在于我国改革开放之前到改革开放初期相当长的一段时间里，我国没有不动产的市场行为，国家只是从土地等资源开发管理的角度建立了土地登记、房地产登记、森林登记、海洋滩涂登记等。这些登记都不是从物权法原理需要的公示原则的角度建立的。2007 年我国制定《物权法》之后，不动产物权登记成为物权变动的一种重要的公示方式；2014 年我国国务院根据《物权法》建立了统一的、符合物权法原理要求的不动产登记制度，这种登记已经与土地等资源的开发管理无关。因为这一历史原因，我国现有的不动产登记制度现在还是由行政管理部门负责，有关登记的诉讼曾经一度主要由行政审判管辖。这种历史的情形，以后会发生重大的改变，不动产登记肯定会越来越彰显其作为民事登记的特点。所以，物权法司法解释（一）第 1 条在不动产物权登记应该由行政审判管辖还是应该由民事审判管辖的问题上，既采取了尊重历史的态度，同时也采纳了将其导向民事审判的观点。

在不动产登记这个问题上，我国法学界特别需要转变自己的观念。在国际上通行的做法是，所有的涉及民事法律关系的登记都是民事登记，或者民商事登记，和行政管理没有关系，没有什么行政登记，类似于婚姻、法人登记等。比如婚姻的成立，就是当事人自己意思自治的过程，婚姻登记只是当事人之间关于婚姻的意思表示的公示，登记之后确认婚姻法上的公示性质效果。但是不经登记的婚姻也可能存在，在国外有很多非登记式婚姻，这些婚姻也会得到法律的承认和保护。从法律的角度看，登记并不是婚姻唯一正确性的根据。从这个角度来看，民商法上的不动产物权登记也是一样的道理。在物权的设立、转让、变更等过程中，登记是非常重要的法律上的公示行为。但是理解不动产物权登记的核心，是要理解当事人之间物权变动的根源是当事人的意思自治，如果当事人意思自治采取了其他的公示的方式，也应该得到法律的承认和保护。这就是民商法基本原理。

但在中国为什么最后只认登记？关键的原因就是我国法学界对于民事权利变动的基本根据——法律行为的基本价值和基本意义认识不足。我国法学界虽然也承认民事权利变动的基本根据是法律行为这种最重要的法律事实，但是法理学界、宪法学界、行政法学界以及民法学界曾经的主流或者"多数人"，多认为民事权利的法律根据还是国家行为，比如国家管理对民事权利赋权、授权、确权等。几十年前，我国婚姻法认为不登记的婚姻是非法的，法人不登记也是非法的，后来适用不动产物权登记的裁判规则时，也多持有这样的观点。

这些观点其实都是计划经济体制的法律观念，它违背了法律渊源的基本规则，其结果必然损害人民权利。遗憾的是民法学界一些学者（自称的"多数人"）所坚持的"债权形式主义"在不动产物权变动的学说领域里，也坚持了这种公权给民事权利赋权的理论。依据这种学说，不动产物权变动的效果只是来源于登记，登记之外就不认可其他法律上的效果。这种观点，和旧的法学观念完全一致，结果造成普遍的裁判不公的现象。这次出台的物权法司法解释（一）就是要解决这个问题。但是理论上怎么认识该解释的法理，司法解释并没有讲清楚，本文的目的即在于阐释其中的法理。

二 关于不动产物权变动的法理

（一）问题意识

为什么要在这里讨论一下不动产物权变动的法理？道理很简单，就是因为仅近几十年来，我国立法和司法在这一方面的法理不清晰、不科学的情况下，确立了一些不正确的裁判规则，这些规则应用于司法实践，不但导致了法官司法的混乱和不公，而且也导致了民众对于法院以及司法体制的不信任。如二十世纪九十年代，我国不动产领域开始建立市场经济体制的初期，立法和司法中都采纳了"不动产的合同不登记则不生效"的裁判规则。对这一规则，那一时期的法律人都很了解。最早采用这个规则的，是1994年制定的《城市房地产管理法》，该法第38条中有一项，规定不动产的合同不登记不生效（后来该条文在2008年被修改了）。此外，1995年制定的《担保法》第41条也规定，抵押合同不登记不生效；第65条规定，质押合同不交付占有不生效（这些条文后来被物权法修改），大家注意一下，它规定的是合同不登记不生效。

作为司法应用的裁判规则，"不动产的合同不登记则不生效"，这就是法理上的严重失误。我们可以简单地分析一下。大家想一下，如果家里想买商品房，什么时候登记呢？一般的常情，订合同的时候房子还没盖好，房子盖好了之后买房子的会收到收房的通知，然后双方一起交接，完成法律意义的交付，包括验房子、交钥匙等。这些手续办完了，买方才开始装修房屋，住了一段时间之后才办理登记过户的手续。大家看一看，按照这个"不动产的合同不登记则不生效"的裁判规则，我们如何来确定当事人之间订立的买卖合同呢？按照这个规则，合同不登记不生效，那么，你都已经住进房子了，产权证通过不动产登记都拿到手里了，这个时候合同才生效呐！在此之前合同不生效，没有法律承认和保护的效果。大家可以想一想，合同法的基本理论是这样的吗？可能大家知道的合同法债权的理论也许没有错，但是这里物权变动的理论肯定是错的。合同未生效为什么双方当事人要履行合同呢？《担保法》规定的抵押合同、质押合同的裁判规则也是这个问题。

当时我国立法和最高法院的司法解释，都建立了这样的规则。这说明，那个时候指导立法的民法基本理论出现了根本性错误。这个错误的本质就是物权和债权没有搞清楚。本来不动产登记是物权变动的条件，是办理物权过户的手续，而不是债权合同生效的条件。从交易的因果关系前后顺序来讲也是这样，先订立合同之后才发生物权变动；但按照这种裁判规则，物权有效地变动之后合同才生效，这个规则很荒唐。问题的严重性在于，这一裁判规则应用于司法实践，就出了很大的问题。2004年我们在进行物权法的立法调研时遇到一个案子就是一例。我国长江边上一个大城市，二十世纪末房地产开发，一个开发商担心自己的房屋卖不出去，就多订了36套房屋的合同，也就是说，他所开发的房屋实际数量比合同数量少36套。但是到房屋交付的时候遇到我国房地产发展的高潮了，大家都想要这些房子，结果就只能有36个买房人拿不到房子。这36个买房人到法院诉讼要求追究开发商的责任，可是案子经过两级法院审理，都判决这36个买房人败诉。法院的根据就是"不动产的合同不登记则不生效"，你们订立的合同是没有生效的，因此开发商不交付房屋没有违约责任。就这样，可以说奸商得到了法律的庇护。这个案子，中央电视台也报道过，我的几本书里都引用了。大家看看这个案子，也就明白了这种裁判规则的错误所在。

"不动产的合同不登记则不生效"在我国立法和司法解释中得以普遍应用的时候，我在德国做博士后从报纸上看到这些法律的草案，发现了其中的错误，我于是给我的导师王家福教授写信，希望能够改变这些规则，因为当时王家福老师担任全国人大常委会法制工作委员会委员，我希望通过他解决这些裁判规则的问题。但是后来立法并没有什么改变。我回国后就此询问其中的原因，老师说，你一个人说的没有用！从老师的回答中我明白了，这个明显不符合法理的观点其实并不仅仅只是立法机关和司法解释者的观点，而且也是当时我国民法学界整体或者说主流的观点。因此我才认识到这个问题的严重性。后来，我一方面从事相关法学基础理论的探讨，阐明债权和物权相互区分、债权变动和物权变动的法律根据相互区分的道理，并且利用撰写"物权法学者建议稿总则编"的机会改变了其中的法律规则，使得错误部分得以纠正。另一方面我还在做的一个工作，就是"学术考古"，想搞清楚这个明显错误的观点怎样进入中国并成为我国法学界尤其是民法学界的主流的。我在这一方面的努力已经数十年，把这个问题基本上搞清楚了。在此我想将这一段研究的心得和各位分享一下。

（二）法国民法的相关学说

在关于物权变动尤其是不动产物权变动的裁判规则理论方面，我数十年追根寻源地探讨之后，可以说发现了我国法学界有缺陷的观点的源头。大家都知道我国现代民法学来源于我国对西方民法学的继受，但是我国法学继受的民事权利变动学说是有很大缺陷的。这个缺陷发生在两个要点上。一是对大陆法系两大代表性立法《法国民法典》和《德国民法典》的相关裁判规则的认识不足。简要地说，我国民法学在这一点上，部分继受了《法国民法典》，部分继受了《德国民法典》，理论体系有些乱。二是我国民法后来继受了前苏联民法，受它影响很大。而前苏联民法限制、压抑甚至否定法律行为理论的做法，在我国法学界整体包括部分民法学家的观念中根深蒂固。改革开放之后，我国民法学界力图挣脱前苏联民法的束缚，尤其是在我国建立市场经济体制之后，民法基本理论的主体趋向于市场经济体制，已经发生了相当的转变。但是一些根本的观念还没有转变。

改革开放后最早进入我国民法理论视野的是日本民法学，日本民法学具有部分接受《法国民法典》部分接受《德国民法典》中相关的裁判规则理论的特点，这种体系上的缺陷因此也进入了我国。对此，我想首先简要讨论一下法国民法的相关理论，大家就会清楚地看到日本民法学相关理论的缺陷在哪里。德国著名比较法学家康拉德·茨威格特和海因·克茨合著的《比较法总论》①这本书，揭示了《法国民法典》建立的民事权利变动学说的起源。其中有两个要点，希望引起注意。

1.《法国民法典》确立的"民众化"的立法指导思想，使得该法没有采取债权、物权这些基本的民法概念体系

上述《比较法总论》这本书里，列举了该法的立法理由，明确提到立法要采取民众化的立法的指导思想，按照民众理解的交易方式来建立相关的交易规制。按照法国民法立法者的观念，民众理解的交易方式，就是一手交钱一手交货。同时，史料证明，《法国民法典》立法者有意识地采纳了罗马法中"法学阶梯"②这一流派的分析逻辑。这本书展现的这一学派关于交易涉及法权制度的思考逻辑是：交易中要解决的问题就是现成的人、现成的物，因此而形成的民事权利问题。比如现成的人张三、李四，在市场上购买现成的物，一手交钱一手交货。法律问题就是这样的"人、物、权利"三大问题。在一手交钱一手交货的情况下，人直接通过交易取得了标的物，没有必要在法律上产生债权，也没有必要产生物权。因此我们看到，《法国民法典》中没有债权这个概念，也没有物权这个概念。因为我们知道，债权的本质是法律对于合同成立但是还没有履行前当事人受约束的拟制状态，这个法律拟制的约束，目的是通过约束当事人，让他在合同约定的履行期限到来的时候履行合同。但是在一手交钱一手交货的情况下，合同成立之时就马上履行了，没有债权发生作用的空间。另外，标的物也就是老百姓认识的财产也就直接发生转移了，所以立法从标的物上抽象一个物权的概念也是没有必要的。

通过这些分析我们就理解了《法国民法典》条文中没有债权概念也没有物权概念，更没有这两种权利相互区分的制度的原因。但是我们简单想一想，问题就出来了。那就是如果标的物还没有制造出来的时候，也就是合同成立之后不能马上履行，只能经过相当长时间履行的时候怎么办呢？这时候并没有现成的物品来转移，买受人又能获得什么权利呢？这时候，法学家就难以解释了。好在法国有很多哲学家，这些哲学家将这种依据合同应该转移给买受人的

① 该书的汉译版本，见高鸿钧等译、潘汉典校，贵州人民出版社，1995。该书是一本世界性名著，有数十个外语译本。
② 关于"法学阶梯"，有兴趣者可以看一看商务印书馆出版的罗马查士丁尼著《民法大全（法学阶梯）》这本书。

权利，称为"财产权"，或者叫作"广义财产权"①。这种广义财产权，既不是债权也不是物权。这个意义也是按照"人民化"的观念创立出来的。

2.《法国民法典》中的契约兼备民事契约和政治契约的含义

在民法上，契约是最基本的法律行为，是民事权利发生变动的基本根据。上述《比较法总论》这本书揭示了《法国民法典》的立法者赋予契约的特别的政治含义，即全面体现人民意思自治，甚至由人民通过契约来为自己立法的功能。关于这一点，我们可以通过和中世纪神学创立的"契约应该严守"（packta sund servanda）这著名的法律格言的比较分析清楚地看出来。"契约应该严守"或者"契约应该履行"，是中世纪寺院法的一个原则，是托马斯·冯·阿奎纳最终提出的，它的基本含义是，契约的本质是当事人对神的立约，因此作为对神的义务契约应该履行。寺院法这个原则所揭示的道理是，契约的拘束力也就是我们大家所说的法律效力归根结底来源于神，或者神在大地上的君主制定的立法。但是，到了法国大革命时代，这个原则却有了完全崭新的意义：法律的拘束力并不是神赋予的，也不是君主制定的法律赋予的，而是人民自己给自己制定的法律赋予的。按照意思自治的原则，按照人民主权的理论，人民自己给自己制定法律，而人民自己给自己制定法律最好的方式就是订立合同，包括宪法都是合同，宪法也是政治契约，大家都知道这是卢梭的名言。

把民事契约依据人民主权原则解释为立法，即人民自己给自己立法，这个崭新的法律含义，是人类历史上的第一次，它具有十分重大的法律思想价值。在此之前，法学上普遍的认识是，法律效力来源于神或者神在世上的代表——君主，可是《法国民法典》的立法者认为，法律效力恰恰来源于我们这些普通的人民，来源于人民自己的意思表示。所以《法国民法典》第1342条规定，契约一旦成立，即发生法律效力。这个法律效力不需要神或者君主的赐予。契约之所以能够生效，是我们当事人自己为自己立法的原因。这个思想价值在全世界产生了震撼性效果，正是从这个时候起，民法上的人才真正成为民事权利的主体，在此之前，人不过是神的奴仆或者君主的臣下，他们自然而然地无法享受到平等的法律资格。同时也就是从这个时候起，在人类的法权社会

---

① 对此有兴趣者，可以参阅尹田著《当代法国物权法》，法律出版社，1995，第一章。

里，除了公共权力发挥作用的社会空间之外，民法上的人意思自治的社会空间也随之诞生了，人民从此享受到从未有过的基本权利和自由。后世的人们，即使仅仅这些，也会对《法国民法典》表示极大的尊敬。而且，《法国民法典》的这一思想并不仅仅只是限于财产契约，而且也应用于其他契约，比如婚姻。此前的婚姻，是"神赐婚姻"，而按照意思自治原则，婚姻也是契约，必须由婚姻当事人自我决定，和国王教皇神父都没有关系，"Yes，I will"，因此形成法律上的约束。

相对于神权法、君权法，《法国民法典》创造的民法上的自己通过契约给自己立法的这种思想，使得民事契约的法律属性产生质变：按照这一逻辑，契约应该履行的原则变成了"契约必须履行"的原则。这样一来，就发生了依据契约就能够直接取得标的物所有权的法律逻辑。《法国民法典》第1583条关于买卖合同和所有权取得的规定就是按照这一逻辑，确定了合同成立与所有权取得之间基本关系的裁判规则："买卖合同依法成立，即使价金未交付，即使标的物未成就，标的物的所有权也应该归属于买受人。"这个条文在《法国民法典》中具有核心意义，它完全符合"一手交钱一手交货"的民众化认知，也符合契约必须履行的革命化思想。

按照这个核心法律条文的规定，我们可以看出来，合同成立生效和所有权取得是同时发生的，同时生效的。这就是在国际民法理论上著名的"同一主义原则"或者"合意原则"（德文"Konsensus Prinzip"，"Konsensus"就是同一、合意，意思表示一致的意思，在民法上称其为同一主义原则，或者叫合意原则）。这个原则在国际上非常有名，它的基本特征就是：交易中只有一个法律事实那就是合同，也只有一个法律结果那就是所有权取得，最关键的是合同成立和所有权取得是同时发生的。

大家可以想一想，按照《法国民法典》第1583条，即使价金未交付，即使标的物未成就，所有权怎么能够转移到买受人手中呢？如果你买房子，房子没盖好；你买汽车，汽车没造好，没有标的物，这个时候所有权就要转移到买受人手中了。这一点从我们来看很难理解。但是从《法国民法典》广义财产权的含义出发，而不是从物权和债权这两个概念出发，这些似乎也不难理解。这就是法国法关于我们现在要讨论的物权变动的立法模式。

（三）关于"债权意思主义"

《法国民法典》这种关于民事权利变动的立法体例，在欧洲法学中被称为"合意原则"、"同一原则"，但是通过日本民法学的转介，这种立法模式在我国被称为"债权意思主义"的立法模式。[①] 我多年的学术追踪发现，中国民法学的基本理论混乱，大体上就是从这个时候开始的。

日本明治维新始于十九世纪六十年代，明治维新的主要内容之一是法制改革，包括模仿西方国家编制自己的民法典。[②] 在明治维新开始时，世界上唯一有重大影响的民法典，仅仅只有《法国民法典》，所以日本民法典最初的编制是模仿《法国民法典》，他们甚至邀请法国学者来日本仿照法国法为其编纂民法典。但是这个民法典编纂完成后，事实上也是日本法学全部继受法国民法之后，世界上出现了学理上更为完善的《德国民法典》。于是在日本学习和模仿德国法学的群体又占了上风。[③] 在日本民法学家看到德国民法学说，接触到了债权和物权相互区分这些知识之时，又全部接受了这些知识。于是日本法学界反过来又依据德国民法学说中关于债权和物权相互区分的原理，来解释《法国民法典》关于民事权利变动的立法模式，这就产生了所谓"债权意思主义"的立法模式。

实际上我们在分析《法国民法典》的立法理由书，以及该法编纂的指导思想这些资料之后，我们可以清楚地看到，把法国立法模式称为"债权意思主义"的学术观点，是学术上十分不严谨的做法。综合我国民法学家关于"债权意思主义"的表述，可以看出，这种立法模式是指当事人在交易中的意思表示仅仅只是订立债权合同，然后立法者根据当事人订立的合同，确认他们之间发生所有权的取得的立法模式。这些学者认为，这种立法模式的体现就是上文阐述的《法国民法典》第1583条。但是我们在上文中分析，法国民法的立法者并没有从债权发生根据的角度来定义契约，而是从整治契约的角度来定义合

---

① 对此有兴趣者，可以参阅梁慧星、陈华彬著《物权法原理》、王利明著《物权法论》、王轶著《物权变动论》等。

② 关于日本明治维新可以参阅吉田茂著《激荡的百年史》，其内容从明治维新写到第二次世界大战，又从战败后写到经济复苏。

③ 对此有兴趣者请参阅北川善太郎著、李毅多仇京春翻译的《日本民法体系》的有关段落。

同。既然《法国民法典》全文并没有债权这个法律概念，我国这些学者所说的法国民法立法者确定的"债权意思"又从何而来？所以这种说法是很不符合历史真实的。

我们知道，"债权意思"指的是法律行为概念中的"效果意思"。而效果意思，是当事人自己内心要发生权利、产生义务的意思。民法意思自治的原则，就是讲要根据当事人内心的意思来确定当事人之间的权利义务。这个原则被认为是革命性的。在法国大革命的时代，立法者是不是确定地认为交易中的当事人订立合同的意思就是一个债权意思呢？很显然不是的。因为在法国立法者此时的心目中并没有接受债权与物权相区分的理论，他们依据"法学阶梯"的观念，接受了"广义财产权"的理论；而取得这种权利的根据，是革命性的意思表示。法国立法者按照革命的意思自治或者革命的意识形态，确定了合同就是法律，合同订立就必须最终履行的逻辑，确定了所有权随合同转移给买受人的规则。现在我们大家都知道债权和物权的区分，但是在《法国民法典》编制过程中立法者并没有接受这些理论，该法确定的当事人的意思自治，指的是广义财产权变动的意思，兼有民事契约和政治契约的意义，恰恰不是债权意思。

如果按照日本法理论，或者按照我国法学界关于"债权意思主义"的说法，我们一下子就会误解《法国民法典》的立法者，我们会认为他们很怪异：明明知道民事主体内心的真实意思是想发生一个债权法的结果，你作为立法者，这么强调立法的人民性，明明知道债权和物权的区分，却根据债权意思给民事主体确定了一个物权取得结果，你这个立法者还讲道理吗？立法者是不是很荒唐啊？然而通过我的这一段学说追踪，大家可以清楚地看出来，荒唐的不是《法国民法典》的立法者，而是那些创造"债权意思主义"的这些人，他们不精通法学，仅仅知道合同是债权发生的根据这些简单的道理，而且不熟悉历史背景，才创立了这种法国民法解释的看法。问题在于我们中国学者又据此望文生义，将此观点引入中国，产生法学理论的混乱。

在这个环节上，希望大家关注和思考的关键理论，就是法律行为理论中的意思表示理论，尤其是效果意思的理论，这些理论与债权物权相区分的理论结合，才产生了债权意思、物权意思、人身权意思等。这些理论是德国民法体系特有的知识，因为法国民法采纳同一主义的立法原则，所以没有这些东西。

但是因为日本民法学家在接受了同一主义原则之后，又接受了有物权和债权的区分；而且他们也接受了合同是债权的发生根据的学说，因此就把法国民法中的这个合同解释成为债权合同。我本人在德国学习，看到大量的法学史的资料，里面并没有"债权意思主义"这个说法。我后来和法国学术界也有很多接触，他们也不同意把法国法中的契约解释成为债权合同。所以，把合同仅仅理解为债权合同，而且认为交易中当事人之间仅仅只有这么一个债权的意思表示的看法，无法得到法学史资料的证明。这个观点只能是后来的人，而且是既接受法国民法又接受德国民法的学者的观点。这个似是而非的观点，造成了后来法学上关于裁判规则的一系列混乱。

在1855年的时候，法国法关于所有权以及相关物权取得的立法出现了很大的调整。因为这个时候，法国立法者已经意识到了合同应该履行不等于肯定履行的道理，认识到不能仅仅依据合同来发生所有权取得和其他的物权取得。于是，在1855年制定了一个非常重要的法律叫《不动产登记法》，该法中有一个条文规定，不动产的物权变动，不经登记不得对抗第三人。这就跟《法国民法典》第1583条的规定完全不一样了。这个条文使用了"物权"一词，使用了"物权变动"这个词，也使用了"第三人"一词，这说明，法国民法的立法者开始逐渐接受了物权和债权的不同，这两种权利发生变动的法律根据的区分这些道理。这一点是我国法学界很多学者没有认识到的。

法国民法的立法者认识到，不能仅仅依据合同来发生物权变动，并且引入了不动产登记的制度，规定不动产物权变动不经登记不得对抗第三人。所以法国《不动产登记法》不是将物权变动的效果寄托于订立合同，而是产生于不动产登记。但是在法国民法中，当事人之间的意思表示，仍然还是具有民事合同和政治契约相结合的内容特征。

（四）关于"债权形式主义"

对于法国民法立法上的这一重大变动，尤其是不动产登记引入物权变动环节之后的法学理论问题，学术上研究已经有很多年了。在欧洲，普遍的看法就是，这种登记具有司法登记的效果，属于司法对于当事人意思的承认和保护。但是，我国一些民法学者引入的日本法学家的学说，把法国《不动产登记法》确定的这种新模式叫作"债权形式主义"，这样，法学理论上的混乱进一步加剧了。

这种"债权形式主义"的说法认为，当事人在交易中形成的意思表示仍然只有一次，还是债权意义上的合同；但是要发生物权变动的结果，那么这时候还需要一个形式要件，那就是不动产登记或者动产交付，以达到一个物权变动的结果。而且这种情况下的不动产登记只能是基于国家行政权的登记，因为只有这种具有公法公信力的行为才能够为不动产的物权变动赋予其法律效力。分析到此，大家就会看到，这种观点逐渐和中国法学界认识到的不动产登记理论联系起来了。债权形式主义仍在强调，当事人在交易中的效果意思只有一个，还仍然只是债权法上的意思，那么物权变动的法律效果是从哪里来的？这种理论清晰地说，物权变动的法律效果来源于不动产登记。这样，不动产登记成为不动产物权变动唯一的合法的有效的根据，这是债权形式主义法律上的一个很大的特点。

坚持债权形式主义观点的学者认为，这种立法模式在世界上得到普遍采用，而且他们引用了很多《瑞士民法典》的条文来说明。但是在我看来，这基本上都是日本法学家的解释。我没有看到世界上有一个国家的立法例，把债权的意思表示加上行政管理性质的不动产登记作为物权变动的根据。有人说瑞士法是这样做的，但是《瑞士民法典》的起草人约瑟夫·翁格尔明确地说，他们采纳了物权行为理论。[①]而且最为重要的是，瑞士的不动产登记是法院登记，属于司法性质。而司法在法理上并不具有给当事人的物权变动赋权的法律效果。至于以法国民法、意大利民法为代表的拉丁法系民法，其基本出发点是，当事人的意思表示不能仅仅只是债权的效果意思。所以，把"债权形式主义"说成是世界普遍模式，在学术上是很不负责的。

被我国法学界一些学者高度称赞的债权形式主义缺陷十分明显。

（1）"债权形式"是什么意思？合同成立和生效不需要登记和交付，不需要这些形式。但是中国1994年前后的几个立法，就将不动产登记和动产交付当作合同债权成立生效的条件。这种制度很奇怪，跟这个理论是有关的。

（2）履行合同不需要当事人的意思吗？按照意思自治的原则，不但当事

---

① 对此请参阅〔德〕康拉德·茨威格特和海因·克茨著，本人翻译的《抽象的处分行为理论——德意志法系的特征》这篇论文。

人订立合同的过程要有意思自治，而且履行合同过程也要有意思自治。比如说商品房买卖合同履行的时候，交房子，办理各种所有权转移的手续也要有意思自治。如果开发商给买房人发一个接房子通知，购房人是不是自然而然地获得了这个房屋和房屋的所有权呢？购房人不接受行不行啊？或者开发商到了履行合同的时候不交付房子呢？这些情况都说明，合同履行还需要当事人之间有新的意思表示的统一，即关于所有权转移的意思自治，没有这个房屋所有权转移不到买受人手中去。债权形式主义坚决不承认所有权转移过程中当事人之间的意思表示，这完全是违背交易现实的。

（3）履行合同需要当事人的意思表示，这不仅仅只是买卖房屋的交易需要的，而且商法的证券、仓单、提单这些问题也是需要的。因为，在所有的交易中，都存在订立合同的意思表示和支配权变动的意思表示的过程。所以理论上对此加以区分，制定出不同的裁判规则，这是普遍的民法原理。我们民法学界多年受债权形式主义约束，没办法解释这个现象。

（4）债权形式主义最严重的缺陷是认定物权变动的法律效果来源于行政权力赋权或者确权。如果认定物权变动的效果来源于行政登记，这对民法权利损害太大了，对人民群众的权利损害太大了。从交易的角度看，所有权到底从哪里来的？比如说张三把房子卖给我，在老百姓的眼里，张三本来就有所有权，然后转移到我手里。可是按照债权形式主义，物权变动的法律效果来源于不动产登记，而不是来源于张三自己本身的所有权的出让的行为。这就完全损害了民事权利的基础。在我们国家有一种理论很有市场，它坚持说老百姓的所有权是政府给你的，是登记给你的，老百姓不来登记就没有自己的权利。这个观点，和债权形式主义是一样的，它否定了民事权利的本源和基础，对人民权利保护损害极大。

2007年3月5日，在讨论中国《物权法》的最终方案时几个核心专家就为了这个事情发生过激烈讨论。争议发生在目前《物权法》第142条的"但书"。有几位学者认为，在不动产物权变动的法律效果规则上，只能坚持登记是唯一法律根据的做法，否则就会导致承认物权行为理论。对这种观点我提出反对意见。我坚决否定不动产登记是物权唯一的公示方式和确权根据的观点。对此我举例说到建设部在2004年的一个调查的资料。该资料说，在我国华中某超大城市里，购房人已经居住3年但还没有办理登记的有20万户，居住1

年没登记的属于普遍现象。按照这个资料，那么那些没有办理登记过户手续的老百姓，他们还有所有权吗？在我看来，这些老百姓当然有所有权，因为他们通过和出卖人办理交付手续的方式取得了所有权。如果坚持登记才是物权变动的（唯一）来源或根据的观点，那么这些没有办理不动产登记的老百姓就没有所有权，这样就会导致城市之中多达五六亿的人民群众的房屋所有权不被法律承认和保护。所以我认为这是一个很大的问题。所以，我认为，如果为了不承认物权行为理论而损害人民群众的基本权利，那就会造成严重的政治问题。我们公开承认物权行为理论又有什么大不了的事情？

最后讨论的结果大家可以看一看，就是《物权法》第 142 条的"但书"，它打破了"债权形式主义"。但是这个关键的条文，我国很多民法学家在撰写物权法学的著述时都不提及，而还是在坚持自己的观点。而按照他们的观点，法官在司法裁判中就出现了很多问题。这就是这一次物权法司法解释（一）看到而且要解决的问题。

三 德国民法

（一）基本法理

同样是物权法上物权变动的问题，德国民法是怎么看的呢？德国法对"契约应该履行"原则是怎么看的呢？可以说这个问题十分简单，德国法同样接受了契约应该履行这个原则，但是，它准确地看到，契约应该履行不等于契约绝对会履行这个简单的事实，而且从这个实实在在的事实中得出了契约成立生效的法律效果，应该与契约履行的法律效果区分开来这个结论。因此在德国民法中，契约生效只是产生债权法上请求权的效果，而不是物权取得的效果。用德国民法理论来分析交易的现实时，我们觉得既简明而且符合对于法律现象的分析。尤其是在远程合同和远期合同的情况下，经常有第三人加入交易网络，这时候使用债券相对性的理论和原则，就能够准确地做出公平的裁判。这种理论和实践上的优势，是法国民法那种立法模式完全无法比拟的。

因为合同成立不等于合同履行，因此我们在制定涉及物权变动的裁判规则时，就不能依据合同来确定物权变动的效果，这样第三人的利益就得到了承认和保护。否则，依据"一手交钱一手交货"的规则，第三人利益无法得到承认和保护。实际上德国民法的这些分析才是世界上大多数国家所认可并坚持的，我们在分析英美法关于"Credit"的理论时，同样能够看到和德国法一样的分析和结论。

从法学史的角度看，同样是物权变动的问题，德国法在十六世纪罗马法继受的过程中，没有接受"法学阶梯"的理论模式，而是接受了"学说汇纂"也就是潘德克顿体系的理论模式。这种理论模式的基本特点，就是把契约成立产生的债权法效果和契约履行后产生的物权变动的效果清晰地区分开了。在维阿克所著的《近代私法史》这本书里，我们可以清楚地看到，大体上在十六世纪，德意志法学体系中就已经有了清晰的债权和物权相互区分的理论。德国法学依据契约应该履行不等于契约绝对履行这个法律事实，又仔细分析了契约没有实际履行的各种情况，借鉴了罗马法中关于"法锁"的概念，创立了"债权"这个法律概念，来表示合同成立但是还没有履行前，当事人之间受法律约束的这种状态。我国一些著作认为"债权"一词在罗马法中就存在，但其实阅读罗马法的各种著作就会发现，说罗马法有债权概念其实只是用现代民法中债权这个概念来分析罗马法而已。罗马法中有合同订立之后，在当事人之间产生的效果犹如法律上锁链一般这样的原则，从此产生了一个很有意思的词就叫作"法锁"。后来十六世纪德意志法学家在"法锁"这个概念基础上创立了"债权"概念及其知识体系。与此相对应，物权的概念也是在这个时期产生的。

（二）德国民法典的逻辑：区分原则

债权概念的创立在民法知识体系中意义十分巨大。我们可以看出，德国法一个基本的特点就是用债权这个高度抽象的概念来解决交易中物权变动和债权变动中一些基本的问题。订立合同就要有债权，合同没有履行之前，债权首先一直要生效，尤其是在远程合同和远期合同情况下之下，合同必须要生效，这样，即使合同最后没有履行，也会因此而确定承担违约责任的问题。而且在这种情况下还有第三人可能会介入。例如，张三和李四、王五分别订立了合同，此时就会产生张三和李四的法律效果，和王五的法律效果，二个债权都有效。一个债务人对多个债权人负债，这种现实的情况，只有借助于德国民法理论才能够得到清晰的理解。比如，银行是很多人的债权人又是很多人的债务人。在这种情况下，我们都能理解第三人的存在。因为法国法的裁判规则是"一手交钱，一手交货"、依据合同确定所有权取得，在合同成立的时候所有权就转移给了买受人，出卖人因此无法与第三人再发生关系。可是在德国法创立债权这个概念之后，也就顺理成章地承认了物权，同时也建立了债权平等、物权排他性这样一些最基本的分析和裁判规则，我们就能够清楚地依据这些规则，来处理现实交易关系中涉及多个债权，甚至还可能涉及物权的法律交易中的权利确认和保护问题。所以，德国民法学说，对于司法分析和裁判而言，它对于法官也包括立法者的能力提升和思路指引，其科学性、体系性的功能是任何其他法律知识体系都无法比拟的。

但是，因为债权这个法律概念是纯粹的法律上的拟制，是立法对于合同成立之后没有履行之前对于当事人的约束，它是完全抽象的，比物权更加抽象，也就是因为这一点，人们对债权有很多的误解，尤其是在我们中国二十世纪九十年代出现的几个立法，关于债权的规则都出现了不应该的缺陷。首先，我国很多民法学家认识的债权本质有缺陷，他们不能坚持债权的本质是请求权这个道理，中国《合同法》第51条，把订立合同的行为称为"无权处分"行为，而没有将其确定为发生请求权的行为，这就是一个最典型的例子。目前还有一些民法学家坚持这个条文非常好，这就是法理不过关的体现。另外，《合同法》第132条，也搞混了订立合同的条件和发生物权移转的条件。其次，中国民法学界一些观点，不能彻底坚持债权的相对性原则，要求债权人的请求权可以直接支配债务人的行为，把债务人的行为普遍作为债权的客体。但是，债权人是不是一旦提出请求，债务人就必然履行？这个核心问题，在中国没有很好的回答。其实仔细想一想，债务人的行为并不是债权人请求的结果，而是债务人自己一个新的意思自治的结果。债务人的行为从哲学上来讲是"Yes, I will"，是自己愿意履行的结果，从这个角度讲债务人行为不是债权的客体，但是类似的道理，我国民法学界并不是已经有清晰的认知。合同成立并不代表合同必然履行，没有履行有时是当事人的原因，有时是标的物的原因，所以债权的享有并不等于物权取得。例如，订约时房屋是好的，而履行时房屋因失火不存在了。又如，订立合同时当事人是完全行为能力人，而履行合同时其中一位当事人患精神病了。因此合同履行是有或然性的。也就是在这些仔细分析的基础上，萨维尼认为，订立合同和履行合同都是意识自治的过程，但订立合同的意识自治不能取代履行合同时的意思自治。他就举一个买房子的例子，买房子的时候两个人精神都是挺好的，合同约定的是合同订立后一年才交付房屋。可是遗憾的是出卖房屋的人在第六个月精神失常了，那这个房屋因为欠缺合同履行行为，欠缺当事人履行合同移转所有权的意思表示，因此所有权不能转移。这个道理非常清晰。如果按照《法国民法典》第1583条，房屋已经转移到买受人手中；可是因为出卖人已经得了精神病，法律不能强制剥夺他的房子，这就造成了自相矛盾。

所以，德国民法涉及物权变动的理论核心，就是区分原则。首先是把合同成立和合同履行区分开，把债权生效和物权生效的法律根据区分开。这样，在德国民法中，一个法律上的交易，至少要区分为债权生效阶段和物权生效阶段。这样，一个法律交易就必须有两个法律事实，其实至少是两个法律事实。这与法国法的"一个法律事实、一个法律权利"的立法模式显著不同。在这个基础上，德国法上又出现了请求权和支配权的区分，相对权和绝对权的区分等重要理论。

（三）德国民法上的不动产登记

在物权变动这个环节上，德国法建立了物权公示原则，它的理论核心是，物权变动是当事人的意思自治的结果，但是因为要排斥第三人，因此物权的变动必须公示才能生效。一般而言，最有效的公示方式是不动产登记和动产交付，除此之外，《德国民法典》第873条第2款还承认登记之外的一些受法律承认和保护的不动产物权变动的公示方式，比如已经向登记机关交付了登记申请书，甚至发生了不动产的交付，还没办理登记，我先把房子都给你了等这样的情形。这些公示方式都能确认当事人之间的物权变动的意思，因此作为特殊公示方式，以此来确认特殊情况下物权变动的法律效果。从这个角度就可以看出，德国法和法国法相关立法的区分是：如果按照法国法，不动产登记是唯一的不动产变动公示方式，而按照德国法，登记首先是有效的，在登记之外我们还要根据当事人的意思自治承认其他的方法。另外，我们还要认识到，不论是依据德国法还是依据法国法，不动产登记是物权变动的公示方式，不是行政管理手段，更不是赋予民事权利效力的方法。

（四）简要总结：债权、物权、法律行为

德国法与法国法的一些区别在于：其一，从财产权角度看，德国法上有物权和债权的区分，更为上位的法律概念是支配权和请求权，绝对权和相对权；而法国法上只有广义的财产权，后来也逐渐认识到物权和债权的区分。其二，法国民法没有采纳法律关系学说，因为它只认可广义财产权，只是采纳了"同一主义原则"，因此它也就没有再进一步从交易现实中确立不同的法律关系。德国民法采纳了清晰的法律关系学说，并且将各种民事权利进行了逻辑区分。其三，从法律行为角度看，法国民法只是采纳了意思自治原则，没有采纳法律行为学说。德国民法采纳了完善的法律行为理论，强调当事人效果意思的区分，将其区分为债权法上的效果意思、物权法上的效果意思、人身权上的效果意思等，法国民法学到后来才逐渐接受了这些理论，但是还没有在民法典中反映出来。其四，不论是不动产登记还是交付，都是当事人将其物权变动的内心意思表示予以"公示"的方式。就是"物权意思"的公示，而不是债权意思的公示。债权意思没有公示的必要。同样，不动产登记必须从民众意思自治原则的角度来理解。所以，当事人将其意思表示予以公示的方式，以动产交付和不动产登记为典型，但是，此外也还应该存在其他方式。

（五）我国立法的重大进步

上文讲到我国立法和司法解释在二十世纪九十年代以来出现的关于物权变动的裁判规则的缺陷，也分析了其成因。让我们感到高兴的是，近些年来我国立法和司法解释已经在这方面取得了显著的进步，承认、采纳了区分原则，强调物权和债权的区分，物权变动和债权变动的区分。首先，区分原则已经明确地得到《物权法》的承认。其次，最高法院的司法解释和法律文件一再承认并应用区分原则。比如，最高法院2002年在编制案由时就已经将物权变动和债权变动区分开了，2012年编制案由甚至明确承认处分行为和负担行为的区分。最值得称道的是，最高法院关于买卖合同司法解释第3条，即"当事人一方以出卖人在缔约时对标的物没有所有权或者处分权为由主张合同无效的，人民法院不予支持"，这个裁判规则，非常清晰明确地将债权发生的条件回归其本源，不再把物权变动的条件规定为债权发生的条件。这个裁判规则意义重

大。有学者根据《合同法》第51条对最高法院的这个规则提出批评，但是这些批评都是指责最高法院的司法解释没有遵守法律既有规定。但是我认为这些批评是站不住脚的，因为从司法裁判的角度看，法院不能明知错误而坚持错误，不能因为立法缺陷而损害人民的权利。从法制进步的角度看，市场经济体制的需要和人民权利保护的需要必须不断地得到满足。类似这样的道理我想大家慢慢就能够理解了。

四　准确认识不动产物权变动

从上面列举的物权法司法解释（一）的第2条，我们知道它想解决的主要问题，就是交易中的物权确认问题。在分析交易中的物权确认，大体上也就是物权变动这个问题的基本法理之后，我们现在看看这个解释和现行法的联系，我们可以发现，该解释事实上还是在采纳"区分原则"方面做出了很大的努力。从其规则的设计看，这一努力取得了成效。因此我们可以说，在弄清楚物权变动尤其是不动产物权变动涉及不动产登记等问题的法理之后，理解最高法院发布的物权法司法解释（一）就非常容易了。

（一）《物权法》的大体规定

民事权利变动，就是民事权利的设立、转移、丧失，所以过去的民法著作将这一部分民法制度叫作"权利的得丧"。权利变动，过去传统的理论是将其划分为传来取得和原始取得两个方面。我国《物权法》虽然没有直接地采纳关于原始取得和传来取得的划分，但是它关于"依据法律行为发生的物权变动"和"非依据法律行为发生的物权变动"的规则划分，采纳和应用了传统民法的很多规则。当然，为了强调物权变动和第三人保护规则的特殊性，《物权法》才强调了法律行为、公示原则在其中的作用。道理很简单，在依据法律行为发生物权变动的情形时，才把公示方式作为生效的必要条件，因为当事人之间关于物权变动的意思表示不应该直接发生排斥第三人的结果。至于非法律行为发生的物权变动，要么是依据自然原因，要么是依据公共权力的原因，当然不必民法上的公示行为就可以生效。这样的理论分析，在传统民法理论中是没有的^①，也就是因为这个原因，在本人负责撰写物权法学者建议稿的总则部分时，才将传统民法的权利取得规则改写为"依据法律行为"或者"非依据法律行为"的物权变动规则。

1. 依据法律行为的物权变动

所谓依据法律行为的物权变动，指的是依据法律行为设立物权、移转物权、消灭物权的情形。依照《物权法》第6条的规定，不动产物权的转让、设立、变更和消灭依法应登记，动产应当交付。第9条规定，不动产物权的设立、变更、消灭经依法登记发生效力，未经登记的不发生效力，但法律有另有规定的除外。法律另有规定的除外就是指第142条的"但书"条款的内容，这一点已经在上文阐述过了。

此外，《物权法》还有几个条文涉及交易中的物权确认，如第14条："不动产物权的设立、变更、转让和消灭，依照法律规定应当登记的，自记载于不动产登记簿时发生效力。"第16条："不动产登记簿是物权归属和内容的根据。不动产登记簿由登记机构管理。"第17条："不动产权属证书是权利人享有该不动产物权的证明。不动产权属证书记载的事项，应当与不动产登记簿一致；记载不一致的，除有证据证明不动产登记簿确有错误外，以不动产登记簿为准。"关于这些条文的基本精神，我们仔细分析一下就可以得出整体上的结论：这些规则说明不动产登记作为一种公示方式，在"依据法律行为发生物权变动"的环节中发挥决定性作用，因此，登记本身跟物权变动的关系，必须首先从法律行为这个角度去理解。而且我们还要理解到，这个时候的法律行为，不是订立合同时债权性质的法律行为，而是物权变动过程中的法律行为。

2. 非依据法律行为的物权变动

非依据法律行为的物权变动的裁判规则，大家可以从《物权法》第28条、第29条、第31条中看到。这些条文涉及多项不属于当事人法律行为的情形，比如依据自然原因、根据法院判决、仲裁的裁决、人民政府的行政指令发生物权变动的，不属于依据法律行为发生的物权变动，当事人的意思自治在其中不发挥作用，因此公示原则在其中不发挥决定性作用。但是该法第31条

---

① 对此有兴趣的，请参阅孙宪忠的论文《中国物权法中物权变动规则的法理阐述》，发表于《法学研究》2008年第4期。

的规定，依据非依据法律行为的变动，如果权利取得人需要进一步处分其物权时，比如依据继承来的遗产需要抵押贷款而设立抵押权时，就应该办理登记，如果不登记的话，抵押权不发生物权效力。

3. 错误理解：把物权变动中的法律行为理解为债权变动

在《物权法》第二章依据法律行为发生物权变动的框架下，如何理解该法第9条所说的"设立、变更、转让和消灭"这些法律行为，在民法学界有比较大的争议。坚持债权形式主义观点的学者认为，这些行为都是债权行为。这种观点是一种十分明显的错误理解。

按照《物权法》第9条，物权的"设立、变更、转让和消灭"不登记不生效。如果把这些行为理解为债权行为，那么马上就造成了债权行为不登记不生效这么明显的错误逻辑。对此错误我们在前面已经有十分清楚的讨论，现在我国法学界已经就物权和债权的法律效果之间的区分这一点取得了共同的认知，因此，我们也应该都知道债权合同不登记不生效这是违背债权性质的。所以，物权变动这一环节中的法律行为不登记不生效这个规则，绝对不能被理解为债权合同不登记不生效。

我国民法学界将物权变动这一环节中的法律行为理解为债权行为，常常会对司法裁判形成错误引导。比如，买卖这个常见的法律名词，一些民法学家认为，买卖就是一个法律事实，就如《法国民法典》的规定那样。这种简单化的理解，认识不到买卖这种最为典型的交易必须区分为订立合同发生债权、履行合同才发生物权变动这个十分简单的道理。如果认识不到买卖也罢，转让也罢，都有发生债权效果与发生物权效果之间的区别，认识不到交易必须划分为两个阶段这样简单的法律事实，那么，就会把物权变动的条件和债权变动的条件混为一谈，甚至还会导致把物权变动变成债权变动的条件那样的怪事，比如我国立法和司法解释二十世纪九十年代的规则那样。事实上，这种简单化的理解十分有害。

最近最高法院有一个案例的审理，涉及合同的法律效果这个问题，这个案例说到底，就是如何理解买卖、转让这样的法律概念。这个案例涉及如何理解和适用《城市房地产管理法》第38条规定的"不可转让"中的"转让"两个字，到底是债权含义的订立合同，还是物权含义的履行合同的问题。如何认识这一点事实上非常关键。我们可以看看这个条文："下列房地产不可转让：……（六）未领取权属证书的……"在法院向学者征求意见时，有学者认为这个不得转让是订立合同的意思，就是不得订立合同，不得进行债权意义上的转让。我对此观点持否定态度。我是这样写的：这时的转让只能理解为物权意义上物权变动的过程，转让很显然是物权行为。这也就是说，没有领取权属证书的房地产，可以订立合同，到履行合同的时候出让人获得不动产物权，或者领取到权属证书就行了，没有必要在订立合同的时候，也就是在发生债权效果的时候就要出让人获得物权证书，因为债权的发生并不以处分权作为前提条件。我们经常遇到的商品房买卖，是不是我们订立商品房买卖合同之前，出卖人都要将其不动产纳入登记呢？如果房子没有盖好那就不能订立出卖合同了？这样一分析大家就都明白了，后来法院按照我的意见做出了裁判。

所以，物权变动环节里，当事人的法律行为指向物权变动，是依据物权意思表示的法律行为，即物权行为。

（二）司法解释（一）的相关条文

1. 依法律行为取得

该解释第2条第一句："当事人有证据证明不动产登记簿的记载与真实权利状态不符、其为该不动产物权的真实权利人，请求确认其享有物权的，应予支持。"这个条文，简单看来也许不知道它的问题意识在哪里，它要建立什么样的裁判规则。但是经过我仔细分析之后，大家就能看出，这一条文要解决的问题，就是"债权形式主义"的观点所造成的只认可不动产登记作为交易中物权确认的问题。该条文建立的裁判规则，就是要承认在现实生活中不动产登记之外，还有其他的物权变动的有效方式。有很多当事人要证实自己不动产的权利，可是他的权利还没有纳入不动产登记。没有纳入登记，那么过去法院就按照债权形式主义不认可、不确认、不支持他的物权。而现在的司法解释就是说要确认、支持其物权。

在债权形式主义理论指导下，司法实践中法官、仲裁员等裁判者常常会产生对物权公示原则的误解，因此造成错误裁判。本来，不动产登记仅仅只是当事人关于物权变动的意思表示的一个公示方法，但是因为理论指导不当，被很多人认为是物权确认的唯一标准，甚至当成了物权变动效力的来源。因此，一些法官和仲裁员，在交易中的物权确认过程中只是简单地看有没有发生不动产登记，而不看其他的情形。甚至有时候，买房子的人已经居住了很多年，只是因为客观原因没有办理登记手续，他们的权利也得不到裁判上的承认和保护。我在从事物权法学的教学和研究中多次遇到这样的案件，买房子的人已经居住多年了，但是因为登记机关的问题还没有办理登记过户手续，这时候出卖人又将房子卖给其他人了。结果法院裁判，要求这个居住多年的人搬出去。这种做法，不但否定了房屋交付中当事人的物权意思表示，而且造成了严重的社会问题。这一次物权法司法解释（一），通过几个相互联系的规则（对此请参照下文善意保护部分）来纠正这些不当做法，我对此持肯定意见。

上文讨论了我国《物权法》第142条的"但书"条款，它也是在解决这个问题。建设用地使用权人建造的建筑物、构筑物及其附属设施的所有权属于建设用地使用权人，但有相反证据证明的除外。就是说，一般情况下法官可以根据不动产登记簿上记载的土地的权利来确认建筑的权利，但是当事人有相反证据的除外。物权法司法解释（一）第2条和这里的"但书"规定是一样的。另外，《物权法》第9条规定法律另有规定的除外，基本上也是这个意思。①

最高法院的这个司法解释条款，法理上是正确的，但是这里还有一个问题就是，《物权法》和该解释中所说的"有证据证明"中"证据"如何在司法操作中把握？最高法院这一次所做的解释，规定是当事人有证据证明登记与真实权利人不符的，而他自己可以证明是真实权利人的，应该予以支持。而这个证据并没有说明是什么证据。这一点需要法理上的阐明。我认为，这个证明首先要认可当事人按照意思自治的交付，而且交付必须要从当事人物权变动的意思表示的角度理解和确定。如果当事人之间没有物权变动的意思，那交付本身不发生物权变动的效果。比如说借用、租赁也有交付，可这个交付没有物权变动的效果意思。另外，像商事贸易中仓储、保管、承运人、托运人的占有交付等，都不能作为物权变动的确认条件。道理很简单，这些占有的交付中，当事人没有物权转移的效果意思，所以不应仅仅以交付确认发生物权转移。这个证明规则，说明了物权交付意思的独立性确认，不但是非常有效的交易分析方法，而且也是有效且十分重要的裁判方法。

---

① 其实本人在很多年以前和常鹏翱共同发表过的论文《论法律物权和事实物权的区分》，《法学研究》2001年第4期，对此也有比较细致的讨论，有兴趣者可以参阅。

在交易中的物权确认规则中，除了交付占有的情形外，是否还有其他情形呢？当然是有的。比如不动产产权证书，就是很有中国特色的一项公示方法。大家知道，在我们中国，除了不动产登记还有一个证书。当事人交付这个证书是什么意思？从我看来，如果说有其他证据来佐证的话，交付证书也可以成为公示方式。在我早先的一本书《论物权法》中曾写到一个案子就能证明这一点。有一个不动产开发商老板住了医院，此时一个买他房子的企业老板（企业买很多房子解决职工的住房问题）到医院去看望，开发商老板和企业老板讲，我的房子已经盖好了，本来我是可以去给你办过户手续的，可是现在我生病一时无法和你一起办理登记过户的手续，现在先让秘书将这个证书交给你，表示我将房子交给你了，等之后我们再补办过户的手续。你拿着这个证书先进入房子里去使用。后来没想到，将证书交给对方后三天，开发商老板就去世了。他去世后，由于有其他的债权债务关系，有一个外地的法院就把开发商所盖的全部房子给查封了。因为发生地方法院管辖的冲突，这个案件被指定为上级法院审理。法院在分析这个案子就已经交付产权证书而且也交付了部分房屋的情形，这部分房子是否还应该裁判为开发商的资产来为开发商的债务负责？这当时是一个重大争议问题。后来这个法院的领导咨询我。当时我们国内做法和主流观点还是不动产的合同不登记不生效，按照这个规则无法处理此案。我提出按照当事人之间真实的意思表示来处理，这个案子，就是按照开发商老板和企业老板之间关于房屋所有权转移的真实意愿来处理裁判。这个真实意思表示是有充分证明的，而且部分交付占有了，部分交付了房屋产权证书。所以符合物权行为理论的一般道理。在这种情况下，就应该视为所有权已经转移到了买受人手中，查封法院不能拿这些房子清偿开发商的债务。后来法院就按照我的意见处理了案件，我获得的信息证明，这样处理的社会效果也是不错的。

我的想法是，以后我们是不是可以像《德国民法典》第873条第2款一样，承认和保护更多的当事人物权意思表示，并且按照公示原则来处理这一类问题。比如，当事人共同提交登记申请书、登记机关在登记之前向当事人发了收到确认函、当事人之间办理了不动产过户的公证等。这些物权意思都是可以得到确认的。只要我们坚持这个原则和方向，我们的司法裁判就可以更加符合当事人的真实意愿，裁判也就会更加公正。

按照债权形式主义的观点，有时候法官和其他裁判者甚至连当事人本来的权利都否认，只认可不动产登记的赋权效果。这个对老百姓的损害是很大的。每次想到这里，我都有一种心痛的感觉。

2. 非依法律行为取得

物权法司法解释（一）的第7条、第8条确立的规则，就是进一步细化了非依据法律行为发生的物权变动的规则，这些情形比较简单，我就不再细说了。

五 司法解释关于预告登记规则的理解

（一）法律的规定

最高法院发布的物权法司法解释（一）中，也用了一些条文来解释《物权法》关于预告登记的规则适用问题。预告登记制度，因为不是我国法律固有的规则，也不是传统民法的规则，所以需要稍稍解释。

预告登记制度，在我国《物权法》第20条，共有两款。第1款："当事人签订买卖房屋或者其他不动产物权的协议，为保障将来实现物权，按照约定可以向登记机构申请预告登记。预告登记后，未经预告登记的权利人同意，处分该不动产的，不发生物权效力。"第2款："预告登记后，债权消灭或者自能够进行不动产登记之日起三个月内未申请登记的，预告登记失效。"

预告登记的制度在法律适用上，遇到的麻烦不是太显著。我们稍稍分析一下。我国《物权法》为什么要建立预告登记呢？这个制度确实是我在撰写物权法学者建议稿总则时借鉴德国物权法的规则写入的。德国法建立这个制度的目的，是要解决"居者有其屋"的问题。从宪法规定的基本人权的角度看，每个人都应该有房子住，所以民法上要贯彻这个原则。可是在现实中，如果买受人是为了自己居住，但是买房时房屋并没有建好，那么就不能发生标的物的立即交付，更不能办理不动产所有权的过户登记，所以，买受人此时只能等房子盖好之后才能接受交付和办理登记。在这种情形下，买受人依据传统民法，只可以享有合同法上的债权，只是房子也不知道何时能够建好，如果出卖人房子盖好了把房子卖给别人怎么办？如果是这样，那么买房子的人不就是没有房子住了吗？为了防止这种现象发生，保证"居者有其屋"，德国法上就创立了预告登记制度，本质是在房子没有盖好之前将买受人仅仅享有的房屋取得权（本质是债权）纳入不动产登记簿。预告登记具有不动产登记的法律效力，它和物权的效力是一样的。按照物权排他性的效力，登记了以后就不能抵押，不能买卖，就是限制最终物权成就之后的处分权，确保到时候把房子交到买受人手里。

（二）法律适用问题

1. 如何理解预告登记针对出卖人的限制处分

我国《物权法》的规定是：当事人签订买卖房屋或者其他不动产物权的协议，为保障将来实现物权，按照约定可以向登记机构申请预告登记。预告登记后，未经预告登记的权利人同意，处分该不动产的，不发生物权效力。就是说预告登记后，如果权利人不同意，就不能进行抵押或者转让，任何意义上的物权处分都是不发生效果的。我们这里讲清楚这个处分就是指物权意义上的处分。

物权法司法解释（一）第4条规定："未经预告登记的权利人同意，转移不动产所有权，或者设定建设用地使用权、地役权、抵押权等其他物权的，应当依照物权法第二十条第一款的规定，认定其不发生物权效力。"这个规定的重大价值，在于非常明确地解释了限制出卖人权利处分，这一点对于司法实践意义重大。关于这一点我们要明确的是，这个规则提出的要求是不能处分，是物权处分，而绝对不是说不能订立合同。在这个意义上，法官和其他裁判者必须明确，首先是不能禁止出卖人再次订立出卖合同，这个时候不能像《合同法》第51条那样，把订立合同称为"无权处分"。这就是一个非常重大的问题意识。我在这里说到这个问题，大家就知道物权法司法解释（一）建立这个规则的理论价值和实践价值。

要知道在已经有买受人设立预告登记的情况下，出卖人又订立一个买卖房屋的债权合同，将房子卖给别人其实在法律上是可以的。因为即使预告登记了，权利人也可能到时候不要这个房子，这是有可能的，此时，其他的买受人就可以依据自己的合同取得房屋。在这个问题上，法官和其他裁判者还必须明确此时无论如何不可以适用《合同法》第52条关于"无权处分"的规则，以免给当事人之间正常的交易造成严重的困扰。

2. 权利人届时不行使权利问题

预告登记也有一定的麻烦，比如权利人可能公法上的根据不充分也来做预告登记时，会给民法制度造成困扰。比如有些人自己已经有充分的住房，他还去做预告登记，这可能就会给民法造成适用的问题。关于这个问题，事实上民法是无法解决的，我们只能在公法上比如通过住房的公法规则来解决这个问题。

因为我国一些人事实上有住房，又买了新的商品房还做了预告登记。这些权利人在司法实践中造成的问题是：到了合同履行期，他们既不接受房子也不撤销自己的预告登记，这时就会给房屋的出卖人造成损害。《物权法》第20条第2款就是解决这个问题的：预告登记后，债权消灭或者自能够进行不动产登记之日起三个月内未申请登记的，预告登记失效。

关于这里所说的"债权消灭"，物权法司法解释（一）第5条：买卖不动产物权的协议被认定无效、被撤销、被解除，或者预告登记的权利人放弃债权的，应当认定为物权法第二十条第二款所称的"债权消灭"。

预告登记一方面是要保护买受人的权利，另一方面也要保护出卖人的利益。如果房子盖好以后出卖人向买受人发出了收房通知，预告登记的权利人不来收房且预告登记还在不动产登记簿上，这个时候，如果出卖人向法院提出针对预告登记是否生效的确认之诉，法院就可以依据这个规则做出准确的处理。

六　准不动产登记涉及公示与物权效力问题

（一）法律上的难题

《物权法》第24条："船舶、航空器和机动车等物权的设立、变更、转让和消灭，未经登记，不得对抗善意第三人。"

车辆、船舶、飞行器，在民法学上统称为准不动产。《物权法》规定，准不动产的物权变动也应该进行登记，不过，这一部分物权变动所采取的是公示对抗主义，也就是登记之后才对于善意第三人发挥对抗的效果，而不是像《物权法》第9条规定的那样物权变动不登记不生效。不登记不得对抗第三人这样的规则，大体上和法国法、日本法的规定一致，也就是因为这样，关于物权变动的基本法理贯彻得不彻底，在法理上和司法实践方面都需要进一步的解释。

关于准不动产变动的法律效果和登记相联系的法理解释，在理论上有如下难点。其一，没有登记之前是否可以发生物权变动的效果？如果以物权行为理论判断，当然交付也可以发生物权变动的效果；但是如果依据登记公信力理论，便不可以发生物权变动的效果。其二，这里所说的"善意第三人"范围有多大？其三，是不是只有登记一种公示方式？这个问题和不动产登记与物权确认之间的关系一样，也存在交付与登记之间的关系问题，怎样来认定？

（二）司法解释的努力

物权法司法解释（一）第6条规定："转让人转移船舶、航空器和机动车等所有权，受让人已经支付对价并取得占有，虽未经登记，但转让人的债权人主张其为物权法第二十四条所称的'善意第三人'的，不予支持，法律另有规定的除外。"

这个条文虽然写得不直接、不清晰，有些内容的表达比较隐晦，仔细分析可以看到如下很有价值的规则。

1."善意第三人"只能发生在以法律行为发生物权变动环节

《物权法》第24条提到的"善意第三人"问题，在目前的司法实践中间经常遇到，但是相关裁判规则有相当的偏差，尤其是在准不动产物权变动部分。显然，第三人这个概念是债权法律关系很常见的，上文也讨论了"一个债务人对多个债权人负债，多个债权人之间的关系都是相互为第三人的关系"这种十分正常的情形。但是，"善意第三人"这个概念，却只能从物权变动的角度加以理解，因为只有物权变动，才会发生排斥第三人的问题，而且也只有此时善意第三人才能够提出"善意"抗辩，以保护自己的物权取得。在这种情形下，如果不能在交易中区分物权效果和债权效果，这就会造成严重的滥用善意第三人规则的问题，因为任何其他债权人都是第三人，而且也都是善意第三人，这当然会造成交易规则的严重混乱。司法实践中经常遇到的仅仅依据合同来主张第三人权利尤其是善意第三人权利的问题，法官和其他裁判者在这一点上常常把握不准。实事求是地说，最高法院的有关司法解释，也出现了依据合同来主张优先权的规则。

物权法司法解释（一）第6条，明确只有在"转让人转移船舶、航空器和机动车等所有权，受让人已经支付对价并取得占有，虽未经登记"这个环节，也就是物权变动的环节上，才有应用善意第三人保护规则的可能。这一点值得充分注意。

2.债权形式主义规则不可以应用

在准不动产物权变动环节，按照债权形式主义理论，登记才发生物权的后果；所以如果没有登记，那么就只能是债权人，不是所有权人。但是，物权法司法解释（一）第6条规定的这个条文，恰恰打破了债权形式主义的这个规则，它承认和保护了登记之外的所有权取得。

我们可以看看这个条文："转让人转移船舶、航空器和机动车等所有权，受让人已经支付对价并取得占有，虽未经登记，但转让人的债权人主张其为物权法第二十四条所称的善意第三人的，不予支持，法律另有规定的除外。"如果某甲有一个汽车，把它卖给某乙并发生了交付，但是没有办理过户登记的手续。在这种情形下某甲为了获得更多的钱，又把车卖给某丙。显然，某乙取得的车是没有登记的，而某丙有可能取得了登记，这个时候某丙可以声称自己是善意第三人，主张从某乙手中取得汽车。按照一般人理解的善意取得的规则，似乎某丙的主张应该得到保护，但是最高法院的这个司法解释提出，如果某乙作为受让人已经支付对价并取得占有，虽未经登记，某丙提出自己是善意第三人的，也不予以承认和保护。

该项司法解释之所以不承认某丙的善意第三人地位，最为清楚的原因是它承认和保护了某乙的所有权取得，而这一取得并不是依据物权登记取得的，而是依据交付的规则取得的。这就打破了债权形式主义的登记唯一公信力的规则。

具体地说，为什么某乙能够取得所有权？就是因为"受让人已经支付对价并取得占有"，因为他的取得不但有完整的交付占有的行为（这就是物权公示原则的另一种体现），而且也完成了支付。当然，这也符合《物权法》第106条的规定。这个解释首先的意义在于纠正了债权形式主义只认可登记不承认其他公示方式的问题，进而也承认和保护了当事人关于物权变动的意思表示，也限制了第三人的范围。

七　善意取得规则的理解与适用

物权法司法解释（一）在善意取得问题上下的功夫比较大，条文数量和内容都比较多。善意取得，不论是理论还是实践操作在中国确实很需要探讨，因为这一方面的问题实在太多。因此，本文想首先探讨一下这里的法理，然后再从《物权法》和物权法司法解释（一）相结合的角度讨论讨论我国法律中的制度规则问题。

（一）善意第三人保护的四种立法模式

从现有我国民法学的资料看，大概在二十世纪九十年代早期以前，除了最高法院关于贯彻民法通则的意见中提到善意第三人之外，整个实体法的部分都没有讨论过这个问题。这种理论体系缺失的道理很简单，因为在我国改革开放初期的民法学知识体系中，一致的看法是，物权法解决静态财产关系问题，合同法解决动态财产关系问题，法律行为只有债权意义上的合同，交易涉及的全部法律问题都由合同法规范；在合同作为唯一法律行为的知识体系下，按照债权平等原则，所有的第三人都是平等的，谁也不排斥谁，谁也不对抗谁，所以没有必要建立第三人保护的制度。

从物权法原理的角度来讨论第三人保护规则，其实也只是近二十年左右的事情。随着物权法制定的步伐，我国法学界逐渐接受了物权变动和第三人保护的相关理论，也开始建立相关制度。当然，从"依据法律行为发生物权变动"这个角度来看，这个问题就会豁然开朗。比如说设立一个抵押权，明明就是要通过抵押权来排斥第三人的，所以就必须建立第三人保护的制度。在交易导致物权变动的情况下，怎样确定第三人的范围，以及第三人应不应该受保护，也都只有从物权法原理的角度才能够看清楚。比如说，张三把房子卖给了李四，李四又卖给了王五，王五相对于张三就是第三人。这个第三人保护的理论要点是：在房子发生了交付和不动产登记的情况下，最初的那个合同也就是张三和李四之间的买卖合同被撤销了，或者被宣告无效了怎么办呢？王五已经取得的房子所有权要怎么返还呢？

我是在解决这个问题的过程中走过来的。我们民法过去都有一个叫追及权，除了所有权还有追及权嘛。就是说你这个合同被撤销了，撤销之后我就享有追及权，然后我就把这个所有权又追回来了，在这种情况下，王五取得的权利就被人追回去了，这就是原来传来取得理论的一个基本特点。这种传来取得的理论从罗马法时候就有了，它的基本特点就是不保护第三人。

这是关于第三人保护中的第一种理论，一共有四种。第二种理论是什么时候产生的呢？在九世纪时候，罗马法里头有一种官员叫护民官，他认为你不保护第三人，这个不对，这个护民官法里面提出要保护第三人，后来它就确立善意保护的这种理论，叫善意保护理论。第一种传统理论是不保护，第二种理论提出了善意保护。护民官法提出这样一个道理，就拿刚才我们说的张三、李四、王五举例，王五你这个权利值不值得保护呢？关键要看王五是不是善意的，如果张三跟李四之间的交易，王五不知情也不应知情，那王五你就是善意的，你所取得的权利就应该得到保护，罗马法它是这样规定的，这叫善意取得，就看他内心是怎么想的；如果人家这个交易有瑕疵，你还利用别人的这个瑕疵，在这里你就是不正当的，那就不保护你了，就把房子追回来。

善意取得理论跟传来取得理论的基本特点都是要强化原所有权人的权利。原所有权人的权利是挺强大的，为什么在善意保护情况下，原所有人权利还很强大呢？我们从法律上来讲，这个王五善意不善意是要他自己去证明的，他自己说他不知、不应知，叫他举证，这个举证是他的负担，这个举证是个麻烦事，但是古代的时候，能提出这个理论就很好，它有它积极的方法和方面。

第三种理论是德国法上采用的理论叫作"以手护手"，这是商人之间的理论。现在我们大家在座的，有些人做商事裁判，尤其在国际商事裁判中，可能很多人就是用以手护手的理论。以手护手的理论就是前手交易之瑕疵不能必然地给予后手。你张三跟李四定的合同有瑕疵，我是后手，当你这交易换到了后手，你这个瑕疵就不能对我主张，我这个交易没有瑕疵就行了。就是说李四把房子卖给我，我没有瑕疵，没有瑕疵你就不能够主张禁止我取得房子所有权，这叫以手护手，"Hand muss Hand Wahren"，它是起源于中世纪的商事规则。我们大家都知道汉莎，汉莎这个词本身来源于德国的北部，德国的北部原来有很多城邦国家，城邦不是君主制，是共和国，这几个城市共和国专门经商，他们组成的联盟叫汉莎。这个汉莎当时也是利用中国丝绸之路等，从远东做贸易，从中国、印度、印度尼西亚进口香料、丝绸、瓷器。它们进货来以后，先用船运到意大利一个叫热那亚的地方，到热那亚以后，把这些船货分割，分割之后船继续从热那亚绕过直布罗陀海峡，然后从德国这边过来。过去古代没有火车也没有飞机，只能靠大轮船，但提单就先于货物过来，提单过来了以后，比如说五十箱瓷器给吕贝克，另五十箱瓷器给汉堡，还有五十箱瓷器给不莱梅等。货来之前，提单早就分割完了，然后人们就根据提单提货。但是这个时候就有一个法律上的问题，如果你最初那个交易有瑕疵怎么办？比如说钱给少了或者订合同有欺诈的环节，怎么办？如果是按照传来取得这个理论，是不是还得把货给追回去，把合同给撤销了？后来德国人就想何必呢，我们都是经商的人，经商我们要这个所有权返还干嘛，所有权返还回来我们不是还要卖出去吗，经商的人是卖货的，而不是要所有权。最初这个环节如果有欺诈，或者有乘人之危的，例如你这个钱没有给够，没有给够就在你最初的环节把钱给够就行了，只解决债权法上的瑕疵问题，货就不要返还回去了，商人他不要货，不要所有权，所以这个时候就通过以手护手，把所有权返还限制到极端了，不许可所有权返还了，这叫作"以手护手"。这个做法在商事交易中用得很多，在民事交易中慢慢地推开。

后来萨维尼提出第四种理论，就是物权行为理论。张三把房子卖给李四，李四又卖给王五，房屋卖给了李四以后有没有办理登记？在这个登记过程中间当事人的意思表示是真是假，有没有瑕疵？然后李四又卖给王五，他既有债权意义上的合同又有物权上的意思表示，你这个物权意思表示是真是假，有没有瑕疵？他采取这样一个理论，叫物权行为理论。（如果出现瑕疵）在这样的情况下，你撤销你最初债权上的意思表示，但不能最后撤销到第三人的物权意思表示。他通过这个理论保护了第三人。

（二）中国物权法第 106 条评判

大家都知道，我们的物权法订立跟合同法订立的时候，物权行为理论在中国的引进受到了极大的阻力。在起草合同法时，我人微言轻，但到物权法的时候，我就勇敢地主张，最后体现到物权法第 106 条。现在从我自己来看，这个条文有点是两种观点相互折中的结果。从我来讲就是按照物权意思表示来解决问题，但是有一个最核心的问题是什么呢？就是必须要承认当事人的意思表示要跟不动产登记联系起来，而且真实意思的表示要得到确认，不能让第三人来承担那种心态上的举证责任。

但是，现在看物权法第 106 条是这样的，"无处分权人将不动产或者动产转让给受让人的，所有权人有权追回；除法律另有规定外，符合下列情形的，受让人取得该不动产或者动产的所有权"。大家看这个条文的时候，就不觉得奇怪？当时在立法的时候我对这个条文不满意的地方，就是这个条文里头讲的本来是第三人保护的问题，那你应该正面地讲第三人应该怎么去保护，结果把第三人保护放在了一个"但书"条款里头，前面讲的是首先不给你总括性的保护，然后"但书"条款在这个不保护里头才做了一个限制，所以对这个立法的技术、立法的结构当时我就不满意。这是叫作什么？本末倒置了，重点跟次点发生偏移了，重点其实是在后头，那么就应该把"但书"条款放在前面，所以后来这个条文本身就容易引起大的麻烦。

"但书"条款第一个规定"受让人受让该不动产或者动产时是善意的"，第二个规定"以合理的价格来转让"，第三个规定就是要登记，不需要登记的要已经交付给受让人了，所以这个大家一看就有点折中，它强调了善意，但是也强调了物权的公示的原则。

总之来讲，在操作中这个条文有它一定的中国问题的背景，也有它的好处。我们中国如果说一下子不保护原所有权人，那在中国是很大的问题，我们中国人还没有那么多商业上的经验，对商业上的这些考虑还不是那么容易接受的。市场经济很发达的国家它们都知道在非短缺经济的情况下，人们对所有权的感情会稍微淡一些，我不需要这个所有权，我在其他地方也会获得所有权。但是，在长期短缺的经济情况下，所有权还是很珍贵的，所以这是一个传统观念的影响。

总之，物权法不管怎么说我觉得是有好处的。但是我们中国所讲的主观善意的理论还是有不足，表现在：就以张三李四王五这个来说，王五纯粹是要强调他是主观善意，他这个心理上是不是恶意，还是要利用别人的瑕疵来做交易，要他自己来举证，这是一个很大的问题；另外一个问题，就是在这个地方提出处分权和所有权人追回这个环节的时候，虽然没有明确地说，但是也含蓄地讲到了，这个环节我们就只是指物权变动的环节，你不能把债权成立、合同成立的环节引进来，这是跟合同法不一样的，是一个值得肯定的地方。但是，它的缺点是无处分权人这个概念不清晰。按照合同法第 51 条，无处分权人就是订立合同的人，而且这个时候转让到底是债权意义上的订立合同呢，还是物权上的所有权转移呢？它也没有明确地说。再有，第三人的范围也是不清晰的，第三人实际上就是我们说没有参加当事人法律关系，但是对当事人的法律交易有直接利害关系的人，这个叫第三人，你比如说张三跟李四是两个法律关系当事人，王五跟张三没有法律关系，但是王五跟张三和李四之间的交易会有直接法律关系，跟这个法律关系是有直接结果的、有利害关系的这才叫第三人，所以第三人的界限必须要搞清楚，物权法这个也没有搞清楚。第四个就是排斥的效果我们也没有确定。实际上就是说因为它这个立法操作，一开始是讲所有权人有权追回，后来才讲的一个"但书"，所以这是一个规定怎么排斥的方法，所以第106条在民法学界被不断地讨论，影响是很大的。

（三）司法解释（一）的努力

1. 明确善意取得制度的适用空间

司法解释这一次我觉得在这方面做了一些积极的努力，实事求是地说这个努力不是完全很成功，但是做了一些努力。首先，第15条讲，"受让人受让不动产或者动产时，不知道转让人无处分权，且无重大过失的，应当认定受让人为善意"。首先跟物权法和合同法相比较来看，它把这个环节仅仅规定在物权变动的环节，不能在债权变动环节中再来主张第三人了，合同法没有解决这个问题，而物权法在这个问题上没有搞得很清楚。然后，司法解释的第18条说，"物权法第一百零六条第一款第一项所称的'受让人受让该不动产或者动产时'，是指依法完成不动产物权转移登记或者动产交付之时"，这更加明确地是讲物权变动的环节了。然后第18条还有第2款，它说："当事人以物权法第二十五条规定的方式交付动产的，转让动产法律行为生效时为动产交付之时。"这个就是刚才我说的动产交付中间的那个情形了。因为准不动产，就是车辆、船舶、飞行器，在我们国家是实行登记对抗，而现在这个第18条，它讲的是动产交付的时候，没有说非要把登记作为物权变动的唯一条件，动产交付它也做了一个善意的条件等。所以这个情况下我们就可以看出来司法解释有四个方面的优点。第一个就是我刚才讲的善意取得仅仅适用于物权变动环节的第三人保护；第二个"无处分权"是指没有物权处分权，而不是债权；第三个明确善意是"不知道转让人无处分权"，是没有法律上的物权处分权；第四个是要明确真实权利人的举证和责任。物权法中间不太明确的地方都给它明确了，但是这里头有一个举证责任的问题，在我看来还是会给将来留下很大的麻烦。比如说，重大过失的问题将来也是很大的问题，且无重大过失也是这样的问题。

2. 明确 "恶意"

另外，在司法解释中间第 16 条明确的，就是说怎么样算应该不保护的情形。什么叫作恶意，这个就对司法解释就有很大的操作的价值。首先是异议登记，明明有异议登记，你还要取得物权，那你就是恶意了。其次，在预告登记生效期间内，预告登记权利人没有同意。再次，登记簿上已经记载了司法机关有裁决的情形，我们将来大概会用到这个，比如说我们的法院，依据法律在做诉讼保全，诉讼保全就是针对这样的情形。另外，受让人知道登记簿上权利主体有错误，这个用来保护什么比较多呢？就是夫妻两口子的情形，两口子买的房子登记在一个人的名下，在这个情况下，就可能知道夫妻共有的，你跟夫妻一方订合同会有法律上的问题。最后，就是受让人知道他人已经依法享有不动产物权了，这就是我刚才说的情形了，他虽然没有登记，可是他这个时候已经取得占有了，这个就把善意解释了。这是我当时主张的一个条文，比如说现房买卖，这个房子已经盖好很多年了，你现在去买这个房子，虽然在登记簿上你从开发商那买了一个房子，但是在你买这个房屋的时候，你是不是应该到现场去看一下那个房子呢？看看那个房子到底是怎么回事？它是现房？就想解决这个问题，但是到时候也可能会有一些争议，这是我主张的一个条文。总的来讲，在这个方面确实还是做了很大的努力了。

小　结

最后，再简单总结一下，大家再讨论一下可能就差不多了。

首先，司法解释我们可以看出来，它还是反映了实践的要求，现实生活中这么多的问题，导致物权裁判给我们造成这么大的麻烦，而且法理上学者又这样一个解释那样一个解释，导致司法上的麻烦。所以最高法院想解决这个问题，也在这方面做了很多的努力。虽然最高法院没有提出来说在物权变动的环节，要遵从当事人的意思表示，但是实际上它打破了一个登记唯一的理论，并不认为说登记就是唯一的确认物权变动的标准，在登记之外也还有其他物权承认的方法或者是标准。在这种情况下，实际上就是承认了物权变动中间当事人的意思表示了。我有一次在跟最高法院一个庭长一起吃饭的时候聊这个事情，我说听说你们做司法解释以后，你们最高法院年轻人在外头也讲这个司法解释，说你们还是不承认物权行为理论，可是人家就问你说你既然不承认物权行为理论，那你在登记之外这么多物权变动的有效的方式它是什么理论支持啊？你们这个年轻人又讲说"我们要充分承认当事人的意思自治"，那这些是个什么意思自治？在这个登记之外的意思自治又是什么意思自治？所以这实际上就是间接地承认了物权行为理论了。而且，在从我给大家讲得这么多的理论中能看出来，物权变动的过程中，我们必须要尊重当事人的意思表示，必须要否定行政赋权说、行政授权说，这个对老百姓的损害是很大的，法理上讲不过去，而且实践中会导致损害老百姓权利的结果。

再一个我们说裁判分析上的要点就是，第一点就是要承认当事人的意思表示；第二点就是物权变动的意思表示要以公示是否充分来确定其法律效果；第三点就是不动产登记有充分的效果，但是它不是唯一的效果。登记有充分的效果，但是也有一些其他证据的证明和支持，虽然效果不是那么充分，我们也应该认为它是有法律效果的。

关于善意保护的问题，这是目前司法中比较大的一个难点。我的一个基本问题就是说要坚持公示原则，而这个公示原则还是要跟物权行为理论相结合。刚才已经给大家讲到，你不能只是说登记，而且要承认登记之外还有其他的证明物权公示的效果，并且这种公示效果也应该有一个排斥第三人的效力，只有这样才能做出一个真正符合民法原理的裁判。

我就简单给大家解释这么多，谢谢各位！

第十八篇　中国市场经济法律体系的建立和思想更新

| 写作背景

本文是 2011 年中国社会科学院的系列学术活动期间，本人作为重点学科的负责人所做的汇报讲演稿。稿子回顾了我国民商法法律体系建立的简要历程，对这一过程中形成的民商法法律体系进行了整理，并就我国民商法体系的指导思想和主要特征进行了必要的介绍。应中国社会科学院的要求，本人也介绍了中国社会科学院民商法学科作为重点学科在我国民商法律体系中发挥的作用。本文不仅仅作为我国民商法的学科发展历史，而且作为民商法发展相关思想史的留存具有一定的意义。本次发表内容未作改动。

1992 年中国宪法确立市场经济体制，是中国近现代社会经济体制的重大变化，它不但确立中国社会、经济发展的动力渊源，而且也使得中国民众获得了发展自身的基本自由。因此，市场经济体制得到人民衷心的拥护。市场经济所需要的平等、自由、公平的社会条件，只能够由法律来提供和保障。自古以来，这样的法律体系，主要是民商法的法律体系。中国最高立法机关确定的第十个立法纲要指出，民商法是市场经济体制的基本法。改革开放以来，我国民商法的发展基本上是从零起步。2007 年中国《物权法》颁布后，立法机关宣告，中国市场经济体制的法律体系建立工作已经基本完成。2011 年底，中国最高立法机构宣布，中国市场经济体制的法律体系已经建成。回顾中国市场经济体制的法律体系建设历史，总结其经验和不足，展望民商法发展的未来，对于我们继续坚持改革开放和解放思想的精神，继续完善中国市场经济的法律体系，都是非常必要的。

| 本篇目录

一 市场经济体制下我国民商法律体系的形成

民商法的基本内容，是规范市场经济的参加者的主体资格和行为，也就是确定他们在交易中的权利、义务和法律责任，为市场经济正常运行提供最基本的保障。目前，我国民商法的法律体系从制度内容角度看基本上已经形成完整体系。这些法律的主要内容包括：民事主体制度（自然人制度、法人制度等）、法律行为制度、代理制度、时效制度、物权制度、债权制度（其中主要是合同法）、知识产权制度、婚姻家庭制度、人身权制度、民事责任制度和公司、票据、保险、海商、证券、信托等制度等。这些制度相互作用、相互影响，从而构成了一个有机的、综合的民商法律体系。当然，民商法所规定的内容，要大于市场经济的范围，但是，只有民法和商法所提供的规则，才是社会主义市场经济中最重要的规则，这是不言而喻的。

改革开放以来，关于经济发展的立法一直是国家立法工作的重点。而在经济立法中，民商法律更是占据了核心地位。从目前形成的法律体系看，我国民商法律体系大致由以下三个部分组成：民事法律、商事法律和与民商法特别法等相关的法律。

（一）民事法律

1.《民法通则》

1986 年 4 月 12 日通过和公布，1987 年 1 月 1 日正式施行的《民法通则》是我国第一部调整民事关系的基本法律。《民法通则》由九章 156 个条文组成。它对民法的基本原则、民事主体制度、民事法律行为、民事法律关系、民事责任、诉讼时效等民法基本制度作出了具有远见卓识的规定。尽管《民法通则》没有使用物权的概念，而是使用了"财产所有权和与财产所有权有关的财产权"的概念，但是它规定了物权的基本制度；《民法通则》对合同之债、不当得利之债、无因管理之债都作出了原则性规定，确立了这些债的关系的基本规则；规定了知识产权的基本制度；规定了保护民事权利的侵权责任制度等。

从后来我国法制体系发展的角度看，《民法通则》所确定的民法"调整平等主体之间"的财产关系和人身关系的原则，具有十分重大的意义。1986 年，我国经济体制还没有脱离计划经济体制的束缚，因此在该法的制定过程中，围绕民法调整对象问题，曾经历了复杂而且尖锐的斗争。曾经流行于二十世纪七十年代末直至九十年代初的"纵横统一"的经济法理论，认为社会主义经济本质上不是商品经济或者市场经济，而是计划经济；在这种经济体制下面，国家制定的计划把经济组织之间的横向关系与这些组织和国家管理机关之间的纵向关系统一起来规范，从而使得社会主义经济形成"纵横统一"的格局；从具体的经济活动的参加者——企业的角度看，企业之间的权利或者义务，其实都是对于国家计划承担的义务，因此，立法不能把这种经济关系分割开来由多个部门法调整，而只能由经济法统一地进行调整。在这种情况下民商法必须从经济生活中退出来，只能调整个人领域中的旨在满足公民物质文化需要的社会活动。这种理论当时在自设前提、自我演绎的情况下形成了自圆其说，因此得到很多人的赞同。如果坚持这种学说，中国民商法体系根本无从建立。

在强大的反对声音面前，《民法通则》仍然坚持了民法的科学性。它的第2 条明确规定："中华人民共和国民法调整平等主体的公民之间、法人之间、公民和法人之间的财产关系和人身关系。"这一规定意义重大，因为它在铁板一块的计划经济体制下，承认了我国社会同样存在"平等主体"进行财产活动和其他民事活动的广大空间，承认这个社会空间必须由民法作为基本法来调整各种社会关系。这一点不但在学理上以基本法的形式肯定了民法的私法性质，而且更为重要的是，它为后来我国市场经济体制的全面建立在法律上开拓了广阔的道路。

《民法通则》第3 条至第7 条确立了我国民法的平等、自愿、公平、诚实信用以及禁止权利滥用等基本原则，这些原则是传统民法中依据市场经济体制下的民法精神制定的，它们不仅是具有普遍法律约束力的原则性法律规范，而且成为统率全部民法制度和民法规范的立法指导方针。

此外,《民法通则》第三章规定的法人制度,在后来的企业制度改革这个经济体制改革的核心方面发挥了巨大的作用。从"搞好企业"到"企业承包制"再到"公有制企业的现代化改制",这些发展都是在法人制度的指导下一步步地推进的。应该看到,后来中国的企业改革其中的很多内容,都是在民商法的思想精神的指引下进行的。

更值得重视的是,《民法通则》第一次以基本法律的形式明确规定了公民和法人享有的民事权利,而且在这一方面进行了具有现代化意义的改造和发展。例如,《民法通则》采取列举的方法,概括公民和法人所享有的财产所有权和与财产所有权有关的财产权、债权、知识产权和人身权。尤其值得指出的是,《民法通则》以基本法的形式规定了"人身权",它宣示了对公民基于人格尊严的各种人身权利的全面保护,突出了对人的尊重,体现了以人为本的理念,也充分体现了现代民法所贯彻的人文主义精神。人身权的规定,发展了传统民法,被誉为中国的"人权宣言"。

《民法通则》系统地规定了民事法律责任制度,这在中国民法上也是第一次。该法建立了以过错责任作为基础、以无过错责任作为补充的多种民事责任类型。这些规定不但在制度内容上多有更新,而且在立法体例上有所创造。比如它将民事责任系统地规定在一起,避免了制度的混杂,方便了法律学习和司法适用。

《民法通则》是中国改革开放以来制定的第一部全面反映民事生活基本规则的法律,它结束了新中国成立近四十年没有民法基本法的历史,开启了中国走向建设性法治社会的历史篇章,并且为后来中国社会主义市场经济法律体系的建立奠定了制度的基础,为我国民商事法律体系提供了基本的框架。

2. 合同法

合同法是以调整市场经济体制下的交易关系为主体的各种民事交换活动的法律,它主要规定合同的订立、合同的效力及合同的履行、变更、解除、保全、违约责任等问题。在市场经济条件下,人与人之间的经济交往,最主要的依靠是法律建立的社会信用或者信赖,而这种信用或者信赖就是依据民法中的"债权"制度来实现的。在这一法律范畴内,最重要的法律规则就是合同法。

经济体制改革以来,我国曾经制定了三个单行合同法,这就是"经济合同法"、"涉外经济合同法"以及"技术合同法",此外,立法机关和国务院还颁布了数十个具体的合同条例。这些合同法以及条例,除涉外合同法之外,都具有强烈的计划经济色彩,它们强调的,不是当事人的意思自治原则,而是对于国家计划的贯彻和服从。而这一点从根本上违背了市场经济体制的要求。因此,1992年我国开始建立市场经济体制后,立法者就开始了修订,最后转化为重新制定符合市场经济体制要求的合同法的工作。这些宏大的工作从1992年开始,到1999年完成。《合同法》共计23章428条。

中国《合同法》的制定,可以说是完全反映市场经济本质要求的结果,因此其基本原则和内容已经完全脱离了计划经济体制。它不但为一般民事交易规定了细致的规则,而且其内容涵盖了商业活动中的交易行为。因此该法兼备民事合同法和商事合同法的特征。该法的颁布,表明我国立法在市场经济体制的法制建设上迈出了巨大的一步。

制定合同法的主要社会功用,是要在参加社会交换活动的民事主体之间,建立法律信用。而这种信用,也就是契约应当履行的古老原则,演化到民法上,就是债权的约束力。而这些,完全是为了满足市场经济体制对于当事人之间交易提出的信守合同、积极履行合同要求而建立起来的法律制度。因此,中国《合同法》首先在其总则部分明确规定平等、自由、公平、诚实信用以及公序良俗等一般原则;而在分则部分,具体规定了各类交易合同,同时,按照意思自治原则,该法建立了许多任意性条款,以供当事人选择采纳,以满足其参与市场经济生活的需要。

为了满足交易信赖体制的要求,《合同法》规定了要约承诺规则、表见代理、同时履行抗辩权、不安抗辩权、代位权和撤销权等制度,对于债权的实现给予切实可靠的保障,极大地保障了市场交易安全并促进了市场经济的繁荣。另外,它将涉外合同法律关系与国内合同法律关系相统一,同时广泛借鉴吸收了发达国家和地区的经验与国际公约的成果,从而成为与国际接轨的自由市场交易法。

《合同法》的出台,反映了建立全国统一大市场的经济要求,实现了交易规则的统一和完善,适应了改革开放和发展社会主义市场经济的需要,保障了民商事主体从事市场交易和财富创造的积极性,从而推动社会生产力和市场经济持续、快速、蓬勃发展。

3. 物权法

中国古代先人很早就认识到依据法律建立社会财产支配秩序的重要性。古人依据所有权制度达到"定分止争"观念，是关于物权法社会功用的最好解释。一个正常的人际社会里，财产的归属和利用所形成的社会关系，无疑是最基本的社会关系。2007 年的《物权法》，就是为了解决这一最为重要的社会关系调整所产生的问题而制定的。

中国《物权法》的制定从中国社会科学院课题组提出立法建议，到最后颁布历时十三年。其间召开的立法研讨会、听证会上百次，仅仅立法机关进行的审议就有八次。这个法律的制定的艰难程度，是新中国成立以来从来没有过的。之所以存在如此激烈的争议的关键，当然是因为该法的内容涉及传统社会主义理论和市场经济体制需求之间的冲突问题。尤其是在市场经济体制下如何建立国家所有权、集体所有权的问题，如何处理私人所有权这些涉及传统意识形态敏感方面的问题，不但是立法者内部看法不一，社会人士更是争议激烈。另外，有关如何建立涉及交易安全的法律制度比如不动产登记制度等方面的争议，也一直持续不断。

即便如此，《物权法》还是在 2007 年 3 月 16 日第十届全国人大五次会议上获得高票通过，并于同年 10 月 1 日起实施。《物权法》在这种背景下以如此方式通过，说明了执政党和社会各界坚定不移地贯彻了改革开放和思想解放的精神，对中国社会和经济发展具有重要意义。

《物权法》的制定与颁布是我国法治建设中的重大事件。《物权法》的制定过程中，关于私人所有权是否应该与国家所有权同等保护的问题，引发了激烈程度罕见的思想观念冲突。而该法在这个颇有争议的问题上的坚定态度所体现的改革开放精神，同样也是罕见的。我国《物权法》的顺利颁布，尤其是《物权法》明确地规定公共财产和私人财产权利"一体承认、平等保护"的原则，在社会主义国家立法上还是第一次，其意义十分重要。因此，可以这样说，《物权法》的制定也是我国社会的一次思想大解放。

首先，《物权法》在私人所有权问题方面的制度，展现了我国社会对于民众个人所有权的基本认识的思想解放。建立生产资料公有制这一目标应该不受质疑，但是在建立公有制之后，社会主义国家对于民众个人或者私人所有权应该采取什么样的态度，这是一个需要认真思考和解决的问题。事实上，社会主义国家都曾经出现过严格限制个人或者私人取得所有权这样的历史。我国改革开放以来的一项重要措施，就是扩大民众取得财产所有权的自由，依法承认和保护个人或者私人取得的所有权，而且通过不断扩大民众可以取得财产所有权的范围的做法，提高个人或者私人参与国民经济建设的广度和深度。现在我国民间财富的总量已经超过了公共财产，人民获得了改革开放的实惠，执政党又一次获得了人民发自内心的拥护。

其次，《物权法》在私人所有权问题方面的制度，展现了我国社会对于社会与经济发展基本动力认识的思想解放。社会怎样才能获得持久而稳定的发展，这是包括社会主义国家在内的所有国家都需要解决的重大问题。只有在我国建立社会主义市场经济体制之后，这个一直难以解决的问题，才有了科学的答案。因为，这种体制所具有的最大优势，就是让劳动者看到了自己劳动成果的所有权。人活着就要生存和发展，所以每个人都有改善自己的物质生活条件的本能。这种进取心既然产生于自然，就应该得到法律的承认和保护。正如古人所说，"有恒产者有恒心"。如果法律对个人所有权予以足够的保护，那么个人对财富的进取心就会变成促进社会发展的源源不断的动力。所以只有市场经济体制才能够持续不断地推动经济与社会发展。我国改革开放的成功，就充分说明了这个道理。

《物权法》能够坚定不移地给予私人所有权充分的承认和保护，说明执政党、立法机关和我国社会在重大立法上实践了解放思想。长期以来，虽然我们在政策上承认和保护私人所有权，但是在法律上，私人所有权一直处于"立另册"的地位。对于私人所有权实行压制甚至打击的惯性思维，仍然体现在各种立法之中。因此，尽管我国民众已经走上了富裕之路，但是民众对于自己的财产权利能否得到足够的保护，还是信心不足。现在，由于《物权法》的制定实施，这些问题也就迎刃而解了。

那些以《物权法》承认和保护私人所有权为由来反对《物权法》的理由之一，是当前承认私人所有权的地位具有替不良资产漂白的作用，也有承认贫富不均的作用。对于这些理由，社会上有相当的人予以认可，因此必须解释清楚。首先，《物权法》并不是对于任何财产的占有都会给予所有权，并给予像所有权一样的保护。那些不良资产在任何情况下都不会依据《物权法》取得所有权，所以《物权法》中的私人所有权制度绝对不会替不良资产漂白。其次，对贫富差距这个现实问题，我们必须承认这是社会的不公正，是应该消除的社会弊端。但是，我们也要对贫富差距予以认真的分析。如果贫富差距是因为分配不公造成的，那么我们就应该在分配领域里建立公正的法律秩序；如果贫富差距是因为先天性竞争能力不够造成的，那么我们就应该在竞争领域建立社会保障制度，比如对有残疾的人或者是社会弱势群体建立社会保障制度等。但是我们无论如何不能鼓励随意剥夺他人私人所有权的精神。《物权法》主要是解决财产支配秩序问题的法律，无法解决分配问题和社会保障问题。

经过多方努力，《物权法》终于在关键的条文中反映了充分承认和保护私有所有权的精神。给予私人的所有权充分的承认，这是我们国家进入建设型社会的标志。建设型社会在一定意义上是与革命性社会不同的社会状态。所谓革命就是推翻，就是把以前依据法律建立的秩序予以否定，而重新建立一套制度。而建设性社会就是必须要承认既有的法律秩序，尤其是要承认根据以前的法律所取得的财产所有权的正当性。《物权法》的颁布比较彻底地解决了这个问题，我国社会因此而完全进入建设性社会的法治时代。

1995 年我国立法机关制定的《担保法》，其大部分内容已经被《物权法》所替代。

4. 侵权责任法

侵权行为法规定因民事主体的不法行为而发生的民事责任。《民法通则》关于侵权责任的规定，为我国侵权行为制度提供了基本规则。此后二十余年，司法实践中经由法院解释发展出的新规则、各种特别法中关于侵权责任的规定，以及现代化发展过程中各种新型侵权行为的发生，促成《侵权责任法》的制定。《侵权责任法》也是中国民法典立法的重要一步。

《侵权责任法》于 2009 年 12 月 26 日通过，2010 年 7 月 1 日施行，共计 12 章 92 个条文。在总体立法思想上，依该法规定，除本法外，仅有其他"法律"才能对侵权责任作出特别规定，由此取消了以行政法规、规章等下位法规定侵权责任的权限，有助于纠正以往以医疗事故处理条例、道路交通事故处理办法等行政法规作出与法律相抵触的规定以致"架空"民事基本法的做法。在具体内容上，该法进一步完善了侵权行为归责原则，改变了《民法通则》关于无过错责任的不当表述；明文例示受侵权法保护的民事权益，包括在法律上首次确认隐私权概念；细化了关于共同侵权行为的规定；规定了宾馆、商场等公共场所管理人或群众性活动组织者的安全保障义务；分章规定产品责任、机动车交通事故责任、环境污染责任、高度危险责任等各种特殊侵权行为；在侵权行为法上尤其具有重大理论意义与实践意义的是，于产品责任一章中规定了惩罚性赔偿制度，于医疗损害责任一章中规定了知情同意规则以及医疗过失的客观化认定制度，于环境污染责任一章中规定了因果关系推定制度。

《侵权责任法》的颁布与实施，对于提升人民权利意识，进一步切实保护民事主体的合法权益，促进民事立法的科学化与精细化，具有重大意义。

5. 知识产权法

知识产权是自然人、法人所享有的对其智力创造成果的专有权利。包括专利权、商标权、版权（著作权）等。

知识产权制度是现代化市场经济法律制度的重要组成部分。科学技术是生产力，而且是第一生产力，现代化市场经济主要应该依赖科学技术才能够获得持续而且迅速的发展。但是科学技术是人们创造而来的，为了调动创造者的积极性，那么就必须保障创造者的权利，就必须建立完善的知识产权制度。在执政党提出的科学发展观中，知识经济占据着重要的地位，而知识经济的实现，离不开民商法中的知识产权制度。

改革开放以来，中国立法机关非常重视知识产权的立法。改革开放之初的 1982 年，立法机关就制定了《商标法》，其后 1993 年、2001 年两次修订。1984 年立法机关又制定了《专利法》，该法 1992 年、2000 年、2008 年三次修订。1990 年立法机关制定了《著作权法》，该法 2001 年、2010 年两次修订，2012 年已启动第三次修订工作。此外，国家立法机关和国务院还制定了一系列有关知识产权的单行法规，比如《专利代理条例》（1991 年 3 月颁布）、《计算机软件保护条例》（1991 年 6 月颁布，2001 年 12 月颁布新条例）、《中华人民共和国知识产权海关保护条例》（1995 年 7 月颁布，2003 年 12 月颁布新条例，2010 年修订）、《特殊标志管理条例》（1996 年 7 月颁布）等。目前，我国的知识产权法已经形成了具有自我特色的体系。

2008 年 4 月 9 日，国务院审议并原则通过《国家知识产权战略纲要》（简称《纲要》）。同年 6 月初，国务院印发了《纲要》，标志着中国知识产权战略正式启动实施。《纲要》将是今后较长一段时间内指导我国知识产权事业发展的纲领性文件。中国制定和实施国家知识产权战略是建设创新型国家的迫切需要，是转变经济发展方式的必由之路，是提高国家核心竞争力的关键举措，是关系国家前途和民族未来的大事，是我国经济社会发展和应对国际竞争的必然选择。中国制定和实施国家知识产权战略，必将进一步促进技术创新、科教兴国和可持续发展，推动我国经济社会的迅速发展。

6. 婚姻家庭法

婚姻家庭法以婚姻家庭关系为调整对象，涉及每个社会成员的安身立命之本。婚姻家庭法律制度通过特有的调整机制，保障婚姻家庭成员的合法权利的实现，维护婚姻家庭关系的和谐与健康，从而促进社会关系的和谐发展。我国民事婚姻家庭法的法律主要包括：1980 年颁布实施、2001 年修订的《婚姻法》，1985 年颁布实施的《继承法》与 1992 年实施的《收养法》。

7. 涉外民事关系法律适用法

涉外民事关系法律适用法，即国际私法，规定国际法律冲突或区际法律冲突情况下的法律适用问题。《民法通则》第八章规定了涉外民事关系法律适用的若干基本规则。在总结实践经验并借鉴比较法先进做法的基础上，立法机关于 2010 年 12 月颁布《涉外民事关系法律适用法》。该法共计 8 章 52 个条文，为涉外民事纠纷的法律适用提供了较为详细、明确的指南，有利于进一步深化国际民事交往。该法的主要内容包括：以当事人意思自治为基本原则，充分尊重民事主体在选择冲突法问题上的自主权；规定了识别（定性）、法律规避、外国法查明等国际私法基本制度，填补了以往立法在此方面的空白；对民事主体、婚姻家庭、继承、物权、债权、知识产权诸方面的涉外民事关系法律适用作出较为全面的规定，并回应了信托的法律适用、通过网络侵害人格权行为的法律适用等新问题。

（二）商事法律

在传统民商法体系中，商事法主要是调整从事商业活动的人及其主要行为的法律。商业活动同样是平等民事主体之间的活动，其特点是与营业活动相关联，在立法上尤其强调保护交易安全和方便快捷的特点。因此一般认为商事法是民法的特别法。即使是在立法上将民法和商法规定为两个不同法典的国家，在立法习惯上，通称"民商法"为一体。改革开放以来，尤其是 1992 年建立市场经济体制以来，我国商事法也获得了新生，它们基本上经历了从无到有、从单一到整体基本完备的迅速发展。

目前我国商事法律多以单行法的形式出现，主要有如下法律。

1.《公司法》等商事主体立法

1993 年颁布并于 1999 年、2005 年两次修订的《公司法》是我国最主要的商事主体立法。《公司法》的基本社会功用，是保护投资者利益，使得不论大小的投资者的财产权利和参与经营管理的权利都能够得到保障。从市场经济体制的需要看，该法发挥的作用是核心性的、决定性的。

在我国制定《公司法》有一个基本的问题，就是要在公有制经济内部贯彻改革开放的精神，也就是将市场机制引入公有制企业内部。1993 年颁布的《公司法》，对规范公司的组织和行为，保护公司、股东和债权人的合法权益，推动国有企业和经济体制改革，促进社会主义市场经济发挥了重大的积极作用。但由于受计划经济向市场经济转轨初期的思想观念局限性的影响，该法贯穿着"重管制，轻发展"的立法思想。因此，该法规定了单一、严格的法定资本制度，过度提高了公司设立的"门槛"；在发起人、股东的出资类型和出资方式，董事、监事和经理持有本公司股份的转让，公司对外转投资的比例，公司股票、债券的发行和上市等方面都设置了严格的限制等。2005 年新修订的《公司法》则扩大了股东的权利，增加了股东利益的保护措施；增强了公司的权利能力和自治能力；完善了公司治理结构，对公司运行中出现的治理僵局进行了有效的矫正；进一步明确了发起人、大股东、实际控制人、董事、监事和高级经营管理人员的责任；注重培育公司信用、倡导公司承担社会责任，保护债权人和社会公共利益等。经过修订后的《公司法》更加适应社会经济发展的需要，维护公平、有序、竞争和高效的市场秩序，减少交易成本和风险，为深化经济体制改革、促进市场经济的全面发展提供了强有力的法律保障。

另外，《合伙企业法》、《个人独资企业法》、"三资企业法"（即《中外合资经营企业法》、《中外合作经营企业法》、《外资企业法》）等法律的颁布实施，丰富了我国企业主体的类型。2006 年颁布、2007 年开始实施的《企业破产法》为我国企业主体提供了市场退出机制。由此，我国企业主体立法趋于完善。

2. 商事行为法

在具体商事行为法方面，1996 年颁布实施、2004 年修订的《票据法》，

1995 年颁布实施并于 2002 年、2009 年两次修订的《保险法》，1998 年颁布并于 2004 年、2005 年两次修订的《证券法》，1992 年颁布的《海商法》，2001 年颁布实施的《信托法》等法律基本涵盖了现代市场经济的主要活动领域，为现代市场经济条件下的商事交易提供了制度保障。

此外，从法学分类上看，1993 年颁布的《中华人民共和国反不正当竞争法》、2007 年颁布的《反垄断法》，也属于商事行为法的范畴。该法对于规范市场竞争行为意义重大。

（三）民商法特别法以及附从法

除了上述民商事法律以外，有些一些法律是为特别领域的民事活动或者商事活动制定的。比如，在物权法范围内，这些法律有《土地管理法》、《森林法》、《草原法》、《海域使用管理法》、《矿产资源法》、《企业国有资产法》等。1996 年制定的《中华人民共和国拍卖法》，则是一个特殊买卖行为的法律。1999 年制定的《中华人民共和国招标投标法》，是关于涉及大型工程项目合同行为的特别法。众所周知的 1993 年颁布的《消费者权益保护法》，则是特别关于消费者这种特别民事主体与商事主体之间的合同以及法律责任的法律。1999 年制定的《中国公民收养子女登记办法》和《外国人在中华人民共和国收养子女登记办法》，则是属于婚姻家庭法领域里的特别法。在民事责任范畴，也有一大批特别法，其中著名的《道路交通安全法》就属于此类。

在这一方面，最值得指出的，就是 2007 年制定的《劳动合同法》，它是为解决市场经济体制下特殊的劳动合同问题而颁布的。该法的颁布意义重大。

在商事法领域，这些特别法更多，比如关于商事主体的《中华人民共和国商业银行法》（1995 年 5 月通过）等。

此外，不论是在民商事主体立法、民商事行为的立法中，还是在民事权利、民事责任的立法中，还包含着一大批进一步具体细化基本法律规范的附从法。比如，在物权立法方面，在《物权法》之前，我国立法机关以及国务院就制定了《国有资产产权纠纷调处工作试行规则》（1994 年 10 月颁布）等重要规则。这些规则立法的位阶不高，但是实用价值显著。

在民商法体系之外，还有很多法律法规中也存在大量的民商法律规范。

这些法律有：1989 年颁布的《环境保护法》，1993 年颁布、2000 年修订的《产品质量法》等。这些法律中包含的民商法规范，对于市场行为的调整发挥着重大作用。

据粗略统计，改革开放以来我国已经制定的民商一类法律法规和规章，数目已经有千部以上。本文介绍的只是主要的法律。从以上分析看，我国民商法体系建设取得了光辉的成就，已经基本上能够满足市场经济生活调整的要求，因此该体系建设的任务可以说已经基本完成。

二　民商法律体系的指导思想和主要特征

（一）坚持平等原则，为市场经济体制建立坚实基础

《民法通则》第 3 条规定的平等原则，又称民事主体地位平等原则，是民商事法律的基本原则之一。民事主体地位平等原则是指民事主体享有独立、平等的法律人格，在具体的民事法律关系中互不隶属、地位平等，各自能独立地表达自己的意志，其合法权益平等地受到法律的保护。它具体表现在以下方面：第一，民事权利能力平等。第二，在具体的民事法律关系中当事人的地位平等，包括民事主体在产生、变更和消灭民事法律关系时，必须平等协商；任何一方当事人都不得将自己的意志强加给另一方当事人；主体之间应当平等分摊权利义务，一方主体不能主张高于对方的特权等。第三，民事主体的权利受到侵害时，法律予以平等地保护。

民商事主体在民商事活动中的地位平等，是市场经济运行的基本前提和精髓。《物权法》的所有权平等保护、《合同法》的意思自治、《公司法》中的股权平等等制度均体现了这一原则。平等原则在民商法律体系中的确立具有重大意义。上文指出，该原则建立不但是民法社会的基本要求，而且也是市场经济体制的基本要求。该原则的建立，否定了计划经济体制要求的一切经济生活"纵横统一"地由具有强烈国家控制色彩的经济法调整的理论，为市场经济的确立和发展铺平了道路。

需要指出的是在我国，对于平等原则长期以来人们只是在婚姻法领域和

合同法领域有限地接受了，但是在物权法领域却一直没有接受。过去人们一贯认为，在社会主义国家里，国家财产、集体财产的地位高高在上，而自然人自己私有财产地位低下。个人对于国家和集体只能够讲奉献，不能够谈平等，更不能讲亏欠。这种观念，将民众的财产权利的拥有置于道德上有缺陷的地位，对于长期以来政府以及各种社会团体随意侵害民众权利的做法提供了理论基础。它不但损害了民众作为国家主人翁的政治伦理，而且完全不符合市场经济体制的要求。因此，在物权法的编制过程之初，中国社会科学院课题组就提出"一体承认、平等保护"原则，对此予以彻底纠正。最后，这一观点得到立法的承认和采纳，《物权法》第3条、第4条等明确地承认了这一原则。

但是，《物权法》采纳这一原则之后，却引起了比较大的争议。有一种观点认为，对于国家财产、集体财产，不能和私有财产平等承认和保护。这种观点看似有理，其实是不理解我国社会绝大多数个人的财产来源的正当性，也不同意对于不法的财产取得应该采取法律治理的做法。他们的观念是，只要有财产的不平等，那就应该予以取缔。这种观念其实还是没有脱离平均主义的价值观，也没有认识到我国已经进入建设性社会的现实。在建设性社会里，对于财产不平等的社会问题是不能采取"革命"做法来予以处理的。

《物权法》制定的过程中，关于平等原则只是保护富人而不保护穷人的说法，得到社会很多人的支持。某大学教授甚至提出，平等保护就是将富人的豪宅和穷人的讨饭棍平等保护。这种偏激的观点在社会上有很大的影响。但是这一说法是违背马克思主义对于社会主义和工人阶级的本来定义的。无产阶级是劳动阶级而不是乞丐，工人是因为不掌握生产资料才受剥削的，所以马克思主义对于社会改造的基本要求是消除造成剥削的经济基础，而不是像乞丐那样主张绝对平均主义。因此社会主义国家应该掌握的是生产资料公有制，建立以劳动保护为核心的社会保障体系，人民合法的财产当然应该得到充分保护，《物权法》中的所有权平等保护原则应值得肯定。

在社会主义市场经济条件下民商事主体地位的平等，除了要摒弃过分的行政干预外，还应以民法的平等原则为指导，把公平竞争、优胜劣汰原则引入市场经济体制，以法律的权威取代政治权力执掌者权威，民法的平等原则才能得以更好体现，中国的市场经济体制才能顺利进行。

（二）坚持财产权和人身权保护并重原则，促进物质文明与精神文明的共同发展

物质文明、精神文明作为人类社会文明结构的基本构成，两者之间存在着密不可分的内在联系，物质文明是社会存在和发展的起点，它对政治、思想等其他活动具有决定作用，其他活动都为之服务；精神文明为物质文明的发展提供精神动力、智力支持和思想保证。

在现行民商法律体系中，以《公司法》、《合伙企业法》等为代表的市场主体法律制度，以《物权法》、《土地管理法》、《房地产管理法》等为代表的财产权制度以及以《合同法》、《保险法》、《证券法》、《票据法》等为代表的市场交易制度，是社会主义市场经济良好运行和健康发展的制度保证，刺激了市场繁荣和财富增长，提高了社会生产效率，极大地促进了物质文明的发展。

对财产权的保护，必须要重视 2007 年出台的《物权法》的巨大作用。《物权法》以客观公正的标准明确稳定财产支配秩序、确保交易安全，保护了社会每个人、每个团体以及国家的控制和利用财富的权利。承认个人财富进取心并依据法律保护这种进取心，是《物权法》的根基；反过来，《物权法》通过引导人们合法取得物权、保护人们合法物权的制度建设，为社会发展奠定了基石。《物权法》的制定，就是按照"有恒产者有恒心"这一古训，通过对人们财产所有权的保护，树立人们热爱国家、热爱社会、热爱本土、热爱生活、追求发展的恒心，从而为社会的发展提供源源不断的动力，促进社会物质文明的发展。《物权法》的这一作用，是其他法律均无法替代的。当然，《物权法》所确立的保护财产权利、保护个人财富进取心的理念也体现在其他法律中，例如，2005 年新修订的《公司法》对公司设立、资本制度、证券发行、治理结构等制度的改革和完善，最终目的在于保护公司投资人（发起人、股东等）利益和投资热情，从而保护市场经济条件下的个人财富进取心，促进社会经济的发展。

另外，我国民法对于社会精神文明建设也是十分重视的。《民法通则》第五章第四节规定了人格权及其体系，分别规定了生命健康权、姓名权、肖像权、名誉权、人格尊严、荣誉权、婚姻自主权等，并在第六章"民事责任"中规定了侵犯人格权的民事责任，从而构成了一项完整的具有中国特色的人格权

法律制度。它突出了人格权在民事权利体系中的地位，严格保护民事主体的人格尊严和人格平等、人格自由，被誉为中国的"人权宣言"。《专利法》、《著作权法》和《商标法》等知识产权法中的无形财产权制度，《婚姻法》、《继承法》、《收养法》中对家庭成员权利的保护制度，都体现了关注人们精神财富和精神生活的诉求，为和谐社会的构建与精神文明的发展提供了强有力的保障。

（三）坚持保障发展效率的同时保障社会公平原则

公平与效率，始终是现代市场经济体制下的一对矛盾体。效率意味着经济发展和社会财富的增加；公平意味着社会成员福利的普遍提高和贫富差距的缩小。效率的提高，往往会在一定程度上牺牲公平。我国改革开放三十年来，经济建设取得巨大成就，社会主义市场经济体制初步建立，社会生产力飞速发展。但与此同时，贫富差距、弱势群体的保护等社会问题也逐渐显露。例如，经济实力雄厚的大企业与广大消费者之间、用人单位与劳动者之间，由于双方交涉能力极不平等，大企业或用人单位多有滥用经济优势，假借合同形式平等、契约自由的名义，压榨无组织的消费大众、劳动者的情况出现。

民商法作为市场经济运行最基本的规则，固然要为社会主义市场经济快速发展提供保障，但是也不能放弃对于社会公平原则的遵守。在促进社会经济发展方面，《民法通则》、《物权法》、《合同法》、《公司法》、《保险法》、《证券法》、《票据法》、《企业破产法》等起到了重要的作用。

而在促进和保障社会公平方面，我国民商法也有非常重要的立法颁布。这些法律主要如：①《消费者权益保护法》，当时社会产品与服务类型发展越来越负责，社会大众作为消费者在购买这些产品和服务时，越来越表现出弱势的特征。《消费者权益保护法》就是为解决这个问题而制定的。该法颁布后在我国社会影响很大，总的情况是积极的。②《产品质量法》，该法规定了产品的严格责任，配合《消费者权益保护法》，督促生产者对其产品负严格责任。③《劳动合同法》，该法主要是解决劳动者保护问题的基本法，它的制定在我国意义显著。

此外，在民商法之外还有一些法律，如《妇女权益保障法》、《未成年人保护法》等法律均不同程度地就社会特定弱势群体进行了保护，使社会弱势群体的合法权益得以伸张，使社会公平正义得到进一步的扩大和实现。

毋庸讳言的是，我国社会对于在追求高速度社会经济发展的同时，应该加强社会公平方面的立法和社会改革这一点，似乎认识不足。近年来，虽然党中央提出了"以人为本、以民为本"的可持续发展战略，虽然社会大众对于社会公平有非常迫切的期待，但是如何做到发展效益和发展公平的平衡，似乎并没有很好地解决，甚至法学界对此也有失衡的观念。比如，《劳动合同法》颁布后，法学界出现了强烈批判该法过度保护劳动者的声音，但是对于长期以来劳动保护不足的问题，却很少有人这样慷慨激昂过。

（四）重视中国本土法学研究，同时积极引进国际先进的法律知识

法律的继承，就要对中国法律传统中的有益部分进行延续和继受；法律的移植，就意味着移植外国的先进法律制度。因此，在民商事法律的立法过程中，既要对旧有的"本土法治资源"进行理性的批判和继承，从而塑造具有中国社会主义特色的法律精神气质，又要广泛借鉴发达国家的先进的法律知识，促进本国法律的国际化、全球化。

现行的民商法律体系很好地贯彻这一思想，在重视中国特色的法律制度的同时，积极引进国际先进法律知识。首先，很多民商事法律制度是在总结改革开放取得的先进成果的基础上被建立起来的，例如《物权法》中对国家所有权、集体所有权和私人所有权的分别规定，正是基于中国社会主义公有制的政治现实而得来的；《公司法》、《独资企业法》、《合伙企业法》以及"三资企业法"，也是在总结经济改革开放的成功经验的基础上得以颁布施行的。与此同时，大量的国外先进法律知识也被科学、合理地引入到我国民商法律制度之中，例如《物权法》中建筑物区分所有权制度、空间权制度等，《合同法》中预期违约制度、融资租赁合同制度等，《公司法》中的公司法人格否认制度、股东派生诉讼制度等。另外，现代市场经济中的新兴法律制度更是在广泛借鉴西方市场经济发达国家的经验中得以确立，如《证券法》中的证券发行、上市、交易以及监管制度，《保险法》中的保险合同制度，《企业破产法》中的重整制度，《信托法》中的财产信托制度等。

从如上阐述中可以看出，我国市场经济的发展体系建设，之所以能够从无到有、从发展单一到体系基本齐备，完全是我们坚持了改革开放和思想解放

的结果。

三 中国社会科学院民商法学者在我国市场经济体制法律体系建设中发挥的作用

值得一提的是,在我国市场经济体制的法律体系的建设中,中国社会科学院民商法学者发挥了法学研究方面国家队的作用,对我国市场经济法律体系的发展做出了重要的贡献。在这一方面值得指出的重大事件有:

二十世纪八十年代,中国社会科学院民商法学科带头人王家福教授、谢怀栻教授、陈汉章教授参加了对于我国后来的改革开放发挥了基础作用的《民法通则》的起草工作,并且在该法的主体制度和民事权利制度方面发挥了杰出的专家作用。中国社会科学院专家在《民法通则》的"民事权利"部分发表的意见,对该法发展产生了很大的影响。

中国社会科学院民商法学科队伍长期以来非常重视法学基础理论研究,而且注重理论联系实际。因此我们的研究成果,一直发挥着国内领头人的作用。在二十世纪八十年代中国民法学和经济法学的论战中,王家福教授等提出的中国民商法不应该被否定,并且应该依据商品经济为基础建立中国民商法的观点,对后来我国民商法学的研究发挥了决定性作用。当时法学所民商法学研究的成果,比如对于商品经济法律制度的整体研究、对于合同法的研究、对于农村土地权利制度的研究等,出版了一系列在国内享有很高评价的著作。这些作品不仅仅对于繁荣我国民商法学研究以及加强我国的民事法制建设做出了重要的贡献,而且对于我国民商法立法的发展、对完善我国民商法学学科建设做出了贡献。

二十世纪九十年代我国建立市场经济体制以来,中国社会科学院法学研究所民商法学科再一次发挥了学科优势,推出了一批理论上有创新、对实践有较强的指导意义的理论成果,在学术界产生了良好的影响力和引导力。其中,该学科课题组向国家提出的编制统一合同法的立法建议获得同意,梁慧星教授受国家最高立法机关的委托,率领国内 12 所学术研究机构和大学法学院,编制了中国合同法的学者建议稿,对我国合同法的制定发挥了基础性作用。此后，中国社会科学院法学所课题组在 1994 年提出的编制中国物权法的立法建议，也开启了中国物权法的立法历程，该课题组编制的物权法学者建议稿成为最受学术界认可的建议稿，对我国物权法的制定同样发挥了基础性作用。

二十世纪九十年代之后，该学科又开始在民法基本理论的研究，尤其是关于民法的人文精神、法律行为理论、民法技术方面取得重要的研究成果，促进了对我国民商法学思想和技术规则的深化思考。在这些领域，中国社会科学院学者的研究成果仍然居国内前列，而且引起了国外的广泛关注。

本学科的知识产权法研究在全国享有盛誉，在国际上也有相当的影响。中国知识产权法界的杰出代表郑成思教授（已故），在中美知识产权谈判、中国加入 WTO 谈判等方面发挥了杰出的作用，被评为全国的劳动模范。目前该学科仍然有多位国内外知名的知识产权法专家。

中国社会科学院商事法方面的研究也取得了非常丰厚的成果。在公司法、票据法、保险法和破产法制定过程中，中国社会科学院多位专家发挥了核心作用。目前，他们在这些领域的研究成果居于国内领先地位。

本学科有 6 位专家被聘请为全国人大法律委员会委员或者全国人大常务委员会法制工作委员会的立法专家，可以对立法提出直接的建议和设想。国内其他研究机构或者大学没有如此之多的专家直接参加立法活动。

总的来说，中国社会科学院民商法学科研究人员多年来的辛勤劳作赢得了民法学界和社会各界的广泛尊重。其中，梁慧星主编的《民商法论丛》和《民商法专题研究丛书》在整个法学界开风气之先，推动了民法学研究向专题化、细密化的方向发展，提升了中国民法学界研究的整体水准。郑成思的关于知识产权的若干部专著以及其主编的《知识产权文丛》推进了中国知识产权法学和法律制度的发展。孙宪忠多年来孜孜以求，对于民法人文思想的研究、对于民法总则以及物权法的研究，在国内属于无争议的领先地位。邹海林关于保险法和破产法的研究也是国内领先的。

该学科近年来在民商法研究方面共出版 20 余部专著、发表近 300 篇论文，绝大多数都是国内民法研究领域一流的上乘之作。正是这些凝聚着研究人员心血的精品，奠定了法学所作为全国民商法学研究中心的牢固地位，并且保障了我们能够为国家的法治建设事业做出积极贡献。

四 我国民商法律体系的展望

虽然我国市场经济体制的法律体系建设取得了显著的成绩,但是还有一些明显的问题尚待解决。目前,还有一些重大的立法工作没有完成。下一步应该进行的重大工作,是编制民法典的总则编,其工作量之大,将超过以前编制的法律。然后,应该进行的是"合同法"、"亲属法"等方面的修订工作。最后,在这些法律完成的基础上,我国应该编制完成统一的民法典。此外,商事法方面、民商法的特别法方面也有一些法律要修改。因此,我国市场经济体制的法律建设下一步的任务仍然巨大。

为了完成市场经济体制的法律体系建设,民商法学界应该做出自己的努力。作为法学研究的国家队,我们更应该奋发有为。对此我想提出一些设想供参考。

(一)应该继续坚持"以人为本、以民为本"的可持续发展战略

完善和发展我国民商法律体系,必须要坚持"以人为本、以民为本"的可持续发展的科学发展观,要把促进社会和谐与建设社会主义和谐社会,实现人的全面发展作为我国民商法发展的指导思想。在民商法研究和立法中,要尊重和保护人权,要把人民权利保护作为民商事立法的基本出发点。在民商事法律研究、制定和实施中,坚持权利本位和社会公共利益保护的兼顾。只有这样,才能使我国民商法律体系更好地服务于社会主义市场经济建设,才能使人民群众安居乐业并促进社会和谐。

(二)继续坚持市场经济体制观念,促进改革进一步发展

1992年建立社会主义市场经济体制以来,我国社会取得的进步有目共睹。实践证明,这是一条真正的强国富民之路,国民经济获得了巨大的发展,人民也因此获得了前所未有的自由物质财富。虽然中国的市场经济之路已经不可逆转,但是从《物权法》制定引发的社会争议来看,社会对此还是有不同的声音。因此,我们认为,坚持社会主义市场经济体制观念,仍然是我国民商法研究和发展应该坚持的前提和基础。

为了进一步完善社会主义市场经济体系,我们应该更进一步深化自己的

研究成果。比如，在如何进一步保护人民财产权利方面、进一步保护投资方面、进一步加强社会信用方面、进一步规制各种侵权行为方面，我们的法学研究工作还有很多值得加强的方面。

在市场经济的宏观机理方面，我们也有很多需要研究的问题。比如规范发展行业协会和市场中介组织、健全社会信用体系等，已成为我国市场经济体制发展过程中急需解决的问题。我们认为，这些问题只有依靠市场经济法律体系才能得以解决。因此，要坚持社会主义市场经济的道路，就必须继续贯彻和实践依法治国的方略，就必须重视市场经济法律体系尤其是民商法在市场经济运行中的重大作用。

（三）针对立法质量和法律可操作性方面的研究多下功夫

由于受到过去"宜粗不宜细"、"成熟一个就制定一个"的立法思想影响，很多民商法律呈现规范性不强、操作性差的缺点；立法中专家意识不够，"长官意志立法"、"拍脑袋立法"、"关门立法"的现象屡见不鲜，导致一些民商法律不能很好适应市场经济的发展；另外，立法中的部门保护主义、地方保护主义倾向仍阴魂不散，借立法扩权卸责，以立法谋部门地方之私利的行为也没有得到有效遏制。因此，完善和发展我国民商法律体系，必须在立法活动中摒弃以上种种不当做法，加强立法的民主化和科学化。

民主立法意味着，就某些涉及国计民生和公民基本权利的基本民商法律，应经过多次征询社会公众的意见，在最大程度吸收社会公众意见的基础上，通过严格的立法程序谨慎地出台。《物权法》经过全国人大常委会八次审议，广泛征求了社会各界意见，召开了上百次的座谈会，经过反复修改才通过并实施，这就很好地体现了民主立法的思想。因此，在未来的民商立法活动中，应将民主化作为立法工作的价值取向和基本原则，要将民众的利益诉求、社会的意志表达、公民的立法参与纳入立法工作中并进一步制度化、明确化。

科学立法意味着，要按照社会发展规律和立法规律来立法，要坚持法律的科学性即可操作性、逻辑性与体系性，要重视和完善立法技术细节，要注意总结和归纳改革开放以来取得的成功经验和广泛借鉴国外发达国家的先进制度。例如，1993年的《公司法》是在社会主义市场经济刚刚确立的背景下颁布实施的，由于当时对市场经济的认识尚未深入，很多条文模糊暧昧，制度设计也不是很合理。后来，在科学立法思想的指导下，《公司法》于 2005 年重新进行了修订，概念、条文、制度得到科学化的梳理和厘定，其可操作性、逻辑性与体系性得到极大的提高，获得了良好的社会效果。所以，在未来的民商立法活动中要进一步推动科学化的进程。

（四）重视立法工作，促进民法典的制定

在成文法国家，从某种意义上讲，法律体系是由立法建构的。这就意味着，法律体系的建构和完善过程，基本上就是立法（包括法律的制定、认可、修改、补充、解释、废止等）的过程。在这一方面，我们应该保持和发挥优势。

民商法律的立法工作，将对我国社会主义市场经济法律体系产生至关重要的、决定性的影响作用。如前文所述，中国市场经济法律体系虽然已初步形成并取得巨大进步，民商法作为市场经济法律体系的核心部分，其基本概念、规则、制度和体系的框架建设工作也基本完成，但不可否认的是，一些非常重要的、发展市场经济必需的民商事法律尚未制定出来，如统一的不动产登记法、统一的国有资产法、征收征用法等；并且以往制定的某些法律已经不能完全适应目前社会主义市场经济飞速发展的要求，需要进一步修订完善，例如为配合《物权法》的顺利实施，有必要对《土地管理法》、《城市房地产管理法》等法律法规进行修订。因此，必须加紧对民商法律体系的完善，重视民商法律的立法工作。

1998 年全国人民代表大会常务委员会编制的立法纲要，提出了在 2010 年制定完成民法典的规划。该规划明确指出，民法典的制定完成标志着中国市场经济的法律体系建设的完成。关于民法典的规划未如期完成。2007 年《物权法》的颁布，为民法典的出台进一步扫清了障碍，我们期望在总结《物权法》立法经验的基础上，将民法典的制定工作尽早纳入国家立法日程并抓紧时间研究制定，以尽快完善有中国特色的社会主义法律体系。

（五）注重人才培养，加强学科队伍建设

现代市场经济法律体系建设是一项专业化很强的系统工程，它需要不断培养法律专业人才。在这一方面我们应该做很多工作。过去我们社会科学院的

民商法研究队伍比较强，这和我们的人才保持、人才培养有关。但是现在人才危机已经发生。中国社会科学院学者在《民法通则》、《合同法》、《物权法》、《公司法》、《证券法》等重要法律的出台中发挥作用的盛况，恐怕以后很长时间难以再现。因此，我们要完善和发展法学专业人才的培养体制，要对于重点学科有重点的人才措施。

| 第十九篇　民法总则分析与民法典展望

| 写作背景

　　本文是为解读 2017 年 3 月通过的民法总则而作的讲演的整理稿。文章从体系化的角度，首先梳理了民法在我国整个法律体系中的地位，然后梳理了民法典的历史脉络及其历史贡献，接着梳理了大民法体系中一般法和特别法规则，最后解读了民法总则的基本特征和一些制度亮点。文章认为，把民法放置在我国法律体系整体之中，思考民法的功能定位问题、民事权利的法权思想定位问题，是解读民法的关键。把民法典放置在民法一般法的地位，把民法总则放置在民法典和大民法体系的总纲的地位，是理解民法总则的关键。只有把民法总则放在民法典之中，把民法典放在大民法体系之中，把民法放在整个法律体系之中，才能够看到民法总则、民法典、民法在贯彻依法治国原则，完成国家治理的基本法律建设职责中所担负的基础作用。相对于盲人摸象式的单一条文解读，这种解读才能够更有贯通性、全面的法理效果。本文对于历史上出现的民法法典化运动做了比较深层的解读，对我国民法总则的体系性、现实性、创新性做出了阐述，也对民法总则的制度亮点做出了概括陈述。

| 本篇目录

引 言

我国民法总则已经于 2017 年 3 月 15 日在第十二届全国人民代表大会第五次会议上获得通过，2017 年 10 月 1 日开始实施。民法总则颁布，其实是我们国家民法典编纂工作的第一步，或者说，是整个民法典的第一个部分。我国编纂民法典的规划采取"两步走"的立法方案，第一步是制定民法总则，第二步的工作是整合其他现行民事法律为民法典。民法典编纂确定为"两步走"，主要的原因是我国现行立法之中，作为纲领性的立法——民法通则制定于市场经济体制建立之前，它的基本内容已经不能适应我国现在的经济体制，所以需要重新制定；而后来制定的合同法、物权法、侵权责任法等法律制定于 1992 年市场经济体制建立之后，其内容大体上和现在的经济体制相契合，这些法律不需要重新制定。当然，第二步编纂的工作，包括对这些法律做很多修改，包括对婚姻法、继承法的修改。此外我国还制定了公司法、票据法、破产法、专利法、商标法、著作权法、收养法、农村土地承包法等大量民法或者民商法律，这些法律编纂民法典也要考虑到这些法律契合的问题。

中央十八届四中全会的决议确定编纂民法典以后，我国社会包括法学界有很多人认为，现在我国涉及经济生活调整和人民群众权利保护的民商法律基本上都有了，也形成了民商法比较完善的体系，编纂民法典没有多大的必要。这种认识只是看到了表面现象。从实质上看我国的民法体系或者民商法体系内部确实存在比较大的缺陷。首先，在体系之中发挥着基本法作用的，是民法通则。它是 1986 年制定的，那时正是刚刚开放的初期，也是我国宪法还不承认市场经济体制的时期。也就是因为这样，它的内容都是按照计划经济体制的要求确定下来的，在我国的经济基础发生根本变更后，民法通则已无法适用。2013 年，我当选为全国人大代表后做立法调研，发现民法通则 156 个条文中，真正有用的条文就剩下 10 条左右，这些条文集中在关于宣告失踪和宣告死亡的内容方面，其他的条文不再被适用了。该法的基本制度要么被其他的法律以及司法解释替代，要么直接失效。那些失效的规则、条文真不少，如果民法通则还要保持生效，这不仅仅很难看，甚至还要带来麻烦。我在调研中遇到一个显著问题，就是民法通则规定的"联营"制度，现在也还有法院要适用这个规则，这就很不好了。所以民法总则性的规则系统，在民法典编纂过程中首先要重新制定。但是其他的法律，比如说合同法、物权法、侵权责任法等法律制定时间都不长，需要修改的内容也不会太多，所以这些法律不需要重新制定。婚姻法和继承法虽说制定的时间也比较长了，但是也没有必要彻底废除重建。所以在 2013 年、2014 年我提出编纂民法典的议案，其中也提出了"两步走"的民法典编纂方案。这个方案得到了我国最高立法机关的采纳。现在民法总则编制已经完成，民法典其他部分的立法工作也在紧锣密鼓地进行。

在参加立法工作和从事民法研究和教学的工作中，这些年来我发现了这样一个问题，就是民法总则制定以及民法典的编纂，我国社会的呼应并不热切。比如说法民法总则颁布这么大的事情，与它最密切的法学界整体甚至包括民法学界一部分同人，对这个事件基本上是冷漠置之。我们并不期待大家对民法总则欢呼雀跃，但是如此视若无睹也不正常。我曾经和很多学界同人讨论到这个现象，普遍的回应是，我国社会包括法学界不懂民法不太好回应。但是民法作为日常生活最实用的法律，如果法学家群体不懂得，这个就不太正常了。实际上这个问题我关注已久，我发现我国法学界的问题还不是不懂得民法，而是对民法的多数认知包含误解甚至贬义。我国社会包括很多法学家在内，长期以来认为民法就是个婆婆妈妈的法律，不涉及国计民生基本方面，认为民法没有多么重要；而且还有一些人认为民法强调保护私权，保护自私自利，不利于保护公共利益。这些观念非常陈旧，不符合市场经济体制的需要，也不符合人民权利保护的需要。至于说到民法典编纂的基本理论立法科学性和体系性规则，很多人都没有听说过。大家都知道，中国最高决策者和立法者都把民法典编纂作为依法治国原则下国家治理的基本举措，可是我国社会包括法学界的同人并不这样看。

因此，我今天讲座的题目"民法总则分析与民法典展望"，首先要和大家谈谈涉及民法在我国法律体系中的地位、民法典编纂的历史贡献的这些基本知识，借此纠正我国社会包括我国法学界对于民法的误解，让他们认识到民法是国计民生的基本法，是担负国家治理责任的基本法。另外，我要谈到民法总则、民法典编纂的科学性体系性的规则，展现民法逻辑性、规律性的知识。民法总则的制定只是民法典编纂的第一步。而民法典是民法体系性、科学性运动的产物，民法体系性和科学性的理论和实践，不但支持了民法典立法，而且也造就了现代法律制度的整体，尤其是法律的适用的科学，民法以及整个法律体系的指导思想和技术规则都因此而发生了巨大改变。民法科学性体系性的规则，除了保障民法对社会发挥实实在在的作用之外，也保障了民法典和传统的民法特别法——商法，和新兴的民法特别法——知识产权法、社会保障法的协调统一，构造了和谐统一的民法"大私法"体系格局。甚至，民法体系性和科学性，也保障了民法和行政管理法等公法规则体系的和谐统一。所以我的讲述，基本上是以民法科学性、体系性的原理而展开的。

在我国，涉及民事权利的取得、行使和保护的法律法规，不仅只是民事法律，而且也包括最高立法机关和国务院制定的行政法律法规，总共有二百多个。这些法律法规的体系如此庞大，因此不论是民法立法还是民法的执法和司法，都要讲法理、讲体系、讲科学，并以此为基础来理解民法总则和民法典。这样不论你从事哪一方面的法律工作，你适用法律的时候脑子不会乱。

因为这样，我就不能给大家一个一个地讲法律条文了，民法总则总共 11 章 206 个条文，一个个地讲不但现在做不到，而且这样讲未免断章取义、盲人摸象。各位多年从事法律工作，民法的 ABC 大家都知道，所以有些条文也不值得花费大家的时间。但是我国社会包括法学界接受的民法知识，一些基本的重大的方面需要更新。我国社会接受的法律知识体系包括民法知识，基本上是来源于前苏联法学，这是一种建立在计划经济体制基础之上的法律知识体系。这种法律知识体系和市场经济基础是排斥对立的。改革开放以来这些年，我国民法尤其是 1992 年我国建立市场经济体制之后的民法发展，一直在努力摆脱前苏联民法知识体系，事实上也取得了很大成就。但是，涉及民法一些基本的方面、重大的方面没有改变。大家都还记得 2005 年的"物权法风波"，一些人就是依据前苏联法学来否定我国的物权法，甚至否定改革开放的，他们的做法造成了严重的社会观念分裂，其消极影响到现在还很强烈。这个现象说明，因为我国法学至今没有系统反思过、清理过前苏联法学，结果它的消极作用至今根深蒂固。所以我国社会包括法学界的法学观念应该有彻底的思考与更新。

因此，我想谈的要点有如下几个方面。

一是重新认识民法。虽然大家都学习过民法，但是我认为，我国社会接受的民法知识隐含重大的缺陷，因此我们有必要更新自己的民法知识体系。2017年《民法总则》制定完成后，中国共产党召开了第十九次全国代表大会，习近平总书记在大会上做了一个政治报告。这个报告非常重要，它是中国共产党领导国家、治理国家的总纲领。十九大报告中对依法治国原则的全面贯彻提出了很多具体的要求，这些都可以适用于民法典编纂。所以现在我们学习和贯彻《民法总则》，也要结合十九大报告。因此我想首先就学习十九大报告，在民法学习中如何贯彻十九大报告谈一些看法。

二是如何认识民法典。民法总则在立法体系上是民法典的总则，所以理解民法总则，必须从民法典开始。

三是讨论民法的大体系下一般法和特别法之间的关系。民法总则第2条规定，民法调整平等主体之间的人身关系和财产关系。那么，全部涉及平等主体的人身关系和财产关系的法律规范应该都是民法规范。但是，全部民法规范都能够写在民法典里面吗？一提出这个问题，大家都知道那是不可能的。那么什么应该写入什么不应该写入？民法典之外那些大量的民法规范，和民法典的关系是怎样的？这是我们学习民法、实施民法必须要了解的知识。

四是讲一讲民法总则的新思想、新制度。

一　重新认识民法

（一）从十八届四中全会决议、十九大报告看民法

大家知道，2017年的十九大报告对我国依法治国的基本方略有全面的部署，对立法、执法、司法和守法这四个方面都有具体的要求。在此之前召开的十八届四中全会，做出了全面推进依法治国的决定，这个决定是专门针对我国

法制工作而做出的，它有关法治的思想、有关在我国具体落实法治原则的政策措施等，都是我们的指针，值得我们认真学习和贯彻。尤其是十九大报告中针对立法工作提出的"科学立法、民主立法、依法立法"的要求，更值得我们现在编纂民法典之时予以贯彻。十九大的报告、十八届四中全会决议的意义非常重大，其中有很多内容涉及民法，我自己学习之后非常接受，而且获得很多启迪。

在参加民法典编纂工作的过程中学习十九大报告，我的体会很多，结合多年从事民法教学和研究的经历，我受到启迪最大的，就是它关于我国社会主要矛盾已经发生本质变化的提法。它指出"我国社会主要矛盾已经转化为人民日益增长的美好生活需要和不平衡不充分的发展之间的矛盾"。从国家治理的角度看，分析和把握国社会的主要矛盾，这是国家治理者最需要把握的大事情，因为把握好主要矛盾，才能够认清国家发展和现实的大格局、大方向、大主流，才能够制定正确的政策和法律，才能够准确解决现实问题，推进社会进步。因此，如何分析和认识我国社会主要矛盾，这个问题非常大而且非常重要。十九大报告关于我国社会主要矛盾的分析和定位，是一个根本性的更新，其现实意义和历史价值都非常重大。我认为这个更新非常准确，而且非常符合民意，符合当前国际发展的趋势，符合我国整体的实际。这个大问题解决了，我国决策和立法基本指导思想就确定了、端正了，它的意义非常重大。回顾历史，我们就可以清楚地看到，十九大报告关于我国社会主要矛盾的确定，改变了过去的提法，而且也纠正了当前我国社会很多意识形态方面的混乱观念，这个要点我们一定要认识到。我们都清楚地知道，在此之前，关于我国社会的主要矛盾，曾经长期坚持过阶级斗争的看法，因为这个主要矛盾的确定，我国社会长期处于政治斗争状态。改革开放之后我国已经把经济建设作为我国社会的主要矛盾，但是近几年来，还是有人重新提出了阶级斗争作为社会主要矛盾的提法。在这个背景下，十九大报告提出，我国社会的主要矛盾是人民日益增长的美好生活需要和不平衡不充分的发展之间的矛盾，这一点尤其值得深切领会贯彻。首先，十九大报告关于我国社会主要矛盾的提法，充分地肯定了人民对美好生活的向往，这就充分肯定了人民的基本权利，尤其是肯定了民事权利。这个主要矛盾的提法，不但没有压抑民众对于美好生活的需求，没有把民众的这些需求当作资产阶级腐朽思想去批判，反而它非常肯定老百姓的需求，这个要点我们必须认识清楚。事实上人民的权利尤其是民事权利，就是建立在这种道德伦理的基础之上的，充分承认和保护民事权利，是这种道德伦理的必然结论。这个提法给民事权利提供了根本的意识形态支持，也从根本上纠正了过去接受的前苏联法学对人民群众的权利尤其是民事权利进行限制甚至压抑的观念，意义非常重大。其次，十九大报告关于主要矛盾的提法，把我国经济发展最突出的短处确定为发展不充分不平衡问题，它反映了国家目前总体发展不错但是还有短板这个现实，而且准确地认识到东西部发展不平衡的问题以及一些地方一些领域发展不充分的问题。无论如何，怎样发展的责任应该首先由政府承担，民众只是承担积极参与的责任。这个认识强化了公共权力的内在责任和义务，是法治文明的体现。最后，这个主要矛盾的思想提出我国主要的发展任务是建设我们的国家，以经济建设为中心促进社会发展，这就需要持续稳定的社会秩序，而这种持续稳定的社会秩序，只有依据持续稳定的法律制度才能实现。在法治国家里，全部的社会秩序都是直接或者间接地建立在以所有权为基础的法权关系之上的，所以说，如果没有持续稳定的所有权，也就不会有持续稳定的社会秩序。因此在我个人看来，十九大报告对于法治国家的支持、对于民法典编纂的支持是内在的，支持力是非常强大的。

十九大报告关于我国社会主要矛盾的提法，是国家治理指导思想上的变化，对社会进步的意义不亚于 1992 年十四大对社会主义市场经济体制改革的决定。过去世界上共同的看法是社会主义国家只能搞计划经济，但是从那个时候开始我们社会主义国家也可以搞市场经济。后来的事实证明，社会主义市场经济体制的确立，符合国家发展的规律，极大地促进了我国国民经济的发展，也极大地提升了人民群众的物质生活和精神生活的水平。所以说，思想的问题是个大问题。十九大报告就是要解决认识问题的。我想指出的是，民法的发展包括民法典编纂，就需要解决一个很大的认识问题，那就是如何看待民事主体的平等资格和民事权利的正当性。如果按照某些社会观念，坚持某些人所主张的阶级斗争理论，那么我们在治理国家的时候，把国民划分为阶级，鼓励和依靠一部分人，压抑甚至限制一部分人，而且还要不断发动斗争，如果是这样，那民法就无法发展，民法典也无法编纂。因为民法是国家和社会从事经济活动等各种社会活动的基本法律，在民法上，首先要肯定社会上的每一个民事主体的平等资格，不能人为地事先做出民事主体的法律资格的高低分类，更不能给某些经济活动的参加者以法律特权。而且，民法还必须依法肯定每一个主体在法律上的权利，使他们合法参加民事活动的结果都得到法律的承认和保护。所以，十九大报告给民法、给民法典编纂提供了强大的理论道德基础，我们因此而受到了强大的鼓舞。如果十九大报告能够早一些年出来，《物权法》以及民法总则制定受到的阻力就会小很多。

民法是调整平等主体之间财产关系和人身关系的法律。在民法上，立法者要肯定每一个公民、每一个民事主体平等的权利能力，要真心实意地保护每一个公民的权利，平等地对待每一个人。在民事法律制度设计中，立法者不能把民事主体区分为高低贵贱，凡是合法的权利，民法都要承认和保护。公平与正义的价值观，民事立法的底线。孟德斯鸠说，在民法慈母般的关怀下，每一个自然人都是她平等的子女。从这些分析看，十九大报告对于我国下一步制定民法典奠定了非常好的政治基础，我们一定要好好贯彻十九大的精神！

（二）民法、民法典和民法总则之间的体系问题

关于民法典和民法总则之间的体系问题，这个想必不用我多说大家也都了解。民法是一个体系化的大概念，只要是平等主体间发生的财产关系和人身关系都属于民事法律规范调整范围。在这个大的民法体系下，民法典是适用于一般主体、一般行为、一般权利和责任的法律。所以，民法典被称为民法或者私法的一般法。民法总则，是民法典的首篇，它庞大的民法规范中，涉及基本民事活动范畴的一般规则的集合体，比如，主体、权利、责任这些规范，涉及一切民事活动，这些规范也很多，所以集合起来做成民法总则。

与一般主体相对应的是特别主体，我们所说的特别主体并不是指残疾人，而是指民法上的特别主体，比如公司、律师，以及医生、护士等涉及专门从事特殊民事活动的主体。比如，律师就是专门给委托人提供法律服务的特别主体，而医生是专门为患者提供治疗服务的特殊主体，商人和公司也是特别主体。特别主体在民法里很多，医生、护士都是从事民事活动的，为病人看病就是特殊的服务合同，这些特别的主体所产生的纠纷，就需要通过特别的法律来解决，我们把这些民事法律规范称为民事特别法。

（三）我国民法典的编纂

民法典的编纂的决定是 2014 年 10 月中央在《中共中央关于全面推进依法治国若干重大问题的决定》里做出的。中央决定民法典编纂采取"两步走"方案。这个方案是我领衔的议案提出的。2013 年我担任全国人大代表后，首先提出的一个议案就是"修订民法通则为民法总则、整合其他民商事法律为民法典"，它提出的编纂民法典的方案就是"两步走"，这个议案被列为当年的第 85 号议案。2014 年全国人大，我再次提出同样议案，这个议案被列为当年的第 9 号议案。

这个议案之所以要一再提起，原因是立法机关对我的议案最初毫无反应。他们的理由是，2011 年 3 月召开的全国人大上，吴邦国委员长明确宣布了，中国特色社会主义法律体系已经建成。但是我认为这个法律体系还没有建成，尤其是在这个法律体系中处于基础地位的民法体系还没有建成。当时我国民法基础性法律是《民法通则》，它制定于 1986 年，是在计划经济时代背景下制定的，本质上服务于计划经济。为了制作当年的议案，我到法院做了实际调查，发现《民法通则》总共 156 个条文中，实践可以适用的只剩下 10 个条文左右。这些可以适用的条文集中在宣告失踪、宣告死亡这些问题上面，其他的条文都已经不被法院适用。为什么会这样呢？最根本的原因就是我们国家的经济体制和社会发生重大变化，民法通则却没有随着时代变革而更新。就民事主体而言，1986 年时我们国家不许可设立私营企业，认为私营企业都是资本主义的东西。后来法律规定个体工商户虽然可以雇工但是不能超过 4 个人。现在想想，这些规定已经完全脱离现实了。即使公有制企业变化也很大，过去我们国家的公有制企业是国家统一所有，政府分级管理。政府用行政管理的方式管理企业，企业并没有独立财产权，民法通则规定，企业只有用益物权性质的权利。但是现在公有制企业的法权关系发生了本质变化，公有制企业可以上市，上市以后改为混合所有制。比如有很多银行在名义上是公有制企业，但是银行的股份可以个人持有。福建的兴业银行，现在已经是私人资本控股。

《民法通则》规定土地不得入市，不能买卖，不能用于抵押，土地权利都不能进入市场。可是大家想一想，这和现实的脱节有多严重。随着时势变化，我国制定很多民商法，比如说《公司法》、《物权法》、《合同法》、《涉外法律关系适用法》、《侵权责任法》。我在 2013 年和 2014 年的议案中提到，《民法通则》基本上被掏空了。既然作为民法的基础和核心的《民法通则》早已经被掏空，重新制定新的民法总则，这就是必然的。同时我也看到，《物权法》、《合同法》、《侵权法》制定的时间都不长，这些都没有必要重新制定了，但是它们也需要进行体系整合，比如消除前后立法的矛盾，弥补漏洞等。把这些法律整合在一起，自然就形成了民法典。这就是所谓的"两步走"的方案，这是非常符合中国现实的方案。2014 年 8 月全国人大常委会讨论了我领衔提出的第 9 号议案，之后中央就在 10 月做出了编纂民法典的决定。

现在有些学者提出来说民法典的制定应该分为"三步走"，民法总则颁布以后再制定人格权法，然后再颁布民法典。我们是坚决反对的，人格权保护是毫无争议的，我们当然要保护人格权，但是人格权作为民法典的独立一编，这个观点就不成立了。一些学者提出，要通过人格权保护来加强信息保护。这个观点也是不成立的。我们可以通过常识的分析，看看个人信息保护问题。个人信息保护涉及很多环节，其中很多甚至主要的环节不是民法问题。比如最近发生的山东徐玉玉被电信诈骗案。这个姑娘考上大学的信息被盗用，犯罪分子利用这个信息诈骗这个姑娘的学费，导致这个姑娘心脏病发死亡。大家用常识一分析就知道，从信息保护的角度分析一下，这个案件中信息泄露，是谁的责任呢？谁掌握着学生的信息？是政府的教育行政部门、招生办和招生大学。信息是怎么泄露出来的呢？谁应该在这个环节里负责任保护信息安全呢？当然是教育行政部门、招生办和大学。所以，保护信息安全的首要和主要环节的责任，就不是民法问题。黑客盗用信息倒卖信息，这是犯罪行为，这个环节也不是民法能够解决的问题。一帮子诈骗犯利用买来的信息诈骗，这也不是民法能够解决的问题。最后的侵权及其救济才是民法问题。但是我国已经有了侵权责任法，可以解决该问题。从这些实际分析我们可以看到，体系化的思考的结果是，信息保护的主要环节，是行政法或者刑法应该解决的问题，民法的作用是次要的。通过民法来解决信息保护，甚至通过人格权立法来解决信息保护的倡议，就是典型的非体系化思考的结果。

（四）重新认识民法的体系功能

上面讲到，我们需要更新关于民法的基本认识，其中主要的，是要更新前苏联法学关于民法的基本看法。我参加民法立法工作和法学研究教学工作这些年，发现应该从根本上予以更新的民法知识有两点，一个是民法的体系功能定位，一个是民法的法权思想定位。

所谓体系功能定位，指的是依据立法指导思想，确定一个具体法律在整个法律体系所处的地位。有关民法在我国整体法律体系之中的功能定位的法理认识，涉及我们如何认识民法和整个法律体系，和一些主要法律之间的关系，也涉及民法在整个法律体系中功能或者作用的发挥，进而涉及我国整体法律体系建设。

上文说到，中共中央第十八届四中全会做出了民法典编纂的决定之后，我国社会掀起了学习和研究民法的热潮，也取得了很大的成就，但是我们发现，我国社会对于民法、民法典的评价总体上是不高的。大家会发现，民法典编纂的现实情形是，中央比较热、立法机关比较热，但是整个社会并不太关注，法学界一些人并没有给予很好的评价。民法总则颁布后，整个法学界也并没有积极地予以呼应。这种情况值得我们深思。为什么我国社会对于民法典、民法总则缺乏应有的热情？这一点和世界上一些国家民法典制定完成之后全体国民欢呼雀跃的情况截然不同。我和法学界普遍接触之后才发现，问题就在于我国社会包括法学界的多数人，对民法的体系定位不高。曾经有法理学家、宪法学家当面对我讲，民法作为部门法，编纂不应该搞得铺天盖地，也不应该投入举国之力。

大家都知道，国家领导人多次讲到，民法典的编纂是依法治国原则下建立和完善国家治理的法律体系、提升国家治理水平现代化的基本举措。我国立法机关曾经把民法表述为在我国法律体系中地位仅次于宪法的基本法。这些观点，是从依法治国原则的角度，把民法典编纂定义为国家治理的基本举措，实际上是把民法定义为国家的基本法律。这种认识，和我国法学界各种教科书的定义是不一样的。在我涉及法学原理的基本理论中，在各个大学的各种涉及民法的教科书中，民法却都是被定义为一种部门法，而不是基本法。这就是我国法学界对于民法典编纂不热不冷的主要原因。

如果民法是基本法，那么它就要在我国法律体系的整体之中发挥基础性作用、贯穿性作用和指导性作用；如果民法是部门法，那么它就只能在我国法律体系之中发挥局部作用和有限作用。

　　把民法限定为部门法的理论来源于前苏联法学。我国著名经济学家薛暮桥教授的著作说明，前苏联时代实行计划经济体制，国民经济六个大的方面即人、财、物、供、产、销都由国家计划来支配，也就是说按照行政权力来安排或者调拨。在这里，最核心的一个问题是：在计划经济体制下所有的人，都仅仅只是被当作劳动力的资源，其生存与发展的各种机会也都由国家计划安排处置。那时，人们宣传说，计划经济体制最大的优点，就是可以实现劳动力资源和物质资源的最佳搭配，从而实现国民经济有计划按比例高速度的发展。当时大家都认为，这种理论是天衣无缝的。1992年之前，我国社会把这个理论确定为社会主义经济体制的基本特征和基本规律。1992年之后，我国建立起市场经济体制，这一套理论已经很少有人提到。但是，这一套理论对于民法的毁灭性伤害，却还没有弥补。这个伤害的要点，就是对自然人的认识。它没有把自然人当作法律关系的主体，而是将它当作行政权力的客体。这就存在哲学和伦理方面的问题。这种理论把人仅仅当作劳动力资源，当作没有自我意识的物体，消灭了人的主体资格。这一点，就是前苏联法学的重大缺陷。

　　把民法定义为部门法的理论，和仅仅把人当作劳动力资源的体制认识有内在关联。如果强调人只是一种资源，那么人就不能完全听命于行政权力，任何事情不能自由判断，也不能自负责任。过去一些人特别喜欢说的一个词，就是"螺丝钉"，行政权力把你安在一个机器上面，那你就只能永远待在这个机器上，你自己没有权利去改变。过去有一个革命京剧叫作《海港》，里面有一个情节就是组织上安排一个叫韩小强的年轻人做码头工人，而且给年轻人说这就是你的光荣使命。京剧里面，韩小强想上大学，但是书记说了，如果你要想上大学，或者想当工程师，不想在码头上扛麻袋，那你就不是工人阶级的好后代。这些道理现在看起来荒唐，恐怕一些年轻人还不理解过去怎么会有这样的事情。但是这些确实是当时的举国体制，也是举国意识。计划经济体制本身与民法的基本理念存在内在的、根本的冲突。这种体制下的民法没办法发挥作用，因为民法强调独立的个人主体资格，强调个人意识自治原则，强调个人选择和行为责任自负。而前苏联计划经济体制恰恰否定了这一点，它认为无论什么事情都应该听组织的，都应该由政府来决定。所以，计划经济体制把民法赖以建立的核心哲学和伦理基础给铲除了。在这种情况下，民法规范的范围十分狭窄，它只能规范个人所有权、民间借贷这样的民事活动。所以前苏联法才把民法叫作部门法。

我在国外学习和研究期间接触到的民法理论，包括德国、法国、日本的民法理论，都把民法表述为法律体系中的基本法。1995年回国以后我参加了全国人大常委会的一个科研项目，题目就是"中国社会主义市场经济法律体系建设"。当时我提出，应该按照市场经济体制的要求把民商法当作市场经济体制的基本法的观点。这个报告由我的导师王家福教授提交给了全国人大，而且王家福教授曾经以此为题目在政治局做了讲座。我认为，那时候我国已经开始构建市场经济体制，而市场经济体制的法律体系的基本要求，就是要将民法作为基本法。市场经济强调主体的主观能动性，强调主体独立自主的决定权，强调意思自治原则，而且强调民事权利都要充分受保护。

只要我们能够认识到自然人是法律上的人，是民事权利的主体，那么我们就能够认识到，民法的基本功能定位必须和前苏联法学彻底切割。从这个理论观点出发，我们也就能够认识到民法上的主体问题、权利问题、法律行为问题、民事责任问题，都应该和前苏联法学切割开来。在这个基础上，我们就能够认识到民法作为基本法定位的必要性。事实上几十年，我国民法或者民商法的建设，一直是作为法律体系中的基本法律来建设的。

这次我国最高立法机关在编纂民法典的活动中，从一开始就是把民法典当做基本法来对待的。大家可以看到的立法机关审议民法立法的四次报告，其中就有这样的内容。第一个是2016年6月28日全国人大常委会法工委李适时主任所做的关于民法总则的报告，第二个是2016年8月全国人大法律委员会乔晓阳主任的报告，2016年12月还有一个报告，最后一个是2017年3月8日李建国副委员长关于民法总则的报告。这四个报告关于民法的基本提法，就是认为制定民法典是国家治理的基本举措，他们都认为，民法在依法治国的原则下在国家治理的整体过程中发挥基础性的作用、贯穿性的作用和全局性的作用。很清楚，这是把民法当作一个国家基本法来看的。

关于民法属于我国社会基本法的观念，完全符合我国社会发展的实际情况，因为我们社会已经进入民法社会了，我们现在不是计划经济体制，整个国家的人财物供产销——国计民生的这六个大的方面实际上都是由民法来调整的。年轻人找工作基本上来说都是自己找自己订合同，很少有领导给他安排工作，除非是公务员。而且整个社会的劳动力流动都已经市场化，社会活动也都是自己在组织。我们国家现在提出大众创业，以后会更加强调民事主体自己的主观能动性。2015年有一个电影，冯小刚导演的《老炮儿》，很多老北京人看了以后心情很激动，我跟一些老北京人聊了以后发现，他们激动的最主要的原因就是，像胡同里头打小一起长大，互相有感情的男男女女形成的共同体，形成熟人社会，现在他们看不到了，所以他们才流眼泪。确实，熟人社会逐渐消失了，契约社会已经来到了。在全国人大会议上，我们看到的资料是，现在我国的人口总数是14亿，在城市中间的常住人口实际上是达到八九个亿，户籍上的城市人口只有总人口数量的54%，也就是不到8亿。那就是说，大概还有1亿农民户口的人长期住在城里，他们也是城市居民，在城市里的生活完全就是市场化的生活，完全依靠民法来支持和保障。

此外，国家建设事业的方方面面，也就是国家治理的方方面面，得要依靠民法，你不靠民法没办法解决这些问题。民法还要对其他的法律发挥贯彻性的指导作用。甚至对宪法也要发挥基础和支持作用。至少从概念体系角度来讲是这样的。比如说所有权。所有权可以说是我们所有法律人最基本最常用的一个概念，但是这个概念必须从民法的定义来理解，不论宪法还是其他任何法律，都必须遵守民法的定义。所以，大家都说民法是万法之母，这句话一点儿也不错。公法中刑法、刑事诉讼法，包括国家的组织法等很多的法律概念也都是借助于民法。所以我们对民法应该有新的认识，我国法学界和整个社会必须遵守民法作为基本法的规则，把民法当作基本法来构建，而且要把民法当作基本法来遵守。

（五）重新认识民法的法权思想

所谓法权思想定位，指的是从立法指导思想的角度和意识形态的角度，对法律上的各种权利的评价或者认识。上面在谈到学习十九大报告时，我已经谈到了这个问题，但是这个问题太重要了，因此还要再说说。

在这里讨论这个问题的出发点是，立法者如何看待民事权利的正当性和法律制度保护的有效性。比如，民事权利和公共权力发生冲突，我们是要民事权利完全服从呢还是鼓励人们主张民事权利呢？上面谈到，我们之前接受的法学是前苏联法学，而前苏联法学总体上来说，对民事权利的正当性评价不高。前苏联法学认为，民法属于私法，民法的出发点是保护私权也就是个人权利，强调维护私权会损害公共利益。一说到这里大家都明白了，我们国家很多人都是这样想的，尤其一些行政机关和行政官员就是这样要求老百姓的。

前苏联法学的这种理论，社会主义国家强调公权以及公共利益充分保护，而民事权利不享有充分的正当性，也不应该在法律上充分承认和保护的观点，实事求是地说，我们宣传教育了很多年。2005年我国出现的"物权法风波"，就是因此而掀起来的。在过去的一些著述里，一提起私权就是私有财产，文字里面就包含着贬义。最近几年我国兴起了民粹主义思潮，一些人不考虑我国已经建立很多年了，不考虑民众的财产权利都是依据我国法律取得的，非常盲目地仇富，这一点对民事权利保护构成了根本性损害。即使在民法总则颁布以后，我国法学界一些学者还是坚持，民法强调私权和个人利益，会损害公共利益。所以我认为，怎样认识民法的法权思想定位，这个问题具有普遍性，值得认真思考。这个问题不解决，民法难以顺利发展。

为了解决这个问题，我曾经仔细地翻阅了关于民事权利发展演变的历史资料。我的研究发现，在人类历史上提出强调保护私权、保护个人利益，这是一个历史的进步，而不是像前苏联法学所说的那样，是资本主义虚伪性的表现，更不能说是历史的反动。原因在于在人文主义革命家提出这个命题之前，人类社会的基本政治和法律制度是等级身份制，在这种制度下，自然人因为血缘出身，因为性别，因为种族、民族，其法律上的主体资格存在合法的、公开的、赤裸裸的不平等。因为主体资格不平等，自然人的权利、义务和责任也是合法的、公开的、赤裸裸的不平等。在等级身份制的历史条件下，人与人之间依法公开地划分为阶层或者阶级，有些人生下来是贵族，有些人生下来是平民，有些人生下来甚至连平民都做不成只能做贱民。最惨的是一些人生下来是奴隶，奴隶不是法律上的人。人与人之间这种不平等受法律承认和保护，自出生终生不能改变。不平等还有一个原因就是性别，男尊女卑，男人生下来就比女人地位高，即便是贵族女人生下来地位也不高。等级身份制下，少数人出生于王侯贵族之家，一生下来就有特权，他们是社会的统治者；而更多的人一生下来就是社会的被统治者，就要受人欺压。从民法上看，等级身份制条件下的民事权利义务、责任差别非常大。这种情况是全世界普遍性的，一些偏远地区到现在还有遗存。比如2015年5月媒体报道，印度一个山村里，一个高种姓的姑娘跟一个低种姓的小伙子恋爱，但是按照种姓制度这是绝对不许可的。按照古老的摩奴法典，低种姓男人摸一下高种姓女人，都要把他的手砍断，现在这两个人谈恋爱，一起生活，甚至发生性关系，在当地人看来这就是弥天大罪。因为这样，这两个年轻人就私奔了。当地的长老会议认为，这是低种姓对高种姓的严重冒犯，因此必须惩罚低种姓人家。长老会议决定把低种姓小伙子家里的两个妹妹，一个 14 岁，一个 15 岁，交给高种姓家的兄弟们去强奸。请注意"强奸"这个词并不是我在这里用的，而是长老会议的决定。而且长老会议还决定，要把这两个姑娘身上涂抹上沥青，到马路上游街示众。大家想一想，这两个姑娘有什么过错招致这样一种非人的羞辱和惩罚？原因只有一个，就是因为种姓制度下她们卑贱的出身。

这两个姑娘受到的惩罚，这种法律责任，在法律发展历史上是有称谓的，叫作身份责任。这种责任，在历史上多数国家都存在过。我们知道，法律责任能够充分地说明民法上的问题，而这个身份责任，就是典型地说明了等级身份制度的严重法律问题。可是我国法学继受的前苏联法学之中，却没有任何这一段历史的介绍，因此很多法学家包括民法学者，甚至不知道法律制度历史这一段黑暗的篇章，很多人甚至不知道身份责任这个法律概念。等级身份制这一黑暗的法权历史被前苏联隐瞒了以后，整个历史就被扭曲了。前苏联法只是对我们说资产阶级法律是多么的虚伪，但是它不讲等级身份制那种合法的、赤裸裸的不平等，不讲这种政治和法律体制下的赤裸裸的政治压迫。看不到黑暗，也就看不到光明，因此我们也就看不到历史上人文主义革命家强调法律面前人人平等的重大价值。同样，我们因此也就无法理解私有权利神圣、意思自治、自己责任这些重要的民法思想和制度的重大进步。

简单地说，实际上，以人人平等为核心的法权思想建立的着重强调私权保护也就是民事权利保护的法律思想，是为了解决等级身份制度问题。等级身份制条件下，贵族不仅不需要法律上的平等而且他们还会反对平等，因为他们有特权。至于私权神圣原则也是一样，因为贵族有特权，只有下等人的权利才需要在法律上神圣化。平等保护、私有财产神圣从一开始就是为了限制上等人的特权而提出来的，是给被统治者谋利的。我们现在必须把这一段历史纠正过来。

在人文主义革命建立这些历史上的进步原则之后，被统治的下等人的法权状况得到了本质的提升，人的精神得到了解放，这又促使社会的物质文明得到极大发展。英国的工业革命为什么会成功呢？最主要的原因就是这种人文主义思想促使国家建立法律制度充分承认和保护民众的财产所有权，而财产所有权又刺激了人们创造物质文明的强大积极性。人文主义革命之前是神权思想居统治地位，神权思想下自然人积极取得私有财产都是有罪的。可是从人文主义革命后，法律指导思想认为人民为自己取得财产是正当的事情，对社会是有益的。所以在工业革命时代，人们就不断地积极从事发明和创造，发明轮船，发明火车，发明蒸汽机，后来又发明飞机、自行车、摩托、汽车、大轮船等，一个个新事物都发明出来了，这就是工业革命。工业革命改变了世界，如果没有工业革命，怎么能有今天各种发达的物质文明呢？但是我们必须认识到，当时人们会那么积极地创造财富的原因——民众的所有权得到充分承认和保护。亚当·斯密说，经济发展的动力，就是要让创造者看到自己劳动的成果。从法律上来说，就是要让创造者能够取得法律上的所有权。把所有权交给创造的人，交给劳动的人，他自己就会积极去创造财富了。不需要给他其他的奖励，所有权就已经足够激励，让他去积极创造。所以工业革命就成功了。布莱克斯通说，从来没有一种法律制度能像所有权制度这样能够焕发起人民创造的激情。这句话准确地解释了民众所有权制度的道德正当性问题。

从这一段历史看，我们就可以看到民事权利所承载的重大思想价值，尤其是对普通民众而言，民事权利就是他们安身立命的法权基础。有人问，民法强调私有权利绝对行使，这一点会不会损害公共利益呢？实事求是地说，历史上这种损害公益的现象也是有过的，但是这段历史不长，很快民法发展过程中就把这个问题纠正了。强调个人权利可以绝对行使甚至导致公共利益受损害的立法，典型就是法国民法典第 552 条的第 2 款。这个条文强调，土地所有权的行使，可以及于土地地表上下不受限制的任意空间。如果坚持这个条文的字面含义，那么在没有得到土地所有权人同意的情况下，飞机从天上飞过去，这就是侵权，从地下修地铁，也是侵权。这个条文从字面上看，确实有损害公共利益的地方。但是后来到第一次世界大战和第二次世界大战之间，立法者认识到了这种做法的负面影响，因此就进行了修改。世界上出现的所有权社会义务原则，就是解决这个问题的。这个原则强调的是个人利益必须为公共利益服务，必须服从公共利益的需要。这个立法的典型就是魏玛宪法，它写到，一方面个人所有权和继承权受法律保护，另一方面个人所有权要为社会公共利益服务。此后，法国宪法以及法国民法典也很快把原来主张私有所有权绝对化的条文也修正了，私有所有权不得损害社会公共利益的原则，得到了普遍承认。可以说，在我们中国人接受前苏联法的时候，相关所有权的条文就已经被修改过了。可是前苏联法学就是不把历史的真相告诉我们，我国法律思想因此迟迟无法更新，人们的基本权利一直难以得到充分承认和保护。这一段历史的教训实在太深刻了。

所以关于民事权利的法权思想定位这个问题，我们还是要从历史的角度加以分析。我们不能把历史上的进步看成为历史上的罪恶。当然我们也要看到，我国改革开放成功，现在已经是世界第二大的国民经济总产值国家，中国经济发展为什么一直有动力？就是因为民众所有权得到充分承认和保护。从十一届三中全会到现在，我们现在做的民法典，正是要给予民众各种权利以充分承认和保护。李克强总理在 2017 年的政府工作报告里头讲，保护产权就是保护生产力，就是保护国民经济发展的渊源。我们的法学家，中国法学家依据前苏联法学来批判中国民法，这是很不应该的。

在我国民法中，更不存在民众依据民事权利对抗公共利益的可能。过去，我国公共权力总是太过于强大，经常发生不顾及百姓的民事权利的事件。改革开放以来，执政党的很多文件证明，我国已经认识到保护所有权就是保护创造力的道理，立法在承认和保护民众所有权等民事权利方面，也取得很大进展，尤其是 2007 年制定了物权法。中央 2016 年 10 月发布的平等保护产权的意见，我看了以后心情很激动，这就是习近平总书记所说的深层改革。我们应该充分认识到，以所有权为核心的民事权利的正当性，就是要让我们国家得到一个源源不断的发展源泉。

这些关于民法体系功能定位、法权思想定位的思考，是针对民法和整体法律体系之间关系的反思。这些思考虽然不是针对民法具体制度的，但是对民法的整体、对它任何一部分制度都有决定性影响。所以我认为，这些问题必须厘清，这些基础性的认识搞清了，民法典编纂就会很顺畅。2005 年出现的"物权法风波"证明，这些涉及民法和民事权利的认识问题，是必须解决好的。这是我讲的第一个大问题。

二 如何认识民法典

如上所述，民法总则是民法典的第一部分。鉴于我国社会包括法学界关于民法典知识还很少，所以很有必要讲一讲民法典的基本知识。大家都知道，民法典的编纂意义重大，但是到底为什么重大？重大在哪里？因此理解民法总则的时候，也应该知道民法典是怎么回事。

首先我们来看看起源于欧洲、影响到全世界的民法法典化运动。十七、十八世纪时期，欧洲大陆国家出现了民法法典化运动，最初开始编制民法典的只是一些小国家，但是在拿破仑主持和推动编纂了法国民法典之后，欧洲大陆各个国家陆续都编纂了民法典，最后形成了法国民法典、德国民法典、瑞士民法典这三个世界最为著名的民法典。之后这次民法典编纂的热潮也波及亚洲，出现了日本民法典等民法典。第一次世界大战之后出现了苏维埃俄国民法典。第二次世界大战之后，新独立的拉丁美洲国家、非洲国家都编纂了自己的民法典。我国自清末开始编纂民法典，到二十世纪三十年代编纂完成中华民国民法典，该法典目前在我国台湾地区生效。此外，即使是英美法系国家里，也有很多地区编纂了民法典，比如苏格兰民法典，美国路易斯安那州民法典和加州民法典，加拿大魁北克省民法典等。可以说，除英国及其前殖民地国家之外，世界上其他国家绝大多数都编纂了自己的民法典。新中国成立以来我国也有五次编纂民法典的努力，前四次没有成功。目前进行的是第五次，目前编制完成了民法总则。

（一）民法典编纂的理论基础

欧洲出现民法法典化运动，基本的原因首先是政治上的动力，当时统治欧洲的神圣罗马帝国崩溃了，很多民族国家诞生了，这些民族国家想要实现对自己的领土的治权以及主权，因此借助了制定统一法典这个方法，确立了自己对国计民生的基本事务的司法主权和治权。但是事情还不是这么简单，因为欧洲人接受天主教神权统治也有一千多年的历史了，天主教神权统治的基本方法之一，就是君权神授，所有世俗的国家治权都需要教皇来加冕，以此证明地面上的君权也来源于上帝的神权的统治正当性。受罗马法重现（Rediscovery of Roma Law）、文艺复兴（Renaissance）和宗教改革（Reform of Religions）

这"three R movement"的影响，欧洲出现了人文主义革命和启蒙运动，天主教神权对世俗社会的法权统治失去效用。这种历史背景下出现的民法典，还有世俗社会的主权和治权从神权统治中获得终极效果的重大价值。简而言之，这就是人民主权理论的贯彻和实施。

从国计民生的实际治理的角度，那个时代的立法者普遍认识到，民法在国家治理中的基本法地位，因此要借助民法典来实现对于国计民生基本事务的协调和管控。

民法典编纂直接的理论基础，则是受人文主义思想启发而产生的"理性法学"。以我自己的学习和研究，理性法学对于民法法典化运动的贡献有如下几点。

（1）法律世俗化思想。世俗化也被称为脱神化，或者去神化，也就是关于法律尤其是民法从天主教的宗教神学中脱离出来，成为由世俗人制定并规范世俗人行为的规范的思想。天主教神权法思想认为法权效力最终来源于上帝，可是世俗化理论认为法权效力来源于世俗的主权和治权。所以这也是一场法思想革命。法律世俗化之后，法律包括民法的效力不再按照神权来解释，这样才在民法上诞生了意思表示的理论和制度。民法上的法律行为理论，就是这样产生的。这一点意义非常大。

（2）法律理性化思想。即法律必须排除随意、任性操作，不论是立法还是司法都应该遵守确定的规则的思想。确定的规则，就是法律条件和程序。程序虽然是干巴巴的条文，但是它体现了人人平等的理性，所以遵守法律要认识到程序的必要性。此外，这个理性还表现在形式上的平等原则之上。法律是为治国之用，国家的治理者不论是制定法律还是实施法律，都不能依据官阶大小和身份高低来随意操作。法律理性化还要求法律必须以各种方式向社会公开，以取得一体遵行的效果。因此应该放弃习惯法、借鉴罗马法成文法的样式，按照一定的逻辑将大量的民法规范编纂成为体系。所以民法典的产生也是基于立法的理性。

（3）法律科学化思想。即法律应建立体系的划分，法律制度的衔接应该像数学运算一样准确。这种思想要求，立法必须明确它能够做什么不能做什么，也能够明确不论是立法还是司法都应该有准确的法律依据。这样的法律才是真正的公平正义的法律。比如，我们现在经常说的那种"同案不同判"的情况，在法律科学化体系化原则下是不可能发生的。显然，这些思想都被民法法典化运动采纳了。

按照著名法学家艾伦·沃森对欧洲大陆民法法典化运动的总结，我理解民法典编纂，从我国立法的角度尤其应该抓住两个理论要点，一个叫体系化效应原则，一个叫形式理性原则。

体系化效应原则是什么意思呢？就是要在庞大的民法规范群体中，找出这些规范的逻辑，然后按照逻辑将所有的民法规范编纂成一个系统，然后从体系化的角度去制定法律。体系化效应的基本出发点是解决立法上的枝节化和碎片化的问题，它有效地防止了立法重复和漏洞，也有效地防止了司法上的任意性这个严重的历史问题。体系化最大的好处是，限制了立法的任意随意，使得庞大的民法规范能够有序地组合在一起，避免规范漏洞和规范打架这样的问题。比如，我们知道民法的基本逻辑是法律关系的学说，也就是主体、客体、权利义务、法律责任的逻辑。按照这个逻辑，我们就会清晰地知道，自然人和法人的立法是关于民事主体的立法，那么，涉及主体资格方面的法律规范，就应该写在这一部分。其次，体系化的好处是规范司法。法官可以按照民法的逻辑和体系，知道一个案件应该运用立法中哪一部分规则去解决，而且在适用法律时不至于为了解决一个问题而造成其他的问题。拿民众的话来讲，就是不要按下葫芦浮起瓢。体系化的思考，就是防止就事论事，防止东一榔头西一棒槌，防止立法和司法的碎片和随意。如果不从体系化的角度去思考问题，那么立法就会散乱，司法就会任意。

如果立法或者立法性质规范欠缺体系化思考，那么其规范会出现混乱。比如，最高法院发布的婚姻法司法解释二的第 24 条，就是在夫妻关系存续期间一方欠债被推定为另一方也要还债的条款，就是没有遵守夫妻债务应该从家事法范畴来思考和解决，而不是从商事法范畴来思考和解决。最高法院的这个司法解释，把婚姻当事人的全部债务都理解为商事合伙人的关系，这就出现了重大的体系思考错误。这种非体系化的思考就造成了很多混乱。现在很多人提出的民法立法倡议，也是欠缺体系化思考的产物。比如，有学者提出要通过人格权立法来解决信息保护的问题，就是典型的欠缺体系化思考的结果。自然人的信息保护确实是很重要的，同时人格权也是很重要的，可是信息的问题都是人格权的问题吗？民法能解决全部信息保护的制度规则吗？我们一想就知道这个想法是不对的。通过民法来解决信息保护中的行政法问题或者刑法问题，就是典型的非体系化思考的结果。

民法典立法，最主要的理论思考就是体系化效应。体系化效应是自罗马法以来基本的思想观念，立法者首先要认识到区分公法和私法，然后在民法中区分主体立法、行为立法、权利立法、责任立法等。这一次民法典编纂活动开始后出现了不少相关立法的议案或者倡议，从体系化的角度看，我们很容易找到它们的优缺点，也很容易做出选择。

另外我们还要理解的，是民法上的形式理性原则。形式理性原则基本含义是：法律上的公平正义必须通过确定的形式和程序来实现，法律必须体现形式正义，然后才能够实现实质正义。实质正义必须通过形式正义来实现，这是一种理性的选择。我们知道，法律的目的是实现社会的公平正义，其具体的方式是建立社会行为规范，通过这些规范为社会的被治理者确定各种各样的行为规则，符合这些规则的行为，其后果会得到法律的承认和保护，不符合这些规则的行为后果不但得不到承认而且还有可能遭致惩罚。在立法上尤其是在民法典这样的基本立法上，立法者必须考虑其制作的法律规范是否符合法律实质正义的目标，这是毫无争议的；但是，不论是立法者还是我们这些评价法律的人都应该明白，实质正义是指各种具体情况下具体当事人之间的公平正义。如果要求立法能够对每一个当事人的各种法律事务都做出符合实质正义的处理，那这只能是一种妄想。确实，立法只能首先就社会一般人确定一般的行为规范，这就是所谓的形式正义。在确立了形式正义的一般标准之后，我们才能够就各种具体的情形实现具体的实质正义。所以形式正义是一般标准，这是一种理性的制度选择。以民法典确定的平等原则为例。显然，平等原则体现了社会的公平正义，这个标准确实是抽象的，如果现实生活中存在不平等的情形，我们利用其他各种制度来调整它，将不平等调整为平等。法律理性就是这样。这种公平和正义的观念，叫形式正义、形式理性观念。

形式正义、形式理性的理论，也是前苏联法学曾经批判的理论，它认为社会主义法律的原则是实质正义，而不是形式正义。在民法典编纂的过程中，我们仍然遇到了来自于前苏联法学的这些质疑。但是这些质疑都是无法成立的。实践理性的法思想认为，要实现法律上的实质正义，首先应该在法律上确立形式正义，只有通过形式正义才能实现实质正义。民法典编纂的基本道理就在于此。

（二）民法体系化的历史

实事求是地说，在庞大的民法规范里面找出一个逻辑，将全部规范体系化，实现民法的体系化效应，这一点是我们的法学先辈早都认识到的了。人类社会的立法历史，就是追寻立法体系的历史。我们中国的九章律、巴比伦的汉谟拉比法典等都是法律体系化的产物。从民法体系化的角度看，我认为，最值得肯定的，首先就是公元二世纪时罗马帝国的法学家盖尤斯跟他的几个学生所建立的《法学阶梯》体系。

《法学阶梯》体系的重大价值在于，它找到了庞大的民法规范成为体系的逻辑，这个逻辑一直到现在还在为我们使用。盖尤斯和他的学生们在民法众多的习惯规则之中，找到了它们的共同因素，并根据这些因素将庞大的民法规范编成一个体系。他们总结出来的民法三个基本因素是：人、物和权利。然后他把民法规范编成为人法、物法、权利取得法、权利损害救济法也就是侵权法四个部分。这四个部分结合为一起就是《法学阶梯》体系。我认为，《法学阶梯》体系的历史成就是非常大的。民法上的三个基本因素的理论，为后来的潘德克顿法学的法律关系理论奠定了基础，成为民法科学性的先驱者。《法学阶梯》的分析切入点是，不论是立法还是司法，首先遇到的是人的问题，什么是法律上的人，立法必须解决法律人的主体资格问题。第二个问题是物，也就是法律上的客体。《法学阶梯》在这一方面的成就真是了不起，它对于物的分析及其建立的制度，可以说比后来我们接受的前苏联法学更有价值。比如说公共物品的问题。《法学阶梯》比前苏联法学更好地揭示了什么叫公物。比如说，太阳是不是公物？《法学阶梯》能够说清楚，而前苏联法学说不清楚。《法学阶梯》认为什么是法律上的物，必须从民法的定义来认识，也就是人能不能控制、有没有必要控制的角度来认识，也就是说，人能够利用能够设置所有权的物，才是民法上的物。按照《法学阶梯》体系，法律上的物是有边界的，并非世界上所有的物体都是法律意义上的物。太阳月亮就不是民法上的物。可是前苏联法学认为，大千世界一切自然资源都是国家的。按照前苏联法学，阳光和海水都是国家的，河水里的鱼都是国家的，自然森林里永远也见不到的野生动物也是国家的。这样漫无边际没有界限的所有权，完全失去了法律科学的价值。前几年我国某个省的政府以此为由，规定太阳能归国家，要老百姓交钱。法律就是这样被前苏联法学归之于荒谬了。

借此机会，我想谈谈《法学阶梯》对于公用物的规则，这个对于我们下一步的研究的立法很有价值。公物问题是我国立法一直没有解决好的问题。《法学阶梯》把物划分公物和私物。公物划分为三大类型，一种叫绝对公有物，一种叫限制共有物，还有一个叫公法私有物。绝对公有物像海滩空气海洋这样的物，任何人都可以去，政府不能限制人家。限制公有物，像道路和图书馆，可以由政府享有所有权，比如政府对于公路的所有权。但是这种所有权具有特殊的意义，比如法律上建立公路所有权只是为了让政府承担维护公路的责任，政府掏钱修路维护公路，以保障大众来去使用，而不是限制大众，更不是让政府从民众手里收费。政府弄一个自然风景区，搞一个围墙和大门就跟别人要门票，这在罗马法时候可不行。还有一个就是公法私有物，现在准确地说就是公法法人私有物。像政府或者法院的办公大楼在性质上是公共的，但是只能由政府、法院、检察院这些公法法人占有使用，名义上可以由这些公法法人享有所有权，以此可以排斥任何私人进入，这一点和民法上的私有物一样。这个规则首先解决了这些办公大楼的排他性问题。比如法院检察院的办公楼，外面来一个人说，既然这是公共的物品，我想进来看看，坐一坐，晚上在这里过夜，行不行？我们当然可以说不行，但是你有没有让这些人心服口服的道理？

如果一个老百姓说，我是中华人民共和国国民的一部分，这个大楼是全民所有权的，我也是全民中的一分子，我想进来看看我那一份，这行不行？大家以为这是开玩笑了。但是你想想，这种理由能不能成立？我告诉大家，在物权法制定时期我遇到这样的事情其实很多呢。说一个很多人都知道的吧。在北京的大学清华和北大，每年假期都遇到家长带孩子要进去参观的老问题。当然大学是不同意的。可是，有一年就有家长在报纸上提出了这个问题，他们说既然北大和清华都是全体劳动人民的财产，我就是劳动人民的一部分，我就是所有权人之一，我现在就是来看我们家财产来了，这为什么就不行呢？这样的问题，大学回答不了。因为我们的大学接受的是前苏联法学。可是这个问题古罗马法就已经解决了，叫公法私有物，任何私人不可以随意进入。这样一想，我们就会明白，古罗马法比前苏联法学确实是更好些。

到了十七世纪的时候，《法学阶梯》又被潘德克顿体系超越了。为什么会被超越，原因也不是很复杂。《法学阶梯》是公元二世纪的产物，那时候人们从事的经济活动以农业为主，市场交易的也主要是农作物，法律规则像农贸市场一样，一手交钱，一手交货。这种农业经济的交易规则，从后来看有两个大的问题，第一个是人们在交易物品时，认识不到物品之上存在着权利。在农贸市场两毛钱买一根黄瓜，或者一百块钱买一只猪，大家都不会认为买黄瓜就是买黄瓜上的所有权，也不会想到买一只猪也是买猪的所有权。当时也没有这么复杂的事情。但是现在大家都明白，买卖的本质是取得标的物上面的所有权，具体物品和物品上面的所有权不是一回事，交付标的物不一定代表着所有权的交付。尤其是从事商业贸易的人都知道，当具体的商品还在大海上的大轮船上的时候，商品的所有权已经通过提单转移了。另外，买房子时，所有权的转移主要看不动产登记。这是问题之一。

问题之二，就是交易的信用问题。一两毛钱买一根黄瓜，如果你最后又不要黄瓜怎么办？或者说一百块钱买一只小猪，说好了以后卖猪的又不卖给你了，或者你不想买猪了，那怎么办呢？你们之间达成的口头协议有没有法律结果呢？答案就是"no"，什么法律结果也没有。你说黄瓜我不要了，不要就不要了。卖黄瓜的绝对不会过来说要约承诺和违约责任。又比如说买猪，你不要了或者他不卖给你了，那对方也不会到法院去告你。大家知道不会这样的，因为在那种情况下你们双方都没有损失，你的钱还在你口袋里装着，猪还在主人的手里，双方都没有现实的损失。所以一般来说，农贸市场交易协议不会产生法律拘束力。也就是因为这样，《法学阶梯》里面没有债权、物权这样的概念。

到了十八世纪的时候这种情况就不一样了。因为工业革命，欧洲各地建立了很多工厂而不是手工业作坊，在工厂订货都是订一批产品，订货的当时没有产品，不能一手交钱一手交货，交货必须在订立合同之后过一段时间。到了交货的时候，如果订货的不要了，或者工厂不供货了，这就出现问题了，守约一方当事人就有实际的损失了。这和农贸市场是不一样的。德意志学派的民法学家认识到这个问题，他们意识到必须在法律上解决合同不履行所产生的法律后果问题。这些法学家借助于罗马法中"法锁"的概念，也就是契约成立对当事人犹如法律锁链的理论，提出合同成立应该有一个约束力，这个约束力就是我们现在都知道的民法意义的债权。当然大家知道，中国汉语古义中的债权和现代民法债权含义差别比较大。现代民法中的债权，含义就是合同成立之后但是还没有履行之前的法律拘束力，不是汉语古义中的欠账还钱。自从德意志法学利用罗马法的"法锁"概念创造出"债权"这个概念之后，我们一下子就明白了这个法律权利创设的重大理论价值和实践价值。债权债务法律制度的产生，彻底解决了现代市场交易最关键的制度问题，它建立了一种全新的现代契约法。也就是这样，它就把《法学阶梯》超越了。以此为基础，德意志法学从十七、十八世纪开始创立了另一种世界著名的民法学理论，这就是潘德克顿法学，也被翻译为学说汇纂法学。虽然潘德克顿这个名词在罗马法中也有，但是德意志法学中的潘德克顿法学和罗马法差别非常大，学理上不可以混同。

从后来市场经济的极大发展中我们更能够看出潘德克顿法学的重大贡献。现代化的交易，对于国计民生更有价值的交易，订立合同的时候没有标的物，合同订立之后过了很长时间才履行。在这种情况下，债权的产生就十分必要了。简单地说，合同之债，代表的是交易安全的法律承认和保障，也是社会信用的法律体现。英文中的"credit"一词，在日常用语中是信用的意思，在法律上就是债权的意思。但是法律上的债权，对于不习惯市场经济规则的人来说是很难理解的，因为合同成立之后，还没有标的物，法律就要约束当事人，这对于中国一般老百姓来说很难理解。即使是法学家们，也常常不能准确地理解它使用它。1995年我国制定合同法的时候，立法草案中出现了订立买卖合同必须要有标的物存在，没有标的物和所有权不订立买卖合同，即使订立了合同也得不到法律承认和保护的规则。这些规则，就是不能理解债权和使用债权概念的典型例子。那个时候，我参加过几次关于合同法起草的研讨会，对此提出了不同看法。我认为债权的发生不必把标的物和出卖人的所有权作为前提条件，债权发生的法律根据和物权发生的法律根据必须区分开。但是我国民法学界多数人都不理解我的主张，有的学者说，两毛钱买一根黄瓜，需要这么复杂的制度吗？还有学者批评我说，没有标的物没有所有权，竟然也能订立买卖合同，出卖他人之物，有何公正可言！这完全违背了中华民族几千年的诚信传统。这些激动的言词，恰恰说明我国当时主流的法学家不知道，订立买卖合同，只是发生债权，而不是所有权转移。债权就是合同成立时生效的，那个时候标的物还没有生产出来。

另外，没有取得标的物所有权的人，可以在订立合同之后组织进货，在合同约定的交货期间按时交货就行了。但是我的观点在那个时候处于绝对少数，后来合同法的立法讨论也不再邀请我参加了。我国合同法第51条、第132条等条文的立法缺陷，现在大家都看得非常清楚，但是那个时候确实是多数人的观点。我为了说明和坚持法理，看了不少原版的中外文民法著作，提出了"区分原则"，而且经过20多年的学术努力，可以说进行了辛苦的学术考古，终于把债权、物权发生效果的根据区分这个学术问题搞清楚了。后来我写的著述，下力气纠正合同法的这些不合法理的规则。这些努力已经得到了最高法院司法解释的承认，也得到了2007年物权法的部分承认。在座的朋友有兴趣的，可以看看我写的《中国物权法总论》这本书，也可以通过区分原则这个关键词查阅相关的信息。

上面这些讨论和民法典的编制体系有很大的关联。潘德克顿法学产生后，它提出了民法典编纂的新体例。它的分析是，民法建立的交易规则，首先要解决合同债权问题，因此，民法上的债权债务法，要成为独立的领域。其次，民法要建立以所有权为核心的物权法。再次，民法要建立婚姻家庭法。最后，民法要建立继承法。所以，在民法上有四个基本的法律问题：债权问题、物权问题、亲属问题、继承问题。接着，潘德克顿法学认为，这四个基本民法问题之内，应该有其一般的规则，因此他们按照提取公因式的方法，从这四个基本问题里面，找到了法律关系的基本逻辑，这就是民法上的主体—客体—权利义务—责任的逻辑，把涉及这个逻辑也就是法律关系的基本规则提取出来，建立了民法总则。现在我们明白了，民法总则原来是这样来的。《法学阶梯》里面，其实并没有民法总则，只有潘德克顿法学体系里面才有民法总则。

所以，民法总则是关于民法最为基本的制度规则系统，它包括主体、客体、权利、义务、责任等内容。这些规则是从债权的部分、物权的部分、婚姻家庭部分、继承部分提炼后抽象出来的，因此这些规则适用于其他各个部分。其他各部分在法律上成为民法分则。潘德克顿法学体系下的民法是五篇章，首先是总则，然后是债务关系法，然后就是物权法，下来是亲属法也就是婚姻家庭法，最后就是继承法。

德国当代著名的罗马法学家Barrens教授（哥廷根大学）曾经对我讲，民法典编纂的逻辑也是围绕着一个人的成长历程来展开的。一开始第一章讲人的出生，他一生出来，他就应该有权利能力。然后他慢慢长大了，十六岁甚至十几岁他就可以干活儿啦，因此他要订立合同。干活儿以后挣钱了，他就有自己的所有权了。然后他长大了，有婚姻有家庭了，有自己的孩子了。然后最后一直到老有了继承的问题。所以民法一开始规定权利能力、行为能力，然后是合同债权、所有权、婚姻家庭，最后是继承。这恰恰是人的一生所必须具备的。所以说民法就是人生，民法的规则保障了人一生要走的道路，民法就是保障人生平安的法律。他的说法也是很有道理的。

（三）民法典推进社会现实进步

上文说到，民法典的编纂，在当时的欧洲国家是被当作国家治理的重大举措来推动的。国家治理必须得靠民法，因为它最系统地承载了人文主义思想观念，像人人平等、保护市场经济、建立形式理性这些东西，对改造当时欧洲的封建国家成为一种利器。拿破仑就是充分认识到这一点的，他下大力气推进法国民法典编纂改造了法国，使法国成为世界大国。我们大家都知道，法国民法典曾经两度被法国国民议会命名为拿破仑法典。拿破仑实际上只是一个军事领袖，而且还是个年轻人，他在法兰西共和国执政的时候才 34 岁。这位年轻的国家领导人提出，要求法国国民议会编制民法典。法国国民议会请了一些老教授开始讨论立法方案，结果过了好几个月，吵吵闹闹的一事无成。拿破仑一听汇报说，行了，从现在开始，民法典制定立法会议由我来主持。法国国民议会制定民法典的会议召开了 102 次，拿破仑主持了 57 次，后来大概半年左右就把民法典编纂出来了。我第一次看到这些法制史的描述时惊讶得不得了。一个年轻的军人怎么能够做出这样的非常专业的大事？后来看了更多的历史书籍以后，我才知道，根本原因是拿破仑看了伏尔泰的很多书，受到了启蒙思想的强烈影响。比如，伏尔泰在讨论法国习惯法治下的交易秩序时提到了世界上著名的"换马"之说，这对拿破仑刺激很大。伏尔泰说，法国一个国家有 400多个民法体系，我上马的时候订立的合同，到了下马的时候到了另一个法律体系中，这合同就无效了。在上马的时候一个银行发一个票据到下马的时候票据就无效了。法律如此支离破碎，换法律比换马还多，这种体系下经济如何得到发展？怎么能够跟英国对抗？因此伏尔泰说到的启蒙之中，其中一部分就是批评法国的法治愚昧，他提出要以人文主义的新思想来编纂法国统一的民法典。伏尔泰学说让拿破仑激动不已，他认为法国要富国强兵，首先就得要制定统一民法。

　　拿破仑主持编纂的民法典确实是新思想的集成。在这个法典中，人文主义革命提出的四个民法的基本的思想都得到了贯彻。这四个原则，一是人人平等，二是私权神圣，三是契约自由就是意思自治，四是自己责任。这四个原则，不仅仅改造了法国的封建社会，而且也推动了世界性的法律进步。

　　首先说人人平等原则，它否定了人类社会有史以来的等级身份制，铲除了这个历史最大的制度毒瘤。等级身份制就是合法的、公开的、赤裸裸的不平等，少数人享有特权，多数人受到方方面面的欺压。法律面前人人平等原则把这个历史大问题解决了。这个原则从那个时候到现在，也都是激动人心的正义原则，得到全世界的承认。

　　第二个就是私权神圣原则。私权神圣原则从表面上看是个人所有权必须要得到法律充分承认和保护的意思，也就是因为这样，后来前苏联和我们中国法学家就使劲批判它。但是我在上文说到，这些批判是不符合历史真相的，是不中肯的。私权神圣原则的意义在于，它解决了等级身份制情况下，下等人的财产权利保护问题。大家想一想，贵族需要私权神圣原则吗？只有下等人才需要平等保护。可是前苏联法就在这一点上严重地欺骗了我们，说这是资产阶级法律的虚伪。其实这是前苏联法学对历史的扭曲。

　　第三个原则就是意思自治，典型的就是合同自由。民法建立意思自治原则的基本出发点，就是我在上文提到的法律世俗化，就是要把民事主体之间的权利义务和法律责任，都从根本上理解为我们自己的内心选择，而不是神权的决定或者是君权的决定。因为我们自己就是民事主体。对这个原则，我国法学家长期以来按照前苏联法学来理解，但是这个理解是不准确的。我国的法学家一说到契约自由，就给人们说这是资本家购买劳动者。但是从历史分析的角度看，真相不是这样的。历史的真相是等级身份制条件下，下等人没有自我决定权。所以，法国民法典第1342条讲合同一经成立就具有法律约束力，这个条文从历史上看是非常进步的。这个条文说明了合同的新思想，也重新解释了合同的根据，就是当事人自己的意思表示，合同的效果应该是民事主体自己说了算。这样，大家进入到合同社会了，社会才真正平等了。所以梅因说，人类历史从古到今最伟大的变化就是从身份到契约的运动。

　　第四个原则是自己责任原则，或者说是行为责任原则或者过错责任原则。等级身份制条件下的法律责任原则是身份责任，刚才讲的印度小姑娘的事情是个典型。但是按照人文主义思想，身份责任是违背人伦道德的。民事主体是否应该承担法律责任，那要看是不是这个人的行为，是不是这个人有过错。所以这种新类型的法律责任叫作行为责任或者叫自己责任。法律不能因为我是穷人，我是下等人，你就叫我承担责任。法律上的问题归根结底就是要解决责任问题，所以自己责任这个原则，也是人类社会法治文明的重大进步。

这四项原则，构成了一个新的民法知识体系。能够充分体现这些原则的立法，在民法学说历史上，相对于后来的社会主义民法，被称为经典民法或者古典民法。它是那个时代新思想的产物。法国民法典这四个基本原则落实以后，整个社会就发生了根本的改变。所以这部法律改造社会的作用是非常大的。在法国民法典的推动下，不但涉及经济贸易关系的民商法获得统一，国内建立了统一市场，法国经济获得了迅速发展，法国国力强势，成为可以对抗大英帝国的新世界强国，而且法国这个封建落后封闭的皇权社会被改造成为一个人人平等的现代社会，普通民众享受到了广泛而且强势的权利。这些都是民法典做到的。所以，拿破仑说，他一生打的胜仗比起他的民法典来，实在算不得什么。

当然，后来到社会主义时期，民法的这四项原则都得到了进一步的改造，人们建立了更多的民法制度来实现法律上的实质平等。比如，在人人平等的原则下，建立了劳动者保护的法律；在私权神圣的原则下，建立了所有权的公共利益限制原则；在自己责任或者过错责任的原则下，建立了无过错责任原则。实质正义的民法改造了民法，同样极大地推动了历史的进步。但是我们必须明白，历史是一步步走过来的，古典民法的贡献也是不能抹杀的。

正是因为法国民法典取得了如此显赫的成就，后来的世界各国也都开始编纂民法典，以此改造国家推动社会进步，从而形成了世界性的民法法典化运动。其中的经验，值得我们思考借鉴。

三　民法一般法和特别法

（一）一般规则

民法的规范群体庞大，形成了大体系，其中民法典是民法的一般法，此外还有很多特别法。所以，在学习和研究民法总则时，我国还必须关注民法总则超越民法典的体系规范问题，所以，我们也必须了解和研究民法一般法和特别法的关系问题。

民法通则和民法总则的第2条都规定了民法定义，规定民法调整平等主体之间的财产关系和人身关系。不论人身关系和财产关系哪个放在前面，内容基本上一样。大家看这个条文的内容时，我提这样一个问题：是不是全部平等主体之间的财产关系和人身关系都能够写到民法典之中？大家心里明白那是不可能的。不论是在我国还是在很早就已经制定了民法的国家，在民法典之外还有很多涉及平等主体之间的人身关系和财产关系的法律，甚至还有更大量的这样的法律规范。所谓民法大体系或者大民法体系，就是指全部涉及民法或者民事权利的法律规范的体系。这个体系非常大，自古以来就很大，现在信息社会、互联网时代，这个体系就更大了。事实上这种情况存在已经很久了，而且人们基于这种情况，把民法典称为民法的一般法，把民法典之外的其他属于民法的法律称为特别法。因为这样民法就形成了一般法跟特别法的体系问题。

现在我国有些人批评民法是不断扩张的帝国主义，觉得民法的范围不断扩大，好像不论什么法律事务都离不开民法，他们对此有些担忧。甚至一些民法学家也提出，民法的边界扩张应该有限度，不能没完没了。但是这些说法都没有认识到，民法边界的扩张，就是民众意思自治范围的扩张，也是民事权利的扩张，这说明民众有越来越多的自主权，也说明民众权利范围在扩大。所以这是社会的进步。另外我们还要明白，民法的体系扩张归扩张，但是这个体系本身是不会乱的，它是有自己的内在逻辑和规律的。这个逻辑或者规律，就是一般法和特别法的逻辑。

（二）涉及民法典编纂的特别法范畴

上文我们已经了解了民法基本法也就是民法典的基本内容。现在我们看看民法的特别法。我的研究认为，现代民法有三个大的特别法领域，第一个是商法，第二个是知识产权法，第三个是社会权利立法。此外民法的特别法的研究还可以从主体、客体、权利、责任等角度展开。我们可以研究特殊主体的立法比如律师法、公证人法等，特殊权利的立法比如农村土地承包法等，特殊民事行为的立法比如担保法、收养法等，特殊法律责任的立法比如产品责任法等。下面我想讨论一下这一次涉及民法典编纂、涉及民法总则立法的特别法问题。

民法特别法最显著的范畴就是商法。它从基本特征看就是大民法的一部分，而且是重要部分。商法是平等主体之间财产关系的立法，也是特殊民事主体即商人的立法，又是特殊民事行为即商事行为或者经营行为的立法。因为商法调整的同样是平等主体之间的财产关系，它不是国家管理社会的公法。我们习惯上把民法和商法称为一个学科即民商法。在民法法典化运动的时代，人们曾经考虑过民法和商法的体系归并的问题，也就是把商法纳入民法典中的问题。当时一些人认为，民法典按其立法理性，也应该把商法写在民法典之中。但是大多数国家经过努力，发现这一点实在做不到，原因就是商法本身的特殊性太强，特别的规则太多。因此多数国家在民法典之外，还制定了商法典，这样就形成了民商分立的这种立法模式。但是在法律适用上，商法还是作为民法的特别法，享有比民法优先适用的效力；但是如果商法典就某些规定未做规定的，那还是要适用民法规范。

实际上商法法典化的历史比民法法典历史还要早。这一点和我们东方国家尤其是我们中国的丝绸之路贸易有关。历史上欧洲人紧迫需要的瓷器、丝绸、茶叶他们本土不出产，尤其是他们吃肉需要的香料，他们不出产，都需要从东方进口。这样他们很早就开始了对东方的贸易，因此在地中海到波罗的海之间形成了特有的商事习惯。比如商人们先把货从东方运过来，一般都是到了意大利的热那亚等港口，然后在意大利的港口甚至是在船上分装分货，有些运到了西班牙，有些运到了德国，有些运到了英国。但是货要运到德国的话，海上行船需要几个月，因为那时候船还没有现代动力，都是靠风航行，而且一船货从意大利绕过直布罗陀海峡，再通过北海海峡到德国北部，路程也很长。但是与此同时，船上货物的提货单可以提前走到德国境内，人们骑马拿着提货单穿过阿尔卑斯山，从陆路到了德国两天就可以到达不莱梅、汉堡等地。到了以后人就开始按照提货单分货，也就是买卖，把货物分卖给不同城市的商人。等货到了以后，人们按照提货单来提货就行了。所以，等实际货物到达之时，货物的所有权都买卖好几次了，大提货单被分割成很多小单，所有权已经转移了很多次。因为这种交易的需要，商人们就货物损坏、合同责任等法律问题形成了商法规则，在十四世纪就形成系统化的商法规则了。这些规则和我们现在理解的民法规则还真有很大不同。比如说，出现货物损坏怎么办？谁来承担法律责任？按照中国合同法第58条，合同就应该无效，而且是自始无效，双方因此要返还。可是在提货单代表的所有权多次转移的情况下，标的物是完全无法返还的。这时候形成的商法规则跟民法规则就不一样了，从商法来讲没有必要返还，而是按照客观公平原则来分担损害。商人并不要求标的物所有权返还，而是快捷地解决纠纷，以便做好下一单买卖。商法处理纠纷的规则是客观公正，而不太计较民法上所说的意思表示真实和标的物返还。商法的规则体系形成后，大家都认识到把这些商事法律都写入民法典确实是很难做到的。

这一次我国民法典编纂过程中，也存在如何处理民法和商法之间关系的争议。一些学者提出，商事立法不应该纳入民法之中，这种观点我们并不赞成，因为商事法律和民事法律确实存在密切的内部联系，如果民法典的主体规则之中不包括商事法人，或者民事法律行为之中不包括商事行为的基本类型，那样不但民法的体系不完整，而且商事活动也会失去基本法律的规范基础。所以大家可以看到，在我国民法总则中出现了很多涉及商事法人和商事活动的法律规则。比如，《民法总则》的第三章规定的法人制度，其中一个大的类型就是经营法人也就是商事法人。而民事法律行为一章中，也包括了商事行为的一般规则。民法总则的这些规定是十分必要的，它不仅仅只是为了学术体系的完整，更重要的是为了法律的适用。前面讲过，特别法优先适用，但是特别法无规定时还要适用一般法。民法总则的这些规定，为商事活动提供了基础性的适用根据。

2015年在北航法学院召开的民法典立法会议上，针对一些商法学者提出的编纂中国民法典就产生不重视商法体系的质疑，我提出了头等舱理论作为回答。这个理论的含义是，商法规范同样属于民法体系，但是在法律适用上比民法规范优先，这就好像是商法坐在飞机或者高铁的头等舱，民法坐在经济舱。在民法典体系中写入商法规范当然是必要的，商法同样属于私法而不是公法，商法不能脱离民法。这个理论在当时大会上被广泛引用。

民法特别法的第二个大的领域，就是知识产权法。这一次民法立法还涉及如何处理知识产权法的问题。目前，关于知识产权是应该作为分则写在民法典之中，还是在民法典之外作为民法特别法，这一点还有些争议。到目前为止，我国立法机关还没有提出将知识产权纳入民法典、将其作为民法典分则的立法方案。法学界也有学者提出将知识产权法作为民法典的独立一编。我的看法是，还是把知识产权作为民法特别法处理为妥善。知识产权像专利权、商标权、著作权等，本质上当然是典型民事权利，一般民事主体通过自己的创造可以取得这些权利。但是这些权利的保护方法和一般民事权利不太一样。大家都知道，2016 年我国最高法院审理的美国篮球明星迈克尔·乔丹与福建乔丹公司之间的侵权案。福建某企业使用迈克尔·乔丹的汉字和英文的名字，用迈克尔·乔丹的两个儿子的英文名字和汉字的名字注册了 300 个商标，他们公司也改名叫乔丹公司。之前，迈克尔·乔丹在中国提出了侵权的诉讼案。应该说，侵权案应该是个民法的问题，可是依据中国法律，乔丹本人以及他的公司只能先向国家商标委员会提出行政请求——主张注销福建乔丹公司以他和他家人的名字注册的 300 个商标的请求。这样，这个案子就成了行政法上的案件。最后这个案子转化为行政诉讼案件了，乔丹本人向国家商标委员会提出的请求没有得到支持，因此他又提出了针对国家商标委员会的行政诉讼。这个案件历经二审，最后到最高法院才审理终结，乔丹本人的行政诉讼基本上得到了支持。通过这个案件我们看到了涉及知识产权的案件，在法律上的问题，就是牵扯到行政权力的运作。所以这种权利的保护方法跟一般民事权利相比，其特性非常突出。因为这样，我认为把知识产权整体作为特别法更好一些。

知识产权作为民法特别法还有一个理由，就是知识产权立法更新比一般民法规则要快很多。民法典编纂完成以后，变化不会太频繁。可是知识产权立法过一段时间就有新发展，所以把这个法律系统整体上作为特别法更方便一些，将来它修改容易一些。

社会法或者社会保障法，在当代社会属于民法特别法第三个大的类型。社会立法，涉及特殊社会群体的民事权利保障问题，但是这种保障的方式可能并不仅仅只是民法上的方式。也就是因为这样，我国法学界一些学者提出，社会立法不属于民法体系。这种观点并不妥当，大家看一看我国民法总则第 128 条的规定，就知道这些特殊群体保障，首先涉及的是民事权利保障。因此，这些立法属于民法特别法。当然，社会立法作为民法特别法也具有优先适用的效力，在特别立法不足够的时候，也可以适用民法典包括民法总则的规定。

民法总则第 128 条，涉及未成年人、老年人、残疾人、妇女、消费者的民事权利保障问题。事实上社会保障法还包括工人等劳动者保护的立法，我认为随着社会的进步，这一方面的立法还要进一步扩张。这些年来，我国在建立全员性的社会保障方面付出了极大努力，取得了举世瞩目的成就。比如，以前农民都没有进入社会保障系统，现在这个问题已经开始解决了，有些地方解决得很好。社会立法的特点是在国家扶助的条件下，给社会弱势群体的民事权利提供充分的保障。这种保障的基础，还是合同，这是基础性的法律关系，当事人要和保障机构订立合同，而且合同的履行方式和民法一般的保险合同无异。只是在这种保险合同的法律关系之中，加上了国家扶助的因素，有些也加上了就业单位资金投入的因素。所以这种法律关系有一定的特殊性，这也是这些法律作为民法的特别法的原因。值得注意的是，国家扶助帮助的目的是实现法律上的实质正义，而不是要体现主权运作下的行政管理，因此，不可以认为这些法律可以纳入行政法的范畴。

将社会立法作为民法特别法，这就意味着在民法典中也要体现社会立法的基本价值和基本制度，以便在特别法对这些民事权利没有规定的情况下，提供法律渊源来方便适用。民法总则的第一章规定的基本原则当然是可以适用的，上面提到的民法总则第128条，就是这个法律渊源的根据之一。关于民法总则第128条的法律适用问题，我在下文要特别讲一下。

民法特别法之外，还有很多行政管理法也规定了民事权利制度。本人在担任全国人大代表的第一年，为了撰写民法典的议案对现行法律法规进行了一番检索，发现我国立法，包括全国人大制定的法律和国务院制定的行政法规在内，涉及民事权利的立法总共有二百多个。除了典型的民法之外，还有很多行政管理法，它们有些是关于民法主体资格的规则，有些是涉及民事权利的取得、行使和消灭的规则，有些是涉及民事法律责任的规则。比如涉及医生、药剂师和护士法律资格的医疗卫生法，涉及律师资格的律师法等。还有一些行政法规定了重要民事权利取得、行使的规则，比如土地管理法关于土地权利的规定，矿产法关于矿权的规定等。这样的法律法规，还有森林法、草原法、水法、海域使用管理法等。实事求是地说，关于土地所有权，土地使用权比如承包经营权和农村宅基地使用权，如果不适用土地管理法就不能解决实际问题。此外，道路交通安全法、环境保护法等关于民事责任的规定，对于民事权利的保护意义也很大。这些法律直接或者是间接地涉及特殊的民事主体、民事行为和民事权利，虽然在法律体系划分上，我们把它们叫作行政法，但是我们同样要注意这些立法和民法的内在联系。必须明确的是，民法总则涉及民事权利的一般原则，对这些立法同样具有拘束的作用。

（三）关于民法总则第 128 条的讨论

上文谈到，民法总则第 128 条在立法中具有特殊的意义。[①] 在民法总则进入全国人大常委会讨论时，常委会委员有人给我提出问题说，这个条文里面规定，这些权利的保护要依照其他的规定，既然如此，为什么民法总则要写这个规定？我给他们回答说，这个条文的意义就在于民事权利这个关键词，立法指明，这些权利首先是民事权利。既然是民事权利，那么它们的保护就要纳入民事权利保护的规则之中。当然，这些权利是特殊民事权利，按照民法一般法和特别法之间的逻辑，特别法的规定优先适用，但是特别法的规定不足时，还要适用一般法也就是民法典包括民法总则的规定。

确实，社会性立法涉及的权利内容非常多，而且我国这一方面的立法正在成长之中，虽然现在还不能全部写明确，但是这个写法意义很大。

民法总则颁布之后出现了很多学者对于该法的解读，但是我发现多数人对这个条文的重大价值有所忽视。恰恰对这个条文我本人也有一点儿小小的心结，我想把对这个条文的理解仔细谈一下。

我想先拿这个条文中涉及的妇女权利保护的问题为例来引入我要说明的法理。在民法总则的立法中，有些婚姻法的教授对这个条文写上妇女权利表示不同意，他们说妇女权利怎么能是个民事权利呢？妇女权利应该是一个宪法权利，而不是民法权利。他们举例说男人打老婆，这种男尊女卑的现象并不是民法问题，而是中国封建传统的问题，依靠民法无法解决。但是立法过程中我支持在民法中写上这一方面的权利。我的观点是，这些社会问题的基础就是民事权利受侵害的问题。从妇女权利保护的角度看，你们认为这是历史问题，把法律上的责任推给孔夫子或者朱熹。但是我认为男人打老婆或者你欺负女人，这是个民法问题，是一个民事主体对另一个民事主体的民事权利的侵害。在这里，加害行为是确定的，损害的结果是确定的，行为和结果之间的因果关系也

[①] 该条文的规定是：法律对未成年人、老年人、残疾人、妇女、消费者等的民事权利保护有特别规定的，依照其规定。

是确定的，这个问题完全可以用民法侵权法规则加以处理。如此类型的问题，事实上都可以适用民法总则第 128 条来处理。民法处理这些问题，并不考虑什么孔夫子或者朱熹的过错，而是仅仅考虑侵害人的过错。民法不解决孔夫子的问题，但是实实在在地解决类似于妇女保护这样的民法侵害问题。

　　理解这个规则之后，我要提到山东一个姑娘被冒名顶替上学的那个案件。这个案件大家都知道，和民法总则第 128 条关系密切。因为这个案件时间比较长了，很多年轻人不知道，因此请允许我简要介绍一下由来。这个案件的由来是，一个姑娘在学校里考上了银行学校，可是另外一个女生的黑心家长勾结了学校里的某些人，把这个孩子的录取通知书冒领了，让他自己的孩子冒充去上了银行学校。这个本来考上学校的农村姑娘，回到了农村家里，嫁给一个农村小伙子，养猪种菜生孩子。后来她想去银行贷款，银行查了她的身份证，说你不是农民，不符合贷款人身份。这样，这件冒名顶替的案件才曝光了。当然这个姑娘把侵害她权利的这些人告到了法院。可是法院犯难了。因为按照我国法学界的理论，这个案子是受教育权受侵害的案件，而受教育权是个宪法权利，所以我国法学界很多人认为这个案子是个宪法问题，不能依据民法处理。后来最高法院有一个副院长和我一起开会相遇，他主动提到这个案件，咨询我，看看这个案件用德国法的理论能不能用民法来解决这个问题。我的回答是可以的。因为在德国民法中，这就是一个典型的民法侵权的案子。按照德国民法典第 823 条的规定，不论是侵害了什么权利，只要是这些权利之中包括民事权利的因素或者利益的，都可以适用民法的程序来救济。二十世纪五十年代德国曾经有一个案件刚好跟宪法有关，这是一个涉及继承权的案子。德国原来的民法也是男尊女卑的封建原则，规定儿子继承的多，女儿继承的少。后来第二次世界大战美国打败了德国人，也给德国人教会了男女平等的原则。那个时候有一个家庭继承财产的时候，这一家的女儿就依据男女平等的宪法原则，提出平等继承。这个案子也是由一般法院先是用民事程序立案，后来用宪法解决了问题。当然，这个案子宪法法院是做出了宪法解释的，后来最终民事法院依据宪法法院的解释把这案子给纠正过来了。所以我认为，在山东这个冒名顶替上学的案子中，加害人是明确的，加害行为是明确的，受害人的损害也是明确的，侵害行为和侵害结果之间的因果关系也是明确的。所以这个案子适用民法侵权法规则一点儿问题都没有。后来最高法院确实按照侵权法的规则裁判了这个案件，受害人基本满意，社会评价也比较好。

可是这个案子后来被最高法院给撤销了。理由是我国法学界有人批评说，最高法院居然主张宪法民法化，用民法来解决宪法问题，从而构成了对宪法权威的损害。后来这个案子的裁判再也没有被引用，学术研究都不许提了。这样一个好的案例，以及从中引发的法理，实践意义非常强，可是被作废了。从那以后，凡是涉及宪法的，法院都不能审理和裁判。河南洛阳有一个年轻的女法官，裁判文书中引用宪法否定了当地政府制定的规章，她也被罢免了。后来，湖南、河南等地也出现了冒名顶替的案子，法院一律不敢审理了。总之，凡是涉及宪法规定的权利，就没有人敢于受理，即使民众利益受到严重损害，案子连立都立不上。

一说到这里，大家就知道为什么我要说到民法总则第128条的规定。按照这个规定，宪法规定的权利，如果涉及民事权利受损害的，即使是法律上没有明确这个权利的名目，但是受法律保护的利益，也是可以从民法的角度来加以处理的。所以这个条文，至少是从法条规定的角度，化解了我心里十多年的心结。我认为，类似的案件，法院在受理的时候，不应该计较这个权利是不是宪法权利，而应该考虑这个权利是否可以表现为民法上的权利或者利益，因此就可以从民法的角度，从侵权法的角度来予以处理。民法总则第128条，就是这样处理的根据。简而言之，权利或者利益的渊源是不是宪法并不重要，权利和利益受保护的特点才是认识的关键。从这一点出发，我们就能理解，人格权等权利的保护，立法上要点也不是把各种各样的人格权仔细地列入，而是要掌握人格权侵害的保护规则，也就是把加害行为、损害结果、因果关系这三个要点搞清楚。事实上，对于人格权这样涉及自然人的人身自由和人格尊严的权利，你列举再细致也列举不全。目前，一些立法课题组提出要仔细列举人格权的类型，而不在损害以及救济的方面下功夫，这就是一种立法误导。

四 如何认识我国民法总则

从上文关于民法典产生的历史看，我们知道民法总则其实是德意志法系的典型特征之一。我国民法总则也不例外，它在我国正在编纂的民法典之中发挥着纲领性规则、基础性规则的作用。民法总则的基本内容是从民法的债权法、物权法、亲属法和继承法中提取出来的，它们是民法的一般规则。这些规则虽然有些抽象，但是非常贴近社会生活所以并不难以理解。

（一）民法总则的体系性、现实性和创新性问题

民法典民法总则的体系性，简单的一句话就是，民法总则不仅仅是民法典的总则，而且还是大民法体系的总则。在上面的我们的讨论中，我们已经知道，我国的大民法体系包括了作为民法一般法的民法典，另外还包括民法特别法的三个大领域——商法、知识产权法和社会立法。所以民法总则也是这些法律的总则。另外，民法总则以其指导性，对那些涉及民事权利的行政管理法也有统辖作用。所以民法总则的涵盖范围非常宽。对此我们看一下民法总则规定的民法六大原则就可以看出来。这些原则之中，平等原则、自愿原则、诚实信用原则、合法原则、绿色原则等，实际上并不说仅仅只是对民法典发挥统辖作用，而是对全部涉及民事活动的法律规范都能够发挥统辖作用。理解这一点是很重要的。

理解民法总则，还要看它是如何理解和处理现实问题的。民法总则是当代中国人制定的，首先要解决中国自己的现实问题。这是民法总则的基本出发点之一。事实上在立法过程中，立法者充分考虑到了我国目前的现实问题，对此我讲两个例子。第一个例子就是，大家有没有发现，民法总则中的自然人制度尤其是监护制度这部分内容，规定的条文在世界上是最多的。王泽鉴老师跟我说，监护制度怎么写这么复杂？我跟他说这是现实的需要。传统民法中间的监护制度主要解决儿童成长中的法律问题，可是我们中国现在面临着的一个大问题就是养老问题。在中国传统法律中养老是家庭的责任，可是中国大陆多年实行一个子女的政策，现在子女在外面工作，养老出现了严重困难。另外，我们现在已经进入老龄社会，在家庭养老原则下，现有制度无法解决现实问题。西方社会养老依靠买养老保险，没有这个问题。我们现在还是家庭养老，可是现在我们年轻人养不起了。年轻人要工作要创业，需要离开老人外出；而且一对夫妻至少养活四个老人，立法还要求他常回家看看。这简直太难了。所以这一部分法律规则，尤其是监护的规则写的很多，目的就是想解决这个现实问题。大家可以看看民法总则的第 32 条，这个条文规定，民政部门应该承担

养老的责任。我的看法是，现在民政部门应该未雨绸缪，赶紧想办法去解决问题。对此不妨利用国家社会保障基金，建立政府扶持的养老机构。

民法总则体现现实性原则的另一个鲜明例子，就是法人制度分类，没有采取传统民法提出的将法人分为社团法人财团法人等分类，而是先把法人分为营利法人和非营利法人。原因很简单。因为我们中国一度提出全民经商，结果把中国社会搞乱了，怎么能全民经商呢？在一个正常的社会里，肯定就是有些人能经商有些人是不能经商的。现在我们建立的法人制度，就从这个要点切入，把法人划分为营利法人和非营利法人。营利法人在开始设立时，就要在法人章程里头写清楚，然后到工商部门登记。非营利法人设立时到民政部门登记。这就是个很现实的中国问题分析和中国解决方案。

另外，我们还需要注意的，就是民法的制度创新。民法总则颁布后，有些学者批评说它创新不足，我不赞同这个看法。因为该法的创新点实在太多了，我就不一一叙说了。典型的例子，像核心价值观、公序良俗原则都值得关注。我想特别指出的是，民事权利部分的第109条规定的人身自由和人格尊严保护的规则，可以说这是中国民法历史上第一次写入的，可以说其意义非常大，尤其对于一般老百姓意义很大。另外，民法总则第111条写上的信息保护，第127条所写的数据财产保护，这都是创新。

我想特别指出第133条立法的意义。第133条规定的法律行为，这个条文的内容，规定民事法律行为是当事人关于设立、变更和废止民事权利义务关系的意思表示。这个内容，一般人看不出它的重大创新，但是这个要点特别值得关注。因为前苏联法关于法律行为的规定认为，民事法律行为是民事主体适用国家制定的法律的行为，当事人自己的意思表示并不是核心，因此法律行为都是合法行为。前苏联法律体系下对法律行为的认识就是这样，民事主体不能有符合自己意思表示的意愿表达，而只能消极地服从法律。这种学说认为，法律行为是在符合法律的情况下做出来的，因此它都是合法的。1986年的民法通则也是这样规定的。可是，这个学说连起码的自圆其说都做不到哇。若干民事主体不能充分表达自己意愿，那么他们还是不是主体呢？既然法律行为都是合法的，那么为什么民法又要规定法律行为的非法和无效呢？这些问题，依据前苏联法学永远也解释不清。这些问题，在我国坚持前苏联法学的人也是从来说不清的。

现在我们看看民法总则第133条规定。它的要点是，法律行为是民事主体通过自己的意思表示来设立、变更、终止民事权利义务关系的行为。这个法律行为的概念，首先充分承认和保护民事主体的自我决定权，恢复了主体的真正地位。而且这个规定也解决了民事主体意思表示不当甚至非法之时，法官可以裁判其无效而带来的制度矛盾，避免了民法通则一方面说法律行为是合法行为而另一方面又可以由法官裁判其无效的自相矛盾。所以现在民法总则关于法律行为的规定，在法学理论上非常通畅。民事主体的意思自治原则就是主体意志、主体自我决定权的体现，它的意义显著，我在上文已经充分谈到了，可是前苏联民法恰恰不承认这一点。所以，这个核心要点充分地体现了我国民法总则的进步。

另外，民法总则第130条规定，民事主体按照自己的意愿依法行使民事权利不受干涉。这也是强调意思自治原则，强调民法的本质在于民众自己的自我决定权。这个规定解决了民法上的很多问题，大家联系我本人撰写的民事基本权利类型划分以及基本裁判规则的文章，就可以看出这个制度的理论和实践价值。通过这些条文，我们可以看出来我国民法的重大思想进步。这就是创新。

（二）民法总则的一些制度亮点

中国《民法总则》，共十一章，206条，它有很多制度亮点。下面简要介绍一下。

第一章规定的民法基本原则在原来立法的基础上增加"核心价值观"、明确使用公序良俗原则概念、增加权利行使原则、增加处理民事关系可以依据习惯的规定。

第二章自然人删除了原来在《民法通则》中规定的第五节"合伙"，增加了大量老年监护的措施。

第三章法人根据中国的现实全部重新制定了，改变了《民法通则》从行政管理的角度来划分法人类型的做法，基本上按照民法学科上的法人分类建立了法人制度的体系。大体而言，通过把机关法人等法人特殊类型规定为第四节"特别法人"的体例，我们首先可以看到公法法人和私法法人的区分，因为其他三节的法人基本上都是民商法法人。

第四章非法人组织是新增的，条文不多，共 7 条，解决非法人组织法律实践问题。

第五章民事权利的规定，也是重新创设的。其中意义特别重大的条文有：

（1）第 109 条，关于人身自由人格尊严的规定。

（2）第 110 条，关于人身权的规定。

（3）第 111 条，关于信息保护的规定。

（4）第 113 条关于民众财产权利的平等保护。

（5）第 117 条，关于征收的规定。

（6）第 118 条关于债权的总则性规定。从《民法总则》第 118 条至第 122 条的规定来看，立法者已经放弃了未来编制债法总则的设想，但是将债权的一般规则保留下来了。在《合同法》、《侵权责任法》这两个法律就多数人关系以及债的履行有比较细致的规定的情况下，未来民法典不设债法总则编，也还是可以理解的。

（7）第 123 条关于《民法总则》和知识产权制度相互协调的问题。

（8）《民法总则》第 128 条关于"未成年人、老年人、残疾人、妇女、消费者等的民事权利"的规定，不论在法理上还是在实践中价值都很大。

（9）第 130 条《民法总则》关于权利变动的法律根据的规定。

（10）关于权利行使的规定（第 131 条、第 132 条、133 条），在中国民法制度建设方面具有填补空白的价值，值得充分肯定。

第六章民事法律行为也有极大的扩展。相比《民法通则》，《民法总则》的核心是承认意思自治（第 133 条）。《民法通则》相关条文只有 9 个，而《民法总则》的相关条文有 28 个。第一节规定了法律行为的概念等。在按照传统民法理论依据主体规定法律行为时，它承认了"决议行为"（第 134 条第 2 款）。这对于民商法裁判意义重大，对于当代社会发挥重要群体组织功能的社会团体的内部规范意义重大。第二节强调了意思表示真实的原则价值，也强调按照表达主义或者客观主义的思想来认定意思表示的含义（第 142 条），还规定了默示和意思表示的解释规则。这些规定实践意义也很强。第三节规定法律行为的效力，是法律行为制度的重点部分，明确规定了法律行为的生效条件、法律行为无效的情形、待追认行为、可撤销行为、无效及撤销后果。

第七章规定的代理制度，相比《民法通则》有比较大的变化。

（1）在《民法通则》中，代理制度和法律行为制度合并为一章，而现在《民法总则》中代理为独立一章。这种做法体现了代理并不仅仅依据法律行为产生的逻辑。

（2）《民法通则》规定的代理有三种，即委托代理、法定代理和指定代理（第64条）；而《民法总则》规定的代理只有两种，即委托代理和法定代理，不把指定代理作为一个代理的种类，是因为指定代理其实本质是法定代理。

（3）《民法总则》增加规定了多人代理（第166条）、转委托（第169条），这对于市场经济实践意义很大。

（4）关于自为代理，即代理人以被代理人的名义与自己实施民事行为的，传统民法历来规定其为无效，我国《合同法》也规定为无效，但是《民法总则》对其本质的改造：法律首先规定"不得"这样做，但是又规定"被代理人同意或者追认的除外"（第168条第1款）。与此相类似的还有关于"双方代理"的规定，也就是一个代理人同时代理两个被代理人的民事行为的情形，传统民法也是规定其无效，《民法总则》的规定也是"被代理的双方同意或者追认的除外"（第168条第2款）。

（5）关于"表见代理"，《民法总则》也有新的发展。该制度中"相对人有理由相信"这个关键词（《合同法》第49条），在近年来司法实践中引起很多争议，也存在被滥用的危险。这一次《民法总则》第172条在重述《合同法》第49条的内容之后还增加了一些内容，对于杜绝表见代理制度被滥用、增强社会诚信意义显著。

第八章将全部民事责任规定在一章之中，一个最为积极的特点是方便司法。就其第179条规定的承担民事责任的方式而言，其中一大部分，都是既可以适用于侵权责任，也可以适用于违约责任的（停止侵害，排除妨碍，消除危险，返还财产，恢复原状，修理，重作，更换，赔偿损失等）。另外一个特点是，它把传统民法中作为权利行使方式的正当防卫（包括自助）、紧急避险一并规定在责任部分（第181条，第182条，第183条），从责任减轻甚至免除的角度来解决权利行使的正当性问题。此外，这次新增的两个条文也是非常有价值的：其一，是"紧急救助损害免责"（第184条）；其二，是

"紧急救助的受益人补偿责任"（第 183 条）。这两个条文都涉及中国社会热议的救死扶伤产生的责任问题，一个是对处于危难的人进行救助而可能导致对其有所损害时的法律后果问题；一个是施救人自己受到损害时应该获得的赔偿或者补偿问题。这两个条文对此建立了合理的规则，对于促进社会文明将发挥重要作用。

| 写作背景

　　本文是《民法总则》颁布后为解读该法的一篇约稿文章。文章把民法总则的制定和民法典编纂放置在依法治国原则之下,从国家治理需要的一些基本方面出发,分析民法总则从立法的角度担负的职责。事实上民法总则颁布后我国社会呼应不力,总体评价不冷不热,关键是我国社会包括法学界在内,没有看到该法的对于国计民生、对于我国法律体系整体的思想和制度推进的基本法作用。文章完成于 2017 年中,因为报纸发表时删节较多,本次发表的是原文。

在学习和贯彻《民法总则》的过程中，我们应该认识到的一点，就是该法的制定不仅仅只是一项重大的立法工作的完成，而且也是为了健全国家治理基本法律予以完成的重大步骤。国家治理的基本出发点就是保障和发展国计民生，而要做到这一点，在法治国家的原则下，很多方面甚至核心的方面必须依靠民法来推进和保障。民法完善的制度体系，也能够适应和满足这一需要，它也能够担负起国家治理的基本法职责。《民法总则》在全部民法制度之中更是发挥着基础性、全局性、贯穿性作用，因此我们必须从国家治理的角度来理解和贯彻民法总则。

自古以来国家治理都是一项十分复杂而且艰巨的任务，虽然我们无法就国家治理的全部使命做出细致的表述，但是通过历史分析可以看出，如果国家治理得比较好，那么人民就能够安居乐业，国民经济就能够获得稳定持续发展。在这些基础的问题获得解决之后，国家才能够实现富强，内政外交才能够和谐顺畅。所以，从这些国家治理的基本需求看，民法自古以来发挥着基础性作用和决定性作用，而其作用首先就是建立社会基本经济秩序。我们大家都知道，商鞅在介绍其变法思想时，就用一只野兔在田野奔跑而有一百个人追逐抢夺的混乱和市场上放置在笼子里的一百只兔子却没有一个人去抢夺的事实对比，说明了民法上的所有权在建立和稳定社会基本秩序方面所发挥的基础性作用和决定性作用。[①] 现代民法建立的不动产登记制度，更能够清楚地说明民法所有权制度的这一基础性作用。不动产登记制度的基本任务，如果用规范的法律术语来表达，就是将特定的民事主体对于特定的不动产的特定支配权明确地记载于国家设立的不动产登记簿之上，完成不动产物权的公示，以此实现法律对于不动产物权的承认，并建立这一物权保障的法律基础。如果用通俗的社会语言来表达，就是把张三李四或者一个公司的土地连同房屋的所有权，也可能

---

① 《商君书·定分》。

还包括使用权、抵押权这样的权利登记在不动产登记簿上，从而达到明确肯定地承认和保障这些权利的目的。立法通过将一个个民事主体的不动产物权登记在不动产登记簿之上，从而建立起来了整个社会的不动产秩序。显然，这种法律制度是整个社会的基本制度，我们整个社会的基本事务的运作，都是建立在这种制度之上的。民法正是通过自己的法律制度建立起来了我国基本社会秩序的法律基础。

如果从经济发展动力的角度看，民法在国家治理中所发挥的积极作用就更加显著了。亚当·斯密在《国富论》中阐述经济发展成功条件时说，如果要想经济得到稳定持续的发展，那么一定要让劳动者看到自己的所有权。在这里，财富的所有权指的就是劳动者的合法报酬。确实，在劳动者能够看到自己的劳动成果变成自己的所有权的时候，那么他们就会积极主动地创造财富，从而使得自己的家庭获得良好的生存和发展的机会，国家也会增加税收，其他人也会从其消费中获得经济上的好处。财富是创造出来的，把所有权交给劳动者，社会经济就会获得源源不断的发展动力。法制历史学家布莱克斯通在总结英国工业革命获得成功的原因时说，从来没有一种法律制度像所有权这样能够焕发起人们创造的激情！我国改革开放的巨大成功也说明，承认和保护人民群众的所有权，国民经济就会获得发展的动力。所以承认和保护民众的所有权，并不是保护自私自利，而是保护人的正常需求，要造就国计民生发展的源源不断的动力。也就是因为这样，中共中央办公厅和国务院办公厅在2016年底发布的"保护产权意见"中明确要求，要对于人民群众的所有权给予足够和充分的承认与保护。李克强总理在第十二届全国人大第五次会议上所作的《政府工作报告》中提出，保护产权就是保护生产力。这些重要的思想，其实都是在阐明所有权作为一种法律制度，和国民经济发展之间的内在联系。从这些讨论中我们也可以清楚地看出，我国《民法总则》第113条关于"民事主体的财产权利受法律平等保护"的规定，其重大理论和现实意义就在于，要通过民法上的所有权等财产权利制度，来为国民经济确立最为切实的法律保障。

此外，民法上的知识产权制度、合同制度、侵权制度、法律责任制度等，都是直接或者间接地在发挥着为国民经济发展和人民群众的生活秩序保障的作用。我国现在已经进入了人与人之间的基本往来都依靠合同建立的"契约社会"，进入了民众能够比较充分地按照自己的意思表示来形成和发展自己的

"意思自治社会"，人民已经能够有充分的创造和发展的机会，很多新兴产业、新型经济实体都获得了良好的发展机会，人民从中获得了财富，国家从中获得了发展。在这里，民法总是从具体人、具体行为、具体权利和义务的角度，对人民的创造性劳动、对人民的日常生活发挥了促进和保障的作用。总体上来说，民法在国家治理之中担负国家治理的责任，是其他法律无法替代的基本责任。

至于说到《民法总则》在国家治理中所担负的职责，则是通过主体的特定化具体化、权利义务和责任的特定化具体化来实现的，这些规则，是民法、商法、知识产权法"大民法"的基本规则。《民法总则》第一章"基本规定"中阐发的民法基本原则，即平等原则、自愿原则、公平原则、诚信原则、合法原则、绿色原则等，可以说反映和规定了我国作为一个和平建设型国家，应该建立的人与人之间的社会秩序的基本情形。第二章和第三章规定的是民事主体，也就是民事权利的享有者、民事责任的承担者。《民法总则》从充分承认每一个自然人和法人的主体资格的角度，从保护其基本权利也应该明确责任承担的角度，将主体的身份予以具体化和特定化，为依法确立社会基本秩序建立了基础。这一部分内容中，还反映了立法者对于养老问题的特殊关切，反映了规范经营者的特殊社会需求。《民法总则》第五章规定了"民事权利"，可以说，这一章的规定是该法的核心篇章，它全面系统地揭示了民事权利的整体面貌，从保障这些基本权利的要点出发，将民事权利取得和消灭的基本根据、权利行使的基本要求都清晰地做出了规定。从这一章的规定，我们不但可以看到传统民事权利在我国的充分承认，也可以十分清楚地看出我国立法对于现代社会的特殊民事权利的重视，尤其是可以看到对保护人身权的重大关切。《民法总则》的第六章"民事法律行为"，规定了民事主体依据自己的真实内心意愿来设立、变更以及废止民事权利义务关系，包括行使权利处分的基本规则。这一规定不仅仅具有重大的人文价值和道德价值，而且具有基础性的裁判意义。因为，把权利义务和法律责任发生以及变更的根据，建立在民事主体的内心意愿的基础上，这是人民当家作主的法思想的基本体现方式，此前的相关立法对此重视不足，这是明显的缺陷。把民事权利义务的基本根据归结于当事人的内心真实意愿，也为人民法院和其他司法裁判机构分析和判断当事人之间的是是非非提供了依据。在很多民事交往中，尤其是涉及市场交易行为的案件分析和裁判中，必须根据这一依据来确立法律责任。现在我国法律已经充分承认了意思自治原则，这一点不仅仅在我国民法发展历史上意义重大，而且在我国整体的法制发展历史上意义重大。《民法总则》第八章规定"民事责任"，是保护民事权利的重要规则，它从另一个方面体现了国家治理过程中必须解决的重要问题。总之，《民法总则》在完成国家治理的职责中担负的，是给民法以及商法、知识产权法、社会法等涉及民事权利的各种法律建立基本的、纲领性的、统率性的系统规则。

在我国前些年关于法治国家理论的探讨中，法学界多数人的基本认识是，依法治国是一个宪法问题、行政法问题。这些看法不能说不对，但是肯定是有基本缺陷的。如果看不到民法依据其科学性规则为国家治理所担负的基本职责，就无法准确地看待民事权利，无法准确地运行民法规制，更无法建立符合市场经济体制要求也符合人民基本权利保护要求的法律体系。现在，我国《民法总则》已经在国家治理的法律规制方面确立了一个良好的基础；在民法典编纂完成后，我国涉及国家治理的法律体系将会出现崭新的面貌，我们的国家也会因此而治理得更加顺畅，更加兴旺发达。

第二十一篇 坚持现实性和科学性相结合原则积极推进民法典分编编纂的建议

│ 写作背景

民法总则颁布后我国立法机关立即开始了民法典分则的起草工作。本文就是讨论民法典分则起草工作如何展开而撰写的研究报告。文章强调分则部分应该充分认识到我国现实社会,尤其是在国情因素突出的物权法、婚姻家庭法和继承法方面,要体察社会重大变化,注意改变不符合人民权利保障以及保护交易安全不力的物权法要求,改变不能反映婚姻家庭现实的规则。同时,本人认为习近平总书记把科学立法作为立法工作的第一个要求,这一点具有重要理论和实践价值,本文讨论了在民法上贯彻这一要求的五个方面,也指出了我国现行民法立法不符合民法科学基本要求的问题以及解决的方法。对于社会热议的人格权立法问题,本文从立法科学性的角度提出,人格问题是个主体资格问题,还是应该在主体资格制度中做出安排。对人格侵害问题,通过侵权责任法解决就已经足够。该立法报告在 2017 年 8 月提交最高立法机关。

| 本篇目录

　　《民法总则》制定完成后，民法典分则各编的制定工作也已经开始在紧锣密鼓地进行。关于民法典编纂的整体工作，我们还是要像《民法总则》的制定工作那样，坚持现实性和科学性相结合的原则。在 2013 年 2 月 23 日中共中央政治局第四次集体学习会上，习近平总书记指出："人民群众对立法的期盼，已经不是有没有，而是好不好、管不管用、能不能解决实际问题；不是什么法都能治国，不是什么法都能治好国；越是强调法治，越是要提高立法质量。"2014 年 10 月，习近平总书记在党的十八届四中全会上就《中共中央关于推进依法治国若干重大问题的决定》起草情况作说明时强调，推进科学立法、民主立法，是提高立法质量的根本途径。科学立法的核心在于尊重和体现客观规律，民主立法的核心在于为了人民，依靠人民。

　　习近平总书记关于立法科学性的指示，就是当前我国民法典分则编纂工作的指导思想。按照这个指导思想，民法典分则各编的立法应该着眼于中国现实问题，尤其是要充分考虑中国国计民生的重大现实需求，充分考虑法律体系科学的基本要求。如果没有这些考虑，立法的指导思想和出发点就是乱的，就没有正确的道路可走。近一段时间以来，随着《民法总则》的制定完毕，民法典分则各编编纂工作引起极大关注。我国社会尤其是法学界提出了不少建议，虽然其中一些建议很有价值，但是也有一些于理不足甚至似是而非。如果对这些问题不作任何讨论和回应，那么就会把民法典分则编纂置于难以摆脱的是非之地，立法内容的选择定将受到一些不应该的扰乱。

　　所以，我们再次郑重提出，民法典分则编纂应该坚持现实性和科学性相结合的原则，立法必须着眼于现实的需求，要能够积极促进改革开放的发展和人民群众权利保护的需要；立法要充分地利用前人在缔造法律科学方面的智慧和经验，一方面能够因应现实的需要发展我国民法，但是另一方面也要遵循民法的基本逻辑。只有坚持现实性和科学性相结合的原则，我国的民法典才能够成为发展和保障市场经济体制建设和人民权利的法律。依据这些考虑，本报告对我国民法典分则的编纂提出十一条建议，供参考。

一 民法典分则立法应该充分准确把握现实需求

第一，在中国共产党中央的领导下，国家的政治稳定经济发展，社会生活进入全面新常态。持续的社会稳定为民法典编纂提供了历史上最佳的社会条件。值得注意的是，宪法确定的依法治国原则获得社会全面认可，法治国家理论已经逐步成为国家治理的实践，这一点其实毫无争议的是我国里程碑式的重大发展。十八届四中全会做出全面推进依法治国若干重大问题的决议之后，我国法治进程全面加速，立法层面、依法行政层面、司法体制各个层面都取得了重大成就。这些都为民法典分则的编纂创造了良好的条件。尤其值得指出的是，按照习近平总书记提出的"把权力装进制度的笼子里"的思想，我国各种公共权力机关依法运行的制度建设和实践，已经取得显著成效。这一点对于民法典编纂，对于立法功能的实现具有显著的决定意义。公共权力和民事权利虽然从立法基础、法律功能上来看有所区分，公共权力法制不一定总是涉及民事权利，但是公共权力以行使国家主权为其使命，公共权力的各种立法及其适用，既可能提供民事权利的一般保障，也可能构成对于民事权利的限制。所以公共权力的各种运行被纳入法制机制，不但成为依法治国的关键，而且也是民法功能实现的前提。

直接规范公共权力的很多立法还会包含一些直接或者间接的规范民事活动的法律规则，比如涉及土地、矿藏、草原等自然资源管理的行政法中包含关于土地所有权、使用权以及担保物权如何取得、如何行使的法律规则；涉及医疗卫生的行政法中包括涉及医患合同关系的法律规则；涉及交通管理的行政法中包括道路交通事故的侵权责任规则等，这一点也是很正常的。但是我们必须注意到，在涉及民事权利的具体规范时，公共权力立法和民法的角度并不相同。公共权力立法的角度是为了公共利益而建立各种公权机构，对这些社会事务进行自上而下的管理。公共权力立法对社会发挥作用总是针对群体性行为，而不是针对特别确定的一个个自然人或者法人。而民法立法的目的恰恰在于维护和保障明确肯定的一个个自然人或者法人的民事权利，它以平等原则来调整民事主体之间的各种利益关系。这个重要的区别是我们建立法律体系的前提，当然也是编纂民法典的前提。比如，当前趋于白热化讨论的信息保护的制度建设，实际上行政法和民法都会涉及，但是它们着力点不同。

第二，市场经济体制发展速度加快，促使我国社会行为规范趋向于民法化。可以看到，我国社会不论是组织社会事务的各种行为，还是从事交易的各种行为，都已经自觉不自觉地遵循了民法的规则，而不再是不断找政府、求领导、批条子的规则。这说明我国社会已经开始民法化。即使是在改革开放之前建立的并没有依据民法原理来建立的组织体，它们的组织体内部运行也要朝着民法组织体的方向发展，它们和其他民事主体之间的行为也要遵循民法规则。《民法总则》第96条关于特别法人（包括机关法人、城市居民委员会法人、农村村民自治委员会法人、农村集体经济组织法人等）的规定就反映了这个趋势。此外，《民法总则》关于非法人组织的规定，也反映了这一方面的问题。另外，自然人以及各种团体的行为也日趋民法化，最典型的变化就是民间借贷的规则变化。以前，民众之间经常发生借款，中国传统的习惯是这种行为是完全口头说定，而且保留为私人之间的秘密，当事人之间互不声张。但是现在人们在借款时，都越来越习惯使用合同，写明权利义务甚至履约保障。这些情况说明，民法规则已经深入到我国社会的方方面面。

在这种情况下，可以看到我国社会对于民法规则的需求也越来越大，越来越强烈。但是另外我们也可以看到，我国的民法立法不能满足现实需要，而且这个问题一时得不到解决。在民间组织这个问题上，《民法总则》虽然不能包揽一切，但是也确实曾经痛失良机。在民法典分则的编纂过程中，类似的问题应该引起足够的重视。比如物权法、合同法、亲属法、继承法都有大量实践迫切需要解决的问题。对这些问题我们不能回避，而应该认真研究解决。

第三，经济基础法制发生重大改进。中央在2016年10月颁发的"平等保护产权意见"，解决了长期以来涉及经济基础法制思想认识问题，铲除了民法发展的重大障碍。这个意见所体现的精神，是2007年《物权法》尚未充分解决的问题，因此急需我国物权法修订时予以反映。比如投资形成的"股权－所有权"逻辑，也就是投资人只享有股权，而法人享有所有权的基础民法理论，就没有得到《物权法》的承认，而这一点随着城市经济中的混合所有制改革的普遍展开，就不得不予以承认。另外，农村中的地权制度改革，包括集体土地所有权、农民土地承包经营权改革、宅基地使用权制度和建设用地使用权制度改革，以及逐步推行的三权分置改革，都应该在物权法中加以反映。其中，农村土地改革提出的以农民家庭或者成员的权利为基础，重新缔造农民集体经济组织以及集体所有权等迫切问题，涉及的理论和实践问题都很大，但是也是不可以回避的内容。

第四，我国社会全面进入信息社会，因为信息的利用和侵权问题，成为民法必须解决的大问题。首先应该看到的是，国家和人民都从信息和大数据的利用与开发中获得极大的利益，当前我国的数据建设已经取得极大成就，大数据、云计算不但已经进入了国计民生而且已经在一些重要的产业和社会管理中发挥了重大作用，甚至在人民法院的司法实践中也发挥了极大的作用。利用信息和数据技术，不仅仅国家行政机关管理国家的事务非常方便，他们可以利用信息渠道瞬息之间联通五湖四海、边塞海外，而且一般民众的生活也因此产生极大便利，他们也可以利用信息渠道时刻联系到自己的亲朋好友。经商者可以利用信息网络把自己的产品信息发送到国际国内各个地域，医生可以利用信息技术实现对病人最及时的救治。但是另一方面，信息泄露造成的侵权问题，成为法律必须解决的重大问题。2016 年的徐玉玉死亡案件、2017 年的李文星死亡案件，都直接或者间接与信息泄露有关。而涉及老年人、青年学生被诈骗的案件，现实问题已经十分严重。据 2017 年两会期间某记者见面会公布的消息，仅 2016 年，我国 6.88 亿网民因垃圾短信、诈骗信息、个人信息泄露等承受的经济损失达 915 亿元。

对于目前社会热议的信息泄露造成社会严重危害的法律问题，我们必须认真思考并积极应对。应该看到，立法上应该首先解决的问题是从源头上防止信息泄露，而不是在信息泄露之后打击利用这种泄露违法犯罪的行为。从源头上防止信息泄露，就是要治理个人信息的采集、保管和利用的各种行为，这些行为涉及许多政府机关，也涉及电信、学校、民航、铁路、邮政、不动产登记、户籍、医院等单位，既涉及网络，也涉及很多法人和自然人。对这种不特定多数人的行为，国家需要建立行政法规制，显然从民法的角度予以规范是无法做到的。但是信息泄露也会造成民法上的侵权问题，尤其是频发多发的新类型的侵权责任问题。这些侵权问题由民法来解决确实是合理正当的，但是涉及信息泄露的侵权责任在我国相关法律中反映不足，因此现在特别需要修订侵权责任法律规则来解决。

第五，婚姻家庭关系发生重大变化对婚姻和家庭法提出了挑战。首先就是养老的问题。随着老龄社会的到来，而且因为过分强硬的计划生育，现在我们面临严重的养老问题。其次，非登记的婚姻、同居式两性关系越来越能够得到社会的接受和承认，青年以及老年的非婚同居都很普遍，这是我国民法婚姻家庭关系立法必须面对和解决的问题。再次，"家务"中的财产关系，和现行法律立法背景相比已经发生重大变化。最后，现行立法压缩限制亲属关系范围的做法，不但违背中国传统，而且不符合现实情形。这些问题也反映到了继承法领域，因此必须予以认真对待。

二　民法典编纂应该遵守科学性原则

民法典编纂，包括民法典分则部分的编纂必须强调贯彻立法科学性原则，正如《中共中央关于全面推进依法治国若干重大问题的决定》中指出的，立法科学性原则的贯彻对于确保立法质量是一个关键的因素。因为改革开放以来民商法制定工作一直受到极大重视，因此相关立法已经取得很大成就，涉及民法分则基本法的内容大体已经完备。因应市场经济体制保障和人民权利保障需要的基本法律大体都已经有了。从民法立法科学性的角度看，现在需要解决的问题之一，是完善整合现有立法体系，使其成为内部和谐统一的整体。现行民法是在改革开放逐步深化的过程中陆续制定的，不同时期制定的法律相互间有一些明显的矛盾，这也是正常的。改革开放初期制定的法律体现市场经济体制的要求不多的情形，我们也能够理解。总的来说，现有立法体系化、科学化整合的任务仍然比较重。

另外，我们也要认识到，我国民法现有内容遵守法律科学性原理的问题，是一个多年以来也没有得到很好解决的问题。改革开放初期，我们对于立法的科学性可以说基本不认识不尊重，当时提出的"宜粗不宜细、宜短不宜长，成熟一个制定一个"的立法选择，在当时背景下虽然也是不得已，但是从长远来看也确实留下了隐患。在后来的《合同法》、《物权法》和《侵权责任法》的制定过程中，科学立法这个原则也并没有得到严格的遵守，现在民法典分则编纂过程中各种立法枝节化、碎片化、非体系化的观点还是不断涌现。所以我们要在这里提出这个问题并试图解决这个问题。

《中共中央全面推进依法治国若干重大问题的决定》指出，尊重法律科学就是要尊重法律的基本规律。科学的基本意义就在于它能够准确地确定客观世界的运行规律，并利用这些规律建立可复制可推广的逻辑，从而对现实世界发挥作用。民法科学的意义也是一样。民法之所以是科学的产物，它的意义就在于，它能够准确地界定法治国家原则之下民法能够发挥作用的范围，能够建立起符合国家治理目标的切切实实的法律规范系统，并且按照清晰明确的逻辑将这些法律规范组建成为系统的法律制度，这些法律制度可以现实地作用于社会，而且这些作用可以复制和推广到巨大国土的每一个角落，对社会行为发挥一体遵行的调整作用。当然，民法和其他的科学体系一样，它不像神学那样什么都能解释什么都能做到（但是实际上什么也解释不了什么也做不到），民法在现实社会发挥作用的功能既是确定的，同时也是有明确边界的，它发挥作用也是有条件的。民法典编纂包括分则编纂必须依赖于民法科学。

民法学作为社会科学，它的立法科学性原则可以简要总结如下。

第一，公法和私法相区分的原则。

公法和私法的区分，是大陆法系成文法国家确定法律体系建设所普遍遵守的基本原则。事实上英美法系国家的制定法，大体上也遵守了公法和私法相区分的原则。虽然公法和私法的相互区分，在法学的精微之处存在争论，但是在基本环节不存在争议。所谓公法，就是支持、保障和规范公共权力运作的法律规范的群体，也就是为了实现国家主权对于社会事务方方面面的管理而建立的，涉及立法、行政管理、司法，涉及内政、外交以及国防等各种事务的国家权力形成以及运作的法律规范的总和。私法，就是关于民事权利行使和保障的法律规范群体的总和。公法和私法的区分，对于法律体系的建造可以说具有基本的意义，因为，法律的基本功能就是完成国家治理，在依法治国原则下，国家治理一方面要明确治理者所依赖的法律，这些法律群体就是公法，其中最为重要的就是宪法、行政法等；另一方面，也要明确被治理者的权利立法，这就是私法，主要是指我们现在所说的民商法。"私法"这个词来源于罗马法，原来指涉及私人利益保障的法律，现代民法科学中，这里的"私"，指的是明确肯定的民事主体的意思，也就是民法上的主体不论是自然人还是法人都应该明确肯定，这样，不论主体享有权利还是承担法律义务以及责任，也都是明确肯定的。所以，"私法"不能像前苏联法那样被解释成为和公共利益相对立的"私"有利益的代名词，这种不中肯的政治解读，会彻底损害这个概念的法律价值。

公法和私法的相互区分在民法分则编纂过程中之所以应该首先得到尊重，原因就是我们必须首先确定，哪些内容属于公法哪些属于私法。我们应该首先找到民法的边界，不能认为民法可以包打天下，把行政法甚至宪法的内容写入民法。虽然我们说民法属于社会百科全书，但是民法规范不能包揽社会管理的法律规范，也就是针对社会不特定多数人的公共行为的管理性规范。对一些既涉及行政法也涉及民法的社会行为，我们更应该注意到行政法和民法建立法律规范的不同角度。比如，上文分析到的个人信息保护的法律制度建设问题，我们就应该认识到，涉及各种不同的政府机关、社会的企业事业单位（比如邮政、银行、民航、铁路、互联网、学校、商场等）采集个人信息，保管个人信息和利用这些信息的行为，民法实际上无能为力。因为这些行为就是典型针对不特定多数人的行为，而且仅仅采集和保管个人信息在民法上无法禁止（对此请参阅《民法总则》第111条），对此应该建立管理规范的责任就只能交给行政法。民法科学性能够在这一方面发挥的功能是，它只能从侵权法的角度解决保护的问题。因此我们无法同意目前一些学者依据二十一世纪个人信息保护问题非常重要，应该把信息保护的全部问题都纳入民法典的独立人格权编来建立法律规范的观点。这种观点实际上是做不到的，要民法承担行政法的功能，违背了公法和私法的基本功能区分。

另外，我们还要清晰地认识到信息和隐私的立法区分。《民法总则》在第110条规定了隐私保护，在第111条规定了信息保护。仅仅从这一点我们就可以看出，我国民法总则立法时大家都已经清楚地认识到，隐私和信息并不是同一的概念。这两个概念最简要的区分在于，隐私就是个人私密，是不能让任何人知道的，更是不能公之于众的；而信息只是关于个人的情况的描述或者记载下来的资料，它们并不完全和个人相关联。信息之中，有相当大的部分则是适度公开的，甚至是必须公开的，比如一个人的名字、电话号码、家庭住址、联系方式，甚至一些身体健康数据等信息，就是可以适度公开或者完全公开的。所以《民法总则》第111条就没有规定禁止一些单位或者个人获得个人信息。

从该条规定的内容，也是根据我们的生活常识看，个人信息包括的内容非常多，但是无论如何它只是一种被记载的数据，所以它不能和《民法总则》第110条规定的直接体现自然人身体的权利相提并论。个人的信息，有一些即使公开了也不会对个人造成损害，但是也有一些内容有可能被犯罪分子利用而造成损害。因此该条立法规定，信息采集者、保管者承担义务，不泄露这些有可能致人损害的信息。总体来看，该条文所说的信息，不能被理解为该法第110条所说的隐私。在这一点我们可以清晰地看到，在徐玉玉等信息泄露案件中，被泄露的只是个人信息，而不是徐玉玉的隐私。如果我们不能准确地区别这些概念，也就难以准确理解立法；如果我们以这种不清晰的思路去指导立法，那么我们自己的行为反而会对民众的权利造成损害。

第二，一般法和特别法相区分的逻辑。

《民法总则》第2条规定，民法调整平等主体之间的人身关系和财产关系。但是，属于平等主体之间的人身关系和财产关系的法律规范非常之多，尤其是在市场经济体制下，在当代社会信息与互联网时代，民法社会还在不断扩展，立法上属于民法的规范群体还在迅猛增加。在这种情况下，民法科学自身的一般法和特别法相区分又相互连接的逻辑，为容纳庞大的民法规范并为之建立规范逻辑发挥了基础性作用。对此我们在做立法体系和内容选择时应该予以足够的重视。

民法法典化运动初期（十七世纪至十八世纪），基于强化民事权利保护的需要，人们提出了建立一个包揽全部民事法律规范的民法典的观点。这种观点听起来很美而且一度获得很多支持，但是立法者很快就认识到，这一观点在现实中是做不到的。因为当时人们遇到了一个非常大的困难，就是把商事法纳入民法典的内容之中。起源于欧洲中世纪，从地中海到波罗的海之间的商事贸易习惯而形成的商事法，到民法法典化运动时期已经形成了比较完整的体系；而且商事纠纷的裁决强调客观公正、方便快捷，这一点也和一般的民事裁判规则有所不同。所以，虽然人们对于商事法律属于民法没有大的争议，但是，把已经体系化的商事法纳入民法典既没有必要而且也显得十分生硬。也就是这样，法国、德国等国家在编纂超大型的民法典的同时，也保留了商法典独立的立法模式。这种模式的特点，是把民法典作为私法的一般法，其中规定涉及一般民事主体、一般民事行为、一般民事权利和一般裁判规则的内容；此外的商法典作为民法特别法，规定涉及商事交易的特别民事主体、特别行为、特别权利和特别裁判规则的内容。考虑到商事特别法规则更符合商事交易特征的需要，因此在法律适用上确立了特别法相比一般法优先适用的规则，以及特别法无规定时适用一般法的规则。虽然此后多年以来，关于民法和商法之间的关系，学术上还有不少争议，但是将他们之间的立法和司法规则依据一般法和特别法的体系逻辑来予以规制，可以说基本无争论，而且实践效果也非常好。

一般法和特别法的体系逻辑，不仅仅适用于处理民法和商法之间的关系，而且也被用来处理民法和知识产权法之间的关系，以及民法和社会立法之间的关系，甚至也被用来处理涉及民事权利的大量行政管理法律之间的关系。知识产权法的特征在于，专利和商标等权利必须纳入登记，因此在发生权利争议时必须首先解决涉及登记的问题，这一点和一般民事权利不一样。社会法涉及的社会权利，虽然会涉及政府扶助，但是其本质仍然是民事权利（对此请参阅《民法总则》第128条的规定）而且国家对于劳动者以及弱势群体的扶助，本质也不是行政管理，而是实现民事主体的实质公正。因此在法学上普遍的认识是，社会法仍然是民法的特别法。当然，涉及民事权利的行政管理法不应该属于民法特别法，但是这些法律中的很多规则，比如《土地管理法》等法律中规定的土地权利规则、《道路交通管理法》中涉及的交通肇事裁判规则等，仍然具有民法特别规则的含义。在法律适用方面，这些特别法或者特别规则具有优先适用的效力，但是如果特别法和特别规则没有规定的，仍然应该适用民法处理当事人之间的争议。

一般法和特别法的逻辑，给我们确定民法典分则的立法内容提供了一个非常强大的分析武器。现代社会民法的体系规范十分庞大而且还在不断扩展，但是民法典不可能将其全部纳入，在这种情况下，我们就可以运用一般法和特别法、特别规则的逻辑，将大量的民法规范分门别类，只是将涉及一般主体、一般行为、一般权利和一般裁判规则的内容纳入民法典之中，其他的规范，可以纳入民法特别法（比如商事法、知识产权法、社会立法等），也可以将其纳入属于行政法的特别规则之中。比如，关于个人信息保护涉及的民法规则，就可以纳入个人信息保护法之中。

第三，法律关系的基本逻辑。

法律关系的基本逻辑，指的是民事主体、客体和权利义务之间的内在联系。民事法律关系基本逻辑的要求是，这些构成因素都必须明确肯定。民法科学性的基础就在于法律关系的基本逻辑。民法对社会发挥作用的基本手段，就是利用法律关系主体明确肯定的原则，也就是主体特定性或者具体性原则，将民法整体的立法思想演化为针对具体人或者具体行为的规范，并且通过法律的贯彻，使得立法整体的进步思想成为现实。实际上，法律作用于社会的功能正是依靠法律关系的逻辑来实现的，民法规范可以作用到每一个具体的人或者团体，可以作用到一个个具体的行为，所以民法的作用是扎扎实实的，依靠民法建立和改造社会整体秩序的目的也是这样扎扎实实地得到实现的。比如，不动产登记制度就是通过把一个个具体的不动产物权，通过特定主体、特定客体、特定权利这样的制度设计，登记在不动产登记簿上，通过一个个不动产的登记，建立了社会整体的不动产秩序。法律关系的基本逻辑，是民法科学的核心和基础，它不仅仅在立法上而且在法律实施以及司法上都发挥着决定作用。

但是我们必须看到，二十世纪中期我国社会采纳的前苏联法学，其违背法律科学性的要害之一，就是否定了法律关系的特定性或者具体性。这种理论在民法上采取抽象主体学说，在所有权等重大民法制度建设方面，否定明确肯定的自然人主体或者法人主体学说，结果使得我国包括国有财产在内的公共资产领域，出现了主体虚空的制度产物，而且给后来我国在这一方面的科学制度建设造成了很大妨碍。实际上，在法制社会里，任何财产都会受到所有权的支配，因此我国公共资产的实际支配者肯定是存在的。但是法律上的所有权和现实支配关系完全脱离，这就给我国公共财产的法律秩序建设造成了很大的障碍。这个障碍，从前苏联法学的角度看是没有办法清除的。所以唯一的出路是坚持立法科学性原则，清理前苏联法学的消极影响。让我们感到高兴的是，随着改革开放的发展，我国民法在贯彻法律关系的基本逻辑方面，在近年来的立法和法律制度建设中已经取得了很好成绩，2007 年《物权法》在制定时在贯彻物权特定性原则方面付出了很大努力，它从主体客体到具体权利，都对前苏联法学遗留的制度进行了比较大的改造。

我们应该清楚地看到，按照法律关系科学性逻辑，《物权法》值得改进的地方还很多。比如，在公共财产所有权领域，前苏联法学所造成的"统一唯一国家所有权"理论至今没有改变，法律上所讲的国家所有权和行政管理权区分不清，法律上的统一唯一的所有权主体始终不存在，实际所有权主体在法律上无法彰显，公共财产的支配秩序保留的灰色空间非常之多。在投资领域，因为前苏联的这种学说，"所有权－股权"（也就是投资人的所有权转化为股权、公司法人享有所有权）的立法基本逻辑得不到贯彻，混合所有制改革遭遇立法阻碍。实际上中央政府和地方政府的投资区分是十分清晰的，但是在立法上无法得到承认。这种情况在土地、森林、矿藏、自然保护区、风景名胜区等领域的所有权制度建设上也是一样。这种现实和法律相脱节的现象隐患极大，应该尽快予以改变。

值得庆幸的是，这一次《民法总则》第96条规定了特殊法人制度，这样，依据法律关系逻辑首先需要更新的主体制度取得了突破。承认公法法人，将在公共财产制度方面发挥极大作用。承认了农村集体经济组织的法人资格，将促使我国农村集体法律制度立法的重大突破。但是目前这些突破还没有反映到物权法之中，正在进行的物权法修改方案必须按照特殊法人的主体制度所确定的基础，来改造我国的物权法尤其是所有权的法律制度。

第四，民法的规范性。

民法规范性指的是，民法的制度必须具体化，而且这些制度必须包括明确肯定的主体、客体、权利义务、法律责任等必要因素，这样的民法制度具有明确肯定的可操作性，适用这些法律制度必然产生确定的权利、义务，或者法律责任的结果。民法科学性之一，是它的法律规范的确定性。它不是政治口号也不是道德规范，适用民法规范产生的权利、义务或者责任，最后甚至可能触及司法强制，而不是一种没有司法强制力支持的政策或者道德上的约束。

以本人从事法学研究和教学工作多年的体会，我国社会尤其是法学界，对于民法规范性研究仍然有所欠缺。其一，我国法学界对于法律规范的基本定义，一般是从刑法或者行政强制法得出的，该定义指出法律规范是指包含着"假定、处理、制裁"三个基本因素的规范。但是这个基本理论是否适合民法，多年来并没有人仔细思考过。一个民事案件在适用民法规范时，当事人的行为有时候确实会导致法律责任产生也就是制裁的产生，但是有时候甚至多数情况下都是仅仅产生权利，或者消灭义务，却不产生制裁。比如法院依据不动产登记或者动产交付确认取得所有权，依据事实行为确认取得所有权，依据抗辩权或者解除权消灭债权，依据继承权取得财产所有权等。在民法中，即使是法院的裁判，也并不必然导致对于当事人的法律处罚，因为有的规范的适用可以导致民事责任产生，有些却并不导致民事责任产生。比如法院对一项当事人是否取得所有权的裁判，就只会产生权利确定或者否定的结果，而不会产生法律责任。这种情况说明，现在我国法学界关于法律规范的学说并不符合民法规则。其二，我国民法学界常常不能把握民事法律规范设计的要点。因为民法的全部规范由行为规范和裁判规范构成，因此民法中的制度分析，应该首先就是规范分析，这是一种古老的法学研究方法。所谓行为规范，就是为引导民事主体从事具体民事行为而设置的规范，比如合同法中规定引导当事人订立合同的规范，婚姻法中引导当事人如何缔结婚姻的法律规范等。所谓裁判规范，就是为法官或者其他裁判者设置的，目的在于给裁判者授权，让他们能够对具体民事活动中当事人的行为做出明确的是非裁判的规范。民法中的法律规范，要么必须是行为规范，要么就应该是裁判规范，但是也有一些法律规范同时具有行为规范和裁判规范的特点。根据这种规则，我们在做民事法律制度设计时，就必须首先考虑到这些制度的规范分析，看看这些制度到底是行为规范还是裁判规范。

在民法典分则编纂过程中，出现了关于在民法分则中设立独立的人格权分编的呼吁。但是从民法规范科学性这个角度分析，我们很容易看出这种观点的缺陷。因为人格权的道德伦理基础是自然人的人格和人格尊严，而自然人人格、人格尊严是绝对不能用来交易的（所以我们认为，某些学者提出的"人格权商品化利用"这个命题是非常危险的提法——对此下文要仔细讨论），因为没有交易，也就没有行为规范。事实上自古以来民法上说到人格权也只是保护的问题，而没有交易的问题。所以人格权立法的核心问题，也就是它受到侵害时的法律救济的问题，也就是裁判规范的问题。这个问题，事实上在我国侵权责任法中已经解决了。

第五，区分原则。

在民法中，绝对权和相对权相区分、负担行为和处分行为相区分、侵权责任和违约责任相区分，可以说是贯彻民法始终的基本逻辑，甚至也是贯彻于全部财产转让法律制度的基本逻辑。这个对于民法制度具有重大意义的分析和裁判规则，只是到二十世纪九十年代中后期才为我国民法学界所知晓，在二十一世纪初期才被最高法院的司法解释承认并作为基本的裁判规则得以应用。但是，我国民法学界仍然有一些学者对此原则提出似是而非的批评，《物权法》

也只是模模糊糊地采纳了这个原则。

《民法总则》第130条规定，民事主体依照自己的意愿依法行使民事权利，不受干涉。这个条文虽然从表面上看是支持民事主体行使权利的内容，但是这个条文也揭示了一个非常重要的思想，即民事权利行使的法律效果应该依据权利人的内心意愿来确定。像所有权这样的权利仅仅依靠权利人自己的意思表示就能够发生法律效果，从法学上说，这就是权利人自己的意思表示能够绝对发生效果。因此这些权利被称为绝对权。但是有些权利像合同债权，权利人行使权利时其效果必须借助于相对人的意思（请求履行和对应履行），如果相对人没有意思表示权利就不能实现，这些权利被称为相对权。绝对权的典型是所有权，相对权的典型是合同债权。所以，第130条规定的重大意义在于，它承认了不论是物权还是债权，权利行使的过程，其实都是权利人意思发生效果的过程。指出这一点意义显著。

从绝对权和相对权区分的角度看，法律行为理论除具有重大人文价值之外，在民法的基本结构和裁判上还具有极大的科学性。民事权利的这种本质区分，导致当事人的法律行为性质发生区分，法律责任发生区分，进而就是权利变动的法律根据发生区分。可以说，区分原则对于民法、商法、知识产权法以及涉及民事权利交易的其他法律，都有结构基础的作用。

遗憾的是，我国法学界对于这样一个基础性的原则，却因为法学资源的谬误，而长期不理解甚至予以排斥，从而导致立法产生了明显错误的规则。比如《合同法》第132条要求，买卖合同时必须针对已经存在的标的物订立。进而《合同法》第51条规定，如果订立合同时，债务人尚无标的物所有权，那么这一合同就不会得到法律的承认和保护。如果依据这些规则来裁判交易，针对不存在的物比如工厂尚未制造出来的物订立买卖合同，那就将被当作不受法律承认和保护的合同。这些规则的谬误可以说是非常清楚的，但是至今还没有得到改变。事实上，《物权法》第15条以及最高法院2012年买卖合同司法解释三都在试图改变合同法的这些不符合法律科学的规则，但是应该的做法，是在民法典分则的编纂过程中整体予以整合修订。

在《民法总则》的制定过程中，一些学者和立法工作人员认为，物权和债权的区分比较难以理解，因此在总则的法律行为制度中没有写入相关条文。这种说法，从目前我国市场经济的发展状况看是很难成立的。现在我国，不论是民法理论界还是司法实践界，谁不知道物权和债权的区分？谁不知道法律行为的本质是当事人的意思表示？这样普及型的知识，这样具有普遍意义的法律原则，如果得不到采纳，实在是中国民法的不幸。

所以，这一次民法典分则编纂涉及《物权法》、《合同法》的相关规则整合时，立法应该明确坚定地采纳区分原则。

三 关于民法典分则设定独立的人格权编的讨论

在我国当代民法学研究活动中，关于人身权以及人格权的讨论，尤其是围绕着民法典中是否设立独立的人格权编的讨论，现在已经成为显著的热点。自从有学者提出人格权在民法典中独立成编的主张之后，中国社会科学院课题组一直持否定态度，其原因非常简单：不论是从民法体系科学还是立法基本功能的角度看，人格权在民法上的立法问题，就是侵权以及救济的法律问题，这个问题已经由我国《侵权责任法》解决了，现在个人信息保护出现的问题，也还是个侵权法问题，完全可以通过修订侵权责任法来解决。近年来，继续坚持人格权在民法典中独立成编的学者又提出了"人格权商业化利用"或者"人格权权能的商业化利用"的观点，认为侵权责任法不能解决人格权市场化的问题。这个观点出现之后，关于人格权本来比较清晰明确的制度规则，*已经出现了极大的混乱，因为这个观点打破了民法学、宪法学等学科关于人格以及人格权的基本定义，也突破了能够支持法律建立人格以及人格权学说的伦理底线。

事实上，主张人格权独立成编的观点，其基本的两个论据之间是不协调甚至是矛盾的。其论据之一，就是二十一世纪信息被滥用而造成以隐私为核心的人格权被极度侵害，必须加强保护。其论据之二，就是现在中国出现人格权商业化的趋势，因此，人格权也已经具有了类似于物权或者债权那样进入交易机制的特征，应该将人格权和物权、债权一样，作为民法典中的独立一编。但是，这两个论据的要求如何协调统一为独立的人格权编呢？这些学者似乎没有想到这个问题。事实上，将这两个论据协调为一体，从立法功能的角度看是不可能的。因为如果要解决人格权商业化利用而产生的交易问题，那么立法要建立的规则是行为规范；如果要强化人格权侵害救济，那么立法要建立的规则是裁判规范，也就是在侵权法中加大立法的保护之策。这两个论据，涉及民法的合同法和侵权法两个领域，可以说这是全世界的民法（包括英美法系）都认识到的重大差别，因此我国民法学界不可以混淆这个基础性的问题。

从当前社会法治实践的角度看，强调人格权保护当然是正确的。但是，既然要强调其人格权保护，那么我们就必须仔细分析，我国目前有没有人格权保护的立法？这些立法在保护方面到底出了什么问题？首先我们要看到，类似于徐玉玉案件那样的严重后果，根源在于信息泄露，而不是隐私泄露。一些学者一再强调信息泄露就是隐私泄露，这是很不严谨的。徐玉玉被泄露的只是她的考试信息，而不是隐私。因此，这个案件不能被炒作成为一个隐私权受侵害，进而也是人格权受侵害的案件。另外，我们也要看到，徐玉玉考试信息的泄露，主要的责任在于掌握这些信息的学校和教育行政部门。窃取和出卖信息的黑客和利用信息诈骗的罪犯，其罪责并不是泄露信息而是盗窃信息和利用信息诈骗。无论如何，不论是信息泄露还是信息犯罪，这些问题当然也不应该由民法来规范。可以由民法来规范的，只有信息泄露造成损害之后的侵权救济问题。在上面的讨论中我们已经分析了我国《民法总则》第 110 条和第 111 条立法的差别，因此我们在这里呼吁我国社会尤其是我国法学家，不可以混淆隐私和信息的区别，也不要把这个问题和人格权的保护混为一体，更不要把信息保护方面的全部问题理解为民法问题。我国《侵权责任法》已经建立了良好的侵权救济制度的基础，这个重要的立法基础任何人不可以忽视。如果认为该法对于人格权保护还有不足，那么，在下一步的民法分则编纂过程中，进一步修改或者加强这一方面的规则即可。

至于"人格权商业化利用"这个观点，在我国法学界提出来而且形成了比较高的声浪，仅仅这一点清楚地说明，我国民法学界关于人格权基本理论的研究十分薄弱。稍有人文主义历史知识和伦理学知识的人，一看到这样的提法都会非常惊讶，人格、人格权怎么能够被"商业化利用"？提出这些观点的学者有没有想到人格权所涉及的重大伦理问题？

在本人曾经翻译的《民法上的人》这篇论文中，德国法学家哈藤豪尔通过历史考察，揭示了民法上的人、人格、人格权的起源以及现实的发展。这篇文章说明：在历史上曾经有很长的一段时间，自然人并不都是法律上的人，自然人中的奴隶没有法律人格；即使具有法律人格的自然人，却因为血缘、性别、民族、阶级、宗教、政治阶层等各方面的因素，被划分为不同的等级身份，他们不能享有平等的法律人格。这种人与人之间的人格是天生的、合法的、赤裸裸的，因为人格不平等，他们的权利义务和责任都是法定不平等。因为人被分为上等人和下等人，上等人可以决定下等人的自由（包括性的自主）、财产甚至生命，这种情形就是等级身份制。在人文主义革命时期，人们首先是从生命伦理的角度提出了人人生而平等的进步思想，以此来推翻等级身份制的思想基础。后来，经过哲学伦理学和法学等多个方面的巨大努力，天赋权利、人人平等这些观念才被立法接受，宪法和民法都逐步建立了以法律人格人人平等为基本理念的主体制度。这种人人平等的人格理论，从一开始就抓住了下等人悲惨的身份命运这个重大道德伦理缺陷，从生命和尊严应该人人平等的角度，建立了人文主义的伦理观，进而这个伦理观才演化成为宪法和民法的主体制度。简而言之，人格就是作为法律人的资格，是和自然人的生命相互连接的原生权利能力；人格的法律问题，是要让一切自然人的生命和自由一律平等。人格问题首先是一个宪法问题，民法上的主体资格，其实只是自然人的宪法资格的体现。从历史的考察看，自然人享有平等人格以及人格权的提出，是近现代以来人文主义革命的产物。民法上的人格也是人文主义伦理下自然人生命和自由一律平等的价值观的体现。

也正是因为这样，世界很多国家民法规定，自然人的权利能力一律平等，自然人的权利能力始于出生终于死亡。这个规定强调的是，自然人之间的法律人格没有差别。自然人人格基础的人文主义的思想，现在看来我国法学界并不很清楚。无论如何，自然人的法律人格和他或者她的生命、健康、自由（包括性自主）等基本权利相互不可分割，这些都是维系他或者她的主体资格的必需。这样的权利内容，怎么会有商品化利用的可能？如果这些东西都能商品化利用，那么他或者她还是法律上的自然人吗？

也就是因为这样，人格权，在传统民法中一直是和侵权法密切相关的。因为，虽然近现代宪法从主体资格的角度解决了自然人之间人人平等的法律问题，但是，在自然人之间却始终存在侵害他人的生命健康、隐私、自由等方面的现实问题。这些侵害，归根结底也是对他人主体资格或者人格的侵害。所以，人格维系或者人格权保护的重大责任，就交给侵权法来承担了。

两次世界大战之后，民法学关于自然人法律人格的思想出现了一个重要进步，那就是把人格以及人格权这些概念和公共权力限制理论相互连接起来，从而在自然人人格和人格权保护方面取得实质突破。第二次世界大战期间自然人权利受到大规模侵害，而这种侵害的主要渊源就是公共权力。在吸取这一沉重历史教训的基础上，为了强化自然人权利保护，在宪法中出现了基本权利制度。当时法治社会宪法具有至高无上的法律地位，把自然人的基本权利写入宪法，就是要以宪法的权利位阶为手段，实现对于自然人权利的高度保护。宪法基本权利，主要指的就是民法中的自然人权利，包括但不限于目前我国法学界部分学者热炒的人格权。从那以后，世界各国的宪法都普遍承认了基本权利规则，强调人民的这些权利的神圣地位，以此限制国家依据公共权力，防止国家权力对这些权利造成损害，这是宪法规定基本权利的首要目的。传统宪法和民法强调的人格平等，主要是为了解决等级身份制这种体制造成的历史问题；而现代宪法中规定的基本权利，主要是解决现代国家过于膨胀的公共权力对于民众基本权利包括人格的损害的问题。

在宪法规定的基本权利之中，人格尊严是一项核心内容。这一点也被民法学界称为"一般人格权"。正是这个权利，才构成了民法人格权的宪法基础和道德基础。我们要理解现代民法学中的人格权，必须首先明确，这个权利和自然人人格尊严的内在联系。中外民法学界的基本共识是：各种各样的自然人人格侵害或者人格权侵害，归根结底都是自然人的人格尊严的侵害。所以，不论在立法上列举出来多少人格或者人格权的具体类型，总而言之这些都是人格尊严的体现。所以，虽然有一些人包括我国的一些学者在内，都花费了很大精力尽可能地列举出人格或者人格权的具体类型，但是这些列举总是不成功的，因为这些列举无法全面地解释出人格尊严的含义。传统民法的立法者并不这样做，因为明智的民法立法者并不在列举人格或者人格权方面下太多功夫，而是在承认人格尊严具有一般人格权本质的基础上，依据这种一般概括的方法，尽可能地把那些有可能受到侵害的人格利益都能包容进来。我国民法总则目前的立法观念，其实就是这种思路，它在第 109 条揭示了一般人格权的理念，在第 110 条也列举了一些人格的类型，但是它没有说这些就是人格尊严或者一般人格权的全部。这种立法结构下，第 109 条的法律适用，就有了非常广阔的空间，因为这个条文具有巨大的包容性。第 110 条的规定，仅仅只是列举了常见的受侵害的人格或者人格权的内容，这些列举之外，应该还有其他的受侵害的人格或者人格权的样态，这些样态可以从第109条当中得到法律的保护支持。第110条的这些列举，可以作为司法裁判的指引或者参考，而不是作为固定的类型化模式，这和物权法定原则的要求是完全不一样的。

总而言之，将以生命伦理为基础的人格或者人格权商业化，这样一种观点从理论上看就已经十分让人吃惊，一个"化"字，其理论分量有多重，这些学者不知道是否认真思考过。

支持民法典中设立人格权分则编的观点提出，目前，我国或者国际上已经出现"人格权商业化利用"的趋势，而且还列举了一些事实。但是这些事实可以成为"人格权商业化利用"的根据吗？从我们看到的资料，这些学者提出的"人格权商业化利用"的事实主要有：

（1）自然人利用肖像权做广告。这是人格权商业化利用的主要根据。我们只是想问，一张相片被用作广告，这就是人格权转让吗？如果真是人格权转让，那么转让之后，肖像权人的相关人格是否已经被转让出去？他或者她还有没有相关的人格？显然，做广告之后自然人人格没有一丝一毫的减少，这就是说，他或者她并没有将包含自己人格的权利转让出去。如上所述，人格权本质是自然人的人格尊严，是和他或者她的主体资格相关联的基本权利，而肖像权做广告恰恰不涉及这些内容。从大量的广告使用的肖像我们可以看出，这些肖像多数向我们展现的是色相诱惑，而色相诱惑恰恰和人格尊严保护的基本目标相背离。客观地说，肖像广告可以说基本与人格尊严无关，而只是与经济利益相关。因此当代世界，不论是哪个国家，都只认为肖像广告仅仅只是一个合同法问题，而不是个人格权问题。无论如何，把利用肖像做广告解释为人格权商业化利用的观点，是完全无法成立的。

（2）一些学者提出，表演权、形象权等也可以作为人格权商业化利用的根据。但是这个观点法学界基本无人同意，因为这是个知识产权法问题。

（3）一些学者提出，类似莱温斯基向媒体出售其性隐私而编书赚钱的行为，也是人格权商业化利用的例子。对此我们完全无法赞成。因为，这种以出卖自己的性隐私而牟利的行为既违背了道德伦理，也违背了法律的基本原则。我国法律，从来都对此予以禁止。这个例子恰恰说明了人格尊严涉及道德伦理的问题，人格即使权利人也无权处分。

（4）一些学者提出的法人可以转让其主体资格，比如公司可以转让其字号等，因此法人尤其是公司法人人格权是可以商业化利用的。这种观点可以说，是典型的似是而非。如上所述，人格以及人格权，是现代民法为纠正古代民法中自然人的主体资格的不合理制度而有针对性建立的制度，它要解决的问题，是古代法律基于公开而且合法的血缘歧视、民族和种族歧视、性别歧视、宗教歧视等歧视，而且这些歧视造成的下等人不能享受充分法律人格的问题。第二次世界大战期间的因为公共权力滥用造成的人格侵害，本质上还是因为法律歧视。现代法律建立平等的法律人格制度，而且通过宪法关于人格尊严的规定，给予这种权利以高度的保护。而法人制度从一开始产生就没有遇到过所谓的歧视问题。而且从法律实践的角度看，法人的可以转让的字号，实质还是财产权利的转让。这一点和自然人的主体资格完全不可以转让的特点，完全不一样。

退一步来说，仅仅依据企业法人转让其字号这样一个理由，也不能就得出整个法人类型都可以转让其名称的结论。因为公益法人并无转让"字号"的可能，而且即使是企业法人，其某些涉及其主体资格的权利（比如我国《民法总则》第110条第2款规定的名誉、荣誉等）也是完全不能市场化的。所以，法人人格权商业化利用的说法，其实是非常典型的夸大其词的结论。

从上文分析我们可以看出，"人格权商业化利用"虽然现在被炒作得非常热，但是它是一个典型的理论泡沫。首先，在自然人人格和人格权方面，除了肖像权做广告之外，还没有其他人格或者人格权商业化转让的法律问题。而肖像权做广告，却仅仅只是一个典型的合同法问题，其本质不是什么人格以及人格权商业化利用。而在法人方面，仅仅企业法人转让其字号这样一种行为，似乎与其主体资格的商业利用有关，但是其本质是一个典型的财产权利转让问题，其他的法人类型并没有其人格或者人格权商业化的可能。所以，整体上看，不论是中国还是国际上，都没有"人格权的商业化利用"的实践。

针对我国人格权理论研究的混乱，本人在此向立法机关，向全国法学界尤其是民法学界发出呼吁，请大家思考如下相关问题。

（1）什么是人格？法律上提出人格是要解决什么问题？人格和人格权建立的伦理基础是什么？

（2）什么是人格权？人格权是怎样解决人格问题的？

（3）自然人对自己的身体究竟享有什么权利？他或者她有权利处分自己

的身体吗？其中的生命伦理问题有人考虑到吗？

（4）提出人格权商业化利用，这个"化"字的范围和深度有没有确切的定义？

（5）肖像做广告能被定义为人格权商业化利用吗？

（6）自然人信息是人格吗？

（7）自然人信息泄露是隐私泄露吗？

（8）信息泄露造成的严重的社会问题，仅仅依据民法就能够解决吗？

（9）信息泄露造成的侵权，通过侵权法修改不能解决吗？

（10）人格权立法，仅仅就是民法问题吗？是否在民法典规定独立的人格权编就能解决全部人格权问题？

（11）法人为什么不能享有人格尊严？

（12）法人"人格权"和财产权有什么区别？

如果这些问题得不到澄清，不但人格权独立成编成为笑柄，而且我们的民法典、我们的法律体系、我们的法学理论也将为人长久诟病。鉴于如此之多的似是而非，我们有理由提出以上的质疑。

四　对当前民法典分则编纂的几点建议

第一，全国人大常委会法工委应该继续坚持两步走的民法典编纂规划，在民法总则制定完成之后，稳定扎实地推进已经确定的民法典各个分则的整合工作。民法典编纂分为两步走，是委员长、全国人大常委会领导都已经向社会宣布的立法方案。这个方案的编制既符合我国民法发展的现实，也符合法理。从上面的分析看，三步走的方案也就是在其中增加人格权独立成编的方案，不但不符合我国现实需要，更重要的是违背民法原理、违背法律伦理基础。

第二，积极应对信息保护的社会需要，在我国侵权责任法修正时，增加关于信息泄露侵权规则。如果为了突出这个问题，可以考虑在民法典的侵权责任编中写入专门一节。我们的研究结论是：关于信息侵权大体上需要三到五个条文，包括违法采集自然人信息侵权、违法泄露自然人信息侵权、多数人共同故意侵权、多数人非共同故意侵权等。从民法的角度看，民法对于信息侵权的法律规制以此即可满足。但是，信息泄露需要的民法保护问题，还是要通过侵权责任法来解决，不论是从法理上看还是从立法现实看，我国民法典分则编纂都没有必要独创人格权编。

第三，积极贯彻民法总则立法取得的成就，在物权编的修订过程中，能够按照特别法人制度的要求，从主体的明确肯定、客体的明确肯定和物权的明确肯定角度，改进我国公共所有权制度和集体所有权制度。具体的建议是：①在公共财产领域，贯彻《民法总则》第96条规定的公法法人作为民事主体的规则，有限度地使用"国家所有权"的概念，尽力以明确的民事主体权利、义务和责任构建公共财产秩序。②在"国家投资"和公有制企业的物权法律制度中，承认和采纳法人所有权学说，采纳"股权－所有权"规则，明确投资人权利和企业法人所有权的区别，为推行混合所有制改革铺平道路。③在农村集体财产所有权制度方面，贯彻《民法总则》第96条关于特别法人的规定，按照社团法人的规则，重建集体经济组织法人所有权、集体成员权等相关制度。

第四，按照民法科学，全面采纳区分原则。从物权法和合同法相互衔接的角度，积极主动地消除《合同法》第132条、第51条的立法弊端。

第五，物权法修订，应该接受我国已经建立统一不动产登记制度的现实，对相关制度做出全面修改。2007年《物权法》制定时期，因为不动产登记制度不统一，因此登记不能完全和物权法中的物权变动制度对接，一些必要制度没有建立起来。除类似于《物权法》第10条这种过渡性的条文应该予以修正之外，还应该增加登记依法产生的公信力、登记推定正确性原则演化的具体规则（如主体推定、权利推定、损害赔偿受领权推定等）等。另外，还应该建立当事人依据充分法律根据推翻不动产登记的法律规则（包括条件和程序等），以保护真实的不动产物权人。总体来说，这一部分需要修改的内容比较多。

第六，完善建筑物区分所有权法律制度，以此为核心完善居民小区法律制度。

第七，全面修改物权法第106条关于善意保护的规则，建立符合法理和中国实践需要的市场交易安全规则。

第八，全面修改担保物权制度，承认市场国家普遍存在，我国也已经多有应用的多种担保制度，并修正涉及交易安全的一系列核心条款，比如《物权法》第 191 条等。

第九，积极应对我国已经进入老龄化社会的现实，在空巢老人、失独老人保护方面做出努力。

第十，积极应对婚姻家庭关系的重大变化，在亲属关系立法方面做出实质修改。比如，在血缘亲属关系立法上，打破旁系血亲二等亲的限制，采纳我国传统亲属关系制度。立法不应该把亲属范围仅仅限制在旁系血亲二等亲的范围之内。事实上，我国传统亲属关系在稳定社会秩序、促进社会进步方面一直发挥着积极作用，立法应该对此予以承认和保护。同时，应该承认和保护不损害公共利益和他人利益的异性伙伴关系，将其纳入亲属关系范围之内。

第十一，在继承法规则中，尽量扩大亲属关系，扩大继承人范围，尽量把民间财产留在民间。立法尽量限制由所谓的国家或者集体取得无人继承财产的条款，因为这种理论不但得不到民众的认可，而且在实践效果上得不到采纳，是完全不现实的。

以上意见供参考。

｜写作背景

2017 年 10 月，中国共产党第十九次全国代表大会的报告中提到了关于保护三种人民权利的要求，因为其中包括人格权，这一点立即被一些学者解释为，在民法典中设立独立的人格权编来自于中央的决定。本文说明了人格以及人格权作为法律问题的起源，说明了人格作为权利的目的，首先是为了解决法律上的主体资格问题，彻底废除奴隶制以及等级身份制，建立人人平等而且有尊严的法治社会。所以，显然人格以及人格权保护首先涉及宪法，也涉及整个法律体系，而不仅仅只是个民法问题。因此不可以把中央的这个要求仅仅理解为民法问题，更不能将其引导为支持人格权在民法典中独立成编。因为在民法上，人格问题是主体资格问题，我国民法总则已经有比较完善的主体资格的正面规定；至于主体资格保护则是侵权法的制度建设问题；我国侵权法制度基本完善而且运行良好。文章否定了主体资格可以转让、可以商品化开发的观点。不论是从法理上看还是从我国立法以及司法实践的角度看，人格权在民法典中独立成编都是无法成立的观点。文章完成后作为立法报告提交给了我国最高立法机关。①

① 本文撰写过程中采用了上海财经大学李宇副教授的部分资料和观点，也借用了梁慧星教授的个别观点。修改过程中提出建议的有：中国社会科学院谢鸿飞研究员、窦海阳副研究员、梵文副研究员、刘晨琦博士和刘宇晗博士后，北京大学常鹏翱教授，北京化工大学鲁春雅副教授，中国政法大学于飞教授和刘承玮教授，复旦大学段厚省教授，华东政法大学金可可教授，韩强教授，山西大学汪渊智教授，中南林业大学李敏副教授，珠海华发集团田丰博士，西南政法大学谭启平教授，重庆邮电大学朱涛教授，广州外贸外语大学张保红教授等。文章在此一并表示衷心感谢。

| 本篇目录

一 必须全面理解十九大报告提出的人民权利保护的要求

党的十九大报告对依法治国原则下我国法律制度建设的各个方面都提出了要求，比如在立法方面明确提出了"科学立法、民主立法、依法立法"的要求。目前我国最为重要的立法活动就是民法典分则的编纂，在民法典分则编纂过程中如何贯彻中央的这一要求，是我们应该首先认真思考和完成的基本任务。此外，十九大报告也提出了"保护人民人身权、财产权、人格权"的问题，这一段话是在报告的第八个题目"提高保障和改善民生水平，加强和创新社会治理"这个主题之中的第六个小问题下提到的，这一部分的标题是"打造共建共治共享的社会治理格局"，其完整的表述是"加快社会治安防控体系建设，依法打击和惩治黄赌毒黑拐骗等违法犯罪活动，保护人民人身权、财产权、人格权"。显然，这个要求是从打击当前不断出现的相关犯罪活动、保护这些犯罪侵害的人民基本权利的角度提出来的，它要解决的是国家治理过程中的人民权利保障问题。这个要求充分体现了中国共产党对普通民众基本权利的高度重视。在学习和贯彻十九大报告之时，我们参与国家法制工作也罢，学习和研究法律也罢，都应该全面准确理解这些要求，从而认真地加以贯彻。

因为目前我国民法典编纂是最为关注的立法活动，所以法学界少数人提出了一种观点，把十九大报告关于保护三种权利的要求表述为或者解释为对民法典立法的表态，甚至更加具体地解释为支持在我国民法典编纂中建立独立的人格权编。我们认为这个观点非常不妥当。我们认为学习、解读十九大报告的论述时，应该全面和准确，首先我们应该看到十九大报告关于立法工作的要求和保护三种权利（包括人格权在内）的要求，不仅没有放在一起提出来，而且这两个要求所提的角度是完全不同的。如上所述，十九大报告提出的保护人民的财产权、人身权、人格权，是从国家治理的角度，尤其是从打击相关犯罪的角度提出来的。联系我国宪法很早就有关于这三种权利的规定，即宪法第37条关于人身自由的规定、第38条关于人格尊严的规定、第39条关于住宅不受侵犯的规定，可以看到，十九大报告在这里提到的保护这三项权利的要求，和宪法的精神是一致的，就是为了落实宪法的精神。从宪法作为国家根本法的角度看，从宪法在规定这三种权利时的出发点看，这三项权利的保护应该贯彻在立法、执法、司法、守法的各个方面。即使是从立法的角度看，这三项权利的保护，也指的是我国法律体系整体的完善，甚至要包括宪法在内，当然也还要包括民法、刑法、行政法这些基本法律和各种程序法在内，包括各种单行法律法规以及地方立法在内。所以，十九大报告在这个要点上的指示，无论如何不能误认为保护财产权、人身权、人格权仅仅只是对于民法的发展完善提出的要求，更不能把这个要求理解为支持在民法典编纂中将人格权独立成编。

所以，中央提出的保护财产权、人身权、人格权的要求，绝不可以被严重压缩为支持在民法典中将人格权独立成编。如果肯定这种观点，那么就会将十九大涉及人民权利保护的要求在法律制度建设方面严重缩水，这不但会严重误导公众对于十九大报告的解读，也会极大地压缩十九大报告的重要作用。值得思考的是，十九大报告在这个要点上提出的是保护财产权、人身权、人格权。如果主张的人格权在民法典中独立成编的观点能够成立，那么是不是财产权、人身权也要在民法典中独立成编？显然这个理解是不对的。

即使仅仅从民法典编纂这个角度看，在民法典中将人格权独立成编这个观点，从立法科学性的角度看，也是完全不成立的。从保护人格权的角度看，我国现行民法中已经建立了良好的制度（包括2017年最新通过的《民法总则》在内），而且这些制度也在良好地运行。某些观点所说的我国立法在人格权保护方面的缺陷，其实并不是我国现行民法的缺陷。退一步说，即使这些制度有缺陷，也完全到不了将这些制度予以废弃而另搞一套的地步。

因为目前保护人格权的问题被一些学者过度炒作，我们必须严肃认真地从法律理论上思考和解决这些问题。如果不认真思考和解决，不仅仅民法典编纂的整体工作会受到很大干扰，编纂出来也没有威信，更重要的有可能妨害十九大做出的全面依法治国方略的贯彻实施。顾名思义，人格权保护需要解决的法律制度建设问题，是针对人格权受到侵害的问题提出来的。而人格权保护，应该包括人格权侵害的预先防范和人格权被侵害后的损害赔偿两个方面。

仅仅从保护人格权的法律制度建设的角度看，我们也应该认识到，这是宪法早已经提出来的问题，应该作为整个法律体系建设的任务，是包括宪法在内的整个法律体系的完善和立法、执法、司法和守法都要解决的问题。从"保护"这个关键词来分析，显然这是针对侵害而言的，那么保护人格权也应该包括针对侵害的预先防范和事后救济这两个方面。无论怎样看，针对侵害的预先防范，虽然民法也要发挥很大的作用，比如民法上的个人保护禁令制度（防止性骚扰等），但是针对群体性的大规模侵害的预先防范，那民法就无法做到，而只能借助于行政法等法律。对于侵害人的惩治，也需要依靠刑法和行政法。当然，在事后救济这个问题上，民法就要发挥核心的作用。无论如何从保护这个关键词出发，我们不能把保护人格权理解为仅仅只是民法的职责。退一万步说，即使人格权在民法典中独立成编，也解决不了保护人格权的全部问题。

而且，同样从保护这个关键词出发，我们还要注意的是，十九大报告提出在法律制度上保护人格权，这一点不能和主张的人格权商品化开发利用，或人格权转让的观点混为一谈。保护人格权当然不包括所谓人格权转让。下文分析中也要谈到，所谓人格权商品化开发利用、人格权转让的观点，是完全无法成立的。我们简单想一想就可以知道，人格以及人格权怎么能开发转让？

因为某些学者和课题组将人格权保护的问题片面地理解为民法典编纂的问题，那么在民法典编纂这个重要的立法活动中，我们务必贯彻中央"科学立法"的要求。所谓科学立法，依据习近平总书记的讲话，那就是要尊重立法的基本规律规则，法律不只是制定多了才好，关键还是要好用。同样按照立法科学性要求，我们必须知道民法在法律体系中的功能定位，知道它能够做什么、不能做什么。鉴于在人格权保护这个问题上一些观点带来了比较严重的理论混乱，因此，我们有必要厘清思路，认真思考如下问题：

（1）什么是人格和人格权？它作为法律制度要解决什么社会问题？

（2）人格以及人格权是怎样成为民法问题的？我国现行民法中有没有解决人格权保护问题的法律制度？它整体上运作良好还是运作不良？

（3）我国现有民法制度在保护人格权方面到底有多少或者多大的缺陷，以至于要抛开现有立法，而重新搞一套？

（4）人格权保护在民法典中独立成编，对民法整体而言、对民法的其他部分有益还是有害？

如果这些问题不思考，不解决，而只是一味在自己预设的前提下寻找论据，不断试图自圆其说，这就会造成立法的干扰，造成十九大精神贯彻的干扰。

二 人格、人格权制度诞生的本来含义

人格指的是作为法律关系主体的资格。这个问题古已有之，我们在稍微研究一下相关法律历史后就会发现，人格以及相关人格权的问题，仅仅涉及自然人，而不包括后来才出现的法人人格问题（主张人格权在民法典中独立成编的观点在这个问题上也造成了理论混乱，下文简要讨论）。人类社会就有关于法律人格的规定，不过那个时候建立的法律人格制度，恰恰就是要公开地、赤裸裸地建立奴隶没有人格、自由人法律人格不平等的制度。历史上奴隶并不是法律上的人，这种情况在法学上被表述为他们没有人格。奴隶之外的自然人虽然被称为自由人，但是自由人的法律人格被划分为等级，首先划分为贵族和平民，然后又划分为权利义务分明清晰的上等人和下等人。上等人依法享有完全人格，而下等人依据"人格减等"规则，人格越来越少。这种情形以我们现在普遍熟知的印度种姓制度为典型。不论是奴隶制还是等级身份制，在全世界都曾经普遍存在。这种等级身份制条件下的人格制度，特点就是人与人之间作为法律主体的资格也就是"人格"合法的、公开的不平等。总体来说，上等人享有法定特权，下等人生命、财产、自由都遭到法律的歧视甚至蔑视。依据这种制度，各种政治压迫和经济剥削借助于这种法律人格的法定不平等而得到贯彻和保障。受人文主义思想的影响，近代以来进步思想家提出自然人平等人格的思想，并通过政治革命解决了这个问题。此后宪法中树立起了法律面前人人平等的原则，而一切自然人的人格平等原则也贯彻在包括刑法、行政法、民法和各种诉讼法的全部法律制度之中，立法、行政管理执法、司法都要贯彻这个基本原则。人格问题的重大进展发生在第二次世界大战之后，针对法西斯政权执行的民族和种族歧视政策造成的严重灾难，世界各国普遍地将自然人人格平等、享有自然人的人格尊严规定为一项基本权利，规定任何权力也不可以剥夺

这种权利。自然人因此而享有的权利，在法学上称为"一般人格权"。这种权利来源于宪法，其应用范围涉及国家与社会生活的各个领域，因此可以解决比如血缘歧视、性别歧视、种族歧视、宗教歧视、贫富歧视、地域歧视等各种社会问题。这是人类社会在近代法律制度历史上的重大进步。

历史告诉我们，人格和人格权的问题涉及法律制度建设的两个重大问题：

第一，人格以及人格权首先并不仅仅只是涉及单一个人，而是涉及族群、社会阶层或者阶级、种族、性别等自然人之间的差别，因此这个问题具有强烈的政治性。本来，这些自然人之间的差别是客观存在的，但是在立法上把这些差别作为标准，歧视甚至压迫一些人群，在族群和阶层之间建立不平等待遇，这就从根本上违背了公平与正义，从而造成十分严重的政治问题。因此，近现代以来，人格、人格权被当作基本人权问题或者基本权利问题，并且从宪法的角度确立了人人平等的原则，以此解决族群性质的人格权保障问题。上文提到的一般人格权，就是这样产生的。正如一些法学著作阐明的，让每一个自然人的法律人格都能够得到承认，而且是得到平等的承认和保护，这就是当代法律基本的人权和基本原则。如果侵犯人格权涉及族群、阶级、性别、民族种族等问题时，那么也就违反了宪法。所以从这个角度看，我们都可以认识到，保护人格权首先是宪法的职责。

第二，是这个问题具有伦理性，具有强烈的人文主义色彩。因为人格平等、人格尊严的理论和宪法规则，从历史上看还并不是为了解决全体公民的人格问题，而仅仅只是为了解决下等人这个群体，也就是作为被统治者的社会大多数人的法律资格问题。古代法律制度下，上等人享有法定特权，他们的特权并不需要这种法律上的平等人格来予以保障；而下等人也就是多数人却必须依靠这一权利翻身得到解放。也就是因为这样，被统治的多数人享有法律人格和一般人格权，是近现代以来民主政体的道德伦理基础。所以，宪法以及民法都规定，自然人的人格始于出生终于死亡，人人平等。基于这个分析，我们可以知道，人格也罢，人格权也罢，从法律伦理的角度看，都是与自然人不可区分的，也是和自然人终身不可以区分的。正是在这一点上，我们完全有把握地认为，目前我国法学界提出的人格权转让、人格权商业化利用的观点，都是无法成立的，因为它违背了人格以及人格权产生的基本伦理。

分析人格立法、人格权立法，必须首先想到人格和人格权的历史背景，同时也必须认识到，我国这些问题基本上已经在宪法层面得到了解决，而宪法上人格平等的精神在我国其他法律制度建设方面也早已得到了充分的贯彻。

也正是因为以上这两点分析，让我们能够清楚地看到宪法保护人格权的指导思想和主要方法。宪法保护自然人格和人格权，是要解决族群、阶级、性别、种族、民族这样针对多数人、群体人的现实问题，所以，它首先就要规定群体自然人的人格平等的基本原则，就一般人格权做出正面的宣告，并且要求各种宪法之下的各种法律包括民法、刑法、行政法和各种诉讼法来加以落实。当代世界各国宪法都将人格尊严、人人平等作为宪法基本原则和自然人的基本权利（比如德国基本法第二条），我国宪法也一样。所以正面宣扬人格权，符合宪法作为国家根本大法的立法本意，而且也应该是宪法的职责，也符合宪法统领各种其他法律的地位。所以我们一定要明白，人格权侵害如果涉及族群性、涉及多数人的利益，那么这些问题就必须由宪法、刑法、行政法、民法来共同处理。所以人格权保护，历来不仅仅只是民法问题。当代社会，人与人之间的歧视仍然存在，即使在我国现实中还存在男女不平等、城乡不平等这些社会问题，所以宪法在这一方面仍然发挥极大的作用。我国宪法规定的法律面前人人平等的原则，就是人格平等的原则。这就是一条最基本的"一般人格权"的规定，它在我国仍然发挥着很大的作用。各种性别歧视、民族歧视、地域歧视等，都形成了对于宪法意义的人格、人格权的侵害，这些问题，首先要从宪法的角度去认识，要通过多种方法去处理。也就是因为这样，我们认为十九大报告提到的"人格权保护"是一个意义重大的国家治理问题，这一点不能仅仅理解为民法立法问题，更不能把它理解为支持民法典中人格权独立成编，否则，这就是一种严重的误解和误导。

三 将人格权在民法典中独立成编有可能造成政治问题

包括我国在内的世界文明国家无不重视对人格权的保护，但以此并不能得出要在民法典中设置人格权编的结论。世界各国现有的一百多部民法典中，单独设人格权编的，仅有《乌克兰民法典》一部。主张人格权独立设编的学者认为，这是他们的"创新"，但是已经有《乌克兰民法典》的先例。但是对于乌克兰这个法律关于人格权的规定，在我们看来应该被当作教训而不是经验，是我们必须提防的立法陷阱和政治漏洞。《乌克兰民法典》1996年公布草案，2003年通过。1996年该法草案即已设有人格权编，并且被我国学者介绍进来。据乌克兰本国学者的介绍，《乌克兰民法典》单独设人格权编的立法理由是，通过人格权的单独设编，"将乌克兰人格权的保护水平提升到欧洲的人权标准"。乌克兰本国学者认为该国人格权单独设编"主要是受法学之外因素影响的结果，如果认真分析人格权立法的逻辑，无可否认，这些逻辑是毫无根据的。"① 其他国家的学界对《乌克兰民法典》将人格权单独设编的模式，也缺乏积极的评价。《乌克兰民法典》2003年通过，至今已有10多年，很难查到各国学者对它的评论。《乌克兰民法典》并不像荷兰民法典、魁北克民法典、巴西民法典等新近颁布的民法典那样受到学术界普遍的重视和关注。仅有德国学者对该民法典最突出的特色即人格权单独设编，用了一句话予以评价："可以视为对之前的社会主义的过激的反动。"② 这一句评语非常中肯，它点到了这个立法方案的要点。从这些评语中我们可以看到，将人格权独立成编，恰恰是这个国家立法者的政治考虑。这一点非常值得我们注意、警惕。

2016年中国法学会召开的"中国法治论坛"上，主张在民法典中将人格权独立成编的学者提出，二十一世纪是人权的世纪，因此我国也应该将人格权在民法典中独立成编，以响应这一趋势的要求。我们姑且不说这一观点在学术上的牵强附会，其政治上的缺陷就足以让我们十分警惕。可以肯定地说，从全世界范围来看，人格权在民法典中独立成编，只有失败的教训，而没有任何成功的经验。

四 我国民法意义上的人格权保护制度基本完善

当然，人格以及人格权之所以也成为一个民法问题，是因为自然人作为

---

① 参见《乌克兰人格权领域民事立法的现状与未来》，作者为 P.A.斯特凡邱克，法学博士、教授，乌克兰赫梅利尼茨基管理与法律大学。

② 乌尔里希·舒尔茨著《关于乌克兰民法典的报告》，《德俄经济法研究会报告》2003年第14期，第18页。

民事权利主体，其主体的资格也会受到侵害，因此民法也要建立相关制度来保障人格，因此产生民法上的人格权制度建设问题。从人格以及人格权保护的关键词"保护"的角度看，民法上也有关于从预先防范的角度建立的保护人格权的制度，比如婚姻法中，为了防止在婚姻的缔结和分离之后一方骚扰另一方的情形，法律上建立了相关禁止令的制度。这种制度也可以应用在其他涉及人身关系的场合，以保护一些具体的民事主体的人格权。但是，在多数情况下，因为民法不能对尚未发生的行为建立法律上的责任，其他涉及生命、健康、隐私、人身自由等方面的人格权保护，尚难以建立预先防范的措施，而只能建立事后救济的法律制度，这就是侵权责任制度。比如，损害自然人的生命、健康，会造成自然人无法行使民事权利；暴露自然人的隐私，会造成自然人的社会评价降低；损害自然人的人格尊严，使得他参加民事活动遭遇障碍。民法中的侵权责任法，就是一种确认侵权发生并对其追求民事责任的法律，这种法律责任的特点主要是从经济补偿的角度对受害人予以救济。这一法律中包括了针对损害人格以及人格权的救济制度，它已经存在了上千年。在公元二世纪出现的《法学阶梯》中，就有了系统的侵权法。不过在古代法律中，因为人与人之间法定的不平等身份，不同等级的人之间的人格侵权，要以等级身份制的规则处理。只有到了近代以后，人们才开始平等地看待全部自然人的法律资格，人格权保护的立法规则发生了本质的转变。但是无论如何，人格权保护的制度在古代民法中已经建立，至今已经运作近千年。近代以来，尤其是现代社会以来，民法上人格权保护的法律规则应该说是比较成熟的。

现代民法保护人格权，是为了贯彻宪法一般人格权保护的思想。但是，民法保护的方式方法，和宪法有所不同。宪法保护人格权，主要的方法是通过根本法的地位，对一般人格权做出正面的弘扬，对平等承认和保护人格权确立宪法原则。这个规则，是针对族群人、多数人的，而且可以对尚未发生的行为提出预先防范的要求。而民法对于人格权的保护，则要依据法律关系的基本逻辑和规则。法律关系逻辑是民法分析和解决现实问题的基本方法，是一个科学的原则，也是人类法律制度历时数千年的经验总结。它的基本含义是，民事主体是具体特定的自然人或者法人，民事客体是具体特定的动产或者不动产，权利是具体明确的财产权或者人身权（包括人格权在内，或者是具体明确的人身利益），义务也是具体明确的。通过具体明确的某一行为或者事件，导致民事权利义务的产生或者消灭。简要地说，这个逻辑的基本要点就是主体、客体、权利义务和责任的明确肯定。因为这个基本原则，所以，从民法科学性的角度看，人格权保护，首先要确定受到损害的自然人所遭受的损害，确定侵害人及其行为，确定侵害人行为和受害人损害之间的因果关系，尤其是在侵害人有多个人、多个行为的情况下，因果关系的确定非常重要，因为这是确定其法律责任的要点。全世界的人格权保护立法，民法上的保护都是这样的，我国法律并没有什么不同。

上文已经对宪法正面弘扬人格平等原则、规定一般人格权原则的作用做出了解释。从民法立法的角度看，民法也会依据这些原则，将宪法的这些规定予以细化，这也就是所谓的"具体人格权"的规定。具体人格权和一般人格权形成对应性规定，但是，他们的内容有相当的不同。大体而言，民法关于具体人格权的规定有三个要点。（1）民法的这些弘扬要服从法律关系的逻辑，也就是民事法律关系从主体到权利义务责任都应该明确肯定的逻辑。所以，民法不能像宪法一样做出针对群体人、多数人的规定。这一点，也是民法作用于社会的局限性。（2）因为人格和自然人须臾不可分离，人格权是自然人的人格的权利，它和自然人时刻不能分离，它没有转让可能，也不能有转让人格权的法律制度。（3）因为人身自由、人格尊严乃是最崇高的自然人权利，法律列举具体的人格权虽然应该细致，但是再细致也不可能穷尽。实际上，从民法的重点在于损害赔偿和救济的角度看，也没有必要予以完全细化规定。《侵权责任法》的主要规则，要点还是要明确损害赔偿的裁判规则，明确侵权责任的承担逻辑和责任类型（这就是民法上所谓的"归责原则"）即可，只要是合法的权利或者利益受到侵害的，都会受到法律的救济。如果仔细列举权利的类型，势必把法官引入如何区分权利类型的烦恼之中，使他们忽视了归责原则，甚至忽视了侵权责任的要点就是上面说到的因果关系这个核心。这就违背了法律的基本逻辑和立法的本意，反而不利于个人权利的保护。在《民法总则》的制定过程中，一些民法典编纂课题组提出，要求立法务必明确列举人格权的类型，这一观点已经被立法否定。现在这些课题组还是提出这样的观点，但是这个观点在立法上不但做不到，而且完全没有必要。

我国 2017 年制定的《民法总则》、2009 年制定的《侵权责任法》正是按照以上这些考虑制定出来的。首先《民法总则》第 109 条、第 110 条，从正面弘扬的角度提出了民法意义的一般人格权和一些具体人格权的类型。《侵权责任法》第 2 条列举的还要更加详细些。但是即便如此，这些正面的弘扬，并不能列举人格权的全部，所以《侵权责任法》第 2 条使用了"民事权益"一词作为兜底（当然，这个条文中也包括了侵权法意义上的财产权利和利益）。这个兜底概念，已经能够包括应受保护的人格权或者人格利益的全部，因此即使是互联网时代的人格权利或者人格利益，也都能纳入其中。

人格权或者人格利益保护的要点，核心在于追究侵害人的法律责任，这一制度的要点就是侵权责任的归责原则，而我国《侵权责任法》对此建立的制度非常详细（我国《侵权责任法》是世界上条文最多的侵权法）。这一制度以加害人的行为、损害结果、加害行为和损害行为之间的因果关系这三个要素展开。而且更为重要的是，在加害行为为多个人或者损害结果涉及多个民事主体的权利或者利益的情况下，《侵权责任法》对于确定归责原则的因果关系也有十分清晰细致的规定。这一规定，完全满足了现代社会保护人格权或者人格利益的要求。以社会广泛关注的山东考生徐玉玉案为例，从侵权的角度看，加害人及其行为、损害的结果、加害行为与损害结果之间的因果关系清清楚楚，可以说从侵权法的角度看，追究加害人的法律责任没有任何法律制度的困难。《侵权责任法》第 36 条还专门就互联网侵权规定了特别的制度。徐玉玉案件，这个互联网时代的典型案件说明，我国人格权保护的民法问题，在我国现行立法上已经得到了解决。即使这个制度有缺陷（遗憾的是一些学者却没有能证明、论证这个制度有何缺陷），那也仅仅只是弥补和完善的问题，而不应该另搞一套。

五 人格权转让或者人格权商品化利用是个伪命题

从目前公开发表的文章看，目前提出人格权在民法典中独立成编的观点，主要的论述根据是目前互联网时代，人格权受到侵害越来越严重的问题；但是，遗憾的是，这些观点并没有指出我国《民法总则》、《侵权责任法》确立现行制度到底有什么缺陷，而且也没有提出任何关于修改这些立法的建议。值得注意的是，这些主张人格权独立成编的观点，却又提出了另一个论据，就是所谓"人格权商品化利用"或者"人格权转让"的理由，来支持自己的看法。这在学术上是很不严谨的。

从民法科学的角度看，人格权转让、人格权商品化利用其实是一个伪问题。因为，全世界的民法学界都认为，人格和人格权是自然人"始于出生、终于死亡"和其自身完全不可以分离的权利。从上文的论述中我们也可以清楚地看到，人格乃是自然人作为民事权利主体的资格，这怎么能商品化利用？怎么能转让？你的主体资格被转让了，你还是主体吗？人格权的核心人身自由和人格尊严怎么能商品化利用？你能为了金钱而出卖它们吗？从人格、人格权发展演化的历史看，人格权包含了强烈的伦理价值。将人格权纳入可以转让、可以商品化开发的对象，这个提法是非常轻率的，也是违背公序良俗的、违背社会主义核心价值观的。

本文作者归纳总结这些学者的相关文章，所谓人格权商品化利用或者转让的现象，只是提出了一种稍微有点关联的论据，那就是自然人的肖像可以做广告、自然人的姓名以及肖像可以注册商标的问题。自然人的肖像做广告在全世界大多数国家都有，但是全世界的法律人都认为这只是一个广告合同问题，是一个经济利益分配问题，从来没人认为这其中涉及人格权转让问题。所以，全世界的法律都是利用《合同法》、《广告法》来规范这个问题，而且全世界的法律在这一点上从来没有显示出缺陷。自然人的姓名和照片用来注册商标，属于知识产权法的范畴，也是财产权利问题，也不是人格问题或者人格权问题。道理很简单，这些行为之中，并没有民事主体的法律人格的转移。值得注意的是，人格权立法的核心是要维护自然人的人格尊严，而很多用作广告的肖像，衣着暴露性感甚至隐私部位裸露，这完全违背了人格尊严的价值取向，所以也违背了保护人格权的立法初衷。用这一点来支持人格权商业化利用，不能自圆其说。退一步说，这个理由即使成立，那也不能使用"人格权商业化利用"的概念，而仅仅只能使用"肖像商业化利用"的概念，因为肖像权并不是典型的人格权，它并不处于人格权的核心位置，所以不能把这一点扩张到整个人格权。肖像权的损害，历来都不构成人格基本利益的损害。此外，还有一些观点和理由，大抵都是把和自然人相关的制度牵扯进来，比如把属于知识产权范畴的"形象权"、"公开权"拉进来。这样做，不仅没有必要，也完全扰乱了法律知识和制度的现有体系。

至于自然人转让姓名权这样的事情，我们认为实在没有讨论的价值。因为从古到今没有听说过谁转让了他或者她的姓名。因为不论是中国还是外国，重名重姓的实在太多，你可以叫张三李四托马斯，别人也可以叫张三李四托马斯，你转让不转让不影响别人用这个姓名。

有些学者还提出，公司可以转让名称或者字号，这也是人格权商品化开发或者转让的理由。这个理由其实也不能成立。因为人格和人格权，从一开始就只是要解决自然人的人身自由和人格尊严问题。公司法人、合伙组织没有这些问题。而且公司、合伙组织在法律上转让其名称字号，从来都没有障碍，而且在法律上从来是财产权利问题，而不是人格权问题，这些问题从来也没有纳入人格权保护这个问题上来过，因为从财产权转让的角度已经良好地解决了相关问题。

六 个人信息的大多数不是隐私不能被纳入隐私权

目前主张民法典中规定独立的人格权编的观点，提出了利用人格权保护来治理个人信息泄露问题的论据，并且进而提到，这也是人格权在民法典中独立成编的理由。我们认为，这个观点是望文生义。因为：（1）隐私完全私密，而个人信息大部分可以公开；（2）个人信息可以被他人合法地采集，也可以被合法利用，而隐私绝不可以被采集和利用。因此，我国《民法总则》第110条规定的人格权中包括了隐私；而关于个人信息则规定在第111条，以体现其区分。依据我国法律，也是依据社会实践常识，法律并不禁止收集保管甚至利用个人信息，而只是强调要保护个人信息。此外，个人信息的采集、保护规范涉及公安、民政等政府部门的行为，也涉及电信部门、IT产业、互联网产业、铁路、民航、银行、学校、商场、医院等具有公共行为色彩的机构，这也不是民法能够规范的。个人信息保护的立法对策，首先应该是行政法、刑法，民法上的侵权问题还并不是主要的法律手段。而且，从2012年《全国人大常委会关于加强网络信息保护的决定》到2016年《网络安全法》再到2017年《民法总则》（第111条），我国已经基本建立健全了通过行政制裁、刑事制裁和民事责任来保护个人信息的综合治理体系和法律制度体系，未来即使还有完善的空间，也应该是在上述法律的基础上制定单行的"个人信息保护法"，这些不是民法甚至人格权独立成编能够解决的问题。

很多人以徐玉玉案件作为根据，说明个人信息就是隐私，这个说法实在牵强。因为徐玉玉的招生信息泄露，完全与隐私无关，而且这个案件中，徐玉玉个人信息泄露，导致损害的是她的生命权和财产权，而不是她的隐私权。忽视了这些重要区别的误导，不仅仅是一种为了吸引眼球的炒作，而且也是一种针对立法和司法的误导。而且，我国处理这一类案件依照的法律制度是完善的，此类案件根本不能成为单独制定人格权编的理由。

七 人格权独立成编造成民法体系混乱

民法典各编是按照立法规律组成的一个科学体系，人格权独立设编，违反了基本的法理逻辑。民法典设立总则和分则，总则规定贯穿于各个分则的逻辑，分则体现各种基本民事活动的特殊领域。因为人格涉及自然人的法律资格，所以这个问题应该规定在总则之中。我国《民法总则》第二章的规定就是如此。而人格权，作为民事权利，只是为了维护自然人的主体资格的权利，它不能转让，不能和民法典分则中可以市场化的物权、债权等财产权并列；而且这一权利只有在受到侵害时才能够展现其作为权利的特征，这种侵害并不是必须发生的，更不是每个人都要遇到的，因此也不能和体现每个自然人都必须面临的婚姻家庭关系、继承关系并列。所以将它和其他分则并列，实在不符合立法遵循的基本逻辑。

此外，如果将人格权独立成编，还将造成如下体系问题：

（1）和《民法总则》有关民事主体的规定形成内在冲突或者重叠。

（2）和《合同法》以及行政法规大面积重合。比如一些课题组提出的学者方案，将医院和病人之间的医疗合同中，医院和医生护士对于病人的勤勉注意义务，也纳入自然人的人格权，这就是一个典型的例子。

（3）和《侵权责任法》大面积重合。

（4）和《民法总则》民事责任一章大面积重合。

（5）使得《民法总则》关于民事法律行为、代理、诉讼时效和期日期间的全部规定产生逻辑混乱。依照法理，这些规定都不能适用于人格权，从而出现民法典总则无法统领民法典分则的根本性逻辑错误。

（6）人格权的内容不像债权、物权那样丰富，即使单独设编，必然条文畸少，在体系上无法和具有大量条文的债权、物权制度并立。实际上，《民法总则》关于各种人格权的现有规定作为正面弘扬的条文已经足够。

八 多数民法学者不支持人格权独立成编

正是因为以上原因，我国民法学界只有极少数学者在主张、推动人格权独立设编。每一次学术研讨时，对这种观点的响应者非常少见。2015年10月中国民法学研究会年会召开前，主张人格权独立设编的学者曾经试图将其起草的人格权编草案建议稿提交大会讨论并表决，但因多数学者不赞成而未能提交大会讨论。本文作者作为中国法学会民法学会常务副会长参与组织历次民法学界活动，发现每次有学者提出人格权独立成编的观点时，多数学者都不理睬。

我国最高立法机关的工作机构近年来就民法典编纂工作也召开了有国际学者参加的论证会，外国与会学者听到我国学者主张的民法典中设立独立的人格权编时，都表示不可理解。笔者本人和德国、法国、日本、韩国以及我国台湾地区的法律家尤其是民法学界多有接触，他们都不赞成民法典中单独制定人格权编。众所周知，我国台湾地区的王泽鉴教授多次表达了反对意见，苏永钦教授已经连续三年在北京航空航天大学召开的"两岸民商法前沿论坛"上明确表达了反对人格权独立设编的主张及理由。

少数同志所说的"人格权独立设编符合世界潮流"、"多数学者赞成人格权独立设编"，均不符合事实情况。

九 人格权独立设编造成立法程序问题

民法典编纂工作提上日程后，民法学界关于民法典编纂形成两种思路。

本人在担任十二届全国人大代表时，于 2013 年、2014 年全国人民代表大会期间提出民法典编纂的议案，并且建议总的规划分两步走：第一步制定民法总则；第二步编纂民法典。这个规划是根据我国立法的现实做出的，本人对此做出了细致的论证。之后，也有学者提出了所谓"三步走"的立法规划：第一步制定民法总则；第二步制定人格权法；第三步编纂民法典。我国最高立法机关经反复研究，最后决定民法典编纂工作按照"两步走"的思路进行：第一步，在现行《民法通则》基础上，制定作为民法典总则编的民法总则；第二步，在各民事单行法基础上，编纂民法典各（分则）编。这个"两步走"的立法计划，已经在 2016 年 3 月"两会"期间和 2016 年 7 月《民法总则（草案）》一审后由立法机关两次向全国和全世界公布。之前，2016 年 6 月 14 日，习近平总书记主持召开中共中央政治局常委会会议，听取了全国人大常委会党组《关于民法典编纂工作和民法总则（草案）几个主要问题的请示》的汇报，原则同意请示，并就做好民法典编纂和民法总则草案审议修改工作作出重要指示。立法机关《关于〈中华人民共和国民法总则（草案）〉的说明》①也指出："编纂民法典不是制定全新的民事法律，而是对现行的民事法律规范进行科学整理。"所以，在民法典中将人格权独立成编，是违背立法规划的。

单独制定人格权编是制定全新的法律，而不是对现行有效法律的编纂。这不但和最高立法机关经中央批准的立法规划不相符合，而且也因为新法制定而产生新的程序问题。制定新法律，必须要从议案入手，目前，我国民法典编纂过程中，尚无关于人格权独立成编的议案。如果没有合法程序，这就违背了十九大报告提出的"依法立法"要求。

十　结论

依照党的十九大报告，科学立法、民法立法、依法立法是立法工作的基本遵循。立法机关《关于〈中华人民共和国民法总则（草案）〉的说明》（2017 年 3 月 8 日在第十二届全国人民代表大会第五次会议上）也指出："编

---

①　2017 年 3 月 8 日第十二届全国人民代表大会第五次会议文集。

纂民法典是对现行民事法律规范进行系统整合，编纂一部适应中国特色社会主义发展要求，符合我国国情和实际，体例科学、结构严谨、规范合理、内容协调一致的法典。"并指出民法典编纂工作应当"尊重立法规律，讲法理、讲体系"。不论是从民事立法科学性和体系性的角度看，还是从我国法律体系发展的现状和前途看，从立法科学性的原则看，从立法程序要件看，人格权独立成编都存在严重问题，不足以立法采纳。

第二十三篇 现代民法理念的几个初级问题

写作背景

二千年初，中国民商法立法处于高潮之中，公司法已经修订完毕，合同法已经颁布，物权法也开始纳入全国人大常委会审议。这些立法的制定过程中出现了比较大的争议，本人在参加立法活动时发现，这些争议既涉及立法技术层面问题，也涉及法律制度背后的法思想或者法律理念方面的问题。涉及后者的争议，反映了我国民商法乃至整个法律知识的重大缺陷。这个缺陷在于我国法学尤其是民商法知识体系直接来自于前苏联法学，而前苏联法学形成时抛弃了近现代民商法发展过程中具有重大历史进步价值的法律理念，比如涉及主体资格、民事权利、法律行为、法律责任人文主义伦理观念。前苏联法学对于历史的不中肯表达并且将其定义为正宗社会主义法学之后，这些具有重大历史进步意义的法律理念，在我国很多法律人身上是不具备的。

等核心的民商法

本文来自于在中国人民大学、中南财经政法大学等高校法学院的讲演，形成于二十世纪九十年代末。

近年来作为全国人大法工委邀请的立法专家参加立法活动尤其是民法立法，其间遇到多次有关法律制度如何设计的争议。有争议不是坏事，道理应该是越说越明的。但是问题在于，大家可能都发现了，现在立法上的一些争议表现出一种难以协调的现象。比如 2005 年出现的关于物权法的争议，其中一种极端观点认为，这个法律规定的民事权利违背了传统社会主义观念，出现了严重的"违宪"、"走资本主义道路"这样的政治问题。但是也有很多人认为，这个法律对于民权精神的反映和保护还远远不够。从这些尖锐对立的争议中大家可以看出，我国社会已经出现了"多元化社会"的特征。在和平建设时期，这种情况是很正常的。但是我们的法律尤其是民法这样的基本法律的制定，必须在这种多元化的利益之间做出选择，而且必须使得自己的法律能够符合市场经济体制和人民权利保护的需要。在做出这样的选择的时候，我们必须考虑到近现代以来法律发展的基本趋势，使得自己的立法理念能够符合建设性社会一般的要求。考虑到我们传统的法律知识和继受前苏联法学知识并不能满足这样的要求，因此我们还必须更新自己的法律观。

物权法制定之外，我国立法机关这些年还制定了合同法、公司法等对于市场经济体制具有重大意义的法律。此外大家都知道，现在民法典制定最后工作也是在紧锣密鼓地进行。但是每一个法律出台之后，大家都会看到激烈争议的现象。有的说好，有的说不好。虽然立法机关工作很辛苦，但他们编制出来的方案，不但学术界没有好评，实践部门也没有好评。这到底是为什么呢？除了立法质量、立法技术方面的原因之外，我希望大家还是再想想立法最基础的方面，就是立法思想、立法理念方面的问题。社会尤其是学术界对法律的一些基本问题总是在无休无止的争吵，这种争执从表面上来看是法学的繁荣。但依我看来，恰恰相反，这些现象恰恰说明了法学的落后，因为，如果大家在一些小小的问题上都不能达成共识的话，那说明我们的法学研究整体是有问题的。大家缺少一个共同的基础，缺少共同的语言，更缺少沟通的桥梁。这是我非常担忧的一个方面。

很多年轻的学者都热衷于"上网"，大家可以从网络上看到，近年来随着立法的增加，法学成果的丰富，舆论界在我们法学圈子里制造了很多"大师"和"泰斗"。很多人因此而沾沾自喜。但依我来看，似乎我们大家都太过于沾沾自喜了。别的专业我不敢说，就我自己所在的民法专业来看，改革开放后一代又一代的法学人确实为国家法律的发展付出了很多努力，但是从大家的法学知识体系的角度看，现在很多人的民法知识远远不是渊博、通畅、大气的系统性知识；我们的同行中，当然有很多人是很勤奋的，但是即便如此，他们的知识总是欠缺深度、大气和渊博，因此我们哪里有什么"大师"和"泰斗"！我们不可以在自我封闭情况下自己这么评价自己的知识体系。

我们经常说，民商法的很多知识反映了市场经济体制的一般要求，那么我们必须承认，市场经济体制在我国建立也才是近几年的事情，而建立在这种体制上的民商法知识体系，包括其思想内涵和技术规则，在我国以前的法律知识体系中并不存在，或者说基本上不存在。对此，很多我国的法学家和立法机关的工作人员是不大愿意承认的，他们更愿意用所谓的"中国特色"来掩盖自己在这一方面的欠缺，他们甚至更加愿意在自己已经拥有的知识范围里面"自设前提、自我演绎、自圆其说"地寻求发展和圆满。

如果我们的法学界稍稍将眼睛向外面看一看，就可以知道我们的差距在哪里。以我来看，我国法学和市场经济体制基本上没有中断的国家的法学，最大的差距就是我们的主流法学一部分还是坚持着前苏联法学的理念，一部分还是坚持着自然经济那种自产自足的法律观念。现在我们的经济体制从根本上已经转变了，但是我们的法学理念更新却没有进行。所以不论是我们主流的民法思想方面，还是民法技术方面，我认为都必须从基础上予以尽快的更新。最近几年我研究工作的努力方向：一是在提升我国法学的人文主义价值方面做一些工作，二是在提升我国的立法技术方面做一些工作。我希望将这些努力应用在立法中。其中的一些努力已经取得了成效。考虑到今天来听讲座的很多同学还是本科生，因此我打算从对于外国法系介绍的角度，谈谈我在这一方面的一些心得体会。

大陆法系与英美法系最大的区别在于：英美法系是经验主义的立法体系，大陆法系是概念体系也就是科学主义的立法体系。英美法系的法律是法院判例构成的，所以法官适用法律强调"适用先例原则"。大陆法系的法律是专门的立法机关比如国会依据专门的程序制定出来的，它是由一系列的概念构成制度和体系而形成的。因此大陆法系立法的基本要求是概念必须准确、清晰；它们立法中必须在含义方面保持同一性；概念之间的区分、制度之间的差异要符合一定的逻辑。总结起来就是大陆法系讲究立法的技术。

在民法典的立法过程中，有些学者提出，大陆法系的立法程序繁琐，不能适应我国迅速发展的改革实践的要求，而英美法系法官可以根据现实需要随时造法，所以现在我们应该放弃从清末以来接受的大陆法系，而改用英美法系的体制。这一观点听起来好像不错，但是实际上是对英美法系不了解。因为英美法系立法体制的基本原则并不是法官随时随意造法，而是"遵循先例原则"，法官审理案件的时候必须寻找先例的判决，而且先例必须寻找穷尽，否则他的判决就可能被对方的当事人的律师推翻。这样一来，法官不但不能随时随意创造法律，而且还要面临寻找先例、应用先例规则的困难。而且英美法系的判例法是一例一法，缺乏概念法学的辐射性。所以认真思考之后，我们可以看出我国采用大陆法系的立法模式是更为优越的。我们在法律制度建设中参考借鉴英美法系的个别制度当然还是可以的，但是在立体模式整体上接受英美法系是不可能的。

由于大陆法系的抽象概念和体系技术，立法表现出科学体系的一般特征，即可以为他人自主接受的特点，所以我国近代史上进行变法的时候，采纳了大陆法系。从现在的经验来看，这一继受是成功的。从立法和法律适用的角度看，大陆法系更具有明显的优势。我国法学界一百多年来所使用的法学概念和知识体系，都是大陆法系的。这样的知识体系，给我们建立了可以进行法学讨论的理想的平台。

既然大陆法系是一个个清晰的概念和规范组成的知识体系，那么我们法学人就应该清楚地掌握这些概念和规范，至少应该理解和掌握一些最基本的东西。但我们做的相当不好，法学界对这些知识系统缺乏清晰的了解，最后造成了立法的一系列缺陷。像关于物权和债权的区分，支配权和请求权的区分，以前这些概念在我国民法里面都不是很清楚的。比如，大家对合同法的评价很高，但依我看来合同法在这方面有很大的缺陷。它试图依据债权意义的合同来解决交易的全部问题，但是，合同只能产生债权，不能产生物权，这一点我国法学界长期以来就忽视了。把合同法理解为最基本的交易依据是没错的，但合同法实际上只能解决交易中间的"债权"那一部分问题。债权意义上的合同仅能产生请求权，不能产生物权变动后的后果。但是前些年，我们国家的立法就出现了依据合同确定物权后果的规则，甚至出现了如果不能产生物权变动的后果的时候，它反过来就认为合同是无效的规则。从此大家可以看出这些基本法理思维的混乱。

比如，很多人都知道我国法律一度规定，不动产合同没有进行不动产登记的无效这个规则。但是这个规则是很荒唐的。大家想一想。如果我买一套房子没有进行登记，有可能是对方违约，也有可能是自然原因使合同履行不了。那怎么能说合同无效呢？这样，我连追究对方违约责任的可能性都没有了。这就是立法上的一个重大缺陷。这一点说明，一度主流的民法学家对物权生效的判断标准规则是十分陌生的，或者说他们是不理解的。在他们主导下制定的合同法，也暴露出很多问题。这是法律技术方面的问题。

实际上今天我讲的核心是民法基本理念方面的问题。这一方面我国法学和立法中的缺点和不足似乎更多一些。因为历史的原因我国法学界整体上来说没有受到过人文主义的熏陶。比如说上面出现的很多关于物权法的争议，就表现出来法学界多数领域里很多人对法律中人文主义思想的陌生感。一些人不了解近现代法律发展历史，他们不知道现代法律尤其是近代和现代民法是欧洲人文主义革命的结果，一些宪法学家、法理学家、行政法学家等完全不能从人文主义的角度来理解现代法律尤其是现代民法理念。民法与人文主义存在内在联系的知识对于这些人实在是太陌生了。因此他们的批评常常显得非常别扭。

但是即使是民法学界，如果没有经过认真的专业熏陶也会提出对于民法制度建设的似是而非的批评。比如在前几年出现了一个对于物权法的批评。因为我们设计的物权法条文很细致，这时有一个法学家就批评我们，他说，我们社会主义国家的人格权这么重要，立法草案才写了这么一小段条文，但物权法一下子写了好几百个条文。你这不是重物轻人嘛。他创造了一个批评我们的词汇，说这是"物文主义"，以物压人，也就是以物权压人权。这个教授蛮有意思地提出，他的发现揭示了中国法学界产生了"物文主义"和人文主义的争论，甚至提出这是世界民法历史上的第四次大论战。

但是，我们考察近现代民法尤其是物权法的发展历史后就会知道，近现代民法对物权制度的设计，本质就是为了贯彻人文主义精神，也就是把民法意义上的民众的所有权提到很高的高度，就是要从公权那里为民众的基本私权争取地位。这就是一种最为实际而且崇高的人文主义精神的体现呐！所有权神圣贯穿的就是民众的所有权神圣，它针对的是公权神圣，这就是非常革命化、非常人道主义或者人本主义的。所以我们把物权搞得很详细就是人文主义的理想产物。对我国物权法以丰富的具体制度强调民法思想的做法，居然提出了"以物权压人权"的批评，甚至还自称把它提高到世界性的大讨论的高度，想起来这是多么不应该啊！

所以，我认为，法律制度建设中专业的批评是非常需要的，但是非专业的批评应该越少越好。对民法的制度史和思想史不熟悉、对于民法的专业不熟悉，就常常会出笑话。但是事实上当时有不少人还呼应这种批评，而那些被点名受到批评的人也提不出相应的道理来反驳对方。这不就说明了我国法学界整体上出现了问题吗？

我对这种现象的思考，不仅仅是在物权法这个方面，而是在民法整体思想方面甚至是法学整体方面。我认为，中国法学界对于近现代人文主义法律思想发展历史不但不知道反而曾经长期胡乱批判这一点，造成了很大的遗憾。所以在这里，就民法基本理念的形成，以及我国所谓的"主流"法学对于近现代民法理念的一些歪曲甚至是篡改的理念，我想做一些匡正性的工作。我希望，我的这些工作能够给我们国家民法以及其他立法带来一些启迪。我的一些研究成果已经发表了，大家有兴趣的可以阅读这些发表过的东西，这里我只能简单介绍。我的一些想法肯定和一些正统的法学理论是不同的，我并不奢望各位都能够接受我的观念，但大家今后会认识到这些观念是很重要的。

因此我首先想讲的就是近代民法理念的形成。近代民法理念的形成最初的动因和最初的形成过程是"三R"运动。

第一个"R"就是罗马法被重新发现（Rediscovery and Re-explanation of Roma Law）。

第二个"R"就是文艺复兴(Renaissance)。

第三个"R"就是宗教改革(Reform of Religions)。

它们在民法以及整个法律制度的发展历史上有什么意义呢？为什么会发生这三个运动呢？

实际上，这些政治性的运动发生的共同背景是欧洲历史上的宗教统治的黑暗时期，这一段历史长达几百年。它的特征就是建立了以天主教神权为核心政治统治。天主教神权以上帝创世说作为绝对真理，把神的意志绝对化，把神的统治权甚至高于主权高于王权。这样，整个欧洲都被笼罩在宗教的压迫之下，在当时所有的真理都只能依据圣经来得到解释。这种情形导致了欧洲长期的思想上的高度绝对统一，但是也形成了高度的神权专制和愚昧，造成了自然科学和社会科学长期的不发展，也极大地禁锢了人们的思想和创造力。这样一种社会，从法律上来看，即形成了铁板一块的公共权力社会，没有民法上所谓的民间社会的空间了，没有社会大众决定自己权利义务关系的可能了。欧洲曾经长期是这样一个局面。

"三R"运动就是针对封建君权尤其是神权的统治的革命化的运动。

第一个"R"就是罗马法被重新发现。罗马法的重新发现是在十二世纪的意大利境内出现的事情。原来东罗马帝国以伊斯坦布尔为首都，但后来东罗马帝国被土耳其奥斯曼帝国消灭了，罗马帝国灭亡后，帝国所遵守的法律也就是罗马法一度也走向沉寂了。这中间大概经过了几个世纪，人们认为罗马法体系已经不存在了，但后来在纳波里又发现了罗马法的文本。罗马法文本被重新发现以后在历史上产生了很大的作用。因为人们又开始慢慢研究罗马法的时候，发现了一个在现在看来十分简单的道理，即法律所追求的公平和正当还存在神权思想之外的另一种解释，这种解释就是契约。人与人之间为什么会产生权利呢？过去人们认为这是神赐予的，但是从罗马法中间发现包括婚姻都是契约。原来像婚姻这种神圣的东西也是可以通过契约来形成的，那么其他各种各样的权利义务关系也是可以而且应该是基于契约形成的。所以契约给予权利义务关系一种新的解释。这种解释把人放在了法律关系的核心的地位，就是由人自己来决定，而不是由神来决定自己的权利和义务。所以罗马法对神权造成了很大的冲击。

罗马法的重新发现在历史上还有很大的作用，比如说它对公法和私法作为法律体系构成要素的论述；它还建立了最初市场经济条件下法律制度和法律规范的理论比如买卖、租赁等。这些基本的法学知识对于后来法律的发展意义很大。

罗马法还开创了法律技术上的一个新纪元。以前的立法都是经验主义模式的，也就是通过习惯和惯例来总结人的行为规范和规则。罗马人已经试图利用法律上的技术来编制成法典。比如说在罗马法里，人们试图把一些惯例和习惯分门别类总结出一般性的东西，也就是说人们开始采用从具体到抽象或者说从具体到一般的立法归纳模式，这个思维过程在罗马法中已经出现。这样一种立法理念后来就发展成为制定法的思维模式，所以我们说在罗马法中就出现了法典化的趋向。后来对社会的立法造成了很大的影响。罗马法中渗透的平等自愿的理念对后世法律的发展提供了一种永恒的动力。

第二个"R"就是文艺复兴导致的人文主义革命。文艺复兴也是发生在东罗马帝国消亡以后。东罗马帝国首都废墟中保留了很多在它强盛时期从希腊、罗马搬过去的塑像和一些著名的绘画，有一些人就把这些绘画、塑像偷偷地搬走了，办了一个学院叫做雅典学院，来研究它们。最初办理雅典学院的动因就是要复兴当初被毁灭的雅典的艺术，所以叫文艺复兴。文艺复兴就是从这个地方开始的。那么文艺复兴为什么最后又演化成为一种人文主义的革命呢？原因就在于文艺复兴最后发展成为一种针对封建神权的革命。在神权观念中，人由神创造，人人生而有罪，人被认为是丑陋的，男人应该去通过传教来赎罪，女人应该去当修女。这种观念实际上是鼓励人们把自己最宝贵的生命、健康和一切都要贡献给神。这种观念造成了人性和人权的极度压抑，造成欧洲以及整个西方长期不发展。而文艺复兴运动受到古希腊美学自然主义的影响，产生了人的自然属性不但不丑反而是最美的这一观念，从而导致自然人性和自然人权这些基本的社会理念。因为从古以来尊贵的人的人性和人权总是受到法律特殊保护的，而社会地位低下的人却没有这样的待遇，因此人文主义革命的成果，导致了对于一般人尤其是社会最底层的民众的自然人性的尊重，对于生命和健康的爱护，对于民权的倡导等。这样，就发生一场对后来社会影响最大的革命。尤其是文艺复兴之后对女性美丽的阐释，通过一些伟大的绘画家，包括达芬奇、米开朗基罗、拉斐尔等的描述，把作为罪恶之始的女人，描绘成为最为真善的美丽使者。这些基础性观念的变更，唤醒了人们对自己的生命、健康的关注，因此人性从神学统治下恢复为自然主义，社会整体的观念也从神权观念复归到了人本主义的观念上。

第三个"R"就是宗教改革。它是针对罗马教廷垄断真理的解释权而展开的一次思想解放运动。

罗马教廷通过垄断真理解释权，达到统一和压抑科学发展的目的。但是它是怎样垄断真理的解释权的呢？它依靠的是什么呢？很简单，它实际上依靠的就是圣经印刷的垄断权。罗马教廷规定，圣经只能用拉丁文来印刷而且只能在梵蒂冈印刷，而且只能由罗马教廷来解释圣经的含义。这种做法在历史上维持了数百年时间。后来在德国的北部出现了一个宗教改革家马丁·路德。马丁·路德是具有独立思想的一个神父，他首先对罗马教皇和罗马教廷的存在产生了质疑，而且对宗教的垄断解释提出了强烈的质疑。马丁·路德提出，上帝是神者爱人，仁爱之心应该归属于每一个人，因此大家可以通过各种不同的方式去信神，而不必信仰罗马教廷。因为圣经上并没有记载罗马教廷，也没有罗马教皇。马丁·路德用德语来翻译圣经，而且把圣经以德语的方式向世界传播。就这样罗马教廷对真理的垄断权就被打破了。所以宗教改革运动就是在宗教上的思想解放运动。

宗教改革告诉我们，在这个世界上没有永恒不变的真理。当真理被少数人垄断的时候，它就是谬误。因此真理的解释应该与时俱进，尤其应该根据民众的人心来决定，根据劳动人民的民心来决定。马丁·路德的学说还促使了人们对王权的思考，对支持王权的神权的思考，也就是对公共权力的思考。这就促成了后来影响更大的人类历史上非常著名的启蒙思想运动。启蒙思想运动的目的，就是打破愚昧和专制，它的法学成果就是要鼓励人们从民权保护的角度建立限制公共权力的当代公法制度，宪法和宪政制度就是在这个时期按照这样的理想建立起来的。

在人文主义革命、工业革命和启蒙思想运动的促进下，产生了近现代民法，也就是古典民法或者经典民法。其核心是如下四大原则。

第一个原则是人人平等。即在法律上每一个人都应该是地位平等的人，人与人自己不能因为出身、种族、民族、性别而有高低贵贱的区分；他们的权利和义务也不能因为这些因素而天生的有所差别。

第二个原则是私权神圣。私权神圣相对指的就是公权不神圣。公权和私权相比较谁是神圣的？从神权观念和君权观念看，当然公共权力是神圣的。但是从人文主义和启蒙思想的角度看，公共权力不是神圣的，恰恰相反，应该民众权利或者私权利是最神圣的。因为文艺复兴运动到启蒙思想运动以后，在欧洲历史上形成了一个基本的结论，主权在民，老百姓的权利是天生的，人出生以后自然就应该享有权利，这些民法的权利都应该得到很好的保护，在这种情况下我们才有了共同的需要，要建立一个公权利，所以公权的建立是需要维护私权的，是私权的需要才有了公权。

私权神圣，在民法上最主要的体现是所有权神圣。西方任何一个国家都规定民众的所有权神圣，而不是公共所有权神圣，私人所有权是作为宪法基本权利和民法基本权利来规定的。所有权神圣在历史上的发展是首先在近现代民法确定的第一个最重要的原则。

第三个重要的原则是意思自治。它所针对的，是神权统治。

在民法社会中，人与人之间要发生各种各样的法律关系，人们之间发生着各种各样的权利和义务的联系。但是从法律上看，什么是我们建立权利义务关系的正当性的依据呢？意思自治原则告诉我们，这个正当性依据并不是神的旨意，不是君主的旨意，也不是公共的人群的意思，而是"Yes, I will"。比如一个年轻人要结婚，一个企业要订立合同，那么，这个婚姻之所以正当而受法律保护，原因就是当事人自己内心真实的意愿，是他要这样，而不是因为神要他这样，君主要他这样，或者社会的公共利益或者公共权力要他这样。所以意思自治原则的基本要求，就是要让民法上的人自己决定自己的事务，让他们自己的意思表示产生法律拘束力的结果。这一点完全是按照市场经济体制和民间社会的特征建立起来的。所以说，意思自治是民法的基本原则的道理也就在这里。

法律行为理论就是在这个基础上建立起来的。法律行为制度的核心，就是按照当事人的真实意思表示作为民事权利义务关系的基本根据。从此我们就能够理解为什么民法上要有非常细致的法律行为制度，目的就是为了体现民众的意思自治原则。尤其是在德国法中，法律行为更为丰富，那是因为它把交易的各种情形比如上面所说的债权、物权的取得等，都按照法律行为理论建立了非常细致的制度。这就满足了高度发展的市场经济秩序的要求。

第四个原则是自己责任原则。也就是当事人只对自己的过错或者自己的行为承担责任，不能够为别人的行为过错承担责任，也不能因为自己的身份而承担责任。这一原则也就是我们大家熟悉的"过错责任"原则。

这一原则的建立，针对的是封建社会统治阶级下的等级身份制和王权政治下报复主义的愚昧做法。它基本的理念是在法律责任制度方面基于理性法上的判断，依据人人生来平等这个前提，确定人的法律责任只能因为他自己的行为和过错加以追究。因此一个人从事某种行为的时候，就要考虑到自己将来会不会因为这个行为而承担责任这个严肃的问题。所以自己责任原则的意义是很大的。但这个原则在现代社会条件下是有缺陷的，尤其是在高科技和高度危险作业的情况下，侵权人可能会获得一些赦免的缘由，所以法律上才引进了无过错原则和无过错责任制度。

近代民法实际上都是建立在这四大原则基础之上的，他们实际上都是人文主义革命的产物，或者说就是以人为本这样一个历史运动的产物。

正是因为这样，近现代历史上，才从绝对公共权力支配的社会空间里产生了一个社会民众可以意思自治的民间社会，民法也就是在这个时期才最终从公法的领域里脱身出来，成为社会民间关系和市场经济体制的基本法。如果我们坚持市场经济体制的正当性，那么我们就必须承认民间社会意思自治的正当性，在这一前提下，我们当然就应该承认民法作为民间社会基本法的正当性。这样我们就可以接受公法解决公共权力的问题、私法解决民事权利的问题这些基本的法律理念，从而从新思考我们的法律体系建设问题。因为民间社会独立性的缘故，以及民事权利独立性的缘故，在私法的领域里民法作为基本法已经是市场经济体制国家法律体系建立的基本点。所以民法和宪法都是社会的基本法，这是由民间社会和市场经济体制的本质决定的。我国社会长期以来没有这样的观念，很多人接受不了这样的观念，说到底还是因为他们对市场经济体制不理解，对民间社会不理解，很多法律学人没有经受过人文主义、工业革命和启蒙四项法学训练，也没有经过近现代以来的民法思想熏陶，他们的问题就在这里。因此希望我在上面的这些讨论，能够给大家的理念澄清发挥一些启迪性的作用。

后记　做民法科学的坚定推动者和守望者

呈现在读者面前的这本书，也就是《权利体系与科学规范》里有一个关键词：民法科学。这四个字凝结了本人从事民法学研究和教学数十年的心血和坚守，也是一份热切的期待。民法科学在我国近几十年来从湮灭到复兴，其间经历坎坷，很多事情值得回顾也值得总结。

无论翻阅什么大辞典都可以得知，所谓科学，就是关于自然与社会运行客观规律归纳的理论总结。这些大辞典都这样看科学，可见人们对此具有共同的认知。民法科学作为社会科学，也就是关于民法作用于社会的运行规律的理论总结。读者从这本书的内容中可以看到，我倡导民法科学已经数十年，呼吁我国立法者和司法者都能够贯彻民法科学性原则，可以在推动中国民法科学化的工程中发挥作用。所庆所喜的是，在我国正在进行的民法典编纂这一伟大工程的进行中，十九大报告针对立法所提的第一个要求就是"科学立法"，而且这个报告中也明确指出必须尊重立法和法制发展的客观规律。由此可见，民法科学的思想已经得到我国决策者的重视。

事实上，坚持民法科学原则确实在我国既有鲜明的理论价值也有强烈的实践意义。我国已经进入市场经济体制和依法治国的社会体制，作为国家治理的基本举措，民法的立法和司法更具有基础性意义，因为我国社会的每一个自然人每一个法人，他们生存发展的每一件具有法律意义的活动，都是以民法作为基础而展开的。民法调整的社会关系围绕着每一个民事主体，深入到每一个城市每一个乡村的每一个家庭每一个单位，所以民法承担的国家治理的法律职责最为普遍和实际。民法科学是一代又一代法学家对民法作用于社会的规律的归纳总结，它凝聚着历史的经验和教训，凝集了民法学家数千年的理性。正如十九大报告指出的那样，我国已经是一个和平建设性国家，国家的治理必须依法进行。在这种背景下强调民法科学意义就更为显著，因为民法科学是规律，所以它不可以被回避和忽视，更不可以被任意表达甚至扭曲。

作为科学，民法科学和其他科学理论一样，它所定义的民法，是真实地对社会发生着作用的法律，而不是一种虚妄的、无法发挥实际作用的口号宣示。从 1986 年制定的《民法通则》到 2017 年制定的《民法总则》，民法的作用范围明确肯定，那就是平等主体之间的人身关系和财产关系。这个基本的概念界定，揭示了民法能做的事情，当然同时也揭示了民法做不了的事情。民法不是神法，不能什么都管；民法科学也不是神学，不能无所不包无所不能。民法通过调整平等主体之间的人身关系和财产关系，为社会建立基本人际秩序和经济秩序，这个秩序就是法治，是每一个人的生存和发展的基本保障。但是民法在建立和保障社会秩序的时候，它需要宪法、刑法、行政法和各种程序法等的相互分工和支持。民法的作用是伟大的，但是它也是有边界的。实际上任何科学都是有其边界的，科学的理论或者说科学的规律总结，只能在确定的条件下和确定的范围内发挥作用。无所不包无所不能的只有神学。所以掌握民法科学首先应该知道民法做不了的事情，不论民法立法还是民法司法，都不要想用民法包揽一切。

民法学作为社会科学，它清楚地界定了民法作用于社会的范围，同时也清楚地建立起了民法作用于社会的基本手段，也就是它的法律技术。任何科学都有它自己的基本范畴和独特的技术系统。或者说，这就是这门科学的科学性所在。民法作为人类历史数千年法权社会基本规律的理论总结，它的法律技术理论已经成熟稳定，从基本概念到具体的分支，从立法到司法，从具体制度规范到民法典编纂，从民法一般法到特别法，从基本逻辑到整体体系，可以说民法科学理论已经十分详备。民法科学最基本的法律技术，就是法律关系的逻辑，也就是"主体－客体－权利义务－责任"的逻辑。进一步说，这个逻辑还包含着关于主体具体性的规则、关于客体特定性的规则、关于权利必须划分为绝对权和相对权的规则、关于民事权利发生变动的法律根据规则、关于以当事人的意思表示确定其权利义务和责任的规则、关于法律责任划分为违约责任和侵权责任的规则等。在有些人看来，说到科学那肯定都是高深莫测的大理论，一般老百姓看不懂。可是民法科学的这些技术规则以及相关的理论都是浅显易懂的，比如自然人和法人作为民事主体、所有权、违约责任和侵权责任等，其实都是社会常用语言，其含义只要稍加解释，普通民众即可晓得。因为民法科学的这些技术规则，都直接来源于社会，而且每日每时都应用在我们的实际生活之中，不过它采取了"普通话"的方式，和有些地方有些行业的"方言"不一样而已。

关于民法法律关系逻辑的实践功用,本书中曾经以不动产登记为例来说明。民法上说到的不动产登记,就是把类似于张三李四这样的民事主体,在某个城市某个街道的确定区域上的土地或者建筑物(也许土地与建筑物一起),以及他们对于土地或者建筑物的所有权或者使用权、抵押权等权利明确地记载于国家设立的不动产登记簿之上。在登记的行为中,张三李四这些民事主体是具体的,他们所占有使用的土地以及建筑物是特定的,他们对于土地以及建筑物的权利也是明确肯定的。法律关系的基本逻辑对于主体、客体、权利的具体性和特定性的要求在这里得到了切实的应用。在将张三李四的不动产纳入登记之后,他们的邻居王五赵六的不动产也同样依据这个规则登记下来。这样一个个现实的不动产纳入登记之后,国家就建立起来了关于不动产的合法秩序。这个秩序就是我们开发利用土地以及相关资源的法律基础。其实整个社会的财产秩序也都是依据这个规则建立起来的。如果没有民法科学的理论支持,我国的不动产登记制度就无法真正建立起来,整个财产权利的秩序也无法清晰明确。所以我们说,民法的功能是实实在在的,它是脚踏在大地上的法律,是真切地一步一步推进法治国家进程的法律。从民法作用于社会的过程我们也可以看到,民法科学性的基本原理所发挥的作用。

除了像物权法这样为社会建立基本经济秩序的法律规范之外,民法对于社会发挥作用的常见方式,就是为社会争议树立是非标准,以引导社会行为,并为法院等司法机关进行是非裁判确立标准。这些法律规范也必须贯彻法律关系的逻辑,从具体的当事人入手,从具体的行为入手,从具体的权利义务入手,这样,法律上的权利、义务、责任都会落在实处。民法的科学性,保障了它的实际功能的发挥。

当然,科学是理论,不是常识,民法科学也是一样。它有一些概念、规范和制度虽然来自现实社会,但是它不是现实社会的照相,而是现实社会的归纳和总结,按照时下里一句常说的话,那就是"抽象"。比如,物权这个概念,就是由我们都十分熟悉的所有权、使用权、抵押权等权利抽象产生的一个概念。债权这个概念也是抽象的,它并不是我国日常生活中常用的欠债还钱的意思,而是主要指合同订立后履行前双方当事人之间受到法律约束的状态。世界上的合同类型非常之多,依据这些合同都可以产生法律上的债权。民法进行这样的抽象在立法和司法上都是很必要的。因为民法调整的社会生活范围非常大，因此它的法律规范很庞大。面对非常庞大的法律规范群体，立法上简洁的方式，就是通过这种抽象，把具有共同性特征的法律规范归纳为一个整体，并且将它们的共同性抽象出来，为它们建立能够普遍适用的规则，这就是民法上所说的一般规范。对于那些具有充分的个性特征而无法抽象的特殊情况，民法也为它们建立了特殊规范。一般规范加特殊规范这种立法模式，节省了立法成本，而且还更方便法院司法做案件分析和裁判。所以，概念抽象以及建立一般规则，这也是民法上经常使用的法律技术。在这种立法模式中，立法形成体系，它的严谨性和灵活性都得到了充分的保障，司法的随意任意则受到严格的限制，普通民众的权利会得到更加充分的承认和保护。所以，这些立法技术的产生，实属法律文明的进步。

当然，作为一门社会科学，民法科学中法律技术规则的产生和发展，总是受到社会主导的法思想的支配。古代的民法可以被称为关于民法的知识，它源于神学和君主立法，基本上和科学一词没有什么关系。本书的相关探讨揭示，民法科学的出现，是在人文主义革命时期，为了完成科学与理性这两大启蒙的目标，从国家治理的民权原则和基本规律出发，民法的法思想和法技术都发生了本质更新。在法律思想上，民法学家按照法律世俗化的观念，创立了自然人人人平等的原则、自然权利理论、意思自治原则和法律行为理论；为了适应现实社会的重大发展，尤其是为了满足社会法律交易从自然经济到现代市场经济体制的重大转变，它建立了全新的物权制度和债权制度，把合同成立产生的法权关系和合同履行的法权关系区分开来；在法律责任范畴内它彻底清除了以欺凌下等人为特征的等级身份制，同时完成了违约责任和侵权责任的清晰区分。这样就形成了内在的思想体系和外在的行为规范和裁判规范都焕然一新，而且成为严谨体系的经典民法学或者称之为古典民法学，也就是科学主义的民法学。

科学主义民法学，不但从法思想上保障了普通民众的法律地位和意思自治，而且在法技术方面实现了可推广可复制的立法和司法逻辑，为法律的统一实施确立了基础，也为法律的学习和移植提供了极大的方便。因此，法国民法典率先垂范采纳了这些理论，而德国民法典、瑞士民法典等也纷纷跟进，第二次世界大战之后新独立的国家也都在按照科学主义民法来编纂民法典，从而形成世界性的民法法典化运动，民法科学遂成为世界"普通话"。我国从清末变法到近现代民法立法也一直走在科学主义民法的道路上。在法律进入社会主义时期之后，民法科学在形式正义的基础上倡导实质正义，使得民法的各项制度从法思想和法技术两个层面都获得了极大发展，从而又形成了面貌一新的民法科学知识体系。

在学习和研究民法科学数十年的经历中，在涉及民法科学或者科学主义民法这个概念的时候，好多年以来我好像总有大石头压在胸口。我学习法律初年即以民法作为研习的专业，不久即发现我国的法学尤其是民法学，和别的国家的法学著述有很大的不同。作为一个长期学习前苏联法学知识的民法学人，出生于成长于草根家庭，也有机会广泛接触社会现实，对这种法学知识体系最初的感觉，就是它脱离现实，不符合普遍民众的认知。但是要说具体指出这种法学哪里出了问题，本人还真是没有这个能力。我虽然也曾看过各个时期的民法著作，从二十世纪五十年代奠定中国民法知识体系的 B. B. 布拉图西的《民法学》，到 1983 年司法部统编教材《民法原理》，甚至一直到九十年代末期的民法著述，但是学习一直无法开窍，因为这些著述基本的特点就是解说甚至硬套政治概念和时事术语，把政治经济学的研究方法应用于法学以及民法而已，并没有什么科学性的内涵。以我自己最为关注的物权法学为例。这几十年物权法学的知识，全部内容无非也就是我后来所说的"三分法"，即把全部物权知识仅仅归纳为所有权的知识，而且所有权的知识仅仅也就是"国家所有权、集体所有权、个人所有权"这三种所有权的划分而已。这种法学具有强烈的政治性特征，它把历史上的所有权制度彻底否定，把社会主义的所有权描绘得天衣无缝的美好。可是从法律科学性的角度看，我一下子就发现了这种知识体系的问题，那就是，它虽然把社会主义的公有制财产制度赞美得天衣无缝，可是却没有关于这种所有权取得、消灭的具体制度，甚至没有关于如何保护这种所有权的法律制度，这一点最让人不解。另外，这种知识体系把民众所有权描绘成自私自利的产物，普通老百姓依法取得财产所有权，得不到法律的充分承认和保护。因此这种知识体系最不合民意。此外，在这种知识体系中，人人平等原则、意思自治原则、物权的概念、法人所有权的概念、不动产和动产的划分都是资产阶级的东西。这些政治上的术语简单地套定在民法知识之上，使得民法的科学性思想荡然无存。但是，现实生活中存在的物权问题却是无比严重，媒体经常报道的侵吞公共资产的案例、普通民众财产权利受侵害的案例，有些可以说是触目惊心。但是依据那个时候主导的民法知识、物权法知识，可以说完全无法解释和解决。因此，在那个时候学习研究民法尤其是学习研究物权法，不但自觉无聊无奈，而且不免愤懑而惆怅。

在赴德国作博士后两年专门从事物权法的研究和学习之后，我才学习到了并真正懂得了科学主义民法学，也学习到了科学的物权法学，也基本洞悉了前苏联法学的虚妄，并深为二十世纪五十年代我国引入这种法学，因此给我国法律制度造成重大损害，给国家和人民的财产权利造成的损害感到痛惜。关于前苏联法学轻视甚至压抑民众权利而造成的政治损害的问题，本书已经多次谈到。仅仅从法律科学性的角度看，我的研究证明，这种法学基本上属于自然经济时代那种比较初步而且肤浅的知识体系。比如，它对于所有权的认识还停留在小作坊的时代，在那个时代里，所有权人直接占有、使用和经营财产，经营主体没有公司这样的结构，因此在前苏联民法中完全没有"股权－所有权"这样的法权知识。为了照顾这种肤浅的认知，它削足适履，建立"唯一统一国家所有权"理论，把"全体劳动人民"、"国家"这些政治概念当作法律上的所有权人，而完全不顾及"全体劳动人民"既不能享有权利也不能承担义务的现实，反而把大量的公共资产都交付给这种所有权，从而为实际的公共资产控制人上下易手提供了方便。在公共财产秩序中民法科学原则被废弃的情况下，我国公共财产秩序一直是灰色的、非民法的，主体、客体、权利、义务和责任五个方面都无法明确，因此隐患重重。此外，在财产交易的法律规制中，前苏联法学一直遵循的是"一手交钱一手交货"的法律规则，而这种农贸市场的交易规则之中，既不可能有清晰的物权制度，也不可能有准确的合同债权制度。这种所谓的"人民性"的民法学，强调的是人民能够看得懂，而完全放弃了法律必须裁决是非、必须严谨的科学性要求。在前苏联法学知识体系中，科学主义民法学基本上已经湮灭。

从二十世纪九十年代中后期，我国民法立法和司法出现了严重的混乱。前苏联法学遗留未清理，而自设前提自我演绎纯粹为了自圆其说的民法观点不断出现，立法上出现了"债随财产走"、不动产合同不登记不生效、动产合同不交付不生效的荒唐规则，也出现了订立买卖合同一定要有标的物也要有所有权的农贸市场规则。在这些非科学法学理论和法律规则的指导下，法院的审判出现了混乱，涉及不动产物权交易取得、抵押权、质押、第三人保护的错判误判，实在是不胜枚举，市场经济发展和人民权利保障受到了空前的损害。也就是在这个时候，本人顶风而立，开始倡导科学主义民法学。面对我国当时立法和司法尚不能区分物权效力和债权效力、不能区分这两种权利发生变动的法律根据的所谓民法学家的通说和司法实践的普遍做法，我提出了区分原则，从法理上建立了将交易中的法权从合同成立生效及其根据，与物权变动的效力及其根据相互区分的裁判规则。在当时尚在进行的物权法起草过程中，本人以撰写物权法总则的学者建议稿为契机，改变把所有权取得归结为合同制度的做法，从物权公示原则入手，将这一部分内容从合同法规则中脱离出来，纳入物权法的立法体系。在法律交易涉及物权变动的环节，依据法律行为理论解释物权公示原则，将不动产登记制度从行政登记之中解脱出来，纳入物权公示的制度规则之中。在法律行为理论中确立当事人效果意思对于权利义务的决定性作用，引入负担行为和处分行为的理论。在公共财产秩序构建的法律制度中，强化法律关系的基本逻辑，强调依据民事主体的具体性规则，从主体、客体和权利的明确肯定入手，重建国家所有权、集体所有权的公共财产秩序。在交易安全的法律制度建设中，重新界定交易中的第三人，推进客观善意规则，建立保护交易安全的法律机制等。数十年下来，这些努力逐渐得到了我国法学界的承认，相当多的内容已经被立法采纳。尤其是区分原则得到司法的普遍承认和采用，从司法裁判的角度解决了法律交易中的法权分界问题，而在公共财产领域，公法法人制度的引入，从主体的角度为推进公共财产秩序的明晰确定奠定了基础。可以说，民法科学上法技术规则，已经得到了比较普遍的认可。可以看到民法科学的思想进入立法后，我国的市场经济体制和人民权利保护都取得了相当的进步。

在民法典编纂的过程中，本人还是根据科学主义民法学的基本原则，提出了立法应该坚持科学性、体系性，应该防止碎片化、枝节化的要求。本人对民法典编纂提出的按照公法和私法的划分、行为规范和裁判规范的区分、绝对权和相对权的基本权利划分、负担行为和处分行为的划分、违约责任和侵权责任的基本划分、一般法和特别法的划分，以及以法律关系的基本逻辑建立科学化民法体系的观点，在国家最高立法机关阐明的民法典编纂指导思想和立法规划中很多都得到了采纳。尤其是青年一代的法律人，多已打破他人人为设置的针对科学主义民法学的理解障碍，接受了这种逻辑清晰、制度完整、规范严谨、理解简易、方便操作的知识体系。

回想数十年来科学主义民法学在我国从湮灭到逐步复兴的过程，尤其是回想起曾经走过的艰难道路，真是既有成就之感，也有难言的辛酸。尤其是在我努力振兴科学主义民法学的初期，一些人为的阻碍甚至难以为人启齿的纠缠，有时候还是会展现在眼前。当然，这些已经没有必要提起。虽然本书也揭示了我在当初推进科学主义民法学所受到的种种责难，但是我所提及的，仅仅只是理论观点，而绝不涉及人事。不过我有理由相信，那些强调前苏联法学就是正宗社会主义法学，在我国只可以小修小补而绝不可废弃的观点；那些主张交易法学就是一手交钱一手交货的规则，不必要区分债权和物权的观点；那些主张民法科学就是个人的想象和解释而不能讲规律讲体系逻辑的观点，以及那些毫无知识底线一看到民法知识中的外文字母就强烈排斥的民粹主义观点，必将随着法制的发展而走向式微。即使曾经的坚持者，他们也会逐渐改变。即使他们不改变，他们的学生或者后人也会改变。我国的市场经济体制发展如此迅速，人民对于权利保护的要求越来越强烈，依法治国原则已经如此深入人心，司法分析和裁判将越来越精准，民法科学的道路也必将越来越宽阔越平坦。

无论如何，这本 2018 年新年之际完成的文集，虽然它还只是部分地总结了我多年推进科学主义民法学的心得体会，但是也完成了将这些研究心得公之于世的心愿。当然，更新我国民法学的法思想和法技术，让我国社会尤其是让青年法学界接受科学主义民法学，我们还是要做很多的事情。不管怎么说，做科学主义民法学的推进者和守望者，既是一份责任，也是一份荣光。以此为后记。

孙宪忠

二〇一八年一月八日

图书在版编目（CIP）数据

权利体系与科学规范：民法典立法笔记 / 孙宪忠著
. -- 北京：社会科学文献出版社，2018.4（2024.7 重印）
ISBN 978 - 7 - 5201 - 2279 - 5

Ⅰ.①权… Ⅱ.①孙… Ⅲ.①民法 - 法典 - 立法 - 中
国 - 文集 Ⅳ.①D923.04 - 53

中国版本图书馆 CIP 数据核字（2018）第 034176 号

权利体系与科学规范：民法典立法笔记

著　　者 / 孙宪忠

出 版 人 / 冀祥德
项目统筹 / 刘骁军
责任编辑 / 关晶焱　张　娇

出　　版 / 社会科学文献出版社·法治分社 （010）59367161
　　　　　　地址：北京市北三环中路甲 29 号院华龙大厦　邮编：100029
　　　　　　网址：www. ssap. com. cn
发　　行 / 社会科学文献出版社 （010）59367028
印　　装 / 唐山玺诚印务有限公司

规　　格 / 开　本：787mm × 1092mm　1/16
　　　　　　印　张：36.5　字　数：599 千字
版　　次 / 2018 年 4 月第 1 版　2024 年 7 月第 3 次印刷
书　　号 / ISBN 978 - 7 - 5201 - 2279 - 5
定　　价 / 138.00 元

读者服务电话：4008918866